Albrecht F. Michler und H. Jörg Thieme (Hg.)

Systeme monetärer Steuerung: Analyse und Vergleich geldpolitischer Strategien

Schriften zu Ordnungsfragen der Wirtschaft

Band 86: Systeme monetärer Steuerung:
Analyse und Vergleich geldpolitischer Strategien

Lucius & Lucius · Stuttgart · 2007

Systeme monetärer Steuerung

Analyse und Vergleich geldpolitischer Strategien

Herausgegeben von

Albrecht F. Michler und **H. Jörg Thieme**

Mit Beiträgen von

Katrin Assenmacher-Wesche, Diemo Dietrich, Oliver Grimm, Martin Keim, Tobias Knedlik, Andreas Knorr, Malte Krüger, Martin Leschke, Albrecht F. Michler, Ulrike Neyer, Thorsten Polleit, Hermann Remsperger, Gerhard Rösl, Armin Rohde, Franz Seitz, Ralph Setzer, Jürgen Siebke, Heinz-Dieter Smeets, H. Jörg Thieme, Uwe Vollmer, Paul J.J. Welfens

Lucius & Lucius · Stuttgart · 2007

Anschrift der Herausgeber:

PD Dr. Albrecht F. Michler
Heinrich-Heine-Universität Düsseldorf
Wirtschaftswissenschaftliche Fakultät
Universitätsstraße 1, Geb. 23.31
40225 Düsseldorf

Prof. Dr. H. Jörg Thieme
Heinrich-Heine-Universität Düsseldorf
Wirtschaftswissenschaftliche Fakultät
Universitätsstraße 1, Geb. 23.31
40225 Düsseldorf

Bibliografische Information der Deutschen Nationalbibliothek

Die Deutsche Nationalbibliothek verzeichnet diese Publikation in der Deutschen Nationalbibliografie; detaillierte bibliografische Daten sind im Internet über http://dnb.d-nb.de abrufbar.

(Schriften zu Ordnungsfragen der Wirtschaft; Bd. 86)
ISBN 978-3-8282-0410-2

Umschlaggestaltung: Isabelle Devaux, Stuttgart

Druck und Einband: ROSCH-BUCH Druckerei GmbH, 96110 Scheßlitz
Printed in Germany

ISBN 978-3-8282-0410-2
ISSN 1432-9220

Vorwort zur Schriftenreihe

Im Jahre 1954 hat *K. Paul Hensel*, seinerzeit Dozent an der Universität Freiburg i.Br., mit seiner Habilitationsschrift „Einführung in die Theorie der Zentralverwaltungswirtschaft – Eine vergleichende Untersuchung idealtypischer wirtschaftlicher Lenkungssysteme an Hand des Problems der Wirtschaftsrechnung" die Reihe **Schriften zum Vergleich wirtschaftlicher Lenkungssysteme** begründet. Dies war zugleich die Bezeichnung der von ihm errichteten Forschungsstelle, die 1957 – mit der Berufung *Hensel*s als ordentlicher Professor – an der Philipps-Universität Marburg etabliert wurde.

Von seinem Lehrer *Walter Eucken* geprägt, war das Erkenntnisinteresse von *K. Paul Hensel* vor allem darauf gerichtet, die Beschaffenheit und Wirkungsweise alternativer Wirtschaftsordnungen zu erforschen. Schon bald erkannte er, daß hierbei – im Sinne der *Eucken*schen Interdependenz – die praktische Verflochtenheit wirtschaftlicher und rechtlicher Fragen eine stärkere Zusammenarbeit zwischen Wirtschafts- und Rechtswissenschaftlern erforderte. So gewann er den Marburger Juristen *Klemens Pleyer* als Mitherausgeber seiner Schriftenreihe, die er mit dem 1965 erschienenen Band 5, der Habilitationsschrift seines Schülers *Gernot Gutmann*, in **Schriften zum Vergleich von Wirtschaftsordnungen** umbenannte.

Bis zu *Hensel*s Tod im Jahre 1975 waren 26 Bände über wirtschafts- und rechtswissenschaftliche Fragen der Wirtschaftsordnungen in der Schriftenreihe erschienen, darunter Dissertations- und Habilitationsschriften, aber auch Sammelwerke, in denen die Herausgeber mit ihren Mitarbeitern spezielle Fragen des Systemvergleichs untersucht haben. Nach *Hensel*s Tod wurde die Reihe von *Klemens Pleyer*, den Hensel-Schülern *Gernot Gutmann* und *Hannelore Hamel* sowie dem Hensel-Nachfolger in Lehramt und Forschungsstelle, *Alfred Schüller*, fortgeführt. 1995 wurde das Herausgeber-Team durch *H. Jörg Thieme*, ebenfalls aus der Hensel-Schule hervorgegangen, erweitert. An die Stelle des im Jahre 2000 verstorbenen *Klemens Pleyer* trat schließlich als weiterer Hensel-Schüler *Helmut Leipold*. Darüber hinaus erfolgt die Herausgabe der Schriftenreihe unter Mitwirkung einiger Kollegen, die der „Marburger Schule" der Ordnungstheorie verbunden sind.

Die Themen der inzwischen erschienenen 86 Bände belegen, daß der Systemvergleich seit 1990 verstärkt durch Ordnungsfragen ergänzt wurde, die sich sowohl mit der Transformation der sozialistischen Wirtschaftssysteme als auch mit der europäischen Integration befaßten. Neben diesen politischen Ereignissen haben auch die Weiterentwicklungen der Ordnungstheorie zu einer thematischen Akzentverschiebung der Reihe geführt. Der Vergleich von Wirtschaftsordnungen ist seither weniger auf Ost-West-Probleme bezogen, sondern auf generelle Ordnungsfragen, die neue Antworten erfordern: Welche Einflüsse haben politische Entscheidungsträger und bürokratische Verwaltungen sowie unterschiedliche Wertvorstellungen in den Regionen der Welt auf die Beschaffenheit von Wirtschafts- und Gesellschaftssystemen und deren Entwicklung in der Zeit? Wie wird menschliches Verhalten dadurch verändert, und welche Wirkungen entstehen daraus für das Geflecht von Teilordnungen in einer Gesellschaft?

Solche und andere Fragen werden heute in verschiedenen Ansätzen der Ordnungstheorie untersucht: in der Institutionen- und Verfassungsökonomik, in der Ökonomischen Theorie der Politik und des Rechts wie auch in der Entwicklungs- und Evolutionsökonomik. Um diese Problem- und Methodenvielfalt in der Schriftenreihe zum Ausdruck bringen zu können, wird die Reihe bereits seit 1997 unter dem Titel **Schriften zu Ordnungsfragen der Wirtschaft** fortgeführt.

Die Herausgeber freuen sich sehr, als neuen Mitherausgeber *Stefan Voigt* gewonnen zu haben, der 2006 die Nachfolge von *Alfred Schüller* auf dem Lehrstuhl „Ordnungsökonomik und internationale Beziehungen" im Fachbereich Wirtschaftswissenschaften der Philipps-Universität Marburg angetreten hat. Wir hoffen, daß damit die Schriftenreihe auf der Basis ihrer bisherigen Tradition neue Impulse erhält und weiterhin erfolgreich ist.

Marburg, 2007

Die Herausgeber der Schriftenreihe:

Gernot Gutmann, Hannelore Hamel, Helmut Leipold
Alfred Schüller, H. Jörg Thieme, Stefan Voigt

Vorwort

Die monetäre Ökonomik befindet sich erneut in einem deutlichen Umbruch. Nach den heftigen Auseinandersetzungen zwischen Keynesianern und Monetaristen in den sechziger und siebziger Jahren des vergangenen Jahrhunderts folgte eine – wenngleich kurze – Phase der Konsolidierung und Integration verschiedener Erklärungsansätze der monetären Makroökonomik. In dieser Zeit haben viele geldpolitische Entscheidungsträger in einzelnen Ländern versucht, die weltweit sichtbaren Inflationsprozesse mit teilweise sehr hohen und akzelerierenden Inflationsraten durch systematische Steuerung von eng oder weit abgegrenzten Geldaggregaten zu bekämpfen.

Die Geldpolitik der achtziger und neunziger Jahre war in nahezu allen Industrieländern der Welt sehr erfolgreich: Spätestens seit Mitte der neunziger Jahre herrschte in den meisten Ländern Europas, aber auch in den USA nahezu Preisniveaustabilität, in einigen Ländern wie z. B. Japan drohten sogar deflationäre Prozesse.

Diese seit Kriegsende einmalige positive Entwicklung der Geldwertstabilität hat ihre Ursache auch und insbesondere darin, dass einige Zentralbanken (wie z.B. die Deutsche Bundesbank) mit Erfolg versucht haben, die – damals – neuen Erkenntnisse der Geldtheorie pragmatisch in geldpolitische Strategien umzusetzen. Die Strategie einer systematischen, längerfristig ausgerichteten Geldmengensteuerung wurde zur Grundlage der praktischen Geldpolitik in einigen Ländern. Andere Zentralbanken folgten diesen Strategien, was seit Beginn der neunziger Jahre insbesondere für die Transformationsländer Europas galt.

Was sind die Ursachen dafür, dass parallel zu diesen geldpolitischen Erfolgen nunmehr auf breiter Front eine intensive theoretische Diskussion über dringend notwendige Wechsel der geldpolitischen Strategien stattfindet, wie sie von einigen Zentralbanken bereits implementiert wurden? Sind neue geldpolitische Strategien erforderlich, weil sich die nationalen und internationalen Rahmenbedingungen von Marktprozessen seit den neunziger Jahren drastisch verändert haben (z.B. Öffnung und Integration der Arbeits- und Kapitalmärkte, Transformationsprozesse in ehemals sozialistischen Ländern, Zusammenschluss wichtiger europäischer Länder zur Europäischen Währungsunion mit Einheitswährung)?

Oder sind es die tatsächlichen oder vermeintlichen Erklärungsdefizite in der Geldangebots-, in der Geldnachfrage- und besonders in der Transmissionstheorie monetärer und realer Impulse, die mit neuen, empirisch abgesicherten Hypothesensystemen beseitigt werden konnten, woraus dann zwangsläufig neue geldpolitische Strategien resultieren?

Diese und daraus ableitbare Fragen waren Gegenstand eines besonderen Forschungsseminars, das im Februar 2007 im „Zirmerhof" in dem Südtiroler Bergdorf Radein stattgefunden hat. Eine Woche lang haben mehr als vierzig Wissenschaftler und Bankpraktiker Vorträge und Korreferate gehalten und intensiv diskutiert und das in der Einsamkeit und Abgeschiedenheit einer wunderschönen Bergwelt. Das Besondere an dem diesjährigen Forschungsseminar war ein Jubiläum: Es fand zum vierzigsten Mal statt. Diese lange Tradition wurde im Seminar ebenso gewürdigt wie der 100. Todestag von *Prof. Dr. K. Paul Hensel*, der das Forschungsseminar Radein mit seinen damaligen Mitarbeitern und Doktoranden begründete.

Die wissenschaftlichen Leiter des 40. Radeiner Forschungsseminars und Herausgeber dieses Bandes danken allen Seminarteilnehmern für stimulierende Vorträge und kontrollierende Kritik im Verlauf des einwöchigen Seminars, den Autoren für die zügige Abgabe der Manuskripte. Für Geduld, Sorgfalt und hohen Arbeitsaufwand bei der Gestaltung des druckfertigen Buchmanuskripts danken die Herausgeber Frau *Dipl.-Soz.wiss. Dagmar Neumann* und Frau *Dr. Katharina Wacker*, die zudem das Forschungsseminar hervorragend betreut hat.

Ein besonderer Dank gebührt der *Konrad-Henkel-Stiftung* Düsseldorf, ohne deren großzügige und unbürokratische finanzielle Unterstützung das Seminar nicht stattgefunden hätte und das Buch nicht publiziert worden wäre.

Düsseldorf, im Juli 2007 *Albrecht F. Michler* und *H. Jörg Thieme*

Inhalt

I. Monetäre Steuerungskonzepte in der Diskussion

H. Jörg Thieme
Geldtheorie, Geldpolitik und Finanzmärkte: Entwicklungen und Erklärungsdefizite 3

Hermann Remsperger
Zur Rolle der Währungspolitik Chinas beim Abbau der externen und internen Ungleichgewichte 19

II. Geldangebot und Geldnachfrage

Armin Rohde
Geldmengenabgrenzungen und Portfolioentscheidungen 41

Katrin Assenmacher-Wesche
Determinanten der Geldnachfrage in der Euro-Zone 59

Franz Seitz
Euro Cash Demand: The Times They Are A-Changing 83

Malte Krüger
Geldnachfragedefekte und die Second Economy 117

Martin Leschke
Die Eigentumstheorie des Geldes 139

III. Geldpolitische Strategien

Diemo Dietrich und *Albrecht F. Michler*
Geldpolitische Strategien im Umbruch 167

Ralph Setzer
Monetär basierte Inflationsprognosen für den Euro-Raum 195

Thorsten Polleit
Searching for the Proper "P" in US M2 Demand 217

Tobias Knedlik und *Andreas Knorr*
Vermögenspreisinflation 241

Oliver Grimm und *Jürgen Siebke*
Kommunikation und Transparenz in der Geldpolitik 267

Uwe Vollmer
Geldpolitische Entscheidungsfindung in Währungsunionen: Beeinflussen Größe und Zusammensetzung des Zentralbankrates die Effizienz der Geldpolitik? 291

IV. Internationale Aspekte der monetären Steuerung

Gerhard Rösl
Inoffizielle Parallelgeldschöpfung in Europa 315

Ulrike Neyer
Bedeutung von Instrumenten des Kreditrisikotransfers für die Finanzstabilität 335

Heinz-Dieter Smeets
Devisenmarktinterventionen 353

Paul J.J. Welfens und *Martin Keim*
Finanzmarktintegration und Wirtschaftsentwicklung im Kontext der EU-Osterweiterung 379

Autoren und Seminarteilnehmer 411

I.

Monetäre Steuerungskonzepte in der Diskussion

Albrecht F. Michler und H. Jörg Thieme (Hg.)
Systeme monetärer Steuerung: Analyse und Vergleich geldpolitischer Strategien
Schriften zu Ordnungsfragen der Wirtschaft · Band 86 · Stuttgart · 2007

Geldtheorie, Geldpolitik und Finanzmärkte: Entwicklungen und Erklärungsdefizite

H. Jörg Thieme

Inhalt

1. Paradigmenwechsel in der monetären Ökonomik? 4

2. Änderungen der monetären Rahmenbedingungen 7

3. Monetäre Probleme und Erklärungsdefizite 9

4. Fazit 16

Literatur 17

1. Paradigmenwechsel in der monetären Ökonomik?

Die Konfusion über die Rolle des Geldes in monetär organisierten Volkswirtschaften, über Konzeptionen und Strategien einer adäquaten, und das heißt den Geldwert (die Kaufkraft) einer Währung nachhaltig sichernden Geldversorgung, über geeignete Modellierungen monetärer Marktwirtschaften und ihre empirischen Prüfungen hat in den vergangenen zwei Jahrzehnten – so scheint es – eher zu- als abgenommen. Die monetären Irrungen in der Makroökonomik von *J.M. Keynes* und insbesondere der Keynesianer („money doesn't matter", Endogenität der Geldmenge, „easy money policy", Dominanz der fiscal policy als Stabilisierungsinstrument, *Phillips-Samuelson*-Trade-off, Effizienz kurzfristigen, diskretionären fine tunings etc.) wurden in den sechziger und siebziger Jahren des vergangenen Jahrhunderts in der monetaristischen Gegenrevolution von *M. Friedman*, *K. Brunner* und *A. Meltzer* u.a. systematisch kritisiert und durch neue Perspektiven in der monetären Theorie ersetzt (Überblicke bei *Thieme* 1972; 1982). Dabei ging es vorweg darum, Geld nicht mehr in einer makroökonomischen Modellwelt ohne Einzelpreisänderungen bei konstantem Preisniveau zu analysieren. Stattdessen werden die spezifischen Ordnungsbedingungen marktwirtschaftlicher Systeme, nämlich das Spiel der relativen Preise auf Güter- und Faktormärkten, explizit berücksichtigt: Monetäre, fiskalische, außenwirtschaftliche und technologische Impulse (Schocks) verändern die relativen Ertragssätze bzw. relativen Preise verschiedener Vermögensgüter und induzieren Mengenreaktionen auf den Märkten für neu produzierte Konsum- und Investitionsgüter (*Thieme* und *Vollmer* 1987). Es sind also die in Marktwirtschaften typischen Preis- und Mengenreaktionen, die Störungen gesamtwirtschaftlicher Gleichgewichtslagen bereinigen.

Die Konkurrenz zwischen keynesianischen und monetaristischen Forschungskonzeptionen hat das Verständnis für die Rolle des Geldes in Marktwirtschaften geschärft und einige theoretische Kontroversen entschärft. Gleichwohl blieben Unterschiede bei einzelnen Hypothesen und bei der Interpretation von Ergebnissen empirischer Analysen, insbesondere bei der Beurteilung

- der Effizienz von fiskalischen Maßnahmen bei der Sicherung von Stabilitätszielen;
- der Steuerbarkeit monetärer Aggregate;
- der verschiedenen Transmissionskanäle, über die die verschiedenen Impulse auf nominale und reale Variablen verbreitet werden;
- der geld- und fiskalpolitischen Empfehlungen, die aus den Transmissionsmodellen abgeleitet werden.

In diesen Diskussionen ging es immer auch um die Kernfrage, ob und inwieweit das Verhalten von Marktakteuren im Zeitablauf so instabil ist (Wellen des Optimismus und Pessimismus, *J.M. Keynes*), dass der private Sektor die beobachtbaren Instabilitäten nominaler und realer Variablen zu verantworten hat.

In den achtziger Jahren haben die Auseinandersetzungen in der monetären Ökonomik nachgelassen. Im Blickpunkt stand vielmehr die Geldpolitik der verschiedenen Zentralbanken, wobei insbesondere in Europa schon damals zwei unterschiedliche

Konzepte konkurrierten: Auf der einen Seite eine diskretionäre Geldpolitik, die die kurzfristigen Zinssätze beeinflusst mit dem Ziel, Preisniveau und Output zu steuern (z.B. Großbritannien). Auf der anderen Seite versuchten Zentralbanken (Deutschland, Schweiz), das Geldmengenwachstum zu verstetigen und die Höhe der Wachstumsrate zu orientieren am realen Outputwachstum, der Veränderung der Einkommenskreislaufgeschwindigkeit sowie der angestrebten Inflationsrate. Unabhängig davon, ob die Deutsche Bundesbank das von ihr formulierte Konzept der Steuerung der Zentralbankgeldmenge tatsächlich konsequent umgesetzt hat, galt sie seit Anfang der achtziger Jahre weltweit als Vorbild einer erfolgreichen Inflationsvermeidung oder -bekämpfung. Insbesondere die – keineswegs unabhängige – Zentralbank Frankreichs hat in dieser Zeit eine sehr konsequente Inflationsbekämpfung nach deutschem Vorbild betrieben. Die stabilitätsorientierte Geldpolitik in Deutschland wurde auch durch die Ausweitung des Währungsgebietes im Anschluss an die Deutsche Einheit im Jahre 1990 – trotz falscher Wechselkurse des Umtauschs von Mark in DM – nicht gefährdet. Gleichzeitig bemühten sich die europäischen Zentralbanken jener Länder, deren Regierungen den Beitritt zur Europäischen Währungsunion beabsichtigten, um Erfüllung der Konvergenzkriterien. Dies gelang hervorragend, denn im Durchschnitt sank die jährliche Inflationsrate in den Ländern der Eurozone zwischen 1990 und 1997/98 kontinuierlich auf ca. 1 v.H. Da auch andere Industrienationen (z.B. USA und insbesondere Japan mit Deflationsgefahren) solche Stabilitätserfolge verwirklichten, endete das Jahrhundert mit einer seit sechzig Jahren nicht mehr verwirklichten Geldwertstabilität. In dieser Phase wurden Vor- und Nachteile der Europäischen Währungsunion ebenso diskutiert wie die Ordnungsregeln des Europäischen Systems der Zentralbanken. Angesichts des Erfolges der Geldpolitik der Deutschen Bundesbank verwundert es nicht, dass wichtige Regeln der neuen Europäischen Zentralbank dem deutschen Vorbild entstammen.

In dieser Phase erfolgreicher Geldpolitik und relativer Geldwertstabilität in vielen Ländern der Welt setzte eine neuerliche geldtheoretische Diskussion über adäquate geldpolitische Steuerungskonzepte ein. Auf der Basis Neukeynesianischer Fix-Preis-Makromodelle wurde die „IT-Revolution" des inflation targeting formuliert (*Clarida, Gali* und *Gertler* 1998; 1999). Unabhängig von den Details der Modellierung besteht eine erhebliche Konfusion darüber, was unter inflation targeting zu verstehen ist (*Kuttner* 2004): Geht es lediglich um die Formulierung eines expliziten, numerischen Ziels von Preisniveaustabilität? Oder muss die Zentralbank aus Gründen der Transparenz und Glaubwürdigkeit Prognosen der Inflation und anderer Makrovariablen – insbesondere des Outputs – publizieren und Mechanismen der Rechenschaftslegung gegenüber Regierungen und Öffentlichkeit akzeptieren? Wird inflation targeting als Politikregel interpretiert (*Taylor* 1993; *Svensson* 1999). Soll inflation targeting eine Optimierungsregel für Geldpolitik darstellen oder lediglich Regeln für den diskretionären Einsatz geldpolitischer Instrumente unter gegebenen Rahmenbedingungen vorhalten? Die vielfach zitierte, interpretierte und kritisierte Taylor-Regel (*Taylor* 1993) postuliert eine Steuerung des kurzfristigen Geldmarktsatzes (overnight federal funds rate) entsprechend der Gleichung

$$(1) \qquad R = r + gp_t + 0{,}5(gp_t - \pi) + 0{,}5\overline{y_t}$$

mit R = Hauptrefinanzierungssatz (federal funds rate) in %,

r = durchschnittlicher realer Gleichgewichtszins pro Jahr,

gp_t = Inflationsrate (aktuell oder erwartet),

π = Zielrate der Inflation,

$\overline{y_t}$ = Abweichung des aktuellen vom natürlichen realen Einkommenswachstum.

Die Zentralbank betreibt danach durch ihre Zinssatzsteuerung nicht nur eine Steuerung der Inflationsrate, sondern auch eine Outputsteuerung, weil die Transmissionsprozesse der Variation von Zinssätzen unklar bleiben. Es überrascht dabei, dass Neukeynesianer als besonders vorteilhaft betonen, die Geldtheorie habe es nunmehr gelernt, Geldpolitik in makroökonomischen Fixpreismodellen ohne Geld zu analysieren (*Goodfriend* 2005, S. 253).

Der Unterschied zu den monetaristischen Modellen einer indirekten Inflationssteuerung über eine Verstetigung des Geldmengenwachstums wird in der *McCallum*-Regel (2006) deutlich. *McCallum* formuliert eine alternative, an der *Fisher*'schen Verkehrsgleichung orientierte, Politikregel:

$$(2) \qquad gB_t = gy - gv_t + 0{,}5(gy_t - gy_{t-1})$$

mit gB_t = Änderungsrate der (um Mindestreserveänderungen) bereinigten Geldbasis;

gy = Änderungsrate des nominalen Bruttoinlandsprodukts, die sich aus gy_r (Änderungsrate des realen BIP) und gp_y (Änderungsrate des gesamtwirtschaftlichen Preisniveaus) zusammensetzt;

gv_t = Änderungsrate der Einkommenskreislaufgeschwindigkeit von B_t (wobei der Durchschnitt der vergangenen vier Jahre als Erwartungsgröße für die nahe Zukunft verwendet wird).

McCallum berücksichtigt in monetaristischer Tradition die zu finanzierenden gesamtwirtschaftlichen Variablen ($gy_r + gp_y$) sowie die gesamtwirtschaftlichen Finanzierungskomponenten, wobei er auf die sehr eng abgegrenzte Geldbasis abstellt; sie ist exakt steuerbar über die Offenmarktgeschäfte der Zentralbank. Dies gilt auch bei sehr niedrigen Geldmarktsätzen, wie sie in den neunziger Jahren in Japan relevant waren. Unsicherheitsfaktoren sind in diesem Regelsystem die Entwicklungen der Geldangebotsmultiplikatoren sowie der Kassenhaltungskoeffizienten. Sie werden allerdings bei einem verstetigtem, keine monetären Schocks auslösenden Geldbasiswachstum mittelfristig als relativ stabil angesehen. In modifizierter Form hat die Europäische Zentralbank den Referenzwert der jährlichen Wachstumsrate der Geldmenge M3, den sie seit 1999 mit 4,5 v.H. angibt, danach berechnet, wobei sie den

Rückgang der Umlaufgeschwindigkeit von M3 mit jährlich 0,5 v.H. bis 1,0 v.H. angenommen hat.

Wie sind diese neuerlichen Positionsänderungen in der monetären Makroökonomik, in der Geldtheorie und in den daraus resultierenden Politikempfehlungen zu erklären? Nach wie vor sind aus der früheren keynesianisch-monetaristischen Kontroverse viele Gemeinsamkeiten in den Modellen der neuen neoklassischen Synthese (oder der neuen keynesianischen Makroökonomie) berücksichtigt. Dies gilt vor allem für die Einbeziehung rationaler Erwartungsbildung in die makroökonomischen Modelle, aber auch die Einbeziehung des Zukunftseinkommens (permanent income) als Determinante der gesamtwirtschaftlichen Nachfrage und der erwarteten Inflationsrate in die gesamtwirtschaftliche Angebotsfunktion, weshalb *Goodfriend* auch vom Konsens-Modell der monetären Makroökonomik spricht (*Goodfriend* 2005, S. 250 ff.). Was sind die Gründe für die unterschiedliche Spezifikation und Interpretation von Modellen der Zentralbankpolitik? Weshalb wird heftig gestritten um eine „direkte Inflationssteuerung", die insbesondere der Europäischen Zentralbank von Neukeynesianern dringend empfohlen wird? Ist die absolute Präferenz der Neukeynesianer für eine Politik der Steuerung des kurzfristigen Zinssatzes als Instrument der Inflationsvermeidung bzw. -bekämpfung tatsächlich einer Geldmengensteuerung überlegen?

Hypothesenkonkurrenz ist wünschenswert und notwendig, wenn neue Erkenntnisse gewonnen werden sollen, die möglicherweise die Effizienz geldpolitischer Aktivitäten verbessern können. Soll bislang halbwegs bewährtes Wissen ersetzt werden, müssen neue Hypothesensysteme erklärungsrelevanter als die alten sein. Dies wäre der Fall, wenn

- erstens neue monetäre Hypothesensysteme das Geschehen auf den Finanzmärkten im Zusammenspiel mit den währungspolitischen Autoritäten besser erklären könnten;
- zweitens empirische Überprüfungen der alten Hypothesensysteme erhebliche Zweifel an der Erklärungskraft begründen bzw. sie widerlegen; oder
- drittens die institutionellen Rahmenbedingungen sich so verändert hätten, das alte Erklärungsmuster nicht mehr anwendbar waren.

2. Änderungen der monetären Rahmenbedingungen

In den vergangenen zwei Jahrzehnten haben sich die monetären Rahmenbedingungen weltweit, aber insbesondere auch in Europa drastisch verändert. Ein Meilenstein war die Einheitliche Europäische Akte von 1987, in der vereinbart wurde, bis 1992 den Binnenmarkt in den beteiligten europäischen Ländern durch Verwirklichung der vier Grundfreiheiten (freier Güteraustausch, freier Dienstleistungshandel, freie Arbeitskräftewanderung und freier Kapitalverkehr) umzusetzen. Die Öffnung der Finanzmärkte durch zahlreiche Deregulierungsmaßnahmen hat schon in den neunziger Jahren den grenzüberschreitenden Kapitalverkehr intensiviert. Dadurch wurde die Kapitalallokation in Europa, aber auch darüber hinaus deutlich effizienter. Gleichwohl nimmt der Leistungswettbewerb insbesondere im für Deutschland noch wichtigen Bankenkreditmarkt nur langsam zu. Die internationale Integration der Finanzmärkte hat zwar die

Allokationseffizienz für alle beteiligten Volkswirtschaften verbessert. Sie ist aber keineswegs Anlass, die Funktionsweise der monetären Beziehungen zwischen Zentralbanken, Geschäftsbanken und Nichtbanken bei weitgehend freien Wechselkursen zwischen den betroffenen Ländern anzuzweifeln.

Im Zuge der Deregulierung der Finanzmärkte ist das Kreativitätspotenzial der Marktteilnehmer enorm gestiegen: Neue Instrumente der Risikominderung bzw. Ertragssteigerung wurden entwickelt und in zunehmendem Maße eingesetzt. Insbesondere derivative Finanzprodukte, wie z.B. Swaps, Futures, Optionen, ermöglichen es, zukünftige Preisänderungsrisiken (Zins- und Kursschwankungen) eines Basisgeschäfts (Kredit-, Devisen-, Aktiengeschäft) von anderen Risiken (z.B. Liquiditäts- oder Bonitätsrisiken) zu isolieren. Diese positiven Eigenschaften haben derivative Finanzgeschäfte sehr schnell ausgeweitet, und zwar als Börsen- oder Over-the-Counter-Geschäfte. Hierzu haben die Innovationen in der Telekommunikation sowie die dadurch möglichen Transaktionskostenreduktionen wesentlich beigetragen. Die in den neunziger Jahren immer wieder geäußerten Befürchtungen, durch solche Finanzinnovationen würden die monetären Relationen gestört und die Erfolgschancen einer wirksamen Geldmengensteuerung in Deutschland gefährdet, sind nicht eingetroffen. Einzelfälle (z.B. Barings-Bank) haben die Existenz von Risiken bei Derivaten bestätigt, die aber auch bei den zugrundeliegenden Basisgeschäften vorhanden sind (*Thieme* 1995). Die Entwicklung von Hedge Fonds und die internationalen Aktivitäten von Private-Equity-Gesellschaften lösen ähnliche Ängste und Befürchtungen aus, die allerdings ebenso wenig begründet sein dürften.

Gravierendere Auswirkungen waren zumindest kurzfristig relevant durch die zahlreichen neuen Währungen, die in Europa als Folge des „Mauerfalls" und der Transformation der sozialistischen Planwirtschaften in Marktwirtschaften entstanden sind. Wie die Ausweitung des DM-Währungsgebietes in Deutschland nach der Deutschen Einheit eindrucksvoll belegt, sind trotz ökonomisch falscher Tauschrelationen keine dauerhaften finanziellen Instabilitäten in Deutschland zu verzeichnen, weil die Deutsche Bundesbank in einer bemerkenswerten monetären Operation die Herausforderungen bewältigt hat. Dies galt auch für andere Länder, die sich bei der Etablierung neuer Währungssysteme nicht selten am Vorbild der Deutschen Bundesbank orientiert haben (z.B. Slowenien). Auch dieser massive Wandel der monetären Rahmenbedingungen hat keine dramatischen Folgen hinterlassen, sondern wurde gerade durch Marktflexibilitäten abgefedert.

Eine weitere Herausforderung war die zum 1.1.1999 gegründete Währungsunion in den elf Ländern der Euro-Zone. Der Übergang zu einem System absoluter Festkurse zwischen den zwölf Währungen hat zwar über Nacht einen wichtigen Transmissionskanal beseitigt, über den in der Vergangenheit Anpassungsprozesse bei divergierenden wirtschaftlichen Entwicklungen in den beteiligten Ländern vollzogen wurden. Aber gerade dieses historisch einmalige Ereignis der Kreation einer neuen europäischen Währung, die Ordnungsregeln des Systems der Europäischen Zentralbanken und die praktische Geldpolitik der EZB in den ersten sieben Jahren haben eindrucksvoll bestätigt, dass eine Inflationsbekämpfung (in den ersten zwei Jahren wegen der hohen Liquiditätspolster, die die nationalen Zentralbanken noch vor Beginn der Währungsunion geschaffen hatten) und Inflationsvermeidung mit der Zwei-Säulen-Strategie und einer Orientierung der Geldpolitik am Referenzwert der Geldmenge M3 möglich und erfolgreich ist.

In den vergangenen fünfzehn Jahren haben sich die Strukturen auf den Finanzmärkten und bei den Finanzinstitutionen merklich verändert: Der traditionelle Weg der Unternehmen, die in der Vergangenheit in Deutschland Kredite bei den Geschäftsbanken aufgenommen haben, wurde zunehmend ersetzt durch börsennotierte Unternehmensanleihen. Hierdurch hat sich das Bankengeschäft zwangsläufig ebenso verändert wie durch neue Finanzinstitutionen (z.B. Unternehmensbanken, unabhängige Vermögensberatungen). Hinzu kommen neue Online-Banken, die den Wettbewerb zwischen den Geschäftsbanken verschärft haben. Die erforderlichen Strukturanpassungen haben insgesamt in der stark wachsenden Finanzbranche einzelne Finanzinstitutionen in ihren Marktstrategien verunsichert. Die Effizienz der Geldpolitik vor und nach der Währungsunion wurde dadurch nicht wesentlich tangiert.

Zu bedenken ist allerdings, dass die Europäische Währungsunion und das Bemühen der Länder, im Vorfeld die Konvergenzkriterien zu erfüllen, für die Nichtbanken in den einzelnen Ländern neue Verhaltensspielräume geschaffen haben. Ob und inwieweit hierdurch für die Europäische Zentralbank Probleme bei der zieladäquaten Liquiditätsversorgung entstanden sind, die die Übernahme des neokeynesianischen Stabilisierungskonzepts nahe legen, bleibt nunmehr zu prüfen.

Die monetären Rahmenbedingungen haben sich also durchaus verändert. Dies ist für eine dynamische Wirtschaft normal. Die Konsequenzen aus dem Wandel der Finanzmärkte sind allerdings nicht so gravierend, dass sie einen geldpolitischen Strategiewechsel in der diskutierten Weise erzwingen würden. Für die neuerliche intensive geldtheoretische Diskussion müssen also theoretische Defizite oder neues empirisches Wissen verantwortlich sein. Einige solcher Aspekte sollen abschließend markiert werden.

3. Monetäre Probleme und Erklärungsdefizite

Nach wie vor bestehen Probleme bei der Definition monetärer Stabilität, für die Zentralbanken als Angebotsmonopolisten des Basisgeldes verantwortlich sind. Wird traditionellerweise dauerhafte Geldwertstabilität angestrebt, ist ein adäquater Index des Preisniveaus auszuwählen, an dem die faktische Entwicklung des Geldwertes im Zeitablauf gemessen werden kann und soll. Wegen zahlreicher statistischer Ermittlungsprobleme (*Laspeyres*- versus *Paasche*-Index; Angebots- versus Transaktionspreise etc.) sind Index- und Verfahrenskonstanz dringend erforderlich, um Ad-hoc-Informationen und Interpretationen in der Öffentlichkeit zu vermeiden. Primär geht es um eine möglichst zeitnahe Erfassung der „faktischen“ Inflationsrate, nicht um eine „gefühlte“ Inflation. Dabei sind einige Aspekte zu bedenken, die in der Diskussion häufig vernachlässigt werden:

- Da Geldwertstabilität ein gesamtwirtschaftliches Phänomen ist, muss ein gesamtwirtschaftlicher Index des Preisniveaus betrachtet werden (BIP-Deflator). Wegen der Erhebungsschwierigkeiten einerseits und der Betroffenheit der Haushalte wird stellvertretend ein Konsumpreisindex erhoben, der allerdings nur einen Ausschnitt des Güterbündels repräsentiert.

- In großen Währungsräumen (z.B. USA, Europäische Währungsunion) mit deutlichen regionalen Strukturunterschieden sind neben dem gesamtwirtschaftlichen Preisindex (z.B. Harmonisierter Verbraucherpreisindex in der Währungsunion) auch regionale Preisindices von Interesse – nicht für die gesamtwirtschaftlich operierende Geldpolitik der Zentralbank, sondern für die Standortentscheidungen der Wirtschaftssubjekte.
- Flexibilitätserfordernisse und statistische Erhebungsprobleme legen eine Bandbreitendefinition des Ziels der Preisniveaustabilität nahe. Allerdings sollte eine +/- Abweichung vom Null-Postulat gewählt werden, um nicht – wie in den vergangenen Jahren in Europa, aber insbesondere in Japan zu beobachten – vorschnell von Deflationsprozessen mit verheerenden Konsequenzen für die Erwartungsbildung zu sprechen, wenn lediglich „Disinflation“ und Wiederannäherung an Preisniveaustabilität stattfindet.
- Zu vermeiden sind schließlich die immer wieder in der Öffentlichkeit (aber auch in der Wissenschaft!) zu beobachtenden Konfusionen über Einzelpreisänderungen und Preisniveauänderungen. Einzelpreisänderungen variieren die relativen Preise und induzieren – häufig schmerzliche – Allokationseffekte; der Geldwert (die Kaufkraft) einer Währungseinheit muss sich dadurch nicht zwangsläufig ändern.
- Dies gilt auch für die Preise von Immobilien oder Aktien („Furcht vor Aktienkurs- oder Immobilien-Bubble“), die zudem Bestandsgüter repräsentieren und nicht in der Stromgröße BIP der Verkehrsgleichung enthalten sind. Die Preisentwicklung dieser Vermögensgüter sind für Substitutions- und Vermögenseffekte im Transmissionsprozess bedeutsam, nicht aber unmittelbar für die Geldwertstabilität.

Wenn Einigkeit darin besteht, dass auf dem makroökonomischen Geldmarkt durch Geldangebot und Geldnachfrage der Geldwert (1/P) und die gesamtwirtschaftliche Geldmenge und am Kreditmarkt durch Kreditangebot und Kreditnachfrage das Kreditvolumen und der Nominalzins bestimmt werden, dann ist der Geldmarkt der Ansatzpunkt für die Geldpolitik der Zentralbank bei der Verwirklichung ihres Stabilitätszieles. Zu prüfen ist, ob die Zentralbank das Angebot einer problemadäquat definierten Geldmenge dominant steuern kann. Fällt diese Prüfung – vielleicht wegen Änderungen der Rahmenbedingungen in der Europäischen Währungsunion – negativ aus, wäre ein Wechsel der geldpolitischen Strategie begründet. Wiederum sind verschiedene Aspekte des Geldangebotsprozesses relevant, die kontrovers diskutiert werden:

- Behauptet wird, die Geldbasis sei eine endogene Variable und nicht zieladäquat von der Zentralbank steuerbar (u.a. *Nautz* 1998). Das Konzept der bereinigten bzw. exogenen Geldbasis, wie es *McCallum* (2006) auch für die USA anwendet, löst dieses Problem. Die Zentralbanken verfügen bei flexiblen Wechselkursen auch über die adäquaten Offenmarktinstrumente, die – mengen- und nicht preisorientiert eingesetzt – eine zielgenaue Geldbasisversorgung der Wirtschaft sicherstellen. Das Argument, die Nachfrage der Geschäftsbanken nach Zentralbankgeld sei kurzfristig nahezu zinsunelastisch und die Zentralbank könne sie mengenmäßig nicht beschränken, weil sonst „unerwünschte" Zinsschwankungen am „Geldmarkt" entstünden (*Nautz* 1998, S. 3), verkennt drei Aspekte: Erstens kann es bei einer Mengenstrategie eben nicht Ziel der Zentralbank sein, Zinssätze am kurzfristigen Kreditmarkt zu glätten; zweitens sind in einer wachsenden Volkswirtschaft lediglich die jährlichen Zuwächse an Zentralbankgeld beschränkt; drittens werden lernfähige Geschäftsbanken ihr Reserveverhalten sehr schnell anpassen, wenn die währungspolitische Autorität gut informiert und in der Zeit konsistent handelt. Unerheblich ist es, ob die Wachstumsrate der Geldbasis aus der auf Änderungsraten abgestellten *Fisher*'schen Verkehrsgleichung (Referenzwertberechnung der Europäischen Zentralbank, bezogen auf M3) oder der *McCallum*-Regel abgeleitet wird.

– Entscheidend ist weiterhin, ob der Zusammenhang zwischen Geldbasis und adäquat abgegrenzter Geldmenge hinreichend stabil ist, wie er in der Vergangenheit in vielen europäischen Ländern tatsächlich war. Erste Analysen zeigen, dass der Geldangebotsmultiplikator auch in der Eurozone relativ stabil ist, was nur kurzfristig in der Phase der Einführung des Eurobargeldes 2001/2002 unterbrochen war (Abb. 1). Relativ stabile Geldangebotsmultiplikatoren erlauben es, die Liquiditätseffekte von Geldbasisänderungen insbesondere bei eng abgegrenzten Geldaggregaten (M1) gut zu prognostizieren.

Abbildung 1: Geldangebotsmultiplikatoren für M1, M2, M3 in Euroland

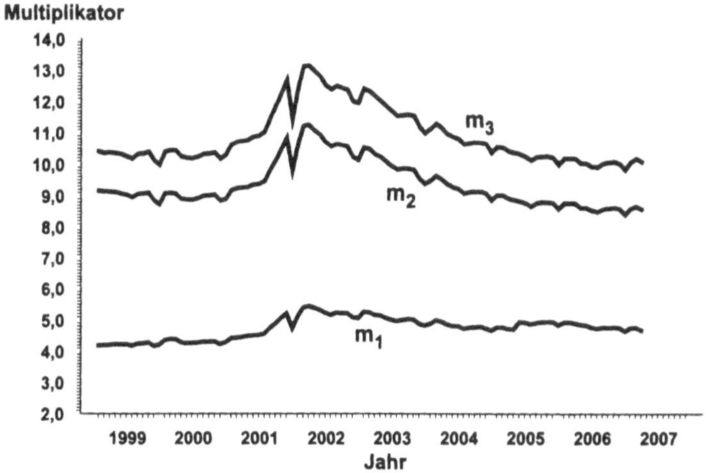

Quelle: *long series / iefg*© 2006

Strittig sind immer wieder die Definitionen und Abgrenzungen der Geldaggregate, die als Zwischenziel-/Indikatorvariable verwendet werden sollten. Preisänderungen entstehen auf Güter- und Faktormärkten bei Tauschprozessen, weshalb enge (Tausch-) Geldabgrenzungen (M1) relevant sind, die auch gute Prognoseeigenschaften für die realen Outputeffekte monetärer Geldmengenimpulse haben. Weite Geldabgrenzungen wie M3 oder – früher bei der Deutschen Bundesbank – M3 erweitert signalisieren einen stetigeren Verlauf (Abb. 2) als eng abgegrenzte Geldmengenaggregate, weil zinsinduzierte Portfolioumschichtungen innerhalb des Aggregats stattfinden.

Abbildung 2: Entwicklung der Geldmengenaggregate in Euroland

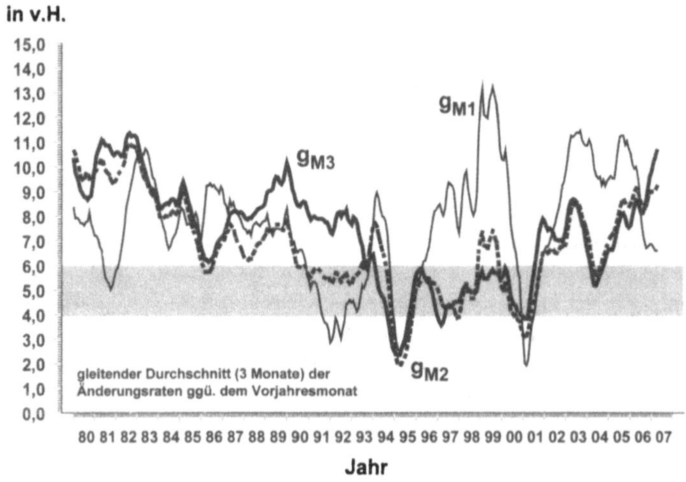

Quelle: *long series / iefg*© 2006

Das Konzept einer Geldmengensteuerung wäre auch dann zum Scheitern verurteilt, wenn Geldangebotsimpulse dauerhaft durch Reaktionen der Geldnachfrage absorbiert würden, die Geldnachfrage bzw. Umlaufgeschwindigkeit des Geldes also instabil ist. Lange Zeit wurde für Deutschland und andere europäische Länder davon ausgegangen, dass die Geldnachfrage eine stabile Funktion einer begrenzten Zahl unabhängiger Variablen (Zins, permanentes Einkommen, Inflationserwartungen, Präferenzen) ist und mittel- und langfristig gut prognostiziert werden kann. Die kurzfristigen, sehr starken Schwankungen reflektierten lediglich das zyklische Geldangebotsverhalten der Zentralbanken (Abb. 3).

Abbildung 3: Zyklen des Geldangebots und der Umlaufgeschwindigkeit in Deutschland

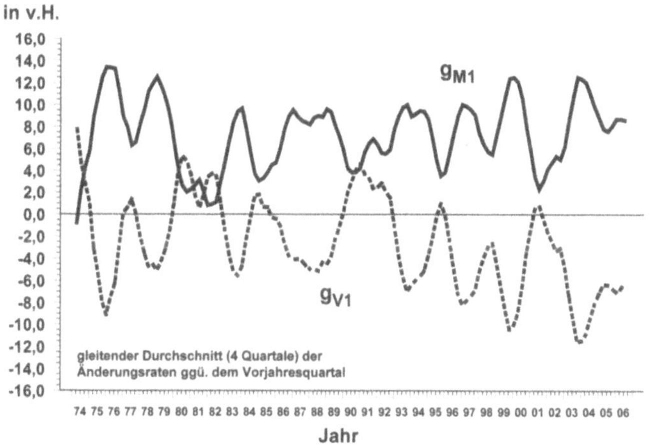

Quelle: *long series / iefg*© 2006

Neuere empirische Analysen der Geldnachfrage in der Eurozone bestätigen die Stabilitätshypothese. Die Geldnachfrage ist dabei umso stabiler, je weiter das Geldaggregat definiert ist, was aus den oben genannten Gründen nicht verwundert (*Brand* und *Cassola* 2004; *Feldkord* 2005). Die Einkommenskreislaufgeschwindigkeit hat sich in Euroland bis Mitte der neunziger Jahre sehr stetig entwickelt (Abb. 4), was insbesondere für V3 gilt.

Abbildung 4: Entwicklung der Umlaufgeschwindigkeit in Euroland

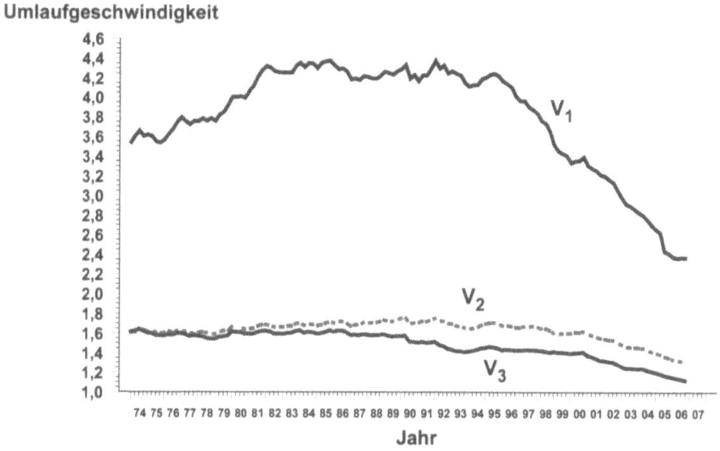

Quelle: *long series / iefg*© 2006

Die Deutsche Bundesbank und später die Europäische Zentralbank haben deshalb bei der Planung der jährlichen Wachstumsrate des Geldangebots bzw. des Referenzwertes eine Reduktion der Umlaufgeschwindigkeit von jährlich um 0,5 v.H. bis 1,0 v.H. angenommen. Die deutliche Reduktion der Umlaufgeschwindigkeit seit dem Start der Währungsunion kann nicht endgültig beurteilt werden, weil die Zeitreihen für systematische ökonometrische Analysen zu kurz sind. Für den beobachtbaren zeitweiligen Anstieg der Kassenhaltung in den Ländern der Eurozone können verschiedene Ursachen verantwortlich sein:

- Die Chance-Risiko-Profile zinstragender Vermögenstitel als Alternative zur Kassenhaltung sind gesunken (*Carstensen* 2004).
- Die gewünschte Bargeldhaltung ist trotz aller technischen Neuerungen im Bankensektor signifikant angestiegen, was wesentlich mit der Zunahme der Second-Economy-Aktivitäten im privaten Sektor erklärbar ist.
- Der Euro wird zunehmend auch international als Reservewährung nachgefragt und als Kasse gehalten.
- Schließlich hat das Vertrauen der europäischen Nichtbanken in die Geldwertstabilität des Euro zugenommen; die europäischen Währungsinstitutionen „aus der Retorte“ haben sehr schnell durch ihre Geldpolitik Glaubwürdigkeit erworben.

Das letzte Argument ist besonders für einzelne europäische Länder (Portugal, Spanien, Griechenland, Italien) relevant, die in der Vergangenheit sehr hohe und zyklisch schwankende Inflationsraten hatten. Der private Sektor hat deshalb nur eine geringe Kassenhaltung präferiert. Im Vorfeld der Währungsunion waren die Disinflationsprozesse in diesen Ländern sehr ausgeprägt; seit 1998/99 herrscht erstmals Preisniveaustabilität. Sobald die Kassenhalter in diesen Ländern ihre Kassenhaltungswünsche an die neue Stabilitätssituation angepasst haben, wird das Geldnachfrageniveau in der Eurozone stabilisiert. Auch in dieser Hinsicht wäre es also verfrüht und verfehlt, einen Wandel der geldpolitischen Strategie zu fordern.

Auch in der theoretischen und empirischen Analyse von Transmissionsprozessen in monetären Marktwirtschaften sind keine gravierenden neuen Erkenntnisse zu verzeichnen (Abb. 5): Wie früher in den einzelnen Ländern kann für Euroland beobachtet werden, dass die realwirtschaftliche Entwicklung (gy_r – Änderungsrate des realen Bruttoinlandsprodukts) mit einem time lag von ca. vier Quartalen monetären Impulsen (g_{M1} – Änderungsrate der Geldmenge M1) folgt.

Abbildung 5: Geldmengen- und Konjunkturentwicklung in Euroland

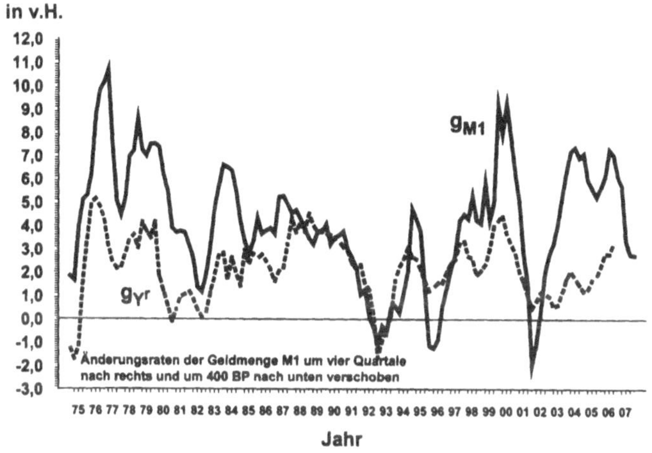

Quelle: *long series / iefg*© 2006

Mit mehr als acht Quartalen reagiert die am harmonisierten Verbraucherpreisindex in Euroland gemessene Inflationsrate auf Änderungen des Geldmengenwachstums, gemessen an g_{M2}. Konkrete Transmissionsprozesse sind durch zahlreiche Unwägbarkeiten geprägt, weil die Splittingprobleme, also die Aufteilung und Quantifizierung der realen und nominalen Effekte von monetären Impulsen, nur unzureichend gelöst sind (*Michler* 2003). Allerdings liefern neuere transmissionstheoretische Erklärungsversuche (Überblick bei *Mishkin* 2001 und *Thieme* 2003) keine besseren Ergebnisse. Auch die Time-Lag-Strukturen sind nur grob bestimmbar und schwanken in Abhängigkeit von den jeweiligen konkreten Rahmenbedingungen, die auch wesentlich durch die staatliche Wirtschaftspolitik und die Kartellstrategien der Tarifpartner am Arbeitsmarkt geprägt werden. Unbestritten ist nach wie vor, dass das Geldmengenwachstum mittel- und langfristig die Entwicklung des Preisniveaus determiniert, weshalb auch die *Deutsche Bundesbank* (Monatsbericht Januar 2005) ein striktes Festhalten der Europäischen Zentralbank an einer sorgfältigen Analyse und Beachtung der Determinanten des Geldmengenwachstums postuliert. Ob und inwieweit der Informationsgehalt für Inflationsrisiken in der kurzen Frist durch neue Geldmengenkonzepte (z.B. Core-Money-Konzept, *Neumann* und *Greiber* 2004) erhöht werden kann, bleibt abzuwarten. Probleme und Erklärungsdefizite bestehen schließlich auch bei der Analyse der sich sehr dynamisch entwickelnden Finanzmärkte, zahlreicher neuer Finanzinstitutionen und insbesondere einer Vielfalt neuer, sehr komplexer Finanzinstrumente.

Unternehmen der Finanzbranche wurden seit 1957 bis 2005 in Deutschland wettbewerbspolitisch als Ausnahmebereich behandelt. Sie unterliegen einer umfassenden Finanzaufsicht (Bundesanstalt für Finanzdienstleistungsaufsicht). Die international vereinbarten Aufsichtsregeln (Basel I, Basel II) sind strikte ordnungspolitische Regeln. Sie ermöglichen es staatlichen Institutionen, massiv in das Finanzmarktgeschehen einzugreifen. Die Effekte sind keineswegs wettbewerbsneutral. Ob durch diese partiellen

Aufsichtskontrollen in weltweit integrierten Finanzmärkten Systemrisiken gemindert oder gar verhindert werden können, ist zu bezweifeln. Stattdessen werden möglicherweise erhebliche Standortnachteile für Unternehmen der expandierenden Finanzmärkte geschaffen. Auch die neuerlichen Transparenzförderungsvereinbarungen der Finanzminister (Essener Konferenz vom Februar 2007) zur Kontrolle von Hedge Fonds und Private-Equity-Aktivitäten könnten Vorboten von staatlichen Regulierungsmaßnahmen sein, die dann erneut Umgehungsstrategien und Ausweichreaktionen der betroffenen Unternehmen induzieren.

Abbildung 6: Geldmengen- und Inflationsentwicklung in Euroland

Quelle: *long series / iefg*© 2006

4. Fazit

Die intensive geldtheoretische Diskussion der vergangenen zwei Jahrzehnte hat die alte Kontroverse über die Rolle des Geldes in Marktwirtschaften neu entfacht. Den monetaristischen Geldangebots-, Geldnachfrage- und Transmissionshypothesen haben die Neukeynesianer erneut makroökonomische Fixpreismodelle gegenübergestellt, aus denen geldpolitische Strategieoptionen abgeleitet werden, die den diversen Geldmengenaggregaten keine Bedeutung beimessen.

Empirische Analysen haben die monetaristischen Wirkungszusammenhänge der Transmissionsprozesse nicht widerlegt; sie haben allerdings die Wissensdefizite über Time-Lag-Strukturen der Geldpolitik sowie über nominale und reale Effekte monetärer Impulse (Splitting-Problem) bestätigt.

Monetaristen präferieren wegen nur unzureichenden Wissens eine Strategie der Verstetigung des Geldmengenwachstums, wobei die Änderungsrate der relevanten Geldaggregate am realen Potentialwachstum und der tolerierten Inflationsrate zu orientieren ist. Neukeynesianer kehren zurück zur Empfehlung einer kurzfristig agierenden aktivistischen Geldpolitik, die den Zinssatz für kurzfristige Kredite am „Geldmarkt" steuert. Monetaristen plädieren für eine mengenorientierte Liquiditätsversorgung mit dem einzigen Ziel der dauerhaften Geldwertsicherung bzw. der Wiedergewinnung von Preisniveaustabilität. Neukeynesianer präferieren bei günstigen Inflationsprognosen den Einsatz der Zinspolitik für positive Konjunktur- und Beschäftigungseffekte.

Die diversen Inflation-Targeting-Strategien sind theoretisch und empirisch nicht hinreichend fundiert. Sie sind undurchsichtig, wodurch dynamische Inkonsistenzen der Geldpolitik entstehen können. „In some respects, inflation targeting in the industrialized economies emerged in an ad hoc fashion" (*Paulin* 2006, S. 16).

Literatur

Brand, Claus und *Nuno Cassola* (2004), A Money Demand System for Euro Area M3, in: Applied Economics, Vol. 36, Nr. 8, S. 817-838.

Carstensen, Kai (2004), Is European Money Demand Still Stable?, in: Institut für Weltwirtschaft Kiel, Working Paper Nr. 1179.

Clarida, Richard., Jordi Gali und *Marc Gertler* (1998), Monetary Policy Rules in Practice: Some International Evidence, in: European Economic Review, Vol. 42, S. 1033-1068.

Clarida, Richard., Jordi Gali und Marc Gertler (1999), The Science of Monetary Policy: A New Keynesian Perspectice, in: Journal of Economic Literature, Vol. 37, S. 1661-1707.

Deutsche Bundesbank (2005), Der Zusammenhang zwischen Geldmenge und Preisen, in: Monatsberichte, Januar 2005, S. 15-27.

Feldkord, Eva-Ulrike (2005), Die Bedeutung der monetären Analyse für die Europäische Zentralbank, in: Wirtschaftsdienst, 85. Jg., Nr. 4, S. 258-263.

Goodfriend, Marvin (2005), The Monetary Policy Debate since October 1979: Lessons for Theory and Practice, in: Federal Reserve Bank of St. Louis Review, Vol. 87, March/April, S. 243-262.

Kuttner, Kenneth N. (2004), A Snapshot of Inflation Targeting in its Adolescence, in: *Christopher Kent* und *Simon Guttmann* (Hg.), The Future of Inflation Targeting, Sydney, S. 6-43.

McCallum, Bennett, T. (2006), Policy-Rule Retrospective on the Greenspan Era, Shadow Open Market Committee, May 8.

Michler, Albrecht F. und *H. Jörg Thieme* (2004), Zur Konzeption der EZB-Politik: Anpassungserfordernisse unter veränderten Rahmenbedingungen?, in: *Thomas Apolte, Rolf Caspers* und *Paul J.J. Welfens* (Hg.), Ordnungsökonomische Grundlagen nationaler und internationaler Wirtschaftspolitik, Stuttgart, S. 81-96.

Mishkin, Frederic (2001), The Economics of Money Banking and Financial Markets, 6. ed., New York.

Nautz, Dieter (1998), Wie brauchbar sind Multiplikatorprognosen für die Geldmengensteuerung der Bundesbank, in: Kredit und Kapital, 31. Jg., Nr. 2, S. 171-189.

Neumann, Manfred J. M. und *Claus Greiber* (2004), Inflation and Core Money Growth in the Euro Area, in: Deutsche Bundesbank (Hg.), Discussion Paper, No. 36.

Paulin, Graydon (2006), Credibility with Flexibility: The Evolution of Inflation-Targeting Regimes, 1990-2006, in: Bank of Canada Review, Summer, S. 5-18.

Svensson, Lars E.O. (1999), Inflation Targeting as a Monetary Policy Rule, in: Journal of Monetary Economics, Vol. 43, Nr. 3, S. 607-654.

Taylor, John B. (1993), Discretion Versus Policy Rules in Practice, in: Carnegie-Rochester Conference Series on Public Policy, Vol. 39, S. 195-214.

Thieme, H. Jörg (1972), Geld- und fiskalpolitische Prozesssteuerung in der Marktwirtschaft – Alternative Stabilisierungskonzepte?, in: *Dieter Cassel, Gernot Gutmann* und *H. Jörg Thieme* (Hg.), 25 Jahre Marktwirtschaft in der Bundesrepublik Deutschland, Konzeption und Wirklichkeit, Stuttgart, S. 230-250.

Thieme, H. Jörg (1982), Keynesianismus-Monetarismus: Was bleibt?, in: *Joachim Starbatty* (Hg.), Geldordnung und Geldpolitik in einer freiheitlichen Gesellschaft, Tübingen, S. 18-34.

Thieme, H. Jörg (1995), Finanzinvestitionen und Geldmengensteuerung, in: *Jürgen Siebke* und *H. Jörg Thieme* (Hg.), Geldpolitik, Baden-Baden, S. 93-132.

Thieme, H. Jörg (2003), Transmission monetärer Impulse: Theoretische Grundlagen und geldpolitische Implikationen, in: *Dieter Cassel, Herbert Müller* und *H. Jörg Thieme* (Hg.), Stabilisierungsprobleme in der Marktwirtschaft, München, S.15-32.

Thieme, H. Jörg und *Uwe Vollmer* (1987), Theorien des Geldwirkungsprozesses, in: *H. Jörg Thieme* (Hg.), Geldtheorie: Entwicklung, Stand und systemvergleichende Anwendung, 2. Auflage, Baden-Baden, S. 73-109.

Albrecht F. Michler und H. Jörg Thieme (Hg.)
Systeme monetärer Steuerung: Analyse und Vergleich geldpolitischer Strategien
Schriften zu Ordnungsfragen der Wirtschaft · Band 86 · Stuttgart · 2007

Zur Rolle der Währungspolitik Chinas beim Abbau der externen und internen Ungleichgewichte

Hermann Remsperger

Inhalt

1. Chinas Währungspolitik im Fokus der internationalen Diskussion 20

2. Entwicklung des chinesischen Außenbeitrags und des Wechselkurses 21

3. Probleme und Risiken des Leistungsbilanzüberschusses und des Reservewachstums 23

4. Möglichkeiten und Voraussetzungen für einen Beitrag des Wechselkurses zum Abbau der externen und internen Ungleichgewichte 27
   4.1. Wirkungen einer Aufwertung des Renminbi 27
   4.2. Abbau der Ungleichgewichte im Rahmen eines mittelfristig orientierten Reformpakets 28

5. Schlussfolgerungen 29

Literatur 30

Statistischer Anhang 32

1. Chinas Währungspolitik im Fokus der internationalen Diskussion

Die Währungspolitik Chinas rückt zunehmend in den Fokus der internationalen Diskussion. Deutlich wurde dies beispielsweise auch bei den letzten Treffen der G7-Finanzminister und -Notenbankgouverneure.[1] Die hohen und kräftig wachsenden Überschüsse in der chinesischen Leistungs- und Kapitalbilanz und die damit verbundene starke Zunahme der Währungsreserven haben Politiker und Ökonomen wiederholt zu wirtschafts- und währungspolitischen Empfehlungen angeregt.

Die Ratschläge und Meinungen zur chinesischen Währungspolitik sind insgesamt betrachtet kontrovers und widersprüchlich. Die Bandbreite der Empfehlungen reicht von einer massiven effektiven Aufwertung über die Flexibilisierung der chinesischen Währung bis hin zur Ablehnung jeglicher Wechselkursänderung oder -flexibilisierung. So fordert vor allem die amerikanische Regierung – unterstützt von Ökonomen wie *Fred Bergsten* – eine stärkere Aufwertung des Renminbi, während die chinesische Regierung und Ökonomen wie *Ronald McKinnon* und *Robert Mundell* dem eher reserviert bis ablehnend gegenüberstehen.[2] Die chinesische Regierung zeigt sich in jüngster Zeit aber zunehmend aufgeschlossener gegenüber Forderungen nach einer Anpassung der Wechselkurspolitik.

Forderungen nach einer Aufwertung des Renminbi werden häufig in Maßnahmenpakete eingebettet.[3] Diese Analysen und Empfehlungen schließen insbesondere den Bereich der Binnenwirtschaftspolitik und des Finanzsystems ein, weil hier strukturelle Schwächen wie eine ungewöhnlich hohe Sparquote erkannt werden, die zu den außenwirtschaftlichen Ungleichgewichten beitragen. Darüber hinaus werden in der internationalen Debatte Maßnahmenbündel empfohlen, die einen globalen oder multilateralen Ansatz in den Vordergrund stellen und Anpassungswünsche an die für die Weltwirtschaft bedeutenden Länder und Wirtschaftsräume richten.

Ziel dieser Ausarbeitung ist eine aktualisierte Bestandsaufnahme und Analyse der Fakten sowie eine Bewertung der verschiedenen Argumente und Empfehlungen für einen Beitrag der chinesischen Währungspolitik zum Abbau der externen und internen Ungleichgewichte. In Abschnitt 2 wird zunächst der Frage nachgegangen, inwieweit der Leistungsbilanzüberschuss Chinas mit dem US-Leistungsbilanzdefizit im Zusammenhang steht. Dem schließt sich in Abschnitt 3 eine Diskussion der Risiken und Probleme an, die mit diesen Überschüssen und dem damit verbundenen Anstieg der Währungsreserven einhergehen. In Abschnitt 4 werden empirische Untersuchungen zu den

---

[1] Die G7-Finanzminister und -Notenbankgouverneure erklärten nach ihrem Treffen in Essen und Washington: „In emerging economies with large and growing current account surpluses, especially China, it is desirable that their effective exchange rates move so that necessary adjustments will occur."

[2] Beispielhaft seien folgende Literaturhinweise gegeben: Berichte des IWF-Stabs zu den Artikel IV- Konsultationen mit China für 2005 und 2006; *Bergsten* (2004); *Goldstein* (2005); *McKinnon* und *Schnabl* (2006); *McKinnon* (2006); *McKinnon* (2007); *Mundell* (2004) sowie *Mundell* (2005).

[3] Vgl. z.B. *Lardy* (2007).

Auswirkungen einer Aufwertung des Renminbi vorgestellt. Abschnitt 5 fasst wichtige Ergebnisse und Argumente zusammen.

2. Entwicklung des chinesischen Außenbeitrags und des Wechselkurses

Als Symptome für in China liegende Ursachen der globalen Ungleichgewichte werden vielfach die hohen Überschüsse in der Leistungsbilanz identifiziert. Sie schlagen sich wegen der relativ starren Anbindung des Renminbi an den US-Dollar (vgl. Kasten 1) und bestehender Beschränkungen des Kapitalexports in stark zunehmenden Währungsreserven nieder. In den Jahren 2005 und 2006 betrug der chinesische Leistungsbilanzüberschuss 7,2 % bzw. 9,1 % des BIP.

Hauptquelle der chinesischen Leistungsbilanzüberschüsse ist der Warenhandel. Hier hat sich in den letzten anderthalb Jahrzehnten ein bemerkenswerter Wandel vollzogen. Die chinesischen Warenexporte bewegten sich in der Nachkriegszeit bis zu Beginn der achtziger Jahre in der Größenordnung von rund 1 % der globalen Warenexporte. Seit Anfang der neunziger Jahre nahm ihr Anteil deutlich zu und erreichte im Jahr 2005 7,5 % (vgl. statistischer Anhang, Tabelle 1).[4] Dagegen ging der Marktanteil der USA von 21,7 % im Jahr 1948 auf 8,9 % im Jahr 2005 zurück.[5] Hinter diesen langfristigen Verschiebungen von Marktanteilen verbergen sich tiefgreifende strukturelle Veränderungen der Weltwirtschaft infolge der zunehmenden globalen wirtschaftlichen Verflechtung und des Aufholprozesses der Schwellenländer. Dieser Aufholprozess vollzog sich in vielen Fällen mittels eines exportgetriebenen Wachstums, mit dem ein steigender wirtschaftlicher Öffnungsgrad insbesondere der asiatischen Schwellenländer verbunden war (statistischer Anhang, Tabelle 2). Dabei hat auch die internationale und regionale Zerlegung von Produktionsprozessen eine wichtige Rolle gespielt.

China hat sich in vergleichsweise kurzer Zeit zu einer bemerkenswert offenen Volkswirtschaft entwickelt. Der Offenheitsgrad des Landes, gemessen am Handelsvolumen in Prozent des BIP, nahm von gut 20 % in den achtziger Jahren auf knapp 50 % im Zeitraum von 2000 bis 2005 zu. Das Auslaufen des Multifaserabkommens Ende 2004, das die Textilexporte der Schwellenländer in Industrieländer Quotenregelungen unterworfen hatte, erlaubte China nicht zuletzt aufgrund seiner preislichen Wettbewerbsfähigkeit zusätzliche Marktanteile zu erringen. Der Anteil an den Welttextilexporten verdoppelte sich trotz nachträglich auferlegter Handelsbeschränkungen (vgl. Abschnitt 3) von 2000 bis 2005 auf 20,2 %.[6] Dies sind bemerkenswerte Indizien für die hohe preisliche Wettbewerbsfähigkeit und starke Außenorientierung der chinesischen Wirtschaft.

---

4 Einen ähnlichen Erfolg verzeichneten die asiatischen Tigerstaaten, die ihren Anteil Anfang der neunziger Jahre auf knapp 10 % ausweiteten, ausgehend von einem Anteil von rund 3 %.

5 Angaben für die EU liegen nur in der jeweiligen politischen Abgrenzung vor und sind daher im Zeitablauf nicht vergleichbar. Der Anteil der EU25 betrug im Jahr 2005 39,4 %.

6 Quelle: WTO.

Unter dem Aspekt der globalen Ungleichgewichte wird der Leistungsbilanzüberschuss Chinas häufig in direkten Bezug zum amerikanischen Leistungsbilanzdefizit gesetzt (vgl. statistischer Anhang, Tabellen 3 und 4). In der zweiten Hälfte der achtziger Jahre betrug das bilaterale US-Defizit im Warenhandel mit China 3,2 Mrd. US-$; dies entsprach lediglich 2 % des gesamten US-Passivsaldos. Im Jahr 2005 stellte der bilaterale Passivsaldo gegenüber China mit 218 Mrd. US-$ das größte Einzeldefizit der USA dar (26 % des Gesamtdefizits).[7] Dies erklärt den wachsenden Fokus auf das bilaterale chinesisch-amerikanische Ungleichgewicht. Im selben Jahr verzeichneten die USA aber auch relativ große bilaterale Außenhandelsdefizite gegenüber der EU-25 in Höhe von 131 Mrd. US-$ (bzw. 16 % des gesamten US-Defizits) – einschließlich eines Defizits gegenüber Deutschland in Höhe von 34 Mrd. US-$ (4,2 %) – sowie gegenüber den Ölexportländern in Höhe von 100 Mrd. US-$ (12 %).[8] Bemerkenswert ist zudem, dass das bilaterale Außenhandelsdefizit der USA gegenüber China einen Großteil des bilateralen US-Defizits gegenüber Asien insgesamt ausmacht (im Jahr 2005 rund 61 % des Defizits gegenüber den EMEAP-9-Ländern[9]; vgl. statistischer Anhang, Tabelle 3).

Kasten 1: Stationen chinesischer Wechselkurspolitik

Die Entwicklung des chinesischen Wechselkursregimes lässt sich in vier Phasen unterteilen, in denen China seit den achtziger Jahren von einem fixen Wechselkurs zu einer Flexibilisierung und wieder zurück zu einem de facto fixen Wechselkursregime wechselte:[10]

- In den achtziger Jahren verfügte China über ein festes Wechselkurssystem. In dieser Zeit kam es jedoch im Zusammenhang mit dem Reformprozess und aufgrund der wirtschaftlichen Entwicklung häufig zu Abwertungen.
- Von 1988 bis 1993 hatte China ein duales Wechselkurssystem, mit einem fixen, offiziellen Wechselkurs und einem Wechselkurs, der auf sogenannten Swap-Märkten gebildet wurde.
- Im Jahr 1994 wurde die Politik dualer Wechselkurse beendet. Das neue Wechselkurssystem wurde offiziell als "managed float" bezeichnet, de facto entsprach es jedoch seit 1995 einem fixen Wechselkurssystem mit einer Bindung an den US-Dollar. Der Wechselkurs lag bis Juli 2005 bei 8,28 RMB/US-$. Der handelsgewichtete reale Wechselkurs des Renminbi wertete von 1994 bis zum 1. Quartal 1998 auf und schwenkte anschließend – bis zum 1. Quartal 2002 – auf

[7] Zum Vergleich: Das damals konfliktträchtige bilaterale US-Defizit gegenüber Japan betrug Ende der achtziger und Anfang der neunziger Jahre rund 40 % des gesamten US-Außenhandelsdefizits. Aufgrund des starken Anstiegs des US-Defizits gegenüber anderen Ländern ging das bilaterale Defizit gegenüber Japan bis 2005 auf 10,4 % des gesamten US-Defizits zurück, obwohl es in absoluten Zahlen weiter zunahm.

[8] Quellen: *WTO* und *Deutsche Bundesbank*, Zahlungsbilanzstatistik.

[9] Die EMEAP-9-Gruppe umfasst die Länder des Executives' Meeting of East Asia-Pacific Central Banks ohne Australien und Neuseeland.

[10] Vgl. *IWF* (2007).

eine Seitwärtsbewegung ein. Danach fiel der Renminbi bis zum 1. Quartal 2005 wieder auf das Niveau von Anfang 1996 zurück.

- Am 21.7.2005 wertete der Renminbi gegenüber dem US-Dollar um 2,1 % auf. Anschließend wurde die Wechselkursbindung an den US-Dollar aufgehoben. Offiziell verfolgt die People's Bank of China seit dem eine Wechselkurspolitik, die sie als „managed float mit Referenz zu einem Währungskorb" bezeichnet. De facto steht aber der bilaterale Wechselkurs des Renminbi gegenüber dem US-Dollar weiter im Mittelpunkt. Vom 21.7.2005 bis Ende Mai 2007 wertete der Renminbi gegenüber dem US-Dollar kontinuierlich um insgesamt gut 7½ % auf. Im April 2007 lag der reale effektive Wechselkurs des Renminbi trotzdem in etwa bei seinem langfristigen Durchschnittswert (von Januar 1994 bis April 2007).
- Am 18.5.2007 gab die People's Bank of China eine Ausweitung der täglichen Schwankungsbreite des Renminbi gegenüber dem US-Dollar von 0,3 Prozentpunkte auf 0,5 Prozentpunkte bekannt.

Neben hohen Leistungsbilanzüberschüssen trugen in den letzten Jahren auch Nettokapitalimporte zu dem starken Anstieg der chinesischen Währungsreserven bei (vgl. statistischer Anhang, Tabelle 5). Diese Kapitalimporte erfolgten überwiegend in Form von Direktinvestitionen. Der Bestand an Devisenreserven erreichte im Jahr 2006 insgesamt die Rekordhöhe von 1.066 Mrd. US-$ bzw. 40,6 % des BIP. Damit war China der weltweit größte Halter von Devisenreserven vor Japan mit 875 Mrd. US-$.

Zusammenfassend lässt sich festhalten, dass die Wechselkurspolitik in China explizit einer exportbasierten Entwicklungs- und Wachstumsstrategie untergeordnet wird. Eine Anpassung des realen Renminbi-Wechselkurses, der die starke Nachfrage nach chinesischen Exporten dämpfen könnte, wird durch die faktische nominale Dollaranbindung des Renminbi verhindert und der damit verbundene Aufbau hoher Währungsreserven in Kauf genommen. Im bilateralen Verhältnis zu den USA machen die steigenden chinesischen Überschüsse mittlerweile über ein Viertel des US-Handelsbilanzdefizits aus.

3. Probleme und Risiken des Leistungsbilanzüberschusses und des Reservewachstums

Ein wichtiger Aspekt im Zusammenhang mit den Leistungsbilanzüberschüssen und der Reserveakkumulation ist das Wechselkursregime. Vor dem Hintergrund des in den letzten beiden Jahren deutlich angestiegenen Leistungsbilanzüberschusses und der anhaltenden Nettokapitalimporte wird in der Diskussion über die chinesische Wechselkurspolitik die Befürchtung geäußert, dass diese Politik nicht durchhaltbar sei. Verwiesen wird in diesem Zusammenhang auf stabilitätspolitische Gefahren und die begrenzte Möglichkeit, die Geldpolitik zur Bekämpfung von Überhitzungserscheinungen einzusetzen. China wird zudem vorgeworfen, im Rahmen einer exportbasierten Entwicklungsstrategie mit der faktischen Wechselkursanbindung an den US-Dollar den Renminbi unterbewertet zu halten. Daran knüpfen sich Forderungen, den Renminbi deutlich aufzuwerten. Dabei ist nicht immer klar, ob damit eine einmalige Aufwertung bei grundsätzlicher Beibehaltung des fixen Wechselkursregimes oder eine begrenzte bzw. völlige Freigabe des Wechselkurses gemeint ist.[11]

Das gegenwärtige außenwirtschaftliche Ungleichgewicht dürfte kaum im chinesischen Interesse sein. Für ein gemessen am Pro-Kopf-Einkommen immer noch vergleichsweise armes Entwicklungsland macht es wenig Sinn, Kapital zur Finanzierung der Investitionen und des Konsums von „reichen Ländern" zu exportieren. Die chinesischen Währungsreserven sind zudem nach vielen gängigen Kriterien deutlich zu hoch (vgl. Kasten 2). Der massive Aufbau von Währungsreserven stößt auch zunehmend an stabilitätspolitische Grenzen, erschwert die makroökonomische Steuerung und begünstigt strukturelle Fehlentwicklungen.

Kasten 2: Zur Angemessenheit von Währungsreserven

- Die Angemessenheit der Währungsreserven wird von zahlreichen Einflussfaktoren bestimmt und kann nur näherungsweise bestimmt werden.
- Ist ein Land nur über den Handel mit der Weltwirtschaft verflochten und hat keinen Kapitalmarktzugang, wie dies für die meisten Entwicklungsländer zutrifft, so kommt das Import-Finanzierungsargument zur Anwendung. Nach dieser „Faustregel" sollte die Höhe der Währungsreserven zumindest dem Wert der Importe von drei bis sechs Monaten entsprechen. Allein mit den bis Ende 2006 akkumulierten Währungsreserven könnte China 15 Importmonate finanzieren.[12]
- Die Angemessenheit der Währungsreserven von Ländern mit Kapitalmarktzugang und einer externen Verschuldung, wie dies für viele Schwellenländer typisch ist, wird vielfach anhand der *Greenspan-Guidotti*-Regel beurteilt. Danach sollten die Währungsreserven zumindest die kurzfristigen Auslandsverbindlichkeiten abdecken. Ende 2006 entsprachen Chinas Währungsreserven schätzungsweise dem Sechsfachen seiner kurzfristigen Auslandsschulden.[13]
- Neben diesen beiden Faustregeln, die in der Praxis häufig Anwendung finden, gibt es auch differenziertere wissenschaftliche Analysen. In einem Arbeitspapier des *IWF* werden beispielsweise zur Quantifizierung der optimalen Währungsreserven folgende fünf Variablen berücksichtigt: (1) die Wahrscheinlichkeit eines abrupten exogenen Schocks, (2) die Rendite der Reserven, (3) die Opportunitätskosten der Reservehaltung und (4) die Risikoaversion des betreffenden Landes. Unter Verwendung dieser Einflussfaktoren kommt das Papier zu dem Ergebnis, dass die asiatischen Länder seit der Asienkrise exzessive Reserven angesammelt haben.[14]

---

[11] *Pisany-Ferry* und *Ahearne* (2007, S. 8) vom Brüsseler Think Tank „Bruegel" fordern beispielsweise eine Aufwertung des Renminbi um etwa 10 %. "This should be followed by further appreciation with the aim, over a horizon of perhaps three to four years, of fully eliminating intervention designed to prevent appreciation of the renminbi."

[12] Berechnet auf Grundlage der durchschnittlichen monatlichen Importe im 4. Quartal 2006.

[13] Quelle: Economist Intelligence Unit, Deutsche Bank, eigene Berechnungen.

[14] Vgl. dazu *Jeanne* and *Rancière* (2006).

Vor dem Hintergrund hoher Nettokapitalzuflüsse dürfte die Kontrolle der Liquidität und die Sicherung der Geldwertstabilität zu einer wachsenden Herausforderung werden. Zwar ist es der People's Bank of China (PBoC) bisher gelungen, das Wachstum der Geldmenge im Bereich der von ihr gesetzten Orientierungswerte zu halten. Zudem besteht für ein rasant wachsendes Schwellenland ein erstaunliches Niveau an Preisstabilität. Von chinesischer Seite wird ferner geltend gemacht, dass eine wechselkursorientierte Politik eine bewusste Präferenz der externen gegenüber der internen Stabilität darstellt und somit ein höheres Maß an Inflationstoleranz erfordert, als es eine ausschließlich an der Preisstabilität orientierte Geldpolitik nahe legen würde.

Die zentrale Frage ist, wie lange China die aktuelle Politik der massiven Reserveakkumulation durchhalten kann. Mit der Zunahme der Währungsreserven steigt die binnenwirtschaftliche Liquidität, wenn die Zentralbank diese Liquidität nicht beispielsweise durch den Verkauf eigener oder in ihrem Besitz befindlicher Wertpapiere sterilisiert. Eine solche Sterilisierung ist häufig mit fiskalischen Kosten verbunden. In China fallen jedoch gegenwärtig „quasi-fiskalische Erträge" in Höhe der (positiven) Differenz aus dem Zinsertrag der Anlage von Währungsreserven in US-Schatzwechseln und dem Zinsaufwand aus der Platzierung von Sterilisationspapieren an. Allerdings scheinen diese Sterilisierungsoperationen an Grenzen zu stoßen. Von März 2006 bis Februar 2007 musste die PBoC monatlich 25,3 Mrd. US-$ ankaufen.[15] Etwa die Hälfte davon wird durch Sterilisierung stillgelegt, ein kleinerer Teil durch die Erhöhung des Mindestreservesatzes absorbiert. Damit könnte sich ein Inflationspotenzial aufbauen, das sich schon in Form eines kräftigen Anstiegs der Immobilienpreise in den großen Städten andeutet. Die Platzierung vergleichsweise niedrig verzinslicher Sterilisierungspapiere im Bankensystem vermindert zudem die Profitabilität der Kreditinstitute und untergräbt damit die laufenden Bemühungen zur Reform des Finanzsystems. Außerdem fallen bei einer künftig wahrscheinlich doch unausweichlichen Aufwertung entsprechende Abschreibungen auf die Währungsreserven an. Jüngste Äußerungen chinesischer Politiker deuten darauf hin, dass der ungebremste Reserveaufbau zunehmend Sorge bereitet.

Staatliche Investitionslenkung und ein künstlich niedrig gehaltener Außenwert der Währung führen zu einer Fehlallokation von Kapital. Hierfür gibt es Anzeichen nicht zuletzt in Gestalt der im internationalen Vergleich unverhältnismäßig hohen Unternehmensinvestitionen.[16] Schon jetzt bestehen in manchen exportrelevanten Sektoren Chinas wie der Automobil- und Stahlindustrie Überkapazitäten, und der Bankensektor ist durch Problemdarlehen belastet; diese beliefen sich Ende 2005 nach einer Rekapitalisierung von drei großen Geschäftsbanken auf 8,5 % der Gesamtdarlehen.[17] Die fundamentalen Schwächen dieser Struktur könnten durch einen Einbruch der Weltnachfrage offengelegt werden und in einzelnen Sektoren und Unternehmen zu krisenhaften Entwicklungen führen.

---

[15] Vgl. dazu *IWF*, International Financial Statistics.

[16] Staatsunternehmen, die die Hälfte aller Unternehmensgewinne erzielen, führen keine Dividende ab und investieren die erwirtschafteten Eigenmittel stattdessen. Vgl. *IWF* (2006), S. 5.

[17] *IWF* (2006), S. 12 und 22.

Es besteht zudem die Gefahr, dass das exportgetriebene Wachstum an seinen inneren Widersprüchen scheitert. So wird befürchtet, dass die im Jahr 2006 amtlich mit rund 2 % als niedrig ausgewiesene, inzwischen aber mit einer Jahresrate von 3 % zunehmende Inflation vor dem Hintergrund der relativ starren Wechselkursanbindung an den US-Dollar außer Kontrolle geraten und kontraktiv wirkende Gegenmaßnahmen erfordern könnte. Längerfristig muss das gesamtwirtschaftliche Preisniveau aufgrund des *Balassa-Samuelson*-Effekts jedenfalls zunehmen, falls die für eine Anpassung der gesamtwirtschaftlichen Nachfrage erforderliche reale Aufwertung nicht mittels einer nominalen Aufwertung herbeigeführt wird. Der große Reservepool an Arbeitskräften kann eine inflationäre Entwicklung zwar bremsen, aber letztlich nicht aufhalten, auch weil bestimmte Qualitäten des Arbeitsangebots zunehmend knapp werden. Außerdem nimmt mit wachsendem Außenhandel die Möglichkeit zu, Kapitalverkehrskontrollen zu umgehen. Dann können – bei zunehmenden Schwierigkeiten einer Reservesterilisierung – (spekulative) Kapitalimporte das Kreditvolumen und Preisniveau noch weiter antreiben.[18] Da große Teile der Bevölkerung weiterhin unterhalb der Armutsgrenze leben und sich kaum gegen Inflation schützen können, könnte dies innenpolitische Konflikte auslösen.[19] Im Ergebnis könnte dies zu einer schwerwiegenden Anpassungsrezession führen, von der auch die mit China eng verflochtene australo-asiatische Region in Mitleidenschaft gezogen würde.

Mit seiner wechselkursgestützten Außenhandelspolitik und den medial wirksamen Außenhandelsrekorden bietet China ferner Angriffspunkte für protektionistische Forderungen. Damit einher geht das Risiko einer Lähmung der aktuellen Bemühungen um eine weiterführende Liberalisierung des Welthandels. Angesichts der chinesischen Erfolge bei der Gewinnung von Marktanteilen haben die politischen Besorgnisse in anderen Ländern schon in der Vergangenheit – wenn auch bis jetzt nur in Einzelfällen und eher sektorspezifisch – zu „Selbstbeschränkungen" des chinesischen Handels geführt. Ein Beispiel ist die im Jahr 2005 auf Druck der EU und der USA bewirkte Limitierung chinesischer Textilexporte bis 2008. Solche Bestrebungen könnten weitere Kreise ziehen.

Im Fokus der Kritiker steht auch das allgemeine Umfeld, in dem die chinesische Exportindustrie operiert. In diesem Zusammenhang werden aus westlicher Sicht insbesondere die Arbeitsbedingungen und Löhne sowie die Umweltstandards als inakzeptabel und wettbewerbsverzerrend kritisiert. Es ist bemerkenswert, dass die chinesische Führung auf dem Nationalen Volkskongress Anfang März 2007 zumindest angekündigt hat, eine stärkere Flexibilisierung des Wechselkurses ins Auge zu fassen und die Auswirkungen der Produktion auf die stark belastete Umwelt mehr zu berücksichtigen. Über die Bereitschaft und die Fähigkeit der chinesischen Behörden zu durchgreifenden Reformen dürften mit Blick auf die bisherigen Erfahrungen zwar keine ernsten Zweifel bestehen. Auf der anderen Seite gibt es jedoch keinen konkreten Zeitplan für die weitere Reform des Wechselkurssystems. Nach Ansicht der chinesischen Behörden ist ein

---

[18] Vgl. *Rajan* (2004).

[19] Der Bevölkerungsanteil mit einem Einkommen von unter 1 US-$ pro Tag lag 2001 bei 16,1 %. Vgl. *IWF* (2006), Annex VII, S. 65.

solcher Zeitplan auch entbehrlich, da der Reformprozess aufgrund seiner Komplexität nicht im Detail planbar ist.

Für die Weltwirtschaft insgesamt besteht darüber hinaus das Risiko eines „ungeordneten Abbaus" der globalen Ungleichgewichte. Chinas Leistungsbilanzüberschüsse sind Teil dieser globalen Ungleichgewichte. Zwar wurde die Grenze der Tragfähigkeit von Leistungsbilanzdefiziten in den letzten Jahren mehrfach nach oben revidiert. Es besteht jedoch Einigkeit darüber, dass eine unbegrenzte Ausdehnung der Auslandsverschuldung nicht möglich ist, wenngleich die USA mit einer aktuellen Auslandsverschuldung von rund 22 % des BIP noch weit von bisher unter Industrieländern beobachteten Extremwerten ohne Zahlungsschwierigkeiten entfernt sind (Kanada: 40 %, Australien: 65 %, Irland: 75 %). Die USA könnten daher unter günstigen Bedingungen wirtschaftlich noch eine zeitlang mit einem hohen Leistungsbilanzdefizit auskommen.[20] Fraglich ist aber, wie lange die damit verbundenen Außenhandelsdefizite politisch akzeptabel sind.

Als Zwischenergebnis ist festzuhalten, dass sich China zum weltweit größten Halter von Währungsreserven entwickelt hat. Das optimale Niveau an Währungsreserven dürfte dabei deutlich überschritten worden sein, und die Kontrolle der binnenwirtschaftlichen Liquidität bildet eine zunehmende Herausforderung. Eine Verringerung des chinesischen Außenbeitrags ist daher schon wegen der Gefahren für die makroökonomische Stabilität sinnvoll. Ferner trägt Chinas Leistungsbilanzüberschuss mit zu den globalen Ungleichgewichten bei. Der Überschuss sollte auch aus diesem Grund verringert werden, zumal er protektionistischen Tendenzen Vorschub leistet und zur Gefahr eines ungeordneten Abbaus der Ungleichgewichte mit beträchtlichen potenziellen Kosten für die Weltwirtschaft beiträgt.

4. Möglichkeiten und Voraussetzungen für einen Beitrag des Wechselkurses zum Abbau der externen und internen Ungleichgewichte

4.1. Wirkungen einer Aufwertung des Renminbi

Die Wirkungen einer moderaten Aufwertung des Renminbi dürften nach Schätzungen des IWF eher gering sein.[21] So legen die verfügbaren empirischen Untersuchungen des Fonds die Schlussfolgerung nahe, dass eine maßvolle diskretionäre Aufwertung vermutlich keine durchschlagende Wirkung auf die außenwirtschaftliche Position Chinas haben dürfte. Aus chinesischer Sicht ist zudem entscheidend, dass die politischen und sozialen Konsequenzen einer massiven Aufwertung kaum abzuschätzen sind.

China dürfte kaum bereit sein, unkalkulierbare Risiken für die wirtschaftliche, soziale und damit auch die politische Stabilität einzugehen. Dies gilt vor allem mit

---

[20] Vgl. *Sachverständigenrat zur Begutachtung der gesamtwirtschaftlichen Entwicklung*, (2007), S. 149. Die Zahlen beziehen sich für Kanada auf Mitte der neunziger Jahre, Australien auf das Jahr 2000 und Irland auf den Beginn der achtziger Jahre.

[21] *IWF* (2005), S. 15 f.

Blick auf die Situation im Agrarsektor. Obwohl die wirtschaftliche Bedeutung der Landwirtschaft im Laufe des Reformprozesses in China kontinuierlich abgenommen hat, sind dort weiterhin etwa 40 % der Arbeitskräfte beschäftigt. Die immer noch sehr arme Landbevölkerung hat von der dynamischen wirtschaftlichen Entwicklung bislang kaum profitiert. Allerdings verspricht die Exportindustrie Arbeitsplätze und Einkommen. Sofern es nach einer deutlichen Aufwertung des Renminbi keinen Ausgleich für die zu erwartenden geringeren Beschäftigungsmöglichkeiten in diesem Bereich gibt oder von den dort Beschäftigten Einkommensverluste hingenommen werden müssen, droht ein ernsthaftes Risiko für die soziale und politische Stabilität.

4.2. Abbau der Ungleichgewichte im Rahmen eines mittelfristig orientierten Reformpakets

Die Wechselkurspolitik ist nicht der einzige und auch nicht zwingend der effektivste Weg zur Beeinflussung der Leistungsbilanz. Zudem ist das externe Ungleichgewicht auch nicht das einzige Problem Chinas. Vor diesem Hintergrund gilt es daher, die Wechselkurspolitik im Kontext der gesamten Wirtschaftspolitik zu betrachten. Eine fundamentale Ursache für die bestehenden Ungleichgewichte liegt darin, dass der Transformationsprozess zu einer Marktwirtschaft in China noch längst nicht abgeschlossen ist. Die verbliebenen Elemente einer Zentralverwaltungswirtschaft behindern eine effiziente Allokation der Ressourcen. Außerdem begrenzen die noch nicht voll entwickelten marktwirtschaftlichen Institutionen die Möglichkeit des Einsatzes marktkonformer wirtschaftspolitischer Instrumente.

Ein zentraler Aspekt der Ungleichgewichte ist die mit Blick auf den Entwicklungsstand Chinas extrem hohe Sparquote, die von 35 % des BIP in 2001 auf über 50 % des BIP bis 2005 angestiegen ist. Ursächlich für diesen Trend ist vermutlich insbesondere die Zunahme des Sparens der privaten Haushalte als Reaktion auf die Beendigung der weitreichenden staatlichen Fürsorge im Laufe des marktwirtschaftlichen Reformprozesses. Die Schaffung verlässlicher Sozialversicherungssysteme sowie die Reformen des Bildungssystems könnten dazu beitragen, über eine Verringerung des Vorsorgesparens den Konsum anzuregen, und dadurch einen Beitrag zur Verringerung des externen Ungleichgewichts leisten.

Eine wichtige Rolle spielt in diesem Zusammenhang auch die Verbesserung der Effizienz des Finanzsystems, das für private Haushalte nur wenig ertragreiche Anlagen bietet und einem stärkeren Wachstum des Konsums tendenziell entgegensteht. Bedeutend für den Abbau der externen Ungleichgewichte ist ferner die Liberalisierung des Kapitalverkehrs, die aus stabilitätspolitischen Überlegungen aber nur sehr behutsam erfolgen kann. Zudem dürften solche Maßnahmen aufgrund des gewählten graduellen Reformansatzes erst auf mittlere Sicht zu einer Verringerung der Ungleichgewichte beitragen.

Eine größere Wechselkursflexibilität kann den internen Reformprozess wirkungsvoll unterstützen. Zunächst erzeugt ein steigender Außenwert des Renminbi einen anhaltenden Druck hin zu einer stärker binnenwirtschaftlichen Orientierung der Produktion. Die mit einer Aufwertung verbundene Zunahme der Massenkaufkraft dürfte zu einer Verringerung des Vorsorgesparens beitragen und ein für Reformen erforderliches günstiges soziales und politisches Klima unterstützen. Gleichzeitig werden die mit einem ungebremsten Aufbau von Währungsreserven verbundenen makroökonomischen Probleme und strukturellen Fehlentwicklungen abgemildert. Für die Wirksamkeit dieser Anpassungsprozesse ist entscheidend, dass der wechselkursbedingte Anpassungsdruck permanent spürbar ist, ohne dabei die Anpassungsfähigkeit zu überfordern. Dies spricht für ein hinreichend flexibles Wechselkurssystem, das eine geordnete Aufwertung zulässt.

5. Schlussfolgerungen

China sieht sich als Folge einer einseitig exportorientierten Entwicklungs- und Wachstumsstrategie mit zunehmenden externen und internen Ungleichgewichten konfrontiert; die Währungspolitik alleine wäre mit dem Abbau dieser Ungleichgewichte jedoch überfordert. Eine Aufwertung des Renminbi würde zwar in Richtung Verringerung der Ungleichgewichte wirken. Allerdings wäre der mögliche Beitrag zu deren Abbau selbst bei einer kräftigen Aufwertung vermutlich eher gering.

- Chinas Beitrag zum Abbau der globalen Ungleichgewichte sollte primär über strukturelle Reformen, insbesondere durch Maßnahmen zur Verringerung des Vorsorgesparens und zur Stärkung des Finanzsystems erfolgen. Ein flexibler Wechselkurs, von dem ein permanenter Anpassungsdruck hin zu einer stärkeren Binnenorientierung der Wirtschaft ausgeht, kann diesen internen Reformprozess wirkungsvoll unterstützen. Die Risiken einer kontrollierten Beschleunigung der Flexibilisierung erscheinen gering.
- Im Unterschied zu einer weiteren Flexibilisierung des Wechselkursregimes wären massive diskretionäre Aufwertungen kaum Ziel führend. Das genaue Ausmaß einer solchen Aufwertung wäre schwer festzulegen und könnte von den Märkten als unzureichend interpretiert werden. Schließlich sind die wirtschaftlichen und sozialen Auswirkungen eines derartigen „Wechselkursschocks" schwer abzuschätzen.

Die Politik der massiven Akkumulation von Währungsreserven stößt zunehmend an stabilitätspolitische Grenzen und ist für China mit hohen Kosten verbunden. Dies spricht für eine rasche Forcierung des Aufwertungstempos. Damit würden auch die makroökonomischen Steuerungsmöglichkeiten verbessert.

- Die Rahmenbedingungen für stärkere Reformen beim Wechselkurssystem sind in China gegenwärtig sehr günstig. Dass die makroökonomische Situation in China sowie das weltwirtschaftliche Umfeld künftig noch wesentlich vorteilhafter für eine stärkere Flexibilisierung werden könnten, ist eher unwahrscheinlich.
- Die Erfahrungen anderer Schwellenländer zeigen zudem, dass der optimale Zeitpunkt für einen „exit" aus starren Wechselkursregelungen leicht verpasst werden kann.

China sollte deshalb im Rahmen des graduellen Reformkurses auf eine weitere Flexibilisierung des Renminbi hinarbeiten; eine marktbasierte, beschleunigte Aufwertung steht damit im Einklang. Da das gegenwärtige exportgetriebene Wachstum auf der Basis eines quasi-fixen Wechselkurses mit hohen Leistungsbilanzüberschüssen und einer starken Reserveakkumulation zunehmend an Grenzen stößt, liegt ein solches Vorgehen auch in Chinas eigenem Interesse. Zudem steht China als *global player* und „Mitverursacher" der globalen Ungleichgewichte in der politischen Verantwortung, eine „good global citizenship" unter Beweis zu stellen. Einige Beobachtungen aus der jüngeren Vergangenheit stützen diese Einschätzung:

- Der amerikanische Finanzminister *Henry Paulson* fordert im Rahmen des Strategischen Dialogs mit China eine Beschleunigung der Reformen und sieht die Wechselkurspolitik stärker in einem längerfristigen Zusammenhang mit den übrigen Politikfeldern.
- Die chinesische Regierung selbst hat im Rahmen der vom IWF initiierten Multilateralen Konsultation zu globalen Ungleichgewichten im April 2007 die Absicht geäußert, die Wechselkursflexibilität in Zukunft graduell zu erhöhen, und dabei auf Pläne zur Umgestaltung der Binnenwirtschaftspolitik hingewiesen.[22]

Literatur

Bergsten, Fred C. (2004), Chinese Currency Controversies, in: Institute for International Economics, Januar, Mimeo.

Goldstein, Morris (2005), Renminbi Controversies, Paper prepared for the Conference on Monetary Institutions and Economic Development, Cato Institute, Dezember.

IWF (2005), Stabsbericht zur Artikel IV-Konsultation mit China, Juli.

IWF (2006), Stabsbericht zur Artikel IV-Konsultation mit China, Oktober.

IWF (2007), IMF's International Monetary and Financial Committee Reviews Multilateral Consultation, Pressemitteilung vom 14.04.2007.

Jeanne, Olivier und *Romain Rancière* (2006), The Optimal Level of International Reserves for Emerging Market Countries: Formulas and Applications, in: IWF Working Paper, Nr. 229.

Lardy, Nicolas R. (2007), China: Rebalancing Economic Growth, Chapter I, aus: „The China Balance Sheet and Beyond", in: Center for Strategic and International Studies and the Peterson Institute for International Economics, Mai 2007.

McKinnon, Ronald und *Schnabl, Gunther* (2006), China's Exchange Rate and International Adjustment in Wages, Prices and Interest Rates, CESifo Economic Studies, Vol. 52, Nr. 2, S. 276-303.

McKinnon, Ronald (2006), Interview mit The Wall Street Journal Europe vom 25.04.2006.

McKinnon, Ronald (2007), Why China should keep its dollar peg?, in: International Finance, Vol. 10, Nr. 1, S. 43-70.

Mundell, Robert (2004), Currency Area Formation and the East Asian Region, in: *Suthiphand Chirathivat, Emil-Maria Claasen* und *Jürgen Schroeder* (Hrsg.), East Asia's Monetary Future, Cheltenham, S. 19-41.

Mundell, Robert (2005), Interview mit AP vom 11.05.2005.

---

[22] *IWF* (2007).

Nakamura, Takeo und *Toshiaki Shinohara* (2007), External Aspects of East Asian Economics and Finance, Bank of Japan, Mimeo.

Pisani-Ferry, Jean und *Alan Ahearne* (2007), Bruegel Policy Brief, Issue 2007/02.

Rajan, Raghuram (2004), Exchange Rate Flexibility is in Asia´s Interest, in: Financial Times vom 26.09.2004.

Sachverständigenrat zur Begutachtung der gesamtwirtschaftlichen Entwicklung (2006), Jahresgutachten 2006/07: Widerstreitende Interessen – ungenutzte Chancen, Wiesbaden.

Statistischer Anhang

Tabelle 1: Weltexporte einzelner Regionen und Volkswirtschaften (in Mrd. US-Dollar bzw. Prozent)

	1948	1953	1963	1973	1983	1993	2003	2005
				Value				
World	58	84	157	579	1838	3675	7369	10159
				Share				
World	100,0	100,0	100,0	100,0	100,0	100,0	100,0	100,0
North America	27,1	24,1	19,2	16,9	16,8	18,0	15,8	14,5
United States	21,7	18,8	14,9	12,3	11,2	12,6	9,8	8,9
Canada	5,5	5,2	4,3	4,6	4,2	4,0	3,7	3,5
Mexico	0,9	0,7	0,6	0,4	1,4	1,4	2,2	2,1
South and Central America	12,2	10,4	7,0	4,7	4,4	3,0	3,0	3,5
Brazil	2,0	1,8	0,9	1,1	1,2	1,0	1,0	1,2
Argentina	2,8	1,3	0,9	0,6	0,4	0,4	0,4	0,4
Europe	31,4	34,8	41,4	45,3	43,5	45,4	46,0	43,0
Germany a	1,4	5,3	9,3	11,6	9,2	10,3	10,2	9,5
France	3,4	4,8	5,2	6,3	5,2	6,0	5,3	4,5
United Kingdom	11,3	9,0	7,8	5,1	5,0	4,9	4,1	3,8
Italy	1,8	1,8	3,2	3,8	4,0	4,6	4,1	3,6
Commonwealth of Independent States (CIS) b	-	-	-	-	-	1,5	2,6	3,3
Africa	7,3	6,5	5,7	4,8	4,5	2,5	2,4	2,9
South Africa c	2,0	1,6	1,5	1,0	1,0	0,7	0,5	0,5
Middle East	2,0	2,7	3,2	4,1	6,8	3,5	4,1	5,3
Asia	14,0	13,4	12,4	14,9	19,1	26,1	26,1	27,4
China	0,9	1,2	1,3	1,0	1,2	2,5	5,9	7,5
Japan	0,4	1,5	3,5	6,4	8,0	9,9	6,4	5,9
India	2,2	1,3	1,0	0,5	0,5	0,6	0,8	0,9
Australia and New Zealand	3,7	3,2	2,4	2,1	1,4	1,5	1,2	1,3
Six East Asian traders	3,4	3,0	2,4	3,4	5,8	9,7	9,6	9,7
Memorandum item:								
EU d	-	-	27,5	38,6	30,4	36,1	42,4	39,4
USSR, former	2,2	3,5	4,6	3,7	5,0	-	-	-
GATT/ WTO Members e	60,4	68,7	72,8	81,8	76,5	89,5	94,3	94,4

a Figures refer to the Fed. Rep. of Germany from 1948 through 1983.
b Figures are significantly affected by changes in the country composition of the region and major adjustment in trade conversion factors between 1983
c Beginning with 1998, figures refer to South Africa only and no longer to the Southern African Customs Union.
d Figures refer to the EEC(6) in 1963, EC(9) in 1973, EC(10) in 1983, EU(12) in 1993, EU(15) in 2003 and EU(25) in 2005.
e Membership as of the year stated.
Note: Between 1973 and 1983 and between 1993 and 2003 export and import shares were significantly influenced by oil price developments.

Quelle: WTO.

Tabelle 2: Offenheitsgrad asiatischer Volkswirtschaften (Handelsvolumina in % des nominalen BIP)

	1970-79	1980-89	1990-99	2000-05
Hongkong	k.A.	k.A.	215,9[a]	276,9[b]
Singapur	248,4[d]	293,9	282,4	305,4[b]
Südkorea	54,7[e]	60,7	55,3	62,6[b]
Thailand	38,0[h]	45,5	71,2	106,1
Malaysia	98,8[f]	95,3	155,6	183,8[b]
Indonesien	k.A.	40,7	49,9	53,8[b]
Philippinen	34,7[g]	39,8	64,5	96,6[b]
China	k.A.	20,1[c]	32,0	49,2[b]
Japan	18,6[g]	18,8	14,7	19,3
(Nachr.) **Deutschland**	37,5[i]	48,0	42,1	54,5
(Nachr.) **USA**	11,6	14,5	17,0	19,1

Anmerkungen: Export- und Importdaten auf FOB-Basis. Daten stellen errechnete Durchschnittswerte für die jeweiligen Perioden dar; a = 1998-99, b = 2000-04, c = 1982-89, d = 1972-79, e = 1976-79, f = 1974-79, g = 1977-79, h = 1975-79, i = 1971-79.

Quelle: *Nakamura* und *Shinohara* (2007), S. 3.

Tabelle 3: Bilaterale Defizite im US-Warenhandel (jährlicher Durchschnitt in Mrd US-$)

	1985-89	1990-94	1995-99	2000-04	2005
Welt gesamt	- 151,8	- 126,1	- 243,1	- 543,0	- 828,3
NIEs-3[a]	- 15,2	- 5,9	- 2,6	- 10,3	- 5,6
ASEAN-4[b]	- 6,5	- 12,4	- 26,8	- 38,1	- 50,7
China	- 3,5	- 20,5	- 53,3	- 120,5	- 218,0
Japan	- 55,2	- 54,9	- 63,1	- 75,7	- 86,5
EMEAP-9[c]	- 80,4	- 93,6	- 145,8	- 244,6	- 360,8
(Nachr.) **Öl produzierende Länder**	- 12,2	- 16,4	- 19,0	- 52,9	- 99,2

Anmerkungen: (+) = Überschuss und (-) = Defizit

a = NIEs-3 steht für die "Newly Industrializing Economies" Hongkong, Singapur und Südkorea. b = Zu den ASEAN-4 zählen hier Thailand, Malaysia, Indonesien und die Philippinen. c = In der Abgrenzung EMEAP-9 wurden die NIEs-3, ASEAN-4 sowie China und Japan zusammengefasst. EMEAP steht für "Executives' Meeting of East Asia-Pacific Central Banks."

Quelle: *Nakamura* und *Shinohara* (2007), S. 4.

Tabelle 4: Warenhandel der Vereinigten Staaten nach Regionen und Ländern in 2005 (in Mrd. US-Dollar und Prozent)

Warenhandel der Vereinigten Staaten nach Regionen und Ländern in 2005
(in Mrd US-Dollar und Prozent)

	Exporte						Importe				
Zielland	Wert	Anteil		Veränderung ggü. Vorjahr in %		Herkunftsland	Wert	Anteil		Veränderung ggü. Vorjahr in %	
	2005	2000	2005	2004	2005		**2005**	2000	2005	2004	2005
Region						Region					
Welt	904,4	100,0	100,0	13	10	Welt	1732,3	100,0	100,0	17	14
Nordamerika	332,0	37,0	36,7	12	11	Asien	638,0	37,8	36,8	18	12
Asien	241,9	27,6	26,8	12	7	Nordamerika	464,4	29,4	26,8	14	11
Europa	205,4	23,6	22,7	12	9	Europa	346,7	20,3	20,0	12	9
Süd- und Mittelamerika	71,5	7,5	7,9	18	18	Süd- und Mittelamerika	129,9	6,2	7,5	25	23
Naher Osten	31,9	2,4	3,5	21	36	Afrika	67,9	2,3	3,9	43	40
Afrika	15,5	1,4	1,7	26	15	Naher Osten	65,7	3,2	3,8	23	21
GUS	5,9	0,4	0,6	31	21	GUS	19,8	0,8	1,1	43	33
Volkswirtschaft						Volkswirtschaft					
Kanada	211,4	22,6	23,4	12	12	Europäische Union (25)	317,8	18,6	18,3	12	9
Europäische Union (25)	186,5	21,5	20,6	12	8	Kanada	291,9	18,5	16,8	14	12
Mexiko	120,0	14,3	13,3	14	8	China	259,8	8,6	15,0	29	23
Japan	55,4	8,4	6,1	4	2	Mexiko	172,5	10,9	10,0	13	9
China	41,8	2,1	4,6	22	20	Japan	142,0	12,0	8,2	10	6
Obere 5 zusammen	615,2	68,9	68,0	12	9	Obere 5 zusammen	1184,0	68,5	68,3	15	13
Südkorea	27,7	3,6	3,1	9	5	Südkorea	45,5	3,3	2,6	25	-5
Taiwan	22,1	3,1	2,4	24	1	Taiwan	36,4	3,4	2,1	10	0
Singapur	20,6	2,3	2,3	18	5	Bolivien	35,3	1,6	2,0	46	34
Hongkong, China	16,3	1,9	1,8	17	3	Malaysia	34,7	2,1	2,0	11	19
Australien	15,8	1,6	1,7	9	11	Saudi-Arabien	29,0	1,2	1,7	15	29
Brasilien	15,3	2,0	1,7	24	11	Brasilien	26,2	1,2	1,5	20	15
Schweiz	10,8	1,3	1,2	7	16	Nigeria	25,1	0,9	1,4	56	47
Malaysia	10,5	1,4	1,2	0	-4	Thailand	21,0	1,4	1,2	16	13
Israel	9,7	1,0	1,1	34	6	Indien	19,9	0,9	1,1	20	21
Ver. Arabische Emirate	8,5	0,3	0,9	16	109	Israel	17,1	1,1	1,0	14	16
Indien	8,0	0,5	0,9	22	31	Russische Föderation	16,2	0,6	0,9	38	29
Thailand	7,2	0,9	0,8	9	14	Singapur	15,4	1,6	0,9	1	-1
Philippinen	6,9	1,1	0,8	-12	-3	Schweiz	13,5	0,8	0,8	9	11
Saudi-Arabien	6,8	0,8	0,8	14	30	Indonesien	12,9	0,9	0,7	14	11
Bolivien	6,4	0,7	0,7	68	34	Algerien	10,8	0,2	0,6	55	37
Kolumbien	5,4	0,5	0,6	20	20	Philippinen	9,7	1,1	0,6	-9	1
Chile	5,2	0,4	0,6	33	43	Irak	9,6	0,5	0,6	87	5
Dominikan. Republik	4,7	0,6	0,5	3	8	Kolumbien	9,4	0,6	0,5	14	21
Türkei	4,3	0,5	0,5	16	27	Hongkong, China	9,3	1,0	0,5	5	-5
Argentinien	4,1	0,6	0,5	39	21	Angola	8,8	0,3	0,5	6	84
Russische Föderation	3,9	0,3	0,4	21	33	Trinidad und Tabago	8,3	0,2	0,5	33	33
Südafrika	3,9	0,4	0,4	12	22	Australien	7,7	0,5	0,4	17	-3
Costa Rica	3,6	0,3	0,4	-3	9	Chile	7,4	0,3	0,4	25	37
Honduras	3,2	0,3	0,4	8	5	Vietnam	7,2	0,1	0,4	17	26
Ägypten	3,2	0,4	0,4	17	2	Norwegen	7,1	0,5	0,4	25	4
Obere 30 zusammen	849,3	95,6	93,9	-	-	Obere 30 zusammen	1627,6	94,7	94,0	-	-

Quelle: WTO.

Tabelle 5: China (ohne Hongkong) – Zahlungsbilanzsauszug (in Mrd US-$)

	2001	2002	2003	2004	2005	2006 Proj.
Leistungsbilanz	17	35	46	69	161	179
Kapitalbilanz	35	32	53	111	63	41
darunter:						
Direktinvestitionen	*37*	*47*	*47*	*53*	*68*	*54*
Fehler und Auslassungen	-5	8	18	27	-17	...
Reserven (-: Zuflüsse)	-47	-76	-117	-207	-207	-220

Quelle: IWF.

Tabelle 6: Leistungsbilanzsalden wichtiger Länder

Ländergruppe/Land	Mrd US-Dollar				in % des BIP			
	2003	2004	2005	2006	2003	2004	2005	2006
A. Fortgeschrittene Länder [1]	**-221**	**-255**	**-473**	**-563**	**-0,8**	**-0,8**	**-1,4**	**-1,6**
darunter:								
USA	-528	-665	-792	-857	-4,8	-5,7	-6,4	-6,5
Japan	136	172	166	170	3,2	3,7	3,6	3,9
Kanada	10	21	26	22	1,2	2,1	2,3	1,7
Deutschland	46	118	128	146	1,9	4,3	4,6	5,1
Frankreich	8	-7	-34	-46	0,4	-0,3	-1,6	-2,1
Italien	-20	-16	-28	-42	-1,3	-0,9	-1,6	-2,2
Vereinigtes Königreich	-24	-35	-54	-68	-1,3	-1,6	-2,4	-2,9
Spanien	-31	-55	-83	-108	-3,5	-5,3	-7,4	-8,8
Vier südostasiatische Länder	80	84	80	86	6,9	6,6	5,6	5,6
davon:								
Hong Kong SAR	17	16	20	19	10,4	9,5	11,4	10,2
Korea	12	28	15	6	2,0	4,1	1,9	0,7
Singapur	22	22	29	36	24,2	20,1	24,5	27,5
Taiwan	29	19	16	25	9,8	5,7	4,6	7,1
Nachrichtlich:								
Euro-Währungsraum	36	98	8	-29	0,4	0,7	-0,1	-0,2
B. Entwicklungsländer	**148**	**213**	**428**	**544**	**-**	**-**	**-**	**-**
Afrika	-2	1	15	20	-0,4	0,1	1,8	2,2
Asien	83	89	165	253	2,7	2,5	4,1	5,4
darunter:								
China	46	69	161	239	2,8	3,6	7,2	9,1
Indien	9	1	-7	-19	1,5	0,1	-0,9	-2,2
Indonesien	8	2	0	10	3,5	0,6	0,1	2,7
Malaysia	13	15	20	24	12,7	12,6	15,2	15,8
Philippinen	0	2	2	3	0,4	1,9	2,0	2,9
Thailand	5	3	-8	3	3,4	1,7	-4,5	1,6
Mittel- und Osteuropa	-36	-59	-63	-89	-4,3	-5,8	-5,3	-6,7
CIS-Länder	36	63	88	99	6,3	8,1	8,8	7,7
darunter:								
Russland	35	59	83	96	8,2	9,9	10,9	9,8
Naher und mittlerer Osten	60	99	189	212	8,4	12,1	18,8	18,1
Lateinamerika	8	20	35	49	0,4	1,0	1,4	1,7
darunter:								
Argentinien	8	3	3	5	6,3	2,1	1,9	2,4
Brasilien	4	12	14	14	0,8	1,8	1,6	1,3
Mexiko	-9	-7	-5	-2	-1,4	-1,0	-0,6	-0,2
C. Globale Diskrepanz [2]	**-73**	**-42**	**-45**	**-19**	**-**	**-**	**-**	**-**

1) Industrieländer (OECD-Länder ohne Korea, Mexiko, Polen, Slowakei, Tschechien, Türkei und Ungarn), Israel und vier asiatische Länder (Hongkong, Korea, Singapur und Taiwan).

2) Spiegelt Fehler, Auslassungen und Unterschiede der Zahlungsbilanzstatistik wider.

Quelle: IWF, WEO (April 2007).

II.

Geldangebot und Geldnachfrage

Albrecht F. Michler und H. Jörg Thieme (Hg.)
Systeme monetärer Steuerung: Analyse und Vergleich geldpolitischer Strategien
Schriften zu Ordnungsfragen der Wirtschaft · Band 86 · Stuttgart · 2007

Geldmengenabgrenzungen und Portfolioentscheidungen

Armin Rohde

Inhalt

1. Funktionale Erklärung von Geld 42

2. Die relevante Geldmenge 42

3. Zur Relevanz der M-Aggregate 43

4. Relevante (Geld-)Komponenten außerhalb der Geldmengen-abgrenzung M3 45

5. Der Einfluss von Portfolioentscheidungen auf die Relevanz der Geldmenge 48

6. Alternative Abgrenzungen von Geldmengenaggregaten im Vergleich zur Geldmenge M3 51

7. Schlussfolgerungen 54

Literatur 56

1. Funktionale Erklärung von Geld

Da es eine eindeutige, sozusagen allgemeinverbindliche und auf Dauer gültige Definition von Geld nicht geben kann, gilt es heute in den Wirtschaftswissenschaften durchgängig als akzeptiert, eine funktionale Erklärung des Geldes vorzunehmen, Geld also über die Geldfunktionen zu erklären und abzugrenzen (*Issing* 2007, S.1). Zum Geld zählen danach die Dinge oder Gegenstände, die die Geldfunktionen erfüllen. Dabei werden grundsätzlich drei Geldfunktionen unterschieden, nämlich die Funktion als allgemein akzeptiertes Zahlungsmittel, die Funktion als Wertaufbewahrungsmittel und die Funktion als Recheneinheit.

Die Funktion eines allgemein akzeptierten Zahlungsmittels bedeutet, dass Geld nicht nur als ein allgemein akzeptiertes Tauschmittel bzw. eine allgemein akzeptierte Gegenleistung im Gütertauschprozess fungieren soll, sondern auch als ein allgemein akzeptiertes Schuldentilgungsmittel, mit dem Verbindlichkeiten entstehen und befreiend beglichen werden können. Durch die Funktion eines Wertaufbewahrungsmittels soll der dem Geld innewohnende Wert über einen längeren Zeitraum erhalten bleiben. Praktisch heißt das, dass die Zahlungsmittelfunktion des Geldes auch in der näheren Zukunft gesichert und möglich sein soll, indem der Tauschwert des Geldes oder dessen Kaufkraft auch über den aktuellen Zeitraum hinaus gewährleistet bleibt. Die Funktion der Recheneinheit bedeutet schließlich, dass das Geld als Wertmesser fungieren soll, indem Güter und Leistungen in Geldeinheiten, also in Einheiten des Geldgutes bzw. in Einheiten des Zahlungsmittels bewertet werden.

Geld lässt sich damit praktisch auf nur eine zentrale Funktion reduzieren, nämlich auf die eines Zahlungsmittels. So soll Geld als Zahlungsmittel nicht nur heute akzeptiert werden, sondern über die Wertaufbewahrungsfunktion soll das Geld auch noch morgen als Zahlungsmittel fungieren können. Schließlich soll das Zahlungsmittel Geld auch als Wertmaßstab genutzt werden. Versucht man nun vor diesem Hintergrund Geld als die Dinge abzugrenzen, man spricht in dem Zusammenhang auch von Geldkomponenten, und zu Geldmengenaggregaten zusammenzufassen, die in diesem allgemeine Sinne die Zahlungsmittelfunktion erfüllen, dann begibt man sich auf die Suche nach der sogenannten relevanten Geldmenge.

2. Die relevante Geldmenge

Die relevante Geldmenge umfasst sämtliche Geldkomponenten, die die höchste Relevanz für die Finanzierung der Wirtschaftsaktivität in einer Volkswirtschaft haben, bzw. die die höchste Relevanz für die Ausgabetätigkeit der Wirtschaftsteilnehmer aufweisen. Konkret setzt sich die relevante Geldmenge aus den Komponenten zusammen, die entweder bereits unmittelbar für Zahlungszwecke einsetzbar sind, oder die sich sehr schnell und ohne großen Aufwand für diesen Zweck mobilisieren lassen. Bei letzteren handelt es sich um sogenannte geldnahe Aktiva, die aufgrund ihrer schnellen Mobilisierungsmöglichkeiten für Zahlungszwecke fast genauso liquide sind wie die bereits unmittelbar für Zahlungszwecke einsetzbaren Geldkomponenten.

Insofern lassen sich die Komponenten der relevanten Geldmenge auch als Aktiva mit einem sehr hohen Liquiditätsgrad beschreiben.

Die Analyse einer so abgegrenzten relevanten Geldmenge soll der Geldpolitik somit Anhaltspunkte liefern, ob das vorrangige Ziel der Preisniveaustabilität gesichert oder aber gefährdet ist. Ein zu starker Anstieg der relevanten Geldmenge deutet nämlich darauf hin, dass die Wirtschaftsteilnehmer in der Lage sind, eine gegebenenfalls zu hohe Ausgabetätigkeit zu finanzieren und über einen dadurch erzeugten Nachfragedruck die angestrebte Preisniveaustabilität zu gefährden. Eine moderate Entwicklung der relevanten Geldmenge deutet dagegen darauf hin, dass von der Finanzierungsseite eher ein geringer Nachfrage- und damit Preisdruck zu erwarten ist.

Zumindest theoretisch dürfte die bislang nur allgemein abgegrenzte oder beschriebene relevante Geldmenge in der Lage sein, „...vorausschauende Informationen über die wirtschaftliche Aktivität und die Inflationsentwicklung zu liefern...“ (*Issing* 2007, S. 14). Insofern stellt die relevante Geldmenge ein ideales monetäres Zwischenziel bzw. einen idealen Indikator für die Geldpolitik dar. Da allerdings keine Einigkeit bezüglich der für die Finanzierung der Wirtschaftsaktivität besonders relevanten Geldkomponenten besteht, konkurrieren verschiedene Vorstellungen über die adäquate Abgrenzung der relevanten Geldmenge. Dies lässt sich an den in der geldpolitischen Praxis gebräuchlichen sogenannten M-Aggregaten (M1, M2, M3) aufzeigen.

3. Zur Relevanz der M-Aggregate

Die folgenden Überlegungen zur Relevanz der verschiedenen M-Aggregate beziehen sich auf die entsprechenden Geldmengenabgrenzungen des Eurosystems (*EZB* 1999, S. 29 ff.; *EZB* 2004a, S. 37 ff.). Der Bezug zu den Abgrenzungen des Eurosystems wird nicht nur aus Aktualitätsgründen gewählt, sondern auch, weil die Zusammensetzungen der M-Größen nicht einem einheitlichen Muster folgen. So entsprach z.B. die von der Deutschen Bundesbank bis Ende 1998 benutzte Abgrenzung der Geldmenge M3 (Bargeldumlauf, Sichteinlagen, Termineinlagen bis unter vier Jahren Laufzeit und Spareinlagen mit dreimonatiger Kündigungsfrist) nicht annähernd der vom Eurosystem gewählten M3-Größe, sondern sie war eher vergleichbar mit der M2-Abgrenzung des Eurosystems. Allgemein setzen sich die M-Aggregate des Eurosystems aus dem gesamten Bargeldumlauf sowie bestimmten Verbindlichkeiten der im Euro-Währungsgebiet ansässigen Monetären Finanzinstitute (MFIs) gegenüber im Euro-Währungsgebiet ansässigen Nichtbanken bzw. Nicht-MFIs (ohne die Zentralregierungen) zusammen. Konkret hat das Eurosystem diesbezüglich eine eng gefasste Geldmenge M1, eine mittlere Geldmenge M2 und eine weit abgegrenzte Geldmenge M3 definiert.

Unstrittig ist die Relevanz der Geldmenge M1, die den Bargeldumlauf und die täglich fälligen Einlagen der Nichtbanken (Nicht-MFIs) bei den Banken (MFIs) umfasst. Beide Komponenten können unmittelbar für Zahlungszwecke eingesetzt werden. Da der Bargeldumlauf jedoch nur insgesamt ausgewiesen wird, weil nicht genau unterschieden werden kann nach dem Bargeldumlauf im Euro-Währungsgebiet und außerhalb des Euro-Währungsgebietes, muss ein Anstieg des Bargeldumlaufs allerdings nicht unbedingt Anhaltspunkte für eine mögliche höhere Ausgabentätigkeit innerhalb des Euro-Währungsgebietes liefern. Dies wäre etwa dann der Fall, wenn der Anstieg des Bargeldumlaufs nur auf eine Zunahme der Bargeldhaltung bei Gebietsfremden zurückzuführen ist. Die *EZB* schätzt die derzeitige Höhe des Bargeldumlaufs außerhalb des Euro-Währungsgebietes auf 10% bis 20% des Gesamtbestandes, wobei sie allerdings darauf verweist, dass es momentan keine Belege für eine deutlich raschere Zunahme der Bargeldhaltung von Gebietsfremden verglichen mit dem Zuwachs der Bargeldhaltung von Gebietsansässigen gibt (*EZB* 2006b, S. 67).

Die Geldmenge M2 enthält neben den M1-Komponenten die Einlagen mit einer vereinbarten Laufzeit von bis zu zwei Jahren (kurzfristige Termineinlagen oder befristete Verbindlichkeiten) und die Einlagen mit einer vereinbarten Kündigungsfrist von bis zu drei Monaten (kurzfristige Spareinlagen). Eine Relevanz der kurzfristigen Termineinlagen für die Finanzierung von Wirtschaftsaktivitäten lässt sich in mehrfacher Weise aufzeigen. So werden solche kurzfristigen Termineinlagen z. T. ausdrücklich für größere Gütertransaktionen, die erst zu späteren Zeitpunkten geplant sind, vorübergehend verzinslich angelegt. Das bedeutet, solche Einlagen werden von vornherein für umfangreichere Ausgabetätigkeiten gebildet und gehalten. Einen Bezug zur Finanzierung von Wirtschaftsaktivität weisen diese Einlagen auch deshalb auf, weil in gesamtwirtschaftlicher Betrachtung laufend Beträge dieser Einlagen vor der Fälligkeit stehen und somit kurzfristig für Zahlungszwecke verfügbar sind. Schließlich lassen sich diese Geldkomponenten, nicht zuletzt auch aus Kulanzgründen, praktisch sehr schnell und nur unter Inkaufnahme eines geringen Zinsmalus vorzeitig für Zahlungszwecke mobilisieren.

Die kurzfristigen Spareinlagen erhalten ihre Relevanz für die Finanzierung von Wirtschaftsaktivität dadurch, dass zum Einen innerhalb eines Monats bestimmte Beträge dieser Einlagen ohne Einhaltung der vereinbarten Kündigungsfrist und ohne Zinsverlust jederzeit abgehoben werden können. Zum Anderen sind auch höhere Beträge bis hin zum Gesamtbetrag solcher Spareinlagen ganz kurzfristig, d.h. ohne Einhaltung der Kündigungsfrist gegen einen grundsätzlich nur sehr geringen Zinsmalus abrufbar. Insofern handelt sich bei den kurzfristigen Spareinlagen, wie bei den kurzfristigen Termineinlagen, um äußerst liquide Anlageformen, die aufgrund ihrer sehr schnellen Mobilisierbarkeit für Zahlungszwecke durchaus eine gewisse Geldnähe aufweisen.

Zur Geldmenge M3 gehören neben den M2-Komponenten „...bestimmte von gebietsansässigen MFIs ausgegebene marktfähige Instrumente. Bei diesen handelt es sich um Repogeschäfte, Geldmarktfondsanteile und Schuldverschreibungen mit einer Laufzeit bis zu zwei Jahren (einschließlich Geldmarktpapieren). Aufgrund des hohen Liquiditätsgrads und der Kurssicherheit dieser Instrumente handelt es sich bei ihnen um enge Substitute für Einlagen.“ (*EZB* 2004a, S. 37 f.). Aufgrund der Marktfähigkeit bzw. Handelbarkeit dieser Instrumente dürfte die Liquidität dieser Anlageformen durchaus noch höher einzuschätzen sein als die der kurzfristigen Termin- und Spareinlagen. Dies auch deshalb, weil man bei der kurzfristigen Mobilisierbarkeit dieser Anlagemittel für Zahlungszwecke nicht auf die Kulanz der ausgebenden MFIs angewiesen ist. Damit weisen diese Komponenten zumindest die gleiche Geldnähe oder Geldqualität, wenn nicht sogar eine größere Geldnähe oder Geldqualität auf, als die kurzfristigen Termin-

und Spareinlagen aus M2. Aus diesem Grund müsste diesen Komponenten zumindest die gleiche, wenn nicht sogar eine höhere Relevanz für die Finanzierung von Wirtschaftsaktivität zugemessen werden.

Die Tatsache, dass das Eurosystem der Geldmenge M3 im Rahmen ihres quantitativen Referenzwerts für das Geldmengenwachstum (*EZB* 2004a, S. 68 f.) eine herausgehobene Stellung verschafft hat, lässt den Schluss zu, dass das Eurosystem die Geldmenge M3 als relevante Geldmenge betrachtet. Dies wirft jedoch die Frage auf, ob mit der weit abgegrenzten Geldmenge M3 auch tatsächlich alle für die Beeinflussung der Ausgabetätigkeit relevanten (Geld-) Komponenten erfasst sind.

4. Relevante (Geld-)Komponenten außerhalb der Geldmengenabgrenzung M3

Die Frage, ob die Geldmengenabgrenzung M3 sämtliche für die Finanzierung von Wirtschaftsaktivität relevanten Komponenten umfasst, stellt sich immer dann, wenn, wie in der Vergangenheit unter dem Stichwort Finanzinnovationen mehrfach geschehen, neue Anlageformen im Finanzsektor auftreten, die sich zu engen Substituten für bestehende, zur Geldmengenabgrenzung gehörende Anlageformen entwickeln. Im Zuge solcher Veränderungen können „...Substitutionsprozesse die Aussagekraft von M3 beeinträchtigen, wenn M3-Komponenten ab- oder aufgebaut werden und anstelle dessen alternative Finanzinstrumente, die nicht Bestandteil von M3 sind, erworben oder verkauft werden." (*Issing* 2007, S. 15).

Die in den letzten 10 bis 15 Jahren zunehmende Verbreitung und Nutzung der in der Geldmenge M3 des Eurosystems enthaltenen marktfähigen Instrumente ist ein wesentlicher Grund dafür, dass die Geldmenge M3 der Deutschen Bundesbank, wie eingangs des dritten Kapitels erwähnt, noch völlig anders, nämlich ohne solche marktfähigen Instrumente, abgegrenzt wurde. In einer sich dynamisch entwickelnden Welt sind bestehende Geldmengenabgrenzungen deshalb immer darauf hin zu überprüfen, ob sich nicht jenseits der bestehenden neue relevante Geldkomponenten herausbilden, die, bei hinreichender Verbreitung und Nutzung, eine Anpassung der Abgrenzung erforderlich machen.

In der Zukunft könnte eine Ausbreitung des sogenannten elektronischen Geldes (*EZB* 2000, S. 55 ff.; *Görgens*, *Ruckriegel* und *Seitz* 2004, S. 207 ff.) zur Herausbildung einer neuen, relevanten Geldkomponente führen und eine diesbezügliche Erweiterung der M3-Abgrenzung erforderlich machen. In diesem Zusammenhang weist *Issing* (2007, S. 4) darauf hin, dass das „..Besondere an Transaktionen mit elektronischem Geld ist, dass hierbei nicht auf Bankkonten zurückgegriffen werden muss, ein Merkmal, welches elektronisches Geld fundamental von anderen Zahlungsmitteln (...) hervorhebt."

Kein Zukunftsphänomen, sondern bereits existent, sind die den offiziellen M3-Komponenten entsprechenden Anlageformen, die von im Euro-Währungsgebiet ansässigen Nichtbanken allerdings bei MFIs außerhalb des Euro-Währungsgebietes gehalten werden. Dazu gehören z.B. täglich fällige Einlagen oder kurzfristige Termineinlagen, die auf Euro lauten, aber etwa bei Londoner oder Kopenhagener Banken liegen. Solche Anlagen lassen sich heutzutage für Transaktionen im heimischen

Wirtschaftsraum genau so schnell mobilisieren und einsetzen wie die entsprechenden Anlagen bei MFIs im Euro-Währungsgebiet. Die Deutsche Bundesbank hatte genau das bewogen, über eine Geldmenge ‚M3 erweitert' u.a. auch D-Mark-Einlagen von Inländern im Ausland, damals vorwiegend in Luxemburg, als eine für die Ausgabetätigkeit relevante Geldkomponente zu erfassen (*Deutsche Bundesbank* 1995, S. 72 ff.).

Ein weiterer Aspekt knüpft an den Tatbestand an, dass in der offiziellen M3-Abgrenzung des Eurosystems nicht nur in Euro, sondern auch in Fremdwährung denominierte Komponenten von im Euro-Währungsgebiet ansässigen Nichtbanken bei im Währungsgebiet ansässigen MFIs erfasst werden (z.B. US-Dollar-Guthaben eines Deutschen bei einer deutschen Geschäftsbank). Dies wird damit begründet, dass solche Fremdwährungsguthaben innerhalb des Euro-Währungsraumes als enge Substitute zu den in Euro denominierten Einlagen im Währungsgebiet gelten (*Issing* 2007, S.12). Wenn somit kurzfristigen Euro-Einlagen und entsprechend kurzfristigen Fremdwährungseinlagen innerhalb des gleichen Währungsgebietes ein praktisch übereinstimmender Liquiditätsgrad zugerechnet wird und diese Anlageformen damit die gleiche Geldnähe oder Geldqualität aufweisen, dann müssten aufgrund der Substitutionsbeziehung nicht nur, wie im vorangehenden Absatz beschrieben, Anlagen in Euro außerhalb des Währungsraumes, sondern auch Anlagen in Fremdwährung außerhalb des Währungsraumes eine Relevanz für die Finanzierung von Wirtschaftsaktivität innerhalb des Euro-Währungsraumes zugemessen werden. Denn schließlich lassen sich auch solche Fremdwährungsguthaben, die außerhalb des Euro-Währungsraumes liegen, genauso schnell für Zahlungszwecke mobilisieren wie die dort gehaltenen auf Euro lautenden Anlagen. Allerdings kann es bei flexiblen Wechselkursen Unsicherheiten über den auf diesem Weg genau zu mobilisierenden Betrag geben.

Während es sich bei den bisher angesprochenen, relevanten (Geld-)Komponenten außerhalb der Geldmenge M3 noch ganz in der Logik der M-Aggregate um Verbindlichkeiten von MFIs handelt, gibt es aber auch enge Substitute zu den in M3 enthaltenen Anlageformen, die allerdings aus Kreditaufnahmen von Nichtbanken bei Nichtbanken resultieren. So kann eine Nichtbank, statt kurzfristige Schuldverschreibungen von MFIs zu erwerben, die zu den offiziellen M3-Komponenten zählen, auch kurzfristige Schuldverschreibungen von privaten Unternehmungen, sogenannte commercial paper, oder kurzfristige Schuldverschreibungen der öffentlichen Hand zeichnen. Auf eine offensichtlich bestehende enge Austauschbeziehung zwischen kurzfristigen Schuldverschreibungen von MFIs und solchen der öffentlichen Hand hat die *EZB* erst jüngst ausdrücklich hingewiesen, als sie aus der gegenläufigen Entwicklung beider Arten von Schuldtiteln folgerte: „Infolgedessen haben Anleger, die in kurzfristige Schuldverschreibungen der öffentlichen Hand investiert hatten, alternative Anlageformen gesucht und sich möglicherweise (erneut) kurzfristigen MFI-Schuldverschreibungen zugewandt, die den kurzfristigen Staatsschuldtiteln sehr ähnlich sind." (*EZB* 2007b, S. 18). Ökonomisch haben beide alternativen Anlageformen, wenn sie identische Laufzeiten aufweisen, die gleiche Geldnähe oder Geldqualität bzw. den gleichen Liquiditätsgrad. Das heißt, sie lassen sich gleich schnell für Zahlungszwecke mobilisieren. Dabei müsste es unter bestimmten Voraussetzungen (z.B. große, renommierte und international tätige Unternehmen oder öffentliche Haushalte großer

Industriestaaten) sogar unerheblich sein, ob solche commercial paper oder solche kurzfristigen Staatsschuldverschreibungen von im Währungsgebiet ansässigen oder aber von nicht im Währungsgebiet ansässigen Emittenten aufgelegt werden.

Gerade wenn es, wie in den letzten Jahren festzustellen ist, zu einem weiteren Fortschreiten der sogenannten finanziellen Desintermediation kommt (*Görgens, Ruckriegel* und *Seitz* 2004, S. 315) und sich im Rahmen der gesamtwirtschaftlichen Finanzierungsprozesse die Privaten Haushalte als Überschusseinheiten mit ihren Anlagemitteln weniger an den Finanziellen Sektor wenden, sondern in zunehmenden Maße direkt an den Unternehmenssektor als Defiziteinheiten, dann ist auch zu erwarten, dass zukünftig mehr Anlageformen außerhalb der MFIs entstehen werden. Soweit dadurch auch vermehrt neue liquide Anlageformen, also z. B. Alternativen zu den commercial paper, kreiert werden, kann das Spektrum an geldnahen, schnell für Zahlungszwecke verfügbaren Aktiva außerhalb des Sektors der MFIs in Zukunft noch kräftig steigen.

Wenn es unter ökonomischen Gesichtspunkten letztlich nur um die schnelle und problemlose Mobilisierung von Aktiva für Zahlungszwecke geht, um diesen eine gewisse Geldnähe, Geldqualität oder einen hohen Liquiditätsgrad zuzubilligen, dann ließe sich das Spektrum an relevanten (Geld-) Komponenten außerhalb von M3 fast beliebig ausdehnen. Aber selbst wenn man nicht so weit geht und die relevanten (Geld-) Komponenten außerhalb von M3 nur auf die wenigen hier angesprochenen konzentriert, dann dürfte eine Abgrenzung einer solchen relevanten Geldmenge bereits an statistischen Erfassungsschwierigkeiten scheitern. Die hier angesprochenen relevanten (Geld-) Komponenten außerhalb von M3 dürften kaum mit der Genauigkeit der bisherigen M3-Komponenten messbar sein. Damit würde eine solche, nach ökonomischen Gesichtspunkten relevante Geldmenge aber als Indikator bzw. als monetäres Zwischenziel für die Geldpolitik wenig geeignet sein, denn ein wichtiger Anspruch an geldpolitische Indikatoren oder Zwischenziele ist die genaue und zeitnahe Messbarkeit solcher Größen. Die Messbarkeit sollte zudem ohne großen Aufwand möglich sein.

Eine weitere zentrale Anforderung an geeignete Indikatoren oder monetäre Zwischenziele dürfte ebenfalls nicht erfüllt werden, wenn man die relevante Geldmenge um Euro-Einlagen und Fremdwährungseinlagen bei MFIs außerhalb des Euro-Währungsraumes sowie auch um Forderungen gegenüber Nichtbanken erweitern würde, nämlich die Anforderung der Steuerbarkeit oder Kontrollierbarkeit. Während man jedoch die starken und insbesondere dauerhaften Überschreitungen des quantitativen Referenzwertes für das angestrebte M3-Wachstum durch das Eurosystem (*EZB* 2007a, S. 14) noch nicht zwangsläufig bereits als ein Ausdruck einer mangelnden Kontrollierbarkeit oder Steuerbarkeit der Geldmenge M3 interpretieren kann, denn das starke Geldmengenwachstum könnte auch das endogene Resultat der auf strikte Vermeidung von Zinsschwankungen am Geldmarkt ausgerichteten geldpolitischen Steuerung des Eurosystems sein, ergibt sich bei Erweiterungen der Geldmengenaggregate eine andere Einschätzung. So dürfte eine um Einlagen außerhalb des Währungsgebietes und um Forderungen gegenüber Nichtbanken erweitertes Geldmengenaggregat mit großer Wahrscheinlichkeit erhebliche Steuerungsprobleme für die Geldpolitik mit sich bringen, da es sich dann um Geldkomponenten handelt, die außerhalb des unmittelbaren Geschäftsfeldes einer Zentralbank angesiedelt sind und die mit dem herkömmlichen geldpolitischen Instrumentarium nicht erreicht werden können.

Insofern werden den Bemühungen, Geldmengenaggregate zusammenzustellen, die möglichst alle für die Finanzierung von Wirtschaftsaktivität relevanten Geldkomponenten umfassen, auch von dieser Seite Grenzen gesetzt. Andererseits hat man zu bedenken, dass selbst hoch liquide Geldkomponenten, die sich schnell und ohne großen Aufwand für Zahlungszwecke mobilisieren lassen können, nicht unbedingt auch tatsächlich für diesen Zweck eingesetzt werden. Das Halten und das Nichtverausgaben von geldnahen Aktiva kann auch das rationale Ergebnis von Portfolioentscheidungen der Nichtbanken sein.

5. Der Einfluss von Portfolioentscheidungen auf die Relevanz der Geldmenge

Wenn Geld nur eine Form der Vermögenshaltung darstellt, es also zur Geldhaltung Alternativen in Form von anderen Anlagemöglichkeiten gibt, dann ergibt sich die Geldhaltung praktisch simultan mit den Entscheidungen über eine optimale Strukturierung der gesamten Vermögenshaltung. Die Grundlagen dieser Vorstellung gehen zurück z.B. auf die Überlegungen von *Pigou* und *Marshall*, die diese im Rahmen des Kassenhaltungsansatzes der Quantitätstheorie angestellt haben, und die von *Keynes*, wenn auch nur partiell, bei der Analyse der Nachfrage nach Spekulationskasse aufgegriffen wurden und schließlich umfassend von *Milton Friedman* bei der Konzeption der neoquantitätstheoretischen Geldnachfrage umgesetzt wurden. Portfolioentscheidungen, also Entscheidungen über die optimale Strukturierung des Gesamtvermögens, können nun dazu führen, dass das Vermögen, u. U. auch nur vorübergehend, z.B. stärker zugunsten von liquiden, und damit auch zugunsten von zur Geldmenge zählenden Komponenten umgeschichtet wird oder aber genau umgekehrt, stärker auf längerfristige Anlageformen umstrukturiert und konzentriert wird. Dabei spielen für solche Portfolioumschichtungen neben allgemeinen Ertragsüberlegungen überwiegend auch geänderte Risikopräferenzen oder Risikoeinschätzungen eine zentrale Rolle.

Das Problem ist nun, derartige, insbesondere temporäre Portfolioumschichtungen zu erkennen und zu quantifizieren. Dies ist deshalb wichtig, weil z. B. ein Anstieg der Geldmenge M3, der sich durch eine vorübergehende Erhöhung der Risikoaversion und einer damit verbundenen zunehmenden Liquiditätspräferenz ergibt, nicht unbedingt ein Indiz für eine bevorstehende erhöhte Wirtschaftsaktivität ist (*Issing* 2007, S. 16). Die erhöhte Geldhaltung ist vielmehr Ausdruck eines erhöhten Sicherheitsstrebens. Damit wird deutlich, dass die für eine Finanzierung von Wirtschaftsaktivität eine hohe Relevanz aufweisenden Geldkomponenten nicht zwangsläufig diese Relevanz unter Beweis stellen müssen, indem diese auch tatsächlich zu einer solchen Finanzierung eingesetzt werden.

Bei den relevanten Geldkomponenten muss es sich also nicht in jedem Fall um sogenannte Transaktionskasse handeln, sondern diese können auch Ausdruck einer reinen Vermögenshaltung in liquider Form sein. Allenfalls könnte man diesen Anlageformen noch den Status einer Vorsichtskasse im wahrsten Sinne des Wortes zubilligen, also liquiden Anlageformen, mit denen eine Phase der Unsicherheit überbrückt werden soll, und die, trotz prinzipieller Eignung dazu, nicht für Gütertransaktionen bereit stehen oder vorgesehen sind. Unter solchen Bedingungen ändert sich allerdings die Indikatorfunktion bzw. der Informationsgehalt einer unter normalen Umständen relevanten Geldmenge. Das Ausmaß der möglichen Transaktionen wird dann überzeichnet. Durch eine möglichst genaue Quantifizierung des Umfangs solcher Portfolioumschichtungen ließe sich die Geldmenge um diese Einflüsse bereinigen und Verzerrungen des Aussagegehalts mindern (*Issing* 2007, S. 16).

Das starke Wachstum der Geldmenge M3 in der Phase von 2001 bis in die erste Hälfte des Jahres 2003 hat die *EZB* (2006a, S. 31) mit genau solchen Portfolioumschichtungen als Folge von erhöhten geopolitischen, wirtschaftlichen und vor allem finanziellen Unsicherheiten erklärt. Hintergrund dieser Unsicherheiten waren eine Reihe von Schocks für die Weltwirtschaft, wie der Einbruch der Aktienkurse, die Terroranschläge vom 11. September 2001 und die sich weltweit ausbreitende Terrorangst, mehrere Bilanzskandale in den USA und in Europa als Folge der drastischen Aktienkursrückgänge sowie die Kriege in Afghanistan ab Herbst 2001 und im Irak ab Frühjahr 2003. „Angesichts dieser Schocks investierte der Geld haltende Sektor (...) sein Vermögen wieder verstärkt in sichere und liquide anstatt in risikoreiche und längerfristige Anlageformen, was ein Anziehen des Geldmengenwachstums zur Folge hatte." (*EZB* 2006a, S. 31). Konkret kam es dabei zu Portfolioumschichtungen von Aktien in zu M3 zählende Schuldverschreibungen der MFIs mit einer Laufzeit von bis zu zwei Jahren und in Geldmarktfondsanteile, und zwar, nach den mit durchaus deutlich betonten konzeptionellen und messtechnischen Problemen verbundenen Schätzungen der *EZB,* in einem Umfang zwischen 180 Mrd. Euro und 250 Mrd. Euro, was das jährliche Wachstum der Geldmenge M3 um 2,5 bis 3 Prozentpunkte erhöht habe (*EZB* 2003, S. 14). Im Urteil der *EZB* spiegelte diese Wachstumsbeschleunigung der Geldmenge M3 „...lediglich das geänderte Verhalten der Anleger wider und ist daher aus Sicht der Preisstabilität als relativ unbedenklich zu bewerten." (*EZB* 2006a, S. 33).

Unbedenklich bleiben solche aus Portfolioumschichtungen resultierenden Geldmengenerhöhungen allerdings nur, wenn sich im Zuge einer Normalisierung des Anlageverhaltens auch wieder entsprechend umfangreiche (Rück-) Umschichtungen von den liquiden zu den längerfristigen Anlageformen ergeben, oder wenn sich Anzeichen für eine dauerhafte Erhöhung der Liquiditätspräferenz bzw. für einen nachhaltigen Anstieg der Risikoaversion ergeben, ansonsten besteht letztlich doch die Gefahr, dass sich die aufgebaute Liquidität in Transaktionskasse wandelt und damit die Ausgabetätigkeit und den Inflationsdruck erhöhen könnte (*EZB* 2004b, S. 60 f.).

Zu Verzerrungen des Informationsgehalts relevanter Geldmengenaggregate als Folge von Portfolioentscheidungen bzw. Portfolioumschichtungen kann es insbesondere dann kommen, wenn solche Geldmengengrößen weit abgegrenzt werden, indem z.B. auch marktfähige Instrumente einbezogen werden. Solche marktfähigen Instrumente, im Rahmen der Geldmenge M3 des Eurosystems sind das z.B. die kurzfristigen Schuldverschreibungen der MFIs und die Geldmarktfondsanteile, haben praktisch zwei Eigenschaften. Zum Einen verfügen sie über die Geldqualität, da sie sehr schnell für Zahlungszwecke mobilisiert werden können, zum Anderen verfügen sie über die

Vermögensqualität, da sie auch als Vermögensanlageformen in einem unter Risiko- und Ertragsaspekten optimal strukturierten Vermögen fungieren können. Das Problem besteht nun darin, festzustellen oder zu bestimmen, welche dieser beiden Eigenschaften jeweils aktuell ist.

Das folgende längere Zitat der *EZB* beschreibt trefflich die Schwierigkeiten, dieses Identifikationsproblem zu lösen: „Die Erkennung und insbesondere die Quantifizierung von Portfolioumschichtungen wird durch den Umstand erschwert, dass zu dieser Entwicklung an sich keine Daten vorliegen. Finanzaggregate setzen sich aus einer Vielzahl von Einzeltransaktionen zusammen, die unterschiedliche Portfoliostrategien widerspiegeln. Daher gestaltet es sich schwierig, einen bestimmten Zusammenhang zwischen zwei Makroaggregaten zu isolieren. Ferner ist es in einer dynamischen Volkswirtschaft, in der die Finanzierungsströme und die Geldvermögensbildung im Zeitablauf konstant zunehmen, nicht einfach, zu unterscheiden, welche Änderungen der Anlageentwicklung auf Portfolioumschichtungen zurückgehen und welche dem trendmäßigen Anstieg der gesamtwirtschaftlichen Geldvermögensbildung zuzuschreiben sind. Des Weiteren lassen sich die durch das Spekulations- oder Vorsichtsmotiv bedingten Portfolioumschichtungen nur schwer von jenen Änderungen bei der Geldhaltung trennen, die auf das Transaktionsmotiv zurückzuführen sind.“ (*EZB* 2003, S. 11).

Da bislang noch kein überzeugendes Konzept zur Lösung des Identifikationsproblems, ob Geldkomponenten gerade die Eigenschaft der Geldqualität oder aber die Vermögensqualität aufweisen, existiert, wird man als Ergebnis festhalten müssen, dass der Umfang der Verzerrungen des Informationsgehalts einer Geldmengengröße, der sich auf Portfolioentscheidungen oder Portfolioumschichtungen zurückführen lässt, momentan und wahrscheinlich auf absehbare Zeit allenfalls tendenziell erkennbar und damit interpretationsfähig ist. Praktisch bedeutet das, dass der Einfluss von Portfolioentscheidungen auf die Relevanz der Geldmenge eine weitere zentrale Anforderung an einen geldpolitischen Indikator oder an ein monetäres Zwischenziel zumindest zeitweilig in Frage stellt, nämlich das Erfordernis eines engen Zusammenhanges zwischen der Indikator- oder Zwischenzielgröße und dem eigentlichen oder vorrangigen Ziel der Geldpolitik, der Preisniveaustabilität.

Zu prüfen bleibt jedoch, ob nicht die Methodik zur Konstruktion der Geldmenge M3 zu diesem Dilemma beiträgt. So gehen in die M-Größen, und damit auch in M3, sämtliche Geldkomponenten mit einem konstanten Gewicht von 100 Prozent in das Gesamtaggregat ein. Andere Geldmengenaggregate beziehen die einzelnen Geldkomponenten mit variablen Gewichten ein. Die variablen Gewichte sollen dazu führen, dass von jeder Geldkomponente nur der Anteil in das Gesamtaggregat eingeht, der Geldqualität aufweist, der also für Zahlungszwecke vorgehalten wird, während der andere Teil, der die Vermögensqualität widerspiegelt und Ausdruck von Vermögenshaltung ist, nicht in das Gesamtaggregat einbezogen wird. Solche Aggregate, die die Geldkomponenten mit variabler Gewichtung berücksichtigen, werden im nächsten Abschnitt vorgestellt und im Hinblick auf ihre Indikatoreigenschaft kurz beurteilt.

6. Alternative Abgrenzungen von Geldmengenaggregaten im Vergleich zur Geldmenge M3

Geldmengenaggregate, die die einzelnen Geldkomponenten mit variablen Gewichten berücksichtigen, sind die bargeldäquivalente Geldmenge und die Divisia-Geldmenge, die auch als Divisia-Geldmengenindex bezeichnet wird (*Issing, Tödter, Herrman* und *Reimers* 1993, S. 1 ff.). Beide Konstrukte versuchen die unterschiedlichen Liquiditätsgrade der Geldkomponenten zu ermitteln und damit die Anteile jeder Geldkomponente, die im Zusammenhang mit Ausgabeentscheidungen zu sehen sind, die also die Eigenschaft der Geldqualität haben. Vom Prinzip her wird dabei wie folgt vorgegangen: Je höher die Verzinsung einer Geldkomponente (Eigenverzinsung), umso geringer ist der Anteil dieser Komponente, der für Zahlungszwecke bereit gehalten wird, und umso höher ist der Anteil dieser Komponente, der Vermögensanlagezwecken dient. Konkret wird die Differenz zwischen der grundsätzlich höheren Rendite einer nicht monetären Anlageform (z.B. Umlaufrendite) und der im Normalfall niedrigeren Verzinsung der Geldkomponente berechnet und der daraus resultierende Zinsabschlag wird dann als Preis für die Liquiditätsdienste der Geldkomponente angesehen (*Issing, Tödter, Herrmann* und *Reimers* 1993, S. 8). Je höher dieser Preis für die Liquiditätsdienste ist, je geringer also die Eigenverzinsung einer Geldkomponente ist, desto höher ist der Liquiditätsgrad einer Komponente und umso größer ist der ‚Geldanteil' dieser Komponente.

Die Bargeldäquivalente Geldmenge (B) lässt sich wie folgt darstellen und errechnen:

$$B_t = \sum_{i=1}^{L} S^{*}_{it} \bullet M_{it} \qquad \text{wobei gilt:} \qquad S^{*}_{it} = (R_t - R_{it}) / R_t$$

Dabei ist M_{it} das nominelle Volumen der Geldkomponente i zum Zeitpunkt t; S^{*}_{it} ist das Gewicht, mit dem die Geldkomponente i zum Zeitpunkt t in das Aggregat Bargeldäquivalente Geldmenge eingeht; R_t ist die (maximal) erzielbare Rendite einer nicht monetären Anlage (z.B. Umlaufsrendite) zum Zeitpunkt t und R_{it} ist die Verzinsung der Geldkomponente i zum Zeitpunkt t (Eigenverzinsung). Beispielsweise beträgt für Bargeld die Eigenverzinsung $R_{it} = 0\%$, insofern geht das Bargeld mit einem Gewicht $S^{*}_{it} = 1$ in das Aggregat ein. Entspricht die Eigenverzinsung einer Geldkomponente exakt der Verzinsung der nicht monetären Anlage: $R_{it} = R_t$, dann beträgt das Gewicht dieser Komponente $S^{*}_{it} = 0$. Das führt dazu, dass dieser Komponente keinerlei Geldqualität zugeschrieben wird und sie deshalb vollständig der Vermögenshaltung zuzurechnen ist und keine mengenmäßige Berücksichtigung in dem Gesamtaggregat findet. Schließlich geht eine Geldkomponente, deren Eigenverzinsung genau halb so groß wie die Verzinsung der nicht monetären Anlageform ist, genau zur Hälfte in die Aggregatgröße ein.

Während die Bargeldäquivalente Geldmenge, genau wie die M-Aggregate, die einzelnen Geldkomponenten additiv verknüpft, allerdings mit variablen Gewichten, kommt es im Rahmen des Divisia-Geldmengenindex (D) zu einer multiplikativen Verknüpfung der Wachstumsraten der einzelnen Geldkomponenten, und zwar ebenfalls mit variablen Gewichten. Dabei lässt sich der Divisia-Geldmengenindex wie folgt darstellen und errechnen (*Issing, Tödter, Herrmann* und *Reimers* 1993, S. 8 f.):

$$D_t = D_{t-1} \bullet \prod_{i=1}^{L} \left(\frac{M_{it}}{M_{i,t-1}} \right)^{\bar{H}_{it}}$$

wobei sich der Exponent ergibt als: $\bar{H}_{it} = \left(H_{it} + H_{i,t-1} \right) / 2$

mit $H_{it} = \dfrac{S_{it} \bullet M_{it}}{\sum_{i=1}^{L} S_{it} \bullet M_{it}}$

und $S_{it} = \dfrac{R_t - R_{it}}{1 + R_t}$.

Der Ausdruck (S_{it}) verdeutlicht, dass auch im Rahmen des Divisia-Geldmengenindex wieder das Prinzip verfolgt wird, den Liquiditätsgrad und damit den Anteil einer Komponente mit Geldqualität aus den Differenzen zwischen der Verzinsung einer nicht monetären Anlage (R_t) und den Eigenverzinsungen der Geldkomponenten (R_{it}) zu bestimmen.

Vergleicht man nun diese beiden Ansätze mit der Geldmenge M3, so scheidet die Bargeldäquivalente Geldmenge als Alternative für M3 allein deshalb aus, weil ein grundlegender Einwand gegen die M-Aggregate in gleichem Maße die Bargeldäquivalente Geldmenge betrifft. Dieser Einwand betrifft die in der additiven Verknüpfung der einzelnen Geldkomponenten implizit enthaltene extreme Annahme einer vollkommenen Substituierbarkeit der einzelnen Komponenten (*Vollmer* 1995, S. 162). Die Annahme, dass die berücksichtigten Geldkomponenten perfekte Substitute sind, ist unrealistisch, denn rational handelnde Wirtschaftssubjekte würden dann ausschließlich die Geldkomponente halten, die die höchste Verzinsung aufweist (*Tödter* 1994, S. 322). Bei multiplikativer Verknüpfung der Geldkomponenten ist eine vollständige Substitution dagegen faktisch ausgeschlossen, weil keine Geldkomponente „...vollständig durch eine andere ersetzt werden kann, ohne dass der Divisia-Index den Wert Null annimmt." (*Vollmer* 1995, S. 162).

Dabei hätte die Bargeldäquivalente Geldmenge zumindest einen Vorteil gegenüber den beiden anderen Konstrukten. Neu auftretende Geldkomponenten (Finanzinnovationen) lassen sich problemlos in das Aggregat aufnehmen, ohne dass es einer Neuabgrenzung bedarf, denn solche neuen Geldkomponenten befinden sich praktisch bereits latent mit einem Gewicht von Null in dem Aggregat. Neu auftretende Geldkomponenten führen dagegen bei dem Divisia-Geldmengenindex, ebenso wie bei der Geldmenge M3, zu einer Veränderung der Geldmengenabgrenzung. Deshalb stellt sich beim Divisia-Geldmengenindex die Frage nach der Auswahl der relevanten Geldkomponenten genauso wie bei der Geldmenge M3 (*Issing, Tödter, Herrmann* und *Reimers* 1993, S. 10; *Vollmer* 1995, S. 168). Erforderlich werdende Neuabgrenzungen von Geldmengenaggregaten sind insbesondere deshalb problematisch, weil dann für eine empirische Überprüfung der Relevanz des ‚neuen' Aggregats keine langen Datenreihen vorliegen, mit denen ein enger Zusammenhang zum eigentlichen Ziel der Geldpolitik gesichert überprüft werden kann.

Ein gravierender Nachteil des Divisia-Geldmengenindex, aber auch der Bargeldäquivalenten Geldmenge, gegenüber der Geldmenge M3 tritt dann auf, wenn sich die Zinsstruktur abflacht oder wenn sich sogar eine inverse Zinsstruktur einstellt. Nähern sich die Verzinsungen der Geldkomponenten der Verzinsung der nicht monetären Anlage an, so geht das Gewicht dieser Komponenten gegen Null und unabhängig davon, wie stark diese Geldkomponenten dann auch wachsen, es wird ihnen praktisch kein Beitrag mehr zur monetären Expansion zugerechnet (*Issing, Tödter, Herrman* und *Reimers* 1993, S. 11). Im Falle einer inversen Zinsstruktur übersteigen die Verzinsungen der Geldkomponenten die Vergleichsrendite der nicht monetären Anlage und die Beiträge dieser Geldkomponenten werden dann sogar negativ. Das würde bedeuten, ein Wachstum der liquiden Geldkomponenten würde einen Rückgang der monetären Expansion signalisieren. Das zeigt bereits, dass die Bestimmung der Liquiditätsgrade von Geldkomponenten bzw. der Anteile von Geldkomponenten, die Geldqualität aufweisen, und die ermittelt werden anhand von einfachen Zinsunterschieden, keineswegs hinreichend ist und eigentlich eine wesentlich genauere und differenziertere Betrachtung verlangt (*Reischle* 1997, S. 470 ff.).

Bei genauer Betrachtung der Methodik der Ermittlung von Bargeldäquivalenter Geldmenge und von Divisia-Geldmengenindizes wird deutlich, dass auch diese zinsgewichteten Aggregate keine Vorteile aufweisen, wenn es um Identifikation der Auswirkungen von Portfolioentscheidungen geht. Die bei der Geldmenge M3 beklagte Verzerrung des Informationsgehalts, wenn es z. B. bei Erhöhungen der allgemeinen Risikoaversion zu einer erhöhten Liquiditätspräferenz der Wirtschaftsteilnehmer kommt, in deren Folge Portfolioumschichtungen von längerfristigen, risikobehafteten Anlageformen in liquide, risikoarme und zur Geldmenge M3 zählende Anlageformen vorgenommen werden, zeigt sich auch bei den zinsgewichteten Aggregaten. Das heißt, auch die variable Gewichtung der einzelnen Geldkomponenten, die ja eigentlich die Anteile mit Geldqualität und mit Vermögensqualität in einer Komponente aufdecken sollen, vermögen nicht aufzuzeigen, ob und inwieweit aus Portfolioumschichtungen resultierende Erhöhungen der Geldkomponenten relevant oder irrelevant für die Ausgabetätigkeit und damit für die Inflationsentwicklung sind.

Derartige aus Portfolioumschichtungen für die Inflationsentwicklung unschädliche Erhöhungen der Geldkomponenten müssten in der Bargeldäquivalenten Geldmenge und in den Divisia-Geldmengenindizes nämlich zu einer Verringerung der Gewichte für die liquiden Geldkomponenten führen, um die Unschädlichkeit der Umschichtungen richtig anzuzeigen. Die kleineren Gewichte würden dann unmittelbar zu erkennen geben, dass das umgeschichtete Vermögen nur aus der Unsicherheit heraus in den liquiden Geldkomponenten geparkt wird und dass keine Absicht besteht, diese Mittel für

Gütertransaktionen einzusetzen. Da ein solcher Automatismus zur Verringerung der Gewichte bei unsicherheitsbedingten Portfolioumschichtungen aber nicht existiert, führen solche Umschichtungen ebenso zu einem Anstieg der Aggregatgrößen wie bei M3. Verschärft wird dieser Anstieg sogar noch, wenn im Zuge der Umschichtungen zugunsten der liquiden Komponenten und den damit einhergehenden Abzügen bei den längerfristigen Anlageformen, die Eigenverzinsungen der Geldkomponenten aufgrund des höheren Mittelangebots sinken und die Vergleichsrenditen der nicht monetären Anlageformen aufgrund der Mittelverknappung steigen. In einem solchen Fall nehmen die Gewichte der Geldkomponenten noch zu und der Aussagegehalt der Gesamtaggregate wird zusätzlich verzerrt. Somit besteht bei den zinsgewichteten Aggregaten praktisch das gleiche Identifikationsproblem wie bei der Geldmenge M3, nämlich festzustellen, ob und in welchem Umfang eine Zunahme des Geldmengenaggregats relevant oder irrelevant für die Inflationsentwicklung ist.

Insgesamt dürfte die Eignung des Divisia-Geldmengenindex als geldpolitischer Indikator bzw. als monetäres Zwischenziel keineswegs signifikant besser ausfallen als die der Geldmenge M3. Zwar mag der Divisia-Geldmengenindex aggregationstheoretische Vorteile aufweisen, weil realistischerweise nicht von der perfekten Substitution zwischen den verschiedenen Geldkomponenten ausgegangen wird. Vorteilhaft ist auch, dass nicht jeder Anlageform von vornherein entweder zu 100 Prozent Geldqualität oder zu 100 Prozent Vermögensqualität zugeschrieben wird, und damit Relevanz oder keine Relevanz für die Finanzierung von Wirtschaftsaktivität. Doch bezüglich einer genauen, zeitnahen und mit einem vertretbaren Aufwand durchzuführenden Messbarkeit weist der Divisia-Geldmengenindex als Indikator eher Nachteile gegenüber der Geldmenge M3 auf (*Vollmer* 1995, S. 167). Auch Verständnis und Akzeptanz in der Öffentlichkeit dürften zu ungunsten des Divisia-Geldmengenindex ausfallen. Darüber hinaus sind sowohl die Geldmengenabgrenzung M3 als auch der Divisia-Geldmengenindex mit ähnlichen Problemen behaftet, insbesondere was die Auswahl der relevanten Geldkomponenten betrifft und die Verzerrungen des Informationsgehalts bei Portfolioumschichtungen. Deshalb kann es keine Empfehlung für die Geldpolitik sein, die Geldmenge M3 gegen den Divisia-Geldmengenindex auszutauschen, sondern die Schlussfolgerungen müssen andere sein.

7. Schlussfolgerungen

Die vorangehenden Ausführungen sollten zeigen, dass für die Geldpolitik und für die Öffentlichkeit ein zweifellos berechtigtes und hohes Interesse besteht, jederzeit abschätzen zu können, wie viel Wirtschaftsaktivität in einer Volkswirtschaft oder in einem Währungsraum finanziert werden kann, bzw. welches Transaktionsvolumen von der monetären Seite möglich ist, ohne dass die gesamtwirtschaftliche Nachfrage zu stark expandiert und zu Gefahren für den Geldwert oder die Kaufkraft der Währung führt. Da die europäische Geldpolitik sogar vom Gesetz her gehalten ist, die Sicherung der Preisniveaustabilität als vorrangiges Ziel zu verfolgen, hat sie nicht nur ein berechtigtes Interesse, sondern sogar die Verpflichtung, sich den Inflationsgefahren entgegenzustemmen. Dazu gehört allerdings, dass man solche Gefahren rechtzeitig und verlässlich erkennt. Da wirtschaftliche Transaktionen letztlich unter Einsatz von

Zahlungsmitteln abgewickelt werden, liegt es nahe, alles das, was unmittelbar als Zahlungsmittel einsetzbar ist und auch das, was sich sehr schnell und ohne großen Aufwand für Zahlungszwecke mobilisieren lässt, zu erfassen und als wichtigen Anhaltspunkt für die potenzielle Ausgabentätigkeit zu interpretieren.

Die Funktion als Zahlungsmittel zu fungieren ist die zentralste Eigenschaft des Geldes. Insofern steht hinter den Bemühungen, alles das zu erfassen, was als Zahlungsmittel dienen kann, eine für die Finanzierung der Wirtschaftsaktivität relevante Geldmenge abzugrenzen. Die vorangehenden Überlegungen zeigten aber, dass es praktisch unmöglich ist, alle Dinge, die unmittelbar für Zahlungszwecke einsetzbar sind und auch die, die sich sehr schnell für diese Zwecke mobilisieren lassen, in einer einzigen Geldmengengröße zusammenzufassen. Sofern es um die Erfassung aller Aktiva geht, die sich letztlich unmittelbar oder schnell für Zahlungen eignen, scheitert dies nicht nur an der statistischen Erfassbarkeit bzw. Messbarkeit solcher weit abgegrenzten Aggregate, sondern auch an der Steuerbarkeit oder Kontrollierbarkeit solcher Größen.

Ein anderes Problem zeigte sich darin, dass von der Vorüberlegung her durchaus relevante Geldkomponenten nicht zwangsläufig auch für Zahlungszwecke eingesetzt werden. Portfolioentscheidungen der Wirtschaftsteilnehmer, also Entscheidungen über eine unter Ertrags- und Risikogesichtspunkten optimale Strukturierung oder Aufteilung des Vermögens, lassen es rational sein, Teile des Gesamtvermögens in liquider Form, und damit auch in Geldkomponenten anzulegen und zu halten, ohne damit eine Transaktionsabsicht zu verfolgen. Deshalb besteht bei den Geldmengenabgrenzungen immer ein sogenanntes Identifikationsproblem. Dies besteht darin, zu erkennen und zu quantifizieren, welcher Teil der Geldmenge für Zahlungszwecke gehalten wird und welcher Teil der Vermögenshaltung zuzuschreiben ist. Das Ergebnis der diesbezüglichen Betrachtungen war, dass dies keinesfalls mit nur einer einzigen Geldmengenabgrenzung machbar ist, und zwar auch nicht mit einer Geldmengenabgrenzung, die die einzelnen Komponenten mit variablen, den jeweiligen Liquiditätsgrad zum Ausdruck bringenden Gewichten berücksichtigen, also einem Divisia-Geldmengenindex.

Die Schlussfolgerung, die Geldpolitik dürfe sich nicht ausschließlich auf ein ganz konkret abgegrenztes Geldmengenaggregat konzentrieren, ist nun keineswegs als Plädoyer zu verstehen, dass man sich über die Geldmengenabgrenzungen keine Gedanken mehr machen muss bzw. sogar auf die Analyse der Geldmengenentwicklung vollständig verzichten könnte. Die Geldpolitik muss vielmehr eine breit angelegte monetäre Analyse durchführen, die sich praktisch auf ein ganzes Spektrum monetärer Aggregate stützt, um ihrem Auftrag gerecht zu werden. In diesem Zusammenhang gilt es den Mitte 2003 durchgeführten Säulen-Tausch des Eurosystems im Rahmen ihrer geldpolitischen ‚Zwei-Säulen-Strategie' ausdrücklich positiv zu werten. Dieser Tausch stellte, was die Außenwirkung anbelangte, mehr als nur eine graduelle Änderung der Strategie dar. So wurde die bis dahin zumindest offiziell, d.h. nach außen betriebene starke Fokussierung auf nur eine Geldmengenabgrenzung, nämlich, im Rahmen der Vorgabe des sogenannten quantifizierten Referenzwertes, auf die Geldmenge M3, durch eine breit angelegte Analyse monetärer Trends abgelöst. „Diese geht weit über die Untersuchung einer einzelnen Geldmengengröße hinaus. Sie umfasst unterschiedliche

Geldmengenaggregate und ihre Teilkomponenten, die Bilanzgegenposten, insbesondere die Kreditentwicklung in all ihren Facetten sowie Finanzströme und Vermögenspreise. Auch die Analyse verschiedener Geldlücken ist Teil der monetären Analyse.“ (*Ruckriegel* und *Seitz* 2007, S. 15). Dass beispielsweise die gleichzeitige Analyse mehrerer monetärer Größen ein klareres Bild über die Einschätzung der monetären Expansion ergeben kann, zeigten die zwei Phasen starken Geldmengenwachstums im Eurowährungsgebiet in den Jahren 2001 bis Mitte 2003 und dann in den Jahren ab Mitte 2004 bis vorerst zum Jahr 2007. Während die erste Phase des starken M3-Wachstums von einer rückläufigen Kreditvergabe an den privaten Sektor begleitet wurde, vollzog sich die zweite Phase mit einem ausgeprägten Zuwachs der Kreditvergabe. Für die genauere Einschätzungen von möglichen Inflationsgefahren, die mit einem stärkeren Geldmengenwachstum verbunden sein können, sind solche zusätzlichen Informationen aus anderen monetären Größen nach Auffassung der *EZB* sehr wichtig (*EZB* 2006a, S. 31 ff.). Danach sind die Inflationsgefahren eines von Kreditwachstum begleiteten Geldmengenwachstums größer einzuschätzen, als wenn ein Geldmengenwachstum mit einer rückläufigen Kreditvergabe einhergeht.

Damit betreibt die Geldpolitik nunmehr auch offiziell das nach außen, was in allen anderen Bereichen der Wirtschaftspolitik üblich ist und praktisch von niemandem in Frage gestellt wird, nämlich die jeweiligen Bereiche mit mehr als nur einer einzigen Größe zu analysieren. Niemand kommt auf die Idee, die Situation am Arbeitsmarkt nur mit einer Größe zu beschreiben, etwa mit der Arbeitslosenquote. Eine Analyse der Finanzpolitik nur auf der Basis des Budgetsaldos würde berechtigterweise heftige Kritik auslösen. Schließlich würden Vorschläge oder Begründungen für konjunkturelle Maßnahmen, die ausschließlich auf der Betrachtung der realen Wachstumsrate basieren, kein Gehör finden.

Die in diesem Beitrag angestellten Überlegungen zur Abgrenzung von Geldmengenaggregaten und zum Einfluss von Portfolioentscheidungen sollen somit auch als ein Mosaiksteinchen angesehen werden, das weg von einem eindimensionalen Bild über die Geldpolitik, auf dem nur eine Geldmenge dargestellt ist, zu einem neuen, mehrdimensionalen Bild über die Geldpolitik führt, wie es für alle anderen Bereiche der Wirtschaftspolitik selbstverständlich ist.

Literatur

Deutsche Bundesbank (1995), Die Geldpolitik der Bundesbank, Frankfurt am Main.

Europäische Zentralbank (1999), Monetäre Aggregate im Euro-Währungsgebiet und ihre Rolle in der geldpolitischen Strategie des Eurosystems, in: Monatsbericht Februar 1999, S. 29-47.

Europäische Zentralbank (2000), Fragen rund um den Einsatz von elektronischem Geld, in: Monatsbericht November 2000, S. 55-67.

Europäische Zentralbank (2003), Schätzung zum Umfang der Portfolioumschichtungen von Aktien in die Geldmenge, in: Monatsbericht Mai 2003, S. 11-14.

Europäische Zentralbank (2004a), Die Geldpolitik der EZB, Frankfurt am Main.

Europäische Zentralbank (2004b), Monetäre Analyse in Echtzeit, in: Monatsbericht Oktober 2004, S. 47-71.

Europäische Zentralbank (2006a), Unterschiedliche Trends in den letzten zwei Phasen starken Geldmengenwachstums, in: Jahresbericht 2005, Frankfurt am Main, S. 31-33.

Europäische Zentralbank (2006b), Die Schätzung sektoraler M3-Aggregate, in: Monatsbericht August 2006, S. 66-69.

Europäische Zentralbank (2007a), Monetäre und finanzielle Entwicklung, in: Monatsbericht Januar 2007, S. 14-23.

Europäische Zentralbank (2007b), Entwicklung der kurzfristigen Schuldverschreibungen innerhalb der Geldmenge M3, in: Monatsbericht Januar 2007, S. 16-18.

Görgens, Egon, Karlheinz Ruckriegel und *Franz Seitz* (2004), Europäische Geldpolitik. Theorie, Empirie, Praxis, 4. Aufl., Stuttgart.

Issing, Otmar, Karl-Heinz Tödter, Heinz Herrmann und *Hans-Eggert Reimers* (1993), Zinsgewichtete Geldmengenaggregate und M3 – Ein Vergleich, in: Kredit und Kapital, 26. Jg., S. 1-21.

Issing, Otmar (2007), Einführung in die Geldtheorie, 14. Aufl., München.

Reischle, Julian (1997), Divisia-Geldmengenindizes. Ein Vorschlag zur theoretisch korrekten Erfassung des Geldes, in: Kredit und Kapital, 30. Jg, S. 445-487.

Ruckriegel, Karlheinz und *Franz Seitz* (2007), Die Bedeutung der Geldmenge für eine moderne Geldpolitik, in: Wirtschaftsdienst, 87. Jg., S. 14-18.

Tödter, Karl-Heinz (1994), Eine transaktionsorientierte Geldmenge, in: Kredit und Kapital, 27. Jg., S. 319-347.

Vollmer, Uwe (1995), Monetäre Divisia-Indizes – zweckmäßiger als bisherige Geldmengenaggregate?, in: Wirtschaftsdienst, 75. Jg., S. 161-168.

Albrecht F. Michler und H. Jörg Thieme (Hg.)
Systeme monetärer Steuerung: Analyse und Vergleich geldpolitischer Strategien
Schriften zu Ordnungsfragen der Wirtschaft · Band 86 · Stuttgart · 2007

Determinanten der Geldnachfrage in der Euro-Zone

Katrin Assenmacher-Wesche[*]

Inhalt

1. Einleitung ... 60

2. Aggregationsproblematik ... 61
   2.1. Aggregationsverfahren ... 61
   2.2. Die Variablen in der Geldnachfragefunktion ... 64
      2.2.1. Geldmenge ... 64
      2.2.2. Einkommen ... 66
      2.2.3. Zinssatz ... 66
   2.3. Fazit ... 67

3. Die Stabilität der Geldnachfrage in der Euro-Zone ... 68
   3.1. Aggregation und Stabilität ... 68
   3.2. Geldnachfrage und Aktienmarkt ... 70
   3.3. Geldmengenwachstum und Inflation ... 72

4. Empirische Analyse ... 73

5. Schlussfolgerungen ... 74

Literatur ... 75

Anhang ... 80

---

[*] Ich danke *Bernd Hayo* und *Heiko Peters* für hilfreiche Kommentare sowie den Organisatoren des Forschungsseminars Radein 2007.

1. Einleitung

Am 13. Oktober 1998 verkündete die Europäische Zentralbank (EZB) die Elemente ihrer zukünftigen geldpolitischen Strategie.[1] Neben der Definition von Preisstabilität als einer jährlichen Inflationsrate von weniger als 2% beruht die Strategie auf zwei Säulen: der monetären und der ökonomischen Analyse. Während die ökonomische Analyse kurz- und mittelfristige Gefahren für die Preisstabilität identifiziert, die sich aus Angebot und Nachfrage sowie Wechselkursentwicklungen ergeben, soll die monetäre Analyse längerfristige Inflationsgefahren anhand der Geldmengenentwicklung erkennen. Das Zwei-Säulen-Konzept hat große Kontroversen ausgelöst.[2] Viele Beobachter lehnten die Gliederung der Analyse in zwei separate Säulen ab und befürchteten, die monetäre Säule bedeute eine Wiedereinführung der Geldmengensteuerung, mit der in den 1980er Jahren vielerorts schlechte Erfahrungen gemacht wurden, weil stabile Beziehungen zwischen Geldmenge, Einkommen und Zinssatz zusammenbrachen.

Dieser Beitrag diskutiert im Wesentlichen zwei zentrale Fragestellungen im Zusammenhang mit der Geldnachfrage in der Euro-Zone, nämlich die Konsequenzen der Aggregation über verschiedene Länder und die Stabilität der Funktion. Abschließend wird in einer empirischen Analyse eine alternative Spezifikation der Geldnachfragefunktion untersucht.

Abschnitt 2 behandelt die Aggregation der nationalen Daten und die Definition der Variablen in der Geldnachfragefunktion. Da die Zeit seit Gründung der EZB für ökonometrische Analysen zu kurz ist, fußen alle Studien auf Daten aus der Zeit vor der Währungsunion. Das bedeutet, dass für die Schätzung einer länderübergreifenden Geldnachfragefunktion Variablen in unterschiedlichen Währungen addiert werden müssen. In der Literatur wurden im Wesentlichen drei verschiedene Ansätze bei der Aggregation verfolgt, die zumindest in der Zeit vor 1983 zu deutlichen Unterschieden im Verlauf der aggregierten Zeitreihen führen.

Abschnitt 3 diskutiert die Stabilität und mögliche Erweiterungen der Geldnachfragefunktion. Erstaunlicherweise schien die Geldnachfrage in der Euro-Zone vor Beginn der Währungsunion stabiler zu sein als die nationalen Funktionen. Da Währungssubstitution als Erklärung dafür nicht ausreicht, könnte ein statistischer Effekt für die höhere Stabilität verantwortlich gewesen sein. Obgleich mit Daten bis 2001 die Stabilität im Allgemeinen bestätigt wird, weckt das starke Geldmengenwachstum in der jüngsten Zeit Zweifel, ob die monetäre Säule auch weiterhin hilfreich für die Geldpolitik bleibt. Sollte die Geldnachfrage instabil werden, verliert die Geldmenge ihre Eignung als Indikator für die zukünftige Inflation. Die Erweiterung der Geldnachfragefunktion um Variablen wie die Rendite und die Volatilität auf dem Aktienmarkt hilft, die Stabilität bis 2004 wiederherzustellen, aber nicht für die Zeit danach.

---

[1] Vgl. die Presseerklärungen der *EZB* vom 13. Oktober 1998 und vom 1. Dezember 1998, die unter www.ecb.int verfügbar sind.

[2] Vgl. z.B. *Gali et al.* (2004) oder *Svensson* (1999, 2002).

Abschnitt 4 präsentiert eine empirische Analyse der aktuellen Daten. Es wird eine Spezifikation vorgestellt, die keine offensichtlichen Anzeichen von Instabilität aufweist, wenn eine Dummy-Variable für das 3. Quartal 2001 eingefügt wird. Außerdem scheint die Überschussliquidität trotz des starken Geldmengenwachstums gering zu sein, so dass kein übermäßiger Inflationsdruck von der monetären Seite zu befürchten ist. Abschließend erörtert Abschnitt 5 die Konsequenzen für die geldpolitische Strategie der EZB.

2. Aggregationsproblematik

Bereits die ersten Studien für die Mitgliedsländer des Europäischen Währungssystems (EWS) am Anfang der 1990er Jahre kamen zu dem Schluss, dass eine Geldmengensteuerung in einer zukünftigen Währungsunion möglich sei. *Bekx* und *Tullio* (1989) fanden im Rahmen einer Wechselkursstudie, dass die aggregierte Geldmenge für die Mitgliedsländer des EWS Wechselkursänderungen des US-Dollars gegenüber der Deutschen Mark besser erklärt als die deutsche Geldmengenentwicklung.[3] *Kremers* und *Lane* (1990) schätzen eine Nachfragefunktion für die Geldmenge M1 in den sieben größten Ländern des Europäischen Wechselkursmechanismus und folgern, dass diese Funktion hinsichtlich ihres Erklärungsgehalts und ihrer Stabilität die meisten Schätzungen auf nationaler Ebene übertrifft. Anschließende Arbeiten bestätigten im Wesentlichen diese Schlussfolgerung.[4]

Trotz dieser positiven Ergebnisse bleibt offen, ob die Betrachtung einer länderübergreifenden Geldnachfragefunktion zulässig ist. Selbstverständlich kann vor dem Übergang zu einer Währungsunion nur anhand nationaler Daten eine Aussage über die Stabilität der Geldnachfrage in der Euro-Zone gemacht werden. Trotzdem bleibt offen, ob eine aggregierte Geldnachfragefunktion mit nationalen Funktionen vergleichbar ist und welche Konsequenzen sich für die Geldpolitik der *EZB* ergeben. Die Tatsache, dass in Ländern wie den USA und Großbritannien die Geldnachfragefunktion in der Vergangenheit wiederholt instabil wurde, legt die Befürchtung nahe, dass sich eine ähnliche Situation auch für die Euro-Zone ergeben könnte.

Im Folgenden werden zuerst die Probleme betrachtet, die sich bei der Wahl eines Verfahrens für die Umrechnung und Addition der Zeitreihen in nationalen Währungen ergeben. Anschließend wird die Definition der Variablen in der Geldnachfragefunktion für die Euro-Zone diskutiert.

2.1. Aggregationsverfahren

Im Gegensatz zu konventionellen Geldnachfrageschätzungen verwendet eine länderübergreifende Geldnachfragefunktion aggregierte Variable, die vor dem Beginn der

---

[3] *Winder* (1997a) zeigt allerdings, dass sich die Schlußfolgerungen von *Bekx* und *Tullio* (1989) nicht halten lassen, wenn die Schätzperiode bis 1995 verlängert wird.

[4] Vgl. *Monticelli* und *Strauss-Kahn* (1993), *Bayoumi* und *Kenen* (1993), *Artis, Bladen-Howell* und *Zhang* (1993) oder *Cassard, Lane* und *Masson* (1994). *Browne, Fagan* und *Henry* (1997) sowie *Golinelli* und *Pastorello* (2002) geben ausführliche Überblicke über die Studien vor Beginn der Währungsunion.

Währungsunion in unterschiedlichen Währungen vorliegen. Für die Konstruktion von aggregierten Zeitreihen für die Euro-Zone muss man sich deshalb für ein Verfahren entscheiden, mit dem Geldmengen und Einkommen auf nationaler Ebene in eine einheitliche Währung umgerechnet und addiert werden können. Außerdem müssen Gewichtungen für die nationalen Zinssätze und Preisindizes gewählt werden. Diese Probleme würden sich nicht stellen, wenn der Wechselkurs in der Zeit vor der Währungsunion konstant gewesen wäre und man einen festen Umrechnungsfaktor für die nationalen Variablen verwenden könnte. Änderungen des Wechselkurses aber wirken wie Änderungen relativer Preise, von denen aus der Indextheorie bekannt ist, dass sie Schwierigkeiten bei der korrekten Aggregation von Variablen bereiten.

In der Literatur sind drei verschiedene Vorgehensweisen bei der Aggregation der nationalen Variablen vorgeschlagen worden, nämlich die Aggregation der Niveaus der Variablen, die Aggregation der logarithmierten Niveaus und die Aggregation von Wachstumsraten.

Das am meisten verwendete Verfahren ist die Addition der Niveaus der Variablen, wobei entweder feste Wechselkurse eines Basisjahres oder laufende Wechselkurse zur Umrechnung in eine gemeinsame Währung verwendet werden können. Die Umrechnung mit festen Wechselkursen ist vorzuziehen, da Wechselkurse üblicherweise sehr volatil sind. Bei der Verwendung von laufenden Wechselkursen können Auf- oder Abwertungen die aggregierte Zeitreihe dominieren und eine künstliche Korrelation zwischen Geldmenge und Bruttoinlandsprodukt (BIP) erzeugen.[5] Ein weiterer Vorteil der Umrechnung mit festen Wechselkursen ist, dass die aggregierten Zeitreihen unabhängig von der Wahl der Währung bleiben (*Winder* 1997b). Auf diesem Verfahren basieren auch die von der *EZB* veröffentlichten Geldmengenaggregate. Da die *EZB* die Umrechnungskurse für den Übergang zu einer gemeinsamen Währung vom 31. Dezember 1998 verwendet, kommt vor und nach dem Übergang zur Währungsunion dasselbe Verfahren zur Aggregation der Variablen zur Anwendung. Dagegen muss für die Aggregation der Zinsen zusätzlich eine Gewichtung gewählt werden, die die wirtschaftliche Bedeutung des jeweiligen Landes im Aggregat abbildet. In der Literatur werden dafür entweder der Anteil am BIP der Euro-Zone oder der Anteil an der eurozonenweiten Geldmenge M3 verwendet (*Bruggeman, Donati* und *Warne* 2003).

Fagan und *Henry* (1998) empfehlen dagegen die sogenannte ‚Index-Methode', bei der die logarithmierten Niveaus der Variablen addiert werden. Als Gewichte wählen sie den Anteil des jeweiligen Landes am BIP der Euro-Zone, das zu den Kaufkraftparitäten eines Basisjahres umgerechnet wird. Dieses Vorgehen wird für die Daten des ‚area-wide model' der *EZB* (*Fagan*, *Henry* und *Mestre* 2005) angewendet, von denen Geldnachfragestudien in der Regel das BIP und den Zinssatz verwenden. Ein Vorteil dieser Methode ist, dass sie für alle Variablen gleichermaßen angewendet werden kann. Es muss also kein abweichendes Verfahren bei der Aggregation der Zinssätze gewählt werden. Darüber hinaus erleichtert die Index-Methode den Vergleich von nationalen und eurozonenweiten Geldnachfragefunktionen, weil sich bei der üblichen log-linearen Spezifika-

[5] Trotzdem wurden aktuelle Wechselkurse in der Literatur verwendet, vgl. *Monticelli* und *Strauss-Kahn* (1993).

tion die aggregierte Beziehung als gewichteter Durchschnitt der nationalen Funktionen ergibt. Allerdings hat das Interesse an vergleichenden Studien seit dem Beginn der Währungsunion deutlich abgenommen, so dass dieser Grund mittlerweile wenig relevant ist.[6] Ein Nachteil der Methode ist, dass die Definition der Variablen sich vor und nach dem Beginn der Währungsunion unterscheidet, da die offiziellen Statistiken für die Euro-Zone nicht als die Summe von Logarithmen berechnet werden.

Beyer, Doornik und *Hendry* (2000, 2001) befürworten die Aggregation von Wachstumsraten, gewichtet mit dem Anteil des jeweiligen Landes am BIP der Euro-Zone, das mit Wechselkursen der Vorperiode umgerechnet wird. Die Kumulation der Wachstumsraten ergibt dann das eurozonenweite Niveau der betreffenden Variablen. Dieses Vorgehen gibt korrekte Ergebnisse sowohl vor als auch nach dem Beginn der Währungsunion. Darüber hinaus steigt der Index, wenn die Variable in jedem Land zunimmt, was bei der Aggregation von Niveaus mit laufenden Wechselkursen nicht gewährleistet ist. Schließlich ergibt sich der implizite BIP-Deflator als Verhältnis von nominalem zu realem BIP und entspricht gleichzeitig dem gewichteten Durchschnitt der nationalen Deflatoren. *Beyer, Doornik* und *Hendry* (2000, 2001) zeigen, dass es bei der Berechnung des BIP-Deflators zu beträchtlichen Unterschieden je nach Aggregationsmethode kommen kann, die die Abweichungen bei realem BIP und Geldmengenaggregaten weit übertreffen. Außerdem weisen sie darauf hin, dass man für die korrekte Aggregation des BIP Anteile am BIP der Euro-Zone, für die Geldmenge dagegen Geldmengenanteile benötigt. Dagegen ist nicht unmittelbar klar, wie man bei der Aggregation von Zinssätzen vorgehen soll.

Welches von diesen drei Verfahren ist nun zu empfehlen? Das Vorgehen von *Beyer, Doornik* und *Hendry* (2000) erscheint theoretisch am besten fundiert, da ihr Ansatz einen *Törnqvist*-Index ergibt, für den die Indextheorie verschiedene, wünschenswerte Eigenschaften nachgewiesen hat. Die Wahl des Aggregationsverfahrens scheint aber in der Praxis nur wenig Einfluss auf die Resultate zu auszuüben. *Coenen* und *Vega* (2001) finden, dass die Addition der Geldmenge mit fixen Wechselkursen oder mit der Index-Methode weitgehend identische Resultate liefert. *Bruggeman, Donati* und *Warne* (2003) erhalten eine geringfügig höhere Einkommenselastizität, wenn die Variablen mit der Index-Methode aggregiert werden gegenüber der Verwendung von festen Wechselkursen. Berücksichtigt man jedoch die Parameterunsicherheit, kann die Gleichheit der Koeffizienten nicht abgelehnt werden. *Fagan* und *Henry* (1998) erlangen identische Ergebnisse für Geldnachfragefunktionen mit laufenden Wechselkursen und mit der Index-Methode. Zu einem abweichenden Resultat gelangt *Bosker* (2006), der die Index-Methode mit dem Aggregationsverfahren von *Beyer, Doornik* und *Hendry* (2000) vergleicht. Er findet, dass letzteres vor allem in der Zeit vor 1983, in der die Wechselkurse stärker schwankten, zu plausibleren Ergebnissen führt.

Anstatt Daten für alle Mitgliedsländer der Euro-Zone zu aggregieren, verwenden einige Studien deutsche Daten für die Zeit vor der Einführung der gemeinsamen Wäh-

---

[6] Von den Studien, die Daten nach 1998 verwenden, vergleichen nur *Dedola, Gaiotti* und *Silipo* (2001) sowie *Bosker* (2003) nationale und eurozonenweite Funktionen, wogegen sich die Mehrzahl der frühen Studien mit dieser Frage beschäftigen, siehe auch Abschnitt 3.

rung. *Artis* und *Beyer* (2004) verwenden die Index-Methode für die Aggregation von Geldmenge, Einkommen und Preisniveau, aber die deutschen Zinsen anstelle eines gewichteten Durchschnitts der Zinsen in der Euro-Zone. *Brüggemann* und *Lütkepohl* (2006) gehen noch weiter und verknüpfen alle Zeitreihen für die Euro-Zone mit den Zeitreihen für Deutschland anstatt aggregierte Daten zu verwenden. Dieses Vorgehen hat verschiedene Vorteile. Zum einen vermeidet man die Frage nach dem richtigen Wechselkurs und der Gewichtung der nationalen Variablen. Zum anderen ähnelt die Politik der EZB wahrscheinlich am meisten derjenigen der Bundesbank, und somit dürften die deutschen Daten die zukünftige Entwicklung in der Euro-Zone am besten erfassen.

Obwohl die Aggregation der Daten für die Zeit nach 1998 bedeutungslos wird, kann man erwarten, dass auch in Zukunft mit Brüchen in den Zeitreihen wegen des Beitritts weiterer Länder zur Euro-Zone zu rechnen ist. Mitte 2001 trat Griechenland der Euro-Zone bei. Anfang 2007 folgte Slowenien. Beide Länder sind in den offiziellen Aggregaten vorher nicht enthalten. Auch wenn es die Schätzung von Geldnachfragefunktionen für die Zeit vor 1998 erleichtert, erscheint es nicht konsistent, dass die offiziellen Aggregate von 1970 an alle elf Gründungsmitglieder der Euro-Zone umfassen, denn Spanien und Portugal traten erst 1986 und Österreich und Finnland 1995 der Europäischen Gemeinschaft bei.

2.2. Die Variablen in der Geldnachfragefunktion

Unabhängig von der Wahl der Aggregationsmethode müssen sich empirische Studien für eine konkrete Definition der Geldmenge, des Einkommens und der Opportunitätskostenvariablen entscheiden. Da diese Wahl selbstverständlich die Ergebnisse beeinflussen kann, werden im Folgenden die Variablen in der Geldnachfragefunktion diskutiert. Tabelle 1 (siehe Anhang) gibt außerdem einen Überblick über empirische Arbeiten, die seit 2001 veröffentlicht worden sind und fasst die wichtigsten Ergebnisse dieser Studien zusammen.[7]

2.2.1. Geldmenge

Seit die *EZB* verkündet hat, dass sie einen Referenzwert für M3 angeben wird, verwenden die meisten Studien für die Euro-Zone diese Geldmengenabgrenzung, die Bargeld, Sichteinlagen, Anteile an Geldmarkfonds sowie kurzfristige Termineinlagen und Schuldverschreibungen mit einer Laufzeit von bis zu zwei Jahren umfasst.[8, 9] Für diese Wahl kann man zwei Gründe anführen. Zum einen verwendete auch die Deutsche Bundesbank, von der die *EZB* die Betonung der Geldmenge in der monetären Säule übernommen hat, M3 als Zielvariable. Zum anderen sind die Ergebnisse hinsichtlich der

7 Überblicke über frühere Arbeiten finden sich in *Golinelli* und *Pastorello* (2002) sowie *Browne*, *Fagan* und *Henry* (1998).

8 Eine Ausnahme ist *Stracca* (2003), der M1 untersucht.

9 Seit 1997 sind die nationalen Statistiken harmonisiert, so dass seitdem die europäische Geldmenge die gleichen Komponenten in allen Ländern umfasst.

Stabilität von engen Geldaggregaten für die Euro-Zone weniger eindeutig als für M3.[10] Die geringere Stabilität von M1 kann mit Substitution zwischen Sichteinlagen und anderen kurzfristigen Einlagen erklärt werden, deren Motive durch einen repräsentativen Zinssatz nicht immer adäquat abgebildet werden. Zwar erfasst eine enge Abgrenzung der Geldmenge den Zahlungsmittelcharakter des Geldes besser (*Wesche* 2000), aber Finanzinnovationen haben wiederholt dazu geführt, dass sich die Zahlungsmittelfunktion verschiedener kurzfristiger Anlagen geändert hat.[11] Eine weite Abgrenzung der Geldmenge hat dagegen den Vorteil, dass Substitutionseffekte zwischen Sicht-, Spar- und Termineinlagen das Aggregat nicht beeinflussen, auch wenn die Modellierung der Opportunitätskosten dadurch erschwert wird, dass ein Teil von M3 zinstragend ist.

Während nationale Geldmengendefinitionen meistens nur die Einlagen von Inländern in inländischer Währung umfassen, zeigen verschiedene Studien, dass alle Einlagen von Gebietsansässigen in ein europäisches Aggregat aufgenommen werden sollten. *Angeloni*, *Cottarelli* und *Levy* (1994) untersuchen Geldmengendefinitionen, die grenzüberschreitende Einlagen für die fünf größten europäischen Länder berücksichtigen. Sie finden, dass der Informationsgehalt von Geldmengenabgrenzungen, die entweder alle Einlagen in nationaler Währung oder alle Einlagen von Gebietsansässigen berücksichtigen, höher ist als der von konventionellen, weit abgegrenzten Geldmengen.[12] Auch *Bruggeman* (2000) findet eine stabile Nachfragefunktion für ein Aggregat, das alle Einlagen von Gebietsansässigen umfasst.

Stabile Nachfragefunktionen für die Euro-Zone werden auch für Divisia-Aggregate gefunden, die explizit den unterschiedlichen Liquiditätsgrad verschiedener Anlagen berücksichtigen. Bei der Bildung von Divisia-Indizes auf Ebene der Euro-Zone kann man auf unterschiedliche Weise vorgehen. Bei der direkten Methode werden erst Anlagen mit gleichem Liquiditätsgrad für alle Länder addiert und dann der Index auf europäischer Ebene berechnet. Bei der indirekten Methode werden zuerst nationale Indizes berechnet und dann ein gewichteter Durchschnitt dieser Indizes gebildet. *Fase* (2000) erhält sowohl für einen direkten als auch für einen indirekten Index eine stabile Nachfragefunktion. *Drake*, *Mullineux* und *Agung* (1997) finden eine stabile Nachfragefunktion für einen indirekten Index, der Deutschland, Frankreich und Großbritannien umfasst. *Wesche* (1997) berücksichtigt in den Nutzungskosten eines Divisia-Aggregats neben den Zinsen auch die erwartete Abwertung einer Währung, da diese die Kaufkraft beeinträchtigt. Für den resultierenden Divisia-Index existiert ebenfalls eine stabile Nachfragefunktion. *Reimers* (2002) erfasst ebenfalls Wechselkursänderungen in den Nutzungskos-

---

10 *Wesche* (1998) und *Funke* (2001) schließen, dass M1 weniger stabil ist als M3, während *Clausen* (1998) und *Hayo* (1998) sowohl für M1 als auch für M3 eine stabile Nachfragefunktion finden. *Bruggeman* (2000) erhält für elf europäische Länder eine stabile Nachfragefunktion sowohl für M1 als auch für M3, während für einen erweiterten Kreis von Ländern nur noch M3 stabil ist.

11 Anlagen mit einer Laufzeit von bis zu zwei Jahren scheinen nicht mehr dem Zahlungsmittelcharakter des Geldes zu entsprechen. Gegenwärtig entfallen 26 Prozent der Geldmenge M3 auf Termingelder zwischen drei Monaten und zwei Jahren, Anteile an Geldmarktfonds sowie kurzfristige Schuldverschreibungen.

12 Der Informationsgehalt enger Geldmengenabgrenzungen übersteigt den der Geldmengen mit grenzüberschreitenden Einlagen jedoch.

ten und findet, dass ein solches Divisia-Aggregat mehr Information über die Entwicklung des BIP-Deflators enthält als M3. Dagegen ist der Informationsgehalt von M3 für den Harmonisierten Konsumentenpreisindex größer als derjenige der Divisia-Indizes. *Stracca* (2004) zeigt, dass der Informationsgehalt eines indirekten Divisia-Index für die Euro-Zone ebenso hoch ist wie der von Summenaggregaten.

Dennoch haben sich Divisia-Aggregate nicht durchgesetzt, möglicherweise wegen der höheren Datenanforderungen, da man sowohl die einzelnen Komponenten der Geldmenge als auch den dazugehörigen Ertrag benötigt. Es existiert daher auch keine Studie, die untersucht, ob Divisia-Indizes angesichts der niedrigen Zinsen in der jüngsten Vergangenheit besser abschneiden als konventionelle Summenaggregate.

2.2.2. Einkommen

Die Geldnachfrageschätzungen für die Euro-Zone verwenden fast ausnahmslos das reale BIP als Einkommensvariable und weisen in der Regel eine Einkommenselastizität von mehr als eins auf. Für diese Tatsache gibt es zwei verschiedene Erklärungen. Falls die Geldmenge Bestandteile umfasst, die nicht primär zu Transaktionszwecken sondern zu Wertaufbewahrungszwecken gehalten werden, sollte als erklärende Variable das Vermögen in die Geldnachfragefunktion aufgenommen werden. Zum anderen könnte die Einkommenselastizität durch Probleme bei der korrekten Zuordnung von Trends fälschlicherweise zu groß ausfallen.

Die empirische Evidenz bestätigt, dass für weite Geldmengenaggregate die Berücksichtigung des Vermögens die Einkommenselastizität reduziert. Für die Euro-Zone existieren aufgrund von Datenproblemen nur wenige Untersuchungen, die das Vermögen berücksichtigen. *Fase* und *Winder* (1998) können die Hypothese, dass die Summe aus Einkommens- und Vermögenselastizität eins beträgt für die weiten Geldmengen M2 und M3 nicht ablehnen, finden aber keinen Vermögenseffekt für M1. *Vlaar* und *Schuberth* (1999) erhalten eine Einkommenselastizität von eins, wenn Vermögen in der Geldnachfragegleichung berücksichtigt wird. Laut *Boone*, *Mikol* und *van den Noord* (2004) kann ein Vermögenseffekt das starke Geldmengenwachstum bis Anfang 2003 erklären, aber nicht danach.

Reynard (2006) dagegen argumentiert, dass die hohe Einkommenselastizität auf einem statistischen Artefakt beruht. In dem Zeitraum, über den Daten für die Euro-Zone vorliegen, hat der Zinssatz mehr oder weniger kontinuierlich abgenommen, da die Inflationsrate in allen Ländern der Euro-Zone zurückging. Ökonometrische Schätzverfahren können eventuell Schwierigkeiten haben, diesen Trend korrekt einer Variablen zuzuordnen. Setzt man die Einkommenselastizität auf, ergibt sich konsequenterweise eine (betragsmäßig) höhere Zinselastizität, da die trendmäßige Zunahme der Geldmenge nun den fallenden Zinsen zugerechnet wird.

2.2.3. Zinssatz

Während sich bei der Wahl der Einkommensvariablen ein recht einheitliches Bild ergibt, herrscht weniger Einigkeit bei der Wahl der Opportunitätskostenvariablen. In der Regel ist die Einkommenselastizität präzise geschätzt und variiert wenig über die Studien, wogegen der Koeffizient für den Zinssatz weniger einheitlich und oft insignifikant ausfällt.[13] Betrachtet man die Nachfrage nach Geld als Teil der Portfoliooptimierung (*Friedman* 1956), so sind prinzipiell alle Ertragsraten auf alternative Anlagen als Opportunitätskosten der Geldhaltung relevant und sollten in der Geldnachfragefunktion berücksichtigt werden. Da Zinsen aber hoch korreliert sind, können in der Praxis nur wenige, repräsentative Zinssätze verwendet werden. Die Wahl eines kurzfristigen Zinses lässt sich damit rechtfertigen, dass kurzfristige Einlagen die engsten Substitute zur Geldhaltung darstellen (*Calza*, *Gerdesmeier* und *Levy* 2001). *Baba*, *Hendry* und *Starr* (1992) argumentieren dagegen, dass bei unvollkommenen Kapitalmärkten ein langfristiger Zins die Geldnachfrage beeinflussen sollte. Beide Argumente sind plausibel. *Dedola*, *Gaiotti* und *Silipo* (2001) sowie *Filosa* (1995) finden, dass in Ländern mit hoher und variabler Inflation der kurzfristige Zins die Opportunitätskosten besser abbildet, während in Ländern mit niedriger Inflation der langfristige Zins eine größere Rolle spielt.

Studien, die nur einen Zinssatz berücksichtigen, haben oft Schwierigkeiten, eine negative Zinselastizität zu finden, da M3 Komponenten enthält, die zum kurzfristigen Zins verzinst sind. Aus diesem Grund wird oft die Differenz zwischen dem 3-Monatszins oder der Eigenverzinsung von M3 und einem alternativen Zinssatz verwendet.[14] Dabei muss man bedenken, dass die Differenz zwischen einem kurz- und langfristigen Zins die Opportunitätskosten der Geldhaltung nicht richtig wiedergibt, weil die Inflation aus der Zinsdifferenz herausfällt. Wird die Zinsdifferenz verwendet, sollte folglich die Inflationsrate in der Geldnachfragefunktion zusätzlich berücksichtigt werden. Dieses Problem tritt bei der Eigenverzinsung nicht auf, denn sie bezieht ein, dass bestimmte Komponenten der Geldmenge keinen Zins tragen. Dagegen kann man nicht erwarten, zwischen der Eigenverzinsung und dem langfristigen Zins eine Kointegrationsbeziehung zu finden, wenn sich die Anteile an verzinslichen Komponenten in M3 stark ändern.

2.3. Fazit

Insgesamt kann man festhalten, dass die Verwendung von Daten aus der Zeit vor der Europäischen Währungsunion problematisch ist. Weder existiert ein Verfahren für die Aggregation der Zeitreihen, das die Wechselkursänderungen befriedigend berücksichtigt, noch ist klar, wie sich die Tatsache auswirkt, dass in der Vergangenheit die Geldpolitik in den Händen der nationalen Zentralbanken lag, die verschiedene Politiken verfolgten. Zusätzlich erschweren unterschiedliche institutionelle Gegebenheiten und Definitionen von Geldmenge und Preisniveau die Konstruktion konsistenter Zeitreihen. Die Ergebnisse und die Schlussfolgerungen für die Stabilität der europäischen Geldnachfrage sind daher mit Vorsicht zu betrachten. Der folgende Abschnitt diskutiert Auswirkungen der Aggregation auf die Stabilität der Geldnachfrage.

---

[13] Siehe auch die Zusammenfassung in Tabelle 1.

[14] Vgl. *Calza*, *Gerdesmeier* und *Levy* (2001), *Dedola*, *Gaiotti* und *Silipo* (2001), *Bruggeman*, *Donati* und *Warne* (2003), *Greiber* und *Lemke* (2005) oder *Carstensen* (2006).

3. Die Stabilität der Geldnachfrage in der Euro-Zone

Eine stabile Geldnachfragefunktion ist entscheidend für eine erfolgreiche Geldmengensteuerung. Aufgrund der Studien zur Geldnachfrage in der Euro-Zone entschloss sich die *EZB*, einen Referenzwert für das Geldmengenwachstum festzusetzen. Seitdem hat das Wachstum von M3 diesen Referenzwert fortgesetzt überstiegen, ohne dass die Inflation bisher entsprechend angestiegen wäre. Es mehren sich daher die Stimmen, die die Stabilität der Geldnachfrage in der Euro-Zone bezweifeln.

Dieser Abschnitt diskutiert zuerst die möglichen Ursachen für eine offenbar größere Stabilität der Geldnachfragefunktion in der Euro-Zone im Vergleich mit nationalen Funktionen. Anschließend wird die empirische Evidenz für Instabilität der Geldnachfrage nach 2001 präsentiert, bevor schließlich der Zusammenhang zwischen Geldmengenwachstum und Inflation angesprochen wird.

3.1. Aggregation und Stabilität

Vergleiche der Stabilität von nationalen und aggregierten Geldnachfragefunktionen kommen meistens zu dem Schluss, dass die europäische Geldnachfragefunktion stabiler ist und bessere Eigenschaften aufweist als Geldnachfragefunktionen auf nationaler Ebene (*Calza* und *Sousa* 2003). Dies ist erstaunlich, denn man würde erwarten, dass die mit der Aggregation verbundenen Probleme die Stabilität der Geldnachfrage in der Euro-Zone beeinträchtigen. Drei Gründe können für die Stabilität der Geldnachfrage in der Euro-Zone identifiziert werden. Erstens sind zumindest für die Kernländer der Euro-Zone die Parameter der nationalen Funktionen ähnlich und die Anteile der einzelnen Länder am Aggregat scheinen mehr oder weniger konstant zu sein. Zweitens bewirkt die Mittelung unabhängiger nationaler Geldnachfrageschocks eine geringere Varianz dieser Schocks auf Ebene der Euro-Zone. Drittens führt Währungssubstitution zu einer verbesserten Stabilität der Funktion für die Euro-Zone im Vergleich zu den nationalen Funktionen.

Vergleichende Studien deuten darauf hin, dass es zumindest bei einer Kerngruppe von Ländern der Euro-Zone nicht zu Verzerrungen aufgrund unterschiedlicher Parameterwerte bei der Aggregation der nationalen Geldnachfragefunktionen kommt. *Wesche* (1998) kann die Hypothese, dass die Parameter der Geldnachfragefunktion für Deutschland, Frankreich, die Niederlande, Belgien und Österreich gleich sind, nicht ablehnen. *Dedola*, *Gaiotti* und *Silipo* (2001) vergleichen nationale Geldnachfragefunktionen mit einer europäischen Funktion und finden, dass die Aggregation nicht zu Verzerrungen führt, wenn Deutschland, die Niederlande, Belgien und Österreich betrachtet werden. *Golinelli* und *Pastorello* (2002) bestätigen dieses Ergebnis. Für andere Länder der Euro-Zone sind die Ergebnisse weniger eindeutig. Während *Focarrelli* (2002) findet, dass für alle Länder der Euro-Zone die Funktionen ähnlich sind und keine Aggregationsverzerrung vorliegt, lehnt *Bosker* (2003) in einem Panel-Kointegrationsmodell die Hypothese ab, dass die Länder der Euro-Zone eine gemeinsame langfristige Geldnachfrage besitzen. Allerdings machen unterschiedliche Parameter auf nationaler Ebene keine Probleme bei der Aggregation, solange sich die Anteile der einzelnen Länder am Aggregat nicht wesentlich ändern. *Hayo* (1999) argumentiert, dass deshalb die Parameterunterschiede keine nennenswerten Auswirkungen auf die Stabilität der aggregierten Geldnachfrage haben sollten.

Der zweite Grund für die höhere Stabilität der europäischen Geldnachfrage ist rein statistischer Natur und beruht auf der Tatsache, dass vor der Währungsunion die Geldnachfrageschocks in den einzelnen Ländern weitgehend unkorreliert waren. Es ist bekannt, dass die Varianz eines Mittelwertes geringer ist als die Varianz der ursprünglichen Werte. Nimmt man vereinfachend an, dass die Euro-Zone nur aus zwei Ländern besteht, ergibt sich für die Varianz der Residuen der Geldnachfrage in der Euro-Zone, σ_u^2, die folgende Beziehung:

$$\sigma_u^2 = w_1^2\sigma_{u1}^2 + w_2^2\sigma_{u2}^2 + 2w_1w_2\operatorname{cov}(u_1u_2),$$

wobei σ_{u1}^2 und σ_{u2}^2 die Varianz der Residuen der Geldnachfragefunktion auf nationaler Ebene und w_1 und w_2 die Gewichte der beiden Länder in der Geldnachfrage der Euro-Zone darstellen (*Fagan* und *Henry* 1998). Bei unabhängigen Residuen beträgt die Kovarianz null und die aggregierte Varianz ist immer kleiner als die Summe der nationalen Varianzen, weil die Gewichte w_1 und w_2 kleiner als eins sind. Falls die Geldnachfrageschocks in beiden Ländern unkorreliert sind – was man bei unabhängigen Geldpolitiken erwarten würde – führt Aggregation zu einer verbesserten Stabilität der Funktion.

Die dritte mögliche Ursache für eine stabile Geldnachfrage auf aggregierter Ebene ist Währungssubstitution gegenüber Mitgliedern der Euro-Zone. Da die Geldnachfragefunktion für die Euro-Zone nicht von Währungssubstitution betroffen ist, wogegen die nationalen Spezifikationen dadurch instabil würden, könnte Währungssubstitution die höhere Stabilität der Geldnachfrage in der Euro-Zone relativ zu nationalen Funktionen erklären. Währungssubstitution sollte sich in einer negativen Kovarianz der Residuen und einer Reduktion der aggregierten Varianz äußern. Die Studien, die die Korrelation der Residuen nationaler Geldnachfragefunktionen untersuchen, finden jedoch meist keine signifikant negative Korrelation (*Fagan* und *Henry* 1998).

Wenn man Währungssubstitution anhand der Signifikanz ausländischer Variablen in der Geldnachfragefunktion testet, fällt der Befund positiver aus. *Filosa* (1995) interpretiert signifikante Koeffizienten für die erwartete Wechselkursabwertung für Deutschland, Frankreich, Italien, die Niederlande und Belgien als Evidenz für Währungssubstitution gegenüber mindestens einer europäischen Währung. Ebenso interpretieren *Seitz* und *Reimers* (1999) für Deutschland signifikante Parameter für ausländische Zinssätze als Anzeichen von Währungssubstitution gegenüber den Währungen, die im EWS von hohen Abwertungen gekennzeichnet waren.

Zumindest für die Zeit vor der Währungsunion gibt es aber keine Anzeichen, dass Währungssubstitution die Geldpolitik auf nationaler Ebene beeinträchtigt hatte. Signifikante Koeffizienten in der Geldnachfragefunktion für den ausländischen Zinssatz oder die erwartete Wechselkursänderung üben nur dann einen nennenswerten Einfluss aus, wenn der Koeffizient außerdem ökonomisch signifikant (d.h. betragsmäßig groß genug) ist und zusätzlich die ausländischen Einlagen einen ausreichenden Anteil an der Geldmenge ausmachen (*Wesche* 1998). Beide Voraussetzungen scheinen nicht erfüllt gewesen zu sein. Obwohl die grenzüberschreitenden Einlagen in den 1990er Jahren ein starkes Wachstum verzeichneten, machten sie vor dem Start der EWU nur einen relativ geringen Anteil von M3 aus. Es ist deshalb unwahrscheinlich, dass Währungssubstitution eine wesentliche Ursache für die Stabilität der aggregierten Geldnachfrage darstellt.

Je nach der Ursache für die Stabilität der Geldnachfragefunktion in der Euro-Zone ergeben sich unterschiedliche Aussichten für ihre Stabilität in der Zukunft. Wenn Währungssubstitution wichtig ist, sollte die europäische Geldnachfragefunktion dauerhaft stabiler sein als Geldnachfragefunktionen auf nationaler Ebene. Fortschreitende Integration würde die Vorteile einer eurozonenweiten Betrachtung im Vergleich zur Geldnachfrage auf nationaler Ebene noch verstärken. Dagegen wird der Effekt über die Mittelung unkorrelierter Schocks wegfallen (*Arnold* 1994, 1996; *Arnold* und *de Vries* 2000). Wenn die Geldnachfrageschocks nicht mehr aus nationalen Quellen stammen, sondern auf der Ebene der Euro-Zone auftreten, nimmt die Korrelation der Residuen der nationalen Geldnachfragefunktionen zu und die Stabilität aufgrund der historischen Daten wird überschätzt. *Fagan* und *Henry* (1998) zeigen zwar, dass selbst bei einer positiven Korrelation die aggregierte Nachfrage den nationalen Funktionen überlegen bleibt. Darüber hinaus wird die negative Korrelation der Schocks bei dem Übergang zur Währungsunion zwar reduziert, aber nicht vollständig wegfallen, weil viele Politikfelder, wie z.B. die Fiskalpolitik, weiterhin auf nationaler Ebene verbleiben. Tatsächlich aber mehren sich die Anzeichen, dass die Geldnachfrage in der Euro-Zone in der jüngsten Zeit instabil geworden sein könnte.

3.2. Geldnachfrage und Aktienmarkt

Bis 2001 besteht kaum Zweifel daran, dass die Geldnachfrage in der Euro-Zone stabil ist. *Brand*, *Gerdesmeier* und *Roffia* (2002) überprüfen die Geldnachfragespezifikationen von *Coenen* und *Vega* (2001), *Brand* und *Cassola* (2004) sowie *Calza*, *Gerdesmeier* und *Levy* (2001) mit Daten bis zum 2. Quartal 2001 und finden keinen Hinweis auf eine mögliche Instabilität. Danach mehren sich die Anzeichen für Instabilität, da das Geldmengenwachstum, das ohnehin seit Beginn der Währungsunion fortgesetzt über dem Referenzwert von 4,5 % lag, sich ab April 2001 nochmals beschleunigte.

Weil das starke Wachstum der Geldmenge zeitlich mit dem Platzen der Blase an den Aktienmärkten und den Terroranschlägen vom 11. September 2001 zusammenfiel, liegt es nahe, einen kausalen Zusammenhang zwischen diesen Ereignissen zu sehen. In ihrem Monatsbericht vom Oktober 2001 führt die *EZB* einen Teil des Geldmengenwachstums auf Portfolio-Umschichtungen wegen der Unsicherheit auf den Aktienmärkten zurück. Dazu passt, dass M1 zunächst deutlich weniger wuchs. Dies war aber vor allem auf die reduzierte Bargeldnachfrage vor der Einführung des Euro 2002 zurückzuführen, wogegen die Sichteinlagen ebenfalls ein kräftiges Wachstum verzeichneten, so dass eine Umschichtung von Mitteln in kurzfristige, verzinsliche Anlagen nicht die alleinige Erklärung für das starke Wachstum von M3 sein kann.

Im Folgenden werden Geldnachfrageschätzungen, die die Entwicklung an den Aktienmärkten berücksichtigen, diskutiert. Während die Aufnahme von Aktienrendite und Aktienpreisvolatilität bis 2004 gute Ergebnisse liefert, werden danach die erweiterten

Spezifikationen ebenfalls instabil, so dass insgesamt die Versuche, die Geldnachfragefunktion um diese Variablen zu erweitern, nicht überzeugen.

Die Portfoliotheorie der Geldnachfrage identifiziert verschiedene Kanäle, über die der Aktienmarkt die Geldnachfrage beeinflussen kann. *Friedman* (1988) argumentiert, dass ein Anstieg der Aktienpreise einen Vermögenseffekt auf die Geldnachfrage ausübt und zu einer positiven Korrelation zwischen Aktienpreisen und Geldnachfrage führt. Andererseits kann auch ein Substitutionseffekt zwischen Aktien und Geldhaltung bestehen, der sich in einem negativen Koeffizienten für den Aktienpreis in der Geldnachfragefunktion ausdrückt. Sofern Substitutionsbeziehungen zwischen Aktien und Geld bestehen, ist die Rendite auf Aktien Teil der Opportunitätskosten der Geldhaltung.

Empirische Studien bestätigen den Einfluss des Aktienmarktes auf die Geldnachfrage in der Euro-Zone. Als einer der ersten argumentiert *Kontolemis* (2002), dass eine konventionelle Spezifikation der Geldnachfrage instabil geworden sei, aber sich bei Berücksichtigung der Entwicklung auf dem Aktienmarkt eine stabile Funktion finden lasse. *Carstensen* (2006) zeigt, dass die Spezifikation von *Calza*, *Gerdesmeier* und *Levy* (2001) instabil wird, wenn der Beobachtungszeitraum Daten bis zum zweiten Quartal 2003 umfasst. Dagegen kann die Stabilität einer um die Aktienrendite und ein Volatilitätsmaß erweiterten Funktion nicht abgelehnt werden. *Greiber* und *Lemke* (2005) verwenden ein anderes Unsicherheitsmaß und bestätigen dieses Resultat. Eine Studie der *Banque de France* (2006) findet, dass die Einbeziehung von Aktienpreisen eine bessere Prognose der Geldmengenentwicklung ermöglicht und zu stabileren Koeffizienten führt.

Während die Portfolio-Umschichtungen die Geldmengenentwicklung bis Ende 2004 erklären können, scheint das Wachstum seitdem nicht mehr mit einer stabilen Geldnachfragefunktion vereinbar zu sein. *Alves*, *Marques* und *Sousa* (2006) zeigen, dass auch die Spezifikation von *Carstensen* (2006) instabil wird, wenn man die Schätzperiode bis Ende 2005 ausdehnt. Ein weiteres Indiz, dass die Portfolio-Umschichtungen aufgrund der Unsicherheit an den Aktienmärkten nicht allein für die Geldmengenentwicklung verantwortlich sind, liefert die Entwicklung der um diese Umschichtungen bereinigten Geldmenge. In ihrem Monatsbericht von Mai 2003 veröffentlichte die *EZB* erstmals eine bereinigte Geldmenge, die zunächst bis 2004 deutlich weniger wuchs als die konventionelle Geldmenge. Seit 2004 haben sich die Aktienmärkte beruhigt, was ein Rückgang der Unsicherheitsindikatoren mit sich bringt, aber das Geldmengenwachstum bleibt weiterhin hoch.

Insgesamt sind die Versuche, die Geldnachfragefunktion um die Aktienmarktvariablen zu erweitern, nicht vollständig überzeugend. *Bruggeman*, *Donati* und *Warne* (2003) überprüfen die Spezifikation von *Carstensen* (2006) und finden, dass der Aktienkurs zwar einen kurzfristigen Einfluss auf die Geldnachfrage ausübt, aber aus dem Kointegrationsraum ausgeschlossen werden kann, während die Aktienkursvolatilität sogar vollständig aus dem Modell ausgeschlossen werden kann. Außerdem zeigen die Parameter des erweiterten Modells mehr Anzeichen von Instabilität als eine konventionelle Spezifikation der Geldnachfrage. *Cassola* und *Morana* (2002) erhalten einen Vermögenseffekt des Aktienindex auf die Geldnachfrage der Euro-Zone, wogegen die Studie der *Banque de France* (2006) für einen etwas verlängerten Beobachtungszeitraum einen Substitutionseffekt dokumentiert. Die Tatsache, dass der Koeffizient für den Aktienpreisindex das Vorzeichen gewechselt hat, deckt sich mit den Ergebnissen von *Caruso* (2006, 2001), der ebenfalls keinen stabilen Zusammenhang zwischen der realen Geldmenge und den Aktienpreisen für Italien und andere Industrieländer findet. *Berben* (2007) stellt fest, dass ein positiver Zusammenhang zwischen monetären Indikatoren und der Inflation besteht, wenn die Aktienpreisvolatilität niedrig ist. Dieser Zusammenhang verschwindet in Zeiten hoher Volatilität.

3.3. Geldmengenwachstum und Inflation

Diese Ergebnisse haben Konsequenzen für die Eignung monetärer Indikatoren, die zukünftige Inflationsrate zu prognostizieren. Die EZB analysiert den Expansionsgrad der Geldpolitik anhand der Geldlücke, die als Residuum der Geldnachfragefunktion definiert ist. Verschiedene Untersuchungen belegen, dass die Überschussliquidität hilft, die Inflation in der Euro-Zone vorherzusagen.[15] Da die Überschussliquidität als Residuum der Geldnachfragefunktion berechnet wird, sollte die Beziehung zwischen Überschussliquidität und Inflation bei Instabilität der Geldnachfragefunktion auch zusammenbrechen, wobei Instabilität bedeutet, dass Faktoren die Nachfrage nach Liquidität beeinflussen, die in der Geldnachfragefunktion nicht adäquat erfasst werden. Führen solche Sonderfaktoren zu einer erhöhten Geldnachfrage, resultiert keine Inflationsgefahr. Falls die Zentralbank die höhere Geldnachfrage akkommodiert, muss sie außerdem beurteilen, ob diese Sonderfaktoren nur temporär auftreten oder ob es sich um eine permanente Änderung des Nachfrageverhaltens handelt.

Der langfristige Zusammenhang zwischen Geldmengenwachstum und Inflation kann aber selbst bei einer instabilen Geldnachfragefunktion bestehen. *Kugler* und *Kaufmann* (2005) finden zwar keine stabile Geldnachfragefunktion für die Euro-Zone, aber einen stabilen Zusammenhang zwischen Geldmengenwachstum und Inflation. Während Änderungen der Geldmenge einen dauerhaften, proportionalen Anstieg der Inflation zur Folge haben, üben die Output-Lücke und der Zinssatz nur einen vorübergehenden Einfluss aus. Der langfristige Zusammenhang zwischen Geldmengenwachstum und Inflation in der Euro-Zone wird auch von *Gerlach* (2004), *Assenmacher-Wesche* und *Gerlach* (2006a, 2006b, 2007) sowie *Neumann* und *Greiber* (2005) bestätigt. Darüber hinaus zeigen *Assenmacher-Wesche* und *Gerlach* (2006a), dass die Kausalität im Sinne von *Granger* (1969) von der Geldmenge zu der Inflation läuft, d.h., dass Änderungen der Geldmenge eine höhere Inflation nach sich ziehen und nicht umgekehrt.

Eine Vernachlässigung der langfristigen Beziehung zwischen Geldmenge und Inflation in Prognosegleichungen kann dazu führen, dass auch die kurzfristige Beziehung zwischen Inflation und anderen Variablen instabil wird, wenn sich das Trendwachstum der Geldmenge ändert. *Hofmann* (2006) zeigt, dass die Berücksichtigung des Trendwachstums der Geldmenge Inflationsprognosen verbessert. Während die konventionelle Definition von M3 nur bis 2001 die Inflationsprognosen verbessert, hilft das von der EZB um die Portfolio-Umschichtungen korrigierte Geldmengenwachstum auch nach 2001 bei der Prognose der zukünftigen Inflationsentwicklung.

---

[15] *Gerlach* und *Svensson* (2003), *Trecroci* und *Vega* (2002) oder *Nicoletti Altimari* (2001).

Zusammenfassend lässt sich feststellen, dass die überwiegende Anzahl von Studien einen langfristigen Zusammenhang zwischen der Inflation und dem Geldmengenwachstum der Euro-Zone bestätigt. Die Geldpolitik ist damit gut beraten, das Trendwachstum der Geldmenge im Blick zu behalten. Während die Existenz einer langfristigen Beziehung außer Zweifel steht, ist diese Schlußfolgerung an sich noch nicht hilfreich für die praktische Geldpolitik, da die Bestimmung des Trends am aktuellen Rand einer Zeitreihe schwierig ist. Aus diesem Grund soll im Folgenden untersucht werden, ob eine alternative Spezifikation der Geldnachfrage das hohe Geldmengenwachstum in der jüngsten Zeit besser erklären kann.

4. Empirische Analyse

Die vorangehende Diskussion hat gezeigt, dass Erweiterungen der Geldnachfragefunktion meistens nur für einen beschränkten Zeitraum in der Lage sind, Stabilität wiederherzustellen. Auch ist die Aufnahme weiterer Variablen problematisch, da sie die Identifizierung der Koeffizienten erschwert und neue Quellen für Instabilität öffnet. Darüber hinaus gibt es Evidenz, dass auch ohne zusätzliche Variable eine stabile Geldnachfragefunktion gefunden werden kann. *Dreger* und *Wolters* (2006) erhalten in einem kleinen System eine stabile Spezifikation für die Geldnachfrage in der Euro-Zone über den Zeitraum von 1983 bis Ende 2004. *Kaufmann* und *Kugler* (2006) erhalten eine stationäre Umlaufsgeschwindigkeit für M3, indem sie zwei verschiedene, stochastische Regimes für das Verhältnis von Geldmenge zu Einkommen zulassen.

Im Folgenden wird die Stabilität einer Geldnachfragefunktion untersucht, die nur die üblichen Variablen umfasst. Statt dessen wird den Entwicklungen nach dem 11. September 2001 durch eine Dummy-Variable Rechnung getragen. Weil *Bosker* (2006) zeigt, dass die Wahl der Aggregationsmethode wenig Einfluss auf die Zeitreihen nach 1983 hat, werden Daten für die Euro-Zone vom 1. Quartal 1983 bis zum 3. Quartal 2006 verwendet. Bei den Zeitreihen handelt es sich um den Logarithmus der realen Geldmenge M3, deflationiert mit dem Harmonisierten Konsumentenpreisindex (HICP), den Logarithmus des realen BIP, den 3-Monats Euribor, den Zins auf 10jährige Staatsanleihen und die Inflationsrate (auf Jahresbasis). Die deterministischen Variablen umfassen eine Konstante und einen restringierten Trend. Alle gängigen Informationskriterien empfehlen die Aufnahme von zwei verzögerten Termen in das Modell.

Zwischen den Variablen im System können prinzipiell drei stationäre Beziehungen bestehen: eine Geldnachfragefunktion, eine stationäre Beziehung zwischen dem Zins und der Inflationsrate (Fisher-Parität) und eine stationäre Zinsstruktur. Die Kointegrationstests legen die Existenz von zwei Kointegrationsvektoren auf dem 10%-Signifikanzniveau nahe. Dies ist ein Kointegrationsvektor weniger, als *Coenen* und *Vega* (2001) erhalten. Wird der Beobachtungszeitraum hingegen bis auf Ende 2000 verkürzt, finden sich auch hier drei Kointegrationsvektoren. Es scheint also, dass seit 2001 eine langfristige Beziehung instabil geworden ist. Um festzustellen, um welche der drei möglichen Relationen es sich dabei handelt, werden die verschiedenen Interpretationen der Kointegrationsvektoren mit einem Likelihood-Ratio-Test getestet. Dabei werden für einen der beiden Kointegrationsvektoren die theoretischen Restriktionen getestet, während der zweite Kointegrationsvektor exakt identifiziert wird, das heißt, es werden keine zusätzlichen Restriktionen auferlegt. Weil die Einkommenselastizität der Geldnachfrage nahe bei eins liegt, wird ein Parameter von eins angenommen. Außerdem ergibt sich ein insignifikanter Koeffizient für den kurzfristigen Zins, der auf null gesetzt wird.

Die Ergebnisse sprechen dafür, einen der beiden verbleibenden Kointegrationsvektoren als Geldnachfragefunktion zu interpretieren. Für einen Test der Interpretation als Geldnachfragefunktion gegenüber einer Interpretation als Fisher-Parität ergibt sich eine Likelihood-Ratio-Teststatistik von 18,56. Ein Test der Geldnachfragefunktion gegenüber einer Interpretation als Zinsstruktur führt zu einer Teststatistik von 12,02. Beide Werte liegen über dem kritischen Wert der χ^2-Verteilung mit zwei Freiheitsgraden von 5,99. Es ist damit am wahrscheinlichsten, dass es sich bei der instabilen Beziehung um die Fisher-Parität handelt.

Es ergibt sich damit die folgende langfristige Geldnachfragefunktion:

$$m_t - p_t - y_t = -8{,}87 i_t^l + 14{,}62 \pi_t + e_t \,.$$

Ein Likelihood-Ratio-Test der mit dieser Gleichung verbundenen Restriktionen ergibt eine Teststatistik von 7,61, so dass die Restriktionen zwar auf dem 5%-Signifikanzniveau abgelehnt werden, aber nicht auf dem 1%-Niveau.

Abbildung 1 (siehe Anhang) zeigt rekursive Chow-Tests für die Stabilität der Gleichungen ab 2002. Außer der Inflationsgleichung weist keine Gleichung Anzeichen von Instabilität auf. Dagegen fällt auf, dass sich das Saisonmuster der Inflation ab dem Jahre 2000 geändert hat, was möglicherweise eine Auswirkung auf die Stabilität der Geldnachfrage haben kann. Eine detaillierte Untersuchung, wie das veränderte Saisonmuster der Inflation besser modelliert werden könnte, geht jedoch über den Rahmen dieser Arbeit hinaus.

Abbildung 2 stellt die Residuen der langfristigen Beziehungen dar, wobei der erste Kointegrationsvektor als Geldnachfragefunktion und der zweite als stationäre Zinsstruktur interpretiert wird. Es lässt sich kein außerordentlicher Anstieg der Überschussliquidität, die als Residuum der Geldnachfragefunktion definiert ist, feststellen. Dagegen ist das veränderte Saisonmuster der Inflationsrate ab 2000 in den Residuen deutlich sichtbar. Auch für die Residuen der Zinsstruktur, die eine proportionale Beziehung zwischen lang- und kurzfristigem Zinssatz impliziert, sind keine Anzeichen von Instabilität am Ende des Beobachtungszeitraums sichtbar. Insgesamt werden also die Ergebnisse von *Dreger* und *Wolters* (2006) bestätigt, dass sich weiterhin konventionelle Spezifikationen der Geldnachfrage finden lassen, die auch in der jüngsten Vergangenheit stabil sind.

5. Schlussfolgerungen

Die Stabilität der Geldnachfrage in der Euro-Zone ist ein intensiv und kontrovers diskutiertes Thema, da sie der monetären Säule der *EZB* zugrunde liegt. Diese Arbeit behandelt die Probleme, die bei der Schätzung einer Geldnachfragefunktion für die Euro-Zone auftreten, und fasst die vorliegende empirische Evidenz zusammen.

Monetäre Indikatoren weisen vor allem einen mittel- bis langfristigen Zusammenhang mit der Inflation auf. Die Erfahrungen der Euro-Zone zeigen, dass sie sorgfältig interpretiert und analysiert werden müssen, um die in ihnen enthaltene Information richtig einzuschätzen. In diesem Zusammenhang wirft vor allem die Bestimmung des Trendwachstums der Geldmenge am aktuellen Rand der Beobachtungsperiode Schwierigkeiten auf. Noch wichtiger als die Stabilität der Geldnachfrage ist für die praktische Umsetzung der Geldpolitik, ob sich Änderungen der Umlaufsgeschwindigkeit des Geldes prognostizieren lassen. In diesem Zusammenhang scheint die *EZB* die Sonderfaktoren aus der Entwicklung des Aktienmarktes von 2001 bis 2004 richtig erkannt zu haben, obwohl eine abschließende Wertung zum gegenwärtigen Zeitpunkt noch nicht möglich ist.

Man muss sich vor Augen halten, dass auch andere Indikatoren zur Prognose der Inflation Probleme aufweisen. Womöglich noch schwieriger als die Bestimmung des Trendwachstums der Geldmenge ist die Berechnung der Output-Lücke in Echtzeit, da BIP-Zahlen mit beträchtlicher Verzögerung vorliegen und oft nachträglich erheblich revidiert werden. In dieser Hinsicht kann die Beobachtung der Geldmengenentwicklung als eine Kontrolle der wirtschaftlichen Säule der EZB aufgefasst werden. *Beck* und *Wieland* (2007) formalisieren den Gedanken des 'Cross-Checking', bei dem die monetäre Säule Hinweise auf Fehleinschätzungen bei der Berechnung der Output-Lücke liefern kann. Noch ein weiteres Argument spricht für die Beachtung der Geldmenge. Wird die Geldmengenentwicklung vernachlässigt, kann auch die Beziehung zwischen realen Indikatoren wie der Outputlücke und der Inflation instabil erscheinen. Da für die Vergangenheit eine stabile Beziehung zwischen Inflation und Geldmengenwachstum nachgewiesen wurde, ist die EZB gut beraten, auch das Geldmengenwachstum zu beachten.

Obwohl es außer Frage steht, dass monetäre Indikatoren bei der Zinssetzung herangezogen werden sollten, ist die konkrete Einbindung der Information aus der Geldmenge in die Geldpolitik auch eine Frage der Kommunikation mit der Öffentlichkeit. Während die EZB sich für die Verkündung eines Referenzwertes für das Geldmengenwachstum entschieden hat, erscheint eine explizite Verankerung der monetären Analyse als zweite Säule nicht erforderlich. Die Ausrichtung der Geldpolitik an einer umfassenden Inflationsprognose, die Informationen aus der wirtschaftlichen und monetären Säule vereint, scheint weniger missverständlich.

Literatur

Alves, Nuno, Carlos Robalo Marques und *João Sousa* (2006), Some Issues Concerning the Use of M3 for Monetary Policy Analysis in the Euro Area, Banco de Portugal, mimeo.

Angeloni, Ignazio, Carlo Cottarelli und *Aviram Levy* (1994), Cross-Border Deposits, Aggregation, and Money Demand in the Transition to EMU, in: Journal of Policy Modeling, Vol. 16, H. 1, S. 27-54.

Arnold, Ivo J. M. (1994), The Myth of a Stable European Money Demand, in: Open Economies Review, Vol. 5, H. 3, S. 249-259.

Arnold, Ivo J. M. (1996), Fallacies in the Interpretation of a European Monetary Aggregate, in: Weltwirtschaftliches Archiv, Vo. 132, H. 4, S. 753-762.

Arnold, Ivo J. M. und *Casper G. de Vries* (2000), Endogeneity in European Money Demand, in: European Journal of Political Economy, Vol. 16, H. 4, S. 587-609.

Artis, Michael J. und *Andreas Beyer* (2004), Issues in Money Demand: The Case of Europe, in: Journal of Common Market Studies, Vol. 42, H. 4, S. 717-736.

Artis, Michael J., Robin C. Bladen-Hovell und *Wenda Zhang* (1993), A European Money Demand Function, in: *Paul R. Masson* und *Mark P. Taylor* (Hrsg.), Policy Issues in the Operation of Currency Unions, Cambridge, S. 240-265.

Assenmacher-Wesche, Katrin und *Stefan Gerlach* (2006a), Interpreting Euro Area Inflation at High and Low Frequency, Bank for International Settlements, Working Paper Nr. 195.

Assenmacher-Wesche, Katrin und *Stefan Gerlach* (2006b), Money at Low Frequencies, Schweizerische Nationalbank, Paper prepared for the invited session "Money in Monetary Policy" at the EEA 2006 Annual Congress, Vienna, August 24-28, 2006.

Assenmacher-Wesche, Katrin und *Stefan Gerlach* (2007), Understanding the Link between Money Growth and Inflation in the Euro Area, in: *David P. Cobham* (Hrsg.), The Travails of the Eurozone, Basingstoke.

Baba, Yoshihisa, David F. Hendry und *Ross M. Starr* (1992), The Demand for M1 in the U.S.A., 1960-1988, in: Review of Economic Studies, Vol. 59, H. 1, S. 25-61.

Banque de France (2006), Re-examining the Money Demand Function for the Euro Area, in: Quarterly Selection of Articles, Summer 2006, H. 4, S. 5-28.

Bayoumi, Tamim A. und *Peter B. Kenen* (1993), How Useful Is an EC-wide Monetary Aggregate as an Intermediate Target for Europe, in: Review of International Economics, Vol. 1, H. 3, S. 209-220.

Beck, Guenter W. und *Volker Wieland* (2007), Money in Monetary Policy Design under Uncertainty: The Two-Pillar Phillips Curve versus ECB-Style Cross-Checking, in: Journal of the European Economic Association, Vol. 5, H. 2-3.

Bekx, Peter und *Giuseppe Tullio* (1989), A Note on the European Monetary System, and the Determination of the DM-Dollar Exchange Rate, in: Cahiers Economiques de Bruxelles, Bd. 123, H. 3, S. 329-343.

Berben, Robert-Paul (2007), Does Stock Market Uncertainty Impair the Use of Monetary Indicators in the Euro Area?, in: Applied Economics, Vol. 39, H. 1, S. 13-23.

Beyer, Andreas, Jurgen A. Doornik und *David F. Hendry* (2000), Reconstructing Aggregate Euro-Zone Data, in: Journal of Common Market Studies, Vol. 38, H. 4, S. 613-624.

Beyer, Andreas, Jurgen A. Doornik und *David F. Hendry* (2001), Constructing Historical Euro-Zone Data, in: Economic Journal, Vol. 111, H. 469, S. 102-121.

Boone, Laurence, Fanny Mikol und *Paul van den Noord* (2004), Wealth Effects on Money Demand in EMU: Econometric Evidence, OECD, Economics Department Working Paper Nr. 411.

Bosker, E. Maarten (2003), Eurozone Money Demand, De Nederlandsche Bank, Research Memorandum Nr. 750/0339.

Bosker, E. Maarten (2006), On the Aggregation of Eurozone Data, in: Economics Letters, Vol. 90, H. 2, S. 260-265.

Brand, Claus und *Nuno Cassola* (2004), A Money Demand System for Euro Area M3, in: Applied Economics, Vol. 36, H. 8, S. 817-838.

Brand, Claus, Dieter Gerdesmeier und *Barbara Roffia* (2002), Estimating the Trend of M3 Income Elasticity Underlying the Reference Values for Monetary Growth, European Central Bank, Occasional Paper Nr. 3.

Browne, F.X., Gabriel Fagan und *Jérôme Henry* (1997), Money Demand in EU Countries: A Survey, European Monetary Institute, Staff Paper Nr. 7.

Bruggeman, Annick (2000), The Stability of EMU-Wide Money Demand Functions and the Monetary Policy Strategy of the European Central Bank, in: The Manchester School, Vol. 68, H. 2, S. 182-202.

Bruggeman, Annick, Paola Donati und *Anders Warne* (2003), Is the Demand for Euro Area M3 Stable?, European Central Bank, Working Paper Nr. 255.

Brüggemann, Ralf und *Helmut Lütkepohl* (2006), A Small Monetary System for the Euro Area Based on German Data, in: Journal of Applied Econometrics, Vol. 21, H. 6, S. 683-702.

Calza, Alessandro, Dieter Gerdesmeier und *Joaquim Levy* (2001), Euro Area Money Demand: Measuring the Opportunity Costs Appropriately, International Monetary Fund, Working Paper Nr. 01/179.

Calza, Alessandro und *João Sousa* (2003), Why Has Broad Money Demand Been More Stable in the Euro Area Than in Other Economies? A Literature Review, European Central Bank, Working Paper Nr. 261.

Carstensen, Kai (2006), Stock Market Downswing and the Stability of European Monetary Union Money Demand, in: Journal of Business and Economic Statistics, Vol. 24, H. 4, S. 395-402.

Caruso, Massimo (2006), Stock Market Fluctuations and Money Demand in Italy, Banca D'Italia, Temi di Discussione Nr. 579.

Cassard, Marcel, Timothy D. Lane und *Paul R. Masson* (1994), ERM Money Supplies and the Transition to EMU, International Monetary Fund, Working Paper Nr. 94/1.

Cassola, Nuno und *Claudio Morana* (2002), Monetary Policy and the Stock Market in the Euro Area, European Central Bank, Working Paper Nr. 119.

Clausen, Volker (1998), Money Demand and Monetary Policy in Europe, in: Weltwirtschaftliches Archiv, Vol. 134, H. 4, S. 712-740.

Coenen, Günter und *Juan Luis Vega* (2001), The Demand for M3 in the Euro Area, in: Journal of Applied Econometrics, Vol. 16, H. 6, S. 727-748.

Dedola, Luca, Eugenio Gaiotti und *Luca Silipo* (2001), Money Demand in the Euro Area: Do National Differences Matter?, Banca D'Italia, Temi di Discussione Nr. 405.

Drake, Leigh, Andy Mullineux und *Juda Agung* (1997), One Divisia Money for Europe?, in: Applied Economics, Vol. 29, H. 6, S. 775-786.

Dreger, Christian und Jürgen Wolters (2006), Investigating M3 Money Demand in the Euro Area. New Evidence Based on Standard Models, Deutsches Institut für Wirtschaftsforschung, DIW Discussion Paper Nr. 561.

Fagan, Gabriel und *Jérôme Henry* (1998), Long-Run Money Demand in the EU: Evidence from Area-Wide Aggregates, in: Empirical Economics, Vol. 23, H. S. 483-506.

Fagan, Gabriel, Jérôme Henry und *Ricardo Mestre* (2005), An Area-Wide Model for the Euro Area, in: Economic Modelling, Vol. 22, H. 1, S. 39-59.

Fase, Martin M. G. (2000), Divisia Aggregates and the Demand for Money in Core EMU, in: *Michael T. Belongia und Jane M. Binner* (Hrsg.), Divisia Monetary Aggregates: Right in Theory, Useful in Practice?, London, S. 138-172.

Fase, Martin M. G. und *Carlo C. A. Winder* (1998), Wealth and the Demand for Money in the European Union, in: Empirical Economics, Vol. 23, H. 3, S. 507-524.

Filosa, Renato (1995), Money Demand Stability and Currency Substitution in Six European Countries (1980-1992), Bank for International Settlements, Working Paper Nr. 30.

Focarelli, Dario (2002), Bootstrap Bias-Correction Procedure in Estimating Long-Run Relationships from Dynamic Panels, with an Application to Money Demand in the Euro Area, Banca D'Italia, Temi di discussione Nr. 440.

Friedman, Milton (1956), The Quantity Theory of Money – A Restatement, in: *Milton Friedman* (Hrsg.), Studies in the Quantity Theory of Money, Chicago, S. 3-21.

Friedman, Milton (1988), Money and the Stock Market, in: Journal of Political Economy, Vol. 96, H. 2, S. 221-245.

Funke, Michael (2001), Money Demand in Euroland, in: Journal of International Money and Finance, Vol. 20, H. S. 701-713.

Galí, Jordi, Stefan Gerlach, Julio J. Rotemberg, Harald Uhlig und *Michael Woodford* (2004), The Monetary Policy Strategy of the ECB Reconsidered, Center for Economic Policy Research, Monitoring the European Central Bank Nr. 5.

Gerlach, Stefan (2004), The Two Pillars of the European Central Bank, in: Economic Policy, Vol. 40, S. 389-439.

Gerlach, Stefan und *Lars E. O. Svensson* (2003), Money and Inflation in the Euro Area: A Case for Monetary Indicators?, in: Journal of Monetary Economics, Vol. 50, H. 8, S. 1649-1672.

Golinelli, Roberto und *Sergio Pastorello* (2002), Modelling the Demand for M3 in the Euro Area, in: European Journal of Finance, Vol. 8, H. 4, S. 371-401.

Granger, Clive W. J. (1969), Investigating Causal Relations by Econometric Models and Cross-Spectral Methods, in: Econometrica, Vol. 37, H. 3, S. 424-438.

Greiber, Claus und *Wolfgang Lemke* (2005), Money Demand and Macroeconomic Uncertainty, Deutsche Bundesbank, Discussion Paper Nr. 26.

Hayo, Bernd (1999), Estimating a European Demand for Money, in: Scottish Journal of Political Economy, Vol. 46, H. 3, S. 221-244.

Hofmann, Boris (2006), Do Monetary Indicators (Still) Predict Euro Area Inflation?, Deutsche Bundesbank, Discussion Paper Series Nr. 18.

Holtemöller, Oliver (2004), A Monetary Vector Error Correction Model of the Euro Area and Implications for Monetary Policy, in: Empirical Economics, Vol. 29, H. 3, S. 553-574.

Kaufmann, Sylvia und *Peter Kugler* (2006), Expected Money Growth, Markov Trends and the Instability of Money Demand in the Euro Area, Oesterreichische Nationalbank, Working Paper Nr. 131.

Kontolemis, Zenon G. (2002), Money Demand in the Euro Area: Where Do We Stand (Today)?, International Monetary Fund, Working paper Nr. 02/185.

Kremers, Jeroen J.M. und *Timothy D. Lane* (1990), Economic and Monetary Integration and the Aggreate Demand for Money in the EMS, in: International Monetary Fund Staff Papers, Vol. 37, H. 4, S. 777-805.

Kugler, Peter und *Sylvia Kaufmann* (2005), Does Money Matter for Inflation in the Euro Area?, Oesterreichische Nationalbank, Working Paper Nr. 103.

Monticelli, Carlo (1996), EU-Wide Money and Cross-Border Holdings, in: Weltwirtschaftliches Archiv, Vol. 132, H. 2, S. 215-235.

Monticelli, Carlo und *Marc-Olivier Strauss-Kahn* (1993), European Integration and the Demand for Broad Money, in: The Manchester School, Vol. 61, H. 4, S. 345-366.

Müller, Christian und *Elke Hahn* (2001), Money Demand in Europe: Evidence from the Past, in: Kredit und Kapital, Vol. 34, H. 1, S. 48-75.

Neumann, Manfred J. M. und *Claus Greiber* (2004), Inflation and Core Money Growth in the Euro Area, Economic Research Centre of the Deutsche Bundesbank, Discussion Paper Nr. 36.

Nicoletti Altimari, Sergio (2001), Does Money Lead Inflation in the Euro Area?, European Central Bank, Working Paper Nr. 63.

Reimers, Hans-Eggert (2002), Analysing Divisia Aggregates for the Euro Area, Economic Research Centre of the Deutsche Bundesbank, Discussion Paper Nr. 13/02.

Reynard, Samuel (2006), Money and the Great Disinflation, Schweizerische Nationalbank, Working Paper Nr. 2006-7.

Seitz, Franz und *Hans-Eggert Reimers* (1999), Currency Substitution: A Theoretical and Empirical Analysis for Germany and Europe, in: Manchester School, Vol. 67, H. 2, S. 137-153.

Spencer, Peter D. (1997), Monetary Integration and Currency Substitution in the EMS: The Case for a European Monetary Aggregate, in: European Economic Review, Bd. 41, H. 7, S. 1403-1419.

Stracca, Livio (2003), The Functional Form of the Demand for Euro Area M1, in: The Manchester School, Vol. 71, H. 2, S. 172-204.

Stracca, Livio (2004), Does Liquidity Matter? Properties of a Synthetic Divisia Monetary Aggregate in the Euro Area, in: Oxford Bulletin of Economics and Statistics, Vol. 66, H. 3, S. 309-331.

Svensson, Lars E. O. (1999), Monetary Policy Issues for the Eurosystem, in: Carnegie-Rochester Conferences Series on Public Policy, Vol. 51, H. 1, S. 79-136.

Svensson, Lars E. O. (2002), A Reform of the Eurosystem's Monetary-Policy Strategy is Increasingly Urgent, (available at www.princeton.edu/~svensson), unpublished.

Trecroci, Carmine und *Juan Luis Vega* (2002), The Information Content of M3 for Future Inflation in the Euro Area, in: Weltwirtschaftliches Archiv, Vol. 138, H. 1, S. 22-53.

Vlaar, Peter J.G. (2004), Shocking the Eurozone, in: European Economic Review, Vol. 48, H. 1, S. 109-131.

Vlaar, Peter J.G. und *Helene Schuberth* (1999), Monetary Transmission and Controllability of Money in Europe: A Structural Vector Error Correcction Approach, De Nederlandsche Bank, Staff Report Nr. 36.

Wesche, Katrin (1997), The Demand for Divisia Money in a Core Monetary Union, in: Federal Reserve Bank of St. Louis Review, Vol. 79, H. 5, S. 51-60.

Wesche, Katrin (1998), Die Geldnachfrage in Europa, Heidelberg.

Wesche, Katrin (2000), Geldmengenbegriffe, in: *Jürgen von Hagen* und *Johann Heinrich von Stein* (Hrsg.), Obst/Hintner Geld-, Bank- und Börsenwesen, Handbuch des Finanzsystems, Stuttgart, S. 93-107.

Winder, Carlo C. A. (1997a), On the Determination of the DM-Dollar Exchange Rate: Bekx and Tullio's 1989-Study Revisited, De Nederlandsche Bank, Research Memorandum Nr. 521.

Winder, Carlo C. A. (1997b), On the Construction of European Area-wide Aggregates: A Review of the Issues and Empirical Evidence, in: IFC Bulletin, Irving Fisher Committee, Vol. 1, November, S. 15-23.

Anhang

Abbildung 1: Rekursive Chow-Tests

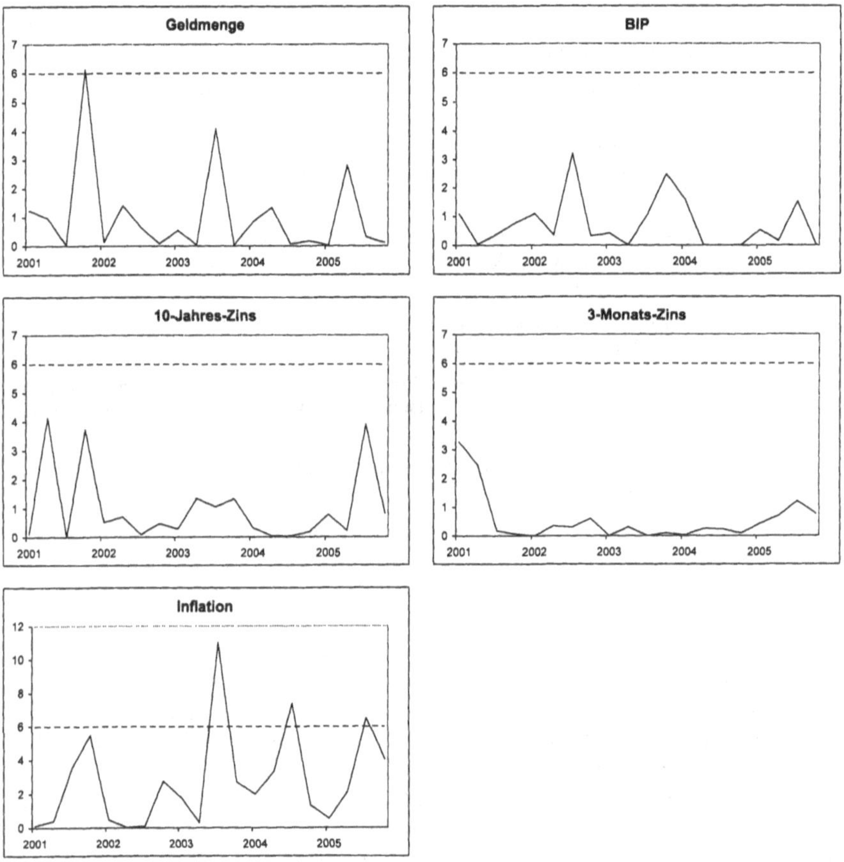

Abbildung 2: Kointegrationsbeziehungen

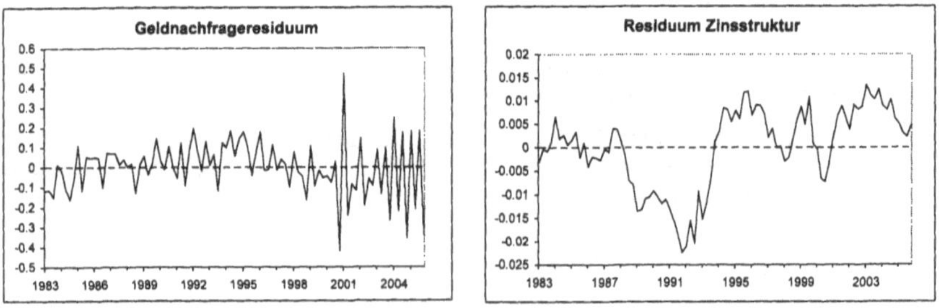

Tabelle 1: Geldnachfragestudien

Autoren	Zeitraum	Variablen	BIP	Zinsen	Andere		Methode	Stabilität
Alves, *Marques* und *Souza* (2006)	80Q3-05Q4	m, y, r^s, r^o, r^e, z	k. A.	k. A.	k. A.		VECM	Nein
Dreger und *Wolters* (2006)	83Q1-04Q4	m, y, π	1.24		-5.16π		VECM	Ja
Banque de France (2006)	82Q1-04Q4	m, y, r^s, r^l, π, s	1.00	$-0.04r^l$	$-0.01(r^s-r^o)$	$-0.05s$	VECM	Ja
Brüggemann und *Lütkepohl* (2006)	75Q1-02Q4	m, y, r^{5y}	1.15	$-6.50r^{5y}$			ML	Ja
Carstensen (2006)	80Q1-03Q3	m, y, r^s, r^o, r^e, z	1.29	$-1.60(r^s-r^o)$	$-0.12(r^e-r^o)$	$0.02v$	FMOLS	Ja
Bosker (2006)	1979-2002	m, y, r^s, r^l, π	1.27	$-0.84r^l$			VECM	k. A.
Greiber und *Lemke* (2005)	80Q1-04Q4	m, y, r^s-r^o, v	1.10	$-2.43(r^s-r^o)$		$0.68v$	VECM	k. A.
Boone, Mikol und *van den Noord* (2004)	71Q1-03Q4	m, y, r^s, r^l, w	1.00	$-0.004r^l$	$-0.007r^s$	$0.27w$	DOLS	Ja
Holtemöller (2004)	84Q1-01Q4	m, y, r^l	1.28	$-0.75r^l$			VECM	k. A.
Artis und *Beyer* (2004)	83Q1-00Q4	m, y, r^s, r^l, π, cs	1.00	$-6.15r^l$			VECM	k. A
Vlaar (2004)	78Q1-00Q4	m, y, r^s, r^l, π	1.58	$-0.41r$			VECM	k. A.
Brand und *Cassola* (2004)	80Q1-99Q3	m, y, r^s, r^l, π	1.33	$-1.61r^l$			VECM	Ja
Bruggeman, Donati und *Warne* (2003)	80Q4-01Q4	m, y, r^s, r^l, r^o, π	1.39	$-0.81r^s$	$1.31r^o$		VECM	Ja
Kontolemis (2002)	80Q1-01Q3	m, y, r^s, r^l, π, s	1.00	$-1.70r^s$		$-0.08s$	VECM	Ja
Cassola und *Morana* (2002)	80Q1-00Q4	m, y, r^s, r^l, π, s	1.10			$0.06s$	VECM	k. A.
Calza, Gerdesmeier und *Levy* (2001)	80Q1-99Q4	m, y, r^s, r^o	1.34	$-0.86(r^s-r^o)$			VECM	Ja
Dedola, Gaiotti und *Silipo* (2001)	1982-1999	m, y, r^s, r^l, r^o	1.38	$-1.71(r^l-r^o)$	$-0.41(r^s-r^o)$		VECM	k. A.
Funke (2001)	80Q1-98Q4	m, y, r^s	1.21	$-0.003r^s$			FMOLS	Ja
Coenen und *Vega* (2001)	80Q4-98Q4	m, y, r^s, r^l, π	1.13	$-0.87(r^l-r^s)$	1.51π		ARDL	Ja

Bemerkungen: m: reale Geldmenge M3, y: reales BIP, r^s: kurzfristiger Zins, r^l: langfristiger Zins, r^o: Eigenverzinsung von M3, π Inflation, r^e: Rendite auf Aktien, cs: Maß für Währungssubstitution, s: Aktienpreisindex, v: Unsicherheitsmaß, w: Vermögen, z: Aktienpreisvolatilität, k.A.: keine Angaben. VECM: Vektorfehlerkorrekturmodell, ML: Maximum Likelihood, FMOLS: Fully modified ordinary least squares, DOLS: Dynamic OLS, ARDL: Autoregressive Distributed Lag.

Albrecht F. Michler und H. Jörg Thieme (Hg.)
Systeme monetärer Steuerung: Analyse und Vergleich geldpolitischer Strategien
Schriften zu Ordnungsfragen der Wirtschaft · Band 86 · Stuttgart · 2007

Euro Cash Demand: The Times They Are A-Changing*

Franz Seitz

Inhalt

1. Introduction and Literature Review 84

2. Some Stylised Facts on Currency in Circulation in the Euro Area 86

3. Estimating the Demand for Cash for Euro Area Currency 91
   3.1. The Data: Description and Motivation 91
   3.2. A Cointegration Analysis 94
      3.2.1. Overall Currency Demand 97
      3.2.2. Denominational Split 103
      3.2.3. The Situation Since the Cash Changeover 106

4. Summary and Conclusions 110

References 111

* I thank the participants of the Radein-Seminar 2007 as well as *B. Fischer* and *P. Köhler* for helpful comments and discussions.

1. Introduction and Literature Review

The currency component of monetary aggregates is the narrowest definition of money analysed by central banks. It comprises notes and coins in circulation held by non-banks. On the one hand, the total amount of currency in circulation is under close control of monetary authorities, as central banks are, in principle, able to decide precisely about the amount of currency they put into circulation and know exactly the total outstanding amount of currency. On the other hand, central banks usually accommodate the total demand for currency independently from where it originates. In addition, central banks are not able to follow the way which currency takes once put into circulation. Consequently, there is little direct statistical information where the currency circulates, who holds the currency (residents or non-residents) and for what motives the currency is held (for transactions, hoarding and/or illegal purposes).

Major changes in the demand for currency could influence monetary developments, although the share of currency in circulation in monetary aggregates is limited.[1] In this context, the introduction of euro banknotes and coins has raised the question how the demand for the new currency will evolve. The move towards the single currency, including changes in the denomination structure of the banknotes compared with the legacy currencies of the euro, may imply a change in the domestic demand for currency for legal and illegal purposes. In this vein, the demand for euro banknotes from abroad may also differ from the past foreign demand for euro legacy currencies, which mainly concentrated on the D-Mark. At the same time, payment and hoarding behaviour only change gradually over time.

So far, there are several papers coping with the situation of specific national legacy currencies of the euro.[2] The standard approach is to estimate a currency demand function where the traditional arguments – a transactions variable and opportunity cost variables – are in some cases supplemented by factors narrowly related to special characteristics of currency, e.g. its anonymity and secrecy.[3] An international comparison

---

1 The share of currency in the broad monetary aggregate M3 in the euro area was around 7% at the end of 2000 and 7.6% at the end of 2006. For euro area M1, the relevant figures are 16.7% and 15.8%.

2 A case study for the Deutsche Mark covering many different aspects of currency holdings over a time span of more than 50 years from the currency reform in Germany in 1948 until the introduction of euro notes and coins can be found in Deutsche Bundesbank, 2002. The Deutsche Mark is a good example of a currency where all different motives for holding a currency were present during its existence. For EU countries that are not part of the euro area, see the papers by *Janssen* (1998), *Breedon* and *Fischer* (1996) and *Astley* and *Haldane* (1995) for the UK; *Schneider* (1986) as well as *Denmarks Nationalbank* (1996) for Denmark and *Nenovsky* and *Hristov* (2000) as well as *Cuthbertson* and *Bredin* (2001) for the countries which joined EIU since 2004. *Andrist* (1998) part III, and *Fischer, Jordan* and *Lack* (2002) consider the Swiss situation. The former studies the different motivations for holding Swiss Francs whereas the latter investigate the large Swiss currency holdings against the background of joining the euro area.

3 See e.g. *Bohl* and *Sell* (1998), *Langfeldt* (1989) for Germany. Anonymity, secrecy, general acceptability with low risks and self-clearing are characteristics which make cash a unique payment instrument.

of currency demand equations including socio-economic factors is presented by *Kenny* (1991), *Drehmann* and *Goodhart* (2000), and *Drehmann* et al. (2002). Some authors try to capture the amounts of currency hoarded.[4] Others analyse foreign holdings of specific currencies, both from the point of view of a currency exporting country and of currency importing countries.[5] In some cases, a distinction is made between different denominations and holding groups.[6]

The relation of currency holdings and underground economic activities is discussed by *Schneider* and *Enste* (2000), and empirically estimated for several EU countries by *Schneider* and *Osterkamp* (2000), and *Caridi* and *Passerini* (2001). In this respect, *Drehmann* et al. (2002), find that the ratio of (direct and indirect) taxes to GDP (an indicator of the size of the underground economy) becomes insignificant if one looks only at the USA, Germany and Switzerland whose currencies are the main potential candidates for foreign holdings. By contrast, in the subset of the other countries considered in their study, the tax ratio has a much larger and significant effect, especially for high denomination notes.

There are also papers which investigate the influence of financial innovation and economies of scale on the demand for cash.[7] Especially, *Humphrey* et al. (1996), stress the importance of differences across countries in cash and non-cash transactions. The endogeneity of the evolution of different payment media in a cross-country study is analysed by *Humphrey* et al. (2001), who find that payment users are quite sensitive to relative prices that reflect relative user costs.[8] In this respect *van Hove* (2002) strongly argues in favour of correct (i.e. transaction-based and visible to users) prices for different payments media on efficiency grounds. As regards cash, he tries to show that, in general, it is the least efficient way of making payments.

---

4 See *Boeschoten* (1992), for the Netherlands; *van Hove* (1999), *van Hove* and *Vuchelen* (1999) for Belgium and *Krueger* (2000) for Germany.

5 For the former, see *De Nederlandsche Bank* (1991) for the Netherlands; *Seitz* (1995), *Krueger* (2000) and *Doyle* (2000) for Germany. For the latter, see e.g. *Feige* et al. (2000), *Kipici* (1996) for the case of the Deutsche Mark; *Stix* (2001a, 2001b) for a comparison of holdings of Deutsche Mark, Austrian Schillings and US Dollars in Central and Eastern Europe and *Feige* (2003) for holdings of US-dollars and euro legacy currencies in 25 transition countries.

6 On the first point see *De Nederlandsche Bank* (1994) and *Boeschoten* and *Fase* (1992) for the Netherlands; *Virén* (1993) for Finland and *Drehmann* et al. (2002) as well as *Porter* and *Judson*, (1996) appendix B, for several OECD countries. The latter topic is analysed by *Hirvonen* and *Virén* (1996) for Finnish business firms and *Lippi* and *Secchi* (2004) as well as *Boeschoten* (1992) ch. 2 for Italian and Dutch households, respectively.

7 See *Rinaldi* (2001) and *De Grauwe* et al. (2000) for Belgium; *Boeschoten* (1998) for the Netherlands; *Virén* (1989, 1992, 1994) for Finland; *Schneider* (1990) for Austria; *Attanasio* et al. (2002) for Italy; *Dutta* and *Weale* (2001) for the UK and *Goodhart* and *Krueger* (2001) as well as *Snellman* et al. (2000) for an international comparison including several EU countries.

8 See on this point and the interdependencies between payments media use, network effects and interest rates also *Markose* and *Loke* (2003).

There are only few papers dealing with the potential demand for euro notes and coins.[9] Most of them concentrate on the cash changeover from the legacy currencies to euro notes and coins, i.e. they analyse the exact amounts of currency needed for transactions and other purposes (see e.g. *Oesterreichische Nationalbank* 2001; *Vuchelen* and *van Hove* 2001; *Hebbink* and *Peeters* 1999), the adjustments needed before people truly and fully accept the new currency and the new denomination of prices (*Mathä* 2001), logistical aspects (see e.g. *Wynne* 2002; *ECB* 2002, 2003) and a possible inflationary impact of the introduction of euro notes and coins (*Deutsche Bundesbank* 2004; Mathä 2002). Their general conclusions are that the logistical challenges have been managed quite well and that the switch to the physical euro currency should and did not lead to a significant change in the price level. The *ECB* (2003, 2004) discusses the main determinants of currency demand in the euro area with a specific focus on the impact of the introduction of euro banknotes and coins. *Rogoff* (1998) and *van Hove* and *Vuchelen* (1996) analyse the relation between the denominational structure of euro banknotes and future underground economy currency demand. Especially, they argue that the existence of the two large denomination bills of € 200 and € 500 will facilitate tax evasion and illegal activities in the euro area. *Kippers* and *Franses* (2005) investigate whether the denominational structure of the euro is used in an optimal way. They find that, in contrast to the Dutch guilder, the Dutch public does not seem to have specific preferences for certain denominations. Finally *Seitz* (2007) tries to estimate the amount of cash used for domestic transactions for the euro area as a whole as well as for different EMU countries.

The paper is structured as follows. Section 2 presents some stylised facts on currency in circulation in the euro area. In Section 3, a currency demand function for euro area currency is estimated for overall currency holdings as well as for small and large denomination bills. We also compare the forecasts of our model, which is estimated until end 2000, with the developments since the introduction of euro notes and coins in 2002. Finally, Section 4 summarises and draws some monetary policy conclusions.

2. Some Stylised Facts on Currency in Circulation in the Euro Area

Figure 1 shows currency in circulation in the euro area countries from 1980 to 2006. The approaching cash changeover to euro notes and coins in 2002 reduced currency holdings in 2001. Since 2002, the demand for currency recovered steadily. It even seems that the trend has increased. Due to this break, we restrict our sample in the empirical analysis below from 1980.1 until the beginning of 2001. In a second step, we analyse whether our preferred models are able to capture the evolution of currency after the temporary disturbances from 2001 to 2003.

[9] *Bindseil* and *Seitz* (2001) analyse banknotes in circulation in the euro area within the operational framework of the Eurosystem.

Figure 1: Currency in circulation in the euro area (€ billion)

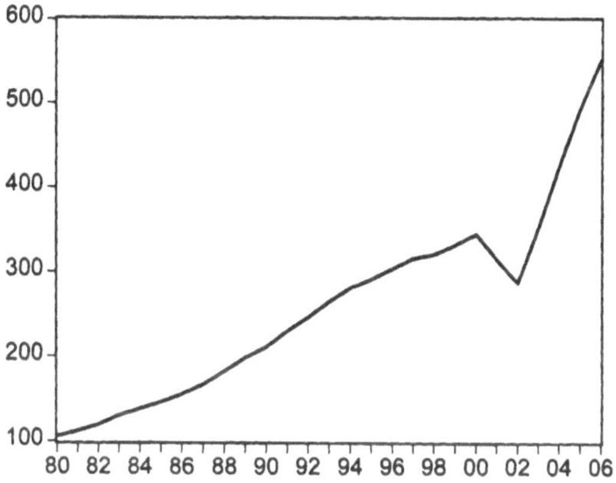

Notes: annual averages.

Until the introduction of euro notes and coins in 2002, the demand for the legacy currencies of the euro was relatively heterogeneous across the euro area countries (see Table 1). In part, this reflected differences in economic activity and opportunity costs of holding currency, related to interest rate and inflation differences across the euro area countries. It also mirrors differences in taxation, the importance of the informal economy[10] as well as heterogeneous payment habits, which are likely to be related to the different legacy banknote denominations and cashless payment instruments. Moreover, differences in the demand for currency in the past resulted from the foreign demand for some of the euro legacy currencies.

[10] For estimates of the size of the informal economy, see *Schneider* and *Enste* (2000).

Table 1: Currency holdings per capita (in purchasing power parities)

	1980	1985	1991	1995	1998	2000	2001
Euro area	..	..	776	949	1060	1167	1073
Belgium	887	939	1036	1061	1109	1206	1080
Germany	..	..	974	1362	1518	1606	1396
Greece	481	548	693	762	858	927	900
Spain	400	531	1125	1489	1668	1754	1597
France	478	562	696	687	707	783	693
Ireland	306	361	561	737	923	1197	1093
Italy	458	581	818	1027	1174	1416	1401
Luxembourg[1]	97	129	205	249	255	1186	937
Netherlands	521	773	1096	1181	1208	1138	925
Austria	571	729	954	1193	1312	1526	1451
Portugal	451	414	567	642	655	778	747
Finland	160	205	274	368	454	509	508
United Kingdom	343	379	421	484	582	663	708
United States	485	681	1025	1392	1631	1897	1991
Switzerland	..	1506	1618	1827	2047	2157	2264

Source: ECB, NCBs, Eurostat.

2) The figures for Luxembourg do not reflect the actual amount of currency in circulation due to the substantial circulation of Belgian francs, German marks and Dutch guilders in Luxemburg.

The importance of high-value and low-value legacy banknotes in the euro area is shown in Table 2. Low-value banknotes were particularly important in Greece and Portugal, probably partly linked to their relatively low GDP per capita as compared with the EU-15 average. In addition, past high inflation, which led to a decline in the purchasing power of a banknote, also leads to a higher share of lower-value banknotes, when converted to euro, over time, if the denomination structure remained unchanged. High-value banknotes, by contrast, were particularly important in Germany, the Netherlands, Belgium and Austria. Such a high denomination structure is especially appropriate for hoarding and foreign demand.

Table 2: Value of banknotes in circulation according to converted denominations in €

converted value in €	€ 200 and above	€ 100 to below € 200	€ 50 to below € 100	€ 20 to below € 50	€ 10 to below € 20	€ 5 to below € 10	below € 5
Belgium	51%	0%	0%	43%	3%	0%	3%
Germany	44%	3%	39%	8%	6%	2%	0%
Greece	0%	0%	0%	73%	22%	0%	5%
Spain	0%	0%	59%	33%	8%	3%	0%
France	0%	0%	47%	35%	18%	2%	0%
Ireland	0%	3%	33%	53%	10%	3%	0%
Italy	15%	0%	63%	16%	3%	3%	2%
Luxembourg	0%	79%	0%	17%	0%	0%	4%
Netherlands	35%	12%	0%	46%	6%	0%	2%
Austria	37%	0%	46%	6%	8%	8%	3%
Portugal	0%	0%	0%	86%	6%	6%	8%
Finland	0%	36%	16%	0%	45%	4%	3%

Notes: national banknotes in circulation in December 2000, in % of total national banknotes in circulation.

In order to investigate total euro area developments over a longer historical period, it is of interest to construct a notional aggregate of small-value and of large-value banknotes for the euro area on the basis of the euro legacy banknotes. This may also form the basis for some preliminary comparisons with the euro banknotes. For this purpose, the euro legacy banknotes were converted into euro with the irrevocable fixed conversion rates. The classification was based on considerations for each individual country with respect to the appropriateness of the legacy banknotes for transaction and hoarding purposes at home and abroad. It is assumed that the large-value banknotes were to a considerable extent used for hoarding in the euro area as well as to some extent held abroad, whereas the small-value banknotes were probably predominantly used for domestic transactions. In addition, some banknotes were classified as neither large nor small, as these seem to have been used to a considerable extent for both hoarding and transaction purposes. At the same time, despite this case-by-case approach, the denominations with a converted value of more than € 30 are generally classified as "large", while the denominations with a value of less than € 30 were classified as "small".[11] Table 3 shows the chosen split into small and large-value banknotes by national denominations as well as converted into euro.[12] As can be seen from the table, in most countries, the value of the legacy banknotes has on average been

---

[11] Apart from the banknotes, which were neither classified as large nor small, this rule was followed with one exception, namely Greece, where the largest banknote (GRD 10000, corresponding to € 29.35) was counted as a large banknote denomination. Other studies classify denomination according to a specific converted value (see e.g. *Drehmann* et al. 2002, who use a separation value of 50 £).

[12] In the case of Portugal and Luxemburg, monthly data start in January 1991 and January 1996, respectively. All other national currency data start at the beginning of 1980.

lower than the value of the euro banknotes. Only in Germany and the Netherlands and, to a lesser extent, in Austria, there was a legacy banknote of a similar value as the € 500 banknote. Accordingly, for most euro area countries, the changeover to the euro banknotes meant a change to on average higher denominations which may have an impact on the demand for currency.

Table 3: Small and large euro area legacy banknotes

Country	Small	Large
in national denominations		
Belgium	BEF 500; 200; 100; *50; 20*	BEF 10,000; 5,000;
Germany	DEM 50; 20; 10; 5	DEM 1,000; 500; 200
Greece	GRD 500; 200; 100; 50	GRD 10,000
Spain	ESP 2,000; 1,000; less than 1,000	ESP 10,000; 5,000
France	FF 100; 50; 20	FF 500; 200
Ireland	IRP 20; 10; 5; *2; 1*	IRP 100; 50
Italy	ITL 50,000; *20,000*; 10,000; 5,000; 2,000;	ITL 500,000; 100,000
Luxemburg	LUF 100	LUF 5,000
Netherlands	NLG 50; 25; 10; *5*	NLG 1,000; 250
Austria	ATS 100; 50; 20	ATS 5,000; 1,000
Portugal	PTE 2,000; 1,000; 500; *100*	PTE 10,000
Finland	FIM 50; 20; 10; *5; 1*	FIM 1,000; 500
converted in euro (using the official irrevocable fixed conversion rates)		
Belgium	€ 12.39; 4.96; 2.48; *1.24; 0.50*	€ 247.89; 123.95; 49.58
Germany	€ 25.56; 10.23; 5.11; 2.56	€ 511.29; 255.65;
Greece	€ 1.47; 0.59; 0.29; 0.15	€ 29.35
Spain	€ 12.02; 6.01; less than 6.01	€ 60.10; 30.05
France	€ 15.24; 7.62; 3.05	€ 76.22; 30.49
Ireland	€ 25.39; 12.70; 6.35; *2.54; 1.27*	€ 126.97; 63.49
Italy	€ 25.82; *10.33*; 5.16; 2.58; 1.03; 0.52	€ 258.23; 51.65
Luxemburg	€ 2.48	€ 123.95
Netherlands	€ 22.69; 11.34; 4.54; *2.27*	€ 453.78; 113.45
Austria	€ 7.27; 3.63; 1.45	€ 363.36; 72.67
Portugal	€ 9.98; 4.99; 2.49; *0.50*	€ 49.88
Finland	€ 8.41; 3.36; *1.68; 0.84; 0.17*	€ 168.19; 84.09

Notes: The table includes all denominations since 1980 even if they do no longer exist or did not exist the whole time period. Denominations in italics indicate notes which were not any more issued before the end of 2001. The following banknote denominations were classified as neither large nor small: BEF 1000 (€ 24.79); DEM 100 (€ 51.13); GRD 5000 (€ 14.67), GRD 1000 (€ 2.93); LUF 1000 (€ 24.79); NLG 100 (€ 45.38); PTE 5000 (€ 24.94); FIM 100 (€ 16.82).

Source: national euro area central banks.

3. Estimating the Demand for Cash for Euro Area Currency

This section estimates currency demand in the euro area within a cointegration framework.[13] Until the end of year 2000 the data refer to the initial 11 euro area member states, afterwards to 12 euro area countries. Variables expressed in euro were converted from the euro legacy currencies into euro with the irrevocably fixed conversion rates.

3.1. The Data: Description and Motivation

The variable to be explained are *real* currency holdings (*cur*) of euro area currencies. We analyse overall currency in circulation as well as small (*smallr*) and big (*bigr*) denomination bills.

In general, there are four potential influences on the evolution of real cash balances which may differ in importance depending on whether small or large denominations are considered. These determinants reflect the various purposes of holding currency. They are 1) the traditional transactions, precautionary and speculative motives, 2) advances in payments technology (financial innovation), 3) demand by non-residents and 4) informal economy activities including the illegal underground economy.

– Transaction, precautionary and speculative motives

The transaction and speculative motives of holding cash are captured via a transaction variable and via an opportunity cost term. To calculate real cash holdings, we deflate nominal balances with the private consumption deflator. This is due to the fact that we treat real private consumption expenditures (*c*) as the relevant transactions variable.[14] The *growth rate* of private consumption should proxy cyclical influences on the use of cash (*Hoggarth* and *Pill* 1992; *Drehmann* and *Goodhart* 2000).

As cash is non-remunerated, the opportunity costs should be made up of an interest rate variable. Specifically, we try a measure of the own rate of return of overnight deposits (*Calza* et al. 2001 for details), the three-month money market rate (*i3*) and the yield on 10-year government bonds (*il*) to capture the return on a long-term alternative to currency holdings. In the two latter cases, because of the high and volatile money and capital market rates in some euro area countries before 1999, we do not only calculate weighted euro area interest rates, but also use the 3-month German Fibor (Frankfurt Interbank Offered Rate) and the yield on German government bonds, respectively, instead.[15]

---

[13] Sections 3.1 and 3.2 are based on *Fischer* et al. (2004).

[14] An alternative would be retail sales (*Janssen* 1998 and *Seitz* 1995). As, for the euro area as a whole, these are only available since 1996, this possibility has to be discarded. With GDP we get poorer empirical results and problems with the domestic opportunity cost variable. An attempt to approximate the volume of cash transactions in the economy may be found in *Snellman* and *Vesala*, 1999, and *Snellman* et al. 2000.

[15] This may be rationalised by the fact that within the former (asymmetric) European Exchange Rate Mechanism the Bundesbank pursued an independent monetary policy aimed at price stability while the other countries tried to maintain a stable exchange rate vis-à-vis the Deutsche Mark (*De Grauwe* 2000, ch. 5; *Wellink* and *Knot* 1996). If Uncovered Interest Parity holds, it seems natural to consider German rates.

We also experimented with the term spread (*sp*), i.e. (*il* – *i3*), as a potential determinant of cash holdings where we have no priors as regards the sign of this variable. According to the expectations theory of the term structure the current spread may forecast the future course of short-term rates and may thus approximate speculative motives for cash holdings. This would imply a positive sign. However, a high spread may also reveal, that the long bond has a higher return over its life than a series of short bonds (*Campbell* 1995, p. 141). *Friedman* (1977), within an optimising framework under uncertainty, showed that a demand-for-currency equation should include the key characteristics of the whole structure of yields: the "general" level, the "tilt" of the term structure to maturity and the difference between real and nominal yields. A steepening of the tilt of the term spread with an unchanged mean, for example, which implies higher long-term rates and lower short-term rates, will tend to reduce cash balances, and conversely (*Friedman* 1977, p. 408).[16] Finally, a high yield spread may sign inflation expectations which would also imply a negative relationship. Empirically implementing this idea implies using the term spread instead of interest rate levels to capture the opportunity costs of currency holdings adequately.

– Financial innovation

Advances in payments technology result in a substitution of non-cash payments for cash (*Snellman* et al. 2000). The influence of this financial-innovation-effect may be captured by including a linear time trend (*time*) in the regressions. Some authors use more direct measures of financial innovation such as the number of ATM's, bankcards or EFTPOS terminals (*Rinaldi* 2001; *Drehmann* and *Goodhart* 2000). While these figures are informative for a structural analysis of the demand for currency, for an econometric analysis they have the disadvantage to be only available on an annual basis or for a short time span. Moreover, *Snellman* et al. (2000) find that approximating financial innovation for European countries via a linear trend captures almost the same effect as using more direct measures. Others stress that financial innovation is an endogenous process. Therefore, they try to explain (the incentives for) the innovation process. This idea may be captured by a cumulative interest rate term (*icum*) (*Janssen* 1998) as this might be a good proxy for the level of transactions technology (*Hall* et al. 1990).[17] In our case, it is calculated as the cumulative sum of the three-month money market rate.

– Foreign demand

Currency developments in the euro area also reflect foreign demand. Economic agents in currency areas with less stable monetary regimes may have tended to hold euro area currencies, notably those which had a tendency to appreciate in the past (i.e., the DM). It is very difficult to find an empirical proxy for the incentives for non-

---

[16] An empirical implementation of Friedman's proposal within a money demand framework may be found in *Friedman* and *Schwartz* (1982) for the US and in *Seitz* (1998) for Germany.

[17] *Drehmann* and *Goodhart* (2002) for instance, argue that there are essentially two, largely separate, markets for currency. Their evidence suggests that non-cash electronic payments mechanisms, or at least those so far available, should mainly compete in the market for small bills. *Markose* and *Loke* (2000) find that the high interest rates of the late 1980's and the early 1990's were a spur to the development of EFTPOS cash substitutes.

residents to hold foreign currencies. One possibility is via the introduction of an exchange rate argument e (see the theoretical model in *Seitz* 2003, as well as *Bohl* and *Sell* 1998; *Drehmann* and *Goodhart* 2000; *Gross* 1989; *Holtham* et al. 1990 and *Seitz* 1995).[18] The external value should indicate the relative strength and attractiveness of the euro area currencies compared to others. As candidate series we consider the nominal and real euro-dollar exchange rate as well as nominal and real effective exchange rates of the euro against the 12 major trading partners of the euro area. For the time prior to the beginning of Stage 3 of EMU "synthetic" historical time series were constructed by aggregating the data of the euro area countries (*Maeso-Fernandez, Osbat* and *Schnatz* (2002) for a detailed description and analysis).

– Shadow economy, hoarding

It is common to estimate the size of the shadow economy via a currency approach (*Schneider* and *Enste* 2000). In these approaches, it is usually assumed that the majority of payments in the shadow economy is settled with cash. This would mean that the development of the size of the shadow economy or of the most important causes of these activities over time should be considered as determinants of cash holdings (*Dotsey* 1988).[19] The taxation of labour and capital income as well as fiscal controls of tax payments should be decisive factors in this respect. Therefore we include the share of taxes in GDP (*TY*) and the share of the shadow economy in GDP as further potential determinants of currency demand (*Boeschoten* 1992, p. 127).[20]. Due to data availability constraints the latter only refers to Germany (*sw_D*).[21] This may be justified as Germany is by far the biggest country in EMU and as the situation in Germany regarding the shadow economy should not be too different from that in other EMU countries.

Currency kept as a store of value may also be expected to be interest rate sensitive. Possible multi-collinearity problems and the fact that a short-term interest rate already enters to capture the transactions and speculative motives recommends not to include a further interest rate variable.

– Further influences

Besides socio-economic factors, e.g. age, sex, education, urbanisation etc., which are studied in cross-sectional analyses (*Boeschoten* 1998), there are further economic variables worth mentioning. *Trundle* (1982) suggests that unemployment should have

---

[18] If the period in which foreign demand started is known, another possibility would be the introduction of a special dummy variable, see e.g. *Hong Kong Monetary Authority* (1997, p. 4).

[19] In Switzerland, even the two-year tax assessment periods exerted a significant influence on the evolution of cash (*Ettlin* and *Fluri* 1986). In Germany, the volatility of currency demand, inter alia due to uncertainties regarding the introduction of a withholding tax on interest income, led to the demise of the central bank money stock and its replacement as intermediate target variable by M3 in 1988.

[20] We also experimented with splitting *TY* into the share of indirect and direct taxes in GDP. These "bad behaviour" variables (*Drehmann* and *Goodhart* 2000) may also include crime variables which unfortunately are, if at all, only available on an annual basis.

[21] I thank *F. Schneider* for providing me with this time series.

an important negative influence on currency demand as the lower level of unemployment benefits as compared with past income might reduce the average demand for cash.[22] At the same time, this might already be captured by the transaction variable. However, the unemployment situation in connection with high total labour costs is quite often seen as a cause for the increase in the shadow economy (*Schneider* and *Enste* 2000, p. 87). This would indicate a positive relation. Therefore we test the euro area unemployment rate (u) as a potential determinant.

In addition to the nominal interest rate, which might be broken down into a real interest rate and expected inflation, actual inflation also reflects the cost of holding currency, as this reduces the value of financial assets in contrast to real assets. In line with *Janssen* (1998) we try to solve the problem that it is not easy to identify the effects of inflation and interest rates on the demand for cash separately by including inflation variability (σ). Inflation variability is calculated as the standard deviation of CPI inflation over a rolling window of 4 years. Data availability constraints prevent us from evaluating and including other proposals, e.g. the food spending share of total expenditures (*Hoggart* and *Pill* 1992).

3.2. A Cointegration Analysis

We use a *VAR* approach to ultimately estimate a structural model of the demand for currency. First, this approach involves running stationarity tests (Augmented-Dickey-Fuller (*ADF*) and Phillips-Perron (*PP*) tests for the null of a unit root, the Kwiatkowski-Phillips-Schmidt-Shin (*KPSS*) test for the null of stationarity) to determine the order of integration of all variables. Second, we run unrestricted *VARs* to select the lag order.[23] Finally, we estimate a Vector Error Correction model (*VECM*) where we use Johansen's maximum likelihood procedure (*Johansen* 1995, 2000; *Johansen* and *Juselius* 1990) to determine the number of cointegration vectors and to distinguish between long-run relationships and short-run dynamics. In order to identify the long-run relationships, tests on weak exogeneity are carried out.

We use quarterly data over the sample 1980.1 – 2000.4 or 2001.2, respectively. The beginning of this sample is due to data availability constraints. We stop our analysis at the end of 2000 or in the middle of 2001 as currency figures since the beginning of 2001 were more and more distorted by the approaching cash changeover. Except interest rates

---

[22] Using micro-data on British households, *Benito's* (2002) results support the proposition that an increase in unemployment risk reduces consumption (and thus currency demand) significantly.

[23] *Cheung* and *Lai* (1993) show that in finite samples the standard model selection procedures are useful for choosing the right lag length for Johansen's tests in the presence of autoregressive processes. However, in the case of moving-average dependence, these criteria perform poorly in selecting the appropriate lag length. This is especially true in the case of under-parameterisation of the lag length.

and exchange rates all series are seasonally adjusted.[24] Furthermore, all variables except the term spread and inflation variability are in logarithms.[25] The difference operator Δ refers to first (quarterly) differences. It is not necessary to introduce dummy variables for the beginning of Stage 3 of Economic and Monetary Union in 1999 or the Y2K problem.

Table 4 shows the results of the three unit root tests. For the *ADF* and *PP* tests, the lag, trend and constant selection followed the general-to-specific approach and visual inspection of the time series. Initially, we set the maximum lag number equal to four. The number of lags was reduced as long as the coefficient for the highest lag was significant at the 10 % level given that the residuals were still white noise. Neither the *ADF* nor the *PP* test is capable to distinguish a stationary process around a linear trend from a process with a unit root and drift. A rejection of the unit root null is very unlikely in this case. In these instances we applied the strategy proposed by *Dolado* et al. (1990) for testing for unit roots in the presence of possible trends. The characterisations in the "*T*" cases are made after the imposition of this procedure. For the *KPSS* test we use the Bartlett kernel with the Newey-West bandwidth selection procedure.

Most of the variables appear to be *I(1)*, at least at the 5% significance level. One exception is the unemployment rate *u* (in percentage terms) which, according to the *ADF* test, is a borderline *I(0)* or *I(1)* variable. In the final specification below, we include the change in the unemployment rate as an exogenous unmodeled variable in the *VECM*.[26] Moreover, according to the *ADF* test, the small banknote series is *I(0)* in levels. For comparison purposes and as the other two tests reveal non-stationarity, we

---

[24] Inter alia, this implies that we disregard seasonal cointegration (see for this in the context of currency demand *Bohl* and *Sell* 1998). But we check whether the results are sensitive to the specific seasonal adjustment method used. *Davidson* and *MacKinnon* (1993, p. 714) prove that unit root test statistics are biased against rejecting the null hypothesis when working with seasonally adjusted data. As nearly all our variables are clearly *I(1)* (see Table 4) this reduces the severity of this problem. Furthermore, *Ericsson, Hendry* and *Tran* (1994) show theoretically and empirically within the Johansen framework that the number of cointegrating vectors and the cointegrating vectors themselves are invariant to the use of seasonally adjusted or unadjusted data.

[25] Therefore, all coefficients are true elasticities. Regarding interest rates, this is not standard in empirical money demand models, which usually estimate interest rate *semi*-elasticities. However, the log-log specification enables us to derive interest rate semi-elasticities, which vary with the level of interest rates and thus introduces a non-linearity. Specifically, the lower interest rates the higher the interest rate semi-elasticity in absolute terms. The change to a low inflation regime in some euro area countries during the nineties may as well as theoretical considerations justify this formulation (*Janssen* 1998; *Mulligan* and *Sala-i-Martin* 2000). Moreover *Chadha* et al. (1998) have shown that in the case of well-behaved utility functions such a functional form follows necessarily from the application of first principles. For the US, the double log specification exhibits sufficient curvature to track M1 velocity over the full range of observed nominal interest rates in the post war period (*Hoffmann* and *Rasche* 1996).

[26] *Elliott* (1998) demonstrates that whilst point estimates of cointegrating vectors remain consistent, commonly applied hypothesis tests no longer have the usual distribution when roots are near but not one. By constrast, hypothesis tests on general restrictions on the cointegration relationship are unaffected by the presence of near unit root variables not included in the restriction.

treat this variable as *I(1)* in the estimations. And finally the *ADF*- and the *KPSS*-test indicate that the term spread *sp* is stationary. As it should be so theoretically, we include *sp* as a possible exogenous *I(0)*-variable in the short-run dynamics.

Given the non-stationarity of most variables, cointegration techniques as suggested by *Johansen* (1995) are employed. This approach enables the detection of long-run equilibrium relationships between variables. The starting point of this methodology is a vector error correction model of the following type

$$(1) \qquad \Delta y_t = \Pi y_{t-1} + \sum_{i=1}^{k-1} \Gamma_i \Delta y_{t-i} + Bx_t + \mu + \varepsilon_t,$$

where y_t is a *(nx1)* vector of the *n I(1)* variables, x_t is a *(mx1)* vector of exogenous variables, μ is a *(nx1)* vector of constants, Γ_i represents *(nxn)* matrices of short-run coefficients, Π is a *(nxn)* coefficient matrix, *B* is a matrix of the exogenous parameters, *k* is the lag order of the VAR and ε_t is a vector of white noise residuals. Granger's representation theorem asserts that if the coefficient matrix Π has reduced rank $r < n$, then there exist *(nxr)* matrices α (the loading coefficients or adjustment parameters) and β (the cointegrating vectors) each with rank *r* (number of cointegration relations) such that $\Pi = \alpha\beta'$ and $\beta' y_t$ is *I(0)*.

The final aim of this procedure is to identify a statistically significant currency demand equation. The coefficients of this equation should individually be significant and should have the theoretically expected signs.

Table 4: Unit Root Tests

	ADF		PP		KPSS	
variable	**Test specification**	**t-value**	**test specification**	**t-value**	**test specification**	**test statistic**
cur	T,2	1.76	C	0.17	T	0.17**
Δcur	N,1	2.36**	N	3.06***	C	0.34
smallr	C,1	4.20***	C	2.72	T	0.27***
Δsmallr	T,1	3.91**	T	6.25***	T	0.23***
bigr	T,3	0.80	T	0.81	T	0.28***
Δbigr	T,4	2.95***	T	4.08***	T	0.16**
c	T,4	2.26	T	1.88	T	0.12*
Δc	C,2	3.64***	C	9.17***	T	0.17**
i3	C,1	1.84	C	1.52	C	0.51**
Δi3	C,4	3,86***	C	6.10***	C	0.07
iod	T,1	2.28	T	2.03	T	0.22***
Δiod	C,4	3.98***	C	5.48***	C	0.17
sp	C,4	3.42**	C	2.14	T	0.09
e	C,1	2.44	C	2.41	T	0.18**
Δe	C,2	4.65***	C	6.66***	C	0.11

u	C,2	3.40**	T	1.28	T	0.12*
Δu	N,1	2.41**	T	4.12***	T	0.10
TY	T,4	1.98	T	2.55	T	0.11
ΔTY	C,3	5.46***	C	4.83***	C	0.09
σ	C,4	1.48	C	1.70	T	0.27***
Δσ	N	2.71***	N	3.56***	T	0.06
icum	T,3	2.14	T	1.21	T	0.17**
Δicum	C,4	3.86***	C	1.80	T	0.10

Notes: ADF: Augmented-Dickey-Fuller test, PP: Phillips-Perron test with the lag truncation parameter q chosen according to the formula $q = 4\left(n/100\right)^{2/9}$ rounded to the largest integer not exceeding the argument (n is the number of observations). In our sample q is set to 3. T: trend and constant, C: constant, N: no trend and no constant. The number of lags included in the ADF test is given after the test specification. KPSS: Kwiatkowski-Phillips-Schmidt-Shin test. ***(**,*): significant at the 1% (5%, 10%) level; t-value in absolute form.

3.2.1. Overall Currency Demand

The chosen cointegration specification for the overall demand for euro legacy currencies assumes a linear trend in the data in that an unrestricted constant is included. This specification also has an economic meaning as it may capture the effects of financial innovation on currency holdings (via the trend in all the variables). After pretesting according to the requirements mentioned in the last paragraph of the previous subsection, we selected four variables to enter the cointegrating space: real currency holdings (*cur*), real private consumption expenditures (*c*), the 3-month money market rate (calculated with the German money market rate before 1999) (*i3*) and the real effective exchange rate of the euro (*e*).[27] Furthermore, as mentioned above, we include the change in the unemployment rate (*u*) as an exogenous unmodeled variable in the system of equations.

The first step then is to test the number of lags to be included in the *VECM*. We do this according to five lag order selection criteria: the sequential modified LR test (*LR*), the final prediction error (*FPE*), the Akaike (*AIC*), the Schwarz (*SC*) and the Hannan-Quinn (*HQ*) criterion (*Lütkepohl* 1993, ch. 4.3). These criteria yield slightly different results (see Table 5). The first three select a lag length of 3 while the two others indicate 2 lags. *Mills* (1999, p. 36) shows that although theoretically the *SC* has advantages over the *AIC*, it would seem that the latter selects the preferred model on more general grounds. Finally, χ^2(Wald)-lag exclusion tests in the *VECM*, the multivariate Portmanteau test for autocorrelation and the multivariate residual autocorrelation *LM*

[27] Somewhat surprisingly, we get slightly poorer statistical results with the own rate of return of overnight deposits instead of the 3-month money market rate. This might be due to the specific construction of the series, especially in the 1980s (see for details *Calza* et al. 2001).

test suggest that 3 lags in levels (2 lags in first differences) should be included. This lag length is enough to ensure uncorrelated residuals.[28]

Table 5: VAR lag order selection for overall currency holdings

Sample: 1980:1 2001:2
Included observations: 82

Lag	LogL	LR	FPE	AIC	SC	HQ
0	292.08	NA	1.27E-08	-6.831227	-6.479024	-6.689823
1	881.75	1078.660	1.07E-14	-20.82312	-20.00131	-20.49317
2	917.45	61.82468	6.62E-15	-21.30364	-20.01223*	-20.78516*
3	936.02	30.34843*	6.28E-15*	-21.36636*	-19.60535	-20.65934
4	946.40	15.94897	7.33E-15	-21.22928	-18.99866	-20.33372

* indicates lag order selected by the criterion
LR: sequential modified LR test statistic; *FPE*: Final prediction error; *AIC*: Akaike information criterion; *SC*: Schwarz information criterion; *HQ*: Hannan-Quinn information criterion.

As a next step the number of cointegration relations has to be determined. This is decided on the basis of Johansen's lambda and trace statistics (see Table 6). These test statistics suffer from a small sample bias tending to reject the null of no cointegration too often. Therefore, we corrected the test statistics by the factor $(n\text{-}mk)/n$, where n is the number of observations, m the number of variables and k the number of lags, as suggested by *Reimers* (1991).[29] Both test statistics strongly suggest the existence of only one cointegrating vector among the variables. This fact is taken into account when specifying and estimating the *VECM*.[30]

Table 6: Johansen's cointegration tests for overall currency holdings

Hypothesized no. of CE(s)	Eigen-value	Adj. trace statistic	5 percent critical value	1 percent critical value	Adj. max. eigenvalue statistic	5 percent critical value	1 percent critical value
None **	0.43	55.43	47.21	54.46	39.58	27.07	32.24
At most 1	0.12	15.85	29.68	35.65	9.18	20.97	25.52
At most 2	0.07	6.67	15.41	20.04	5.47	14.07	18.63
At most 3	0.02	1.20	3.76	6.65	1.20	3.76	6.65

*(**) denotes rejection of the hypothesis at the 5%(1%) level.
Trace test indicates 1 cointegrating equation(s) at both 5% and 1% levels.
Max-eigenvalue test indicates 1 cointegrating equation(s) at both 5% and 1% levels.

---

[28] This latter selection criterion is also suggested and applied in *Johansen* (1995). Both underestimating and overestimating the number of lags in higher dimensional systems and short samples within the Johansen framework seem to lead to underestimation of the number of unit roots (*Ho* and *Sørensen* 1996).

[29] An alternative would be to adjust the critical values, see *Cheung* and *Lai*, 1993. As they use an analogous correction to that of *Reimers* (1991) the results are in any case qualitatively the same.

[30] The cointegration relation would break down if we only look at the set (*cur, c*) or (*cur, c, i3*).

The system of equations resulting from the *VECM* (with the cointegrating vector normalized on real currency holdings) reads as (absolute t-values in brackets below the coefficients).[31]

$$
\begin{aligned}
\Delta cur_t = & -\underset{(5.7)}{0.10}(cur - \underset{(26.8)}{1.05}c + \underset{(2.2)}{0.04}i3 - \underset{(6.0)}{0.41}e + 8.06)_{t-1} + \underset{(3.6)}{0.40}\Delta cur_{t-1} + \underset{(0.8)}{0.08}\Delta cur_{t-2} \\
(2) \quad & -\underset{(3.2)}{0.39}\Delta c_{t-1} - \underset{(2.0)}{0.26}\Delta c_{t-2} - \underset{(1.7)}{0.01}\Delta i3_{t-1} - \underset{(0.6)}{0.00}\Delta i3_{t-2} - \underset{(0.6)}{0.02}\Delta e_{t-1} - \underset{(1.6)}{0.04}\Delta e_{t-2} \\
& -\underset{(3.8)}{0.02}\Delta u_t + \underset{(2.0)}{0.01}\Delta u_{t-1} + \underset{(3.7)}{0.01} + \varepsilon_{cur,t}
\end{aligned}
$$

$$
\begin{aligned}
\Delta c_t = & -\underset{(2.9)}{0.05}(cur - \underset{(26.8)}{1.05}c + \underset{(2.2)}{0.04}i3 - \underset{(6.0)}{0.41}e + 8.06)_{t-1} - \underset{(0.3)}{0.03}\Delta cur_{t-1} - \underset{(0.8)}{0.07}\Delta cur_{t-2} \\
(3) \quad & -\underset{(3.1)}{0.36}\Delta c_{t-1} - \underset{(2.5)}{0.32}\Delta c_{t-2} + \underset{(0.8)}{0.01}\Delta i3_{t-1} + \underset{(0.1)}{0.00}\Delta i3_{t-2} + \underset{(2.1)}{0.05}\Delta e_{t-1} - \underset{(2.8)}{0.07}\Delta e_{t-2} \\
& -\underset{(2.9)}{0.01}\Delta u_t + \underset{(1.3)}{0.01}\Delta u_{t-1} + \underset{(7.4)}{0.01} + \varepsilon_{c,t}
\end{aligned}
$$

$$
\begin{aligned}
\Delta i3_t = & -\underset{(0.9)}{0.27}(cur - \underset{(26.8)}{1.05}c + \underset{(2.2)}{0.04}i3 - \underset{(6.0)}{0.41}e + 8.06)_{t-1} - \underset{(0.4)}{0.67}\Delta cur_{t-1} + \underset{(0.8)}{1.29}\Delta cur_{t-2} \\
(4) \quad & -\underset{(0.1)}{0.11}\Delta c_{t-1} + \underset{(0.1)}{0.17}\Delta c_{t-2} + \underset{(1.4)}{0.16}\Delta i3_{t-1} - \underset{(0.6)}{0.06}\Delta i3_{t-2} - \underset{(2.5)}{0.98}\Delta e_{t-1} - \underset{(1.6)}{0.71}\Delta e_{t-2} \\
& -\underset{(0.4)}{0.03}\Delta u_t - \underset{(1.9)}{0.13}\Delta u_{t-1} - \underset{(0.5)}{0.01} + \varepsilon_{i,t}
\end{aligned}
$$

$$
\begin{aligned}
\Delta e_t = & \ \underset{(1.0)}{0.10}(cur - \underset{(26.8)}{1.05}c + \underset{(2.2)}{0.04}i3 - \underset{(6.0)}{0.41}e + 8.06)_{t-1} + \underset{(0.2)}{0.11}\Delta cur_{t-1} + \underset{(0.2)}{0.09}\Delta cur_{t-2} \\
(5) \quad & +\underset{(0.1)}{0.09}\Delta c_{t-1} + \underset{(1.3)}{0.95}\Delta c_{t-2} + \underset{(1.1)}{0.04}\Delta i3_{t-1} - \underset{(0.2)}{0.01}\Delta i3_{t-2} + \underset{(2.8)}{0.38}\Delta e_{t-1} + \underset{(0.5)}{0.07}\Delta e_{t-2} \\
& -\underset{(0.6)}{0.03}\Delta u_t - \underset{(0.3)}{0.01}\Delta u_{t-1} - \underset{(1.0)}{0.01} + \varepsilon_{e,t}
\end{aligned}
$$

Some general and equation specific test statistics may be found in Table 7.

[31] Including the *level* of the unemployment rate in the *cointegration* relationship would result in an insignificant long-run coefficient. If, on the other hand, the *level* of the unemployment rate is included as an *exogenous* variable in the dynamic part, a long-run currency demand equation could not be identified. Instead, a theoretically rather implausible consumption equation would result. Therefore, we prefer the chosen specification.

Table 7: Test statistics for the system (2) – (5)

General		Equation specific	Eq 2	Eq 3	Eq 4	Eq 5
White	0.42	R^2	0.66	0.30	0.26	0.02
JB	0.004	SE	0.005	0.005	0.08	0.03
Lag exclusion (1,2,3)	0.00	SSR	0.002	0.002	0.50	0.06
LM(4)	0.45					
Port(12)	0.75					
W.E. (cur)	0.00					
W.E. (c)	0.004					
W.E. (i3)	0.36					
W.E. (e)	0.32					

Notes: In "General" the numbers indicate the p-values of the respective null hypothesis. White: White's test for heteroskedasticity for systems (using cross terms); JB: Multivariate extension of the Jarque Bera residual normality test with the factorisation chosen according to the inverse square root of the residual correlation matrix; Lag exclusion: χ^2-statistic for the joint significance of all endogenous variables at the specified lags in the whole system; LM(4): Multivariate LM test statistic for residual serial correlation at lag 4; Port(12): Multivariate Box-Pierce/Ljung-Box Q-statistic for residual serial correlation up to lag 12 with small sample correction (Portmanteau Autocorrelation Test); W.E. (x): Test of weak exogeneity of variable x. R^2: Adjusted coefficient of determination; SE: Standard error of regression; SSR: Sum of squared residuals.

The derived cointegration relationship is

(6) $$cur_t = -8.06 + 1.05c_t - 0.04i3_t + 0.41e_t$$

All coefficients show the theoretically expected signs. The transactions elasticity is above unity. This may be rationalised by other motives besides transactions motives influencing currency demand. However, the restriction that it is 1 cannot be rejected at conventional significance levels as indicated by a Likelihood Ratio test ($\chi^2(1)=1.11$, p-value = 0.29).[32] Increased domestic opportunity costs lead to a reduction in real currency holdings. The coefficient of –0.04 is a true elasticity. Consequently, the semi-elasticity increases with lower interest rates.[33] An appreciation of the real effective exchange rate of the euro by 1 percent leads to an increase in real currency holdings by 0.4 percent. This should reflect foreign influences on the demand for euro area currencies in the form of "currency substitution" or "euroisation". The highly significant error correction term (compared with the non-standard critical values tabulated in Banerjee et al., 1998) in equation (2) reassures that the long-run relation may be interpreted as a currency demand equation. But the adjustment to the long-run equilibrium is rather slow: only 10 percent of the disequilibrium is corrected in one

---

[32] In his analysis of euro area M1 *Stracca* (2001) found an income elasticity clearly below unity. Together with our results for currency this would imply that overnight deposits are primarily held for transactions purposes while cash balances also satisfy other motives.

[33] See *Stracca* (2001) for alternative ways to model an interest rate elasticity for M1 that decreases in size with the level of the interest rates.

quarter. Weak exogeneity tests present further evidence on the nature of the cointegrating vector (see Table 7). The exchange rate and the interest rate are clearly weakly exogenous, but real currency holdings and real private consumption are not. Theoretically, the latter could make sense if above equilibrium currency holdings do not only lead to a reduction in currency demand but also to increased consumption. But the empirical evidence invalidates this interpretation as the error correction coefficient in (3) is negative. Moreover, it is not significant according to the critical values in *Banerjee* et al. (1998). Therefore it seems that there is enough evidence as to interpret the cointegrating vector as a currency demand equation. This is why we concentrate on this equation in what follows.

Overall, the statistical fit of the system of equations is rather satisfactory. There are no hints of heteroskedasticity and serial correlation. In contrast, the Jarque Bera test statistic indicates a possible non-normality of the residuals. As cointegration theory is asymptotically valid under the *i.i.d.* assumption of the innovations this result should not be a too serious problem. In the currency equation (2) about two thirds of the variance of real currency holdings is explained. The cointegration vector is shown in figure 2.

Figure 2: The cointegration relation

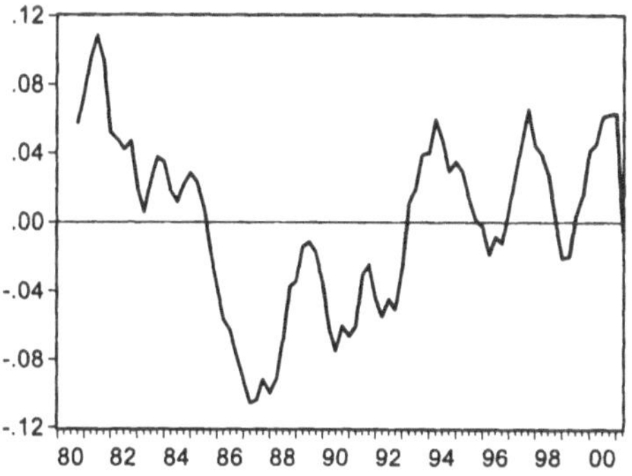

Figure 3 presents the recursive error correction term of equation 2 (*ECT*) and the recursive long-run coefficients with the 2 standard error bands from 1995 until the beginning of 2001. All the coefficients exhibit a reasonably stable development with the exchange rate coefficient slightly increasing in the last years of the sample. Moreover, figure 4 shows that according to the recursive residuals and a *CUSUM* test the identified cointegrating vector is well behaved. At the end of the sample the recursive residuals reveal signs of instability.[34] This is not surprising against the background of the

[34] Inclusion of a dummy variable in the short-run dynamics which is zero until the end of 1999 and one afterwards would show up with a significant negative sign without changing the other conclusions qualitatively.

approaching cash changeover of the euro legacy currencies against the euro at the beginning of 2002. Having this in mind and taking into account the highly significant error correction term, the evolution of currency does not seem to be suggestive to permanent instabilities until 2001.

Figure 3: Recursive coefficients of the long-run currency demand equation

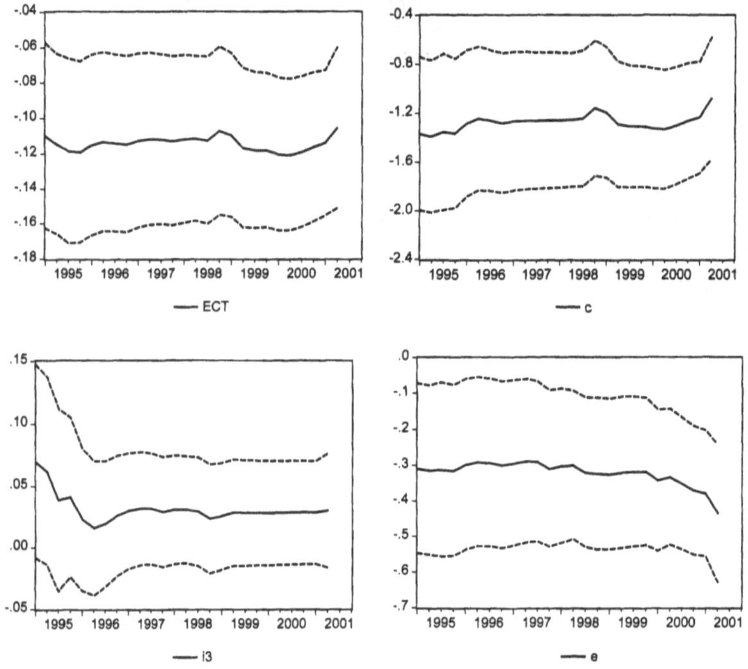

Figure 4: Stability tests

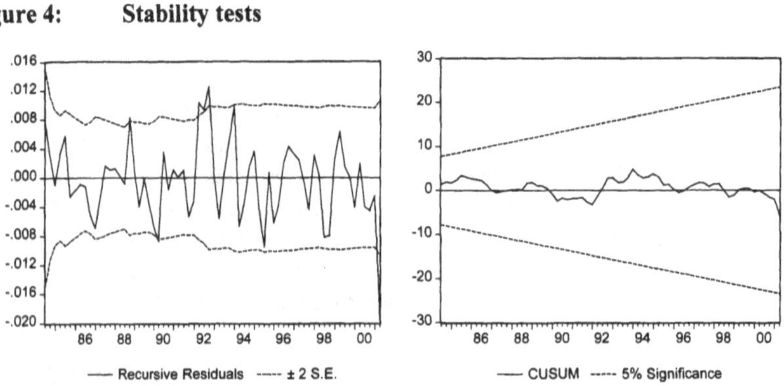

Just some remarks on the short-run dynamics. In the dynamic part of (2) currency holdings depend negatively on real private consumption. The sum of the 2 coefficients is –0.65. Such a negative dependence is not uncommon in empirical analyses of narrow monetary aggregates (*Seitz* 1998; *Stracca* 2001). It may be interpreted as a kind of buffer in the sense of a precautionary motive for holding cash. Hoarding and foreign demand, if not fully captured by our approach, may also rationalise the negative coefficient if in situations with rising private consumption real balances used for hoarding and abroad decrease. It is also well known that consumption is closely related to permanent income. In the case of temporary income shocks, savings, which usually do not include cash holdings, would vary in the same direction. Furthermore, it may be the case that (unexpected) fluctuations in transactions are more absorbed by variations in demand deposits than by currency. The much larger standard deviation of quarterly changes in demand deposits compared to that of cash points in this direction. The observation of a counter-cyclical element in currency holdings which may be related to changes in expenditure patterns (*Hoggarth* and *Pill* 1992) may also rationalise the negative short-term relationship between currency and real private consumption. In particular, during downturns, non-essential, larger value expenditures (mainly financed by non-cash payments) tend to be reduced the most, whereas necessary, typically smaller-value purchases (mainly financed by cash) are maintained.

The second remark refers to unemployment. Taking the coefficients on the two terms together, an increase in the unemployment rate causes currency holdings to decrease (a Wald test rejects the null that the sum of the 2 coefficients is zero). This means that the shadow economy explanation of the inclusion of the unemployment rate in currency demand equations has to be discarded until 2001 and that rather the lower income resulting from unemployment probably plays a role in the demand for currency.

As all other variables discussed in section 3.1 do not help to explain the evolution of currency in the euro area, do not change the long-run currency demand equation or the number of cointegration relations, there is no evidence of a relation between the size of the shadow economy and currency holdings in the euro area until 2001.[35] But keep in mind that an influence of financial innovation cannot be ruled out due to the specification of the *VECM* with a linear trend in the data. As the constant enters the long run equation with a negative sign, this interpretation of financial innovation would imply a downward trend in currency in circulation.

3.2.2. Denominational Split

In what follows we present the results of the estimation of the demand for small and large-value banknotes. We apply the same procedure as with overall currency demand. The denominational split until the cash changeover was chosen according to the country-by-country investigation as described in section 2. As we classified some

---

[35] The fact that the tax ratio exerts no significant influence on overall currency holdings may be due to an aggregation bias, the poor indicator properties of this series for the size of the underground economy or the inclusion of Germany whose currency is known to be heavily demanded abroad (see for an analogous results *Drehmann* et al. 2002).

denominations as "neutral" which are not included in the estimations, the results cannot be directly compared with those for overall currency demand. If the demand for large value notes is different from the demand for the small denominations this should be reflected in either different coefficients on the same variables or different variables determining the demand functions.

As for the whole currency holdings the cointegration space assumes a linear trend in the data in that an unrestricted constant is included. The five lag length criteria unanimously suggest a lag order of one in levels for the small denominations. As regards the big notes, four criteria suggest a lag order of 2 in levels, the *AIC* a lag order of 3. As, according to a multivariate *LM* test, there is no residual correlation with lag 2, we decided to work with this lag specification. Johansen's small sample adjusted lambda and trace statistics suggest one cointegration equation at the 1%- and 5%-level in both cases.

After pre-testing there are only two variables which seem to explain the evolution of small denominations (*smallr*) over time: the transactions variable real private consumption (*c*) and the term spread (*sp*) which enters the short-run dynamic specification. Thus it seems that the opportunity costs for the small denominations are best captured by the whole term structure, as suggested by *Friedman* (1977). For the large denominations, we selected four variables to enter the cointegrating space: real holdings of big denomination bills (*bigr*), the interest rate on overnight deposits (*iod*), the real effective euro exchange rate (*e*) and the volatility of inflation (σ) calculated as the standard deviation of the consumer price index over a 4 year rolling window. The inclusion of the latter variable leads to an adjustment of the sample which now starts in 1985 Q1. This specification implies that a transactions variable does not influence the holdings of big denominations. Its influence stems mainly from the small denominations.[36] All other potential determinants discussed above either have the wrong sign, are not significant or their inclusion deteriorates the statistical properties of the model.

Table 8 shows the estimation results for the currency equations together with some test statistics (absolute t-values in brackets after the coefficients).

---

[36] But keep in mind that we excluded in the classification of the banknotes into small and large-value notes those banknotes, which are likely to be used for both transactions and hoarding purposes (see Section 2).

Table 8: Estimation results for small and large denominations

	smallr	bigr
long-run relationship		
c	0.44 (2.7)	
iod		-0.11 (3.5)
e		0.32 (1.6)
σ		-0.21 (7.3)
short-run dynamics		
ect	-0.04 (8.5)	-0.06 (4.3)
spread	-0.002 (2.8)	
Δiod_{-1}		-0.01 (0.4)
Δe_{-1}		-0.06 (1.6)
$\Delta \sigma_{-1}$		-0.00 (0.2)
test statistics		
R^2	0.45	0.51
SE	0.009	0.007
SSR	0.006	0.003
White	0.71	0.00
JB	0.00	0.00
Lag exclusion (1)	0.00	0.00
LM(4)	0.002	0.20
Port(12)	0.14	0.22
W.E. (smallr)	0.00	
W.E. (c)	0.03	
W.E. (bigr)		0.00
W.E. (iod)		0.79
W.E. (σ)		0.98
W.E. (e)		0.02

Notes: see table 7.

All long-run coefficients show the theoretically expected signs. The transaction elasticity for the small denominations is 0.44. This is in line with the famous "square root law" in the Baumol-Tobin model, which implies a transaction elasticity of 0.5.[37] But the *VEC* restriction that this elasticity is 1 cannot be rejected according to a Likelihood Ratio test ($\chi^2(1)$=1.44, p-value = 0.23). An increase in the term spread leads to a reduction in the demand for small denominations. Thus, *Friedman's* (1977), result that higher long-term rates together with lower short-term rates, i.e. a steepening of the yield curve (with an unchanged mean), reduce cash balances seems to be relevant for the euro area. From the third column of Table 8 we see that an appreciation of the euro area currencies causes the demand for large denominations to rise. An increase in the volatility of inflation by one percentage point decreases this demand by 0.2 percentages. And an increase in domestic opportunity costs, measured by the own rate of return of overnight deposits, reduces holdings of big denomination notes by 0.1 percentages.

---

[37] See for a recent extension of this model in the context of currency demand *Attanasio* et al. (2002, ch. III).

The highly significant error correction terms in these two relations reassure once again that the long-run relations may be interpreted as a currency demand equation. But the adjustment to long-run equilibrium is even slower than for overall currency holdings: only 4 and 6 percent, respectively, of disequilibria are corrected in one quarter. Weak exogeneity tests present further evidence on the nature of the cointegrating vector. Real holdings of small and large denominations are unambiguously endogenous, σ and *iod* are obviously weakly exogenous whereas c and e are weakly exogenous only at the 1 % level of significance. As a meaningful economic interpretation of a long-run consumption or exchange rate equation is not possible and the respective error correction coefficients are not significant, it seems that there is enough evidence as to interpret the cointegrating vectors as demand equations for small and large denomination bills. According to the recursive residuals and a *CUSUM* test the identified cointegrating vectors are well behaved (*Fischer* et al. 2004, ch. 4.2.2).

3.2.3. The Situation Since the Cash Changeover

In what follows, we first compare currency developments in the euro area since the cash changeover at the start of 2002 with the values predicted by our model for overall currency demand (see the model of section 3.2.1). As figure 5 shows, purely extending the sample, adding nothing else to the model and trying to forecast cannot capture the developments adequately. Especially, the decline in currency in circulation during the run-up to the euro cash changeover in 2001 and the subsequent catch-up process in cash demand are factors that unsurprisingly cannot be accounted for with the variables taken into account (the essential long-run variables are real private consumption, the 3-month money market rate and the real effective exchange rate of the euro). If the decrease in currency holdings in 2001 would be reversed in the following years, only a temporary instability would result. If, however, the currency relations differ permanently from those of the sum of the national euro area currencies due to the introduction of euro notes and coins, a clear structural break would be detected. This may occur, for instance, if foreign demand for euros or if the demand for domestic cash transaction balances changes.[38] According to the *ECB* (2003), the developments since 2002 are mainly driven by the resumption of currency hoarding by euro area residents and by the demand by non-euro area countries as especially the large denomination banknotes have risen sharply.

---

[38] See for more arguments in this direction *Fischer* et al. (2004), ch. 6.2.

Figure 5: Predicted and observed currency in circulation (€ billion)

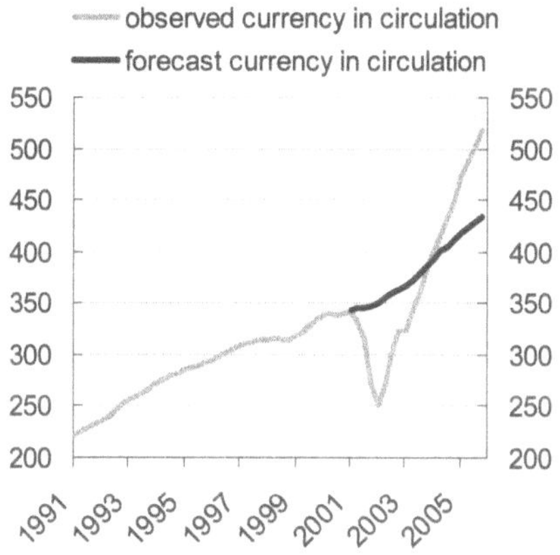

To capture the developments since 2002 adequately, we introduce the idea of a movement towards a new equilibrium. To model this idea, we add specific dummy variables to our model. First, to capture the strong decline in currency during the run-up to the cash changeover in 2001, we construct a dummy variable as a logistic function of the period of time remaining *until* the cash changeover. Second, to model the catch-up of cash developments after 2002, a further dummy variable as a logistic function of the time *since* the cash changeover is taken into account. Third, we also have to include three impulse dummies for the first three quarters in 2002 to deal with supply side problems as there were too many small denominations in circulation and to get the denominational changeover right. The latter is necessary for the estimations of big and small notes due to their classification before and after the cash changeover (see below).

These moderate modifications are enough to "save" our model. As figure 6 shows, the model is now capable to explain the developments since 2004 well even if there is a small gap opening up since the end of 2005. Therefore, it seems that there has only been a temporal instability due to the cash changeover. The essential question is, however, whether this conclusion holds when we dig a little bit deeper into the denominational split.

Figure 6: Model performance since the cash changeover

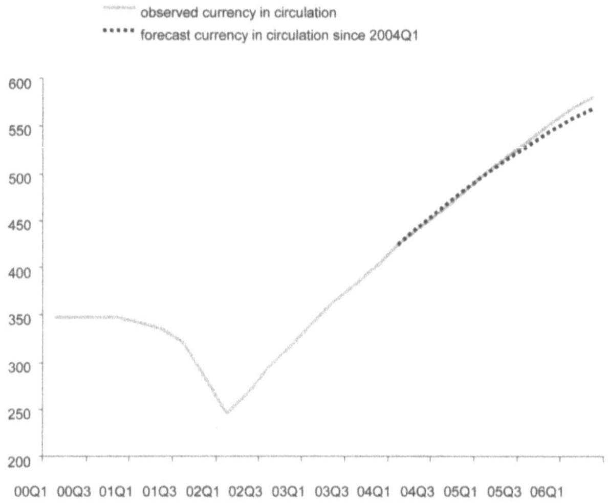

As mentioned in section 2, our denominational split before 2002 was done on a country-by-country classification. This is no longer possible since the introduction of euro notes and coins. For the purposes of our econometric estimations which follow, we have put the € 100, € 200 and € 500 bills being large and the € 5, € 10, € 20 and € 50 bills as small.[39] Table 9 compares our old results (for the normalized currency demand equation *smallr*) before 2002 with those if the sample is extended until the end of 2006 and the dummy variables mentioned above are included. Obviously, the results have not changed. All the variables have nearly the same point estimate as before. Consequently, after having modelled the cash changeover the model seems to be stable even if estimated over the whole sample.

39 This necessitates the introduction of the impulse dummy for 2002q1 as the national denominational splits before and after 2002 do not suit together.

Table 9: Comparison of the results for small denominations (t-statistics in [ ])

Cointegrating Eq: Before 2002		**Cointegrating Eq: Until end 2006**	
SMALLR(-1)	1.000000	SMALLR(-1)	1.000000
c(-1)	0.657000 [-3.72680]	c(-1)	0.589090 [-3.72802]
Error Correction: D(LSMALLR)		**Error Correction: D(LSMALLR)**	
ect	-0.035533 [-8.21196]	ect	-0.040233 [-8.63436]
spread	-0.001688 [-2.85918]	Spread	-0.001765 [-2.84741]
		Significant cash changeover dummies	

The situation is completely different for the big denominations which are especially suited for "bad behaviour" (*Drehmann* and *Goodhart* 2000) and foreign demand (see table 10). The old model is no longer stable, variables are getting insignificant and the identification of a cointegrating currency demand equation is no longer possible. It is very difficult to find an alternative model. In the only one which emerges (see the right side of table 10) the long-run is driven by the 10-year bond yield (*il*), the real effective exchange rate of the euro (*e*) and the share of the shadow economy in GDP in Germany (*sw_D*). Moreover, we have to give up the assumption of price homogeneity (see the inclusion of the change in the inflation right in the short-run dynamics). But even this equation does not have too good statistical properties. For instance, the t-value of the error correction term (*ect*) is lower than the critical values suggested by *Banerjee* et al. (1998). Nevertheless, it is obvious that something has changed with the big denominations since 2002. This has to be assessed against the background that there is only one further country worldwide, Switzerland, which has comparable big denomination bills as the euro area.

Table 10: Comparison of the results for big denominations (t-statistics in [ ])

CointEq: Before 2002		**CointEq: Until end 2006** (SW_D since 2002)	
BIGR(-1)	1.000000	BIGR(-1)	1.000000
OD(-1)	0.074765 [6.78177]	IL(-1)	1.239255 [2.73736]
E(-1)	-0.261692 [-2.33084]	E(-1)	-2.782963 [-2.24165]
σ(π)(-1)	0.261993 [13.0104]	SW_D(-1)	-1.471288 [-3.58061]
Error Correction: D(LBIGR)		**Error Correction: D(LBIGR)**	
ect	-0.083701 [-4.10316]	ect	-0.004919 [-2.56826]
D(BIGR(-1))	0.497372 [4.25285]	D(BIGR(-1))	0.666956 [10.5931]
D(IOD(-1))	0.011900 [1.76116]	D(IL(-1))	0.009827 [0.78216]
		D(E(-1))	-0.011019 [-0.41226]
		D(SW_D(-1))	-0.001590 [-0.12235]
		D(π)	-0.943008 [-4.735]

4. Summary and Conclusions

In this paper, after presenting some stylised facts on currency in circulation, the demand for currency as well as the demand for small and large-value banknotes in the euro area between 1980 and 2001 or 2006, respectively, have been analysed on the basis of an econometric approach. Overall, the results of the estimation of currency demand within a *VECM* show stable results until the cash changeover. There seems to be a foreign influence stemming mainly from the big denominations. Furthermore, domestic transactions predominantly influence the demand for small denominations. Thus, there are obviously differences in the motives for holding big and small denomination notes. Large value banknotes seem to be used to an important extent as a store of value domestically and abroad. Although there are no direct variables representing financial innovation, the specification of the *VECM* with a linear time trend in the data suggests that there may be such an influence on overall currency holdings and holdings of small denominations. A comparison between observed and predicted currency developments since 2002 reveals that the evolution of total currency is well captured if the cash changeover is modelled as a movement towards a new equilibrium. This is especially true for the small denominations. In contrast, the demand for big denominations has changed dramatically. There is still an influence of opportunity costs and from abroad. But shadow economic activities gain importance. Consequently, it seems that the times are a-changing. The re-optimisation of euro banknote holdings which is driving demand patterns since the cash changeover seems to have led more to a structural break than only a temporal instability. As far as the euro is concerned, a re-assessment of the different motives for holding cash is therefore necessary.

The paper may be extended in several ways. First *Aksoy* and *Piskorski* (2001, 2006) as well as *Jefferson* (2000) find for the US that money used for domestic transactions (currency corrected for the foreign holdings of dollars and hoarding) contains valuable information about future movements of real output and inflation. A similar exercise should be worthwhile for the euro area, too (see the different suggestions in *Fischer* et al. 2004). Moreover, a general comparison of the determinants of US dollar and euro currency holdings is interesting as these are the only two currencies which summarise all potential motives for holding cash. Second, a panel econometric approach would reduce the aggregation bias and would highlight the heterogeneity of currency demand in the different euro area countries.

Central banks have an interest that currency does not vanish altogether. The demand for currency, irrespective from where it originates or from whom it is exercised, generates a demand for base money. As this, in turn, strengthens the ties between banks and the central bank, it enhances the potential effectiveness of monetary policy. There seems so far no evidence of a substantial decline of the demand for currency in the euro area. Although the share of currency in circulation in broad monetary aggregates is relatively small, an analysis of currency developments is important for central banks. For monetary policy, it is important to know the share and in particular the change of the share of currency in circulation which is not used for domestic transactions. For instance, an increase in the demand for currency from abroad fuels currency in circulation, without having consequences for domestic developments. Likewise, a destocking of currency hoarding does not imply, in the extreme, deflationary risks, although it reduces monetary aggregates. However, even if the demand for currency shrinks in the future, there would be alternatives for a proper and effective functioning of monetary policy (*Goodhart* 2002; *Schreft* and *Smith* 2000; *Woodford* 2000). Monetary policy should thus be able to adapt adequately to a situation of a shrinking demand for currency.

References

Aksoy, Yunus and *Tomasz Piskorski* (2001), Foreign Holdings of Dollars and Information Value of US Monetary Aggregates, Center for Economic Studies Working Paper DPS 01.07, Katholieke Universiteit Leuven, February.

Aksoy, Yunus and *Tomasz Piskorski* (2006), US Domestic Money, Inflation and Output, in: Journal of Monetary Economics, Vol. 53, pp. 183-197.

Andrist, Felix (1998), Das Geldnachfrageverhalten der Haushalte in der Schweiz – ein mikroökonomischer Ansatz, Bern et al.

Astley, Mark S. and *Andrew G. Haldane* (1995), Money as an Indicator, Bank of England Working Paper No. 35.

Attanasio, Orazio P., Luigi Guiso and *Tullio Jappelli* (2002), The Demand for Money, Financial Innovation, and the Welfare Cost of Inflation: An Analysis with Household Data, in: Journal of Political Economy, Vol. 110, pp. 317-351.

Banerjee, Anindya, Juan J. Dolado and *Ricardo Mestre* (1998), Error Correction Mechanism Tests for Cointegration in a Single Equation Framework, in: Journal of Time Series Analysis, Vol. 19, pp. 267-283.

Benito, Andrew (2002), Does Job Insecurity Affect Household Consumption?, Banco de España, Servicio de Estudios, Working Paper No. 0225.

Bindseil, Ulrich and *Franz Seitz* (2001), The Supply and Demand for Eurosystem Deposits: The First 18 Months, European Central Bank Working Paper No. 44.

Boeschoten, Willem C. (1992), Currency Use and Payments Patterns, Dordrecht.

Boeschoten, Willem C. (1998), Cash Management, Payment Patterns and the Demand for Money, in: De Economist, Vol. 146, pp. 117-142.

Boeschoten, Willem C. and *Martin M.G. Fase* (1992), The Demand for Large Bank Notes, in: Journal of Money, Credit, and Banking, Vol. 24, pp. 319-337.

Bohl, Martin T. and *Friedrich L. Sell* (1998), Demand for Cash Balances in Germany: Theoretical Underpinnings and Empirical Evidence, in: Applied Economics, Vol. 30, pp. 1017-1026.

Breedon, Francis J. and *Paul G. Fisher* (1996), M0: Causes and Consequences, in: The Manchester School, Vol. 64, pp. 371-387.

Calza, Alessandro, Dieter Gerdesmeier and *Joaquim Levy* (2001), Euro Area Money Demand: Measuring the Opportunity Costs Appropriately, IMF Working Paper 01/179.

Campbell, John Y. (1995), Some Lessons from the Yield Curve, in: Journal of Economic Perspectives, Vol. 9, pp. 129-152.

Caridi, Paolo and *Paolo Passerini* (2001), The Underground Economy, the Demand for Currency Approach and the Analysis of Discrepancies: Some Recent European Experience, in: The Review of Income and Wealth, Vol. 47, pp. 239-250.

Chadha, Jagjit S., Andrew G. Haldane and *Norbert G.J. Janssen* (1998), Shoe-Leather Costs Reconsidered, in: The Economic Journal, Vol. 108, pp. 363-382.

Cheung, Yin-Wong and *Kon S. Lai* (1993), Finite-Sample Sizes of Johansen's Likelihood Ratio Tests for Cointegration, in: Oxford Bulletin of Economics and Statistics, Vol. 55, pp. 313-328.

Cuthbertson, Keith and *Don Bredin* (2001), Money Demand in the Czech Republic Since Transition, Central Bank of Ireland, Technical Paper 3/01.

Denmarks Nationalbank (1996), The Use of Foreign Currency in a Small Open Economy, Monetary Review, November, pp. 46-56.

Davidson, Russel and *James G. MacKinnon* (1993), Estimation and Inference in Econometrics, New York, Oxford.

De Grauwe, Paul (2000), Economics of Monetary Union, 4. ed., Oxford.

De Grauwe, Paul, Eric Buyst and *Laura Rinaldi* (2000), The Costs of Cash and Cards Compared: The Cases of Iceland and Belgium, Working Paper, Katholieke Universiteit Leuven, February.

De Nederlandsche Bank (1991), Cross-Border Movements of Netherlands Banknotes, in: De Nederlandsche Bank Quarterly Bulletin, December, pp. 29-33.

De Nederlandsche Bank (1994), A Prediction Model for the Banknote Circulation, in: De Nederlandsche Bank Quarterly Bulletin, June, pp. 40-50.

Deutsche Bundesbank (2002), Circulation of the Deutsche Mark – from Currency Reform to European Monetary Union, in: Monthly Report March 2002, pp. 19-34.

Deutsche Bundesbank (2004), The Euro and Prices Two Years on, in: Monthly Report January 2004, pp. 15-28.

Dolado, Juan J.; Tim Jenkinson and *Simon Sosvilla-Rivero* (1990), Cointegration and Unit Roots, in: Journal of Economic Surveys, Vol. 4, pp. 249-273.

Dotsey, Michael (1988), The Demand for Currency in the United States, in: Journal of Money, Credit and Banking, Vol. 20, pp. 22-40.

Doyle, Brian M. (2000), 'Here, Dollars, Dollars...' – Estimating Currency Demand and Worldwide Currency Substitution, Board of Governors of the Federal Reserve System, International Finance Discussion Papers No. 657, January.

Drehmann, Michael and *Charles A.E. Goodhart* (2000), Is Cash Becoming Technologically Outmoded? Or Does it Remain Necessary to Facilitate "Bad Behaviour"? An Empirical Investigation into the Determinants of Cash Holdings, LSE Financial Markets Group, Discussion Paper 358, September 2000.

Drehmann, Michael; Charles A.E. Goodhart and *Malte Krueger* (2002), The Challenges Facing Currency Usage: Will the Traditional Transactions Medium Be Able to Resist Competition from the New Technologies?, in: Economic Policy, Vol. 34, pp. 193-227.

Dutta, Jayasri and *Martin Weale* (2001), Consumption and the Means of Payment: An Empirical Analysis for the United Kingdom, in: Economica, Vol. 68, pp. 293-316.

Elliott, Graham (1998), On the Robustness of Cointegration Methods when Regressors Almost Have Unit Roots, in: Econometrica, Vol. 66, pp. 149-158.

Ericsson, Neil R., David F. Hendry and *Hong-Anh Tran.* (1994), Cointegration, Seasonality, Encompassing, and the Demand for Money in the United Kingdom, in: *Colin Hargreaves* (ed.), Non-stationary Time-series Analysis and Cointegration, Oxford, pp. 179-224.

Ettlin, Franz and *Robert Fluri* (1986), Der Einfluss der Steuerveranlagung auf den Notenumlauf – Identifikation und Quantifizierung, Schweizerische Nationalbank, Quartalsheft Nr.3, pp. 194-199.

European Central Bank (2002), Implications of the Euro Cash Changeover on the Development of Banknotes and Coins in Circulation, in: Monthly Bulletin May 2002, pp. 67-74.

European Central Bank (2003), The Demand for Currency in the Euro Area and the Impact of the Euro Cash Changeover, in: Monthly Bulletin January 2003, pp. 39-51.

European Central Bank (2004), Euro Banknotes: First Years of Experience, in: Monthly Bulletin August 2004, pp. 79-86.

Feige, Edgar L. (2003), The Dynamics of Currency Substitution, Asset Substitution and de facto Dollarization and Euroization in Transition Countries, in: Comparative Economic Studies, Vol. 45, pp. 358-383.

Feige, Edgar L., Michael Faulend, Velimir Šonje and *Vedran Šošic* (2000), Currency Substitution, Unofficial Dollarization and Estimates of Foreign Currency Held Abroad: The Case of Croatia, paper prepared for the 6th Dubrovnik Economic Conference.

Fischer, Andreas M., Thomas Jordan and *Caesar P. Lack* (2002), Giving up the Swiss Franc: Some Consideration of Seigniorage Flows under EMU, in: Swiss Journal of Economics and Statistics, Vol. 138, pp. 61-82.

Fischer, Björn, Petra Koehler and *Franz Seitz* (2004), The Demand for Euro Area Currencies: Past, Present, Future, ECB Working Paper No. 330.

Friedman, Milton (1977), Time Perspective in Demand for Money, in: Scandinavian Journal of Economics, Vol. 79, pp. 397-416.

Friedman, Milton and *Anna J. Schwartz* (1982), The Effect of the Term Structure of Interest Rates on the Demand for Money in the United States, in: Journal of Political Economy, Vol. 90, pp. 201-212.

Goodhart, Charles A.E. (2002), Can the Central Bank Survive the IT Revolution, in: *Robert Pringle* and *Matthew Robinson* (eds.), E-money and Payment Systems Review, London, pp. 271–289.

Gross, Dominique M. (1989), Une Analyse Économétrique des Sorties de Billets de la Banque Nationale Suisse, in: Geld, Währung und Konjunktur, Vol. 7, pp. 67-74.

Hall, Stephen G., Brian Henry and *James B. Wilcox* (1990), The Long-Run Determination of UK Monetary Aggregates, in: *S.G.B. Henry* and *Kerry D. Patterson* (eds.), Economic Modelling at the Bank of England, London, pp. 127-166.

Hebbink, Gerbert and *Marga Peeters* (1999), The Circulation of Euro Banknotes and Coins in the Netherlands, in: De Economist, Vol. 147, pp. 73-82.

Hirvonen, Juhani and *Matti Virén* (1996), The Use of Cash by Finnish Business Firms, in: Bank of Finland Bulletin 3/96, pp. 3-9.

Ho, Mun Sing and *Bent E. Sørensen* (1996), Finding Cointegration in High Dimensional Systems Using the Johansen Test: An Illustration Using Data Based Monte Carlo Simulations, in: The Review of Economics and Statistics, Vol. 78, pp. 726-732.

Hoffmann, Dennis L. and *Robert H. Rasche* (1996), Aggregate Money Demand Functions,: Empirical Applications in Cointegrated Systems, Boston.

Hoggarth, Glenn and *Huw Pill* (1992), The Demand for MO Revisited, in: Bank of England Quarterly Bulletin, Vol. 32, pp. 305-313.

Holtham, Gerald, Giles Keating and *Peter Spencer* (1990), The Demand for Liquid Assets in Germany and the United Kingdom, in: *Peter Hooper, Karen H. Johnson, Donald L. Kohn, David E. Lindsey, Richard D. Porter* and *Ralph Tryon* (eds.), Financial Sectors in Open Economies: Empirical Analysis and Policy Issues, Board of Governors of the Federal Reserve System, Washington, pp. 207-262.

Humphrey, David B., Lawrence B. Pulley and *Jukka M. Vesala* (1996), Cash, Paper, and Electronic Payments: A Cross-Country Analysis, in: Journal of Money, Credit and Banking, Vol. 28, pp. 914-939.

Humphrey, David B., Moshe Kim and *Bent Vale* (2001), Realizing the Gains from Electronic Payments: Costs, Pricing, and Payment Choice, in: Journal of Money, Credit and Banking, Vol. 33, pp. 216-234.

Janssen, Norbert (1998), The Demand for M0 in the United Kingdom Reconsidered: Some Specification Issues, Bank of England Working Paper No. 83.

Jefferson, Philip N. (2000), 'Home' Base and Monetary Base Rules: Elementary Evidence from the 1980s and 1990s, in: Journal of Economics and Business, Vol. 52, pp. 161-180.

Johansen, Søren (1995), Likelihood-based Inference in Cointegrated Vector Auto-regressive Models, Oxford, New York.

Johansen, Søren (2000), Modelling of Cointegration in the Vector Autoregressive Model, in: Economic Modelling, Vol. 17, pp. 359-373.

Johansen, Søren and *Katharina Juselius* (1990), Maximum Likelihood Estimation and Inference on Cointegration – With Applications to the Demand for Money, in: Oxford Bulletin of Economics and Statistics, Vol. 52, pp. 169-210.

Kenny, Lawrence W. (1991), Cross-Country Estimates of the Demand for Money and its Components, in: Economic Inquiry, Vol. 29, pp. 696-705.

Kipici, Ahmet N. (1996), The Determinants of the Inflow of Deutsche Mark Banknotes into the Turkish Economy – an Empirical Analysis, Central Bank of the Republic of Turkey, Discussion Paper August 1996.

Kippers, Jeanine and *Philip H. Franses* (2005), An Empirical Analysis of Euro Cash Payments, April.

Krueger, Malte (2000), The Demand for Currency in Germany, Working Paper 2007, University of Durham.

Langfeldt, Enno (1989), Renaissance des Bargeldes in der Bundesrepublik Deutschland?, in: Die Weltwirtschaft, pp. 51-57.

Lippi, Francesco and *Alessandro Secchi* (2004), The Demand for Currency at Low Interest Rates: Implications for the Welfare Cost of Inflation, November.

Lütkepohl, Helmut (1993), Introduction to Multiple Time Series Analysis, 2. ed., Berlin et al.

Maeso-Fernandez, Francisco, Chiara Osbat and *Bernd Schnatz* (2002), Determinants of the Euro Real Effective Exchange Rate: A BEER/PEER Approach, in: Australian Economic Papers, Vol. 41, pp. 437-461.

Markose, Sheri M. and Yiing Y. Loke (2003), Network Effects on Cash-Card Substitution in Transactions and Low Interest Rate Regimes, in: The Economic Journal, Vol. 113, pp. 456-476.

Mathä, Thomas (2001), The Euro Cash Changeover: A Note on the Effects of Bounded Rationality and Rules of Thumb, Banque Centrale du Luxembourg Bulletin 2001/3, pp. 48-57.

Mathä, Thomas (2002), Die Eurobargeldeinführung, regionale Preisentwicklung und die wahrgenommene Inflation der Verbraucher, Banque Centrale du Luxembourg Bulletin 2002/3, pp. 58-73.

Mills, Terence C. (1999), The Econometric Modelling of Financial Time Series, 2. ed., Cambridge.

Mulligan, Casey B. and *Xavier Sala-i-Martin* (2000), Extensive Margins and the Demand for Money at Low Interest Rates, in: Journal of Political Economy, Vol. 108, pp. 961-991.

Nenovsky, Nikolay and *Kalin Hristov* (2000), Currency Circulation after Currency Board Introduction in Bulgaria, Bulgarian National Bank, Discussion Paper 13/2000.

Oesterreichische Nationalbank (2001), Economic Aspects of the Euro Cash Changeover in Austria, in: Focus on Austria, No. 2/2001, pp. 194-216

Porter, Richard D. and *Ruth Judson* (1996), The Location of U.S. Currency: How Much is Abroad?, in: Federal Reserve Bulletin, Vol. 82, pp. 883-903.

Reimers, Hans-Eggert (1991), Comparisons of Tests for Multivariate Cointegration, in: Statistical Papers, Vol. 33, pp. 335-359.

Rinaldi, Laura (2001), Payment Cards and Money Demand in Belgium, University of Leuven, CES Discussion Paper 01.16, July 2001.

Rogoff, Kenneth (1998), Blessing or Curse? Foreign and Underground Demand for Euro Notes, in: Economic Policy, Vol. 13, pp. 263-303.

Schneider, Friedrich (1986), Estimating the Size of the Danish Shadow Economy Using the Currency Demand Approach, in: Scandinavian Journal of Economics, Vol. 88, pp. 643-668.

Schneider, Friedrich (1990), Die Entwicklung der Bargeldhaltung in Österreich: Eine empirische Längs- und Querschnittsuntersuchung, in: Schriftenreihe des Österreichischen Forschungsinstitutes für Sparkassenwesen 1/1990.

Schneider, Friedrich and *Dominik H. Enste* (2000), Shadow Economies: Size, Causes and Consequences, in: Journal of Economic Literature, Vol. 38, pp. 77-114.

Schneider, Friedrich and *Rigmar Osterkamp* (2000), Schattenwirtschaft in Deutschland und Europa, in: ifo Schnelldienst vom 25.9.2000, pp. 1-18.

Schreft, Stacey L. and *Bruce D. Smith* (2000), The Evolution of Cash Transactions: Some Implications for Monetary Policy, in: Journal of Monetary Economics, Vol. 46, pp. 97-120.

Seitz, Franz (1995), The Circulation of Deutsche Mark Abroad, Discussion Paper 1/95, Economic Research Group of the Deutsche Bundesbank.

Seitz, Franz (1998), Geldnachfrage, Zinsen und Zinsstruktur, in: Konjunkturpolitik – Applied Economics Quarterly, Vol. 44, pp. 256-286.

Seitz, Franz (2003), The Demand for Euro Cash: A Theoretical Model and Monetary Policy Implications, Bulgarian National Bank Discussion Paper 37/2003, November 2003.

Seitz, Franz (2007), A Simple Way to Capture Transaction Balances, in: Economics Letters, Vol. 95, pp. 230-233.

Seitz, Franz and *Ulrich Bindseil* (2001), Currency in Circulation, the Cash Changeover and the Euro-Dollar Exchange Rate, in: ifo Studien – Zeitschrift für Empirische Wirtschaftsforschung, Vol. 47, pp. 531-548.

Snellman, Jussi and *Jukka Vesala* (1999), Forecasting the Electronification of Payments with Learning Curves: The Case of Finland, Bank of Finland Discussion Paper 8/99.

Snellman, Jussi, Jukka Vesala and *David Humphrey* (2000), Substitution of Noncash Payment Instruments for Cash in Europe, Bank of Finland Discussion Paper 1/2000.

Stix, Helmut (2001a), Survey Results about Foreign Currency Holdings in Five Central and Eastern European Countries, CESifo Forum 3/2001, pp. 41-48.

Stix, Helmut (2001b), Fremdwährungsbesitz in Zentral- und Osteuropa, in: Bank-Archiv, Vol. 49, pp. 899-905.

Stracca., Livio (2001), The Functional Form of the Demand for Euro Area M1, ECB Working Paper No. 51.

Stracca., Livio (2003), The Functional Form of the Demand for Euro Area M1, in: The Manchester School, Vol. 71, pp. 172-204.

Trundle, John M. (1982), Recent Changes in the Use of Cash, Bank of England Quarterly Bulletin, December, pp. 519-529

van Hove, Leo (1999), On the Concept and Measurement of Currency Hoarding, Free University of Brussels, M&F working paper 99-01.

van Hove, Leo (2002), Electronic Money and Cost-based Pricing, in: Wirtschaftspolitische Blätter (Economic Policy Papers) 2/2002, pp. 128-136.

van Hove, Leo and *Jef Vuchelen* (1996), Who Needs High Denomination Euro Banknotes? A Note on the Proposed Denominational Structure of the Euro, in: Rivista Internazionale di Scienze Economiche e Commerciali, Vol. 43, pp. 791-803.

van Hove, Leo and *Jef Vuchelen* (1999), Currency Hoarding in Belgium: An Update, in: Revue de la Banque, Vol. 7, pp. 336-346.

Virén, Matti (1989), Recent Trends in the Use of Cash in Transactions, in: Bank of Finland Bulletin 10/1989, pp. 7-11.

Virén, Matti (1992), Financial Innovation and Currency Demand: Some New Evidence, in: Empirical Economics, Vol. 17, pp. 451-461.

Virén, Matti (1993), Large Banknotes Dominate Currency Demand, in: Bank of Finland Bulletin 3/1993, pp. 8-13.

Virén, Matti (1994), Demand for Different Payment Media in Finland, in: Bank of Finland Bulletin 2/1994, pp. 12-16.

Vuchelen Jef and *Leo van Hove* (2001), The Introduction of Euro Banknotes and Coins: A Tale of a Predicted Chaos?, Free University of Brussels, M&F working paper 2001-02.

Wellink, Nout and *Klaas Knot* (1996), The Role of Exchange Rates in Monetary Policy: The European Monetary System, in: *Deutsche Bundesbank* (ed.), Monetary Policy Strategies in Europe, München, pp. 77-106.

Woodford, Michael (2000), Monetary Policy in a World without Money, in: International Finance, Vol. 3, pp. 229-260.

Wynne, Mark A. (2002), The Euro Cash Changeover, in: Federal Reserve Bank of Dallas, Southwest Economy, 2, pp. 2-5.

Albrecht F. Michler und H. Jörg Thieme (Hg.)
Systeme monetärer Steuerung: Analyse und Vergleich geldpolitischer Strategien
Schriften zu Ordnungsfragen der Wirtschaft · Band 86 · Stuttgart · 2007

Geldnachfragedefekte und die Second Economy

*Malte Krüger**

Inhalt

1. Einleitung 118

2. Transaktionsnachfrage 120
   2.1. Die Einführung des Euro-Bargeldes 121
   2.2. Bargeldabhebungen 123

3. Die Suche nach einem geeigneten Benchmark 125

4. Bargeldnachfrage und Schattenwirtschaft 127
   4.1. Bargeldhaltung im internationalen Vergleich 127
   4.2. Bargeldbedarf der Schattenwirtschaft 131

5. Ergebnisse 136

Literatur 136

* Der Verfasser dankt den Teilnehmern des 40. Forschungsseminars Radein für ihre vielen interessanten Hinweise. Dabei gilt sein besonderer Dank der Korreferentin *Gisela Färber*.

1. Einleitung

Eines lässt sich zum Thema Bargeldnachfrage mit Bestimmtheit sagen: Das empirische Wissen zur Bargeldhaltung und -verwendung ist äußerst beschränkt. Bekannt ist der Bestand an Bargeld bei Banken und Nicht-Banken. Bekannt ist auch die Notenstückelung. Nicht bekannt ist hingegen, wo sich dieses Bargeld befindet – im Inland oder im Ausland – und zu welchem Zweck es gehalten wird (Hortung, Zahlung). Unbekannt ist auch, zu welchem Anteil Hortung und Transaktionsnachfrage der legalen Wirtschaft[1] zuzuordnen sind.

Tabelle 1: Komponenten der Bargeldnachfrage

	Zahlung	Hortung	Ausland[2]
Legal			
Illegal			

Weiterhin gibt es auch nur bruchstückhaftes Datenmaterial zum Volumen der Bargeldtransaktionen (Auszahlung an Kunden, Zahlungstransaktionen der Kunden): Das Volumen der Bargeldauszahlungen ist für den Bereich Geldausgabeautomaten (GAA) hinlänglich bekannt – nicht jedoch für den Bereich Schalterauszahlungen. Für die Bargeldzahlungen gibt es lediglich Erhebungen im Einzelhandel im engeren Sinne. Diese Erhebungen decken jedoch viele Branchen nicht ab, in denen auch mit Bargeld gezahlt wird (Hotels, Gaststätten, Tankstellen, etc.). Für den Bereich von Peer-to-peer-(P2P)-Zahlungen gibt es in Deutschland überhaupt keine Erhebungen.

Trotz dieser Wissenslücken lässt sich mit hoher Bestimmtheit sagen, dass die vorhandenen EUR-Bargeldbestände nicht allein zur Abwicklung legaler Zahlungen im Euroraum dienen. Hierfür spricht nicht zuletzt die schiere Größe der Bargeldbestände pro Kopf im Euroraum. Rechnet man den Bestand auf die Bevölkerung um, so ergibt sich rein rechnerisch ein Bestand von 1.800 EUR pro Kopf (2.200 USD). Solche Beträge, die sich auch in anderen Ländern beobachten lassen, übersteigen das „normale" Volumen von Transaktionsbeständen um ein Vielfaches.

---

1 In diesem Text wird von der „legalen" Wirtschaft, Bargeldnachfrage etc. gesprochen, wenn es sich um Transaktionen im Zusammenhang mit legalen Käufen und Verkäufen handelt, d.h. Transaktionen, die nicht verboten sind (Bsp. Drogenhandel) und die ordnungsgemäß versteuert werden oder explizit von der Besteuerung ausgenommen sind. „Illegale" Wirtschaft, Bargeldnachfrage etc. bezieht sich demgegenüber auf Käufe/Verkäufe in der Schattenwirtschaft. Zur Definition der Schattenwirtschaft siehe *Schneider* (2002).

2 Auch im Ausland kann das Geld als Zahlungs- und Hortungsmittel genutzt werden. Da diese Aufteilung für im Ausland gehaltenes Bargeld an dieser Stelle nicht von Interesse ist, werden beide Komponenten zusammengefasst.

Abbildung 1: Bargeldhaltung pro Kopf in 2005

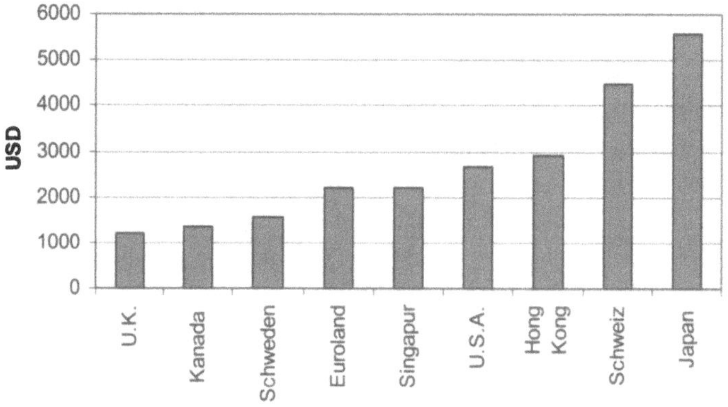

Quelle: BIZ

Eine Erklärung der hohen Bargeldhaltung setzt an der Schattenwirtschaft an. Auch wenn sich das rapide expandierende Regulierungs(un)wesen zum Thema Geldwäsche zu einem erheblichen Teil auf kontenbasierte Zahlungen bezieht, so gibt es doch nach wie vor die Vorstellung, dass in der Schattenwirtschaft Bargeld das bevorzugte Zahlungsmittel ist. Diese Vermutung bildet die Basis für Methoden, die bei der Schätzung des Umfangs der Schattenwirtschaft am Bargeldumlauf ansetzen. Diese Methoden sind unter der Bezeichnung „Bargeldnachfrage-Ansatz" bekannt.[3] Sie werden relativ häufig zur Schätzung des Umfangs der Schattenwirtschaft verwendet, sind jedoch nicht unumstritten.[4] Schätzungen auf der Basis des Bargeldansatzes kommen häufig zu beachtlichen Größenordnungen. So schätzt *Schneider* (2002) den Anteil der Schattenwirtschaft in den OECD-Staaten auf 16,7% (Durchschnitt 2001/02). Deutschland nimmt nach dieser Schätzung mit 16,3% einen Platz im Mittelfeld ein, Griechenland weist mit 28,5% den höchsten Anteil auf, die Vereinigten Staaten mit 8,7% den geringsten Anteil.[5]

Der Bargeldansatz beruht letztlich auf der Annahme einer stabilen Geldnachfrage im legalen Bereich der Volkswirtschaft. Brüche, Trendänderungen oder Instabilitäten werden auf die Bargeldnachfrage in der Schattenwirtschaft zurückgeführt. Durch die Einbeziehung der Schattenwirtschaft als erklärende Variable oder die Herausrechnung des in der Schattenwirtschaft gebundenen illegalen Bargeldes wird die Geldnachfragefunktion sozusagen „repariert".

Dieser methodische Ansatz wird auch bei der Schätzung des Auslandsumlaufs von Bargeld verwendet (locus classicus: *Seitz* 1995). Auch hier haben viele der verwendeten

---

[3] Ein Überblick über die Methoden zur Schätzung des Umfangs der Schattenwirtschaft findet sich in *Schneider* und *Enste* (2000).

[4] Siehe z. B. *Pedersen* (2003) und *OECD* (2002).

[5] Diesen Schätzungen wird häufig entgegengehalten, dass sich die Schattenwirtschaft auf eine begrenzte Zahl von Sektoren beschränken dürfte. Vgl. z.B. *Cassel* (1989, S. 49f.).

Schätzmethoden viel gemein mit einer Reparatur der Geldnachfragefunktion. Letztlich liegen bei der Schätzung von Auslandsumlauf und/oder Schattenwirtschaft die gleichen Annahmen zugrunde:

- Es gibt eine stabile Geldnachfrage im legalen Bereich.
- Diese lässt sich schätzen.
- Abweichungen des Bargeldbestands von dieser Nachfrage lassen sich klar zuordnen.

Die ersten beiden Annahmen führen zur Verwendung von „Benchmarks" oder Verfahren zur Bereinigung der Geldmenge. Als Benchmarks dienen Perioden oder Länder, von denen vermutet wird, dass sie störungsfrei sind (ohne Auslandsumlauf oder Schattenwirtschaft).

Die Frage, ob und in welchem Umfang Aktivitäten in der Schattenwirtschaft oder im Ausland inländisches Bargeld absorbieren, ist auch für die Geldpolitik interessant. Bei der Verwendung monetärer Aggregate als Indikator oder Zwischenziel hat es seit den 80ern eine Abkehr von engen Aggregaten und Hinwendung zu weiteren Aggregaten wie M3 (oder eine generelle Abwendung von monetären Aggregaten) gegeben. Der Grund hierfür lag in der fehlenden Prognostizierbarkeit der Geldnachfrage für engere Aggregate. Wenn die These stimmt, dass die Schattenwirtschaft und/oder der Auslandsumlauf seit den 70ern erheblich zugenommen haben und dass damit auch die Nachfrage nach Bargeld entsprechend gestiegen ist, dann kann dies möglicherweise die schlechte Performance enger Geldmengenaggregate erklären. Für die Geldpolitik bestünde dann zwar weiterhin das Problem, dass sich die Geldnachfrage nicht hinreichend genau prognostizieren lässt, Theorien, die an der besonderen Bedeutung des Geldes im Transmissionsprozess ansetzen, wären jedoch möglicherweise rehabilitiert.

Werden jedoch beide Aspekte verbunden, dann gelangt man schnell zu einem Zirkelschluss. Die Schattenwirtschaft wird geschätzt unter der Annahme, dass es eine stabile Geldnachfrage gibt und die Stabilität der „legalen" Bargeldnachfrage wird postuliert unter der Annahme, dass die beobachtbaren Instabilitäten der Bargeldnachfrage auf der Schattenwirtschaft beruhen. Dieser Beitrag soll verdeutlichen, wie begrenzt das Wissen über die Bargeldnachfrage ist und wie problematisch eine Schätzung der Schattenwirtschaft auf der Grundlage von Bargeldnachfragefunktionen ist.

In Kapitel 2 wird gezeigt, wie klein der Beitrag der Nachfrage nach legaler Transaktionskasse für die Erklärung der Bargeldnachfrage ist. Diese Analyse wird in Kapitel 3 historisch und geographisch erweitert. Kapitel 4 zeigt die Probleme auf, die entstehen, wenn die Differenz zwischen tatsächlichem Bargeldumlauf und geschätzter legaler Transaktionskasse als Indikator der Schattenwirtschaft verwendet werden.

2. Transaktionsnachfrage

Braucht das durchschnittliche Wirtschaftssubjekt 1.800 EUR zur Abwicklung des Barzahlungsverkehrs – wohl kaum. Diese Einschätzung beruht zwar vielfach auf der Verallgemeinerung der eigenen Erfahrung und ist insofern angreifbar, denn ein beliebter Fehler besteht ja gerade in der Hochrechnung von Stichproben vom Umfang 1 auf eine

Grundgesamtheit. Doch lässt sich in diesem Fall anführen, dass sich diese Beurteilung für die meisten auch mit ihrer Einschätzung des Zahlungsverhaltens anderer Leute deckt.

Neben dieser zugegebenermaßen subjektiven Einschätzung lassen sich empirische Beobachtungen anführen, die ebenfalls dafür sprechen, dass die durchschnittlichen Bargeldbestände nur zu einem geringen Teil auf der Nachfrage nach Transaktionskasse für die Abwicklung legaler Zahlungen beruhen. Sowohl die Entwicklung von Bargeldbeständen und Kartenzahlung während der Einführung des Euro als auch das beobachtbare Verhalten der Wirtschaftssubjekte am Geldausgabeautomaten sprechen dafür, dass der Bargeldbestand nicht allein legalen Transaktionszwecken dient.

2.1. Die Einführung des Euro-Bargeldes

Ein Blick auf die Eurozone zeigt, dass hier nach der Einführung des Euro eine bis heute ungebrochene Expansion des Bargelds stattgefunden hat. Handelte es sich hierbei zunächst um eine Normalisierung der im Vorfeld des Umtauschs geschrumpften Bargeldbestände, so kann hiervon seit 2004/05 keine Rede mehr sein. Die Bargeldbestände wachsen weiter kräftig und erreichen Ende 2006 einen Wert von rund 7% des BIP.

Abbildung 2: Die Entwicklung des Bargeldumlaufs im Euroraum

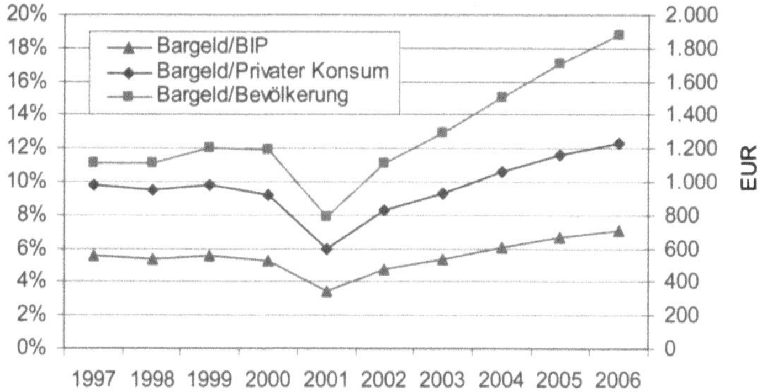

Quelle: *Deutsche Bundesbank*, *Eurostat* und eigene Berechnungen

Diese Entwicklung während des Umtauschs ist insofern interessant, weil sie belegt, dass es sich bei den gehaltenen Bargeldbeständen nicht allein um Transaktionsbestände handeln kann. Denn die Reduktion der Bargeldbestände war nicht von einer entsprechenden Zunahme der Kartenzahlungen verbunden. Die Wirtschaftssubjekte waren demnach in der Lage, ihre Bar-Transaktionen mit wesentlich weniger Bargeldbeständen abzuwickeln.

Abbildung 3: Entwicklung der Kartenzahlungen in Deutschland

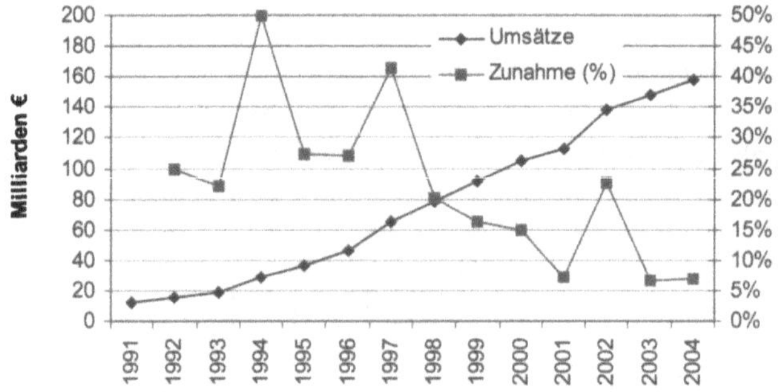

Quelle: *PaySys*, Kartenmarkt Deutschland, verschiedene Jahrgänge und eigene Berechnungen.

In Deutschland gab es zwar bei den Kartenzahlungen einen gewissen Effekt im Jahr 2001. Hatte sich die Zuwachsrate im Vorjahr auf 7% verringert – ein Wert der auch in 2003 und 2004 in etwa erreicht wurde – so stiegen die Kartenumsätze 2002 um 23%. Diese um 16 Pp. höhere Steigerung entspricht einem Kartenumsatz von knapp 18 Mrd. EUR. Legt man eine Umlaufgeschwindigkeit von 20 zugrunde dann lässt sich die zur Abwicklung dieser Zahlungen notwendige Transaktionskasse auf rund 850 Mio. EUR schätzen. Der Rückgang der Bargeldbestände im Verlauf des Jahres 2001 (Jan. 2001 bis Jan. 2002) betrug jedoch knapp 57 Mrd. EUR. Der Jahresdurchschnitt 2002 lag 29 Mrd. EUR unter dem Jahresdurchschnitt 2001.

Abbildung 4: Kartenzahlungen im Euroraum

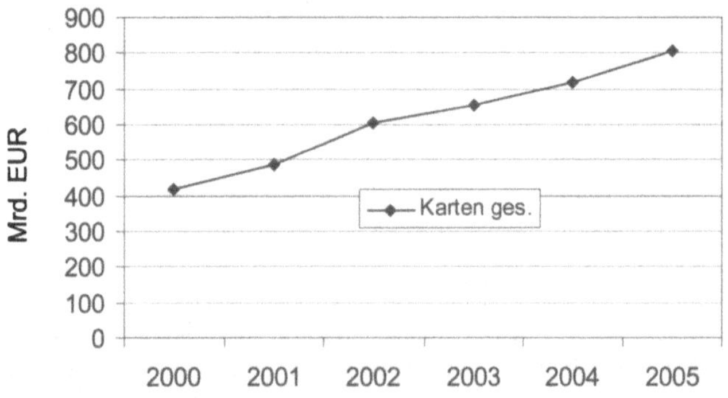

Quelle: *EZB*, Blue Book und eigene Berechnungen.

Ähnlich wie in Deutschland sieht es in der Eurozone insgesamt aus. 2002 gab es eine leichte Erhöhung bei der Zuwachsrate der Kartennutzung.[6] Eine stärkerer Substitutionseffekt (weg vom Bargeld, hin zur Karte) ist jedoch nicht beobachtbar. 2002 nahm der Wert der Kartenzahlungen um 23% zu, während es im Mittel für die Jahre 2000 bis 2005 14% waren. Das zusätzliche Wachstum entspricht einem Umsatz von 47 Mrd. EUR. Bei einer Umlaufgeschwindigkeit von 20 entspräche dies 2,35 Mrd. EUR. Bei einer Umlaufgeschwindigkeit von 10 wären es 4,7 Mrd. EUR.

2.2. Bargeldabhebungen

Es gibt für mehrere Länder den Versuch, die Bargeldnachfrage für Transaktionszwecke direkt aus dem Wert der Bargeldtransaktionen abzuleiten.[7] Dabei ergeben sich allerdings zwei Probleme, sowohl der Wert der Bargeldtransaktionen als auch die Umlaufgeschwindigkeit des Bargelds müssen geschätzt werden.

(1) $$M^{Tx} = T^C / v^C ,$$

wobei M^{Tx} die „legale" Transaktionskasse darstellt, T^C die legalen Bargeld-Transaktionen und v^c die Umlaufgeschwindigkeit des Bargelds.

Der Vorteil dieses Ansatzes ist, dass das Messproblem direkt angegangen wird. Der Nachteil besteht jedoch leider darin, dass sowohl das Umsatzvolumen als auch die Umlaufgeschwindigkeit der Transaktionsbestände schwer zu schätzen sind.

In der Bundesrepublik wird regelmäßig der Anteil der Bargeldzahlungen am Umsatz des Einzelhandels im engeren Sinne erhoben.[8] Diese zeigen einen abnehmenden Anteil der Bargeldzahlungen für die vergangenen 10 Jahre. Allerdings macht der Einzelhandel i.e.S. weniger als 50% aller Sektoren aus, in denen Bargeld prinzipiell als Zahlungsmittel eingesetzt wird (so fehlen bspw. Tankstellen, Apotheken, Hotels, Restaurants, Reisebüros, eine weite Palette an Dienstleistungen, etc.). Auch fehlen P2P-Zahlungen und Daten zur Umlaufgeschwindigkeit.

Tabelle 2: GAA-Transaktionen in 2005

GAA-Tx (Mio.)	2.445
GAA-Wert (Mrd. EUR)	382
GAA-Tx pro Kopf	29,58
GAA-Wert pro Kopf (EUR)	4.622

Quelle: *EZB*, Blue Book

6 Mit einem Wert von 800 Mrd. EUR haben die Kartenzahlungen im Euroraum in etwa den Wert der Barzahlungen in Deutschland erreicht (einschl. P2P-Zahlungen). Quelle: Unveröffentlichte Schätzung von *PaySys Consultancy*.

7 Vgl. *Humphrey, Kaloudis* und *Øwre* (2000), *Paunonen* und *Jyrkönen* (2002) sowie *Andersson* und *Guibourg* (2001).

8 Diese Erhebungen werden vom *EHI Retail Institute GmbH* (Köln) durchgeführt.

Daher erscheint es aussichtsreicher an der Bargeldausgabeseite anzusetzen. Zumindest für die Auszahlung am Geldautomaten liegen Daten vor. Diese Daten können sowohl über das entsprechende Zahlungsvolumen als auch über die Umlaufgeschwindigkeit Auskunft geben.

Gerundet ergibt sich ein Wert von 30 Abhebungen pro Wirtschaftssubjekt pro Jahr am Geldautomaten bei einem durchschnittlichen Transaktionswert von 150 Euro. Damit ergeben sich Bar-Ausgaben in Höhe von 4.500 EUR und ein durchschnittlicher Bargeldbetrag von 75 EUR (unter der Standardannahme, dass die Ausgaben zeitlich gleichverteilt sind). Die Umlaufgeschwindigkeit ist in diesem Falle gleich 60. Die Qualität einer solchen Schätzung wird jedoch durch eine ganze Reihe von Unsicherheitsfaktoren beeinträchtigt:

- Wenn die Wirtschaftssubjekte zum Beispiel im Durchschnitt einen Bodensatz von 25 EUR im Portemonnaie behalten, dann ergibt sich bei gleichem Ausgabevolumen eine durchschnittliche Bargeldhaltung von 100 EUR. In diesem Fall würde die Umlaufgeschwindigkeit des Bargeldes nur 45 betragen.
- Werden die Noten nicht direkt nach einer Zahlung wieder bei den Banken eingezahlt, dann ist die Anzahl der Transaktionen pro ausgegebener Note höher als 1. Wird beispielsweise jede 10te Note ein weiteres mal ausgegeben bevor sie in einer Bank eingezahlt wird, dann ergibt sich bei einem Auszahlungsvolumen von 4.500 EUR ein Zahlungsvolumen von 4.950 EUR. Bei einer durchschnittlichen Bargeldhaltung von 75 EUR (100 EUR) wäre die Umlaufgeschwindigkeit dann nicht mehr 60 (45) sondern 66 (49,5).
- Während die Transaktionen an Geldautomaten relativ gut erfasst sind,[9] gibt es keinerlei Statistiken zu den am Schalter abgehobenen Bargeldmengen. Dies wiegt schwer, da in vielen Ländern der Wert des am Schalter ausgegebenen Bargelds höher liegt als das GAA-Volumen.[10]
- Legt man die 2/3 – 1/3 – Regel des Zentralen Kreditausschusses (ZKA) für das Verhältnis von Schalterabhebungen zu Barabhebungen an,[11] dann ergeben sich in etwa 15 Transaktionen pro Person mit einem Betrag pro Transaktion von 600 EUR. Werden diese 600 EUR gleichmäßig ausgegeben, dann ergibt sich eine durchschnittliche Bargeldhaltung von 300 EUR plus Bodensatz. Allerdings könnte es gerade bei großen Abhebungen der Fall sein, dass diese erst direkt vor einem Kauf getätigt werden, so dass in diesem Fall die durchschnittliche Bargeldhaltung erheblich niedriger liegen würde. Selbst wenn man jedoch von zeitlich verteilten

---

9 Der Term „relativ" wird hier bewusst eingefügt, da die Statistik der Transaktionen von Geldausgabetransaktionen nicht so zuverlässig ist, wie man eigentlich erwarten sollte. Insbesondere die Transaktionen, die an einem bankeigenen GAA mit den Karten der GAA-Bank getätigt werden („on-us Transaktionen"), lassen sich oft nicht zuverlässig erheben.

10 Schätzwerte für die EU-Länder finden sich in *EPC* (2002).

11 Siehe *o.V.* (2004). Der ZKA geht davon aus, dass 1/3 der Transaktionen und 2/3 der Ausgabewerte am Schalter getätigt werden. Diese Werte sind inzwischen vermutlich nicht mehr realistisch. Da es in den letzten Jahren eine Verlagerung hin zum GAA gegeben hat, dürfte das Volumen zwischen 40% und 50% des gesamten Bargeldausgabevolumens betragen.

Ausgaben ausgeht und noch einen Bodensatz von 100 EUR hinzuaddiert käme man lediglich auf 400 EUR. Dazu kämen 100 EUR von den Abhebungen am Geldautomaten – zusammen also 500 EUR.

Selbst bei großzügiger Rechnung kommt man auf der Basis der vorhandenen Daten zur Bargeldausgabe auf einen Durchschnittsbestand von maximal 500 EUR pro Person. Damit lässt sich als Ergebnis festhalten: Die (zugegebenermaßen bruchstückhaften) Daten über das Volumen der ausgegebenen Banknoten stützt die Hypothese, dass es neben dem Transaktionsbedarf weitere Motive der Bargeldhaltung geben muss, die für einen Großteil der Bargeldnachfrage verantwortlich sind.

3. Die Suche nach einem geeigneten Benchmark

Da sich die tatsächlichen Bargeldbestände nicht allein durch die Transaktionsnachfrage erklären lassen, wird vielfach die Schattenwirtschaft und der Auslandsumlauf herangezogen. Bei der Schätzung der Bargeldnachfrage aus diesen beiden Quellen werden häufig Koeffizienten aus vergangenen Perioden oder anderen Ländern herangezogen. Der Blick über die Grenze erfolgt häufig bei Schätzungen des Auslandsumlaufs, während der Rückgriff auf die „gute alte Zeit" eher bei Untersuchungen zum Umfang der Schattenwirtschaft gebräuchlich ist.

Die Verwendung von Ländern als Benchmark, deren Währungen vermutlich nicht im Ausland umlaufen, kann evtl. einen Anhaltspunkt über den Auslandsumlauf geben.[12] Allerdings kann es neben dem Auslandsumlauf noch weitere Faktoren geben, die zu erheblichen Unterschieden im Zahlungs- und Hortungsverhalten führen, so dass die beobachtbaren Unterschiede nicht allein auf den Auslandsumlauf zurückzuführen sind.

Abbildung 5: Ausbreitung des Zweigstellennetzes und Bargeld/BIP-Relation

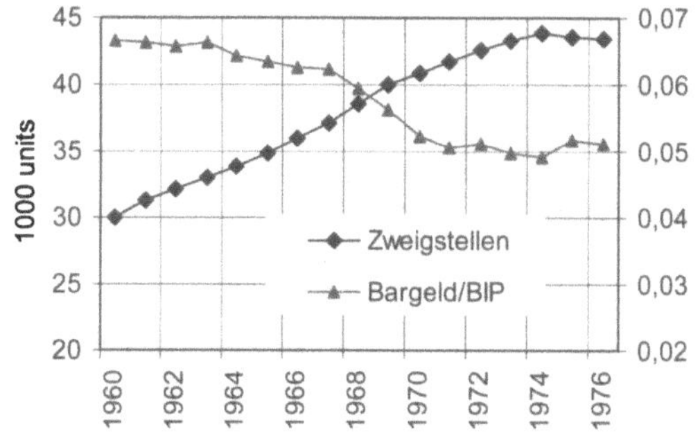

[12] Die Annahme von *Sprenkle* (1993), dass ein hoher Anteil des Bargeldes aller Industrieländer in den Schwellen- und Entwicklungsländern umläuft, ist wenig plausibel.

Besonders problematisch erscheint die Verwendung vergangener Perioden als Benchmark. Zum einen wäre noch zu zeigen, dass die Annahme stimmt, in der Vergangenheit sei die Schattenwirtschaft gering gewesen. Zum anderen ist zu berücksichtigen, dass es über lange Zeiträume hinweg erhebliche Änderungen im Zahlungs- und Anlageverhalten der Menschen geben kann. Die Entwicklung in Deutschland von den 1950ern bis in die Mitte der 1970er ist ein gutes Beispiel.

In der Periode von Mitte der 50er bis Mitte der 70er kam es zu einem radikalen Umbruch im Zahlungsverkehr und im Retailbanking: das Zweigstellennetz wurde erheblich ausgebaut, die bargeldlose Lohnzahlung flächendeckend eingeführt und eine fast komplette Abdeckung der Bevölkerung mit Girokonten erreicht (siehe Abbildung 6). Diese Periode war mit einem erheblichen Rückgang der Bargeld/BIP-Relation verbunden. Eine solche Phase bietet keinen geeigneten Maßstab für spätere Perioden.

Abbildung 6: Bargeld/BIP-Relation von 1960 bis zur Europäischen Währungsunion

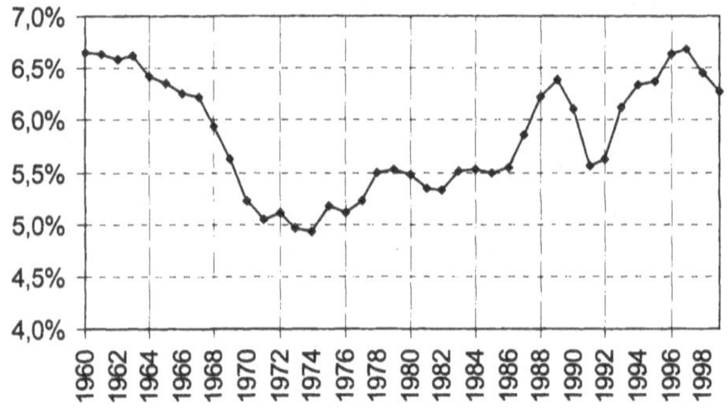

Quelle: *Deutsche Bundesbank, Statistisches Bundesamt*, eigene Berechnungen.

Als diese Periode abgeschlossen war, kehrte sich der Trend um. Die Bargeld/BIP-Relation stieg wieder (unterbrochen durch die Wiedervereinigung) und erreichte 1996/7 Werte wie zu Anfang der 1960er. Werden die 1960er als Maßstab verwendet, dann besteht die Gefahr, dass der Abwärtstrend in der Bargeld/BIP Relation in die Schätzung der Koeffizienten für die legalen Geldnachfrage einfließt. Dieser Rückgang spiegelt jedoch im Wesentlichen die beschriebenen Veränderungen im Banken- und Zahlungssystem wider. Diese Veränderungen waren Mitte der 1970er abgeschlossen und der Wiederanstieg der Bargeld/BIP-Relation ab Mitte der 1970er kann somit eher als Normalisierung interpretiert werden und muss keinesfalls Ausdruck einer Zunahme der Schattenwirtschaft sein.

Ähnliche Verläufe lassen sich auch in anderen Ländern feststellen. In der Nachkriegszeit zeigte sich zunächst fast überall das gleiche Muster: stark fallende Bargeld/BIP-Relationen bis in die 70er bzw. frühen 80er Jahre. Danach ergibt sich ein differenziertes Bild. In einigen Ländern nimmt die Relation weiter ab, in anderen ist sie in etwa konstant oder nimmt sogar wieder zu. Insgesamt fällt jedoch ins Auge, dass sich der zunächst kräftige Rückgang bei der Bargeld/BIP-Relation um die Mitte der 70er merklich verlangsamte. Von 1955 bis 1977 fiel der Durchschnitt (ungewichtet, ohne Finnland) von 12,38% auf 7,28%. In den folgenden Jahren bis 1999 sank der Durchschnitt weiter auf 6,48%.

Abbildung 7: Bargeld/BIP-Relationen in 9 Ländern (1949-1999)

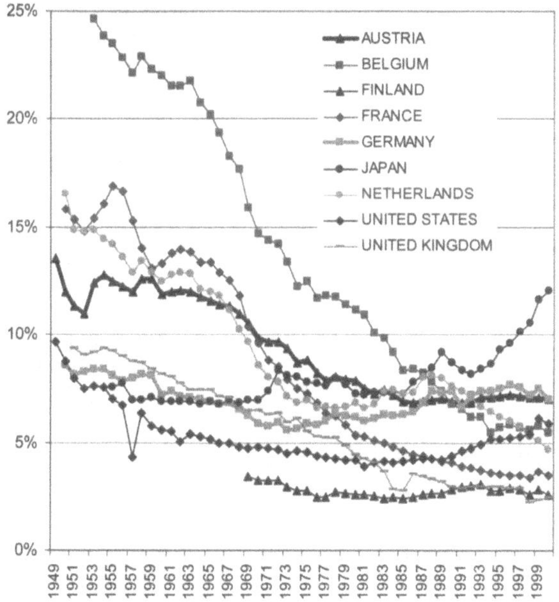

Neben dem beobachtbaren Gleichlauf vor allem in der Zeit bis Mitte der 1970er fallen jedoch auch die großen Niveauunterschiede ins Auge. Diese treten auch zwischen Währungen auf, für die der Auslandsumlauf vermutlich keine Rolle spielte, beispielsweise Österreich (zumindest bis zur Öffnung des Eisernen Vorhangs), Finnland oder Belgien.

Insgesamt verdeutlicht dieser kurze historische Abriss, dass andere Ländern und/oder Perioden nur sehr bedingt als Maßstab dienen können.

4. Bargeldnachfrage und Schattenwirtschaft

4.1. Bargeldhaltung im internationalen Vergleich

In Kapitel 3 wurde argumentiert, dass internationale Unterschiede in der Bargeldnachfrage nicht zwingend auf Unterschiede im Auslandsumlauf und/oder der Bargeldhaltung in der Schattenwirtschaft zurückzuführen sind. Trotzdem lassen sich bei einem internationalen Vergleich einige interessante Beobachtungen machen.

Ein Blick auf die Bargeld/BIP-Relation im Jahr 1993 zeigt die erheblichen Unterschiede auf internationaler Ebene (siehe Abbildung 8). Die Abbildung zeigt jedoch auch, dass ein enger negativer Zusammenhang zwischen der Bargeld/BIP-Relation und der durchschnittlichen Inflationsrate[13] der Periode 1970-1990 bestand.[14] Dabei gibt es vier interessante Ausreißer: Griechenland, Italien, Portugal und Spanien. In diesen vier Ländern, für die gemeinhin eine hohe Bedeutung der Schattenwirtschaft angenommen wird, liegt die Bargeld/BIP-Relation weit höher als in anderen Ländern mit vergleichbaren Inflationsraten. Insofern scheint die Abbildung einen Beleg sowohl dafür zu liefern, dass Bargeldhortung ein wichtiger Bestandteil der Bargeldnachfrage ist als auch dafür, dass die Schattenwirtschaft in erheblichem Maße zur Erklärung der Bargeldnachfrage beitragen kann.

Abbildung 8: Inflation (1970-90) und Bargeld/BIP-Relationen (1993)

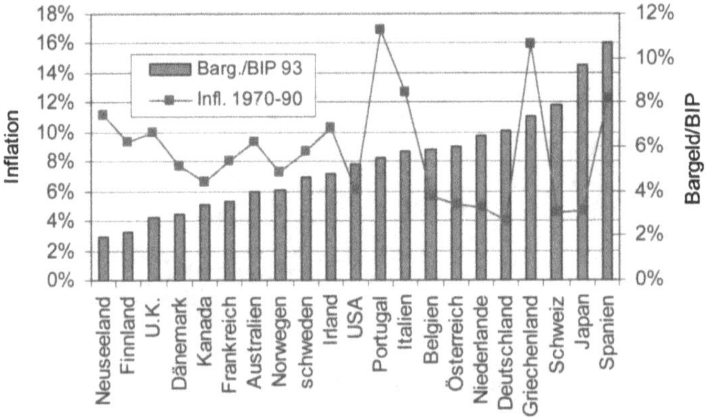

Quelle: *Seitz* (1995), *IWF*, International Financial Statistics und eigene Berechnungen.

Umgekehrt spricht die Beobachtung, dass die Vereinigten Staaten und Deutschland keine Ausreißer darstellen, dagegen, die Differenz zwischen Bargeldumlauf und Transaktionskasse allein auf den Auslandsumlauf zurückzuführen.

Der Zusammenhang zwischen Bargeld/BIP-Relationen und Inflation bricht allerdings in den 1990ern zusammen. Weder hat die starke Verminderung der Inflationsraten zu einer entsprechenden Erhöhung der Bargeld/BIP-Relationen geführt noch hat die

[13] Es wurde ein langfristiger Durchschnitt der Inflationsrate gewählt, da zu vermuten ist, dass das Hortungsverhalten eher vom geldpolitischen Regime abhängt und nicht so sehr davon, wie sich die Inflationsrate in einem bestimmten Jahr entwickelt.

[14] *Fischer*, *Köhler* und *Seitz* (2004, S.14) zeigen, dass es auch eine negative Beziehung zwischen dem durchschnittlichen Notenwert und der durchschnittlichen Inflationsrate gibt. Auch dies kann auf eine erhöhte Hortungsnachfrage (und eine entsprechende Reaktion des Angebots) hindeuten. Möglicherweise spiegelt dieses Ergebnis aber auch nur die Erosion des realen Wertes der hohen Denominationen wider, die sich automatisch bei hohen Inflationsraten ergibt – wenn die Notenbanken nicht neue (höhere) Denominationen auf den Markt bringen.

Angleichung der Inflationsraten eine entsprechende Angleichung der Bargeld/BIP-Relationen verursacht. Wird die Analyse über das Jahr 1999 hinaus erweitert, dann kann lediglich der Euroraum als Ganzes betrachtet werden (die Jahre 2000 und 2001 standen schon im Zeichen des Bargeldumtauschs).

Abbildung 9: Veränderung von Inflation und Bargeld/BIP-Relationen

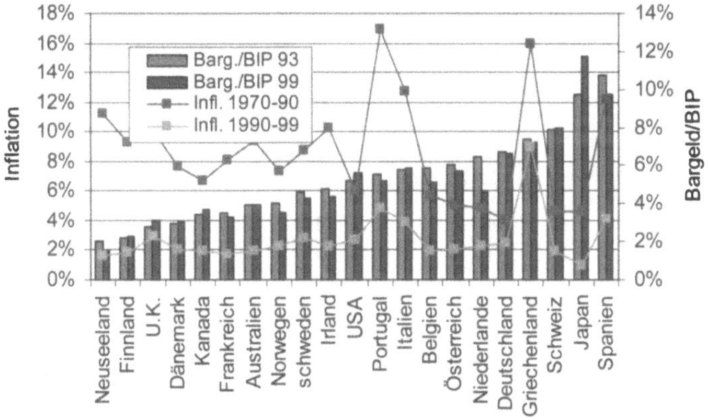

Quelle: *BIZ, EZB, IMF, OECD, Reserve Bank of Australia, Norges Bank, Reserve Bank of New Zealand, Statistics New Zealand, Statistics Norge,* eigene Berechnungen.

Ein Blick auf das Jahr 2005 zeigt weiterhin starke Unterschiede in der Bargeldhaltung. Während in den 1990ern die Bargeld/BIP-Relationen eher zurückgingen, steigen sie in den ersten Jahren nach 2000 wieder an. Ausnahmen sind lediglich Norwegen und Schweden. In Neuseeland liegt die Relation zwar 2005 niedriger als 1993, sie steigt jedoch seit einigen Jahren wieder. Langfristig gesehen ist demnach in vielen Ländern ein Anstieg der Bargeld/BIP-Relationen erfolgt – und dies vor dem Hintergrund einer zunehmend intensiven Nutzung unbarer Zahlungsmittel.

Abbildung 10: Veränderung von Inflation und Bargeld/BIP-Relationen: Update

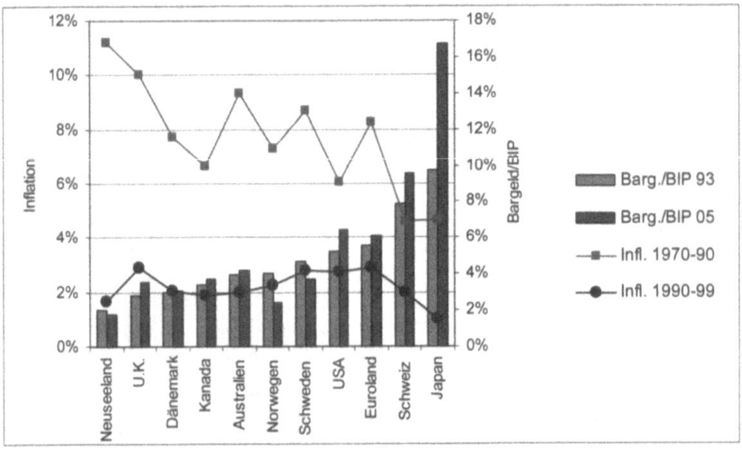

Quellen: *BIZ, EZB, Eurostat, IMF, OECD, Reserve Bank of Australia, Norges Bank, Reserve Bank of New Zealand, Statistics New Zealand, Statistics Norge,* eigene Berechnungen.

Abbildung 11: Höherwertige Banknoten in Spanien 1999 und 2001 bis 2005

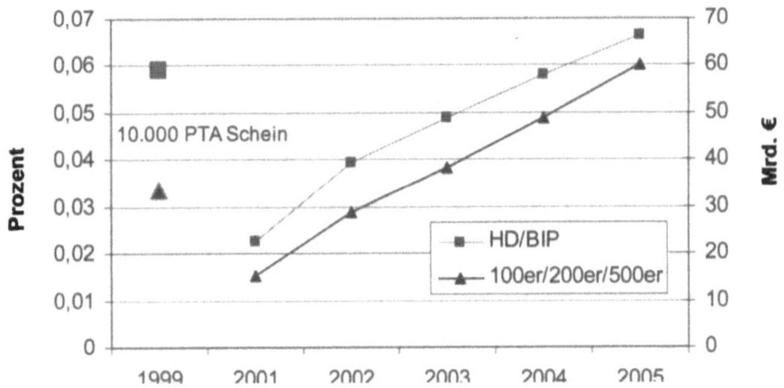

10.000 PTA war die höchste Denomination vor der Währungsunion und entspricht ca. 60 EUR. „HD"= hohe Denomination (100€, 200€ und 500€).
Quelle: *Banco de España*, Eurostat und eigene Berechnungen.

Interessant ist, dass im Euroraum nach einem scharfen Rückgang des Bargeldumlaufs im Zuge des Umtauschs Ende 2001 seit Anfang 2002 eine anhaltende Expansion des Bargeldumlaufs zu verzeichnen ist. Leider lässt sich nicht eindeutig klären, welche Euroländer für diese Entwicklung verantwortlich sind. Die spanischen Daten unterstützen jedoch die Vermutung, dass der Zuwachs besonders in den Mittelmeeranrainern stattfindet, die in der Vergangenheit relativ hohe Inflationsraten zu verzeichnen hatten. Spanien veröffentlicht die Notenstückelung der ausgegebenen

Noten. Die Daten belegen, dass ein Touristenziel wie Spanien bei einigen Noten einen starken Zulauf hat, so dass die spanische Zentralbank bei diesen Stückelungen inzwischen Netto-Empfänger ist (20€- und 10€-Noten). Insofern untertreibt die Statistik der ausgegebenen Noten den tatsächlichen Bestand in Spanien. Für große Noten ist dieser Effekt jedoch nur von geringer Bedeutung, da Touristen i.d.R. keine 200€-Noten oder 500€-Noten in das Ausland bringen. Sofern es nicht andere Kanäle gibt, über die diese Noten in das Land gelangen (oder es verlassen), spiegelt die Entwicklung der Ausgabe dieser Noten demnach zutreffender die inländische Nachfrage wider. Ein Vergleich der heutigen Relation „höher denominierte Noten" (100€, 200€, 500€) zum BIP mit der entsprechenden Relation des 10.000 PTA-Scheins zum BIP für das Jahr 1999 (dem historischen Höchstwert) zeigt, dass der Anteil höherwertiger Noten im Jahr 2005 über dem Wert des Jahres 1999 lag. Insgesamt dürfte Spanien also einen weiter stark steigenden Bargeldumlauf zu verzeichnen haben. Dies spiegelt sich jedoch nicht voll in den Statistiken der Banco de España wider, da ein Teil des Bargeldumlaufs aus dem Ausland kommt. Insgesamt spricht also viel dafür, dass im Falle Spaniens eine sinkende Inflation mit zeitlicher Verzögerung zu einer Erhöhung der ohnehin schon hohen Bargeldnachfrage geführt hat.

4.2. Bargeldbedarf der Schattenwirtschaft

Bei der Schätzung der Bargeldnachfragefunktion (C^d) wird häufig folgender Standardansatz verwendet:

(2) $$C^d = \alpha_0 + \alpha_1 i + \alpha_2 Y + \varepsilon$$

Bei dieser Formulierung (in Abhängigkeit von Nominalzins *i* und Nominaleinkommen *Y*) besteht jedoch das Problem, dass die tatsächliche Geldmenge auch die anderen Komponenten enthält: illegale Nachfrage und Auslandsnachfrage. Selbst wenn das Problem des Auslandsumlaufs ausgeblendet wird, müsste die Geldmenge entweder um die illegale Bargeldnachfrage (M^i) korrigiert werden oder die Variablen auf der rechten Seite der Gleichung müssten angepasst werden. Dies lässt sich mit Hilfe der Quantitätsgleichung verdeutlichen:

(3) $$C = C^l + C^i = Y^l / v^l + Y^i / v^i \,,$$

wobei die Abkürzung „i" für Werte in der illegalen Wirtschaft (Schattenwirtschaft) steht und der Index „l" für Werte in der legalen Wirtschaft.

Die meisten Schätzmethoden beruhen darauf, dass sie die tatsächliche Bargeldmenge (C) mit einem Schätzwert (C*) vergleichen, der die legale Inlandsnachfrage nach Bargeld wiedergeben soll (C^l). Die Differenz wird als Schätzer für den Auslandsumlauf und/oder den Bargeldbedarf in der Schattenwirtschaft verwendet (C^i).

(4) $$C^i = C - C^*$$

Dabei gibt es unterschiedliche Methoden zur Schätzung der legalen Bargeldbestände:[15]

- Es werden bereinigte Parameterwerte in die Geldnachfragefunktion eingesetzt (ermittelt in anderen Perioden, anderen Länder oder durch Aufnahme weiterer Variablen).
- Es wird ein konstantes Verhältnis zu anderen Geldmengenaggregaten unterstellt.
- Es wird ein konstantes Verhältnis zu einer Transaktionsvariablen unterstellt.
- Es wird ein konstanter Trend unterstellt.

$$(5) \qquad C^* = \begin{cases} \alpha_0^* + \alpha_1^* i + \alpha_2^* Y \\ \alpha_3^* M^H \\ \alpha_4^* T^J \\ (1+\alpha_5^*)^t C_0 \end{cases}$$

Letztlich wird immer unterstellt, dass es eine im Zeitverlauf stabile Nachfrage nach Bargeld für legale Zwecke gibt.

Nach der Schätzung der illegalen Bestände wird in einem zweiten Schritt der Umfang der Schattenwirtschaft ermittelt, indem die illegalen Bestände mit der geschätzten Umlaufgeschwindigkeit multipliziert werden. Dabei wird i.d.R. auf die Umlaufgeschwindigkeit der legalen Bestände zurückgegriffen.

Das skizzierte Schätzverfahren ist jedoch in mehrfacher Hinsicht problematisch:

- Die Schätzung des legalen Bestände beruht auf starken Annahmen über die Stabilität der legalen Geldnachfrage.
- Die Möglichkeit eines Auslandsumlaufs wird häufig nicht mit einbezogen.
- Die Umlaufgeschwindigkeit im legalen Sektor ist selbst eine Schätzgröße, die etwa durch den Auslandsumlauf verzerrt ist.
- Die Umlaufgeschwindigkeiten in der legalen Wirtschaft und der Schattenwirtschaft können evtl. stark voneinander abweichen.
- Es ist nicht bekannt, ob und in welchem Umfang die Schattenwirtschaft bereits in den offiziellen BIP-Zahlen enthalten ist.[16]

Es mag überraschen, aber es sind durchaus Transaktionen der Schattenwirtschaft zum Teil in den offiziellen BIP-Daten enthalten. Um dies zu verdeutlichen, werden die Folgen der Schattenwirtschaft für eine kleine dreistufige Volkswirtschaft dargestellt.

---

[15] Die Aufzählung ist nicht erschöpfend. Übersichten finden sich in *Boeschoten* (1992), *Fischer, Köhler* und *Seitz* (2004), *Krüger* (1996) *Schneider* und *Enste* (2000) und *Seitz* (1995).

[16] Das Statistische Bundesamt weist darauf hin, dass die offiziellen BIP-Schätzungen auch Transaktionen der Schattenwirtschaft enthalten. Allerdings macht das Statistische Bundesamt keine Angaben darüber, wie groß der Anteil der Schattenwirtschaft ist. Auch ist nicht gesichert, dass die gesamte Schattenwirtschaft erfasst wird. Siehe *Statistisches Bundesamt* (2007), S. 29f.

Abbildung 12: BIP-Entstehung in einer dreistufigen Volkswirtschaft

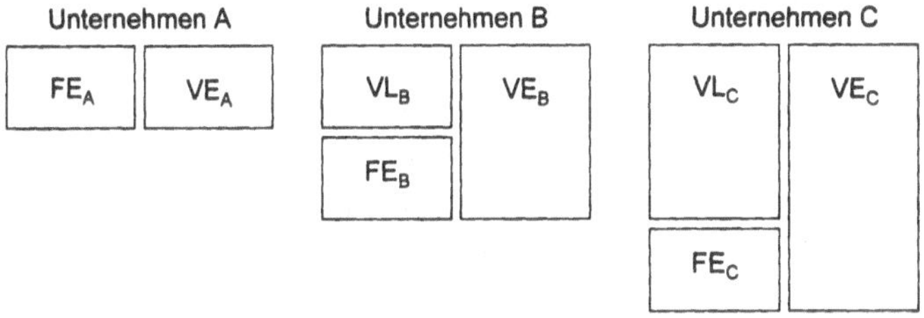

FE=Faktorentgelt, VE=Verkaufserlöse, VL=Vorleistungen

Für das Inlandsprodukt gilt:

(6) $Y = FE_A + FE_B + FE_C = VE_C$

Das Transaktionsvolumen wird bestimmt durch:

(7) $T = FE_A + FE_B + FE_C + VE_A + VE_B + VE_C = 2Y + VL \quad mit\ VL = VL_B + VL_C$

Unter der Annahme, dass es einen positiven Zusammenhang zwischen dem Transaktionsvolumen und der Transaktionsnachfrage gibt, gilt für die Einkommensumlaufgeschwindigkeit der Transaktionsbestände (ceteris paribus), dass sie abnimmt

- mit steigendem Anteil der Bargeldzahlungen an den Zahlungen für Güter und/oder Faktorleistungen,
- mit steigendem Gewicht der Vorleistungen (sofern bei diesen der Bargeldanteil größer als null ist).

Das Gewicht der Vorleistungen hängt wiederum davon ab, wie stark die Produktion vertikal integriert ist.

Abbildung 13: Schwarzarbeit und Inlandsprodukt

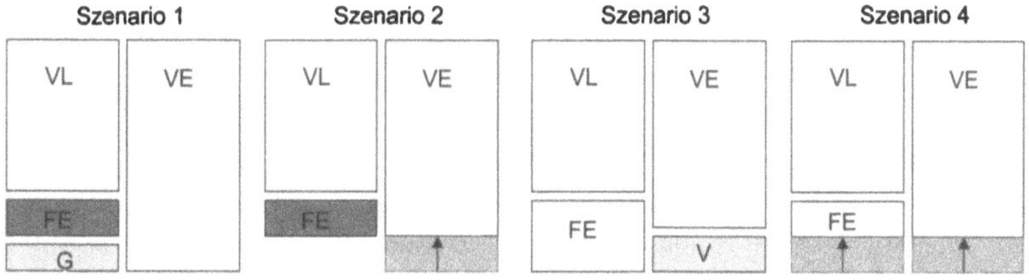

FE=Faktorentgelt, VE=Verkaufserlöse, VL=Vorleistungen, G=Gewinn, V=Verlust

Die Schattenwirtschaft kann unterschiedliche Wirkungen auf die Sozialproduktsberechnung haben. Aktivitäten in der Schattenwirtschaft können das BIP

- unverändert lassen (Szenario 1: illegaler Input, legaler Output, konstante Preise)

– oder senken
  - bei konstantem realen BIP (Szenario 2: illegaler Input, legaler Output, niedrigere Preise)
  - nominal und real (Szenario 3: legaler Input, illegaler Output)
  - nominal und real (Szenario 4: illegaler Input, illegaler Output)

Sofern Szenario 1 und 2 vorherrschend sein sollten, würde die Schattenwirtschaft die tatsächlichen BIP-Zahlen nicht verfälschen. Zwar gäbe es bei der Einkommensentstehungsrechnung einen Fehler, nicht jedoch bei der Einkommensverwendungsrechnung. Bei Szenario 3 wäre es gerade umgekehrt. Nur in Szenario 4 kommt es eindeutig zu einer Unterschätzung des tatsächlichen Sozialproduktes.

Sofern die verbreitete Vermutung richtig ist, dass die illegalen Verkaufserlöse zu einem großen Teil in bar anfallen, besteht das Problem, wie diese Bareinnahmen in legale Einnahmen verwandelt („gewaschen") werden können. Ein möglicher Weg der Geldwäsche besteht in der Generierung von legalem Einkommen (Beispiel Pizzeria, kostenpflichtige Telefonservices, etc.). Es werden fiktive Güter verkauft und fiktive Inputs bezahlt. Gegebenenfalls fällt sogar ein Gewinn an. Diese Aktivitäten erhöhen die offiziellen Inlandsproduktzahlen. In einem Fall vollkommenen Recyclings würde die Verzerrung nach unten gerade ausgeglichen. Werden sogar schwarze Faktoreinkommen gewaschen, dann könnte es theoretisch sogar zu einer zu hohen Ausweisung des Inlandsprodukts kommen.[17]

Abbildung 14: Inlandsprodukt und Geldwäsche

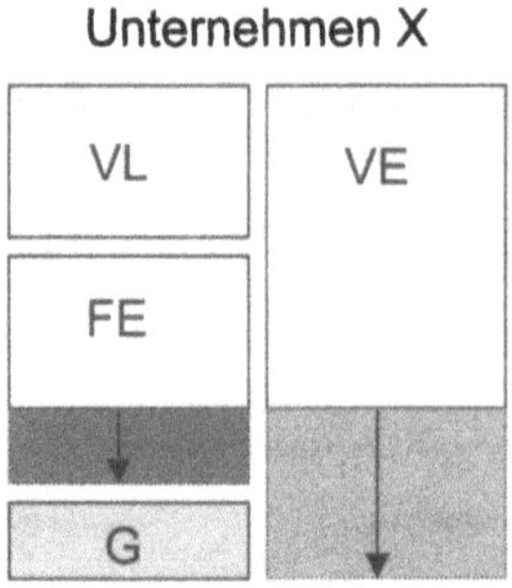

Von besonderer Bedeutung für den Zusammenhang von Bargeldnachfrage und Schattenwirtschaft ist somit das Thema Geldwäsche. Wenn Einnahmen aus Aktivitäten in der Schattenwirtschaft zu einem großen Teil gewaschen werden, dann erzeugt die Schattenwirtschaft keine große Hortungsnachfrage nach Bargeld. Bargeld dient in diesem Fall lediglich als Transaktionsmedium und dürfte eine hohe Umlaufgeschwindigkeit aufweisen. Ist die Geldwäsche jedoch mit hohen Kosten und Risiken verbunden,

[17] Für den Bauarbeiter, der schwarz für eine Baufirma arbeitet, dürfte das Thema Geldwäsche allerdings weniger relevant sein.

dann besteht ein Anreiz, Einkommen aus der Schattenwirtschaft zu horten. In diesem Fall dürfte der Bargeldbedarf hoch sein, die Umlaufgeschwindigkeit jedoch niedrig.

Bargeld wird jedoch nicht nur bei Transaktionen eingesetzt, die in der Inlandsproduktsrechnung erfasst werden oder erfasst werden sollten. Bargeld wird auch bei Vermögenstransaktionen eingesetzt. Beispielsweise werden Gebrauchtwagenkäufe oft in bar abgewickelt und in einigen Ländern ist es üblich, beim Häuserkauf einen Teil der Kaufsumme in bar zu zahlen. Auch hier stellt sich die Frage, in welchem Umfang Schwarzgeld zur Bezahlung eingesetzt wird (als eine Art von Recycling) und in welchem Umfang erhaltenes Bargeld wiederum gewaschen wird.

Die Geldwäscheproblematik und die teilweise Erfassung der Schattenwirtschaft in der offiziellen Statistik vergrößert die Schätzprobleme:

- Eine saubere Trennung in statistisch erfasste legale Transaktionen und statistisch nicht erfasste illegale Transaktionen ist nicht möglich.
- Damit erhöht sich die Unsicherheit der Schätzung der Umlaufgeschwindigkeit legaler Bargeldbestände.
- Geldwäsche verursacht Kosten und impliziert die Gefahr, von den Strafverfolgungsbehörden entdeckt zu werden. Daher gibt es in der Schattenwirtschaft einen starken Anreiz, Bargeld zu horten. Mit Hortung ist die Umlaufgeschwindigkeit illegaler Bargeldbestände niedriger als ohne.
- Sofern jedoch Geldwäsche stattfindet, kann diese zu einer künstlichen Aufblähung des Inlandsproduktes führen und zu einer Verminderung der Bargeldhaltung in der Schattenwirtschaft. Rein rechnerisch erhöht sich damit die Umlaufgeschwindigkeit des Schwarzgeldes.

EXKURS: Sichteinlagen

Anders als bei Sichteinlagen gibt es bei Bargeld keine elektronischen Buchungssysteme, die alle Transaktionen und alle Bestände festhalten. Daher mag das Wissensproblem in bezug auf Bargeld besonders gravierend erscheinen. Bei näherer Betrachtung fragt man sich jedoch, wie gut sich eigentlich der Bestand an Sichteinlagen erklären lässt. Denn auch die Höhe der Bestände an Sichteinlagen lässt sich kaum nur auf die Höhe der Transaktionsbestände zurückführen.

Werden die Daten der laufenden Wirtschaftsrechnungen 2003 zugrundegelegt (*Statistisches Bundesamt* 2005), dann ergeben sich folgende Werte:

Durchschnittlicher Haushaltskonsum pro Monat	2.177€
– Wohnen, Energie etc.	697€
= Diskretionäre Ausgaben	1.480€
⇒ Durchschn. Haltung bei stetiger Verausgabung	740€
– Durchschnittliche Barhaltung (ohne Bodensatz)	375€
= Durchschnittliche Haltung an Sichtguthaben	365€

Als durchschnittliche Transaktionskasse ergibt sich somit ein Betrag von 365€. Der tatsächliche Durchschnittsbestand an Sichteinlagen pro Haushalt liegt jedoch bei 11.267€.

5. Ergebnisse

Der Zusammenhang zwischen der Nachfrage nach Bargeld und der Schattenwirtschaft interessiert aus zwei Gründen. Zum einen soll die Bargeldnachfrage Aufschluss über die Größe der Schattenwirtschaft geben und zum anderen soll das Bargeldvolumen um den Bargeldumlauf in der Schattenwirtschaft bereinigt werden.

Beobachtungen wie die Sonderstellung der Mittelmeeranrainer bei einem Vergleich der Bargeld/BIP-Relationen legen in der Tat nahe, dass die Schattenwirtschaft einen Einfluss auf die Bargeldnachfrage hat. Gestützt wird diese Vermutung auch durch empirische Analysen, die einen positiven Effekt der Besteuerung auf die Bargeldnachfrage zeigen. Problematischer sind jedoch Schätzungen, die darauf beruhen aus dem vermuteten illegalen Bargeldbestand auf die Größe der Schattenwirtschaft zu schließen. Zum einen sind die Schätzungen der illegalen Bestände mit großer Unsicherheit behaftet und zum anderen gibt es kaum Anhaltspunkte für die Schätzung der Umlaufgeschwindigkeit dieser Bestände. Ein wesentlicher Unsicherheitspunkt besteht in diesem Zusammenhang im Umfang der Geldwäsche.

Die Frage, ob die legale Bargeldnachfrage stabil ist – stabil in dem Sinne, dass Veränderungen im Bargeldumlauf eine Informationsquelle für die Geldpolitik darstellen können – lässt sich zum gegebenen Zeitpunkt nicht beantworten. Der Anteil der anderen Komponenten ist zu groß und zu unsicher. Häufig wird auch zur Schätzung dieser Komponenten die Annahme verwendet, dass die legale Bargeldnachfrage stabil ist. Damit wird per Annahme eingeführt, was zu beweisen wäre.

Literatur

Andersson, Martin und *Gabriela Guibourg* (2001), The Use of Cash in the Swedish Economy, in: Sveriges Riksbank Economic Review, No. 4/2001, S. 28-37.

Bank für Internationalen Zahlungsausgleich (BIZ) (div. Jg.), Statistics on Payment and Settlement Systems in Selected Countries, Basel.

Boeschoten, Willem C. (1992), Currency Use and Payments Patterns, Dordrecht.

Cassel, Dieter (1989), Schattenwirtschaft und Deregulierung. Wohlfahrtsstaatliche Reglementierungen der Wirtschaft als Ursache der Expansion des informellen Sektors und ordnungspolitische Gestaltungsaufgabe, in: *Hellmuth St. Seidenfus* (Hrsg.), Deregulierung – eine Herausforderung an die Wirtschafts- und Sozialpolitik in der Marktwirtschaft, Berlin, S. 37-90.

Europäische Zentralbank (EZB) (div. Jg.), Payment Systems in the European Union, Addendum, Frankfurt.

European Payments Council (EPC) (2003), Cash Working Group Summary of Findings and Recommendations, DOC EPC-0165/03, Brussels, 28.3.2003, http://www.europeanpaymentscouncil.org/press/EPC0165_Summary_CashWG_FR1.pdf.

Fischer, Björn, Petra Köhler und *Franz Seitz* (2004), The Demand for Euro Area Currencies: Past, Recent and Future, ECB Working Paper No. 330.

Humphrey, David, Aris Kaloudis und *Grete Øwre* (2000), Forecasting Cash Use in Legal and Illegal Activities, Financial Infrastructure and Payment Systems Department, Bank of Norway Working Paper Nr. 2000/14, http://www.norges-bank.no/publikasjoner /arbeidsnotater/pdf/arb-2000-14.pdf.

Internationaler Währungsfonds (IWF) (div. Jg.), International Financial Statistics.

Krueger, Malte (2000), The Demand for Currency in Germany, Working Paper No. 2007, University of Durham.

OECD (2002), Measuring the Non-Observed Economy: A Handbook, Paris.

OECD (div. Jg.), National Accounts of OECD Countries, Main Aggregates.

o.V. (2004), Nationaler Bargeldplan, DSD – Der Sichherheitsdienst, Nr. 2/2004, S. 14-18.

Paunonen, Heli und *Hanna Jyrkönen* (2002), Cash Usage in Finland – How Much Can Be Explained by the Data?, Bank of Finland Discussion papers Nr. 10/2002, Helsinki.

PaySys Consultancy GmbH (2005), Kartenmarkt-Statistik Deutschland 1996–2005, Frankfurt a.M.

Pedersen, Søren (1998), The Shadow Economy in Western Europe Measurement and Results for Selected Countries, Study No. 5, The Rockwool Foundation Research Unit, Copenhagen.

Pedersen, Søren (2003), The Shadow Economy in Germany, Great Britain and Scandinavia: A measurement based on questionnaire surveys, Study No. 10, The Rockwool Foundation Research Unit, Copenhagen.

Schneider, Friedrich (2002), The Size and Development of the Shadow Economies of 22 Transition and 21 OECD Countries, IZA DP No. 514.

Schneider, Friedrich und *Dominik Enste* (2000), Shadow Economies: Size, Causes and Consequences, in: Journal of Economic Literature, Vol. 38, S. 77-114.

Seitz, Franz (1995), The Circulation of Deutsche Mark Abroad, Economic Research Group of the Deutsche Bundesbank, Discussion Paper No. 1/95.

Sprenkle, Case M. (1993), 'The Case of the Missing Currency', in: Journal of Economic Perspectives, Vol. 7, No. 4, S. 175-184.

Statistisches Bundesamt (2007), Bruttoinlandsprodukt 2006 für Deutschland. Informationsmaterialien zur Pressekonferenz am 11. Januar 2007 in Frankfurt a.M., Wiesbaden.

Statistisches Bundesamt (2005), Wirtschaftsrechnungen: Einnahmen und Ausgaben privater Haushalte, Fachserie 15, Reihe 1, Wiesbaden.

Van Hove, Leo (1999), On The Concept and Measurement of Currency Hoarding, Working Paper 1999-01, Money and Finance Research Group, Free University of Brussels.

Albrecht F. Michler und H. Jörg Thieme (Hg.)
Systeme monetärer Steuerung: Analyse und Vergleich geldpolitischer Strategien
Schriften zu Ordnungsfragen der Wirtschaft · Band 86 · Stuttgart · 2007

Die Eigentumstheorie des Geldes

Martin Leschke

Inhalt

1. Einleitung ... 140

2. Die kritische Betrachtung der institutionenökonomischen Schulen aus eigentumstheoretischer Sicht ... 140

3. Die zentralen Aussagen der Eigentumstheorie des Geldes ... 145

4. Wirtschaften, Inflation und Krisen aus Sicht der Eigentumstheorie des Geldes ... 151

5. Assetpreise, Kreditvergabe und Zinspolitik ... 155

6. Fazit ... 160

Literatur ... 162

Anhang ... 163

1. Einleitung

Die „Property-Rights-Theorie", die „Ökonomische Analyse des Rechts" in der Tradition von *Ronald Coase* sowie die Konstitutionenökonomik in der Tradition von *James McGill Buchanan*, *Friedrich August von Hayek* und *Walter Eucken* sind diejenigen Gebiete der modernen Institutionenökonomik, die sich mit der grundsätzlichen Funktionsweise der Rechtsregeln auseinandersetzen. Diese Forschungsrichtungen haben ihre Wurzeln in den klassischen Werken von *Adam Smith*, *David Hume*, *John Locke*, *Thomas Hobbes* u.a.

Erstaunlicherweise wird innerhalb dieser Denkrichtungen kaum eine Verbindung zwischen dem Eigentum auf der einen und dem Geldsystem auf der anderen Seite hergestellt. Das Geldsystem und das reale Wirtschaften werden nicht im Verbund analysiert. Interdependenzen werden kaum gesehen.

Die Sozialwissenschaftler *Otto Steiger* und *Gunnar Heinsohn* kritisieren genau dies an der gängigen ökonomischen Institutionentheorie: Diese sei nicht in der Lage, den Unterschied zwischen Eigentum und Besitz zu erläutern und daher auch nicht fähig, das Wirtschaften adäquat zu erklären. Weil die Verbindung zwischen Eigentum, Geld und Zins nicht hergestellt werde, könne auch die Institutionenökonomik letztlich nicht die Funktionsweise der kapitalistischen Geldordnung erklären. In ähnlicher Art und Weise werden auch die anderen Wirtschaftstheorien, so die klassisch-neoklassische und die keynesianische Theorie kritisiert: Auch hier fände sich keine befriedigende Erklärung, was Geld sei, wie sich der Zins begründe und welche Bedeutung dem Geld und dem Eigentum zukomme.

Der Beitrag verfolgt das Ziel, die grundlegenden Thesen der Eigentumstheorie des Geldes vorzustellen. Die Untersuchung gliedert sich in drei Teile. Im folgenden Abschnitt 2 wird die eigentumstheoretische Kritik an den gängigen Schulen der Institutionenökonomik angeführt. Anschließend werden in Abschnitt 3 die Kernaussagen der Eigentumstheorie des Geldes dargelegt. Schließlich folgt in Abschnitt 4 ein Abriss über das Wirtschaften sowie die Entstehung von Inflation und Krisen aus der Sicht der Eigentumstheorie. Schließlich wird im fünften Abschnitt der Zusammenhang zwischen Assetpreisen und Kreditvergabe betrachtet und nach den geldpolitischen Implikationen gefragt. Abschließend werden die Ergebnisse in einem Fazit kurz zusammengefasst.

2. Die kritische Betrachtung der institutionenökonomischen Schulen aus eigentumstheoretischer Sicht

Der Untersuchungsgegenstand der Theorie der Verfügungsrechte (Property-Rights-Theorie) lässt sich durch folgende Fragen umschreiben:

- Was verbirgt sich eigentlich hinter dem Begriff „Verfügungsrechte"?
- Warum gibt es überhaupt Eigentums- bzw. Verfügungsrechte? Oder anders formuliert: Welchen grundsätzlichen Nutzen stiften sie den Individuen?
- Wann und wie ändern sich Verfügungsrechte?

- Mit Hilfe welcher Regelungen (Regeländerungen) lassen sich unerwünschte Externalitäten beseitigen?
- Welche Funktionen erfüllen Wettbewerbsregeln?
- Wie sollen zwecks optimaler Steuerung von Organisationen die Verfügungsrechte verteilt werden?

Dies sind Fragestellungen, wie sie von der „Property-Rights-Theorie", der „ökonomischen Analyse des Rechts" und auch der „konstitutionellen Ökonomik" behandelt werden.[1]

Allgemein versteht man unter „Property Rights" Verfügungsrechte, die innerhalb einer Gesellschaft erlaubte Handlungen von unerlaubten abgrenzen. Sofern die Rechtsregeln – z.B. durch eine staatliche Instanz – durchgesetzt werden, muss ein Regelbrecher mit Sanktionen rechnen. Auf diese Weise werden bestimmte Handlungen mit zusätzlichen Kosten – genauer: mit Transaktionskosten – belegt. Man spricht deshalb auch davon, dass mittels des Rechts ein „impliziter Preis" für bestimmte Handlungen festgesetzt wird. Die Verfügungsrechte betreffen

- die Nutzung (usus) und
- die Veränderung (abusus) der Güter,
- das Recht auf Aneignung der Erträge aus der Nutzung des Gutes (usus fructus),
- das Recht auf Veräußerung des Gutes sowie
- die Fragen der Haftung.

Der Wert eines Gutes hängt maßgeblich von dem Bündel der Verfügungsrechte (Bundle of Property Rights) ab, das bei einer Transaktion übertragen wird (*Furubotn* und *Pejovich* 1972). Die grundlegende Bedeutung von Rechten für eine Gesellschaft lässt sich sehr anschaulich anhand *Buchanan*s Ausführungen (1984) zu den Grenzen der Freiheit sowie anhand der Internalisierungsthese von *Harold Demsetz* (1967) erläutern.

Ausgehend von dem regellosen Urzustand der Anarchie, der auch als ‚Hobbesscher Dschungel' bezeichnet wird, ist es für nahezu alle Individuen vorteilhaft, (a) eine Rechtsordnung, in der die Verfügungsrechte festgelegt sind, und (b) eine Instanz, die Regelverstöße wirksam sanktioniert, zu errichten. Ist auf diese Weise sichergestellt, dass die Eigentumsrechte eingehalten werden, realisieren die Individuen eine Wohlfahrtssteigerung. Zum einen sparen sie unmittelbar Verteidigungsausgaben, denn die kollektive Sicherung der Eigentumsrechte ist vergleichsweise kostengünstig. Die frei werdenden Ressourcen können nun produktiver verwendet werden. Zum anderen ist es nun möglich, auch langfristige Investitionen zu tätigen und Güter zu tauschen. Es entsteht eine fortschreitende Arbeitsteilung, der Wohlstand für alle wächst, genau wie es *Adam Smith* in seinem Werk „The Wealth of the Nations" beschreibt.

Regeln in Form von Verfügungsrechten (Property Rights) schränken also individuelles Handeln ein, aber sie geben den Individuen auf diese Weise erst die Möglichkeit, zu

---

[1] Vgl. hierzu und zu den folgenden Ausführungen *Erlei*, *Leschke* und *Sauerland* (2007, S. 293 ff.).

planen, zu kalkulieren, zu investieren und in arbeitsteilige Tauschprozesse einzutreten, denn sie erlauben, Erwartungen über das Verhalten anderer zu bilden.

Der wünschenswerte Übergang von der Anarchie zur Ordnung ist allerdings nur möglich, wenn Regelbrecher wirksam sanktioniert werden. Ein einzelnes Individuum wird nämlich immer dann Regeln brechen – unabhängig davon, ob es die Regeln grundsätzlich für fair und nützlich hält –, wenn der erwartete Nutzen der Regelübertretung größer ist als die erwarteten Kosten der Regelverletzung. Die Individuen sind daher an einer wirksamen Sanktionierung von Regelbrechern interessiert. Spontan, d.h. auf individueller Ebene, ist eine wirksame Überwachung der Regeleinhaltung in einer großen Gesellschaft nicht möglich, denn der Einzelne ist dem Dilemma der Bestrafung ausgesetzt. Die Individuen bevorzugen eine Situation der Trittbrettfahrerei, in der nur die anderen Ressourcen für die Bestrafung von Regelbrechern aufwenden. Als Ergebnis ergibt sich somit der pareto-inferiore Zustand der Nicht-Bestrafung von Regelbrechern.

Der pareto-superiore Zustand eines kollektiven Handelns zur Bekämpfung von Rechtsbrüchen, in dem jeder einen Teil der Kosten des Rechtsschutzes trägt, ist nur durch die Verankerung einer das Recht schützenden Organisation möglich. In modernen Gesellschaften erfüllt der Staat diese Funktion. Der Rechtsschutzstaat setzt sich hier i.d.R. aus verschiedenen Instanzen wie Polizei, Streitkräften, Staatsanwaltschaft und Gerichtsbarkeit zusammen.

Ähnlich wie *James Buchanan* stellen auch *Friedrich August von Hayek* (2004) und *Walter Eucken* (1968) die wichtige Anreizfunktion von Eigentumsrechten heraus: Abstrakte Regeln, die das Eigentum sichern und Erwartungssicherheit generieren, werden neben der Vertragsfreiheit und dem staatlichen Schutz der Verträge als die Basis produktiven Wirtschaftens gesehen.

Harold Demsetz (1967) argumentiert darüber hinaus, dass sich mit Hilfe von geeigneten Reformen der Property-Rights-Struktur unerwünschte reale externe Effekte[2] wirksam internalisieren lassen. Zur Illustration seiner These schildert er die Geschichte der Einführung von Familien-Eigentumsrechten unter den Montagnais-Indianern von Labrador zu Beginn des 18. Jahrhunderts. Die Indianer waren bei steigender Nachfrage nach Biberfellen mit dem Problem konfrontiert, dass bei der vorhandenen Kollektiv-Eigentumsrechtsstruktur niemand in die Erhaltung des Tierbestandes investierte. Dies führte zu einem unerwünschten Rückgang des Tierbestandes. Für den einzelnen Jäger fehlte jeglicher Anreiz, auf den bedrohlich schrumpfenden Tierbestand Rücksicht zu nehmen. Die wechselseitigen negativen externen Effekte des Jagens wurden für alle deutlich spürbar. So entstand ein Anreiz, die Eigentumsrechtsstruktur zu ändern, und zwar in einer Art und Weise, dass einzelnen Familien Jagdterritorien zugewiesen wurden, so dass dadurch ein Anreiz entstand, langfristig zu planen, also auf den Tierbestand im eigenen Interesse Rücksicht zu nehmen. Nunmehr ergab sich für die Indianerfamilien die Möglichkeit zu investieren. Die externen Effekte wurden internalisiert und dies

---

2 Reale externe Effekte sind Handlungswirkungen eines Akteurs auf die Handlungsergebnisse anderer Individuen, die (a) nicht in das Kosten-Nutzen-Kalkül des Akteurs eingehen und (b) außerhalb des Preismechanismus‘ angesiedelt sind.

auch noch kostengünstig, da zur Abgrenzung der Jagdterritorien noch nicht einmal Zäune errichtet werden mussten, weil das Wild nicht so stark wanderte.

Obschon *Harold Demsetz* ein ganz bestimmtes Ereignis ökonomisch interpretiert, lassen sich seine Ausführungen verallgemeinern: Zu einer herrschenden Rechtsstruktur R_A, unter der die Freiheitsrechte extrem weitreichend sind, existiert eine alternative Rechtsstruktur R_B, bei der die Individuen ihre Handlungsmöglichkeiten bewusst einschränken, um erwünschte – insbesondere investive – Handlungen erst möglich und rentabel zu machen. Unter der Rechtsstruktur R_A vollziehen die Individuen eine kollektive Selbstschädigung, weil erwünschte Handlungen unterbleiben. Mit anderen Worten: Die Rechtsstruktur R_A stabilisiert unerwünschte Handlungen zum Schaden der Individuen, die Rechtsstruktur R_B stabilisiert hingegen die erwünschten Handlungen zum Wohle aller.

Ronald Coase (1960) erweitert den Aspekt der Internalisierung externer Effekte zu einem Problem der Minimierung sozialer Kosten: Soziale Kosten, d.h. Schädigungen, die aufgrund von Externalitäten auftreten, müssen kostenminimal internalisiert werden. Der physische Verursacher steht hier nicht allein im Mittelpunkt der Betrachtung, sondern alle Beteiligten werden als verursachende Akteure in die Betrachtung und Lösung des Knappheitsproblems einbezogen.

Was sagen nun aber Ordnungsökonomen bzw. Institutionenökonomen zum Geldbereich?

Insofern Institutionen- oder Rechtsökonomen den Geldbereich behandeln, steht die Befürchtung, dass der Staat die Notenbank missbraucht, um kurzfristig die Konjunktur anzukurbeln oder um seine Schulden durch Inflation zu beseitigen, im Blickpunkt der Analyse. Daher plädieren Institutionenökonomen zumeist für eine strikte Regelbindung der Geldpolitik (unabhängige Zentralbank, verfassungsmäßige Verankerung der Preisniveaustabilität als alleiniges Ziel der Geldpolitik, verfassungsmäßige Verankerung von Verschuldungsgrenzen der öffentlichen Hand). *Von Hayek* (1977) gehen selbst diese Lösungen nicht weit genug, er plädiert für einen freien Währungswettbewerb privater Währungsemittenten.

Diese kurzen Ausführungen belegen, dass Eigentum als geschütztes Besitz- und Verfügungsrecht aufgefasst wird. Eine Verbindung zur Geld- und Kreditschaffung oder zum Kapitalmarkt wird nicht hergestellt. Genau auf diesen Punkt weisen die Sozialwissenschaftler *Gunnar Heinsohn* und *Otto Steiger* in ihrer Eigentumstheorie der Wirtschaft (2004 und 2006) hin. Laut *Heinsohn* und *Steiger* könne es der traditionellen Wirtschaftstheorie und auch der Institutionenökonomik nicht gelingen, ein tieferes Verständnis für die Funktionsweise marktwirtschaftlicher, kapitalistischer Wirtschaftssysteme zu vermitteln.

Für *Heinsohn* und *Steiger* beginnt das Wirtschaften erst mit dem Eigentum. Hierbei ist Eigentum nicht die Aneignung von Besitz durch die Verbindung mit Arbeit, wie *John Locke* Eigentum noch definierte. Eine produktive Eigentumsverfassung ‚markiert' vielmehr eine oft übersehene Eigenschaft des Eigentums, nämlich dessen ‚Betitelung'. Erst der Eigentumstitel schafft produktives Eigentum, das sich vom reinen Besitz abgrenzen lässt. Dies wird klar, wenn man sich einen Hauseigentümer in einem modernen

Staat und denselben Hauseigentümer in einem Entwicklungsland vorstellt. Der Hauseigentümer in einem modernen Staat verfügt über einen allgemein anerkannten Eigentumstitel. Somit kann er nicht nur in seinem Haus wohnen, sondern er kann auch zu einer Bank gehen und den Eigentumstitel verpfänden, um einen Kredit zu erhalten. Der Hauseigentümer in einem Entwicklungsland kann dies in der Regel nicht. Damit wird ihm der Zugang zu einem Kredit versperrt. Zudem ist sein Eigentum vergleichsweise wenig wert, weil es diese wichtige Funktion nicht erfüllt.

Die These von *Heinsohn* und *Steiger* ist mithin, dass es zu einer wirtschaftlichen Verwendung von Eigentum erst dann kommen kann, wenn es auch Eigentumstitel gibt. Dieser Rechtstitel bildet die Grundlage für den Abschluss von Kreditkontrakten mit Banken. Nicht Steine, Autos oder andere Dinge werden physisch hinterlegt, sondern Eigentumstitel. Die Nutzung des Eigentums, also des Hauses, des Ackers, der Produktionsanlagen etc. bleibt davon erst einmal unberührt. Denn das belastete Eigentum verbleibt beim Eigentümer (Besitzer). Der Kreditnehmer kann weiter in seinem Haus wohnen, seinen Acker bestellen, seine Produktionsanlagen nutzen u.s.w. Das Eigentum wird in dieser Kreditoperation vom Gläubiger nie genutzt, die Verfügungsrechte an den ‚Dingen' bleiben unangetastet, sofern der Kredit einschließlich Zins zu dem vereinbarten Zeitpunkt wieder zurückgezahlt wird. Das einzige, was der Schuldner nicht kann, ist, das Eigentum während der Laufzeit des Kredits erneut zu verpfänden. Er hat somit diese ‚Eigentumsprämie', die unbelastetes Eigentum abwirft, verloren.

Die Entstehung von Banken kann man sich vor diesem Hintergrund so vorstellen, dass der ‚beste' Schuldner zur Bank wird, wobei er Eigentum als Eigenkapital ‚einschießt'. Dieses kann nun nicht mehr anderweitig verpfändet werden, d.h. es verliert seine Eigentumsprämie, weshalb die Bank einen Zins verlangt. Der Zins für das durch Kreditkontrakte entstehende Geld begründet sich in der Eigentumstheorie von *Heinsohn* und *Steiger* durch den Verlust der Eigentumsprämie und nicht etwa durch die Aufgabe der Liquiditätspräferenz wie bei Keynes. Die Liquiditätsprämie geht nur verloren, wenn bereits über Kreditkontrakte geschaffenes, also im Umlauf befindliches Geld wieder verliehen wird (*Heinsohn* und *Steiger* 2006, S. 162) – z.B. indem ein Akteur Wertpapiere von einem Unternehmen kauft und mit Bargeld oder Sichteinlagen (Liquidität) bezahlt.

Die These von *Heinsohn* und *Steiger* „Nur mit zertifiziertem Eigentum lässt sich richtig wirtschaften!" hat der peruanische Ökonom *Hernando de Soto* in seinem Buch „Freiheit für das Kapital" (2002) eindrucksvoll bestätigt. Er zeigt, dass viele Entwicklungsländer u.a. wegen der fehlenden zertifizierten Eigentumsrechte gegenüber den entwickelten Marktwirtschaften wirtschaftlich nicht aufholen (können). Land- und Immobilienbesitz bzw. Eigentum an diesen Dingen wird vielfach aufgrund der fehlenden Eigentumstitel nicht als Sicherheit für Kreditkontrakte anerkannt. So bleibt vielen potentiellen Unternehmern der Weg zum offiziellen Bankensektor verschlossen. Als Folge blühen informelle Märkte, die nur wenige Möglichkeiten für nachhaltige innovative Investitionen bieten. Nicht-zertifiziertes Eigentum stellt deshalb nach *de Soto* ‚totes Kapital' dar, das allerdings wiederbelebt werden kann, indem ein Eigentumssystem nach dem Vorbild der entwickelten Staaten errichtet wird.

Dass das produktive Wirtschaften untrennbar mit der Entstehung bzw. mit dem Vorhandensein des Eigentums verknüpft ist, begründet sich so: Mit dem Übergang vom Besitz zum (zertifizierten) Eigentum ist der Weg frei für die Entstehung von weit reichenden Schuld- bzw. Kreditkontrakten. Damit entstehen nicht nur mehr und mehr Investitionen, sondern durch den Zins entsteht ein nicht zu vernachlässigender Druck, das geliehene Geld produktiv einzusetzen, denn der Zins muss schließlich verdient werden. Dieser Druck zu produktiven Investitionen ist nach *Heinsohn* und *Steiger* daher die Geburt des wirtschaftenden Menschen (‚homo oeconomicus').

Zugleich entsteht für das gesamte Wirtschaftssystem die Notwendigkeit, immer mehr Schuldkontrakte und Investitionen hervorzubringen, wenn Konkurse, die Krisen nach sich ziehen, verhindert werden sollen. Weil ein einzelner Investor, der seine Investition (annahmegemäß) kreditfinanziert, nur soviel Nachfrage durch Faktoreinkommen generieren kann, wie er Mittel aufgenommen hat, benötigt er ‚fremde Hilfe' damit seine produzierten Güter überhaupt vom Markt genommen, d.h. gekauft werden können (denn diese enthalten im Preis auch die Zinskosten und den Unternehmergewinn). Diese Hilfe kann nur in neuen kreditfinanzierten Investitionen, die ihrerseits wieder Nachfrage schaffen, bestehen. Das bedeutet, wenn man einmal das eigentumsbasierte, kapitalistische Marktwirtschaft-Spiel begonnen hat, muss man (durch kollektives, d.h. staatliches Handeln) dafür sorgen, dass durch günstige Rahmenbedingungen Anreize für neue Investitionen vorhanden sind, denn sonst muss es aufgrund der zurückgehenden Nachfrage zu Krisen kommen.

3. Die zentralen Aussagen der Eigentumstheorie des Geldes

Um die zentralen Aussagen und geldpolitischen Implikationen der Eigentumstheorie des Geldes zu verstehen, soll der Mechanismus der Geldentstehung durch Kredit i.V.m. Eigentum und Eigenkapital kurz durch einige einfache Bilanzbuchungen veranschaulicht werden.[3] Dargestellt wird die Kreditvergabe an einen Investor. Folgende Situation sei gegeben:

- Ein Produzent verschuldet sich um zu Investieren; hierzu muss er den Arbeitnehmer, der die Waren erstellt, entlohnen. Der Arbeitnehmer fungiert zugleich als Konsument.
- Die Geschäftsbank refinanziert sich mit Hilfe eigener zentralnotenbankfähiger Sicherheiten im Pensionsgeschäft, um Zentralbankgeld zu erhalten.
- Auf Bargeldabhebung und Habenzinsen wird verzichtet. Nur Sollzinsen werden berücksichtigt. Der Kreditzins der Bank sei 10 %, der Pensionssatz der Notenbank 5 %.
- Die Geschäftsbank ist gesetzlich verpflichtet, 20 % Mindestreserve auf Sichteinlagen (Depositen) zu halten.
- Gewinne und Verluste werden ohne Gewinn- und Verlustkonto direkt ins Eigenkapital gebucht.

[3] Vgl. zu den folgenden Ausführungen ausführlich auch *Enghofer* und *Knospe* (2005).

Die Eröffnungsbilanzen sind:

Zentralbank

Gold	25 €	Eigenkapital	25 €

Geschäftsbank

Wertpapiere	150 €	Eigenkapital	150 €

Produzent

Wertpapiere	150 €	Eigenkapital	150 €

Arbeitnehmer

Wertpapiere	120 €	Eigenkapital	120 €

Folgende Geschäftsvorfälle treten nun auf: Der Produzent beschafft sich einen Kredit bei der Bank in Höhe von 100 €, den er aufgrund seiner Sicherheiten auch problemlos erhält. Die Bank muss allerdings ihrer Reserveverpflichtung nachkommen und daher einen Teil ihrer Wertpapiere bei der Notenbank in Pension geben:

Zentralbank

Gold	25 €	Eigenkapital	25 €
Wertpapiere	20 €	Zentralbankgeld	20 €

Geschäftsbank

Wertpapiere	130 €	Eigenkapital	150 €
Zentralbankgeld	20 €	Sichtguthaben P	100 €
Kredit	100 €		

Produzent

Wertpapiere	150 €	Eigenkapital	150 €
Sichtguthaben	100 €	Kredit	100 €

Nun in der zweiten Periode hat der Arbeitnehmer die Waren für den Produzenten erstellt und erhält von ihm den vereinbarten Lohn.

Produzent P

Wertpapiere	150 €	Eigenkapital	150 €
Waren	100 €	Kredit	100 €

Arbeitnehmer A

Wertpapiere	120 €	Eigenkapital	220 €
Sichtguthaben	100 €		

Geschäftsbank

Wertpapiere	130 €	Eigenkapital	150 €
Zentralbankgeld	20 €	Sichtguthaben A	100 €
Kredit	100 €		

Der Produzent versucht nun, seine Waren zu einem Preis von 120 € am Markt zu verkaufen, denn er muss schließlich noch den Sollzins bezahlen und möchte zudem einen Gewinn machen. Dies kann ihm nur gelingen, wenn der Arbeitnehmer Vermögen auflöst, um die Waren zu kaufen, oder wenn er sich ebenfalls bei der Bank verschuldet (Konsumentenkredit), um die Waren zu erwerben, oder wenn ein anderer Konsument ebenfalls bereit ist, die Waren zu kaufen. Der Produzent schafft mit seiner Investition in jedem Fall zu wenig Einkommen, damit seine Waren vollständig vom Markt genommen werden (können). Der Grund liegt darin, dass der Marktwert über den Herstellungskosten liegen muss, weil Zinsen anfallen und ein Gewinn erzielt werden muss (sonst lohnt sich die ganze Investition nicht).

Nehmen wir im ersten Fall an, dass der Produzent seine Waren zu einem Wert von 120 € absetzen kann, und zwar, indem der Arbeitnehmer Wertpapiere in Höhe von 20 € an die Bank verkauft und das gesamte Geld auf das Konto des Produzenten umbucht. Es entsteht dann die folgende Situation:

Produzent

Wertpapiere	150 €	Eigenkapital	170 €
Sichtguthaben	120 €	Kredit	100 €

Arbeitnehmer

Wertpapiere	100 €	Eigenkapital	100 €
Sichtguthaben	0 €		

Geschäftsbank

Wertpapiere	150 €	Eigenkapital	150 €
Zentralbankgeld	20 €	Sichtguthaben	120 €
Kredit	100 €		

Schließlich zahlt der Produzent den Kredit einschließlich Zinsen (10 %) an die Geschäftsbank zurück.

Produzent

Wertpapiere	150 €	Eigenkapital	160 €
Sichtguthaben	10 €		

Arbeitnehmer

Wertpapiere	100 €	Eigenkapital	100 €
Sichtguthaben	0 €		

Geschäftsbank

Wertpapiere	150 €	Eigenkapital	160 €
Zentralbankgeld	20 €	Sichtguthaben	10 €
Kredit	0 €		

Die Geschäftsbank macht nun ihrerseits das Pensionsgeschäft mit der Zentralbank rückgängig und zahlt die Zinsen an die Zentralbank (5 %), zugleich muss die Geschäftsbank für die Mindestreserve von 2 € auf die verbleibenden 10 € Sichteinlagen neue Schulden bei der Zentralbank aufnehmen. Es ergibt sich somit die folgende Situation:

Zentralbank

Gold	25 €	Eigenkapital	25 €
Wertpapiere	2 €	Zentralbankgeld	2 €

Geschäftsbank

Wertpapiere	167 €	Eigenkapital	159 €
Zentralbankgeld	2 €	Sichtguthaben	10 €

Betrachtet man die Buchungen im Ganzen, so lässt sich erkennen, dass zusätzliche Investitionen, die in der wettbewerblichen Marktwirtschaft zu einem erheblichen Teil auf Innovationen beruhen, mit einer steigenden Verschuldung einhergehen. Dies ist eine ganz normale und nicht etwa ‚gefährliche' Entwicklung. Die neuen Güter können allerdings nur dann vom Markt genommen, d.h. gekauft werden, wenn immer neue Investitionen nachziehen, durch die neue Faktor- und Unternehmenseinkommen geschaffen werden. Die durch einen Investor generierten Faktoreinkommen können in einer Wirtschaft mit Zins nicht ausreichen, um hinreichend Kaufkraft zu schaffen. Eine eigentumsbasierte Geldwirtschaft mit Zins muss also wachsen, wenn nicht übermäßig viele Pleiten (Konkurse) eintreten sollen. Das *Saysche* Theorem „Jedes Angebot schafft sich die notwendige Nachfrage selbst" gilt in einer eigentumsbasierten Geldwirtschaft mit Zins *nicht*, es muss ständig mehr Kaufkraft durch Investitionen geschaffen werden. Das System gleicht einem *Ponzi*-Spiel[4].

Doch wie erklärt sich in diesem System der Zins? Die üblichen Erklärungen – die klassische (Knappheit des Sparkapitals) und keynesianische (Liquiditätsprämie, auf die verzichtet wird) Erklärung – können nicht befriedigen, denn wie an dem Buchungsbeispiel zu ersehen ist, entsteht Geld im Kreditkontrakt. Vorhandenes Geld wird nicht verliehen, sondern ex ante gar nicht existentes Geld entsteht durch Kreditkontrakte. Es verzichtet somit keiner auf Liquidität, und die Knappheit von Sparkapital wird auch nicht tangiert. Daher plädiert der peruanische Ökonom *de Soto* dafür, die Geldknappheit in Entwicklungsländern dadurch zu entschärfen, dass zertifiziertes Eigentum geschaffen und ein zweistufiges Bankensystem errichtet wird. Zertifiziertes Eigentum führt zur Kreditwürdigkeit. Wo liegt also die Knappheit, wenn sie nicht in dem Verzicht auf Sparmittel bzw. Liquidität begründet ist? *Heinsohn* und *Steiger* begründen den Zins in der eigentumsbasierten Geldwirtschaft mit dem Verzicht auf die Eigentumsprämie. Was ist damit gemeint?

Wie an dem Buchungsbeispiel zu sehen war, wird der Kredit mit Eigentum unterlegt. Sofern die Investition erfolgreich ist, bleiben die Besitzrechte des Schuldnereigentums unberührt: Der Schuldner kann weiterhin in seinem Haus wohnen, seine Ländereien und Immobilien nutzen, auch wenn sie als Sicherheit dienen. Nur wenn die Investition sich als Fehlplanung erweist, vollstreckt die Bank, weil der Schuldner den Kredit nicht tilgt und die Zinsen nicht zahlt. Das als Sicherheit eingesetzte Eigentum verliert aber eine Verfügungsmöglichkeit: Es kann als belastetes Eigentum nicht mehr anderen Krediten als Sicherheit dienen, und es verliert für den Schuldner an Wert, weil sich sein Marktpreis durch die Belastung verringert. Aber dies kann als Argument für den Zins nicht überzeugen, weil schließlich die Bank den Zins verlangt.

Aber nicht nur der Schuldner (Kreditnehmer) verzichtet auf die Eigentumsprämie, sondern auch die kreditgewährende Geschäftsbank. Sie unterliegt zur weiteren Sicherung des Geldes einer Eigenkapitalbindung (Kreditwesengesetz, Basel I, Basel II), und

---

[4] In den zwanziger Jahren hat der italienische Emigrant *Charles Ponzi* ein System entwickelt, bei welchem er Investoren eine Verdoppelung des Vermögens in 90 Tagen versprach (genauer: 50% Zins in 45 Tagen) – und die Schulden inklusive Zins tatsächlich stets pünktlich zurückzahlte, und zwar mit dem Geld neuer Investoren – also durch zunehmende Verschuldung. Das System platzte, als die Funktionsweise des Systems offenbar wurde und die Zahl der Investoren stagnierte. Er wurde zu einer Schadensumme von 4,308,874.73 USD verklagt und ins Gefängnis gesteckt. Er starb 1949 im brasilianischen Exil mit einem Vermögen von 75 Dollar. – Es besteht aber ein Unterschied zwischen einem *Ponzi*-Spiel und dem Markt-Spiel. Beim Markt-Spiel versuchen Investoren nicht andere Akteure zu Investitionen mit Nachdruck zu überreden. Alle Entscheidungen sind hier unter den Rahmenbedingungen freiwillig.

das bedeutet: Auch die Bank verzichtet auf die Eigentumsprämie, denn das durch den Kreditkontrakt gebundene Eigenkapital kann nicht mehr als Sicherheit für weitere Kreditkontrakte fungieren. Analog gilt, dass die Zentralbankkredite an die Geschäftsbanken bei der Notenbank auch Eigenkapital binden. Dies sind nach *Heinsohn* und *Steiger* (2006 S. 77 ff. und S. 98 f.) die entscheidenden Opportunitätskosten, die aus Sicht der Eigentumstheorie des Geldes den Zins begründen.

Solange kreditfinanzierte Investitionen Güter generieren, die vom Markt genommen werden, weil durch weitere Investitonen die notwendige Nachfrage kreiert wird, entstehen nicht nur stetig mehr private Schulden, sondern auch der Güterberg und der Kapitalstock wachsen. Natürlich steigen dadurch auch die Gewinne und die allgemeine Wohlfahrt. So mehren sich Eigentum und Eigenkapital, und die Basis für immer mehr Kredite und für Wachstum vergrößert sich. Wenn allerdings Fehlinvestitionen getätigt, d.h. Güter produziert werden, die nicht vom Markt genommen werden, oder wenn aufgrund pessimistischer Erwartungen sinkende Investitionen die Inlandsnachfrage drücken, kommt es zur Vollstreckung in das Eigentum. Schließlich schrumpft mit den Verlusten auch das Eigenkapital, eine Krise tritt auf.

In unserem Beispiel könnte die Situation so dargestellt werden, dass die produzierten Güter nicht vom Markt genommen würden. Die Bank würde dann pfänden, d.h. in das Eigentum des Investors eingreifen, so dass folgende Situation entstände:

Arbeitnehmer

Wertpapiere	100 €	Eigenkapital	100 €
Sichtguthaben	0 €		

Produzent

Wertpapiere	150 €	Eigenkapital	160 €
	- 110 €		- 110 €
Sichtguthaben	10 €		

Damit sich die Bank schadlos hält, muss sie in die Eigentumswerte des Produzenten eingreifen. Wertpapiere in Höhe des Kredits einschl. Zinsen werden auf die Bank übertragen. Erweisen sich in einem zweiten Schritt die übertragenen Assets als weniger wert als ursprünglich angenommen, kommt es auch zur Reduzierung des Eigenkapitals der Bank. Die Sichteinlagen des Arbeitnehmers bleiben davon unberührt. Es kommt bei hinreichender Absicherung nicht zu einer Bankenkrise, d.h. zu einem Vertrauensverlust in die Sichteinlagen, die ja ein Anrecht auf Zentralbankgeld darstellen. Die doppelte Absicherung erhält die Funktionsfähigkeit des Geldsystems.

Damit können wir die bisherigen Resultate zusammenfassen:

– Geld entsteht im Kreditkontrakt. Es werden eben nicht vorhandene Sparmittel von den Banken verliehen, sondern Geld wird im Kreditprozess geschaffen: Die Expansion der rechten Seite der Bilanz des Geschäftsbankensektors entsteht durch die Expansion der linken Seite und nicht umgekehrt.

- Grundlage der Kreditkontrakte ist das Eigentum als Besicherung. Der Geldwert ist ein Reflex dieser Besicherung, die doppelt erfolgt, einmal durch das Eigentum des Schuldners, zum anderen durch das haftende Eigenkapital der Banken (Gläubiger).
- Der Zins begründet sich letztlich nicht durch die Knappheit des Sparkapitals oder den Verlust der Liquiditätsprämie, sondern durch die Bindung des haftenden Eigenkapitals.
- Das *Saysche* Theorem kann in einer kapitalistischen Zinswirtschaft nicht gelten: Die durch die kreditfinanzierte Investition entstehenden Faktoreinkommen können nie ausreichen, um die Nachfrage zu schaffen, die nötig ist, um die Güter, die dadurch produziert werden, vom Markt zu nehmen. Es verbleiben die Zinsschuld und der (unter Opportunitätskostengesichtspunkten) notwendige Gewinn als Differenz. Um im *Sayschen* Sinne ein Makrogleichgewicht zu erreichen, müssen Schulden, Investitionen und Nachfrage permanent steigen. Wachstum ist nötig! Ein Wirtschaftssystem, das auf einer eigentumsbasierten Geldwirtschaft beruht, ähnelt einem *Ponzi*-Spiel.

4. Wirtschaften, Inflation und Krisen aus Sicht der Eigentumstheorie des Geldes

Das produktive und immer effizientere Wirtschaften wird innerhalb der Ökonomik letztlich mit der Unersättlichkeit der Individuen begründet. Der Mensch wird so gierig dargestellt, dass stets ein Spannungsverhältnis zwischen den Zielen bzw. Präferenzen auf der einen und den zur Bedürfnisbefriedigung zur Verfügung stehenden Mitteln andererseits entsteht. Analog möchte ein Unternehmen stetig seine Gewinne mehren, was unter bindenden Restriktionen einen Zwang zum Wirtschaften auslöst. Somit ergeben sich eine universelle Knappheit und der Anreiz, immer effizienter zu wirtschaften.

Heinsohn und *Steiger* halten diese Sichtweise der Zurückführung der Knappheit und des Wirtschaftens auf die Präferenzen der Individuen für nicht überzeugend. So führen sie (2006, S. 15) zur Stammesgesellschaft aus: „Mit ihrem homo oeconomicus ... geht die Neoklassik bei Mitgliedern einer Stammesgemeinschaft in die Irre." Die Bedürfnisse des Jägers waren gering, er ist verhältnismäßig frei von materiellem Druck, man könnte sagen, er hatte ein relativ stressfreies Leben. Selbst im Inkareich herrschten nach *Heinsohn* und *Steiger* (2006, S. 19) ähnliche Verhältnisse: Dort gab es weder Reichtum, noch Armut, das Leben war geregelt, für Kranke und Schwache sorgte die Gemeinde, die individuelle Gier war begrenzt. Auch in Befehlssystemen (ohne Eigentum) kommt bzw. kam es nicht zu einem produktiven Wirtschaftsprozess, sondern zu einer Ausbeutung der Untergebenen durch die Befehlshaber. Die Anreize zum Wirtschaften waren gering.

Das Wirtschaften beginnt nach *Heinsohn* und *Steiger* erst mit dem Eigentum: Der Homo Oeconomicus wird geboren, indem sich der Mensch dem Zwang aussetzt, den eigentumsbesicherten Kredit samt Zins zurückzubezahlen. Der Zins zwingt den Schuldner i.d.R., das aufgenommene Geld produktiv zu verwenden, ansonsten droht ein Vermögensverlust oder gar Insolvenz, was bedeutet, dass in das Eigentum vollstreckt wird. Der Zins macht die Individuen zu Homines Oeconomici! Es entsteht ein Schulden- und

Zinsdruck, der einen ungeheuren Zwang zum Wirtschaften auslöst. Der Homo Oeconomicus ist nach *Heinsohn* und *Steiger* (2006, S. 24) folglich das Resultat der Eigentumsgesellschaft: „Die Wirtschaft ist kein System vorteilssuchender Verhaltensweisen unter Knappheitsbedingungen für einen immer weiter von irgendwelchen Fesseln zu befreienden Menschen. Vielmehr folgt Wirtschaften allein aus dem Eigentum … ." Das Wirtschaften und damit der Homo Oeconomicus werden so zum Resultat der Eigentumsgeldwirtschaft. Sie entspringen nicht einer Präferenz, sondern einer Restriktion!

Wie kann nun in einem System, in dem die Kredite eigentumsbesichert sind, Inflation eintreten? Bevor die eigentumsökonomische Perspektive dargelegt wird, sollen einige grundlegende Anmerkungen zur Inflation erfolgen.

Inflation ist der dauerhafte Anstieg des Preisniveaus eines Güterbündels bzw. Warenkorbs. In diesem Warenkorb sollten diejenigen Produkte mit entsprechenden Gewichtungsfaktoren enthalten sein, die betrachtete Durchschnittshaushalte in bestimmten Mengen kaufen. Solch ein Warenkorb müsste dann bestimmte

- Investitions- und Konsumgüter enthalten, die in der laufenden Periode produziert, angeboten und ver- bzw. gekauft werden, als auch
- Investitions- und Konsumgüter, die in Vorperioden produziert, aber immer noch in der betrachteten Periode gekauft werden, und drittens natürlich auch
- Bestands- bzw. Vermögensgüter, die in den betrachteten Perioden von den Durchschnittsindividuen bzw. Haushalten gekauft werden.

Wenn nun die Nachfrage nach einem solchen definierten Güterbündel längere Zeit über dem Angebot liegt oder dynamisch ausgedrückt, wenn der Zuwachs der Nachfrage den Zuwachs des Angebots bei vielen dieser Güter übertrifft, werden die Preissetzer die Preise heraufsetzen, so dass es zu Inflation kommt. Abstrahiert man von einseitigen Cost-push-Schocks als Inflationsverursacher, so müssen auch Zweitrundeneffekte in Form von Lohnerhöhungen letztlich ihre Ursache in relativ starken Nachfragezuwächsen haben.

Geht man nun weiterhin davon aus, dass ein Großteil der Zuwächse auf der Nachfrageseite kreditfinanziert ist, so ergibt sich die Überlegung, dass letztlich nur dann Inflation auftreten kann, wenn die kreditfinanzierten Ausgaben mehr Nachfrage als Angebot schaffen.[5] Dauerhafte Inflation kann also nur dann eintreten, wenn

- das durch Kredit geschaffene Geld direkt konsumtiv, also ausschließlich nachfragewirksam verwendet wird,
- das durch Kredit geschaffene Geld zwar investiv verwendet wird, die produzierten Güter jedoch nicht von den Konsumenten gekauft werden, so dass Nachfrage ohne marktfähiges Angebot entsteht,

---

[5] Oder in den Worten von *Manfred Borchert* (2003, S. 214 f.): „Bei privaten Investitions-Krediten kommt es dann zu einem ansteigenden Preisniveau, wenn periodisch die produktive Leistung der Investition (Akzelerator) hinter der auf Grund der Investitionsnachfrage zunehmenden, geldmengenfinanzierten Einkommens- und Nachfragesteigerung (Multiplikator) zurückbleibt."

- das durch Kredit geschaffene Geld zwar investiv verwendet wird, die geplanten, marktfähigen Güter jedoch erst zeitverzögert angeboten werden, so dass zu jedem Zeitpunkt die Nachfrage bzw. der Nachfragezuwachs das Angebot bzw. den Angebotszuwachs übertrifft.

Wann werden solche Fälle auftreten, die zu Inflation führen?

Private Akteure, die gezwungen sind, gute Sicherheiten zu stellen, haben einen starken Anreiz, gewissenhaft, d.h. effizient zu wirtschaften. Sie müssen eine Rendite erwirtschaften, die deutlich über den Kreditzinsen liegt, wenn neben den Faktorkosten und dem Unternehmerlohn noch Gewinne bzw. Eigenkapitalzuwächse für neue Investitionen erzielt werden sollen. Natürlich gibt es immer Marktakteure, deren Pläne nicht aufgehen, im Durchschnitt jedoch werden bei Abwesenheit negativer exogener Schocks (unvorhersehbare Konjunkturdelle, Ölpreisschocks etc.) viele Pläne aufgehen. Der Zins- und Wettbewerbsdruck sorgen für effizientes Wirtschaften.

Anders sieht „die Sache" beim Staat aus.[6] Der Staat, der Zugang zu einer schier unendlichen Masse an Steuereinnahmen hat, hat immer ein perfektes „Rating". Gerade in Krisenzeiten ist er für die Geschäftsbanken der perfekte Schuldner und auch die Zentralbank besichert die Kreditgeschäfte mit den Geschäftsbanken gerne mit Staatsschuldtiteln. Die öffentliche Hand unterliegt allerdings anderen Anreizen und anderen Wettbewerbsbedingungen als private Investoren. Während Unternehmen, die schlecht wirtschaften, die Verantwortlichen entlassen oder sogar vom Markt verschwinden, nehmen Staaten, die schlecht wirtschaften i.d.R. das Volk in Geiselhaft.

Der Sanktionsmechanismus „Voice" (Abwahl der Regierung bzw. Parlamentsmehrheit) ist viel schwächer als der Wettbewerbsdruck unter den Privaten. Die Möglichkeiten, wichtige Informationen zu verheimlichen oder zu verfälschen, sind groß; die Anreize, effizient zu wirtschaften, sind relativ gering. Die Einheit von Handlung und Haftung fällt bei Entscheidungen der öffentlichen Hand extrem auseinander. Ineffizienzen, die in demokratischen Staaten durch unabhängige Organisationen wie Rechnungshöfe oder Sachverständigenräte aufgedeckt werden, führen in den seltensten Fällen zu Entlassungen von höheren Verwaltungsbeamten, Staatssekretären, Ministern oder Parlamentariern. Dies alles trägt dazu bei, dass der Staat geringe Anreize hat, die aufgenommenen Mittel effizient einzusetzen. Sie werden vielmehr allzu oft eingesetzt, um Wählerstimmen zu kaufen, indem eine gezielte Klientelpolitik betrieben wird. Als Folge steigt die Staatsverschuldung, und zwar viel schneller als der durchschnittliche Zuwachs des Bruttoinlandsprodukts. Das wiederum bedeutet, dass die Staatsverschuldungsquote (der Quotient „Staatsschulden zu Bruttoinlandsprodukt") und i.d.R. auch die Staatsquote (der Quotient „Staatsausgaben zu Bruttoinlandsprodukt) in einem allgemein unerwünschten Maße wachsen.

Als Folge ergibt sich letztlich der Fall „Konsumtion ohne Produktion", denn die Staatskredite sind nachfragewirksam ohne dass das Produktionspotential im gleichen Umfang expandiert. Der Staat löst so nicht nur eine wirtschaftliche Krise aus, sondern

---

[6] Siehe zu diesem Aspekt auch *Enghofer* und *Knospe* (2005, S. 42).

kann auch inflationäre Prozesse initiieren. Hierzu schrieb der der bekannte liberale Denker *Friedrich August von Hayek* (1996, S. 112):

> „Die Geschichte staatlichen Umgangs mit Geld ist, mit Ausnahme einiger kurzer glücklicher Perioden, eine Geschichte von unablässigem Lug und Trug. In dieser Hinsicht haben sich Regierungen als weit unmoralischer erwiesen, als es je eine privatrechtliche Körperschaft hätte sein können, die im Wettbewerb mit anderen eigene Arten von Geld auf den Markt bringt."

Der Staat selbst profitiert auch – zumindest kurzfristig – von Inflation: die Steuereinnahmen steigen bei nominalbasierten Steuersystemen mit proportionalen oder progressiven Tarifen, zudem sinkt die reale Staatsschuld. Dass langfristig Wachstum, Beschäftigung und Wohlstand leiden, wurde und wird von kurzfristig denkenden Politikern allzu oft in Kauf genommen. Mehr noch: Das Marktwirtschaftliche System wird durch Staatsinterventionen, die die Symptome, aber nicht die Ursachen der Inflation bekämpfen, nach und nach zerstört.[7]

Aus eigentumsökonomischer Sicht sind entweder Staatskredite bei der Zentralbank oder bei den Geschäftsbanken die Ursache für Inflation, wobei in jedem Fall die Besicherung aufgeweicht wird. *Heinsohn* und *Steiger* (2006, S. 151) verweisen diesbezüglich auf eine empirische Studie von *Philipp Lehmbecker* (2005, S. 38):

> „In zwei Stichproben von 17 Nationen [Zentralbanken] für die Jahre 1980 bis 1989 und von 33 für 1998 bis 2003 wurde eine robuste negative und statistisch signifikante Korrelation zwischen der Qualität zentralbankfähiger Sicherheiten und Inflation ermittelt. Dieses Resultat bekräftigt die Hypothesen der Eigentumsökonomik. Auf Grundlage dieser Untersuchung müssen die Kollateralisierung bei der Emission von Geld und die Unterbindung der Finanzierung des staatlichen Defizits durch die Zentralbank als entscheidende Faktoren für monetäre Stabilität angesehen werden."

Wie sehen nun auf Basis dieser Diagnose Vorkehrungen aus eigentumsrechtlicher Sicht aus, um einem solchen Gebären des öffentlichen Sektors entgegenzuwirken?

- Zum einen ist natürlich die öffentliche Kreditaufnahme bei der Zentralbank zu unterbinden.
- Zum anderen muss die staatliche Kreditaufnahme bei den Geschäftsbanken auch eingeschränkt werden, um ein Kredit-Crowding-Out der Privaten oder auch inflationäre Tendenzen zu verhindern. Dies lässt sich über eine verfassungsmäßig fixierte Schuldenschranke des öffentlichen Sektors durchsetzen.
- Drittens muss gesetzlich fixiert werden, dass die Geschäftsbanken Kredite nur gegen gute Sicherheiten gewähren dürfen.
- Viertens muss gesetzlich bzw. verfassungsmäßig festgelegt werden, dass die Kreditvergabe der Zentralbank auch an erstklassige Sicherheiten gebunden ist, vor allem Staatspapiere sind hier herauszunehmen.

Die Unterbindung der staatlichen Kreditaufnahme bei der Zentralbank, die Einschränkung der staatlichen Schuldenaufnahme und die Zurücksetzung von Staatspapie-

[7] Einen Überblick über die Hyperinflationen in der Geschichte gibt die Internetseite http://www.applet-magic.com/hyper.htm. Man erkennt sofort, dass die Krisen alle staatlich verursacht sind.

ren als Zentralbanksicherheiten sind sicherlich geeignete Maßnahmen, um starke inflationäre Schübe in einer Volkswirtschaft wirksam zu unterbinden. Die Frage ist jedoch: Ist das System tatsächlich hinreichend inflations- und krisensicher, oder bedarf es flankierend einer aktiven Zinspolitik der Zentralbank?

5. Assetpreise, Kreditvergabe und Zinspolitik

Die Eigentumstheorie des Geldes weist auf die zentrale Verbindung von zertifiziertem Eigentum und Geld hin. Eigentum ermöglicht nicht nur, liquide Mittel von den Banken zu erhalten, es sichert zudem den gesamten Wert des Geldes ab und bewahrt die Banken vor Schieflagen oder gar Konkursen. Doch wie bestimmt sich der Wert der Assets, die als Sicherheiten dienen? Eine Marktwirtschaft vorausgesetzt lautet die Antwort: „Durch Angebot und Nachfrage!“ Das stimmt zwar, sollte aber noch etwas näher untersucht werden. Sind die Assets Anlagegüter, so müsste ihr Wert mit dem Barwert der abdiskontierten Gewinne korrespondieren. Handelt es sich um Assets, die „nur“ Nutzen stiften, ohne einen investiven Charakter zu haben, so sollte ihr Marktwert mit dem abdiskontierten zukünftigen Nutzen korrespondieren. Dies muss allerdings nicht immer gelten. Betrachtet man beispielsweise den Anstieg bestimmter Aktienwerte vor dem letzten Börsencrash, so dürfte klar sein, dass viele Aktienkurse so hoch notierten, dass ein Zusammenhang zu den abdiskontierten zukünftigen Gewinnen des entsprechenden Unternehmens nicht mehr vorhanden war. Schon einige Jahre vor dem Krisenjahr 2000 warnten einige Börsenbeobachter vor einer Überbewertung vieler Werte, dennoch wurden noch lange Zeit selbst absolut überbewertete Aktien von den Anlegern nachgekauft. Dies ist individuell rational, solange man als Anleger die (begründete) Erwartung hat, dass auch andere Anleger noch nachkaufen bzw. diese Titel erstmalig kaufen werden. Es herrscht eine Erwartungshaltung vor, die zu einem Herdenverhalten führt.[8] Zur Erinnerung sei noch einmal an die letzten drei großen Aktienkrisen erinnert:

- Der 24. Oktober 1929 ging in die Geschichte als Schwarzer Donnerstag (bzw. Schwarzer Freitag) ein: Nachdem schon in den Vorwochen ein deutlicher Rückgang des Jahre lang stark gestiegenen Dow Jones Index verzeichnet worden war, brach an diesem Tag große Panik unter den Anlegern aus. Die Börse stürzte extrem ab. Dieser Börsencrashtag – in Europa war es wegen der Zeitverschiebung der Freitag – gilt als Auslöser der Weltwirtschaftskrise. Auch wenn nur dieser eine Tag sprichwörtlich wurde, zog sich der eigentliche Crash über Tage und die folgende Baisse erreichte erst 1932 ihren Tiefpunkt.
- Am 19. Oktober 1987 (Schwarzer Montag) stürzten der Dow Jones und andere Börsenindizes ab. Es war der erste nennenswerte Börsenkrach nach dem Zweiten Weltkrieg. Der Dow Jones fiel innerhalb eines Tages um 22,6% (508 Punkte), was den zweitgrößten Absturz innerhalb eines Tages in dessen Geschichte darstellt. Der Sturz breitete sich schnell auf alle wichtigen internationalen Handelsplätze aus.

---

[8] Vgl. zu solcher Art von Herdenverhalten auch *Hott* (2002).

– Die sogenannte „Dotcom-Blase“ zerplatzte im März 2000, damit erlebte der „Neue Markt“ einen erheblichen Dämpfer, und viele Kleinanleger, die erst relativ spät in den Aktienmarkt einstiegen, verloren ihr Geld.

Vor und zwischen diesen großen weltwirtschaftlichen Börsencrashs, denen starke Überbewertungen vieler Aktienwerte vorausgingen, gab es noch andere geplatzte Blasen, die einzelne Branchen, Länder oder Ländergruppen betrafen. Und nicht nur die Aktienmärkte kennen solche Phänomene, auch auf den Immobilienmärkten findet man ähnliche Übertreibungen mit sich anschließenden (teilweise heftigen) Korrekturen.

Mit den Schwankungen der Vermögensgüter verändert sich nun auch die Kreditwürdigkeit.[9] Steigen die Assetpreise, so kann mit derselben Vermögensmasse ein vielfach höheres Kreditvolumen besichert werden, was zusätzlich einen expansiven Effekt auf die Kreditvergabe hat.[10] Umgekehrt sorgt die vermehrte Kreditvergabe aber auch dafür, dass mehr Investitionen entstehen, die Faktoreinkommen generieren und auf diese Weise auch die Nachfrage nach Vermögensgütern steigern, was auf deren Preise einen expansiven Effekt hat usw. Man hat es folglich mit einem sich wechselseitig aufschaukelnden Prozess zu tun.

Abbildung 1a zeigt den Zusammenhang zwischen den Krediten der Geschäftsbanken an die Unternehmen (ohne Banken) und die Entwicklung des Euro Stoxx 50 für den Zeitraum von 1999 (erste Quartal) bis zum Jahr 2006 (zweites Quartal). Der Zusammenhang ist recht eng. Das Bestimmtheitsmaß weist einen Wert von 0,84 auf. Auch in Deutschland zeigt sich der Gleichlauf (siehe Abbildung 1b), allerdings ist der Zusammenhang für denselben Zeitraum etwas schwächer. Das Bestimmtheitsmaß beträgt hier aber immer noch 0,58.

---

9 Vgl. zu den folgenden Ausführungen auch den *ECB-Observer*-Report (2006, S. 44 ff.).

10 Dieser Effekt wird von der Kredittheorie (*Bernanke* und *Gertler* 1995) ähnlich behandelt, er wird dort als „balance sheet“-Effekt bezeichnet: Ein Anstieg der Aktienkurse sowie der Immobilienpreise verbessert sowohl die Bilanzen von Unternehmen als auch die der Haushalte. Ein höheres Reinvermögen bedeutet, dass effektiv mehr Sicherheiten für die an eine Firma oder an einen Haushalt vergebenen Kredite vorliegen. Dies führt wiederum zu einer erhöhten Kreditvergabe, zu höheren Investitionsausgaben und damit zu höheren gesamtwirtschaftlichen Ausgaben. In der Portfoliotheorie (*James Tobin* 1969) ist der Weg zu einer höheren Kreditnachfrage anders: Höhere Vermögenspreise verringern die Rendite bestehenden Realkapitals und machen Neuinvestitionen vergleichsweise attraktiv. Das zieht eine verstärkte Kreditnachfrage nach sich.

Abbildung 1a: Jährliche Wachstumsrate der Unternehmenskredite (Linie, rechte Achse) und die Entwicklung des Euro Stoxx 50 (Balken, linke Achse) in Europa

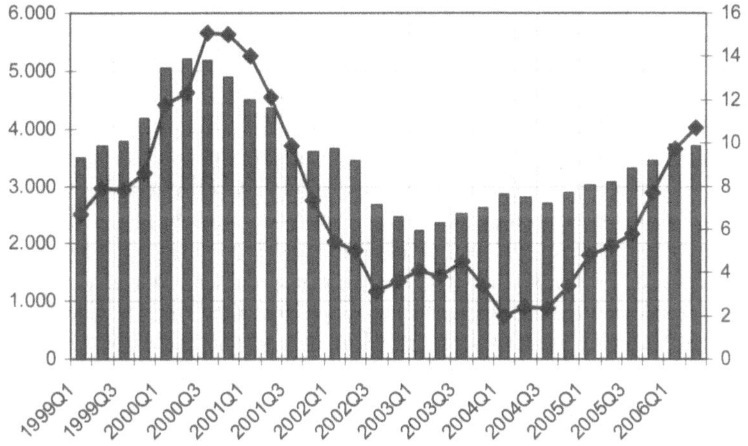

Quelle: *Europäische Zentralbank.*

Abbildung 1b: Jährliche Wachstumsrate der Unternehmenskredite (Linie, rechte Achse) und die Entwicklung des DAX (Balken, linke Achse) in Deutschland

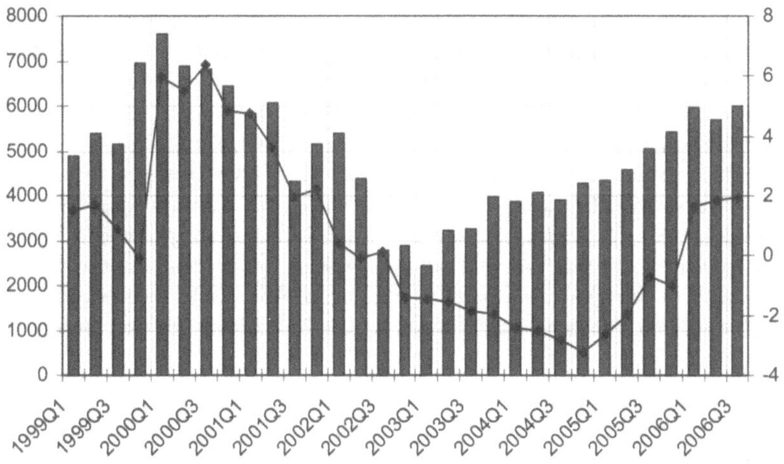

Quelle: *Europäische Zentralbank.*

Der relativ enge Zusammenhang zwischen Unternehmenskrediten und der Aktienentwicklung ist neu. Betrachtet man Zeitreihen, die in den 1960er, 1970er oder 1980er Jahren beginnen, verschwindet er vollständig.[11] Das Zusammengehen von Unternehmenskrediten (genauer der Zuwachsrate) und der Aktienwerte (als zentraler Bestandteil der Vermögenswerte) kann eine Überhitzung der Wirtschaft und der Kapitalmärkte beschleunigen: Bubbles bauen sich auf und zerplatzen wieder. Da dies nach bisheriger Erkenntnis volkswirtschaftliche Kosten verursacht, sollten solche Aufschaukelungsprozesse möglichst vermieden werden. Dies dürfte allerdings durch eine Regulierung schwer zu erreichen sein. Man müsste dann eine Art „Niederstwertprinzip" der Bewertung der Sicherheiten (Assets, die beim Kreditkontrakt zur Besicherung dienen) einführen. Ein solches Verfahren dürfte in einer strengen Version auf Ablehnung stoßen, weil es nicht praktikabel ist. Die eingeführten Beleihungsgrenzen (siehe hierzu den Anhang) nützen hier wenig, weil mit den Werten die Besicherungsgrundlagen proportional steigen. Wenn aber eine befriedigende Regulierungslösung nicht implementierbar ist, sollte eine Zentralbank zur Verhinderung von Bubbles auch die Kreditvergabe (Entstehen von „fresh money") und die Vermögenspreisentwicklung (nicht nur die Aktienpreisentwicklung, sondern auch andere Vermögenspreise) bei der Zinssetzung berücksichtigen.[12]

Der Einfluss der Zentralbank auf die Assetpreise wird in der Standardtheorie vor allem durch die Portfoliotheorie (vor allem James Tobin) dargelegt[13]: Geht man davon aus, dass das durchschnittliche Wirtschaftssubjekt eine optimale Anlagestrategie verfolgt und dabei Geld, Wertpapiere, Aktien und Realinvestitionen berücksichtigt, so stört eine Zinsänderung der Zentralbank die optimale Zusammensatzung und erzwingt so Anpassungen. Erhöht (senkt) die Zentralbank den Zins, so wird der Kauf von Wertpapieren (un-) attraktiver, folglich werden tendenziell weniger (vermehrt) Aktien gekauft und auch weniger (mehr) Realinvestitionen getätigt.

Bereits dieser einfache Transmissionsweg setzt allerdings voraus, dass die Zentralbank über ihren Leitzins den Kapitalmarktzins in vorhersehbarer Weise beeinflussen kann. Dieser Zusammenhang wurde unter Zeiten der Geldpolitik der Deutschen Bundesbank auch mit der „Geldmarktabhängigkeit des Kapitalmarkts" begründet. Da die Zentralbank kurzfristig die Geldmarktzinsen maßgeblich bestimmt, beeinflusst sie mittelfristig den Kapitalmarktzins (z.B. den 10-Jahres-Wertpapierzins). Die Verkettung beider Märkte ergibt sich nicht nur über die Anlegerarbitrage, sondern auch über die Knappheit des Zentralbankgeldes: Die Banken werden bei teurer (billiger) werdendem Zentralbankgeld eine zunehmende (abnehmende) Refinanzierung über das Publikum anstreben. D.h. sie erhöhen (senken) die Einlagezinsen, wobei diese Einlagen Substitutionsprodukte zu Wertpapieren darstellen. Ein unmittelbarer Zusammenhang ergibt sich auch über den Kreditkanal: Eine Zinsänderung der Zentralbank bewirkt, dass die Ban-

---

11 Das bedeutet natürlich nicht, dass es nicht schon vorher einen Zusammenhang zwischen der Wertbeständigkeit oder Wertentwicklung der Kreditsicherheiten und der Kreditvergabe gab.

12 *Heinsohn* und *Steiger* (2006, S. 183 f.) erkennen das Problem auch, sehen jedoch keinen Bedarf für eine aktive Zinspolitik der Zentralbank.

13 *Tobin* (1969) zeigt anhand eines Allgemeinen Gleichgewichtsmodells, wie sich über die Portfolios der einzelnen Wirtschaftssubjekte die Assetpreise ergeben, wobei die Portfolioentscheidungen von der Geldpolitik beeinflussbar sind.

ken gleichgerichtet die Sollzinsen anpassen. Für das Substitutionsprodukt zum Kreditvertrag, für das Wertpapier verändert sich dann zeitverzögert auch der Zins.

Gegeben den Einfluss der Zentralbank auf den Kapitalmarktzins und gegeben die Gefahr eines Aufschaukelungsprozesses von Krediten und Assetpreisen (weil die Assets der Kreditbesicherung dienen) mit anschließender Bubble und nachfolgender Krise könnte man als Aufgabe der Zentralbank formulieren, dass diese ihre Zinsentscheidungen auch – oder sogar verstärkt – an den Größen „Kreditexpansion“ und „Assetpreisentwicklung“ ausrichtet.

Aber kann die Zentralbank den Kapitalmarktzins wirklich mit hinreichender Genauigkeit beeinflussen?

Der im Euroraum beobachtbare Zusammenhang zwischen den Zentralbankzinsen und der Zinsentwicklung am Kapitalmarkt ist viel geringer als man vermuten könnte. Einfache Tests auf Granger-Kausalität zwischen der 10-Jahres-Kapitalmarktrendite und dem Refi-Satz der Europäischen Zentralbank belegen zudem, dass eher die Zentralbank von der Zinsentwicklung am langen Ende getrieben wird (*ECB-Observer* 2006, S. 45 ff.). Abbildung 2 zeigt die Zinspfade.

Abbildung 2: Entwicklung der kurz- und langfristigen Zinsen im Euroland von 1999 bis 2006

Quelle: *Europäische Zentralbank.*

Bereits die optische Inspektion der Zinsreihen gibt einen deutlichen Hinweis darauf, dass von einer unmittelbaren Beeinflussung der Kapitalmarktzinsen durch die Notenbank nicht die Rede sein kann. Auch auf die Kreditvergabe ist damit der Einfluss gering. *Heinsohn* und *Steiger* (2006, S. 187 f.) führen das Beispiel der japanischen Stagnationskrise an: Der Refi-Satz wird von der japanischen Notenbank auf 0,1 % (also fast 0) gesenkt, die Banken sind aber aufgrund fehlender erstklassiger Sicherheiten nicht gewillt, den Unternehmen Kredite zu gewähren. Diese wiederum müssen sich am grauen Markt in der Niedrigzinsphase Kredite für bis zu 20 % Zinsen besorgen. Vor diesem Hintergrund ist die Frage der „richtigen“ Zinsentscheidung dann erneut zu stellen und zu beantworten.

Unterstellt man, die Zentralbank habe tatsächlich nur einen recht schwachen und nicht genau zu kalkulierenden Einfluss auf die Kapitalmarktzinsen, so könnte man als Empfehlung für die Geldpolitik trotzdem formulieren, dass sie nicht einer Bubble-Bildung Vorschub leisten sollte: Dies impliziert, das die Notenbank *nicht* – wie bisher in den USA, aber auch in Europa beobachtbar – den Leitzins in Zeiten schlechterer Konjunktur extrem senkt, um ihn dann im Aufschwung relativ stark anzuheben. Eine Geldpolitik, die sich stattdessen an der langfristigen Entwicklung von Kredit- und Geldaggregaten orientiert und zudem auch auf die Vermögenspreise achtet, ist eher eine Politik der ruhigen Hand, die den Leitzins nur relativ gering um ein mittleres Niveau von etwa 4 % schwanken lässt. Eine solche gleichmäßigere Zinspolitik erschwert den Aufbau von Bubbles mit anschließenden Krisen und leistet so einen weiteren positiven Beitrag zum langfristigen Wachstum.

Diese Aspekte werden allerdings von der Eigentumstheorie des Geldes bisher zu wenig betrachtet und problematisiert. Die Eigentumstheorie setzt allein auf die Besicherung, unterschätzt aber m.E. die Schwankungen der Assetpreise und den Zusammenhang von Kreditexpansion und Vermögenspreisen. Allein auf erstklassige Sicherheiten zu rekurrieren, mag zwar große Inflationsschübe verhindern, damit wird aber Vermögenspreis- und Konjunkturschwankungen nicht entgegengewirkt.

6. Fazit

Heinsohn und *Steiger* vertreten mit ihrer Eigentumstheorie des Geldes den Anspruch, eine umfassende und in sich logische Theorie des Wirtschaftens zu entwerfen. Der wirtschaftende Mensch ist aus deren Sicht das Resultat der Ordnung. Nicht die Gier treibt die Menschen an, immer produktiver zu werden, sondern der Verschuldungs- und Zinsdruck. Ohne Zweifel ist dies eine wichtige Restriktion, dennoch darf man nicht übersehen, dass die ökonomische Theorie in vielen Bereichen jenseits der Geldwirtschaft mit ihrem Homo-Oeconimicus-Ansatz erhellende Erklärungen und Vorhersagen liefert. Insofern ist die Aussage „Die Geburt des Homo Oeconomicus ist die eigentumsbasierte Geldwirtschaft“ zu relativieren. Aber dennoch: Der Verschuldungs- und Zinsdruck ist eine wichtige Restriktion für das Wirtschaften.

Geld entsteht über Kredite (Verschuldung), die von Banken allerdings nur dann vergeben werden, wenn Eigentum als Sicherheit gestellt wird. Damit dieses System krisensicher funktioniert, müssen Anforderungen an solche Sicherheiten (z.B. konservative Bewertung, Verbot der Überzeichnung) gesetzlich fixiert werden. *Heinsohn* und *Steiger* kritisieren, dass sich weder die Institutionenökonomik noch die traditionellen Schulen der Ökonomik neoklassischer oder keynesianischer Prägung mit diesen Aspekten auseinandersetzen.

Eigentumsbasiertes Geld ermöglicht es jedem Eigentümer, sich Liquidität zu beschaffen, um Investitionsideen zu verwirklichen. Vor diesem Hintergrund stellt *Hernando de Soto* die These auf, dass es den Entwicklungsländern nicht an Geld, sondern an Recht mangele. Würden sie einen auf Eigentumsrechten basierenden Rechtsstaat etablieren, wären die Liquiditätsprobleme schnell beseitigt, denn es wäre dann genug zertifiziertes Eigentum vorhanden, um die Mittel für die Investitionen aufzunehmen.

Der Zins wird nach der Eigentumstheorie von den Banken verlangt, weil durch die Kreditvergabe deren Eigenkapital gebunden wird. Zudem wird auch beim Schuldner das Eigentum gebunden. Die Verfügungsrechte bleiben aber weitgehend unberührt. Diese Argumentation negiert allerdings völlig die Knappheit des Zentralbankgeldes als Begründung für den Geschäftsbankenzins. Es dürfte realiter auf die konkrete Situation einer Geschäftsbank ankommen, ob für sie das Eigenkapital oder das Zentralbankgeld der Engpassfaktor ist. Und auch die Zentralbank setzt ihren Zins nicht nach der Knappheit ihres Eigenkapitals, sondern als Monopolist gemäß ihrer Zielfunktion. Trotzdem ist es ein Verdienst der Eigentumstheorie, das knappe Eigenkapital der Geschäftsbanken als wichtige Zinsbegründung mit ins Spiel zu bringen.

Verschuldung und Zins führen nun zu zwei wesentlichen Resultaten: Die Schuldner müssen wie erwähnt effizient mit dem Geld umgehen, d.h. produktiv wirtschaften. Zum anderen führt der Zins dazu, dass das *Saysche* Theorem nicht gilt: Kein Investor kann so viel Nachfrage über die Faktoreinkommen schaffen, dass seine Güter vom Markt genommen werden. Dennoch muss dies nicht zu Krisen führen. Solange die Wirtschaft wächst, d.h. immer neue Investitionen Einkommen generieren, gehen die meisten Pläne auf.

Weil für den Staat die Einheit von Handlung und Haftung nicht gilt und er zudem über die Steuerhoheit den Zugriff auf Milliarden von Einkommen hat, ist er ein ‚gefährlicher' Akteur in dem geldwirtschaftlichen System: Er kann sich übermäßig verschulden und im Zuge dessen für Inflations- und Deflationskrisen sorgen. Das eigentumsbesicherte Geldsystem kann daher nur nachhaltig stabil sein, wenn der staatlichen Kreditaufnahme Grenzen gesetzt sind und auch Staatspapiere nicht als Sicherheiten für Zentralbankkredite dienen.

Doch auch in einem eigentumsbasierten Geld- oder Wirtschaftssystem, das durch eine vernünftige Regulierung stabilisiert wird, scheinen Krisen unvermeidbar zu sein: Aufschaukelungsprozesse zuwischen Assetpreisen und Krediten können zu Bubbles führen, die schließlich zerplatzen, was insgesamt als volkswirtschaftlich kostspielig angesehen wird. Da jedoch auch eine Zentralbank den tatsächlichen Wert der Assetpreise nicht genau messen und diesen auch nicht genau steuern kann, ja sogar auf den Kapitalmarktzins nur eine sehr indirekte und relativ schwache Wirkung ausübt, sollte sie ihre Zinspolitik an der langfristigen Entwicklung der Geld- und Kreditexpansion – ggf. mit einem Blick auf die Assetpreise – ausrichten. Dies bedeutet, dass sie eher eine Politik der ruhigen Hand als eine Konjunkturpolitik machen und den Leitzins nur gering um ein mittleres Niveau von etwa 4 % schwanken lassen sollte. Eine solche gleichmäßigere Zinspolitik würde sicherlich den Aufbau von Bubbles mit anschließenden Krisen erschweren. Zudem würde eine solche Strategie tagespolitischen Druck von der Notenbank nehmen, denn es würde deutlich gemacht, dass die Notenbank mit ihren Instrumenten gar keine sinnvolle Ad-hoc-Politik zur Stützung des Wachstums und der Beschäftigung leisten kann.

Literatur

Bernanke, Ben S. und *Mark Gertler* (1995), Inside the Black Box: The Credit Channel of Monetary Policy Transmission, in: Journal of Economic Perspectives, Vol. 9, Nr. 4, 27-48.

Borchert, Manfred (2003), Geld und Kredit, 8. Auflage, München und Wien.

Buchanan, James M. (1984), Die Grenzen der Freiheit, Tübingen.

Coase, Ronald (1960), The Problem of Social Cost, in: Journal of Law and Economics, Vol. 3, S. 1-44.

De Soto, Hernando (2002), Freiheit für das Kapital, Berlin.

Demsetz, Harold (1967), Toward a Theory of Property Rights, in: American Economic Review, Vol. 57, S. 347-359.

ECB-Observer (2006), Money Matters for Inflation in the Euro Area, Report Nr. 9, www.ecb-observer.com.

Enghofer, Stuart und *Manuel Knospe* (2005), Verschuldung, Geld und Zins – Grundlegende Kategorien einer Wirtschaftstheorie, Lehrstuhl VWL 5, Arbeitspapier Nr. 2, Universität Bayreuth.

Erlei, Mathias, Leschke, Martin und *Dirk Sauerland* (2007), Neue Institutionenökonomik, 2. Auflage, Stuttgart.

Eucken, Walter (1968), Grundsätze der Wirtschaftspolitik, 4. Auflage, Tübingen.

Furubotn, Eirik G. und *Svetozar Pejovich* (1972), Property Rights and Economic Theory. A Survey of Recent Literature, in: Journal of Economic Literature Vol. 10, S. 1137-1162.

Hayek, Friedrich A. von (1977), Die Entnationalisierung des Geldes, Tübingen.

Hayek, Friedrich A. von (1996), Die Anmaßung von Wissen, Neue Freiburger Studien, Tübingen.

Hayek, Friedrich A. von (2004), Recht, Gesetz und Freiheit, Tübingen.

Heinsohn, Gunnar und *Otto Steiger* (2004), Eigentum, Zins und Geld: Ungelöste Rätsel der Wirtschaftswissenschaft, 3. Auflage, Marburg.

Heinsohn, Gunnar und *Otto Steiger* (2006), Eigentumsökonomik, Marburg.

Hott, Christian (2002), Finanzkrisen. Eine portfoliotheoretische Betrachtung von Herdenverhalten und Ansteckungseffekten als Ursachen von Finanzkrisen, Frankfurt.

Lehmbecker, Philipp (2005), On the Effect of the Quality of Eligible Collateral on Price Stability: An Empirical Analysis, Diskussionsbeitrag 33 des IKSF, Universität Bremen.

Smith, Adam (2006), Der Wohlstand der Nationen, 3. Auflage, München.

Tobin, James (1969), A General Equilibrium Approach to Monetary Theory, in: Journal of Money, Credit, and Banking, Vol. 1, S. 15-29.

Anhang

Die IHK Hannover hat zusammengestellt, wie Banken Sicherheiten bewerten:[14]

Grundstücke und Guthaben

- Grundstücke: 60 bis 80% des von den Kreditinstituten ermittelten Preises
- Bankguthaben: 100% des Nennwertes
- Lebensversicherungen: 100% des Rückkaufwertes

Kundenforderungen

- gegen die öffentliche Hand: 90% des Forderungsbetrages
- gegen sonstige Kunden: 50 bis 80% des Forderungsbetrages
- Steuererstattungsansprüche: 100% des Erstattungsanspruches

Wertpapiere

- Bundesschatzbriefe: 80% des Nennwertes
- Schuldverschreibungen öffentl. Stellen: 80% des Kurswertes
- sonstige Schuldverschreibungen: 60 bis 80% des Kurswertes
- an inländischer Börse notierte Aktien: 60% des Kurswertes
- an ausländischer Börse notierte Aktien: 50% des Kurswertes
- Aktienfonds: 60% des Kurswertes
- Rentenfonds: 70% des Rücknahmepreises
- Zertifikate offener Immobilienfonds: 80% des Rücknahmepreises

Bürgschaften

- einer Bürgschaftsbank: 100% des Bürgschaftsbetrages
- von fremden Dritten: je nach Bonität
- von Ehepartnern: ohne Bewertung

Sonstiges

- Warenlager: 50 % der Einstandspreise
- Ladeneinrichtung: 40% des Zeitwertes
- Maschinen und Geschäftsausstattung: 50% des Zeitwertes
- Autos: 60% des Zeitwertes
- Edelmetalle: 70% des Metallwertes

---

[14] Siehe http://www.hannover.ihk.de/finanzierung/grundlagen/wie-banken-sicherheiten-bewerten/page.html.

III.

Geldpolitische Strategien

Albrecht F. Michler und H. Jörg Thieme (Hg.)
Systeme monetärer Steuerung: Analyse und Vergleich geldpolitische Strategien
Schriften zu Ordnungsfragen der Wirtschaft · Band 86 · Stuttgart · 2007

Geldpolitische Strategien im Umbruch

Diemo Dietrich und *Albrecht F. Michler*

Inhalt

1. Einleitung 168

2. Endziele der Geldpolitik 168
   2.1. Wohlfahrtsmaß 168
   2.2. Preis(niveau)stabilität 169
   2.3. Gesamtwirtschaftliche Produktion 170
   2.4. Weitere potenzielle Zielgrößen 170
   2.5. Zwischenfazit 171

3. Konzeption geldpolitischer Strategien 172
   3.1. Elemente geldpolitischer Strategien 172
   3.2. Die Eignung einiger Variablen als Zwischenzielgröße in einer zweistufigen geldpolitischen Strategie 173
      3.2.1. Notwendige Eigenschaften von Zwischenzielvariablen 173
      3.2.2. Geldmengensteuerung 174
      3.2.3. Zinssteuerung 177
   3.3. Regelgebundene versus diskretionäre Geldpolitik 179
   3.4. Das Verhalten von Notenbanken im Wandel der Geldtheorie 180

4. Das Konzept der Geldmengensteuerung 182

5. Das Konzept des Inflation targeting 185

6. Die geldpolitische Strategie des Eurosystems 188
   6.1. Argumente für eine zweidimensionale geldpolitische Strategie 188
   6.2. Die Ausgestaltung der 2-Säulen-Strategie des Eurosystems 189
   6.3. Entwicklung und kritische Würdigung der 2-Säulen-Strategie 190

Literatur 191

1. Einleitung

Auf einer von der Europäischen Zentralbank (EZB) organisierten Konferenz im November 2006 wurde erneut die geldpolitische Strategie des Europäischen Systems der Zentralbanken (ESZB) in Frage gestellt. Im Fokus der Kritik stand dabei die Bedeutung der monetären Analyse im Rahmen der Zwei-Säulen-Strategie.[1] Die bereits seit der Errichtung der EZB verstärkte Kritik an der Rolle des Geldes in der Strategie einer Zentralbank wird von Seiten der Wissenschaft vor allem auf der Grundlage neuerer Erkenntnisse in der monetären Makroökonomik geführt. Die stochastischen dynamischen Modelle des Allgemeinen Gleichgewichtes (DSGE-Modelle) sind Weiterentwicklungen der Real Business Cycle Theorien (RBC-Modelle), die intertemporal optimierendes Verhalten der Marktteilnehmer bei rationalen Erwartungen unterstellen. Neben ihrem unumstrittenen Beitrag zum besseren Verständnis makroökonomischer Prozesse stellt sich aber die Frage, inwieweit sie geeignet sind, praxisrelevante Ergebnisse für eine optimale geldpolitische Strategie der Zentralbank zu liefern. Ökonomische Modelle und ihre inhärente Komplexitätsreduktion bergen grundsätzlich die Gefahr, dass die im vielfältigen Zusammenwirken von Entscheidungen einer Vielzahl von Akteuren bestehenden tatsächlichen Zusammenhänge in der Analyse nur unzureichend erfasst werden. Dies ist kein Manko ökonomischer Theorien! Jedoch sollte auch immer Raum für eine offene Diskussion darüber bestehen, ob die aus ihr abgeleiteten wirtschaftspolitischen Schlussfolgerungen tatsächlich implementierbar sind.

Im Folgenden werden zunächst potenzielle Endziele der Geldpolitik identifiziert, die mit Hilfe konkurrierender geldpolitischer Strategien realisierbar sind bzw. seitens der Wirtschaftspolitik angestrebt werden. Nach einer generellen Klassifikation geldpolitischer Strategien im dritten Kapitel werden einige Strategieansätze kurz skizziert. Der aktuellen Bedeutung der Debatte über Geldmengensteuerung versus direkte Inflationssteuerung trägt das vierte und fünfte Kapitel Rechnung. Abschließend wird die geldpolitische Strategie des Eurosystems diskutiert.

2. Endziele der Geldpolitik

2.1. Wohlfahrtsmaß

Unabhängig davon, ob die Bestimmung der geldpolitischen Finalziele in der Verantwortung der Zentralbank selbst liegt oder ob sie vorgegeben sind, stellt sich die Frage, auf welche Ziele die Geldpolitik bei der Formulierung ihrer Strategie ausgerichtet werden soll. Diese Frage hat grundsätzlich normativen Charakter und man kann sich ihrer Beantwortung aus wohlfahrtstheoretischen Überlegungen nähern. Sofern sich die Gestaltung der Geldpolitik an der Wohlfahrt eines Landes orientiert, lassen sich die Zusammenhänge üblicherweise anhand der intertemporalen Nutzenfunktion eines re-

---

[1] Die Debatte entzündete sich an einem Beitrag des EZB-Stabes (*Fischer, Lenza, Pill* und *Reichlin* 2006).

präsentativen Haushaltes abbilden. Im einfachsten Fall lässt sich sein Nutzen U wie folgt formulieren:

$$(1) \qquad U = E\sum_{t=0}^{\infty}\beta^t u(c_t)$$

mit E als Erwartungsoperator, β als Maß für die Zeitpräferenz sowie u als Funktion, die den Periodennutzen des Konsums abbildet, wobei c den Konsumgütervektor beschreibt; t ist der Zeitindex. Neben dem Konsum in t können weitere reale Größen die Wohlfahrt des Haushaltes beeinflussen, wie die Ausprägung von Konsumgewohnheiten oder die Freizeit. Nominale Größen, wie das Preisniveau, haben hingegen keinen Wert an sich.

Die Geldpolitik sollte daher darauf abstellt werden, den Haushalten einen nutzenmaximierenden Konsumpfad $\{c_t\}_{t=0}^{\infty}$ zu ermöglichen. In einer idealen Welt ohne Transaktionskosten gibt es keine nominalen oder realen Rigiditäten, und der Haushalt erreicht seinen nutzenmaximierenden Konsumplan unabhängig von der Ausrichtung der Geldpolitik; letztlich ist dann die Existenz des Geldes selbst nicht einmal begründbar.

Wenn es dem Haushalt aufgrund von Rigiditäten (Preis- und Lohnrigiditäten, Finanzmarktimperfektionen, Kapitalanpassungskosten etc.) nicht möglich ist, seine Konsumpläne unverzüglich an exogene Schocks (Angebots- oder Nachfrageschocks) anzupassen, dann kann die Geldpolitik dessen Wohlfahrt beeinflussen. Eine notwendige Voraussetzung hierfür ist, dass die Zielgröße, deren Steuerung wohlfahrtsoptimierend ist, auch tatsächlich im Einflussbereich der Zentralbank steht, weshalb im Folgenden die Diskussion auch auf solche Ziele beschränkt ist.

2.2. Preis(niveau)stabilität

Das in der Debatte um die Geldpolitik am wenigsten umstrittene Ziel ist die Sicherung der Preis(niveau)stabilität. Eine ausschließlich hierauf gerichtete Geldpolitik ist grundsätzlich in der Lage, dem Haushalt die Umsetzung seiner optimalen Konsumpläne zu ermöglichen – aber nur, wenn es sich bei den Schocks, die eine Volkswirtschaft treffen, um aggregierte (Nachfrage- oder Angebots-) Schocks handelt (*Woodford* 2003a). In einem solchen Szenario ändern sich die effizienten intratemporalen Relativpreise nicht, sodass bei Preisniveaustabilität die ansonsten im Fall von Rigiditäten entstehenden Verzerrungen der relativen Preise ausbleiben. Die auf Preisniveaustabilität ausgerichtete Geldpolitik hat in diesem Fall nur die Aufgabe, schockbedingte Änderungen des natürlichen intertemporalen Preises des Konsum (der natürliche Realzins im Sinne von *Wicksell*) geldpolitisch zu flankieren; in der Welt der DSGE-Modelle heißt dies, dass die Zentralbank den nominalen Zins so steuert, dass der Realzins zu jeder Zeit seinem natürlichen Niveau entspricht.[2]

---

[2] Daneben werden traditionellerweise weitere Gründe für die Wahl der Preisniveaustabilität als primäres Ziel der Geldpolitik angeführt: durch Inflation verursachte Umverteilungen (Seignorage, Steuerverzerrungen); Fehlallokationen durch Verschleierungen relativer und absoluter Preisänderungen; Effizienzverluste durch die Notwendigkeit zur Absicherung von Realwertverlusten.

Der Geldpolitik das ausschließliche Ziel der Preisniveaustabilität zuzuordnen, kann aber unter Umständen suboptimal sein, beispielsweise wenn der natürliche Realzins aufgrund temporärer exogener Störungen vorübergehend negativ ist (*Woodford* 2004, S. 24). Noch gravierender ist das Argument, dass Schocks nicht immer alle Güter- und Faktormärkte in gleicher Weise treffen und letztlich eine Anpassung der relativen Preise erfordern. Preisniveaustabilität ist dann nicht zwingend wohlfahrtsoptimal, denn Preisrigiditäten führen bei einem stabilem Preisniveau zu Verzerrungen relativer Preise, die sich ja aufgrund sektorspezifischer Störungen ändern müssen. Für diesen Fall zeigt *Aoki* (2001) jedoch, dass die Stabilisierung eines asymmetrisch gewichteten Preisindizes die Allokation erleichtert. Ein derartiger Preisindex gewichtet Güter mit größerer Preisrigidität stärker und mit hoher Preisflexibilität schwächer (Konzept der Kerninflationsrate).

2.3. Gesamtwirtschaftliche Produktion

Angesichts der vorherigen Überlegungen leitet sich der Konsens ab, dass Preisniveaustabilität das primäre Ziel der Geldpolitik sein sollte, da dies ihr bester Beitrag zur Mehrung der Wohlfahrt einer Volkswirtschaft ist. Allerdings wird auch der Stabilisierung der aggregierten Produktion um ihr „natürliches" Niveau ein Gewicht beigemessen. Nominale Rigiditäten und potenzielle Schocks führen aufgrund des Preissetzungsverhaltens von Unternehmen dazu, dass kurzfristig ein Trade-off zwischen Preisniveaustabilität und realwirtschaftlicher Stabilität besteht (*New Keynesian Phillips Curve*), den eine Zentralbank ausnutzen kann, um eine Anpassung des intertemporalen Konsumpfades der Haushalte an ihr Optimum zu ermöglichen.[3] Hierbei ist zu unterscheiden zwischen dem Ziel, die Produktion um ihr „natürliches" Niveau zu stabilisieren, und dem Ziel, den durchschnittlichen Wachstumspfad des Outputs zu steigern.

Aus dieser Argumentation folgt nicht, dass das genuine Ziel der Geldpolitik eine Stabilisierung der Produktion ist. Vielmehr – und dies ist auch die Interpretation des Eurosystems – liegt der beste Beitrag der Geldpolitik in der mittelfristigen Wahrung von Preisniveaustabilität, weil so der größtmögliche Wachstumsbeitrag geleistet wird. Wie eine Zentralbank dieses Ziel erreicht, ist eine Frage ihrer Strategie, und diese kann durchaus vorsehen, dass geldpolitische Instrumente auch in Abhängigkeit von Produktion und Produktionslücke eingesetzt werden, gerade mit Blick auf ihr finales Ziel. Denn temporäre Abweichungen der Produktion von ihrem natürlichen Wert sind nicht nur unmittelbar wohlfahrtsmindernd, sondern beeinflussen das Preissetzungsverhalten der Unternehmen in der Gegenwart und in der Zukunft und damit die mittelfristigen Inflationsaussichten.[4]

2.4. Weitere potenzielle Zielgrößen

Es gibt aber noch weitere konkurrierende Kandidaten, die für eine Zentralbank als Zielgröße mit Blick auf die Wohlfahrt in Frage kommen, da sie zum einen im Ein-

[3] *Amato* und *Laubach* (2004) argumentieren zudem, dass neben der Preisniveaustabilisierung auch eine Stabilisierung der Produktion und ihrer Abweichung vom natürlichen Niveau optimal ist, wenn Haushalte Konsumgewohnheiten (*habit formation*) ausprägen.

[4] Der Vorschlag, statt auf Preisstabilität und Produktion gleich auf das nominale BIP als Zielgröße abzustellen, wird in *Bernanke* und *Mishkin* (1997) diskutiert.

flussbereich der Zentralbank liegen und zum anderen mehr oder weniger mittelbar nutzensteigernd sein können (*Cecchetti* 2000). So wird vorgebracht, dass Zinsglättung ein weiteres Ziel der Zentralbank sein sollte. *Woodford* (2003b) argumentiert, dass – obwohl sie keine unmittelbare Wohlfahrtswirkung hätte – eine Zinsglättung vorteilhaft ist, da die Geldpolitik bei ihren Entscheidungen dadurch auch ihre eigene Vergangenheit berücksichtigt. Diese „Rückwärtsorientierung" der Geldpolitik stellt bei Annahme rationaler Erwartungsbildung der Marktteilnehmer ein zusätzliches stabilisierendes Moment für den Inflationsprozess dar – auf Kosten allerdings zusätzlicher Trägheiten bei der Rückführung des Preisniveaus auf seinen Zielwert.[5]

Eine weitere Begründung für die Zinsglättung lässt sich aus dem „übergeordneten" Ziel der Sicherung der Finanzstabilität ableiten. Diese Zielgröße ließe sich grundsätzlich mit der Wohlfahrtsfunktion einer Volkswirtschaft vereinbaren, wenn berücksichtigt wird, dass gravierende Störungen der Finanzstabilität (Finanzkrisen) mit nennenswerten realwirtschaftlichen Kosten verbunden sind, da sie zu erheblichen Verzerrungen relativer (Vermögens-)Preise führen können.[6] Dieses Argument impliziert, dass nicht nur die Entwicklung der Zinsen, sondern eine Vielzahl anderer Vermögenspreise im Zielkatalog der Zentralbank aufzulisten wären. Diese Aufblähung des Zielkataloges ist jedoch mit Problemen verbunden. Zum einen steigt die Gefahr von Zielkonflikten. Zum anderen ist fraglich, ob es sich hierbei wirklich um eigenständige Ziele handeln kann, denn Vermögenspreisänderungen sind in der Regel lediglich Teil der Informationsmenge, auf deren Grundlage eine Zentralbank Gefahren für die Preisniveaustabilität ableitet (*Bernanke* und *Gertler* 2001).[7] Nicht zuletzt kann allein die Gefahr möglicher Krisen die Akteure dazu anreizen, geeignete private Vorkehrungen zu treffen und von moral hazard Aktivitäten abzuhalten, sodass eine explizite Abwehrfunktion der Zentralbank kontraproduktiv sein kann (*Issing* 2003).

2.5. Zwischenfazit

Zusammenfassend lässt sich aus dieser Darstellung festhalten, dass eine Zentralbank grundsätzlich solche Größen als Endziele verfolgen sollte, die zum einen (mittelbar) die Wohlfahrt der Haushalte beeinflussen und zum anderen auch tatsächlich durch die Zentralbank mittel- und langfristig steuerbar sind. Bei der Formulierung von Finalzielen müssen darüber hinaus weitere Punkte berücksichtigt werden. So liegen unter Umständen Zielkonflikte vor, die zu Zeitinkonsistenzproblemen beitragen können (z. B.

---

5 Zinsglättung in der Reaktionsfunktion einer Zentralbank ist zu unterscheiden von der Zinsglättung als eigenständiges geldpolitisches Ziel. So kann eine ausschließlich an Preisniveaustabilität orientierte Zentralbank Zinsglättung betreiben, wenn beispielsweise Modell- oder Datenunsicherheit besteht.

6 *Padoa-Schioppa* (2004, S. 95ff.) sieht in der Wahrung der Finanzstabilität nicht nur ein primäres Ziel für die Geldpolitik schlechthin, sondern darüber hinaus einen der wichtigsten Gründe für die Errichtung eines staatlichen Notenbankmonopols.

7 Dieser Sichtweise widersprechen *Cecchetti, Genberg* und *Wadhwani* (2002). Sie argumentieren, dass eine Zentralbank zwischen fundamentalen und spekulativen Vermögenspreisschwankungen zu unterscheiden hätte, wobei letztere eine selbstständige, über den Informationswert bezüglich der künftigen Preisentwicklung hinaus gehende Position in der geldpolitischen Strategie haben sollte.

Produktionsvariabilität versus Inflationsvolatilität oder stabile Preise versus stabiles Finanzsystem (*Borio, English* und *Filardo* 2003)). Des Weiteren kann das Anstreben eines Oberzieles (Preisniveaustabilität) an sich einen Beitrag zur mittelfristigen Realisierung anderer (nachrangiger) Ziele leisten (Finanzstabilität, Outputstabilität, Vermögenspreisstabilität). Schließlich sollte bei der Formulierung des Zielkataloges die *Lucas*-Kritik berücksichtigt werden, d. h. die Aufnahme eines Zieles selbst darf nicht das Verhalten der Privaten abändern, sodass eine Umsetzung dieses Zieles nicht mehr konform mit der Wohlfahrtsfunktion ist. Vor diesem Hintergrund scheint es geboten, das Finalziel der Geldpolitik als mittelfristige Wahrung der Preisniveaustabilität aufzufassen.

Allerdings bleibt die Frage, welcher Preisindex dem Endziel zugrunde liegen sollte. In der Nutzenfunktion (1) sind nur die (kurzlebigen) Konsumgüter Determinanten des kontemporären Nutzens. Demnach sollte der Konsumentenpreisindex politikrelevant sein. Je nach Spezifikation der Nutzenfunktion können aber auch langlebige Konsumgüter oder Sachvermögenswerte Nutzen stiften. Finanzvermögen hingegen dürfte zur Wertaufbewahrung dienen und keinen selbständigen Nutzenbeitrag leisten. Dann ist aber der relevante Preisindex ein Compositum mixtum aus Preisen für Strom- und ausgewählten Bestandsgrößen, auf den der Einfluss der Geldpolitik theoretisch nicht klar erscheint; sind doch Vermögenspreise selbst ein Glied in der Transmission der Geldpolitik.

3. Konzeption geldpolitischer Strategien

3.1. Elemente geldpolitischer Strategien

Notenbanken können ihre Endziele aufgrund von Wirkungsverzögerungen (*time lags*) und unvollständigen Kenntnissen über die Übertragungskanäle geldpolitischer Maßnahmen nicht direkt steuern. Deshalb werden geldpolitische Strategien formuliert, die die konzeptionelle Vorgehensweise zur Verfolgung der angestrebten Endziele festlegen. Diese Strategien erfassen den gesamten Übertragungsprozess geldpolitischer Impulse, vom Instrumenteneinsatz über operative Ziele (*operational targets*) und Zwischenziele (*intermediate targets*) bis hin zu den Endzielen. Durch die zeitliche Zerlegung der Transmissionsprozesse erhält die Notenbank schnell und zuverlässig Informationen über Fehlentwicklungen und kann Korrekturen einleiten. Die Strategie soll sowohl den Entscheidungsprozess innerhalb der Notenbank erfassen als auch die Begründung geldpolitischer Entscheidungen gegenüber den Marktakteuren erleichtern.

Ausgangspunkt jeder Strategie sind geldpolitische Instrumente als die eigentlichen Werkzeuge der Notenbank zur Durchsetzung operativer Ziele. Beim Einsatz ihrer Instrumente werden Notenbanken üblicherweise Preis- oder Mengengrößen festsetzen. Das Eurosystem kann bei der Durchführung seiner Hauptrefinanzierungsgeschäfte sowohl die Kontingente (Umfang der Zuteilung) als auch die Preise (Hauptrefinanzierungssatz) festlegen.

Operative Ziele der Geldpolitik sind ökonomische Variablen, die eine Notenbank mit Hilfe ihrer Instrumente kontrollieren kann und sollte. Sie sind eindeutig von geldpolitischen Instrumenten und Zwischenzielen abzugrenzen, was häufig nur unzureichend berücksichtigt wird und eine strukturierte Analyse vorhandener Strategien erschwert (zur Kritik siehe auch *Görgens, Ruckriegel* und *Seitz* 2004, S. 242 ff.). Heute werden kurzfristige Geldmarktzinssätze von fast allen Notenbanken als operative Ziele angesehen. Alternativ könnte auch eine Mengengröße wie die Geldbasis herangezogen werden. Die Notenbank versucht in diesem Fall, den Bargeldumlauf zuzüglich der Reservehaltung von Geschäftsbanken zu steuern.

Geldpolitische Zwischenziele sind Variablen, die eine Notenbank mit zeitlicher Verzögerung und nur mit relativer Genauigkeit steuern kann und die in einem stabilen bzw. hinreichend prognostizierbaren Zusammenhang mit den Endzielen der Geldpolitik stehen sollten (*Issing* 1996, S. 167 f.). Derartige Variablen können Geldmengenaggregate sein, aber auch Wechselkurse, kurz- und langfristige Zinssätze oder das Nominaleinkommen. Die Bedeutung von Zwischenzielen hat in der geldpolitischen Praxis während der beiden letzten Dekaden spürbar nachgelassen. Insbesondere die Rolle der Geldmenge wird in Frage gestellt, da sich scheinbar die empirischen Zusammenhänge zwischen den Geldmengenaggregaten und möglichen Endzielen wie Preisniveau- und Realeinkommensgrößen in vielen Industrieländern signifikant abgeschwächt haben (siehe beispielsweise *Friedman* 1996). Sofern man auf Zwischenziele nicht vollständig verzichtet, werden sie häufig nur noch als Indikatorvariablen interpretiert. Das Eurosystem verwendet in seiner geldpolitischen Strategie die Geldmenge M3 beispielsweise als Referenzwert für die mittlere Frist. Starke Abweichungen der tatsächlichen Geldmengenentwicklung vom Referenzwert werden als mögliches Warnsignal für mittelfristig steigende Inflations- oder Deflationsrisiken interpretiert, lösen aber keine zwangsläufige Korrektur der Geldpolitik aus.

Die Finalziele stehen am Ende der geldpolitischen Strategie und sollten mit Hilfe des verfügbaren Instrumentariums realisierbar sein. Sofern die Notenbank Zwischenziele formuliert, lässt sich die bestehende Zielhierarchie in zwei Stufen zerlegen (zweistufige geldpolitische Strategie). Die erste Ebene beschreibt das Verhältnis von operativen Zielen und Zwischenzielen, die zweite Ebene die Relation von Zwischen- und Endzielen. Verzichtet man auf die Formulierung von Zwischenzielgrößen und steuert das Endziel direkt über die operativen Ziele an, ergibt sich eine einstufige geldpolitische Strategie (*Görgens, Ruckriegel* und *Seitz* 2004, S. 108 ff.).

3.2. Die Eignung einiger Variablen als Zwischenzielgröße in einer zweistufigen geldpolitischen Strategie

3.2.1. Notwendige Eigenschaften von Zwischenzielvariablen

Damit makroökonomische Größen die Funktion einer Zwischenzielvariable in einer zweistufigen geldpolitischen Strategie übernehmen können, sollten sie eine Reihe von Eigenschaften aufweisen (*Siebke* 1995, S 40; *Issing* 1996, S. 167):

- Die Variable muss in einer engen Kausalbeziehung zum Finalziel stehen. Kommt es aufgrund veränderter Rahmenbedingungen auf den Märkten zu Verschiebungen in den Transmissionskanälen, muss die Zwischenzielgröße an die veränderten Konstellationen angepasst oder ausgetauscht werden.

- Ferner muss ein enger Zusammenhang zwischen dem operativen Ziel der Notenbank und der Zwischenzielgröße bestehen. Auch wenn der Einfluss der Geldpolitik auf die Zwischenzielvariable nur mittelbarer Natur ist, muss der Einfluss dominant sein und darf nicht durch andere Variablen systematisch überlagert werden.
- Informationen über die Entwicklung der Zwischenvariable sollten kostengünstig und zeitnah verfügbar sein, um den beabsichtigen geldpolitischen Kurs einhalten zu können.
- Wird die Zwischenzielvariable als Informationsgröße gegenüber der Öffentlichkeit verwendet, sollte sie eindeutig interpretierbar bzw. einfach kommunizierbar sein.

3.2.2. Geldmengensteuerung

Die in den letzten Dekaden bekannteste Zwischenzielstrategie basiert auf der Kontrolle von Geldmengenaggregaten zur Sicherung der Preisniveaustabilität („*monetary targeting*"). Gemäß der Quantitätsgleichung entspricht das Produkt aus Geldmenge (M) und der Einkommensumlaufgeschwindigkeit des Geldes (V) dem Produkt aus dem allgemeinen Preisniveau (P) und dem realen Inlandsprodukt (Y)

$$(2) \qquad M_t \cdot V_t = P_t \cdot Y_t \, .$$

Abgestellt auf Änderungsraten, wobei die Kleinbuchstaben jeweils die logarithmierten Werte der Ausgangsvariablen repräsentieren, ergibt sich

$$(3) \qquad \Delta m_t + \Delta v_t = \Delta p_t + \Delta y_t \, .$$

Veränderungen der Geldmenge Δm sind demzufolge immer mit Anpassungen der Umlaufgeschwindigkeit Δv oder mit Mengen- bzw. Preisreaktionen ($\Delta p + \Delta y$) auf den Gütermärkten verbunden. Dabei wird eine eindeutige Kausalrichtung vom monetären in den realen Sektor der Volkswirtschaft vorgegeben. Der bekannte Streit über die Wirkungszusammenhänge zwischen Geldmenge und Einkommen („*post hoc ergo propter hoc*") wird im Sinne der monetaristischen Theorie gelöst.

Im Mittelpunkt des „*monetary targeting*" steht die Vorgabe von Geldmengenzielen. Das anzustrebende Geldmengenziel Δm^{ziel} wird dabei bestimmt durch

$$(4) \qquad \Delta m^{ziel} = \Delta p^{ziel} + \Delta y^{pot} - \Delta v^{avg} ,$$

mit Δp^{ziel} als Zielwert für die Inflationsrate, Δy^{pot} als Entwicklung des Produktionspotenzials und Δv^{avg} als Prognosewert für die längerfristige Trendentwicklung der Umlaufgeschwindigkeit. Durch die Berücksichtigung des Produktionspotenzials wird die antizyklische Wirkung der Geldmengensteuerung verstärkt. Ein erwarteter übermäßiger Anstieg des realen Inlandsproduktes wird von der Notenbank nicht monetär flankiert und bei einem erwarteten konjunkturellen Abschwung bleibt die Geldmenge auf einem höheren Niveau als bei einer starren Orientierung am erwarteten Realeinkommen. Ein potenzialorientiertes Geldmengenziel wirkt demzufolge als automatischer Stabilisator.

Verwendet man einen langen Zeithorizont und geht davon aus, dass die drei Variablen der rechten Seite von (4) langfristig jeweils einen spezifischen Wert annehmen, ergibt sich aus ihrer Summe ein konstantes Geldmengenwachstum. In diesem Fall erhält man eine starre k-Prozent-Regel im Sinne von *Milton Friedman*, demzufolge die Geldmenge langfristig um k Prozent pro Jahr wachsen soll. Auf diese Weise lassen sich die Gefahren einer diskretionären Geldpolitik vollständig bannen. Die Nachteile dieser Strategie liegen auf der Hand. Im Fall dauerhaft wirkender Schocks, beispielsweise aufgrund von Strukturbrüchen in der Umlaufgeschwindigkeit oder eines mittelfristig höheren Wirtschaftswachstums, werden die Finanzierungskonditionen nicht an die neue Situation angepasst und führen zu unerwünschten realwirtschaftlichen Effekten.

Die Wirksamkeit einer geldmengenorientierten Politik hängt von den Stabilitätseigenschaften des Geldangebotsprozesses und der gesamtwirtschaftlichen Geldnachfrage ab. Gemäß dem Kreditmarktmodell des Geldangebotsprozesses ist die Geldmenge eine endogene Größe, die aber gleichzeitig hinreichend durch die Notenbank steuerbar ist. Voraussetzung für die Steuerbarkeit der Geldmenge und damit für die potenzialorientierte Geldpolitik ist einerseits die Beherrschbarkeit der exogenen Geldbasis (B^{ex}) durch die Notenbank und andererseits die Stabilität des Geldmengenmultiplikators (mm) bzw. die hinreichende Prognostizierbarkeit von Multiplikatoränderungen [8]

(5) $$\Delta m_t = \Delta mm_t + \Delta b_t^{ex}\,.$$

Verzerrungen bei der Einschätzung der monetären Entwicklung einer Volkswirtschaft können sich zunächst aus der Veränderung der Geldbasis Δb^{ex} ergeben, die sich – bei unterstellter Konstanz der Multiplikatoränderungen Δmm – im gleichen Umfang in den Änderungen des Geldmengenaggregates widerspiegeln. Inwieweit die Geldbasisimpulse tatsächlich in den Transmissionskanälen wirksam werden, hängt nicht zuletzt davon ab, ob das Zentralbankgeld tatsächlich im Inland verwendet wird. Insbesondere bei Währungen mit hoher internationaler Bedeutung dürfte ein nicht unerheblicher Teil des Bargeldes außerhalb des eigentlichen Währungsgebietes eingesetzt werden (siehe beispielsweise *Aksoy* und *Piskorski* 2006).

Aber auch für den Fall, dass das Zentralbankgeld im Währungsgebiet verbleibt, kann es zu einer verzerrten Bewertung der monetären Entwicklung kommen. Ein Anstieg des Bargeldumlaufs und der Geldmengenaggregate kann das Spiegelbild einer zunehmenden „*second economy*" sein und impliziert noch keinen Anstieg des Inflationspotenzials. Abweichungen zwischen der gewünschten Zielgröße Δm^{ziel} und der tatsächlichen Geldmengenentwicklung lassen sich aber nur dann mit der Existenz des inoffiziellen Sektors begründen, wenn sich seine prozentuale Bedeutung laufend verändert.

Auch der Geldangebotsmultiplikator, indem sich die Sekundärgeldschöpfung der Kreditinstitute widerspiegelt, kann durch temporäre bzw. permanente Instabilitäten eine Kontrolle der Geldmengenentwicklung erschweren. Die Substitutionselastizität zwischen einzelnen Geldmengenkomponenten und anderen Vermögensanlageformen hat

---

[8] Die Variable *mm* beschreibt dabei bereits den logarithmierten Wert des Geldmengenmultiplikators.

sich aufgrund einer Vielzahl von Finanzinnovationen in den letzten Dekaden nachhaltig verändert. Studien für USA (Übersicht bei *Carlson, Hoffman, Keen* und *Rasche* 2000) verknüpfen die mangelnde Erklärungskraft der Geldmengenaggregate für die Konjunkturentwicklung mit dem signifikanten Anstieg privater Anlagen in Investmentfonds, respektive in Rentenfonds. Aus Sicht der Geldmengensteuerung stellen insbesondere rasche Veränderungen in den (wahrgenommenen) Rendite/Risiko-Profilen von alternativen Anlageformen ein Problem dar, wie sich an einer Reihe von Beispielen zeigen lässt (in den USA aufgrund der „*Savings and Loan Crisis*“ in den 1980ger Jahren; in der Eurozone zwischen 2001 und 2003 in Folge der geplatzten Aktienmarktblase; in der Schweiz im Jahr 2003 aufgrund starker Umschichtungen von Treuhandanlagen in Sicht- und Spareinlagen).

Die Steuerungsprobleme mit den Geldmengenaggregaten lassen sich teilweise dadurch lösen, dass man die Abgrenzungen der Aggregate permanent an die veränderten Rahmenbedingungen anpasst und somit die Substitutionsprozesse „internalisiert“. Diese Vorgehensweise ist insbesondere dann zu präferieren, wenn die künftige Entwicklung der Geldmengenaggregate eine zentrale Rolle im Kommunikationsprozess der Notenbank spielen soll.

Da sich die Probleme der Geldangebotsseite in der Stabilität bzw. der Prognostizierbarkeit der Umlaufgeschwindigkeit widerspiegeln, bietet sich auch eine genauere Betrachtung der Geldnachfrage an. Vor diesem Hintergrund reicht die Berücksichtigung einer durchschnittlichen Änderungsrate der Umlaufgeschwindigkeit Δv^{avg} als Approximation für das künftige Nachfrageverhalten nicht aus; vielmehr ist der Einsatz einer gut spezifizierten Geldnachfragefunktion mit klar definierten Geldmengenaggregaten erforderlich (*Ericsson* 1998). Die Identifikation einer solcher Geldnachfragefunktionen ist für die Eurozone – angesichts des trendmäßigen Rückgangs der Umlaufgeschwindigkeit für alle Geldmengenaggregate – in den letzten Jahren deutlich schwieriger geworden (siehe dazu die Abbildung 4 im Beitrag von *Thieme*).

Werden die dargestellten Operationalisierungsprobleme zur Bestimmung der Geldmengenaggregate adäquat gelöst, zeigt sich empirisch, dass der unterstellte Zusammenbruch der Kausalkette zwischen den Geldmengenaggregaten und der Inflations- und Outputentwicklung nicht mehr haltbar ist (*Lown, Peristiani* und *Robinson* 1999; *Carlson, Hoffman, Keen* und *Rasche* 2000; *Aksoy* und *Piskorski* 2006).

Der eigentliche Frontalangriff Neu-Keynesianischer Modelle gegen die Geldmengensteuerung stellt allerdings die Kausalrichtung zwischen den Makrovariablen grundsätzlich in Frage. Zwar wird weiterhin ein Zusammenhang zwischen Preisniveau und der Geldmenge angenommen, d.h. ein nachhaltiger Preisniveauanstieg muss immer durch eine steigende Geldmenge monetär flankiert werden. Es wird aber unterstellt, dass die Geldmenge an das Preisniveau angepasst wird und nicht umgekehrt wie im monetaristischen Modell: die Kausalrichtung zwischen der Geldmenge und dem Preisniveau wird umgedreht. Die Geldmenge ist in diesem Sinne endogen und wird ausschließlich durch die Geldnachfrage bestimmt; sie stellt quasi eine Residualgröße dar, die keine

Rückwirkungen auf andere Variablen der Volkswirtschaft aufweist.[9] Folgerichtig muss bei der Modellbildung auch keine Geldangebotsfunktion spezifiziert werden, da die Geldmenge die gesamtwirtschaftlichen Preis- und Outputentscheidungen nicht beeinflussen kann (*Arestis* und *Sawyer* 2003). Die gesamtwirtschaftliche Nachfrage wird durch die Zinsentwicklung determiniert, demzufolge stellen die Zinssätze die entscheidende geldpolitische Steuerungsgröße dar.

3.2.3. Zinssteuerung

Der traditionellen geldpolitischen Strategie unter Berücksichtigung des Zinsniveaus als Zwischenzielvariable liegt die Vorstellung zugrunde, dass man über die Zinshöhe die private Kreditnachfrage und damit die Investitionstätigkeit nachhaltig beeinflussen kann.[10] Da in keynesianischen Modellen insbesondere auf die Instabilität der Investitionsnachfrage verwiesen wird, könnte die Notenbank mit Hilfe der Zinssteuerung die Investitionstätigkeit und damit die Konjunkturentwicklung stabilisieren.

Eine derartige Zinspolitik liefert allerdings keine Hinweise darauf, welches Finalziel angestrebt wird (*Siebke* 1995). Neben einem Preisniveauziel kommt auch eine Förderung der Outputentwicklung in Frage. Angesichts dieser Ambivalenz besteht die Gefahr, dass der öffentliche Druck auf die Notenbank zunimmt, der geldpolitische Spielraum eingeengt wird und die Stetigkeit der Geldpolitik abnimmt. Im Ergebnis wird die Glaubwürdigkeit der Notenbank in Frage gestellt und die steigende Erwartungsunsicherheit begrenzt die Effizienz der Geldpolitik. Die Operationalisierung der Zinspolitik erfordert zudem Aussagen, in welchem Laufzeitenbereich die Notenbank die Zinsen steuern will, ob sie einen nominalen oder realen Zins verwenden soll und wie der Zusammenhang zwischen den Zinssätzen und der Investitionstätigkeit konkret aussieht.

In der Regel kann die Notenbank nur die Geldmarktsätze zuverlässig kontrollieren. Im Rahmen der operativen Ziele geschieht dies heute in der geldpolitischen Praxis. Die Anforderungen an eine Zwischenzielvariable bzw. einen Indikator gehen aber über das hinaus, was eine operative Zielgröße leisten muss. Die Frage stellt sich, ob die Zinssätze auf den kurzfristigen Kreditmärkten das Investitionsverhalten der Marktteilnehmer dominieren. In der Regel werden Investitionen in Realkapital – sofern keine ausgeprägten Zinserwartungen existieren – überwiegend fristenkongruent, also längerfristig refinanziert. Für die Investitionsentscheidungen sind folgerichtig die Kapitalmarktzinsen relevant. Die Geldmarktsätze sind als Zwischenzielgröße nur haltbar, wenn ein enger Zusammenhang zwischen den Zinssätzen unterschiedlicher Restlaufzeiten beispielsweise im Sinne der Erwartungstheorie der Zinsstruktur existieren würde. Die Notenbank müsste in diesem Fall nicht nur die laufenden Geldmarktsätze kontrollieren, sondern auch die erwarteten künftigen Kurzfristzinssätze. Die empirischen Ergebnisse hinsicht-

---

[9] Die Annahme einer endogenen Geldmenge darf allerdings nicht mit den traditionellen keynesianischen Sichtweise verwechselt werden. Während früher unterstellt wurde, dass der Bankensektor in der Lage ist, die Geldmengenentwicklung zu kontrollieren („*endogenous bank money approach*"), wird nun angenommen, dass das Geldangebot durch die Geldnachfrage dominiert wird.

[10] In den Neu-Keynesianischen Modellen wird die Zinssteuerung nicht über den traditionellen Zinskanal begründet.

lich der reinen als auch der modifizierten Erwartungstheorie der Zinsstruktur sind hingegen ernüchternd, sodass eine kontrollierbare Kausalbeziehung nicht identifizierbar ist.

Bei der Verwendung des Zinses als Zwischenziel stellt sich ferner die Frage nach dem gleichgewichtigen Zins, mit dessen Hilfe festgestellt werden könnte, ob das aktuelle Zinsniveau zu hoch oder zu niedrig ist. Während bei der Geldmengensteuerung die Quantitätsgleichung Hinweise auf die „richtige" Höhe des Geldmengenwachstums liefert, muss bei der Zinssteuerung zunächst eine gut spezifizierte Zinsbestimmungsgleichung gefunden werden. Der Rückgriff auf die *Fisher*-Relation, derzufolge der Nominalzins vom ex ante Realzins und der erwarteten Inflation abhängt, hilft nicht weiter. Empirische Überprüfungen der *Fisher*-Relation liefern in der Regel nur einen geringen Erklärungsbeitrag. Dabei ist nicht klar, ob das Modell grundsätzlich fehlspezifiziert ist, also weitere Einflussfaktoren berücksichtigt werden müssen, oder aber die beiden Zinskomponenten ungenau erfasst werden. Sowohl das ex ante Realzinsniveau als auch die künftige Inflation müssten also adäquat abgeschätzt werden. Zudem ist anzumerken, dass das längerfristige Realzinsniveau einer Volkswirtschaft außerhalb der Notenbankkontrolle liegt und durch Größen wie die Zeitpräferenzrate und die Grenzproduktivität des Kapitals bestimmt wird (*Siebke* 1995).

Ferner kann bezweifelt werden, dass die aktuelle Zinspolitik die künftige Output- und Inflationsentwicklung mitbestimmt. Im Falle einer expansiven Geldpolitik ist in der Folgezeit mit einer Konjunkturbelebung und mit inflationären Tendenzen zu rechnen, die beide das Zinsniveau erhöhen. Diese Zinsniveausteigerung ist aber keine Indikation für eine aktuell restriktive Geldpolitik, sondern vielmehr das Ergebnis vorangegangener geldpolitischer Entscheidungen. Eine eindeutige Kommunikation gegenüber den Marktteilnehmer ist in diesem Fall nicht mehr möglich, da die Zinsentwicklung sowohl für die aktuellen geldpolitischen Maßnahmen als auch die Folgeeffekte früherer Entscheidungen stehen kann.

Schließlich bleibt zu beachten, dass eine zunehmende Integration der internationalen Finanzmärkte auch zu steigenden Interdependenzen zwischen den Märkten führt, folgerichtig werden Zinsentwicklungen auf den US-Rentenmärkten auch auf den europäischen Finanzmärkten Wirkungen zeigen. Auch wenn man bei flexiblen Wechselkursen einen langfristig stabilen Zusammenhang zwischen den nationalen Zinssätzen verwirft, existieren dennoch kurzfristige Transmissionskanäle, die eine zuverlässige Kontrolle insbesondere der Kapitalmarktzinssätze in Frage stellen (*Michler* und *Thieme* 2003).

Auch der Rückgriff auf die Zinsstruktur, die zeitweilig sehr gute Prognoseeigenschaften im Hinblick auf die künftige Konjunkturentwicklung geliefert hat, ist wenig vielversprechend. Die Einwände gegen die Zinssteuerung werden durch die Verwendung von Zinsspreads nicht aufgehoben. Gerade in der jüngeren Zeit wird deutlich, dass eine Verflachung der zeitlichen Zinsstrukturkurve bis hin zu Inversionslagen keine Indikation für künftige Rezessionsphasen darstellt. Die tendenzielle Verflachung der Zinsstrukturkurven ist vielmehr das Ergebnis der beobachtbaren Disinflationsprozesse in vielen Industrieländern, die nicht nur durch einen Rückgang der Inflationsraten sondern auch durch einen Rückgang der Inflationsvolatilität geprägt waren. Folgerichtig reduzieren sich auch die volatilitätsbedingten Anteile in den Laufzeitprämien und bewirken eine langfristige Abflachung der Laufzeitstruktur.

Im Ergebnis erscheinen die Einwände gegen eine zinsorientierte Geldpolitik unter Berücksichtigung der traditionellen Transmissionskanäle und der traditionellen Kausalrichtung zwischen den gesamtwirtschaftlichen Variablen stärker zu sein als die Kritikpunkte gegenüber einer geldmengenorientierten Politik.

3.3. Regelgebundene versus diskretionäre Geldpolitik

Neben zuverlässigen Informationen über die kurz-, mittel- und langfristigen Wirkungen geldpolitischer Maßnahmen und einer darauf aufbauenden Strategie sind für eine erfolgreiche Geldpolitik auch institutionelle Rahmenbedingungen erforderlich. Diese Fixierung erfordert eine Betrachtung der potenziellen Quellen wirtschafts- respektive geldpolitischen Fehlverhaltens. Dabei lassen sich neben einem unzureichenden geldtheoretischen Wissen über makroökonomische Interdependenzen zwei weitere Fehlerquellen identifizieren: dynamische Inkonsistenz und beschränktes Wissen der Marktteilnehmer.

Versuchen geldpolitische Entscheidungsträger mehrere gesamtwirtschaftliche Ziele simultan zu realisieren, kann sowohl ein Problem der Zeitinkonsistenz als auch ein Glaubwürdigkeitsproblem entstehen (*Kydland* und *Prescott* 1977; *Barro* und *Gordon* 1983). Verfolgt die Notenbank neben dem primären Ziel der Preis(niveau)stabilität ein Beschäftigungs- oder Outputziel, kann eine unzureichende Erwartungsbildung und -antizipation auf den Märkten für das Beschäftigungsziel temporär genutzt werden. Zeitliche Inkonsistenzen resultieren daraus, dass eine ursprünglich angekündigte – weil in den Augen der Notenbank optimale – Politik gerade durch die Herstellung der dafür erforderlichen Bedingungen ihre Optimalität im Zeitablauf verliert (*Illing* 1997, S. 161 ff.). Demzufolge drängt sich ein anderes als das ursprünglich beabsichtigte und angekündigte Verhalten auf. Vor diesem Hintergrund besteht für die Notenbank ein starker Anreiz zur Aufgabe einer zuvor kommunizierten Stabilitätspolitik („*Commitment-Lösung*") zugunsten einer Überraschungsinflation. Um die Commitment-Lösung zu garantieren, müssen neben einer eindimensionalen Zielvorgabe u.a. auch die Entscheidungsspielräume der Notenbank begrenzt werden, was mit Hilfe einer regelgebundenen Geldpolitik erreicht werden kann.

Geldpolitische Strategien basieren entweder auf einer diskretionären oder einer regelgebundenen Politik. Im Fall diskretionärer Politik ergreift die Notenbank Maßnahmen nach ihrem Ermessen und setzt das geldpolitische Instrumentarium situationsbezogen ein. Im Fall einer Regelbindung verpflichtet sich die Notenbank hingegen zur Einhaltung bestimmter Verhaltensweisen bzw. zur Verfolgung bestimmter Ziele, die insbesondere auf der Zwischenzielebene angesiedelt sind (vgl. *Issing* 1996, S. 248).

Zentraler Vorteil einer diskretionären Geldpolitik ist die Flexibilität, d.h. die Möglichkeit, auf veränderte Rahmenbedingungen sehr spezifisch und rasch reagieren zu können. So lassen sich auftretende Angebots- oder Nachfrageschocks mit Hilfe der Geldpolitik direkt absorbieren beziehungsweise die Absorptionseigenschaften der Märkte verstärken. Andererseits beinhalten diskretionäre Maßnahmen – neben den zeitlichen Inkonsistenzen – auch weitere Gefahren: es kommt im Zeitablauf zu widersprüchlichen Reaktionen auf vergleichbare Ereignisse, fehlerhafte Entscheidungen aufgrund unvollständiger Informationen über den Transmissionsprozess können prozyklische Effekte auslösen und eine de jure unabhängige Notenbank kann einem enormen politischen Druck ausgesetzt sein. Im Ergebnis steigt die Unsicherheit bei den Marktteilnehmern über die konkrete Ausgestaltung der künftigen Geldpolitik. Demgegenüber erleichtern geldpolitische Regeln den Erwartungsbildungsprozess der Akteure, erhöhen die Planungssicherheit und reduzieren die Absicherungskosten auf den Märkten.

Eine Politik der Regelbindung ist offensichtlich um so vorteilhafter, je größer die realen Effekte einer Überraschungsinflation sind und je weniger wichtig das Ziel der Preisniveaustabilität für die Notenbank ist. Dagegen nimmt der Nachteil von Regelbindungen mit der Stärke und Häufigkeit von Angebotsschocks zu (*Gischer, Herz* und *Menkhoff* 2004). Angesichts der Ungewissheit über die künftige gesamtwirtschaftliche Entwicklung kann die Notenbank auf eine strikte Regelbindung verzichten. Der Entscheidungsspielraum der Notenbank wird größer, wenn statt eines spezifischen Zielwertes eine Bandbreite vorgegeben wird, die Regelbindung mit einem Ausnahmevorbehalt verknüpft ist oder durch Feedback-Regeln die mangelnde Flexibilität durchbrochen wird. Als Alternative zur Regelbindung können auch die Kosten der Inflation aus Sicht der Notenbank erhöht werden, sodass der Anreiz für eine Überraschungsinflation nachhaltig sinkt.[11]

Trotz zahlreicher Unterschiede in den theoretischen Vorstellungen über die gesamtwirtschaftlichen Interdependenzen wird heute von vielen Volkswirten die Verwendung von Politikregeln präferiert. So weist beispielsweise die Neu-Keynesianische Theorie auf den Inflations-Bias einer gesamtwirtschaftlichen Nachfragesteuerung, das Problem der Wirkungsverzögerungen, die vorhandenen Prognosefehler und die Bedeutung der *Lucas*-Kritik hin, die die Erfolgsaussichten einer diskretionären Geldpolitik nachhaltig in Frage stellen (*Knoop* 2004, S. 109).

3.4. Das Verhalten von Notenbanken im Wandel der Geldtheorie

Zu Beginn der 1960er Jahre spielte die inflationäre Entwicklung in den Industrieländern eine vernachlässigbare Rolle. Die Notenbanken konzentrierten sich bei ihren geldpolitischen Maßnahmen auf die Geldmarktbedingungen: Variablen wie das Nominalzinsniveau, die Ausleihungen der Banken bei der Notenbank und die freien Reserven sollten kontrolliert werden. In Folge der Weltwirtschaftskrise wurde die Wirtschaftspolitik seit den 1930er Jahren durch die keynesianische Theorie dominiert. *Keynes* selbst betrachtete die große Depression als das Ergebnis einer mangelnden Aktivität der Wirtschaftspolitik beim Auftreten adverser Schocks. Dies führte zu einer Phase wirtschaftspolitischen Aktivismus, in denen Volkswirte auf Basis keynesianischer

---

[11] Der Anreiz zur Durchführung einer Überraschungsinflation sinkt durch den Reputationsverlust der Notenbank. Muss die Notenbank in ihrem Entscheidungskalkül nicht nur die aktuelle (kurzfristige) Verlustfunktion sondern die Summe der diskontierten künftigen Verluste berücksichtigen, wird sie ihr Verhalten ändern. Die Kosten der Inflation lassen sich ferner erhöhen, indem man einen konservativen Notenbanker etabliert, der das Ziel der Preisniveaustabilität höher bewertet als die Gesellschaft oder leistungsorientierte – von der Inflationsperformance – abhängige Arbeitsverträge mit den geldpolitischen Entscheidungsträgern schließt.

Makromodelle ein Fine-Tuning der Wirtschaft versuchten, um einen hohen Beschäftigungsgrad mit geringen inflationären Effekten sicherzustellen.

Einen besonderen Einfluss auf die Ausgestaltung der Geldpolitik hatte eine Publikation von *Samuelson* und *Solow* (1960), die einen langfristigen trade-off zwischen der Arbeitslosigkeit und der Inflationsrate formulierten und die Möglichkeit zur Ausnutzung der modifizierten *Phillips*-Kurve aufzeigten. Diese Sichtweise führte zu einem deutlichen Anstieg des geld- und fiskalpolitischen Aktivismus mit dem Ziel Vollbeschäftigung zu realisieren. Die gesamtwirtschaftlichen Ergebnisse waren letztlich nicht zufriedenstellend: die Inflationsrate beschleunigte sich in den meisten Industrieländern und stieg in den 1970er Jahren auf über 10 % p.a. („*The Great Inflation*"), während sich die Beschäftigungssituation zunehmend verschlechterte.

Die Monetaristen, insbesondere *Milton Friedman*, leiteten den Gegenangriff gegen eine aktive Geldpolitik ein. In einer Reihe von Aufsätzen im Jahr 1963 verdeutlichte *Friedman*, dass Schwankungen in der Geldmengenwachstumsrate Konjunkturbewegungen und Inflationsprozesse besser erklären können als nominale Zinssätze. *Brunner* und *Meltzer* kritisierten die Verwendung von Geldmarktkonditionen als Leitfaden für die Geldpolitik und schlugen stattdessen die Verwendung von Geldmengenzielen vor. *Friedman* (1968) und *Phelps* (1967) wiesen zudem darauf hin, dass es keinen langfristigen trade-off zwischen der Inflationsrate und der Arbeitslosigkeit gibt: die Volkswirtschaft nähert sich stattdessen langfristig einer natürlichen Rate der Arbeitslosigkeit – unabhängig vom Niveau der Inflationsrate – an. Der monetaristische Gegenangriff impliziert, dass sich die Geldpolitik auf die Kontrolle der Inflationsrate konzentriert, was am besten durch ein stetiges Wachstum der Geldmenge garantiert wird.

Die Implementierung der monetaristischen Theorie war in der geldpolitischen Praxis zunächst wenig erfolgreich. Die Notenbanken konzentrierten sich nicht auf die Kontrolle der Inflation bzw. der Zwischenzielgröße Geldmengenänderungsrate. Zu Beginn der siebziger Jahre wiesen Parameterschätzungen für die *Phillips*-Kurve nicht darauf hin, dass die Kurve tatsächlich vertikal verlief. Ferner war den Volkswirten und Politikträgern die Rolle der Erwartungen für die Auswirkungen geldpolitischer Maßnahmen noch nicht hinreichend bewusst. Die Bedeutung der Erwartungsbildung hätte sicherlich zu einer schnelleren Berücksichtigung der „*natural rate hypothesis*" von *Friedman* und *Phelps* beigetragen. Abschätzungen der natürlichen Arbeitslosenquote waren zudem deutlich zu niedrig, was dazu führte, dass Inflationsanstiege, die bei den dann vorherrschenden Arbeitslosenquoten immer auf spezielle Faktoren zurückgeführt wurden, mithin nicht das Ergebnis einer übermäßigen Geldmengenexpansion darstellten.

Zu Beginn der 1970er Jahre führte *Robert Lucas* das Modell rationaler Erwartungsbildung (RET) in die geldpolitische Analyse ein. Er verdeutlichte, dass die Markterwartungen hinsichtlich der wirtschaftspolitischen Maßnahmen wichtige Einflüsse auf die ökonomische Entwicklung aufweisen. Die RET machte unmittelbar deutlich, dass es keinen langfristigen trade-off zwischen der Inflationsrate und der Arbeitslosigkeit geben kann. Eine weitere Implikation der RET in einer Welt flexibler Löhne und Preise ist die These der mangelnden wirtschaftspolitischen Effektivität („*policy ineffectiviness proposition*"): sie unterstellt, dass eine antizipierte Geldpolitik keine realwirtschaftlichen Effekte zeitigt; lediglich nicht-antizipierte geldpolitische Maßnahmen können realwirtschaftliche Anpassungen induzieren. Eine wichtige geldpolitische Implikation der Ineffektivitätshypothese bestand darin, dass eine geldpolitische Regel im Sinne eines konstanten Geldmengenwachstums (*Friedman*-Regel) genauso gut funktioniert wie jede andere deterministische Politikregel mit Feedback-Eigenschaften (*Sargent* und *Wallace* 1975). Der geldpolitische Aktivismus im Sinne der keynesianischen Theorie würde hingegen zu einer höheren Volatilität der Inflationsrate beitragen. Obwohl die empirische Evidenz für die Gültigkeit der Ineffektivitätshypothese vergleichsweise schwach war, führten die Überlegungen dazu, dass die Rolle der Erwartungsbildung für die Wirksamkeit geldpolitischer Maßnahmen weitgehend akzeptiert wurde.

Auch die Erfahrungen mit der keynesianisch geprägten Geldpolitik in den sechziger und siebziger Jahren führten zur Abkehr von einer aktivistischen Politik. Die Inflationsraten stiegen in den sechziger Jahren kontinuierlich an und im Nachgang der ersten Ölpreiskrise 1973 wurden zweistellige Änderungsraten des Preisniveaus realisiert. Volkswirte, Politiker und die Öffentlichkeit begannen über die Kosten steigender Inflationsraten zu diskutieren. Die Erkenntnis, dass hohe Inflationsraten hohe gesamtwirtschaftliche Kosten beinhalten, führte zu der Einsicht, dass niedrige und stabile Inflationsraten die Effizienz des Ressourcenpotenzials und damit die Wachstumsaussichten verbessern kann. Während Zeitreihenstudien für einzelne Länder und Querschnittsanalysen nicht zu einer eindeutigen Evidenz für diese These führten, wuchs dennoch die Zustimmung zu der These, dass sich Inflationsprozesse nachteilig auf das Wirtschaftswachstum auswirken (*Andersen* und *Gruen* 1995).

Die Entwicklungen in der Geldtheorie untermauerten und vertieften nicht nur die Kenntnisse über monetäre Transmissionsprozesse und die mit Inflation verbundenen Kosten. Es wurde auch deutlich, dass ein nominaler Anker zur erfolgreichen Umsetzung einer auf Preisniveaustabilität ausgerichteten geldpolitischen Strategie essential ist. Ein geeigneter nominaler Anker erleichtert den privaten Wirtschaftsakteuren die Bildung von Inflationserwartungen, und wenn niedrige und stabile Inflationsraten erwartet werden, dann bewirken diese eine Stabilisierung des tatsächlichen Preis- und Lohnsetzungsverhaltens. Eine nominale Verankerung der geldpolitischen Strategie begrenzt damit letztlich Niveau und Volatilität der Inflation.

4. Das Konzept der Geldmengensteuerung

Die drei eng miteinander verknüpften Überlegungen, dass eine expansive Geldpolitik langfristig keinen höheren Output (Beschäftigung) garantiert, dass Inflation Kosten verursacht und der Vorteil eines nominalen Ankers, unterstützten die Vorstellungen der monetaristischen Theorie, demzufolge sich die Zentralbanken auf die Kontrolle des Geldmengenwachstums konzentrieren sollten. Dies führte zur Übernahme der Geldmengensteuerung durch eine Reihe von Zentralbanken (beispielsweise *US Federal Reserve System*, *Bank of England*, *Bank of Canada*, *Deutsche Bundesbank* und *Schweizerische Nationalbank*) in den 1970er Jahren.

Die Geldmengensteuerung beinhaltet drei wichtige Elemente:

- die Zuverlässigkeit über den Informationsgehalt der monetären Aggregate, die zur Durchführung der Geldpolitik herangezogen werden;
- die Ankündigung von mittelfristigen Zielwerten für die monetären Aggregate;
- und die Zurechenbarkeit im Fall von großen und systematischen Abweichungen von den vorgegebenen Zielwerten.

Die Geldmengensteuerung hatte eine Reihe von Vorteilen gegenüber den vorangegangenen Ansätzen zur Durchführung der Geldpolitik. Die Auswirkungen geldpolitischer Maßnahmen und der Vergleich mit den angekündigten Zielen konnten zeitnah beobachtet werden. Damit konnte der Öffentlichkeit und den Märkten sehr rasch die geldpolitische Lage und die Absichten der Politikträger zur Inflationsbekämpfung verdeutlicht werden. Diese Signale waren hilfreich bei der Fixierung der Inflationserwartungen und der Sicherung einer niedrigen Inflationsrate. Ein weiterer Vorteil der Geldmengensteuerung bestand darin, dass man die Verantwortlichkeiten für die Geldpolitik zur Sicherstellung niedriger Inflationsraten unmittelbar identifizieren konnte.

Warum war die Geldmengensteuerung in den 1970er und 1980er Jahre in vielen Ländern bei der Kontrolle der Inflationsrate nicht erfolgreich? Hierfür bieten sich zwei unterschiedliche Erklärungen an:

- Die Geldmengensteuerung wurde niemals ernsthaft betrieben. Viele Notenbanken beschränkten sich nicht auf die Verfolgung einer einzelnen Zielgröße, erlaubten die Existenz einer „*base drift*", veröffentlichten ihre Ziele nicht regelmäßig, berücksichtigen künstliche Mittelwerte, überschritten häufig ihre Zielvorgaben ohne sie zu korrigieren und verschleierten häufig die Gründe für eintretende Zielabweichungen. Man hielt das Konzept letztlich nicht konsequent durch, sondern experimentierte mit ihm herum.
- Der Zusammenhang zwischen den Geldmengenaggregaten und den Endzielgrößen hat sich aufgrund veränderter Marktbedingungen – beispielsweise aufgrund der zunehmenden Bedeutung von Finanzinnovationen – nachhaltig gelockert.

Warum waren die deutschen Erfahrungen mit einer geldmengenorientierten Strategie bis 1998 genereller erfolgreicher als in anderen Ländern? Die Übernahme der Geldmengensteuerung während der 1970er Jahre erfolgte aus den damals vorherrschenden Entscheidungsproblemen. Im Rahmen des Bretton-Woods-Systems hatte die Bundesbank ihre Fähigkeit verloren, die Geldpolitik zu kontrollieren. Die Fokussierung auf die Geldmengenaggregate war eine Option zur Wiedererlangung der geldpolitischen Kontrolle. Aus deutscher Sicht war die Inflationsrate vergleichsweise hoch (1974 7 % p.a.) und die konjunkturelle Entwicklung wies deutliche Schwächen auf. Das „*monetary targeting*" war eine Möglichkeit, einerseits dem politischen Druck zu widerstehen und andererseits der Öffentlichkeit zu signalisieren, dass die Notenbank die monetäre Expansion unter Kontrolle halten wollte. Der Bundesbank war bewusst, dass das Verfolgen der Preisniveaustabilität mit der gleichzeitigen Zielsetzung einer Vollbeschäftigung und einem höheren Output-Wachstum nicht vereinbar ist, und damit zu einer inflationären Geldpolitik führen würde. Die Geldmengensteuerung hatte zudem den Vorteil, dass der Öffentlichkeit klar signalisiert werden konnte, dass die Bundesbank für die längerfristige Inflationsentwicklung verantwortlich ist. Hingegen wurde auch deutlich, dass man nicht versuchen würde, kurzfristige Preisniveauanstiege zu bekämpfen, die insbesondere aus nicht-monetären Quellen resultierten.

Die Umstände, unter denen die Geldmengensteuerung in Deutschland implementiert wurde, führten zu einigen spezifische Eigenschaften der geldpolitischen Strategie, die – aus Sicht vieler Beobachter (*Mishkin* 2006) – in der Folgezeit den Erfolg des Konzeptes sicherstellten. Zunächst wurde die Geldmengensteuerung nicht an die strengen Vorgaben der monetaristischen Theorie gebunden und war weit entfernt von einer strikten Regel im Sinne von *Friedman*. Die *Bundesbank* erlaubte ein Wachstum außerhalb des vorgegebenen Bandbreitenziels von zwei bis drei Jahren und ein Überschreiten der Ziele wurde nur sukzessive revidiert. Die Geldmengensteuerung war primär eine Kommunikationsmethode, um die geldpolitische Strategie, die auf einen längeren Zeitraum und auf die Kontrolle der Inflation ausgerichtet war, zu verdeutlichen.

Wesentlich war zunächst die Fixierung eines numerischen Inflationsziels, dass die Bundesbank mit Hilfe der Quantitätsgleichung gegenüber der Öffentlichkeit kommunizierte. Unter Berücksichtigung des potenziellen Wirtschaftswachstums und des erwarteten Trends der Einkommensumlaufgeschwindigkeit ließ sich jenes Geldmengenwachstum ableiten, das mit dem Inflationsziel der Notenbank kompatibel ist. Die so formulierten Ziele für die Geldmengenwachstumsraten wurden kontinuierlich als Rahmen zur Erklärung der geldpolitischen Strategie eingesetzt: die Bundesbank war stets bemüht, in ihren Publikationen sowie in Stellungnahmen von Zentralbankratsmitgliedern die angestrebten Ziele zu verdeutlichen. Die Verwendung des geschätzten Wachstums des Potenzialoutputs anstatt des gewünschten Pfades des aktuellen Wirtschaftswachstums war wichtige Eigenschaft dieser Kommunikationsstrategie. Es wurde deutlich, dass die Bundesbank nicht an der Realisierung kurzfristiger Outputziele interessiert war. Dies soll aber nicht darüber hinweg täuschen, dass die Bundesbank in der praktischen Umsetzung ihrer Geldpolitik durchaus auch andere gesamtwirtschaftliche Ziele verfolgt hat. Die Tatsache, dass sie in mehr als der Hälfte aller Jahre ihre Zielvorgaben verfehlte, geschah sicherlich nicht zufällig sondern ist ein klares Indiz dafür, dass zeitweilig auch Output- und Wechselkursziele verfolgt wurden, was sich auch bei der Abschätzung von Politikreaktionsfunktionen zeigt (*Clarida, Galí* und *Gertler* 1997).

Des weiteren demonstrierte die Bundesbank einen hohen Flexibilitätsgrad, indem sie ihre Inflationsziel im Zeitablauf variierte und zugleich das langfristige Inflationsziel nur graduell anstrebte. Als die Bundesbank ihr Geldmengenziel im Jahr 1974 erstmals formulierte, kündigte sie ein mittelfristiges Inflationsziel von 4 % an, ein Niveau, das deutlich über dem gewünschten langfristigen Niveau lag. Der Unterschied zwischen den beiden Größen ergab sich aus der „*unvermeidbaren Rate des Preisniveauanstiegs*". Die graduelle Rückführung der Inflationsrate erfolgte in einer neunjährigen Anpassungsphase, bis das Inflationsniveau mit dem Ziel der Preisniveaustabilität konsistent war. Nach Abschluss des Konvergenzprozesses im Jahr 1984 wurde das mittelfristige Inflationsziel in die „*normative Rate des Preisanstiegs*" umbenannt und auf 2 % p.a. fixiert. Erst im Jahr 1997 wurde dann eine Bandbreite von 1,5 bis 2,0 % für die Inflationsentwicklung angestrebt.

Trotz der geldpolitischen Erfolge in Deutschland weist die Geldmengensteuerung einige Nachteile auf. Die scheinbar schwächer werdenden Interdependenzen zwischen dem Geldangebot und den Komponenten des Nominaleinkommens implizieren, dass das Einhalten eines Geldmengenziels nicht zwingend das gewünschte Ergebnis bei den Endzielvariablen garantiert. Des weiteren liefern die Geldmengenaggregate nicht länger ein adäquates Signal über die aktuelle Lage der Geldpolitik. Mit anderen Worten, nur unter spezifischen Umständen ist die Geldmengensteuerung ein guter nominaler Anker und kann die Inflationserwartungen hinreichend fixieren. Zusätzlich kann eine unzuverlässige Beziehung zwischen den monetären Aggregaten und den Finalzielen die Geldmengensteuerung dahin gehend erschweren, dass sie nur noch bedingt im Kommunikationsprozess der Notenbank einsetzbar ist und die Transparenz der Geldpolitik erschwert. Vor diesem Hintergrund wurden in den letzten beiden Dekaden neue Strategiekonzepte wie die direkte Inflationssteuerung formuliert.

5. Das Konzept des Inflation targeting

Inflation targeting (IT) ist in den vergangenen 15 Jahren als geldpolitische Strategie auf der theoretischen Grundlage der DSGE-Modelle entwickelt worden. In der geldpolitischen Praxis wird die direkte Inflationssteuerung aktuell von mehr als 20 Zentralbanken, darunter der *Reserve Bank of New Zealand*, der *Bank of England* und der *Sveriges Riksbank*, eingesetzt.

Eine geldpolitische Strategie wird als IT bezeichnet, wenn sie folgende Bedingungen erfüllt (*Kuttner* 2004):

- Als vorrangiges Endziel der Geldpolitik steht die Wahrung der Preisniveaustabilität. Die Festsetzung des Primats der Preisniveaustabilität ist vor dem Hintergrund historischer Erfahrungen in gewisser Weise eine relativ junge Erscheinung.
- Beim IT wird explizit eine numerische Zielgröße für die Inflation, und zumeist auch eine Angabe des Zeitraumes, innerhalb dessen eine Wiedererlangung angestrebt ist, angegeben. Diese Zahl liegt hierbei im niedrigen einstelligen Bereich, ist aber verschieden von Null.
- Die Zentralbank verpflichtet sich zu weitgehender Transparenz um die geldpolitischen Entscheidungen für die Öffentlichkeit nachvollziehbar zu machen.
- Zentralbanken sind auf der einen Seite unabhängig, auf der anderen Seite aber auch verantwortlich und rechenschaftspflichtig.

Bezüglich der Einordnung in die verschiedenen Klassen von geldpolitischen Strategien ist zu klären, ob es sich beim IT um eine einfache Instrumentenregel im Rahmen einer einstufigen Strategie oder um eine Zielregel („*targeting rule*") innerhalb einer zweistufigen Strategie handelt. Im ersten Fall würde gleichsam mechanisch das geldpolitische Instrument (i. d. R. ein Leitzins) an Veränderungen beobachtbarer makroökonomischer Variablen (Inflation und möglicherweise Produktionslücke) angepasst. Im zweiten Fall handelt es sich um eine Regel, welche ein Zwischenziel spezifiziert und das Finalziel numerisch festlegt. Die Implementierung dieser „*targeting rule*" erfolgt dann über eine endogene Reaktionsfunktion (die den Instrumenteneinsatz festlegt), wobei die Zentralbank Entscheidungsfreiheit bei der Auswahl der geeigneten Reaktionsfunktion hat. *Svensson* (1999) schlägt eine gegenüber Modellvariationen immune *„targeting rule"* vor: Passe die geldpolitischen Instrumente so an, dass die bedingte Inflationsprognose graduell an das langfristige Inflationsziel angepasst wird. Je wichtiger beispielsweise die Produktionsstabilisierung als Finalziel der Geldpolitik wird, desto länger ist der optimale Anpassungshorizont. Diese zweite Interpretation von IT als *„targeting rule"* entspricht weitgehend der geldpolitischen Praxis. Mit ihr sind jedoch weitere Probleme in Bezug auf die Konsistenz von IT als geldpolitische Strategie verbunden, insbesondere was die Bedeutung der Zwischenziel- bzw. Indikatorebene anbelangt.

Die von *Friedman* (1982) noch als potenzielle Kandidaten für Zwischenziele benannten Größen (Zinsen und Geldmenge) spielen beim IT keine Rolle mehr. Abgesehen von der extremen Position, dass Zwischenziele bei der Formulierung einer Strategie grundsätzlich entbehrlich sind, da sie entweder nicht hinreichend durch eine Zentralbank beeinflussbar sind oder in keinem stabilen Zusammenhang zu den Finalzielen stehen (*Cecchetti* 2000), unterscheiden die Protagonisten des IT explizit zwischen dem Finalziel der Geldpolitik und einem Zwischenziel bzw. Indikator. Diese Funktion kommt hierbei den Inflationsprojektionen der Zentralbank zu (*Svensson* 1999)[12], womit in der Hauptsache zwei Vorteile verbunden sein sollen. Zum einen soll es die Transparenz geldpolitischer Entscheidungen erhöhen, da so das Primat der Preisniveaustabilität im Bewusstsein der Zentralbankbeobachter verankert würde. Zum anderen wird somit das der Geldpolitik inhärente Problem des nominalen Ankers gelöst.

In Bezug auf die Förderung der Transparenz lässt sich entgegnen, dass die Verwendung von Inflationsprojektionen beim IT als Zwischenziel die tatsächlich von der Zentralbank verfolgten Finalziele und deren relative Gewichtung zueinander verdecken, sofern es mehrere Zielsetzungen gibt. So schadet insbesondere der Erklärungsnotstand bei Abweichungen der Inflationsprojektion vom Inflationsziel (auf der Zwischenzielebene) der Transparenz und damit der Glaubwürdigkeit bezüglich des Finalzieles. Verweise auf beispielsweise bestehende Produktionslücken oder Risiken für die Finanzstabilität sind dann relativ arbiträr und letztlich durch die Öffentlichkeit nicht verifizierbar. Die Schlussfolgerung liegt daher nahe, dass IT letzten Endes nur eine moderne Strategie ist, um den kurzfristigen Phillipskurven-Zusammenhang über eine Täuschung der privaten Akteure auszunutzen (*Friedman* 2004).

Die Verwendung von Inflationsprojektionen als Zwischenziel, um das beim direkten Inflationsziel bestehende Problem in Bezug auf den nominalen Anker der Geldpolitik zu lösen, ist eine noch subtilere Angelegenheit, die einer näheren Betrachtung bedarf. Das

---

[12] *Bernanke* und *Mishkin* (1997) schlagen als Indikatorvariable einen *Monetary Conditions Index* (MCI) vor, der relevante Informationen aus den verfügbaren Finanzmarktpreisen (Zinsen, Wechsel- und Aktienkurse etc.) über den *„stance of monetary policy"* zusammenfassen soll. MCIs bilden aber willkürlich unterschiedliche Stufen des Transmissionsprozesses ab und können von daher kein konsistentes Bild über das künftige Inflationspotential liefern. Darüber hinaus sollten diese Information bereits in den Markterwartungen bezüglich Inflation und damit in die Inflationsprojektionen der Zentralbank eingegangen sein.

dem IT zugrunde liegende Neu-Keynesianische Makromodell lässt sich in folgender reduzierten semi-logarithmierten Form darstellen (*Walsh* 2003):

$$(6) \quad y_t = E_t(y_{t+1}) - \alpha(r_t - r^*) + \varepsilon_t,$$

$$(7) \quad R_t = r_t + E_t(\Delta p_{t+1}),$$

$$(8) \quad \Delta p_t = E_t(\Delta p_{t+1}) + \gamma(y_t - y^*) + \chi_t,$$

$$(9) \quad R_t = r^* + \Delta p^{ziel} + \phi_1(E_t(y_{t+1}) - y^*) + \phi_2(E_t(\Delta p_{t+1}) - \Delta p^{ziel}).$$

Hierbei ist r der Realzins, R der Nominalzins und t ein Zeitindex. E bezeichnet den Erwartungsoperator, α, γ, ϕ_1 und ϕ_2 sind Strukturkoeffizienten des Modells. Die Variablen ε und χ beschreiben die aggregierten Angebots- und Nachfrageschocks. Schließlich charakterisiert der Asterisk die jeweiligen natürlichen Niveaus und Δp^{ziel} das Inflationsziel. Die Gleichung (6) ist demnach eine vorausschauende IS-Gleichung (gesamtwirtschaftliche Güternachfrage). Die Relation (7) entspricht der *Fisher*-Zerlegung des Nominalzinses, Gleichung (8) charakterisiert die Neu-Keynesianische Phillipskurve (Güterangebot) und Gleichung (9) stellt die geldpolitische Reaktionsfunktion (im Sinne einer erweiterten *Taylor*-Regel) dar. Im steady state folgt aus diesem System, dass die Produktion und der Realzins gerade ihrem natürlichem Niveau entsprechen und die Inflation sowie die Inflationserwartungen auf Zielniveau liegen.

Die Vorgabe eines Inflationszieles verankert somit langfristig die Inflationserwartungen auf gerade diesem Niveau und erlaubt der Politik die Verwirklichung des Zieles der Preisniveaustabilität. Ist dies aber so zu verstehen, dass allein die glaubhafte Ankündigung eines Inflationszieles letztendlich tatsächliche Preissteigerungen in gerade dieser Höhe verursacht? Der den Preisbewegungen zugrunde liegende (auf der Mikroebene angesiedelte) Mechanismus ist der Neo-*Wicksell*'sche Zinsmechanismus (*Woodford* 2003a): Solange der tatsächliche Realzins unterhalb (oberhalb) des natürlichen Realzinses liegt, kommt es zu Preissteigerungen (-senkungen). Im steady state jedoch entspricht definitionsgemäß der tatsächliche dem natürlichen Realzins. Und trotzdem liegt die Inflationsrate auf Ziel, selbst wenn dieses Ziel nicht Preisniveaustabilität sondern eine positive Inflation (wie im Eurosystem) vorsieht. Wie lässt sich dann diese säkulare Preisdynamik im Modell begründen, obwohl der Realzins seinem natürlichen Wert entspricht? Wie erfolgt die Koordination der Marktakteure auf eine mit der Zielrate entsprechenden Inflationserwartung? Offensichtlich braucht es einen nominalen Anker für die Inflationserwartungen selbst. Als Kandidat für diesen fehlenden Anker könnte die Geldmenge herangezogen werden, die jedoch konstruktionsbedingt keine Rolle im Modell übernehmen kann. Im Ergebnis weist das IT als geldpolitische Strategie deutliche Schwächen auf. Vor diesem Hintergrund soll nun abschließend die Strategie des Eurosystems näher betrachtet werden.

6. Die geldpolitische Strategie des Eurosystems

6.1. Argumente für eine zweidimensionale geldpolitische Strategie

Die unterschiedlichen Standpunkte zur adäquaten Ausgestaltung der Geldpolitik spiegeln sich auch im Konzept des Eurosystems wider. Das Eurosystem verfolgt eine geldpolitische Strategie, die einzelne Elemente aus einer geldmengenorientierten Steuerung und einer direkten Inflationssteuerung miteinander verknüpft. Sie basiert auf zwei Säulen („Zwei-Säulen-Strategie"; „two-pillars-concept"; *Europäische Zentralbank* 2004, S. 70); einer Geldmengenstrategie in einer Säule („monetäre Analyse") und der Auswertung einer Vielzahl von Konjunktur- und Finanzmarktindikatoren zur Einschätzung künftiger Preisrisiken in einer zweiten Säule („wirtschaftliche Analyse").

Der Rückgriff auf eine geldmengenorientierte Strategie konnte mit den stabilen Zusammenhängen zwischen dem Tagesgeldsatz, dem breit gefassten Geldmengenaggregat M3 und der inflationären Entwicklung begründet werden (*Nicoletti-Altimari* 2001). Die Ergänzung der monetären Analyse durch eine zweite Säule lässt sich nicht nur politökonomisch begründen, sondern auch aus der besonderen Situation zu Beginn der Währungsunion im Jahr 1999 ableiten. So begründet die Währungsunion einen tiefgreifenden Regimewechsel, dessen Auswirkungen nicht zuverlässig prognostiziert werden konnten.

Im Vorfeld der Währungsunion wurde auf Basis von EWU-weiten Geldmengenaggregaten die Stabilität der Geldnachfrage untersucht. Die Analyse für die breiten Geldmengenaggregate lieferte fast durchgängig positive Ergebnisse (*Görgens, Ruckriegel* und *Seitz* 2004, S. 181). Dabei konnten allerdings die Auswirkungen einer einheitlichen Geldpolitik und die verstärkten Integrationsprozesse auf den Güter- und Finanzmärkten in Folge der Währungsunion noch nicht berücksichtigt werden. Die festgestellte Stabilität der Geldnachfrage war möglicherweise die Folge der asymmetrischen Funktionsweise des Europäischen Währungssystems. In diesem System gab die Deutsche Bundesbank den geldpolitischen Kurs vor und andere EWS-Länder versuchten, den Wechselkurs ihrer Währung gegenüber der DEM zu stabilisieren. Sie importierten demzufolge die geldpolitische Ausrichtung der Bundesbank und damit deren stabilitätspolitische Glaubwürdigkeit. Mit dem Übergang zur einheitlichen Geldpolitik entfielen diese asymmetrischen Effekte, wodurch Strukturbrüche in der Geldnachfrage entstehen konnten. Ferner bestand die Gefahr, dass Geldnachfrageschocks, die früher auf einzelne Länder unterschiedlich einwirkten, künftig einen stärkeren Gleichlauf aufweisen würden, da sie auf gemeinsame Ursachen zurückgeführt werden.

Auch der Bedarf an Zentralbankgeld für Transaktionszwecke und das Portfolioverhalten der Marktteilnehmer war nur bedingt abschätzbar. In dem Maße, wie der Euro als internationale Anlagewährung zur ernsthaften Konkurrenz gegenüber dem USD würde, stiege auch die Gefahr, dass Geldmengenaggregate aufgrund zunehmender internationaler Kapitalbewegungen einen Teil ihrer Aussagekraft verlieren. Die zunehmende Integration der europäischen Finanzmärkte, die erhöhte Koordination der nationalen Wirtschaftspolitiken sowie der steigende Wettbewerb zwischen den europäische Finanzinstituten bargen weitere Unsicherheitsmomente. Darüber hinaus war nicht klar, wie sich der finanzielle Innovationsprozess im Euroraum weiterentwickelt. Die Stabilität der

Geldnachfrage im Vorfeld der Währungsunion konnte nicht zuletzt durch die geringe Bedeutung von Finanzinnovationen in einigen Ländern der Eurozone erklärt werden. Gerade diese Finanzinnovationen waren aber ursächlich für die Abkehr von einer geldmengenorientierten Strategie in den USA und Großbritannien.

Angesichts dieser Unwägbarkeiten stellte die Wahl einer Zwei-Säulen-Strategie eine nachvollziehbare Entscheidung dar. Der mangelnde Informationsgehalt von Geldmengenaggregaten im Übergangsprozess gefährdete den Erfolg einer rein geldmengenorientierten Strategie und hätte den Reputationsaufbau des Eurosystems und die Glaubwürdigkeit der Geldpolitik erschwert (*Leschke* 2001). Durch die Informationen aus der zweiten Säule konnte man flexibel auf die Bedürfnisse des neuen Währungsraumes reagieren, ohne das Ziel der Preisniveaustabilität zu gefährden und eine mittelfristige Geldmengenorientierung aufzugeben. Nach Abschluss der Übergangsphase und steigender Aussagekraft der Geldmengenaggregate bestünde die Möglichkeit, die Bedeutung der zweiten Säule für die geldpolitischen Entscheidungen sukzessive zu senken.

Für eine längerfristig angelegte Rolle der zweite Säule spricht die Tatsache, dass der Zusammenhang zwischen den monetären Aggregaten und den Inflationsprozessen kurzfristig durch eine Vielzahl von (preisbestimmenden) Faktoren überlagert wird. Da sich diese Einflüsse verfestigen können, sind sie in der kurzen Frist durchaus geldpolitisch relevant. Vor diesem Hintergrund können sie in der zweiten Säule sorgfältig analysiert und in die geldpolitischen Entscheidungsprozesse einbezogen werden.

6.2. Die Ausgestaltung der 2-Säulen-Strategie des Eurosystems

In der ersten Säule wird für die Wachstumsrate des Geldmengenaggregates M3 ein sogenannter Referenzwert für die mittlere Frist festgelegt. Er wurde in der Anfangsphase der Währungsunion jährlich überprüft, um ihn gegebenenfalls an veränderte Entwicklungen in seinen einzelnen Komponenten anpassen zu können. Der Referenzwert wird unter Zugrundelegung der Quantitätsgleichung (3) auf Basis von Zielvorgaben für das Preisniveau und der langfristigen Entwicklung der anderen Variablen abgeleitet. Die Zielsetzung der Preis(niveau)stabilität kommt in dem angestrebten Anstieg des harmonisierten Preisindex der Lebenshaltung (HVPI) für die Eurozone von weniger als zwei Prozent zum Ausdruck ($\Delta p_t < 2$ % p.a.). Ferner ging man zu Beginn der Währungsunion von einer mittelfristigen Wachstumsrate des realen Bruttoinlandsprodukt zwischen 2 % bis 2,5 % p.a. und einem mittelfristigen Rückgang der Umlaufgeschwindigkeit von M3 um ca. 0,5 % bis 1,0 % p.a. aus. Unter Berücksichtigung der Definition von Preis(niveau)stabilität und dieser zwei Annahmen beschloss der EZB-Rat im Dezember 1998, den ersten Referenzwert auf 4,5 % festzusetzen.

Starke Abweichungen der tatsächlichen Geldmengenentwicklung vom Referenzwert werden als mögliches Warnsignal für mittelfristig steigende Inflations- oder Deflationsrisiken interpretiert, lösen aber keine zwangsläufige Korrektur der Geldpolitik aus. Der Referenzwert ist demzufolge keine strikt einzuhaltende Zwischenzielvariable, sondern ist vielmehr als Indikator zu interpretieren. Sofern das makroökonomische Umfeld für den Projektionszeitraum der Notenbank Preisniveaustabilität signalisiert, werden Abweichungen toleriert. Dennoch wies die Europäische Zentralbank in der Anfangsphase auf die „herausragende Rolle" der Geldmenge für die Einschätzung der geldpolitischen

Lage hin (*Europäische Zentralbank* 2000, S. 41). Im Rahmen der monetären Säule erfolgt darüber hinaus aber auch eine Analyse der engeren Geldmengenaggregate M1 und M2 sowie der einzelnen Komponenten von M3 und der Kreditaggregate. In der geldpolitischen Praxis seit dem Start der Währungsunion wies die Änderungsrate von M3 über weite Strecken positive Abweichungen gegenüber dem Referenzwert auf (siehe dazu die Abbildung 2 im Beitrag von *Thieme*).

Die wirtschaftliche Analyse in der zweiten Säule dient der Beobachtung und Analyse der realwirtschaftlichen Entwicklungen und ihrer Auswirkungen auf das Preisniveau. Dazu wird eine umfangreiche Palette von gesamtwirtschaftlichen Indikatoren, die für die Preisniveauentwicklung relevant sind, z.B. fiskalpolitische Indikatoren, Kapitalmarkt- und Arbeitsmarktbedingungen, Preis- und Kostenfaktoren, Produktivität, Wechselkurse usw., beobachtet. Auf Basis dieser Analyse erfolgt dann die Beurteilung der Aussichten für die weitere Preisentwicklung im Euroraum. Zu diesem Zweck veröffentlicht das Eurosystem seit Ende 2000 auch eigene „Prognosen" für die Veränderung des harmonisierten Verbraucherpreisindex (HVPI) und das Wachstum des realen Bruttoinlandsproduktes sowie seiner Nachfragekomponenten. Monetäre Variablen gehen hierbei nicht als Indikatoren in die zugrunde liegenden Prognosemodelle ein. Diese so genannten Projektionen werden jeweils im Frühjahr und Herbst aktualisiert und für einen 2-Jahres-Zeitraum erstellt und publiziert. Sie stellen keine echten Prognosen dar, denn die EZB beschreibt die voraussichtliche Entwicklung unter der Annahme, dass die kurzfristigen Zinssätze und Wechselkurse konstant bleiben, d.h. man unterstellt insbesondere einen unveränderten geldpolitischen Kurs (bedingte oder status-quo-Prognose). Durch diese Vorgehensweise möchte das Eurosystem verhindern, dass von den Prognosen direkt auf die künftigen Zinsentscheidungen geschlossen wird. Ferner besteht bei echten Prognosen die Gefahr, dass die Marktteilnehmer die Prognosewerte in ihren Kontrakten antizipieren und es zu einer sich selbst erfüllenden Prognose kommt.

Nach der Überarbeitung ihrer Projektionen für das BIP-Wachstum und für die Inflation im Juni 2006 geht das Eurosystem inzwischen von veränderten technischen Annahmen aus. Künftig wird in den Projektionen nicht mehr unterstellt, dass die Zinssätze konstant sind. Vielmehr berücksichtigen die bedingten Prognosen die Markterwartungen über die künftige Entwicklung der Zinssätze. Diese Modifikation darf nach Ansicht der EZB allerdings nicht dahin gehend missverstanden werden, dass die neuen Projektionen Rückschlüsse auf die künftige Geldpolitik zulassen.

6.3. Entwicklung und kritische Würdigung der 2-Säulen-Strategie

Im Frühjahr 2003 überprüfte das Eurosystem seine geldpolitische Strategie. Die quantitative Definition des Preisstabilitätsziels wurde bestätigt und präzisiert. Der Anstieg des HVPI für den Euroraum soll „unter, jedoch nahe 2 %" gegenüber dem Vorjahr betragen. Die Preisstabilität muss mittelfristig gewährleistet werden. Hiermit stellte das Eurosystem klar, dass es für eine ausreichende Sicherheitsmarge gegen Deflationsrisiken sorgen möchte. Außerdem sollte eventuellen Messfehlern beim HVPI sowie den Auswirkungen von Inflationsunterschieden innerhalb des Währungsgebietes stärker Rechnung getragen werden. Durch die zunehmende Integration der Güter- und

Faktormärkte entstehen Aufholprozesse, die mit strukturell höheren Inflationsraten in einzelnen Ländern verbunden sein können (beispielsweise „*Balassa-Samuelson*-Effekt“).

Ein grundlegender Aspekt der Geldpolitik des Eurosystems besteht schließlich im Streben nach Preisstabilität „auf mittlere Sicht“. Darin spiegelt sich die Auffassung wider, dass die Geldpolitik die Inflationsentwicklung nicht kurzfristig innerhalb von nur wenigen Wochen oder Monaten „feinsteuern“ kann. Geldpolitische Impulse werden mit zeitlicher Verzögerung auf die Preisebene übertragen, wobei das Ausmaß der tatsächlichen Wirkung nicht genau vorhersagbar ist. Daraus ergibt sich, dass die Geldpolitik nicht allen unerwarteten Störungen des Preisniveaus entgegenwirken kann. Ein gewisses Maß an kurzfristiger Volatilität der Preisentwicklung ist daher unvermeidbar.

Die Zwei-Säulen-Strategie wurde ebenfalls modifiziert. Die Ausrichtung der Geldpolitik auf die mittlere Frist wird verstärkt betont. Die wirtschaftliche Analyse dient dagegen der Feststellung der kurz- und mittelfristigen Risiken für die Preisstabilität. Mit Hilfe einer wechselseitigen Überprüfung („*cross checking*“) der aus beiden Säulen gewonnen Informationen soll eine möglichst einheitliche Beurteilung der Risiken für die Preisstabilität erfolgen. Des Weiteren soll der Referenzwert für die Wachstumsrate von M3 nicht mehr jährlich überprüft werden, um damit den längerfristigen Charakter des Wertes zur Überprüfung der monetären Entwicklung zu bekräftigen. Die der Ableitung des Referenzwertes zugrunde liegenden Bedingungen und Annahmen sollen jedoch im Hinblick auf eventuell notwendig werdende Anpassungen regelmäßig überprüft werden. Damit wird aus Sicht vieler Beobachter die früher herausragende Rolle der Geldmenge für die geldpolitischen Entscheidungen relativiert. Zur Verbesserung der externen Kommunikation werden die „einleitenden Bemerkungen“ des EZB-Präsidenten bei der Pressekonferenz nach den EZB-Ratssitzungen, die sich mit der monetären Lage befassen, künftig mit der wirtschaftlichen Analyse zur Ermittlung der kurz- bis mittelfristigen Risiken für die Preisstabilität beginnen, gefolgt von der monetären Analyse, in der die mittel- und langfristigen Inflationstrends im Blickpunkt stehen.

Zusammenfassend kann festgehalten werden, dass die Bedeutung der zweiten Säule in den letzten Jahren deutlich in den Vordergrund getreten ist und die Entwicklung der Geldmenge an Gewicht verloren hat. Im Ergebnis ist somit eine deutliche Gewichtsverlagerung zugunsten einer direkten Inflationssteuerung zu beobachten, sodass die im vorangegangenen Abschnitt dargestellten Kritikpunkte am IT auch zunehmend auf die geldpolitische Strategie des Eurosystems übertragbar sind.

Literatur

Aksoy, Yunus und *Tomasz Piskorski* (2006), U.S. Domestic Money, Inflation and Output, in: Journal of Monetary Economics, Vol. 53, S. 183-197.

Amato, Jeffrey D. und *Thomas Laubach* (2004), Implications of Habit Formation for Optimal Monetary Policy, in: Journal of Monetary Economics Vol. 51, S. 305-325.

Andersen, Palle und *David Gruen* (1995), Macroeconomic Policies and Growth, in: *Andersen Palle, Jacqueline Dwyer* und *David Gruen* (Hg.), Productivity and Growth, Sydney, S. 279-319.

Aoki, Kosuke (2001), Optimal Monetary Policy Responses to Relative-Price Changes, in: Journal of Monetary Economics, Vol. 48, S. 55-80.

Arestis, Philip und *Malcolm Sawyer* (2003), The Nature and Role of Monetary Policy when Money is Endogenous, The Levy Economics Institute of Bard College Working Paper, No. 374.

Barro, Robert J. und *David B. Gordon* (1983), Rules, Discretion, and Reputation in a Model of Monetary Policy, in: Journal of Monetary Economics, Vol. 12, S. 101-120.

Bernanke, Ben S. und *Mark Gertler* (2001), Should Central Banks Respond to Movements in Asset Prices?, in: The American Economic Review , Vol. 91, S. 253-257.

Bernanke, Ben S. und *Frederic S. Mishkin* (1997), Inflation Targeting: A New Framework for Monetary Policy?, in: Journal of Economic Perspectives, Vol. 11, S. 97-116.

Borio, Claudio, William English und *Andrew Filardo* (2003), A Tale of Two Perspectives: Old or New Challenges for Monetary Policy?, BIS Working Paper, No. 127, Basel.

Carlson, John B., Dennis L. Hoffman, Benjamin D. Keen und Robert H. Rasche (2000), Results of a Study of the Stability of Cointegrating Relations Comprised of Broad Monetary Aggregates, in: Journal of Monetary Economics, Vol. 46, S. 345-383.

Cecchetti, Stephen G. (2000), Making Monetary Policy: Objectives and Rules, in: Oxford Review of Economic Policy, Vol. 16, S. 43-59.

Cecchetti, Stephen G., Hans Genberg und *Sushil Wadhwan* (2002), Asset Prices in a Flexible Inflation Targeting Framework, NBER Working Paper, No. 8970, Cambridge/Mass.

Clarida, Richard, Jordi Galí und *Mark Gertler* (1997), Monetary Policy Rules in Practice: Some International Evidence, NBER Working Paper, No. 6254, Cambridge/Mass.

Ericsson, Neil R. (1998), Empirical Modelling of Money Demand, in: Empirical Economics, Vol. 23, S. 295-315.

Europäische Zentralbank (2000), Die zwei Säulen der geldpolitischen Strategie der EZB, in: Monatsbericht der Europäischen Zentralbank, November 2000, S. 41-53.

Europäische Zentralbank (2004), Die Geldpolitik der Europäischen Zentralbank, 2. Aufl., Frankfurt/M.

Fischer, Börn, Michele Lenza, Huw Pill und *Lucrezia Reichlin* (2006), Money and Monetary Policy: The ECB Experience, Mimeo.

Friedman, Benjamin M. (1996), The Rise and Fall of Money Growth Targets as Guidelines for U.S. Monetary Policy, NBER Working Paper, No. 5465, Cambridge/Mass.

Friedman, Benjamin M. (2004), Why the Federal Reserve Should not Adopt Inflation Targeting, in: International Finance, Vol. 7, S. 129-136.

Friedman, Milton (1968), The Role of Monetary Policy, in: American Economic Review, Vol. 58, S. 1-17.

Friedman, Milton (1982), Monetary Policy: Theory and Practice, in: Journal of Money, Credit, and Banking, Vol.14, S. 98-118.

Gischer, Horst, Bernhard Herz und *Lukas Menkhoff* (2004), Geld, Kredit und Banken, Berlin.

Görgens, Egon, Karlheinz Ruckriegel und *Franz Seitz* (2004), Europäische Geldpolitik, 4. Aufl., Stuttgart.

Illing, Gerhard (1997), Theorie der Geldpolitik. Eine spieltheoretische Einführung, Berlin.

Issing, Otmar (1996), Einführung in die Geldpolitik, 6. Aufl., München.

Issing, Otmar (2003), Monetary and Financial Stability: Is there a Trade-off?, http://www.ecb.int/press/key/date/2003/html/sp030329.en.html, 12.02.2007.

Knoop, Todd A. (2004), Recessions and Depressions, Westport.

Kuttner, Kenneth N. (2004), The Role of Policy Rules in Inflation Targeting, in: Federal Reserve Bank of St. Louis Review, Vol. 86, S. 89-111.

Kydland, Finn E. und *Edward C. Prescott* (1977), Rules rather than Discretion: The Inconsistency of Optimal Plans, in: Journal of Political Economy, Vol. 85, S. 473-568.

Leschke, Martin (2001), Die geldpolitische Konzeption des Europäischen Systems der Zentralbanken als rationale Selbstbindung, in: *Dietrich von Delhaes-Guenther, Karl-Hans Hartwig* und *Uwe Vollmer* (Hg.), Monetäre Institutionenökonomik, Stuttgart, S. 337-359.

Lown, Cara S., Stavros Peristiani und *Kenneth J. Robinson (1999)*, What was behind the M2 Breakdown?, Federal Reserve Bank of New York Staff Reports, No. 83, New York.

Michler, Albrecht F. und *H. Jörg Thieme* (2003), Finanzmarktintegration, Krisenprävention und Krisenmanagement, in: *Dieter Cassel* und *Paul J.J. Welfens* (2003), Regionale Integration und Osterweiterung der Europäischen Union, Stuttgart 2003, S. 187-217.

Mishkin, Frederic S. (2006), Monetary Policy Strategy: How did we get here?, NBER Working Paper, No. 12515, Cambridge/Mass.

Nicoletti-Altimari, Sergio (2001), Does Money lead Inflation in the Euro Area, ECB Working Paper, No. 63, Frankfurt/M.

Padoa-Schioppa, Tommaso (2004), Regulating Finance. Balancing Freedom and Risk, Oxford.

Phelps, Edmund (1967), Phillips Curves, Expectations and Optimal Unemployment over Time, in: Economica, Vol. 34, S. 254-281.

Samuelson, Paul und *Robert M. Solow* (1960), Analytic Aspects of Anti-inflation Policy, in: American Economic Review, Vol. 50, S. 368-379.

Sargent, Thomas J. und *Neil Wallace* (1975), Rational Expectations, the Optimal Monetary Instrument and the Optimal Money Supply Rule, in: Journal of Political Economy, Vol. 83, S. 241-254.

Siebke, Jürgen (1995), Alternativen der Geldmengensteuerung, in: *Jürgen Siebke* und *H. Jörg Thieme* (Hg.), Geldpolitik. Zwanzig Jahre Geldmengensteuerung in Deutschland, Baden-Baden, S. 35-50.

Svensson, Lars E. O. (1999), Inflation Targeting: Some Extensions, in: Scandinavian Journal of Economics, Vol. 101, S. 337-361.

Walsh, Carl E. (2003), Monetary Theory and Policy, 2. Aufl., Cambridge/Mass.

Woodford, Michael (2003a), Interest and Prices, Princeton.

Woodford, Michael (2003b), Optimal Interest-rate Smoothing, in: Review of Economic Studies, Vol. 70, S. 861-886.

Woodford, Michael (2004), Inflation Targeting and Optimal Monetary Policy, in: Federal Reserve Bank of St. Louis Review, Vol. 86 (4), S. 15-42.

Albrecht F. Michler und H. Jörg Thieme (Hg.)
Systeme monetärer Steuerung: Analyse und Vergleich geldpolitischer Strategien
Schriften zu Ordnungsfragen der Wirtschaft · Band 86 · Stuttgart · 2007

Monetär basierte Inflationsprognosen für den Euro-Raum

Ralph Setzer *

Inhalt

1. Einleitung 196

2. Das Preislückenkonzept 197

3. Stabilität der Geldnachfrage 199
   3.1. EZB-Ansatz nach Calza et al. (2001) 200
   3.2. Dreger und Wolters (2006) 200
   3.3. Carstensen (2006) 202
   3.4. Boone, Mikol, van den Noord (2004) 202

4. Berechnung der realen Geldlücke 203

5. Inflationsprognose 205

6. Zusammenfassung und Bewertung 211

Literatur 212

Anhang 215

* Der Beitrag spiegelt die persönliche Meinung des Autors wider und nicht notwendigerweise die Sichtweise der Deutschen Bundesbank.

1. Einleitung [1]

Insbesondere auf Grund der Verzögerungen, mit denen geldpolitische Maßnahmen auf die Preisentwicklung wirken, müssen geldpolitische Entscheidungen vorausschauend getroffen werden. Daher spielen bei allen stabilitätsorientierten Zentralbanken Prognosen der kommenden Preisentwicklung eine wichtige Rolle. Auch der EZB-Stab erstellt seit geraumer Zeit vierteljährliche Inflationsprojektionen. Hierzu gehören neben den überwiegend auf realwirtschaftlichen Daten basierenden Projektionen auch die vom EZB-Stab im Rahmen seiner „Vierteljährlichen Beurteilungen der Geldmengenentwicklung" („Quarterly Monetary Assessment") erstellten monetär basierten Inflationsprognosen (*Reichlin et al.* 2006).

Zur Veranschaulichung des rein monetär bedingten Inflationspotenzials nutzt der EZB-Stab u.a. das von *Hallman et al.* (1991) entwickelte Preislückenkonzept („P-Stern Ansatz").[2] Die Inflationsrate wird hierbei in Beziehung zur Preislücke, dem Abstand des tatsächlichen vom gleichgewichtigen Preisniveau, gesetzt. Sie repräsentiert somit das vorhandene Inflationspotenzial. Dabei ist die Preislücke gemäß dem P-Stern Modell gleich der realen Geldlücke, d.h. dem prozentualen Unterschied der aktuellen Geldmenge von ihrem Gleichgewichtswert, welcher auf Basis einer langfristigen Geldnachfragegleichung bestimmt wird.

Zwar belegt eine Reihe von empirischen Untersuchungen die Güte monetär basierter Inflationsprognosen (siehe z. B. *Neumann* und *Greiber* 2004, *Assenmacher-Wesche* und *Gerlach* 2006, *Belke et al.* 2006 und *Hofmann* 2006), mehrere empirische Studien melden für die Periode bis 2006 aber auch Zweifel an der Stabilität der Geldnachfragefunktion für den Euro-Raum an (*Carstensen* 2004 und *Reichlin et al.* 2006). Hierfür wird die Beobachtung angeführt, dass seit 2001 im Euro-Gebiet ein starkes Geldmengenwachstum auftritt, ohne bislang von einem entsprechenden Verbraucherpreisanstieg begleitet zu sein. Dies wirft die Frage auf, inwiefern Abweichungen der tatsächlichen Geldmenge von ihrem langfristigen Gleichgewichtswerten weiterhin als Messgröße für zukünftigen Inflationsdruck geeignet sind.

Diese Studie knüpft an solche Überlegungen an und untersucht die Prognoseeigenschaft des Preislückenkonzepts für die Inflation im Euro-Gebiet. Zur Messung der Überschussliquidität werden nachfolgend unterschiedliche Geldnachfragestudien herangezogen und ihre jeweilige Prognosekraft für die Inflation verglichen. Dadurch lässt sich nicht nur die Prognoseperformance des Preislückenkonzepts insgesamt beurteilen, sondern es können auch Rückschlüsse gewonnen werden, welche Modellierungsstrategie der langfristigen Geldnachfrage am Erfolg versprechendsten in Bezug auf die Inflationsprognose erscheint.

---

[1] Ich danke *Malte Krüger*, den übrigen Teilnehmern des Radein-Seminars 2007 sowie *Manfred J. M. Neumann* für wertvolle Kommentare.

[2] Ein weiteres „Tool" im Rahmen der monetär basierten Inflationsprognosen des EZB-Stabs sind bivariate Ansätze, welche neben der zeitverzögerten Inflationsrate eine weitere monetäre Variable verwenden. Für das methodische Vorgehen vergleiche *Stock* und *Watson* (1999).

Die Analyse kommt zu dem Schluss, dass für den Zeitraum 1982 bis 2006 die Entwicklung der realen Geldlücke weiterhin einen wesentlichen Beitrag zur Erklärung der Inflation im Euro-Raum liefert. Dies gilt, wenn auch in weniger starker Form, auch für die jüngste Phase des starken Geldmengenwachstums seit 2001. Gleichzeitig verdeutlicht der Vergleich mehrerer Geldnachfragestudien, dass eine Erweiterung des Preislückenkonzepts um Vermögensaspekte ein vielversprechender Ansatz sein kann, um einen inflationsfördernden Geldmengenanstieg von nicht preisrelevanten Geldnachfrageschocks zu trennen.

Der weitere Aufbau dieser Studie ist wie folgt: In Kapitel 2 wird zunächst das theoretische Konzept der Preislücke vorgestellt. Kapitel 3 stellt verschiedene aktuelle Geldnachfragestudien vor, Kapitel 4 repliziert ihre Ergebnisse und bildet Messgrößen für die Überschussliquidität. Diese werden dann in Kapitel 5 auf die Inflationsrate regressiert, um den historischen Geldlücken-Preiszusammenhang abzubilden. Mit Hilfe des geschätzten Zusammenhangs lassen sich dann Prognosen für die Inflation erstellen und vergleichen. Kapitel 6 fasst die Ergebnisse zusammen.

2. Das Preislückenkonzept

Der Preislückenansatz ist ein umfassender Inflationsindikator, der – in seiner Standardform – sowohl den vom Gütermarkt (Auslastungsgrad) wie den vom Geldmarkt (Liquiditätsgrad) ausgehenden Inflationsdruck zusammenfasst (*Tödter* 2002). Ausgangspunkt ist die Quantitätstheorie. Demnach entspricht das Produkt aus nominaler Geldmenge M und Geldumlaufgeschwindigkeit V dem Produkt aus Preisniveau P und Transaktionsvolumen, welches meist durch das reale Bruttoinlandsprodukt Y approximiert wird.[3] In logarithmierter Schreibweise ergibt sich:

$$(1) \qquad m+v=p+y.$$

Das tatsächliche Preisniveau ist dementsprechend:

$$(2) \qquad p=m+v-y.$$

Auf Basis dieser Gleichung wird das gleichgewichtige Preisniveau (p^*) als dasjenige definiert, welches resultiert, wenn bei gegebener Geldmenge die Produktion und Umlaufgeschwindigkeit ihre Gleichgewichtswerte (y^* bzw. v^*) aufweisen, das heißt, wenn die Kapazitäten voll ausgelastet sind und die Liquiditätshaltung dem langfristigen Durchschnitt entspricht:

$$(3) \qquad p^*=m+v^*-y^*.$$

---

[3] Aus Vereinfachungsgründen wird in den folgenden Gleichungen auf einen Zeitindex verzichtet.

Die Differenz aus (3) und (2) ergibt die Preislücke und kann als relevanter Erklärungsfaktor für die Inflationsentwicklung gesehen werden:

$$(4) \qquad p^* - p = (v^* - v) + (y - y^*).$$

Bezeichnet $\overline{m}$ die reale Geldmenge und $\overline{m}^*$ die gleichgewichtige reale Geldmenge, folgt aus der Darstellung der Quantitätsgleichung:

$$(5) \qquad \overline{m}^* = m^* - p^* = -v^* + y^*.$$

Mit Hilfe von (3) lässt sich das gleichgewichtige Preisniveau damit auch darstellen als:

$$(6) \qquad p^* = m - \overline{m}^*.$$

Somit ist die negative Preislücke äquivalent zur realen Geldlücke, d.h. zur Differenz aktueller und gleichgewichtiger realer Geldmenge:

$$(7) \qquad -(p - p^*) = \overline{m} - \overline{m}^*.$$

Dahinter steht die Überlegung, dass sich zusätzliches Geld, dem nicht eine größere Gütermenge gegenübersteht, bei unveränderten Kassenhaltungsgewohnheiten letztlich in Preissteigerungen niederschlägt.

Zur Abschätzung der langfristig gleichgewichtigen Geldmenge werden üblicherweise Geldnachfrageschätzungen herangezogen. Die Standardversion modelliert die reale Nachfrage nach Geld in Abhängigkeit einer Variablen für das Transaktionsvolumen und einer Variablen für die Opportunitätskosten der Geldhaltung:

$$(8) \qquad \overline{m} = m - p = \alpha + \beta_1 y + \beta_2 \cdot i + \varepsilon.$$

Die reale Geldmenge $m - p$ wird dabei in der Regel mit dem BIP-Deflator berechnet, das Transaktionsvolumen y meist mit Hilfe des logarithmierten realen Bruttoinlandsprodukts gemessen und die Opportunitätskosten von M3, i, werden alternativ durch den langfristigen Staatsanleihezins (*Brand* und *Cassola* 2000), den Spread zwischen Lang- und Kurzfristzins (*Coenen* und *Vega* 2001) oder den Spread zwischen Dreimonatszins und der Eigenverzinsung von M3 (*Calza et al.* 2001) approximiert. Diese Langfrist-Spezifikation wird in ein Fehlerkorrekturmodell eingebettet, welches die Kurzfristdynamik der Anpassung an das langfristige Geldnachfragegleichgewicht beschreibt.

Aus der Geldnachfragegleichung lässt sich der monetäre Überhang ableiten (*Tödter* 2002). Dieser ist definiert als die Differenz zwischen der tatsächlichen realen Geldmenge M3 $\overline{m}$ und dem realen M3-Bestand $\overline{m}^d$, der sich aus der anhand des Geldnachfragemodells abgeleiteten Langfristbeziehung ergibt (u):

(9) $\overline{m} = \overline{m}^d + \varepsilon$, wobei gilt: $\overline{m}^d = \overline{m}*$.

Der Geldüberhang ε entspricht demnach dem Schockterm der Geldnachfragegleichung und bezeichnet das Ungleichgewicht auf dem Geldmarkt. Aus dem monetären Überhang kann die reale Geldlücke berechnet werden, definiert als Differenz zwischen der tatsächlichen realen Geldmenge $\overline{m}$ und dem „gleichgewichtigen" realen M3-Bestand $\overline{m}*$, der sich ergibt, wenn bei aktuellem Preisniveau Gütermarkt und Geldmarkt im Gleichgewicht sind.

(10) $\overline{m} - \overline{m}* = \beta_1(y - y*) + \beta_2(i - i*) + u$,

mit

(11) $\overline{m}* = \beta_1 \cdot y* + \beta_2 \cdot i*$.

Hierbei beschreibt $y*$ den gleichgewichtigen Output, i den Zinssatz (bzw. alternativ den Zinsspread) und $i*$ den gleichgewichtigen Zins (Zinsspread). Die reale Geldlücke setzt sich demnach aus drei Teilkomponenten (Produktionslücke, Zinslücke, Geldüberhang) zusammen, welche, gewichtet mit den Elastizitäten der Geldnachfrage, alle einen Preisdruck auslösen können. Anders als Indikatoren, die entweder nur auf realwirtschaftliche oder monetäre Faktoren abstellen, berücksichtigt die Preislücke somit beide Seiten der gesamtwirtschaftlichen Entwicklung.

3. Stabilität der Geldnachfrage

Die vorstehenden Ausführungen machen deutlich, dass eine stabile Geldnachfragefunktion eine notwendige Bedingung für die Relevanz des Preislückenkonzepts ist. Nur wenn die Geldnachfragefunktion und damit die Bestimmungsfaktoren des Portfolioverhaltens stabil genug sind, um eine langfristig gleichgewichtige Geldmenge zu berechnen, lässt sich aus der realen Geldlücke auch ein Anpassungsdruck auf die Preise herleiten. Allerdings liefert das P-Stern-Konzept keine genauen Vorgaben bezüglich der konkreten Ausgestaltung der Geldnachfragefunktion. Im Folgenden soll daher auf Basis von empirischen Prognosevergleichen analysiert werden, wie sensitiv das Preislückenkonzept hinsichtlich der Verwendung unterschiedlicher Spezifikationen der Geldnachfrage ist. Konkret wird der EZB-Ansatz, welcher die Geldnachfrage standardmäßig als Funktion von Einkommen, Preisen und Zinsen modelliert, mit der Studie von *Dreger* und *Wolters* (2006), in welcher zusätzlich die Inflationsrate berücksichtigt wird, und Studien von *Carstensen* (2004) und *Boone et al.* (2004), die beide Vermögensvariablen als zusätzlichen Erklärungsfaktor der Geldnachfrage berücksichtigen, verglichen. Zunächst werden diese Studien kurz vorgestellt.

3.1. EZB-Ansatz nach Calza et al. (2001)

Den vom EZB-Stab erstellten Inflationsprognosen auf Basis des Preislückenkonzepts liegt eine Standard-Geldnachfragefunktion zu Grunde, wie sie von *Calza et al.* (2001) beschrieben wurde:

$$(12) \qquad \overline{m} = \alpha + \beta_1 y + \beta_2 \cdot (rs - ro) + \varepsilon .$$

Dabei hängt die mit dem BIP-Deflator berechnete reale Geldmenge $\overline{m}$ vom realen Bruttoinlandsprodukt y und den Opportunitätskosten von M3 $(rs - ro)$, d. h. dem Spread zwischen Dreimonatszins rs und Eigenverzinsung von M3 ro (mengengewichteter Durchschnittszins der M3-Komponenten), ab. Das Residuum ε ist die Überschussliquidität bzw. der monetäre Überhang.

Lange Zeit lieferte dieser Ansatz eine sehr verlässliche Beschreibung der langfristigen Geldmengenentwicklung im Euro-Raum. Auf Basis des heutigen Datenstandes gibt es jedoch Anzeichen dafür, dass für die Zeit ab 2001 Zweifel an der Stabilität dieser Geldnachfragespezifikation nach *Calza et al.* (2001) für den Euro-Raum bestehen, bzw. dass diese Funktion die Geldmengenentwicklung nicht mehr in einem befriedigenden Maße beschreibt.[4] Aus diesem Grund wird das Modell von der EZB nur bis zum zweiten Quartal 2001 (dem längsten Zeitraum für den unzweifelhaft eine stabile Beziehung zwischen den o.g. Variablen festgestellt werden kann) spezifiziert. Auf Basis der für diesen Zeitraum geschätzten Koeffizienten wird dann für den gesamten Untersuchungszeitraum der monetäre Überhang berechnet.

3.2. Dreger und Wolters (2006)

Die von *Dreger* und *Wolters* (DWO) zur Lösung der mangelnden Stabilität nach 2001 gewählte Spezifikation bezieht die Inflationsrate (auf Basis des BIP-Deflators) als zusätzliche erklärende Variable in die Geldnachfragefunktion mit ein. Damit wird die Preishomogenität zwischen Geldmenge und Preisen aufgehoben, d.h. es wird in der kurzen Frist keine vollständige Anpassung der Geldnachfrage in Bezug auf Preisänderungen unterstellt. Theoretisch kann dies mit Anpassungskosten an ein neues Gleichgewicht bei kostenminimierendem Verhalten motiviert werden, wobei die Kosten des Ungleichgewichts den Anpassungskosten gegenübergestellt werden (*Goldfeld* und *Sichel* 1987, S. 513).

Der Ansatz, die Inflationsrate in die Geldnachfragegleichung aufzunehmen, ist nicht neu.[5] *Dreger* und *Wolters* gehen in ihrer bevorzugten Spezifikation allerdings über die bisherige Literatur zu diesem Thema hinaus und argumentieren auf der Grundlage eines Likelihood-Ratio-Tests, dass auf eine Zinsvariable als Bestimmungsfaktor der Geldnachfrage völlig verzichtet werden könne. Die bevorzugte Spezifikation lautet demnach wie folgt:

---

[4] Gleiches gilt für ähnliche Spezifikationen der langfristigen Geldnachfrage wie z. B. *Brand* und *Cassola* (2000) oder *Coenen* und *Vega* (2001)

[5] Vgl. für frühere Studien z. B. *Wolters* und *Lütkepohl* 1997 sowie *Coenen* und *Vega* 2001.

$$(13)\qquad \overline{m} = \alpha + \beta_1 y + \beta_2 \cdot \pi + \varepsilon ,$$

wobei π die annualisierte Quartalsveränderung des BIP-Deflators beschreibt. Die Opportunitätskosten der Geldhaltung werden demnach durch die Inflationsrate erfasst.[6] Mit steigender Inflationsrate ist somit ein Rückgang der Geldhaltung zu erwarten, da der erwartete Ertrag alternativer Anlagen steigt. Für den Untersuchungszeitraum (1983Q1 bis 2004Q4) finden die Autoren eine langfristige Gleichgewichtsbeziehung zwischen realer Geldmenge, Realeinkommen und Inflationsrate, welche als Geldnachfragefunktion interpretierbar ist (siehe Spalte (2) in Tabelle 1).

Tabelle 1: Überblick über die Ergebnisse verschiedener Studien zur Geldnachfrage im Euro-Raum

	(1)	(2)	(3)	(4)
Studie	EZB	DWO	CST	BMN
Zeitraum	1980Q1-2001Q2	1983Q1-2004Q4	1980Q1-2003Q2	1971Q1-2003Q4
Verfahren	Johansen	Stock-Watson	Johansen	Stock-Watson
Kointegration	1	1	1	1
Anzahl der Lags	2	1	2	4
Koeffizienten				
y_t	1,31 (k. A.)	1,24 (0.09)	1,29 (0,04)	1,00 (-)
rs				-0,69 (0,2)
rs-ro	-1,1 (k. A.)		-1,60 (0,31)	
rl				-0,44 (0,3)
Δpgdp		-5,16 (0,72)		
re-ro			-0,12 (0,02)	
v			0,02 (0,01)	
w				0,27 (0,02)
Exogene Variablen	Δoil(-1), Δpgdp(-1)	dum90q2, dum01q1		

Anmerkungen: Schätzergebnisse aus den Originalstudien. Kointegration — Anzahl der Kointegrationsbeziehungen (in der Tabelle nur langfristige Geldnachfragefunktion aufgeführt); Standardfehler in Klammern; Konstante nicht angegeben; Δoil(-1) – Veränderung des Ölpreises (ein Quartal verzögert); Δpgdp(-1) – Wachstumsrate des BIP-Deflators (ein Quartal verzögert), dum90q2, dum01q2 – Dummyvariablen für das zweite Quartal 1990 bzw. 2001.

6 Allerdings ist zu berücksichtigen, dass die vergangene Inflationsrate nur den tatsächlich realisierten Verlust der Geldhaltung gegenüber alternativen Anlagen misst. Die dem Opportunitätskostenkonzept zu Grunde liegende Portfolioentscheidung zwischen Geld und alternativen Vermögensanlagen wird jedoch von Erwartungen über den zukünftigen Verlauf der Opportunitätskosten bestimmt. Theoretisch ansprechender wäre daher die Berücksichtigung von Inflationserwartungen (*Friedman* 1956). Diese sind gemäß dem Fisher-Effekt aber bereits in den üblicherweise in Geldnachfragestudien verwendeten Nominalzinsen enthalten.

3.3. Carstensen (2006)

Carstensen (CST) versucht die Stabilität der Geldnachfrage seit 2001 durch die Einbeziehung eines europäischen Aktienindex (Dow Jones Eurostoxx 50) nachzuweisen.[7] Da Geld auch als Teil des Anlageportfolios privater Haushalte und Unternehmen betrachtet werden kann, können Schwankungen der Vermögenspreise wichtige Auswirkungen auf die gewünschte Geldhaltung haben (*Friedman* 1956 und *Friedman* 1988). Allerdings ist der theoretische Zusammenhang von Aktienmarktperformance und Geldhaltung a priori nicht eindeutig: Einerseits nimmt durch hohe Kurssteigerungen das Vermögen der Privathaushalte zu, und ein Teil des Kapitalzuwachses wird möglicherweise in Form von Geld gehalten (Vermögenseffekt); andererseits können hohe Aktienrenditen Substitutionseffekte, also Umschichtungen von Geld in den Aktienmarkt, begünstigen. Zur Erfassung dieser Effekte geht nicht nur ein Niveaumaß auf Basis der Aktienerträge, sondern auch ein Risikomaß zur Erfassung der Aktienvolatilität in die Schätzgleichung ein. Somit ergibt sich die folgende langfristige Geldnachfragegleichung:

$$\text{(14)} \qquad \overline{m} = \alpha + \beta_1 y + \beta_2 \cdot (rs - ro) + \beta_3 \cdot (re - ro) + \beta_4 \cdot v + \varepsilon .$$

Neben den bereits erläuterten Variablen beschreibt *re* die Rendite der Aktienrendite und *v* die Volatilität des Aktienmarktes.[8] Die empirischen Ergebnisse (siehe Spalte (3) in Tabelle 1) verweisen auf eine stabile Kointegrationsbeziehung bis zum Ende des Schätzzeitraums (dem zweiten Quartal 2003). Das negative Vorzeichen für den Aktienrendite-Koeffizienten deutet auf eine Dominanz des Substitutionseffekts gegenüber dem Vermögenseffekt hin. Ein Rückgang in der Rendite des Eurostoxx führt demnach zu einer höheren Geldnachfrage.

3.4. Boone, Mikol, van den Noord (2004)

Auch die Studie von *Boone* et al. (BMN) berücksichtigt Informationen über die Preisentwicklung auf den Vermögensmärkten. Die Autoren konstruieren einen gewichteten Vermögenspreisindex, welcher neben den Aktienpreisen auch mit bis zu 80%iger Index-Gewichtung die Immobilienpreise beinhaltet. Vor dem Hintergrund, dass der Zusammenhang zwischen Geld und Vermögenspreisen bei Immobilien stärker ausgeprägt ist als im Fall finanzieller Aktiva, erscheint die Berücksichtigung von Immobilienpreisen viel versprechend. So ist der positive Vermögenseffekt bei Immobilien stärker ausgeprägt als bei Aktien und Bonds, da Häuserpreissteigerungen eher als permanent wahrgenommen werden und daher gemäß der permanenten Einkommenshypothese verstärkt Konsumanpassungen nach sich ziehen. Gleichzeitig treten aufgrund der geringen Liquidierbarkeit von Immobilienvermögen negative Substitutionseffekte nur in geringem Maße auf (*Greiber* und *Setzer* 2007). Darüber

---

[7] Für ähnliche Studien vergleiche *Greiber* und *Lemke* (2005) sowie *Banque de France* (2006).

[8] Problematisch erscheint, dass *Carstensen* (2006) für die Aktienrendite (Durchschnittsbildung über drei Jahre) eine andere Zeitdimension als für die Eigenverzinsung (laufendes Quartal) wählt. Eine genauere Darstellung der Vorgehensweise findet sich im Anhang.

hinaus bietet eine Wertsteigerung des Immobilienvermögens den Hausbesitzern die Möglichkeit, mit ihrer Immobilie als Sicherheit, verstärkt Kredite aufzunehmen, was wiederum den Geldmengenanstieg fördert. Akzeleratoreffekte können stattfinden, wenn die höhere Kreditsicherheit der Häuser zu weiterem Immobilienerwerb genutzt wird, welche zu einem weiteren Anstieg der Häuserpreise und damit des Immobilienvermögens führen (*Bernanke* und *Gertler* 1989, *Giuliodori* 2005). Schließlich lässt sich die Aufnahme von Immobilienpreisen in die Geldnachfragegleichung theoretisch auch damit begründen, dass ein Preisanstieg bei Immobilien die Geldhaltung fördert, weil die Wirtschaftsakteure mit ihren Geldbeständen in zunehmendem Maße Transaktionen in Vermögenswerten durchführen (*Friedman* 1988).[9]

In der von den Autoren bevorzugten Schätzgleichung wird die Einkommenselastizität auf eins normiert:

$$(15) \qquad \overline{m} = \alpha + y + \beta_1 \cdot rs + \beta_2 \cdot rl + \beta_3 \cdot w + \varepsilon ,$$

mit *rl* als Zinssatz auf Staatsanleihen mit zehnjähriger Restlaufzeit und *w* als gewichtetem Vermögenspreisindex.[10] Im Gegensatz zu *Carstensen* (2006) finden *Boone et al.* (2004) einen positiven Koeffizienten für die Vermögenspreisvariable (Spalte (4) in Tabelle 1). Offenbar führt die Berücksichtigung von Immobilienpreisen zu einer Stärkung des Einkommens- gegenüber dem Substitutionseffekt. Der Anpassungskoeffizient an das langfristige Gleichgewicht ist mit einer Halbwertzeit von über zwei Jahren zwar recht gering, jedoch immer noch im üblichen Bereich.

4. Berechnung der realen Geldlücke

Um die Prognosekraft der unterschiedlichen Geldnachfragestudien für die Inflation zu beurteilen, wurde zunächst im Rahmen einer Kointegrationsanalyse versucht, die Studien zu replizieren. Das Design wird dabei — so gut es geht — von den Originalstudien übernommen. (Erläuterungen hierzu finden sich im Anhang.) Tabelle 2 illustriert die Ergebnisse der replizierten Schätzungen. Im Wesentlichen konnten die Ergebnisse gut nachvollzogen werden. Insbesondere für den EZB-Ansatz (EZB) sowie für die Studie von *Carstensen* (2006) ergeben sich nur geringfügige Abweichungen. Die Studie von *Dreger* und *Wolters* konnte nur bis zum vierten Quartal 2003 (und nicht bis 2004Q4) repliziert werden. Für längere Zeiträume wurde keine stabile Kointegrationsbeziehung gefunden. In der Schätzung in Anlehnung an *Boone et al.* (2004) erwies sich der Langfristzins als nicht signifikant und wurde daher weggelassen.

In Abbildung 1 sind die aus diesen Schätzungen gemäß Gleichung (8) resultierenden monetären Überhänge dargestellt. Abbildung 1a zeigt, dass die EZB-Spezifikation die

---

[9] Andererseits ist auch der umgekehrte Zusammenhang denkbar, wonach eine reichliche Liquiditätsausstattung die Finanzierungsbedingungen verbessern und somit einen Immobilienpreisboom begünstigen kann. Allerdings schätzen *Boone et al.* (2004) nur ein Eingleichungsmodell, so dass nicht untersucht werden kann, inwiefern die Geldpolitik für die Häuserpreisentwicklung verantwortlich gemacht werden kann.

[10] Siehe Anhang zur genauen Definition.

Entwicklung der realen Geldbestände im Euro-Raum bis auf die Periode seit 2001 gut erklären kann. Die Abweichungen von der Nulllinie sind bis dato eher gering. Die einzige Ausnahme ist die Periode Mitte 1992 bis Ende 1995. Verantwortlich für den monetären Überhang in diesem Zeitraum war eine inverse Zinsstruktur, welche das Halten von Liquidität förderte und die in dieser Spezifikation unberücksichtigt bleibt. Die Zweifel an der ökonometrischen Stabilität des langfristigen Geldnachfragezusammenhangs in dieser stark vereinfachten Funktion mit nur zwei erklärenden Variablen drücken sich in dem signifikanten monetären Überhang von 14% im dritten Quartal 2006 aus. Somit ist fraglich, ob die aktuelle Entwicklung der realen Geldbestände allein mit Hilfe von Bruttoinlandsprodukt und Zins erklärt werden kann.

Tabelle 2: Replikation der Ergebnisse alternativer Geldnachfragestudien

Studie	EZB	DWO	CST	BMN
Zeitraum	1980Q1-2001Q2	1983Q1-2003Q4	1980Q1-2003Q2	1980Q1-2003Q4
Kointegration	1	1	1	1
Anzahl der Lags	2	1	2	1
Koeffizienten				
y_t	1,26	1,18	1,11	1,22
rs				-0,32
rs-ro	-1,22		-2,23	
Δpgdp		-6,92		
re-ro			-0,16	
v			0,02	
w				0,12
Exogene Variablen	Δoil(-1), Δpgdp(-1)	1990q2		
Kointegration	0,01	0,04	0,04	0,05

Anmerkungen: Koeffizienten gemäß eigener Schätzungen auf Basis der Spezifikationen aus den jeweiligen Papieren. Kointegration — Anzahl der Kointegrationsbeziehungen (in der Tabelle nur langfristige Geldnachfragefunktion aufgeführt); Konstante nicht angegeben, Kointegrationstest – p-Wert der Hypothese keine Kointegration.

Bei den übrigen Varianten zeigt sich im Prinzip ein ähnliches Bild, insbesondere ist festzustellen, dass der Überhang am aktuellen Rand nach oben ausbricht. Bei der Schätzung in Anlehnung an *Boone et al.* (2004) fällt der Geldüberhang in 2006Q3 am geringsten aus — ist mit knapp 8 % aber gleichwohl noch beträchtlich. Eine ökonomische Interpretation dieses Ergebnisses könnte in Anlehnung an *Friedman* (1988) lauten, dass die Wirtschaftssubjekte wegen der höheren Immobilienpreise mehr monetäre Mittel benötigen, so dass ein geringerer Teil der umlaufenden Geldmenge als „überschüssig" – und damit prinzipiell als preistreibend – einzuschätzen ist. „Optisch ungünstig" erscheint hier, wie bei der Variante *Carstensen* (2006) hingegen, dass sich in den Perioden davor, trotz der beobachteten starken Geldmengendynamik, der „Unterhang" ausweitet. Nichtsdestotrotz führt dies aus rein statistischer Sicht nicht dazu, dass die Stationaritätsannahme abgelehnt wird.

Aus dem monetären Überhang lässt sich nach Gleichung (9) die reale Geldlücke berechnen. Die jeweiligen Gleichgewichtswerte von Zins, Aktienrendite und

Vermögenspreisen wurden hierbei mit einem Hodrick-Prescott-Filter mit dem für Quartalswerte üblichen Glättungsparameter von 1600 berechnet. Für die gleichgewichtige Produktion wurde das von der OECD veröffentlichte Produktionspotenzial des Euro-Gebiets zu Grunde gelegt. Die gleichgewichtige Aktienmarktvolatilität wurde als konstant angenommen und auf Grundlage der durchschnittlichen Aktienmarktvolatilität für den Zeitraum 1982Q1-2001Q2 festgesetzt.

Abbildung 1: Geldüberhang

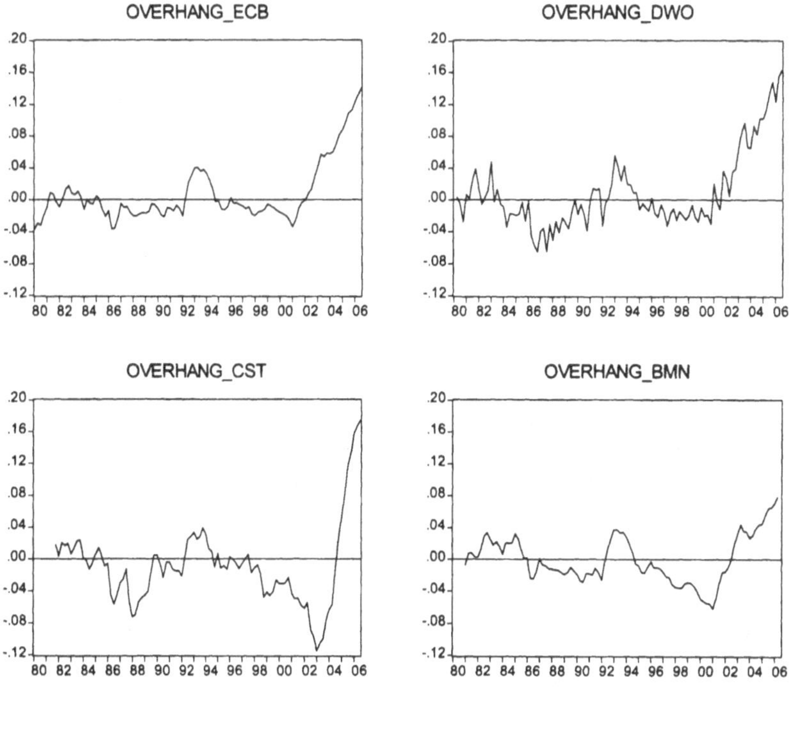

5. Inflationsprognose

Aussagen zur Prognosegüte der realen Geldlücke für die Inflation lassen sich im Rahmen eines Inflationsprognosemodells treffen. Abhängige Variable der Inflationsgleichung ist die Abweichung der tatsächlichen Inflation im Euro-Gebiet von einer Zielinflationsrate ("Inflationslücke"). Begründen lässt sich dieses Vorgehen mit dem Einfluss eines (glaubwürdigen) Inflationsziels auf die Inflationserwartungen und damit indirekt auch auf die Inflation selbst. Die Berechnung der Zielinflationsrate folgt weitestgehend dem Vorgehen von *Gerlach* und *Svensson* (2003): Vor 1999 wird die Zielinflation durch einen graduellen Anpassungsprozess der durchschnittlichen nationalen Inflationsraten der Zentralbanken im Euro-Gebiet zu Beginn des Untersuchungszeitraums an die bei der Ableitung des Geldmengenziels verwendete „Preisnorm" der Bundesbank berechnet. Nach 1999 wird die EZB-Definition von Preisstabilität übernommen.[11] [12]

Konkret wurde folgende Schätzgleichung spezifiziert:

$$(16) \qquad \pi_t - \pi_t^* = c + \alpha_1 \cdot (\pi_{t-1} - \pi_{t-1}^*) + \alpha_2 \cdot (\pi_{t-4} - \pi_{t-4}^*) + \alpha_3 (\overline{m}_{t-4} - \overline{m}_{t-4}^*) + \alpha_4 \Delta q_t \, .$$

Hierbei ist π_t die annualisierte Veränderung des Konsumentenpreisindex in zwei aufeinander folgenden Quartalen, π_t^* die entsprechende Zielinflationsrate und $\overline{m}_{t-4} - \overline{m}_{t-4}^*$ die um vier Quartale verzögerte reale Geldlücke (je nach Spezifikation der Geldnachfrage RMG_ECB, RMG_DWO, RMG_CST, oder RMG_BMN). Die Inflationslücke wird aber nicht nur durch die Geldmenge, sondern auch durch andere Kosten- und Nachfragefaktoren bestimmt. Als Kontrollvariablen der Inflations-Schätzgleichung dienen daher zeitverzögerte abhängige Variablen zur Erfassung der Dynamik sowie die logarithmierte Änderung des Ölpreises in Euro (Δq_t).[13] Zusätzlich wurden zudem zwei Dummy-Variablen für die ersten Quartale 1985 und 1992 (*d85q1*, *d92q1*) aufgenommen, um die Normalitätsannahme der Residuen nicht zu verletzen.

Wie die Schätzergebnisse zeigen, lässt sich die Inflationsdynamik durch das Modell relativ gut beschrieben. Alle Parameterwerte sind signifikant und gehen mit den erwarteten Vorzeichen ein. Zwar wird die Inflation wesentlich durch die Eigendynamik bestimmt und andere Kostenfaktoren wie die Entwicklung der Ölpreise tragen ebenfalls zur Erklärung der Inflationslücke bei; der Zusammenhang zwischen Geld- und Inflationslücke ist allerdings unabhängig von Schätzperiode und Spezifikation signifikant. Besonders stark ist der Einfluss der realen Geldlücke auf die Inflationsentwicklung in der BMN-Variante. In beiden Schätzperioden ist der entsprechende Koeffizient auf dem 1%-Niveau signifikant. Wie bei den übrigen Spezifikationen scheint der Erklärungsgehalt des Modells am aktuellen Rand aber eher abzunehmen. Auch die ökonomische Interpretation der Koeffizienten ist aufschlussreich. Demnach passt sich die Inflationslücke in jedem Quartal um 7,1% (für den Zeitraum bis 2001Q2) bzw. 3,5% (für die Schätzung bis 2006Q3) an eine reale Geldlücke an. Die Informationskriterien (AIC, R^2 adjusted) deuten auf einen hohen Erklärungsgehalt des Modells hin. Die Schätzgleichung erklärt über 95% der Varianz der zu erklärenden Variable.

Tabelle 3 zeigt die Resultate der Schätzungen für die Zeiträume 1982Q1-2001Q2 und 1982Q1-2006Q2. Die Varianten unterscheiden sich in der Spezifikation der realen Geldlücke, der die oben beschriebenen Geldnachfragefunktionen zu Grunde liegen. Die

---

[11] Operationalisiert mit 1,5 % von 1999Q1-2003Q2 und 1,9 % seit 2003Q3.

[12] Unit-Root Tests zeigen, dass die Variable stationär ist. Der *Phillips-Perron* Test lehnt die Nullhypothese der Nichtstationarität auf dem 5 %-Niveau ab.

[13] Zusätzlich berücksichtigte Größen wie der effektive Wechselkurs des Euro sowie eine Variable zur Erfassung der Arbeitskosten erwiesen sich als nur schwach bzw. nicht signifikant und wurden daher in der folgenden Analyse nicht mehr aufgeführt.

unterschiedlichen Zeiträume wurden gewählt, um speziell die Effekte des kräftigen Geldmengenwachstums seit 2001 näher zu analysieren.

Da die reale Geldlücke gemäß Gleichung (10) ein umfassender Inflationsindikator ist, der den vom Güter- und Geldmarkt ausgehenden Inflationsdruck zusammenfasst, werfen die vorstehenden Ergebnisse die Frage auf, inwiefern die reale Geldlücke *RMG* über die Produktionslücke *OPG* hinausgehende Informationen zur Inflationsprognose liefert. Tabelle 4 basiert auf Schätzgleichungen für den Zeitraum 1982Q1 bis 2006Q3, die sowohl die reale Geldlücke wie auch die Produktionslücke beinhalten. Beide Variablen weisen nur eine geringe Korrelation auf. Multikollinearitätsprobleme treten daher nicht auf.

Tabelle 3: OLS-Schätzung, abhängige Variable: Inflationslücke

	EZB	EZB	DWO	DWO
Sample	1982Q1-2001Q2	1982Q1-2006Q3	1982Q1-2001Q2	1982Q1-2006Q3
Inflationslücke (-1)	0,992***	1,001***	0,931***	1,010***
	(0,047)	(0,045)	(0,047)	(0,044)
Inflationslücke (-4)	-0,140***	-0,139**	-0,185***	-0,147***
	(0,041)	(0,043)	(0,040)	(0,042)
ΔÖlpreis	0,998***	1,002***	0,930***	0,992***
	(0,191)	(0,181)	(0,179)	(0,183)
RMG_EZB (-4)	0,053***	0,019**		
	(0,154)	(0,009)		
RMG_DWO (-4)			0,090***	0,017**
			(0,020)	(0,006)
R^2	0,951	0,930	0,955	0,935
R^2 korrigiert	0,945	0,927	0,948	0,927
AIC	0,009	0,076	-0,033	0,092
Q-Statistik (1)	0,37	0,96	0,99	0,34
Q-Statistik (4)	0,45	0,08	0,08	0,59
Jarque Bera	0,65	0,44	0,40	0,59
White	0,51	0,85	0,84	0,72

Anmerkungen: Standardabweichungen in Klammern. Zwei Impulsdummies zur Ausreißerbereinigung berücksichtigt (1985Q1, 1992Q1). ***, **, * bedeutet Signifikanz auf dem 1%, 5%, 10%-Niveau.

Tabelle 3 (Fortsetzung)

	CST	CST	BMN	BMN
Zeitraum	1982Q1-2001Q2	1982Q1-2006Q3	1982Q1-2001Q2	1982Q1-2006Q3
Inflationslücke (-1)	1,050***	1,033***	0,952***	0,982***
	(0,05)	(0,047)	(0,044)	(0,042)
Inflationslücke (-4)	-0,169***	-0,148***	-0,120***	-0,122***
	(0,051)	(0,046)	(0,039)	(0,038)
ΔÖlpreis	1,036***	1,057***	1,061***	1,031***
	(0,225)	(0,198)	(0,180)	(0,172)
RMG_CST (-4)	0,035*	0,022*		
	(0,018)	(0,013)		
RMG_BMN (-4)			0,071***	0,045***
			(0,017)	(0,012)
R^2	0,933	0,921	0,959	0,943
R^2 korrigiert	0,927	0,915	0,953	0,938
AIC	0,317	0,247	-0,053	0,013
Q-Statistik (1)	0,29	0,56	0,76	0,89
Q-Statistik (4)	0,21	0,89	0,60	0,79
Jarque Bera	0,55	0,59	0,71	0,43
White	0,47	0,25	0,89	0,88

Anmerkungen: Standardabweichungen in Klammern. Zwei Impulsdummies zur Ausreißerbereinigung berücksichtigt (1985Q1, 1992Q1). ***, **, * bedeutet Signifikanz auf dem 1%, 5%, 10%-Niveau.

Tabelle 4: OLS-Schätzung, abhängige Variable: Inflationslücke

	EZB	DWO	CST	BMN
Zeitraume	1982:1- 2006:3	1982:1- 2006:3	1982:1- 2006:3	1982:1- 2006:3
Inflationslücke (-1)	0,968***	0,974***	0,958***	0,948***
	(0,004)	(0,045)	(0,047)	(0,045)
Inflationslücke (-4)	-0,153**	-0,162***	-0,167***	-0,130**
	(0,039)	(0,040)	(0,041)	(0,038)
ΔÖlpreis	0,987***	0,999***	1,046***	1,032***
	(0,177)	(0,180)	(0,179)	(0,172)
RMG_EZB (-4)	0,024**			
	(0,009)			
RMG_DWO (-4)		0,015**		
		(0,74)		
RMG_CST (-4)			0,030**	
			(0,12)	
RMG_BMN (-4)				0,037**
				(0,012)
OPG (-4)	0,089**	0,082**	0,100**	0,077**
	(0,037)	(0,038)	(0,421)	(0,036)
R^2	0,935	0,933	0,933	0,938
R^2 korrigiert	0,929	0,928	0,928	0,934
AIC	0,046	0,065	0,055	0,013
Q-Statistik (1)	0,66	0,73	0,56	0,96
Q-Statistik (4)	0,21	0,27	0,15	0,30
Jarque Bera	0,85	0,92	0,61	0,30
White	0,20	0,24	0,05	0,25

Anmerkungen: Standardabweichungen in Klammern. Zwei Impulsdummies zur Ausreißerbereinigung berücksichtigt (1985Q1, 1992Q1). ***, **, * bedeutet Signifikanz auf dem 1%, 5%, 10%-Niveau.

Die Ergebnisse unterstreichen im Wesentlichen die Bedeutung der realen Geldlücke zur Inflationsprognose. Zwar ist die Produktionslücke auf dem 5%-Niveau signifikant;[14] mit Ausnahme der EZB-Spezifikation trägt die reale Geldlücke allerdings weiterhin signifikant zur Erklärung der Inflationslücke bei. Für die Variante nach BMN (2004) gilt dies sogar auf dem 1%-Niveau. Demnach liefern neben der Produktionslücke offenbar auch die anderen Komponenten der realen Geldlücke einen bedeutenden Erklärungsbeitrag zur Inflationsentwicklung.

[14] Verwendet man statt der von der OECD berechneten Produktionslücke ein mit Hilfe des HP-Filters konstruiertes Maß der Outputlücke, so erweist sich dieses dagegen als nicht signifikant.

Abbildung 4: Prognose der Inflationslücke

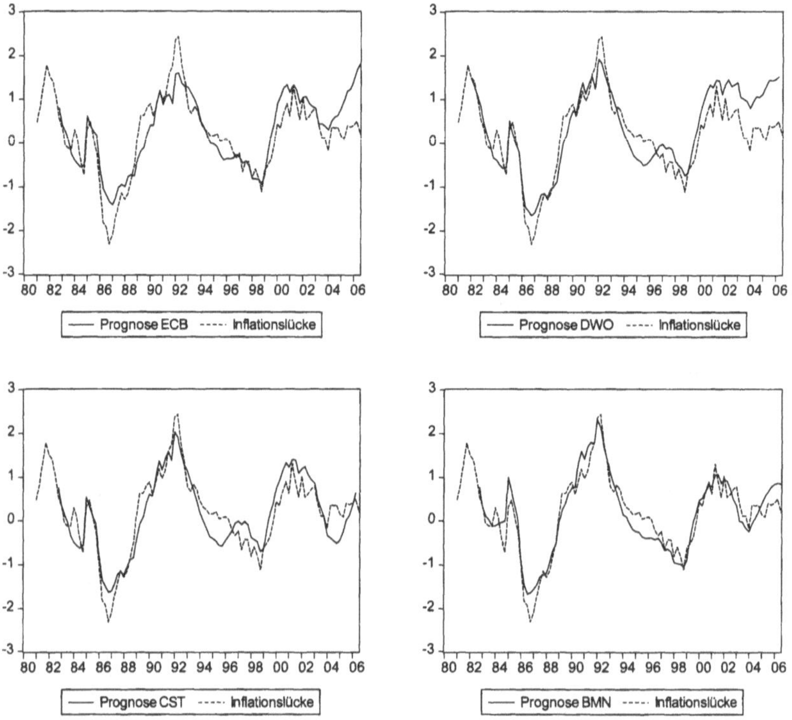

Zur Beurteilung der Prognosefähigkeit des Modells wurde auf die Schätzung bis zum zweiten Quartal 2001 zurückgegriffen und dann die Inflationslücke für den gesamten Untersuchungszeitraum geschätzt. Somit handelt es sich für die Periode ab 2001Q2 um eine Out-of-sample-Prognose, d.h. die Schätzung basiert auf Daten, die vor dem Beginn des Prognosehorizonts liegen. Abbildung 4 vergleicht die Prognose der Spezifikation unter Berücksichtigung der realen Geldlücke mit der tatsächlichen Entwicklung der Inflationsrate. Es zeigt sich, dass insbesondere die Prognosen, welche Entwicklungen an den Vermögensmärkten berücksichtigen, die Auf- und Abschwünge der Inflationslücke über weite Teile des Beobachtungszeitraums sehr gut erfassen. Auch am aktuellen Rand zeichnen sowohl die CST- als auch die BMN-Prognose die Inflationsrate relativ präzise nach. Demgegenüber überschätzen die ohne Vermögenseffekte in der Geldnachfrage geschätzten Modelle die Inflationsrate in den letzten Jahren deutlich.

Vergleicht man die Prognosegüte anhand der üblichen Kennziffern, so bestätigt sich die gute Performance der BMN-Prognose. Bei allen relevanten Kennziffern (Wurzel des mittleren quadrierten Prognosefehlers, des mittleren absoluten Prognosefehlers, *Theilscher* Ungleichheitskoeffizient) schneidet das auf RMG_BMN basierende Prognosemodell deutlich besser ab als die Referenzmodelle (siehe Tabelle 5). Eine um

Entwicklungen an den Vermögensmärkten modifizierte reale Geldlücke enthält somit wesentliche Informationen für die künftige Inflationsentwicklung, die über die in den Ölpreisen und der zeitverzögerten Inflationslücke enthaltenen Informationen hinausgehen. Von Interesse ist auch ein Vergleich des Erklärungsgehalts der realen Geldlücke mit der Prognose eines Referenzmodells ohne reale Geldlücke (d.h. nur mit den zeitverzögerten Inflationsraten und den Veränderungen der Ölpreise als erklärende Variablen). Hier zeigt sich, dass drei der vier Varianten (zum Teil deutlich) besser abschneiden als das Benchmark-Modell. Lediglich die Prognose in Anlehnung an die EZB-Vorgehensweise hat einen geringeren Erklärungsgehalt für die Inflationsentwicklung.

Tabelle 5: Vergleich der Prognosegüte

	RMG _ECB	RMG _DWO	RMG _CST	RMG _BMN	Benchmark
Wurzel mittl. quadr. Prognosefehler	0,698	0,489	0,392	0,379	0,545
Mittlerer absoluter Prognosefehler	0,415	0,402	0,329	0,252	0,451
Theilscher Ungleichheitskoeffizient.	0,342	0,258	0,224	0,204	0,320

Anmerkung: Der *Theilsche* Ungleichheitskoeffizient gibt den Prognosefehler der Inflationsprognose relativ zur naiven extrapolativen Prognose (keine Veränderung der Inflationslücke) an. Werte kleiner als eins implizieren, dass die Prognose besser ist als die naive extrapolative Prognose.

6. Zusammenfassung und Bewertung

Aus den Ergebnissen der vorliegenden Studie lassen sich die folgenden Schlussfolgerungen ableiten: Erstens wurde deutlich, dass trotz der scheinbaren Abkopplung zwischen Geldmengen- und Preisentwicklung im Euro-Währungsgebiet seit 2001 monetär basierte Inflationsprognosen nach wie vor nützliche Informationen über den Verlauf der Inflationsrate liefern. Allerdings wird auch das Ergebnis anderer Studien (*Hofmann* 2006 und *Reichlin et al.* 2006) bestätigt, wonach der Informationsgehalt monetärer Variablen für die Inflationsentwicklung am aktuellen Rand nicht mehr so ausgeprägt ist wie in den früheren Jahren.

Zweitens ist auffällig, dass die unterschiedlichen Modelle am aktuellen Rand allesamt deutlich positive Inflationslücken prognostizieren. Aus dem Preislückenkonzept sind somit unabhängig von der Spezifikation der Geldnachfrage deutliche Inflationsgefahren ableitbar. Verstärkt wird dieser Effekt noch dadurch, dass die spezifizierten realen Geldlücken im Jahr 2006 durchweg deutlich angestiegen sind. Da das monetäre Wachstum erst allmählich die Preisentwicklung beeinflusst, schlägt sich diese Entwicklung aber erst in den kommenden Quartalen in der Prognose nieder.

Drittens lassen die hier präsentierten signifikanten Unterschiede bezüglich der Prognosegüte der unterschiedlich definierten realen Geldlücken den Schluss zu, dass die ausschließliche Konzentration auf die Entwicklung der herkömmlichen Determinanten der Standard-Geldnachfrage wie Preisen, BIP und Zinsen tendenziell zu einer Überbewertung von möglicherweise nicht inflationstreibenden Geldnachfrageschocks führt. Graphisch deutlich wird dies am spezifizierten monetären Überhang, welcher insbesondere im EZB- und DWO-Modell aufgrund des starken Geldmengenwachstums seit Mitte 2001 am aktuellen Rand nach oben ausbricht. Dies zeigt, dass der Zusammenhang zwischen Geldlücke und Inflationslücke nicht immer in Form eines mehr oder weniger perfekten Gleichlaufs vorhanden ist.

Eine um Vermögenseffekte modifizierte reale Geldlücke kann dagegen wichtige Informationen in Bezug auf die Inflationsentwicklung im Euro-Raum liefern. So führte die Berücksichtigung eines Vermögenspreisindices in der vorliegenden Studie dazu, dass der Geldüberhang am aktuellen Rand deutlich geringer als üblicherweise ausgewiesen ausfällt. Angesichts des dominierenden Einflusses von Immobilienpreisentwicklungen in diesem Index scheint der Weg, auf Immobilienpreisentwicklungen basierende Maße in Bezug auf ihren Einfluss auf die Geldnachfrage zu untersuchen, fruchtbar zu sein (siehe auch *Greiber* und *Setzer* 2007). Zwar ist die Konstruktion dieser Variablen (und ihrer Benchmark) weniger eindeutig als die der bisherigen Determinanten BIP und Zins, und ihre Einbeziehung erfolgt zunächst ohne entsprechende mikrotheoretische Fundierung, jedoch deuten die hier präsentierten empirischen Ergebnisse auf eine gewisse Robustheit des Befunds eines signifikanten Einflusses von Vermögenspreisvariablen auf die Geldnachfrage hin, da unterschiedliche Spezifikationen und Variationen des Schätzzeitraums ähnliche Ergebnisse liefern.

Insgesamt scheint daher ein umfassender Inflationsindikator wie die modifizierte reale Geldlücke, in die neben dem Geldüberhang auch Abweichungen vom Gleichgewicht auf Güter-, Geld- und Assetmärkten Berücksichtigung finden, einen wertvollen Beitrag für die Prognose der Inflationslücke im Euro-Raum zu liefern. Die Eigenschaften einer auf Immobilienpreisen beruhenden Geldnachfrage sollten vor diesem Hintergrund weiter analysiert werden – sowohl empirisch als auch theoretisch.

Literatur

Arthur, Stephan V. (2004), Experience with Constructing Composite Asset Price Indices, in: Bank for International Settlements, BIS Papers Nr. 21.

Assenmacher-Wesche, Katrin und *Stefan Gerlach* (2006), Interpreting Euro Area Inflation at High and Low Frequencies, in: Bank for International Settlements Working Paper Nr. 195.

Belke, Ansgar, *Wim Kösters*, *Martin Leschke* und *Thorsten Polleit* (2006), Money Matters for Inflation in the Euro Area, in: ECB Observer Nr. IX.

Bernanke, Ben und *Mark Gertler* (1989), Agency Costs, Net Worth, and Business Fluctuations, in: American Economic Review, Vol. 79, H. 1, S. 14-31.

Banque de France (2006), Re-Examining the Money Demand Function for the Euro Area, in: Bulletin Digest Nr. 150, Juni.

Boone, Laurence, Fanny Mikol und *Paul van den Noord* (2004), Wealth Effects on Money Demand in EMU; in: OECD Economic Department Working Paper Nr. 411.

Brand, Claus und *Nuno Cassola* (2000), A Money Demand System for Euro Area M3, in: Europäische Zentralbank, Working Paper Nr. 39.

Calza, Alessandro, Dieter Gerdesmeier und *Joaquim Levy* (2001), Euro Area Money Demand: Measuring the Opportunity Costs Appropriately, in: International Monetary Fund, Working Paper Nr. 11/179.

Carstensen, Kai (2004), Is European Money Demand Still Stable?, in: Institut für Weltwirtschaft Kiel, Working Paper Nr. 1179.

Carstensen, Kai (2006), Stock Market Downswing and the Stability of EMU Money Demand, in: Journal of Business & Economic Statistics, Vol. 24, Heft 4, S. 395-402.

Coenen, Günter und *Jan-Louis Vega* (2001), The Demand for M3 in the Euro Area, in: Journal of Applied Econometrics, Vol. 16, S. 727-748.

Dreger, Christian, und *Jürgen Wolters* (2006), Investigating M3 Money Demand in the Euro Area – New Evidence Based on Standard Models, in: DIW Working Paper, Nr. 561.

EZB (2006), ECB Estimates of Euro Area Capital Stock and Households' Housing Wealth, in: Europäische Zentralbank, mimeo.

Fagan, Gabriel, Jérôme Henry und *Ricardo Mestre* (2001), An Area-Wide Model (AWM) for the Euro Area, in: Europäische Zentralbank, Working Paper Nr. 42.

Friedman, Milton (1956), The Quantity Theory of Money: A Restatement, in: *Milton Friedman* (Hrsg.), Studies in the Quantity Theory of Money, Chicago, S. 3-21.

Friedman, Milton (1988), Money and the Stock Market, in: Journal of Political Economy, Vol. 96, S. 221-245.

Gerlach, Stefan und *Lars E.O. Svensson* (2003), Money and Inflation in the Euro Area: A Case for Monetary Indicators?, in: Journal of Monetary Economics, Vol. 50, S. 1649-72.

Goldfeld, Stephan und *Daniel Sichel* (1987), Money Demand: The Effects of Inflation and Alternative Adjustment Mechanism, in: The Review of Economics and Statistics, Vol. 64, S. 511-515.

Greiber, Claus und *Wolfgang Lemke* (2005), Money Demand and Macroeconomic Uncertainty, in: Deutsche Bundesbank, Diskussionspapier Nr. 26/05.

Greiber, Claus und *Ralph Setzer (2007)*, Money and Housing – Evidence for the Euro Area and the US, in: Deutsche Bundesbank, Diskussionspapier.

Giuliodori, Masssimo (2005), The Role of House Prices in the Monetary Transmission Mechanism Across European Countries, in: Scottish Journal of Political Economy, Vol. 52, Nr. 4, S. 519–543.

Hallman, Jeffrey, Richard D. Porter, und *David H. Small* (1991), Is the Price Level Tied to the Monetary Aggregate in the Long Run?, in: American Economic Review, Vol. 81, S. 841-858.

Hofmann, Boris (2006), Do Monetary Indicators (Still) Predict Euro Area Inflation?, in: Deutsche Bundesbank, Diskussionspapier Nr. 18/06.

Neumann, Manfred J. M. und *Claus Greiber* (2004), Inflation and Core Money Growth in the Euro Area, in: Deutsche Bundesbank, Diskussionspapier Nr. 36/04.

Reichlin, Lucrezia, Björn Fischer, Michele Lenza und *Huw Pill* (2006), Money and Monetary Policy: The ECB Experience 1999-2006, Beitrag zur 4. EZB Zentralbank-Konferenz "The Role of Money: Money and Monetary Policy in the Twenty-First Century", 9. November 2006.

Stock, James H. und *Mark W. Watson* (1999), Forecasting Inflation, in: Jounal of Monetary Economics, Vol. 44, S. 293-335.

Tödter, Karl-Heinz (2002), Monetary Indicators and Policy Rules in the P-Star Model, in: Deutsche Bundesbank, Diskussionspapier Nr. 18/02.

Wolters, Jürgen, und *Helmut Lütkepohl* (1997), Die Geldnachfrage für M3: Neue Ergebnisse für das vereinigte Deutschland, in: Ifo Studien, Nr. 4, S. 35-54.

Anhang

Datenquellen und Vorgehen bei der Replizierung der empirischen Geldnachfragestudien:

EZB-Ansatz nach Calza et al. (2001): Die Daten für Geldmenge, Einkommen und Zinsen (3-Monats-Geldmarktzins) stammen aus den offiziellen EZB-Statistiken bzw. vor 1991 aus dem EZB Area Wide Model (*Fagan*, *Hernry* und *Mestre* 2001). Zur Deflationierung wurde der BIP-Deflator verwendet. Die Werte für die Eigenverzinsung wurden von *Calza* et al. (2001) übernommen bzw. ab 1999 durch eigene Berechnungen ermittelt. Mit Ausnahme der Zinssätze sind alle Variablen logarithmiert. Quartalswerte wurden grundsätzlich durch Durchschnittsbildung über die Periode ermittelt.

Dreger und Wolters (2006): Zur Messung der Inflationsrate wurde wie bei *Dreger* und *Wolters* (2006) der BIP-Deflator verwendet. Die ausgewiesenen Koeffizienten für die Inflationsrate beziehen sich auf annualisierte Quartalsveränderungen. Die Ergebnisse konnten allerdings nicht bis zum Ende der Untersuchungsperiode (2004Q4) repliziert werden, so dass sich die eigene Schätzung der DWO-Geldnachfragefunktion auf den Zeitraum bis zum vierten Quartal 2003 beschränkt.

Carstensen (2006): Die Berechnung der Aktienmarktvariablen erfolgte streng nach *Carstensen* (2006). Dieser erfasst die Entwicklung der nominalen Aktienpreise mit dem Dow Jones Eurostox 50 (ab 1987) bzw. von 1980 bis 1986 mit dem DAX (Quelle: Datastream). Die Aktienrenditen berechnen sich aus den annualisierten dreijährigen Differenzen in den Logarithmen der Quartalsdurchschnitte der Aktienkurse. Die Aktienmarktvolatilität wurde als Zwei-Jahresdurchschnitt der bedingten Varianz eines GARCH(1,1)-Modells ermittelt.

Boone et al. (2004): Ein exaktes Replizieren des verwendeten Datensatzes erwies sich aufgrund mangelnder Informationen als schwierig. Die Häuserpreisentwicklung im Euro-Währungsgebiet wurde daher durch den Immobilienpreisindex aus der makroökonomischen Datenbank der BIZ approximiert. Der Index basiert auf jährlichen (1981 bis 1995) bzw. halbjährlichen (seit 1996) Daten. Fehlende Werte wurden durch Interpolation gewonnen. Für die Aktienmarktentwicklung wurde der gleiche Index wie in *Carstensen* (2006) verwendet. Die Aggregation erfolgte mittels der in *Arthur* (2004) genannten Gewichte.

Die Überprüfung der Variablen auf Stationarität mit Hilfe von Unit-Root Tests (Augmented Dickey Fuller, Phillips-Perron) zeigte, dass alle Variablen nicht-stationäre Prozesse sind. Eine stabile Geldnachfrage impliziert somit in allen Studien das Vorliegen einer Kointegrationsbeziehung zwischen den vorgenannten Größen im Rahmen eines dynamischen Modells.

Albrecht F. Michler und H. Jörg Thieme (Hg.)
Systeme monetärer Steuerung: Analyse und Vergleich geldpolitischer Strategien
Schriften zu Ordnungsfragen der Wirtschaft · Band 86 · Stuttgart · 2007

Searching for the Proper "P" in US M2 Demand

Thorsten Polleit *

Inhalt

1. Introduction 218

2. US M2 Demand – Overview 218

3. Dealing with the "Shift" in M2 Velocity 220

4. Measuring the Price Level 222

5. US Money Demand 224
   5.1. Data Overview 224
   5.2. The Johansen Procedure 226
   5.3. US M2 Demand Revisited 227
   5.4. M2M Demand Revisited 233

6. Summary 237

References 238

* Versions of this paper were presented at the Research on Monetary Economics (ROME) meeting in Frankfurt on 19 May 2006 and the French-German-Italian Bank Economists Meeting 15 June, 2006, Paris.

1. Introduction

The stability of the demand for money – that is a reliable relation between real money supply, output and interest rates – is key for central banks assigning a role to money in the conduct of a stability oriented monetary policy. In the first half of the 1990, income velocity of US M2 rose substantially above its long-term trend level, despite a considerable decline in M2 opportunity costs (*Hallman* and *Anderson* 1993). Conventional M2 demand functions, which modelled the relationship between M2 and variables such as output and (various) interest rates, began to go off track. *Friedman* and *Kuttner* (1992) argued that by the early 1990s the relationship between M2 and GDP had weakened. In July 1993, Federal Reserve Chairman *Alan Greenspan* reported that "(...) at least for the time being, M2 has been downgraded as a reliable indicator of financial conditions in the economy, and no single variable has yet been identified to take its place."

This paper revisits the issue of the demand function for US M2. In addition to taking into account the "structural break" in the demand function of money around the early 1990s, the analysis uses "broadly defined" price level measures, as represented by weighted averages of consumer and housing price indices. By doing so, the notion that "excess" money supply might not only show up in consumer but also in asset prices ("asset price inflation") shall be integrated into in the long-run demand for money system. In contrast to conventional specifications of the price level, our cointegration results suggest a reliable long-run relation between real US M2 and M2M, output and the opportunity costs of money holdings for the period 1970-Q1 to 2005-Q4.

The article has been structured as follows. First, a literature overview is given about US money demand with a particular focus on the "structural break" around the beginning of the 1990s (2.). Thereafter, a brief discussion about the "appropriate" price level measures is presented, with a particular focus on the development of housing prices relative to consumer prices since the middle of the 1990s (3.). Next, the results of money demand estimates are presented, which are based on constructing the price level as a weighted average of consumer and house prices (4.). Finally, a summary of the major findings will be given (5.).

2. US M2 Demand – Overview

Since the early 1990s, the reliability of money measures as targets or indicators of US monetary policy has been called into question. In the first half of the 1990, income velocity of M2 rose substantially above its long-term trend level, despite a considerable decline in M2 opportunity costs (*Hallman* and *Anderson* 1993). At the same time, conventional M2 demand function, which modelled the relationship between M2 and variables such as output and (various) interest rates began to go off track. As the link between M2 and GDP deteriorated, the forecasting ability of M2 money demand equations also suffered. *Friedman* and *Kuttner* (1992) argued that by the early 1990s the relationship between M2 and GDP had weakened.[1]

From the mid-1980s to the early 1990s, M2 and nominal GDP had grown at approximately the same rate over the previous 30 years, suggesting a simple and enduring relationship that provided policymakers with a reliable framework for setting monetary targets. This relationship was summarized by the trendless long-run average of M2 velocity. Moreover, movements away from this level were strongly positively correlated with the opportunity costs of M2 holdings, measured as the spread between 3-months Treasury Bills rate and the weighted average return on deposits included in the stock of M2. When short-term interest rose, opportunity costs of M2 holdings rose as well because the rates on components of M2 did not climb as fast as market interest rates.

Figure 1: Income velocity and opportunity costs of M2

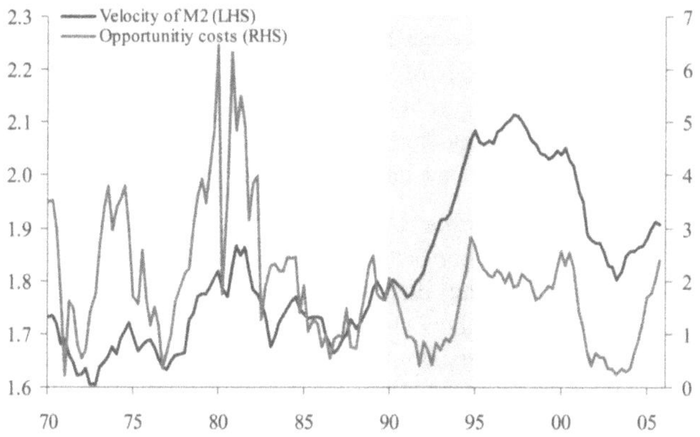

Notes: The income velocities of the monetary aggregates were calculated by dividing nominal GDP by the stock of M2. – Period: 1970-Q1 to 2005-Q4. – Opportunity costs of M2 holdings is calculated by the 3-months Treasury Bills rate minus the weighted average return of deposits included in M2.

Source: *Federal Reserve Bank of St. Louis*, *Bloomberg*, own calculations.

The difficulties in forecasting M2 spurred a fair amount of research examining whether the deterioration in the M2 equation's forecasting ability was temporary, or whether more fundamental factors – such as flaws in the construction of the opportunity cost, the M2 aggregate, or both – were at work. *Carlson* and *Parrott* (1991) and *Duca* (1992) first argued that the existence of troubled thrifts and the length of time it took the Resolution Trust Corporation to resolve the thrifts' difficulties helped explain the slow growth of the stock of M2.

In particular, *Duca* found that the change in the volume of cumulated deposits at resolved thrift institutions accounted for a large part of the slow growth of M2, although

---

[1] See *Estrella* and *Mishkin's* (1998) work provided further support for this finding.

he suggested his findings be viewed cautiously because of the short time period of the analysis. *Orphanides, Reid* and *Small* (1994) and *Duca* (1995) examined whether some of the weakness in M2 reflected substitution by households away from M2-type deposits into bond and equity mutual funds. It was found that the substitution effect appeared to account for only a small part of the M2 weakness. Also, *Collins* and *Edwards* (1994) tried to redefine the M2 aggregate to include additional instruments such as bond mutual funds.

Carlson and *Keen* (1995) suggested that preliminary evidence might indicate that the relationship between M2, inflation, and output may have stabilized. The prediction errors of the M2 demand model have essentially remained unchanged since 1992. This is consistent with a permanent one-time shift in the level of M2 relative to income. Such an outcome would be the case if the forces underlying the deceleration of M2 – restructuring of the nation's credit markets and financial innovation – had worked themselves out, resulting in a one-time effect on M2 demand.

Koenig (1996a, 1996b) noted that the approach of attributing the slowdown in M2 growth to the thrift resolution process had largely been abandoned. The focus instead has shifted to an examination of the competitiveness problems of financial intermediaries in the face of tighter regulations and stricter capital standards. Koenig proposes an alternative strategy for empirically modelling M2 by altering the opportunity cost measure to include a long-term Treasury bond rate.

Lown, Peristiani and *Robinson* (1999) argue that the financial condition of depository institutions was a major factor behind the unusual pattern of M2 growth in the early 1990s. By constructing alternative measures of M2 based on banks' and thrifts' capital positions, the authors show that the anomalous behavior of M2 in the early 1990s disappears. Specifically, after accounting for the effect of capital constrained institutions on M2 growth, they were able to explain the unusual behavior of M2 velocity during this time period, obtain superior M2 forecasting results, and produce a more stable relationship between M2. They conclude that M2 may contain useful information about economic growth during periods of time when there are no major disturbances to depository institutions.

Carlson, Hoffman, Keen and *Rasche* (2000) find strong evidence of a stable money demand relationship for MZM and M2M through the 1990s. In view of M2, the authors argue that their results support the hypothesis that households permanently reallocated a portion of their wealth from time deposits to mutual funds. Although this reallocation may have been induced by depository restructuring, the authors argue that the substitution could be explained by appropriately measured opportunity cost.

3. Dealing with the "Shift" in M2 Velocity

Following *Carlson* and *Keen* (1995), the income velocity of M2 shall be estimated on the basis of a level shift variable which takes account of the rise in income velocity starting in the early 1990s. The shift parameter takes the value of 0 from 1970-Q1 to 1989-Q4, rises thereafter linearly to 1 until 1994-Q4, and remains constant at that level. The estimation result is shown in Figure 2 (a), which depicts the actual and estimated income velocity of M2 and the deviation from mean (residual). Following this kind of adjustment as suggested by *Carlson* and *Keen* (1995), the historical relation between changes in income velocity and opportunity costs of M2 holdings is more or less restored (see Figure 2 b). One implication of this result would be that M2 velocity has stabilized at a higher level compared with former decades, with the short-run relationship between the income velocity of M2 and its opportunity cost essentially unchanged.

Figure 2: Actual and estimated income velocity of M2

(a) M2 velocity, actual, fitted (trend) and residual and deviation

(b) M2 velocity's deviation from its mean and opportunity costs

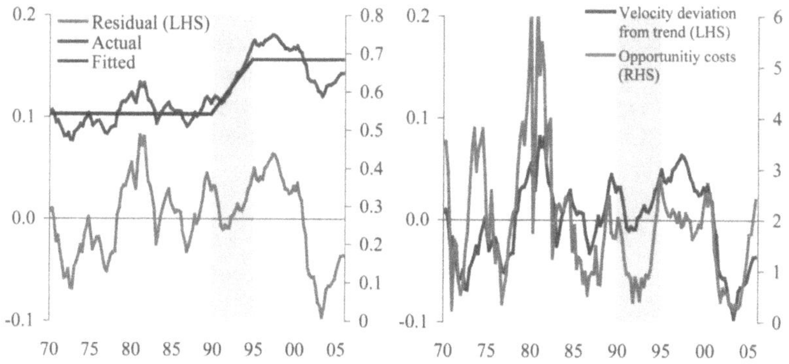

Notes: With *Carlson* and *Keen* (1995), the trend income velocity is estimated to 0 from 1970-Q1 to 1989-Q4, thereafter rising linearly to 1 until 1992-Q4 and remaining constant at that level. – The regression is: $VM2_t = a + TL_t + \varepsilon_t$, where VM2 = income velocity of money, TL takes account of the level shift in the income velocity of M2, ε_t is i.i.d. "white noise" error term. – Period 1968-Q1 to 2005-Q4.

Source: *Bloomberg*; own calculations.

However, even if M2 continues on a trajectory consistent with the new, higher level of velocity, it has not regained its lost monetary policy status. One of the most attractive features of the M2 aggregate – the long-run stability of its velocity around a fixed value – has been spoiled. More than 30 years of experience supported the view that M2 velocity would ultimately return to its mean value of around 1.64. The recent evidence that its velocity is higher is based, at most, on a fairly short period of time. Clearly, it will take more time (perhaps another business cycle) to gain confidence that the new average level approximates a long-run equilibrium value.

Nevertheless, if the evidence continues to hold, then M2 will probably grow at about the same rate as nominal income, assuming that interest rates remain relatively unchanged. Thus, M2 velocity would remain around its current level. On the other hand, a sharp decline in interest rates, and hence in the opportunity cost of M2, could induce a substantial rise in M2 demand. The consequent reduction in the aggregate's velocity would be interest-rate induced and hence would be consistent with the new stabilized relationship.

4. Measuring the Price Level

It has become common practise for price stability oriented monetary policies to identify the economy's price level with consumer price indices. Such a choice might be acceptable from the point of view of preserving the value of money if consumer prices exhibit a reliable relation to the economy's overall price level, which, in addition to prices of current production, include prices of existing stock of wealth. If consumer and asset prices diverge over time, however, focussing on consumer prices might no longer be an appropriate variable for estimating the demand for money function.

To give an example, figure 3 (a) shows US house and consumer price indices from 1970 to the end of 2005, whereas figure 3 (b) shows the annual changes in the indices under review. As can be seen, consumer and house price inflation moved more or less in tandem up until the middle of the 1990s, thereafter, however, house price inflation clearly exceeded consumer price inflation.

Figure 3: US house and consumer prices

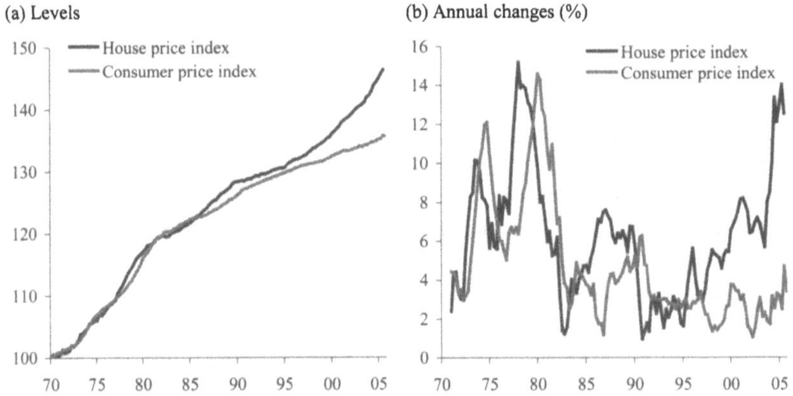

Notes: The Regional Conventional House Price Index provides a measure of typical price inflation for houses within the US. The index is taken from *Freddie Mac*.

Source: *Thomson Financial, Bloomberg*; own calculations.

Back in the early 1970s, *Alchian* and *Klein* (1973) reasoned that from a welfare perspective the central bank should be concerned with stable prices for both current and future consumer goods by focusing on a "cost-of-life" index.[2] Their proposal to include asset prices directly in the price index defining price stability is, by and large, considered to be the "most radical proposal" with regard to the importance of asset prices in the conduct of monetary policy.

2 See in this context also *Pollak* (1975).

According to *Alchian* and *Klein's* idea of stabilizing a cost-of-life index, changes in asset prices could reflect future inflation. The consumer's life time budget constraint can be written as:

$$(1) \qquad p_t c_t + \sum_{j=1}^{T} p_{t+j} c_{t+j} ,$$

where p and c represent prices and consumption goods, respectively. Consumers allocate their wealth into current consumption and asset holdings ($p_A A_t$) in each time period. So the budget constraint can be also written as:

$$(2) \qquad p_t c_t + p_A A_t .$$

Substracting the second equation from the first yields the link between asset prices and future prices:

$$(3) \qquad p_A A_t + \sum_{j=1}^{T} p_{t+j} c_{t+j} .$$

If A_t and future consumption choices were known, then changes in p_A would reflect changing future prices. *Shibuya* (1992) exploits this link and further simplifies Alchian and Klein's abstract theory for practical purposes.[3] He shows that their approach could define the economy's total price level as a weighted-sum of consumer and asset prices: $p_{total} = \alpha p_c + (1-\alpha) p_A$, or, when expressed in inflation terms, $\pi_{total} = \alpha\pi_c + (1-\alpha)\pi_A$, with α $(1 - \alpha)$ and $0 \leq \alpha \leq 1$ representing the weight of consumer (assets) in the total price index.

Figure 4 shows the US GDP deflator (in natural logarithms) and various measures of price levels defined as a weighted average of consumer and housing price indices. As can be seen, assigning housing prices a higher (lower) weight in the overall index leads to a more (less) pronounced rise in the total price level measure since around the middle of the 1980s.

---

3 For Japan, see, for instance, *Shibuya* (1992) and *Shiratsuka* (1999, 2001).

Figure 4: US GDP deflator and "weighted price levels"

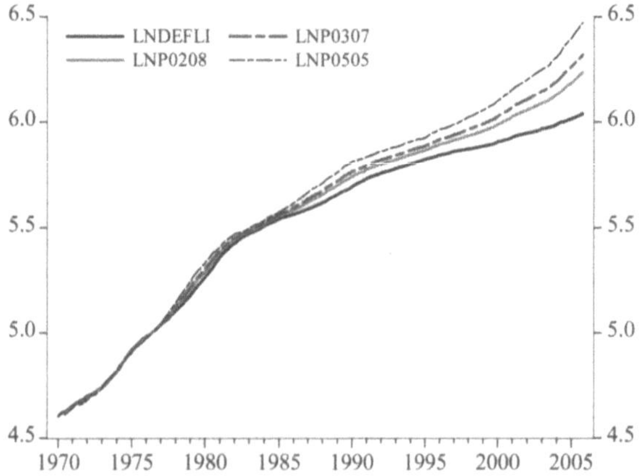

Notes: Natural logarithms of levels. – 1970-Q1 = 100. – Explanation: LNP0208 implies a 20% weighting for house price index, 80% for the consumer price index.

Source: *Bloomberg, Thomson Financial,* own calculations.

5. US Money Demand

5.1. Data Overview

Figure 5 reports the results of two distinct unit root tests: the Augmented *Dickey-Fuller* (ADF) and the *Phillips-Perron* (PP) tests. The results show that the null hypothesis of a unit root (non-stationarity) in the levels of the measures of real money supply ($m_t - p_t^{delf}$, $m_t - p_t^{I}$, $m_t - p_t^{II}$ and $m_t - p_t^{III}$) and output (y_t) could not be rejected. However, when the tests are performed on the first differences of the same variables, the null hypothesis of an unit root is rejected for all these variables, suggesting that they can be treaded as integrated of order 1 ($I(1)$). The opportunity cost of money holdings – that is the difference between the 3-months interest rate on Treasury bills and the yield paid on deposits included in M2 – appears to be stationary in levels ($I(0)$).

Figure 5: Test results for unit roots

Variable	Null hypothesis	Alternative hypothesis	Test statistics ADF[a, b]	PP[a, b]
$m_t - p_t^{delf}$	I(1)	stationary	–0.598	–0.284
	I(2)	I(1)	–3.686**	–6.330**
$m_t - p_t^{I}$	I(1)	stationary	–1.019	–1.528
	I(2)	I(1)	–3.316**	–6.465**
$m_t - p_t^{II}$	I(1)	stationary	–1.311	–1.946
	I(2)	I(1)	–3.281*	–6.631**
$m_t - p_t^{III}$	I(1)	stationary	–1.692	–2.526
	I(2)	I(1)	–3.312*	–7.162**
y_t	I(1)	stationary	–0.226	–0.008
	I(2)	I(1)	–5.067**	–9.328**
$i_t^{opportunity}$	I(1)	stationary	–3.788**	–4.283**
	I(2)	I(1)	–5.325**	–14.54**

[a] ADF is the Augmented *Dickey Fuller* (1981) test (including up to the highest lag statistically significant at the 5% level); PP is the *Phillips Perron* (1988) test (with 3 truncation lags, as suggested by the Newey West criterion). – [b] Constant included in all the auxiliary test regressions, deterministic trend only if statistically significant at the 5% level. – ** Rejection of null at 1% significance level based on *McKinnon* (1991) values. – * Rejection of null at 5% significance level based on *McKinnon* (1991) values.

In order to confirm the results of these traditional unit root tests, the variables are also subjected to further examination by means of the stationarity test suggested by *Kwiatkowski et al.* (1992).[4] As figure 6 shows, the null hypothesis of stationarity (constant and no trend in the auxiliary test regressions) can be rejected for real money supply measures and real output, but not for the opportunity costs of money holdings.

[4] Stationarity tests are useful in that they allow to explicitly test the null hypothesis of stationarity and also assess to what extent the non-rejection of non-stationarity in unit root tests may be related to the lack of power of these tests (see, for instance, *Schwert* 1987).

Figure 6: Test results for stationarity

Variable	Null hypothesis	Alternative hypothesis	KPSS test statistics ($l = 8$) Constant, no trend	Constant and trend
$m_t - p_t^{delf}$	stationary	I(1)	1.636**	0.105
	I(1)	I(2)	0.073	0.071
$m_t - p_t^{I}$	stationary	I(1)	1.636**	0.107
	I(1)	I(2)	0.119	0.059
$m_t - p_t^{II}$	Stationary	I(1)	1.628**	0.130
	I(1)	I(2)	0.172	0.054
$m_t - p_t^{III}$	Stationary	I(1)	1.597**	0.189*
	I(1)	I(2)	0.283	0.054
y_t	Stationary	I(1)	1.702**	0.046
	I(1)	I(2)	0.029	0.027
$i_t^{opportunity}$	Stationary	I(1)	0.388	0.065
	I(1)	I(2)	0.093	0.042

Legend: KPSS is the stationarity test proposed by *Kwiatlowski et al.* (1992); l represents the parameter of the Bartlett window and has been set at a value close to the square of the number of observations. – ** Rejection of null at 1% significance level based on KPSS critical values. – * Rejection of null at 5% significance level based on KPSS critical values.

5.2. The Johansen Procedure

The finding that many macro time series may contain a unit root has spurred the development of the theory of non-stationary time series analysis. *Engle* and *Granger* (1987) pointed out that a linear combination of two or more non-stationary series may be stationary. If such a stationary linear combination exists, the non-stationary time series are said to be cointegrated. The stationary linear combination is called the cointegrating equation and may be interpreted as a long-run equilibrium relationship among the variables. The purpose of the cointegration test is to determine whether a group of non-stationary series are cointegrated or not.

As explained below, the presence of a cointegrating relation forms the basis of the vector error correction (VEC) specification. To outline the *Johansen* (1988, 1991, 1995) cointegreation technique, consider a vector autoregressive (VAR) model of order p:

$$(4) \qquad y_t = A_1 y_{t-1} + \ldots + A_p y_{t-p} + Bx_t + \varepsilon_t$$

where y_t is a -vector of non-stationary $I(1)$ variables, x_t is a d-vector of deterministic variables, and ε_t is a vector of innovations. We can rewrite this VAR as:

$$(5) \qquad \Delta y_t = \Pi y_{t-1} + \sum_{i=1}^{p-1} \Gamma_i \Delta y_{t-i} + Bx_t + \varepsilon_t$$

where

(6) $$\Pi = \sum_{i=1}^{p} A_i - I \text{ and } \Gamma_i = -\sum_{j=i+1}^{p} A_j .$$

Granger's representation theorem asserts that if the coefficient matrix Π has reduced rank $r < k$, then there exist k x r matrices α and β each with rank r such that $\Pi = \alpha\beta'$ and $\beta' y_t$ is $I(0)$. r is the number of cointegrating relations (the rank) and each column of β is the cointegrating vector. The elements of α are known as the adjustment parameters in the VEC model. Johansen's method is to estimate the Π from an unrestricted VAR and to test whether we can reject the restrictions implied by the reduced rank of Π.

To determine the number of cointegrating relations conditional on the assumptions made about the trend, one can proceed sequentially from $r = 0$ to $r = k - 1$ until one fails to reject.

The trace statistic reported in the first block tests the null hypothesis of r cointegrating relations against the alternative of k cointegrating relations, where k is the number of endogenous variables, for $r = 0, 1, \ldots, k - 1$. The alternative of k cointegrating relations corresponds to the case where none of the series has a unit root and a stationary VAR may be specified in terms of the levels of all of the series. The trace statistic for the null hypothesis of r cointegrating relations is computed as:

(7) $$LR_{tr}(r|k) = -T \sum_{i=r+1}^{k} \log(1-\lambda_i)$$

where λ_i is the i-th largest eigenvalue of the Π matrix in (3). The maximum eigenvalue statistic shows the results of testing the null hypothesis of r cointegrating relations against the alternative of $r + 1$ cointegrating relations. This test statistic is computed as:

(8) $$LR_{max}(r|r+1) = -T \log(1+\lambda_{r+1})$$

(9) $$= LR_{tr}(r|k) - LR_{tr}(r|r+1) \quad \text{for} \quad r = 0, 1, \ldots, k-1.$$

5.3. US M2 Demand Revisited

For the specification of a US M2 demand function, a standard money-in-the-utility-approach (MIU) is used, based on an additive separable utility function (*Kim* 2000, *Ireland* 2004, *Attah-Mensah* 2004a und 2004b, *Baba* 2000 and *Petursson* 2000). In this setting a representative agent can choose between money, safe bonds and a risky asset to transfer purchasing power from today to future periods. Under such a theoretical concept, the holdings of real balances take the form:

$$(10) \qquad ln(M_t / P_t) = \frac{\sigma}{\gamma} ln(C_t) - \frac{1}{\gamma} ln\left(\frac{i_t}{1+i_t}\right) + \frac{\delta}{\gamma} ln(b_t),$$

where M is the stock of money, P is the price level, C is real consumption, i is the opportunity cost of money holdings, σ and γ represent coefficients of relative risk aversion with respect to C and real balances, respectively; b is the liquidity preference shift and δ takes into account the impact of the utility derived from money holdings.

For empirical purposes, the long-run demand function for US monetary aggregates shall be specified as follows:

$$(11) \qquad m_t - p_t = \beta_0 + \beta_1 y_t - \beta_2 i_t^{opportunity} + \beta_3 dum_t + \varepsilon_t,$$

where m_t is the stock of money, p_t is the GDP deflator, y_t is real output (all variables in natural logarithms). The opportunity costs of money holdings is the difference between the 3-months money market rate and the yield of money included in M2:

$$(12) \qquad i_t^{opportunity} = ln(1 + i_t^{3-mths} / 100) - ln(1 + i_t^{M2\ own\ rate} / 100).$$

Finally, *dum* is a dummy variable, taking the value of 0 from 1968-Q1 to 1989-Q4, rising linearly to 1 until 1994-Q1 and remaining at that level (*Carlson, Hoffman, Keen* and *Rasche* 2000).

The cointegration properties of the data are investigated making use of the Johansen procedure. Accordingly, a vector auto regressive (VAR) model is estimated for period 1970-Q1 to 2005-Q4 and sub-periods. The criterion for selecting the optimal lag length consists of choosing the number of lags that are needed to eliminate the vector autocorrelation in the residuals. This procedure suggests that the inclusion of 2 lags is appropriate. The model includes an unrestricted constant and allows for a linear trend in the data but not in the cointegration relationship. The test results in figure 7 reveal that only one cointegrating vector appears to be present in the data (asymptotic standard errors are shown in brackets).

Figure 7: Johansen cointegration tests

Unrestricted Cointegration Rank Tests

(1) Series: LNM2-LNDEFL LNGDPR LNI3ML-LNM2OWNL, sample: 1970-Q1 to 1989-Q4

Hypothesized No. of CE(s)	*Eigenvalue*	Trace Statistic	0.05 Critical Value	Prob.**	Hypothesized No. of CE(s)	Max-Eigen Statistic	0.05 Critical Value	Prob.**
None *	*0.287*	36.01	29.79	0.009	None *	27.10	21.13	0.006
At most 1	*0.103*	8.909	15.49	0.374	At most 1	8.764	14.26	0.306
At most 2	*0.002*	0.146	3.841	0.702	At most 2	0.146	3.841	0.702

(2) Series: LNM2-LNDEFL LNGDPR LNI3ML-LNM2OWNL, sample: 1970-Q1 to 1989-Q4

Hypothesized No. of CE(s)	*Eigenvalue*	Trace Statistic	0.05 Critical Value	Prob.**	Hypothesized No. of CE(s)	Max-Eigen Statistic	0.05 Critical Value	Prob.**
None *	*0.192*	49.66	47.85	0.033	None *	30.10	27.58	0.023
At most 1	*0.076*	19.55	29.79	0.453	At most 1	11.16	21.13	0.630
At most 2	*0.057*	8.39	15.49	0.424	At most 2	8.374	14.26	0.342
At most 3	*0.000*	0.02	3.84	0.879	At most 3	0.023	3.841	0.879

Notes: Cointegration test specification allows for a linear deterministic trend in the data, intercept and no trend in cointegration equation and VAR.

Legend: Trace test indicates 1 cointegrating eqn(s) at the 0.05 level, * denotes rejection of the hypothesis at the 0.05 level, ***McKinnon-Haug-Michelis* (1999) *p*-values. – Max-eigenvalue test indicates 1 cointegrating eqn(s) at the 0.05 level, * denotes rejection of the hypothesis at the 0.05 level, ***MacKinnon-Haug-Michelis* (1999) *p*-values.

Figure 8 reports the results for the long-run relation between real money supply, output and interest rates for four different sample periods. The relations imply that in the long-run real money supply are positively related to real GDP and negatively related to the opportunity costs of money holdings. All coefficients of the long-run demand for real M2 exhibit plausible signs. Depending on the sample period, the income elasticity of money demand remained in a relatively narrow band of between 0.88 and 0.86. The variability of the interest rate elasticity is much stronger, however, varying between 3.26 for the period 1970-Q4 to 1989-Q4 and 7.31 for the total period under review.

Figure 8: Long-run demand for US real M2, price level on the basis of the GDP deflator

Sample periods	1970-Q4 to 1989-Q4	1970-Q4 to 1995-Q4	1970-Q4 to 2000-Q4	1970-Q4 to 2005-Q4
		I. Long-run relation		
y_t	–0.862 (0.014)	–0.872 (0.012)	–0.877 (0.022)	–0.862 (0.045)
$i_t^{opportunity}$	3.255 (0.296)	3.264 (0.275)	4.177 (0.485)	7.313 (0.905)
dum	–	0.139 (0.011)	0.115 (0.014)	0.089 (0.030)
constant	3.901	3.979	4.014	3.826
Unit root tests:				
Lag 2	–3.02 [0.03]	–3.42 [0.01]	–3.09 [0.02]	–2.89 [0.04]
Lag 4	–3.21 [0.02]	–3.63 [0.00]	–3.09 [0.02]	–2.95 [0.04]
Lag 6	–4.72 [0.00]	–5.25 [0.00]	–4.15 [0.00]	–3.79 [0.00]
		II. ECM		
Lags	2	2	2	2
EC_{t-1}:				
$\Delta(m_t - p_t)$	–0.334 [–3.25]	–0.300 [–5.38]	–0.158 [–4.27]	–0.055 [–3.09]
Δy_t	–0.090 [–2.38]	–0.012 [–0.18]	–0.088 [–2.06]	–0.063 [–3.45]
$\Delta i_t^{opportunity}$	–0.046 [–1.49]	0.005 [0.85]	–0.003 [–0.04]	–0.019 [–1.28]
R^2	0.61	0.61	0.57	0.51

Legend: The price level is approximated by the GDP deflator, y_t is real output (in natural ln), the opportunity costs of money holdings is the difference between the 3-months money market rate and the yield of money included in M2:
$i_t^{opportunity} = ln(1 + i_t^{3-mths}/100) - ln(1 + i_t^{M2\ own\ rate}/100)$; *dum* is a dummy variable, taking the value of 0 from 1970-Q4 to 1989-Q4, rising linearly to 1 until 1994-Q4, and remaining constant at that level; *EC* represents the error correction terms of the first difference equations (*t*-values in [.] brackets); Lags in quarters; In (.) standard errors, in [.] *p*-values; Results of the *ADF*-tests.

Diagnostic tests (using GDP deflator)

	I. 1970-Q1 2005-Q4			II. 1970-Q1 1995-Q4		
	$\Delta(m_t - p_t)$	Δy_t	$\Delta i_t^{opportunity}$	$\Delta(m_t - p_t)$	Δy_t	$\Delta i_t^{opportunity}$
LM-test (2)[a]	0.34 (0.72)	0.04 (0.96)	0.68 (0.51)	0.90 (0.41)	0.39 (0.67)	0.02 (0.99)
LM-test (4)[b]	1.28 (0.28)	0.16 (0.95)	0.90 (0.44)	1.22 (0.29)	0.29 (0.88)	0.52 (0.71)
ARCH (2)[b]	0.14 (0.86)	1.39 (0.25)	18.5 (0.00)	0.53 (0.58)	0.03 (0.97)	9.41 (0.00)
ARCH (4)[b]	0.08 (0.99)	0.88 (0.47)	9.21 (0.00)	0.37 (0.83)	0.09 (0.98)	4.53 (0.00)
White[c]	0.66 (0.81)	0.69 (0.79)	3.65 (0.00)	2.13 (0.01)	0.66 (0.82)	1.74 (0.05)
Chow[d]	0.68 (0.93)	0.33 (0.99)	0.16 (1.00)	0.40 (0.99)	0.34 (0.99)	0.15 (0.99)
Ramsey[e]	1.17 (0.33)	6.21 (0.00)	6.32 (0.00)	3.44 (0.04)	1.19 (0.31)	4.59 (0.00)

Legend: *a* Lagrange multiplier test for autocorrelation by *Godfrey* (1978). – *b* Test for ARCH effects based on *Engle* (1982). – *c* Heteroscedasticity test suggested by *White* (1980). – *d* Chow forecast test (1994-Q4 for the sample 1970-Q1 to 2005-Q4, 1990:4 for the sample 1970-Q1 to 1995-Q4). – *e Ramsey* (1969) test. – *p*-value in square brackets: a p-value lower than 0.05 would imply the failure of the test at the 5% significance level.

Source: *Federal Reserve Bank of St. Louis, Thomson Financial,* own calculations.

The findings seem to indicate that there is a long-run relation between real money demand, real output and the opportunity costs of money holdings in the US. The results of the ADF-tests suggest that the null hypothesis of a unit root in the residuals can be rejected at standard levels for all estimations. The error correction terms (EC) are statistically significant and have a negative sign, suggesting that deviations of real money holdings from the long-run level are corrected over time. However, excess money seems also to affect real output (negatively).

Figure 9 (a) show the EC terms of the estimation results for the four sample periods. As can be seen, the EC terms fluctuate around the zero line, reflecting the fact that real M2 holdings tend to deviate only temporarily from the long-run equilibrium value. What is more, the longer the sample period for which the coefficients were estimated, the higher is the volatility of the EC term. This could suggest that in the 1990s, in addition to the long-run determinants of money demand, additional factors might have affected money demand.

Figure 9: Deviation of US real M2 holdings from equilibrium

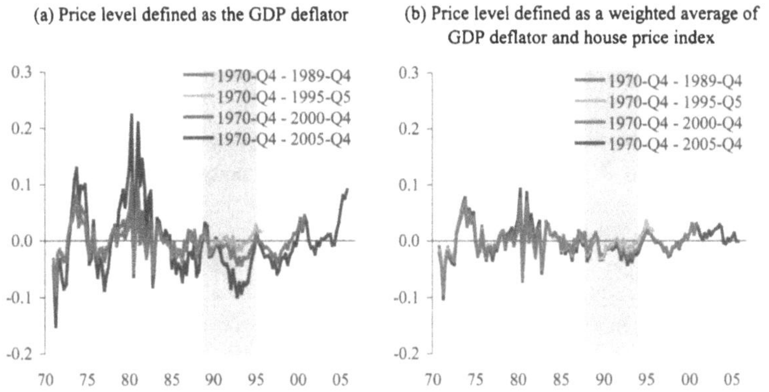

Notes: The residuals of the long-run cointegration relations correspond to the results as shown in Figures 8 and 10.

Source: *Federal Reserve Bank of St. Louis, Thomson Financial*; own calculations.

In a second step, the demand for real M2 balances is analysed using alternative definitions of the US economy's price level. These price levels were calculated as simple weighted averages of the GDP deflator and the US wide housing price index. The underlying idea is that market agents might hold nominal M2 balances in relation to a price level (much) broader defined than the GDP deflator (or the consumer price index). The estimation results for a price index consisting of 80% consumer prices and 20% housing prices are shown in Figure 10.

Figure 10: Long-run demand for US real M2, price level of the basis of a weighted average of consumer (80%) and house price (20%) indices

Sample periods	1970-Q4 to 1989-Q4	1970-Q4 to 1995-Q4	1970-Q4 to 2000-Q4	1970-Q4 to 2005-Q4
		I. Long-run relation		
y_t	–0.779 (0.024)	–0.799 (0.019)	–0.806 (0.019)	–0.797 (0.021)
$i_t^{opportunity}$	3.522 (0.452)	3.458 (0.370)	3.767 (0.392)	4.292 (0.388)
dum	–	0.141 (0.016)	0.131 (0.012)	0.126 (0.014)
constant	4.505	4.676	4.732	4.646
Unit root tests:				
Lag 2	–3.96 [0.00]	–4.11 [0.00]	–3.98 [0.00]	–4.17 [0.00]
Lag 4	–3.43 [0.01]	–3.50 [0.01]	–3.41 [0.01]	–3.65 [0.00]
Lag 6	–4.59 [0.00]	–4.75 [0.00]	–4.63 [0.00]	–4.81 [0.00]
		II. ECM		
Lags	2		2	2
EC_{t-1}				
$\Delta(m_t - p_t)$	–0.193 [–3.35]	–0.168 [–3.44]	–0.146 [–3.59]	–0.116 [–3.25]
Δy_t	–0.021 [–0.30]	–0.015 [–3.44]	–0.059 [–1.19]	–0.090 [–2.38]
$\Delta i_t^{opportunity}$	–0.028 [–0.47]	–0.027 [–0.55]	–0.031 [–0.77]	–0.046 [–1.48]
R^2	0.52	0.54	0.54	0.49

Legend: The price level is the weighted average of the GDP deflator (80%) and the US housing price index (20%), y_t is real output (in natural ln). The opportunity costs of money holdings is the difference between the 3-months money market rate and the yield of money included in M2: $i_t^{opportunity} = ln(1 + i_t^{3-mths}/100) - ln(1 + i_t^{M2\ own\ rate}/100)$; *dum* is a dummy variable, taking the value of 0 from 1970-Q4 to 1989-Q4, rising linearly to 1 until 1994-Q4, and remaining constant at that level; *EC* represents the error correction terms of the first difference equations (*t*-values in [.] brackets); Lags in quarters; In (.) standard errors, in [.] *p*-values; Results of the *ADF*-tests.

Diagnostic tests (using synthetic price level measure)

	I. 1970-Q1 2005-Q4			II. 1970-Q1 1995-Q4		
	$\Delta(m_t - p_t)$	Δy_t	$\Delta i_t^{opportunity}$	$\Delta(m_t - p_t)$	Δy_t	$\Delta i_t^{opportunity}$
LM-test (2)[a]	2.23 (0.11)	1.17 (0.31)	9.47 (0.63)	1.36 (0.26)	0.33 (0.71)	0.62 (0.54)
LM-test (4)[b]	1.79 (0.13)	0.78 (0.54)	0.82 (0.51)	1.11 (0.36)	0.31 (0.87)	0.69 (0.60)
ARCH (2)[b]	0.33 (0.72)	0.39 (0.68)	12.8 (0.00)	0.40 (0.67)	0.06 (0.94)	7.48 (0.00)
ARCH (4)[b]	0.31 (0.87)	0.15 (0.96)	6.35 (0.00)	0.36 (0.83)	0.06 (0.99)	3.70 (0.01)
White[c]	1.96 (0.02)	0.47 (0.95)	2.33 (0.00)	1.45 (0.14)	0.44 (0.96)	1.58 (0.05)
Chow[d]	0.75 (0.85)	0.34 (0.99)	0.12 (1.00)	0.36 (0.89)	0.38 (0.99)	0.14 (0.99)
Ramsey[e]	1.68 (0.16)	2.76 (0.03)	3.71 (0.00)	0.97 (0.42)	0.64 (0.64)	0.61 (0.54)

a Lagrange multiplier test for autocorrelation by *Godfrey* (1978). – *b* Test for ARCH effects based on *Engle* (1982). – *c* Heteroscedasticity test suggested by *White* (1980). – *d* Chow forecast test (1994-Q4 for the sample 1970-Q1 to 2005-Q4, 1990:4 for the sample 1970-Q1 to 1995-Q4). – *e Ramsey* (1969) test. – *p*-value in square brackets: a *p*-value lower than 0.05 would imply the failure of the test at the 5% significance level.

Source: *Federal Reserve Bank of St. Louis, Thomson Financial*, own calculations.

As in the conventional estimation, income and interest elasticities of money demand show plausible signs and magnitudes. In the period 1970-Q4 to 2005-Q4, the interest elasticity rises only slightly compared to sub-periods and the conventional estimation results. Again, the *EC* terms are statistically significant, suggesting that money holding disequilibria are reduced over time.

Figure 9 (b) shows the EC terms for the estimates above. The volatility of the EC terms is much smaller than in the conventional estimates. That said, it seems that using a price level measure which takes wealth prices into account provides a better picture about the inflation consequences of excess money when compared to traditional price measures. Finally, figure 11 shows the cointegration results of the US M2 money demand system for various price level measures for the period 1970-Q1 to 2005-Q4.

Figure 11: Cointegration relation results (M2) for various price level measures

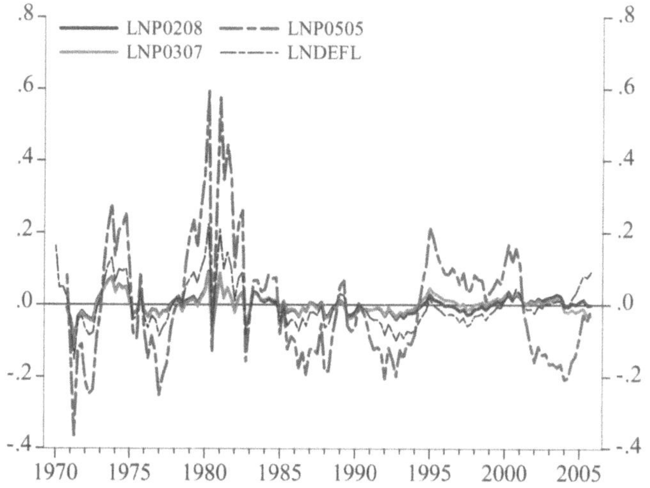

Notes: Residuals of long-run cointegration relations.

Source: *Federal Reserve Bank of St. Louis, Thomson Financial*, own calculations.

5.4. M2M Demand Revisited

Finally, a cointegration analyses is conducted on the basis of the monetary aggregate M2M. The long-run demand function for US M2M is:

(13) $$m_t - p_t = \beta_0 + \beta_1 y_t - \beta_2 i_t^{opportunity} + \varepsilon_t,$$

The opportunity costs of money holdings is the difference between the 3-months money market rate and the yield of money included in M2M:

(14) $$i_t^{opportunity} = ln(1 + i_t^{3-mths}/100) - ln(1 + i_t^{M2M\ own\ rate}/100).$$

A cointegration test (using a lag length of 2 quarters) cannot reject the existence of one cointegration relation between real M2M, real output and the interest rates (see figure 12). Figure 13 shows the long-run estimation results. For all periods, the income and interest rate elasticities show plausible signs and magnitudes. What is more, money overhangs are corrected over time as evidenced by statistically significant EC terms. The residuals appear to be stationary according to ADF-test results. However, with the lengthening of the sample period, income and interest rate elasticities of money demand rise, a finding that might suggest that the conventional money demand specification might be subject to instability, i.e. an omitted variable/data specification problem.

Figure 12: Johansen cointegration tests

Unrestricted Cointegration Rank Tests

(1) Series: LNM2M-LNDEFL LNGDPR LNI3ML-LNM2MOWNL, sample: 1970-Q1 to 1989-Q4

Hypothesized No. of CE(s)	*Eigenvalue*	Trace Statistic	0.05 Critical Value	Prob.**	Hypothesized No. of CE(s)	Max-Eigen Statistic	0.05 Critical Value	Prob.**
None	*0.247*	28.375	29.797	0.072	None *	22.689	21.132	0.030
At most 1	*0.067*	5.686	15.495	0.732	At most 1	5.561	14.265	0.669
At most 2	*0.002*	0.124	3.841	0.724	At most 2	0.124	3.841	0.724

(2) Series: LNM2M-LNP0208 LNGDPR LNI3ML-LNM2MOWNL, sample: 1970-Q1 to 2005-Q4

Hypothesized No. of CE(s)	*Eigenvalue*	Trace Statistic	0.05 Critical Value	Prob.**	Hypothesized No. of CE(s)	Max-Eigen Statistic	0.05 Critical Value	Prob.**
None *	*0.168*	45.507	42.915	0.027	None *	26.466	25.823	0.041
At most 1	*0.087*	19.041	25.872	0.278	At most 1	13.136	19.387	0.317
At most 2	*0.040*	5.905	12.518	0.473	At most 2	5.905	12.518	0.473

Notes: Cointegration test specification allows for a linear deterministic trend in the data, intercept and trend in cointegration equation and VAR.
Legend: Trace test indicates 1 cointegrating eqn(s) at the 0.05 level, * denotes rejection of the hypothesis at the 0.05 level, ***MacKinnon-Haug-Michelis* (1999) *p*-values. – Max-eigenvalue test indicates 1 cointegrating eqn(s) at the 0.05 level, * denotes rejection of the hypothesis at the 0.05 level, ***MacKinnon-Haug-Michelis* (1999) *p*-values.

Figure 13: Long-run demand for US real M2M, price level on the basis of the GDP deflator

Sample periods	1970-Q4 to 1989-Q4	1970-Q4 to 1995-Q4	1970-Q4 to 2000-Q4	1970-Q4 to 2005-Q4
		I. Long-run relation		
y_t	–0.682 (0.059)	–0.699 (0.041)	–0.829 (0.054)	–0.918 (0.083)
$i_t^{opportunity}$	6.783 (0.623)	6.562 (0.534)	6.750 (0.913)	9.115 (1.563)
constant	2.611	2.679	3.884	4.582
Unit root tests:				
Lag 2	-3.24 [0.02]	-3.58 [0.01]	-3.43 [0.01]	-3.01 [0.04]
Lag 4	-3.07 [0.03]	-3.43 [0.01]	-3.05 [0.03]	-2.72 [0.07]
Lag 6	–4.82 [0.00]	–4.32 [0.00]	-3.41 [0.01]	-3.13 [0.03]
		II. ECM		
Lags	2	2	2	2
EC_{t-1}:				
$\Delta(m_t - p_t)$	–0.175 [-3.71]	–0.179 [–4.49]	–0.099 [-3.57]	–0.049 [-2.99]
Δy_t	–0.048 [-2.44]	–0.035 [-1.99]	–0.017 [-1.44]	–0.012 [-1.78]
$\Delta i_t^{opportunity}$	–0.012 [–0.44]	–0.008 [–0.34]	–0.009 [–0.61]	–0.007 [–0.87]
R^2	0.47	0.48	0.44	0.43

Legend: The price level is approximated by the GDP deflator, y_t is real output (in natural ln), The opportunity costs of money holdings is the difference between the 3-months money market rate and the yield of money included in M2M:

$i_t^{opportunity} = ln(1 + i_t^{3-mths}/100) - ln(1 + i_t^{M2M\ own\ rate}/100)$; *EC* represents the error correction terms of the first difference equations (*t*-values in [.] brackets), Lags in quarters; In (.) standard errors, in [.] *p*-values; Results of the *ADF*-tests.

Source: *Federal Reserve Bank of St. Louis, Thomson Financial*, own calculations.

As a result, the cointegration analyses of US M2M demand are run using alternative price level measures. Figure 14 shows the results for the price level variable defined as a weighted average of consumer (50%) and house price (50%) indices. Figure 15 shows the long-run estimation results for alternative price level measures.

Figure 14: Long-run demand for US real M2M, price level on the basis of a weighted average of consumer (50%) and house price (50%) indices

Sample periods	1970-Q4 to 1989-Q4	1970-Q4 to 1995-Q4	1970-Q4 to 2000-Q4	1970-Q4 to 2005-Q4
		I. Long-run relation		
y_t	–0.501 (0.059)	–0.513 (0.046)	–0.608 (0.044)	–0.599 (0.037)
$i_t^{opportunity}$	6.763 (0.579)	6.573 (0.574)	6.462 (0.712)	6.841 (0.682)
constant	2.413	2.533	3.344	3.256
Unit root tests:				
Lag 2	–3.15 [0.03]	–3.29 [0.02]	–3.11 [0.03]	–3.50 [0.00]
Lag 4	–2.93 [0.04]	–3.09 [0.03]	–2.86 [0.05]	–3.28 [0.01]
Lag 6	–3.96 [0.00]	–4.21 [0.00]	–3.67 [0.00]	–4.17 [0.00]
		II. ECM		
Lags	2	2	2	2
EC_{t-1}:				
$\Delta(m_t - p_t)$	–0.138 [–2.51]	–0.139 [–3.16]	–0.106 [–3.30]	–0.093 [–2.97]
Δy_t	–0.061 [–2.86]	–0.039 [–2.11]	–0.025 [–1.63]	–0.029 [–2.19]
$\Delta i_t^{opportunity}$	–0.039 [–1.31]	–0.029 [–1.22]	–0.025 [–1.31]	–0.026 [–1.61]
R^2	0.41	0.43	0.42	0.43

Legend: The price level is approximated by the GDP deflator, y_t is real output (in natural ln), The opportunity costs of money holdings is the difference between the 3-months money market rate and the yield of money included in M2M: $i_t^{opportunity} = ln(1 + i_t^{3-mths}/100) - ln(1 + i_t^{M2M\ own\ rate}/100)$; *EC* represents the error correction terms of the first difference equations (*t*-values in [.] brackets); Lags in quarters; In (.) standard errors, in [.] *p*-values; Results of the *ADF*-tests.

Source: *Federal Reserve Bank of St. Louis, Thomson Financial*, own calculations.

Figure 15: Cointegration results (M2M) for various price level measures

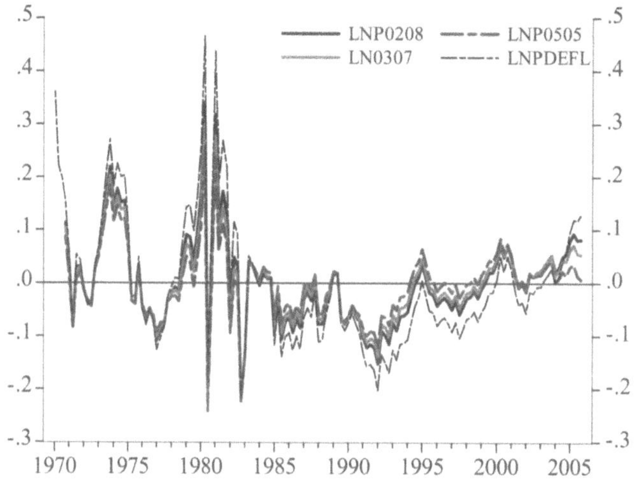

Residuals of the long-run cointegration relations.

Source: *Federal Reserve Bank of St. Louis, Thomson Financial*, own calculations.

The results suggest that income and interest rate elasticity of real M2M demand, when based on a weighted price level consisting of consumer and house prices, show plausible signs and magnitudes and appear to remain relatively stable throughout the (sub-)periods under review. Again, this finding could suggest that money holders' balances might be better modelled on a basis of a "broadly defined" price index rather than a price index of the current production.

6. Summary

This paper revisits the issue of the demand function for US M2. In addition to taking into account the "structural break" in the demand function for M2 around the early 1990s, the analysis uses "broadly defined" price level measures, as represented by weighted averages of consumer and housing price indices. By doing so, the notion that "excess" money supply might not only show up in consumer but also in asset prices ("asset price inflation") is integrated into the long-run demand for money system.

In this approach we find evidence that, in contrast to conventional specifications of money demand functions, there seems to be a reliable long-run relation between real US M2 and M2M, output and the opportunity costs of money holdings for the period 1970-Q1 to 2005-Q4. The outcome of the analysis might be interpreted as a preliminary indication that "excess money" does not only affect consumer but also housing prices. That said, it might no longer be appropriate to monitor consumer prices when it comes to gauging the inflationary effects money growth exerts on the economy's overall price level.

References

Alchian, Arman A. and *Benjamin Klein* (1973), On a Correct Measure of Inflation, in: Journal of Money, Credit and Banking, Vol. 5(1), S. 173-191.

Attah-Mensah, Joseph (2004a), Money Demand and Uncertainty, Working Paper 2004-25, Bank of Canada.

Attah-Mensah, Joseph (2004b), Money Demand and Uncertainty: Monetary Considerations and Stochastic Discount Factors, in: Monetary and Economic Studies, Vol. 18, S. 159-198.

Baba, Naohiko (2000), Exploring the Rule of Money in Asset Pricing in Japan: Monetary Considerations and Stochastic Disount Factors, in: Monetary and Economics Studies, Vol. 18, S. 159-198.

Carlson, John. B. and *Sharon E.Parrott* (1991), The Demand for M2, Opportunity Cost, and Financial Change, Federal Reserve Bank of Cleveland Economic Review, Vol. 27, S. 2-11.

Carlson, John. B. and *Benjamin D. Keen* (1995), M2 Growth in 1995: A Return to Normalcy, available at http://www.clevelandfed.org/Research/com96/1295.htm#8.

Carlson, John. B., Dennis L .Hoffman, Benjamin D. Keen and *Robert H. Rasche* (2000), Results of a Study of the Stability of Cointegrating Relations Comprised of Broad Monetary Aggregates, in: Journal of Monetary Economics, Vol. 46, S. 345-383.

Collins, Sean and *Cheryll Edwards* (1994), Redefining M2 to Include Bond and Equity Mutual Funds, in: Federal Reserve Bank of St. Louis Review, Vol. 76, S. 7-30.

Dickey, David A. and *Wayne A. Fuller* (1981), Likelihood Ration Statistics für Autoregressive Time Series with a Unit Root, in: Econometrica, Vol. 49, S. 1057-1072.

Duca, John V. (1992), The Case of the Missing M2, in: Federal Reserve Bank of Dallas Economic Review, No. 2, S. 1-24.

Duca, John V. (1995), Should Bond Funds Be Added to M2?, in: Journal of Banking and Finance, Vol. 19, S. 131-152.

Engle, Robert F. (1982), Autoregressive Conditional Heteroskedasticity with Estimates of Variance of United Kingdom Inflation, in: Econometrica, Vol. 50, S. 987-1007.

Engle, Robert F. and *Clive William John Granger* (1987), Co-Integration and Error-Correction: Representation, Estimation and Testing, in: Econometrica, Vol. 55, S. 251-276.

Estrella, Arturo and *Frederic S. Mishkin* (1997), Is There a Role for Monetary Aggregates in the Conduct of Monetary Policy?, in: Journal of Monetary Economics, Vol. 40, S. 279-304.

Friedman, Benjamin M. and *Kenneth N. Kuttner* (1992), Money, Income, Prices, and Interest Rates, in: American Economic Review, Vol. 82, S. 472-492.

Greenspan, Alan (1993), Statement to Congress, Federal Reserve Bulletin, Vol. 79, S. 849-855.

Godfrey, Leslie G. (1978), Testing for Higher Order Serial Correlation in Regression Equations when the Regressors Include Lagged Dependent Variables, in: Econometrica, Vol. 46, No. 6, S. 1303-1310.

Hallman, Jeffrey. J. and *Richard G.Anderson* (1993), Has the Long-Run Velocity of M2 Shifted? Evidence from the P*-Model, in: Federal Reserve Bank of Cleveland Economic Review, No. 2, S. 14-26.

Ireland, Peter (2004), Money`s Role in the Monetary Business Cycle, in: Journal of Money, Credit, and Banking, Vol. 36, S. 969-984.

Johansen, Soren (1988), Statistical Analysis of Cointegrating Vectors, in: Journal of Economic Dynamics and Control, Vol. 12, S. 231-254.

Johansen, Soren (1991), Estimation and Hypothesis Testing of Cointegration Vectors in Gaussian Vector Autoregressive Models, in: Econometrica, Vol. 59, S. 1551-1580.

Johansen, Soren (1995), Likelihood-Based Inference in Cointegrated Vector Autoregressive Models, Oxford.

Kim, Jinil (2000), Constructing and Estimating a Realistic Optimizing Model of Monetary Policy, in: Journal of Monetary Economics, Vol. 45, S. 329-359.

Koenig, Evan (1996a), Long-term Interest Rates and the Recent Weakness in M2, in: Journal of Economics and Business, Vol. 48, S. 81-101.

Koenig, Evan (1996b), Forecasting M2 Growth: An Exploration in Real Time, in: Federal Reserve Bank of Dallas Economic Review, No. 2, S. 16-26.

Kwiatkowski, Denis, Peter C. B. Phillips, Peter Schmidt and *Yongcheol Shin* (1992), Testing the Null Hypothesis of Stationarity Against the Alternative of a Unit Root, in: Journal of Econometrics, Vol. 54, S. 159-178.

Lown, Cara, Stavros Peristiani and *Kenneth J. Robinson* (1999), What Was Behind the M2 Breakdown?, Financial Industry Studies Working Paper No. 02/99, Federal Reserve Bank of Dallas.

McKinnon, James G., Alfred A. Haug and *Leo Michelis* (1999), Numerical Distribution Functions of Likelihood Ratio Tests for Cointegration, in: Journal of Applied Econometrics, Vol. 14, S. 563-577.

McKinnon, James G. (1991), Critical Values for Cointegration Tests, in: *Robert F. Engle* und *Clive W. J. Granger* (Hg.), Long-Run Economic Relationships: Reading in Cointegration, Oxford, S. 267-276.

Orphanides, Athanasios, Brian Reid and *David. H. Small* (1994), The Empirical Properties of a Monetary Aggregate that Adds Bond and Stock Funds to M2, in: Federal Reserve Bank of St. Louis Review, Vol. 76, S. 31-52.

Phillips, Peter C.B. and *Pierre Perron* (1988), Testing for a Unit Root in Time Series Regression, in: Biometrika, Vol. 75, S. 335-346.

Pollak, Robert. A. (1975), The Intertemporal Cost of Living Index, in: Annals of Economic and Social Measurement, Vol. 4, S. 179-195.

Petursson, Thórarinn G. (2000), The Representative Household's Demand for Money in a Cointegrated VAR Model, in: The Econometrics Journal, Vol. 3, S. 162-176.

Ramsey, James B. (1969), Tests for Specification Errors in Classical Linear Least-Squares Analysis, in: Journal of the Royal Statistical Association, Series B, Vol. 71, S. 350-371.

Schwert, G. William (1987), Effects of Model Specification on Tests for Unit Roots in Macroeconomic Data, in: Journal of Monetary E conomics, Vol. 20, S. 73-104.

Shibuya, Hiroshi (1992), Dynamic Equilibrium Price Index: Asset Price and Inflation, in: Monetary and Economic Studies, Institute for Monetary and Economic Studies, Bank of Japan, Vol. 10(1), S. 95-109.

Shiratsuka, Shigenori (1999), Asset Price Fluctuation and Price Indices, in: Monetary and Economic Studies, Institute for Monetary and Economic Studies, Bank of Japan, Vol. 17(3), S. 103-128.

Shiratsuka, Shigenori (2001), Asset Prices, Financial Stability and Monetary Policy: Based on Japan's Experience of the Asset Price Bubble, in: Marrying the Macro- and Microprudential Dimensions of Financial Stability, BIS Papers No. 1, S. 261-284.

White, Halbert L. (1980), A Heteroskedasticity-Consistent Covariance Matrix Estimator and a Direct Test for Heteroskedasticity, in: Econometrica, Vol. 48, S. 817-838.

Albrecht F. Michler und H. Jörg Thieme (Hg.)
Systeme monetärer Steuerung: Analyse und Vergleich geldpolitischer Strategien
Schriften zu Ordnungsfragen der Wirtschaft · Band 86 · Stuttgart · 2007

Vermögenspreisinflation

Tobias Knedlik und *Andreas Knorr*

Inhalt

1. Einleitung 242

2. Vermögensgüter 244
   2.1. Welche Märkte sind relevant? 244
   2.2. Preisbildung bei Vermögensgütern und Ursachen der Vermögenspreisinflation 244

3. Gesamtwirtschaftliche Effekte der Vermögenspreisinflation 249
   3.1. Transmissionskanäle von Vermögenspreisänderungen 249
      3.1.1. Vermögenspreise und privater Konsum 250
      3.1.2. Vermögenspreise und Investitionen 251
      3.1.3. Vermögenspreise und Preisniveau 252
   3.2. Geringere Wirksamkeit der Geldpolitik bei Vermögenspreisinflation 255
   3.3. Fehlallokationen durch Vermögenspreisinflation 255

4. Wirtschaftspolitische Implikationen 256
   4.1. Geldpolitische Strategien 256
      4.1.1. Vermögenspreise und monetäre Analyse 256
      4.1.2. Erweiterung des Inflationsindex um Vermögensgüter? 256
      4.1.3. 'Leaning against the wind' oder 'Pricking the bubble'? 257
      4.1.4. Verbesserte Informationspolitik gegenüber den Marktteilnehmern 260
   4.2. 'Prudential regulation' 261
   4.3. Sonstige Instrumente 261

5. Fazit 261

Literatur 262

"Our forecasts and hence policy are becoming increasingly driven by asset price changes"
A. Greenspan (2005)

"I consider... 'asset price bubbles and monetary policy' to be one of the most challenging issues facing a modern central bank at the beginning of the 21st century."
J.-C. Trichet (2005)

"Speculative manias gather speed through expansion of money and credit or perhaps, in some cases, get started because of an initial expansion of money and credit... Monetary expansion is systematic and endogenous rather than random and exogenous."
C. Kindleberger (1989)

1. Einleitung

Jede Form von Inflation verfälscht grundsätzlich die Knappheitssignale, verzerrt damit die relativen Preise und verhindert auf diese Weise eine optimale Faktorallokation. *Walter Eucken* (1990) zählt deshalb in seinen Grundsätzen der Wirtschaftspolitik zu Recht eine stabile Währung – d.h. Geldwertstabilität – zu den konstitutiven Prinzipien jeder marktwirtschaftlichen Ordnung. Die Sicherstellung der Preisniveaustabilität stellt deshalb ein wichtiges – in der Eurozone das primäre – Ziel der geldpolitischen Steuerung dar. Preisniveaustabilität wird dabei traditionell jedoch sehr eng definiert und gleichgesetzt mit stabilen Güterpreisen. Die Inflationsmessung erfolgt deshalb typischerweise anhand eines Preisindexes der Lebenshaltungskosten bzw. eines Verbraucherpreisindexes. Darauf beruhen auch die in den vergangenen beiden Jahrzehnten in der Geldpolitik zunehmend populären Inflationsziele. Der zugrundeliegende Warenkorb der von manchen Notenbanken verwendeten engeren Zielgröße Kerninflation wurde überdies um einige Güter wie Rohstoffe und Energieträger bereinigt, deren Preise erfahrungsgemäß eine überdurchschnittlich hohe Volatilität aufweisen.[1]

Es ist den wichtigsten Notenbanken in den vergangenen beiden Jahrzehnten sehr erfolgreich gelungen, die so definierte Inflationsrate dauerhaft auf einem sehr niedrigen Niveau zu stabilisieren. Im gleichen Zeitraum stiegen allerdings die Preise vieler Vermögensgüter – Assets – wie z.B. Immobilien, Aktien und Devisen erheblich an, ein Phänomen, das inzwischen oft als Vermögenspreisinflation bzw. Asset price inflation bezeichnet wird. Wirtschaftspolitisch möglicherweise problematisch wäre diese Entwicklung allerdings nur, wenn dieser rapide Preisanstieg nicht nur Veränderungen der Fundamentalfaktoren widerspiegelt,[2] sondern im Wesentlichen auf spekulative Übertreibungen zurückzuführen ist (*Chancellor* 1999 und *Kindleberger* 1989, S. 50 ff.). So ist es eine in den letzten drei Jahrhunderten Wirtschaftsgeschichte durch zahlreiche

1 Für eine kritische Würdigung des Konzepts der Kerninflation siehe *Wynne* (*1999*).

2 Vgl. grundsätzlich dazu *Eatwell* (2004).

negative Erfahrungen gehärtete Erkenntnis, dass sie auf den Märkten für Vermögensgüter im großen Stil zur Fehlallokation von Kapital führen und nach dem Platzen der Blase die Stabilität des Finanzsystems in einer Weise gefährden können, dass sich schließlich erhebliche realwirtschaftliche Verwerfungen einstellen können. Die Zahl derartiger Blasen hat in der jüngeren Vergangenheit nachweislich zugenommen. Das Argument, wonach die Erfolge bei der Bekämpfung der Konsumentenpreisinflation mit einer wachsenden Instabilität des Finanzsystems ‚bezahlt' wurden, ist somit nicht ganz von der Hand zu weisen (*Belke* und *Wiedmann* 2005, S. 273). Dies wäre insofern durchaus ironisch, als die Notenbanken damit erneut verstärkt mit einem Problem konfrontiert würden, „zu deren Lösung sie ursprünglich primär gegründet wurden, nämlich die Aufrechterhaltung der Stabilität des Finanzsystems" (*Zimmermann* 2004, S. 112).[3] Zwar betont *Issing* (2003), dass Preisniveaustabilität und Finanzmarktstabilität auf lange Sicht einander wechselseitig förderlich sind. In der Realität bilden sich freilich regelmäßig massive Ungleichgewichte auf den Finanzmärkten selbst bei sehr niedriger (Konsumentenpreis-)Inflation heraus. Die wichtigsten Beispiele der jüngeren Wirtschaftsgeschichte stellen die USA in den zwanziger und den neunziger Jahren und in Japan in den achtziger Jahren des letzten Jahrhunderts dar (*Borio* und *Lowe* 2002 sowie *Shiratsuka* 2003). Vertreter der ‚New environment'-Hypothese sehen in einer niedrigen und stabilen Inflationsrate sogar eine wichtige Ursache von Vermögenspreisblasen (*Crockett* 2003).

Allerdings ist die in den vergangenen zehn Jahren aufgeflammte Kontroverse, ob und wenn ja, inwieweit die Notenbanken bei ihren geldpolitischen Entscheidungen auch die Preisentwicklung von Vermögensgütern berücksichtigen sollten, keineswegs neu. Bereits *Irving Fisher* (1911) propagierte einen wesentlich breiter gefassten Preisindex, der neben dem üblichen Warenkorb aus Konsumgütern auch Assets enthielt und der damit gleichsam als Frühwarnsystem für gesamtwirtschaftlich schädliche Blasen fungieren sollte. Wieder aufgegriffen wurde *Fishers* Vorschlag zunächst von *Alchian* und *Klein* (1973) und später von *Bryan, Cecchetti* und *O'Sullivan* (2001).

Ziel dieses Beitrags ist es, den wirtschaftspolitischen Handlungsbedarf bei Vermögenspreisinflationen zu ermitteln. Dazu sollen in einem ersten Schritt zunächst die relevanten Märkte für Assetgüter identifiziert sowie die Grundlagen der Preisbildung auf diesen Märkten herausgearbeitet werden. Im nächsten Analyseschritt werden dann unter Berücksichtigung der jeweiligen Übertragungsmechanismen die möglichen Auswirkungen von Vermögenspreisinflationen auf die gesamtwirtschaftliche Entwicklung diskutiert. Schließlich wird die Eignung der Geldpolitik sowie alternativer wirtschaftspolitischer Instrumente – insbesondere aufsichtsrechtlicher und informatischer Instrumente, Stichwort: ‚Prudential regulation' – zur Abwehr solcher gesamtwirtschaftlicher Störungen erörtert, die aus einer Vermögenspreisinflation herrühren.

---

3 Alternative Deutungen der Schaffung staatlicher Notenbankmonopole in Verbindung mit einer Papierwährung stellen dagegen das Eigeninteresse des Staates an den daraus resultierenden Monopolrenten in den Vordergrund (*Engels* 1996).

2. Vermögensgüter

2.1. Welche Märkte sind relevant?

Die Märkte für Vermögensgüter sind ausgesprochen heterogen und reichen von Finanzmärkten (vor allem Aktien- und Anleihemärkte) über Immobilienmärkte bis hin zu den Märkten für mobile Wertgegenstände wie beispielsweise Kunstwerke (Gemälde, Fotografien, Skulpturen etc.). Zu den Finanzmärkten im weiteren Sinne gezählt werden in diesem Zusammenhang auch die Devisenmärkte sowie die Märkte für bestimmte natürliche Ressourcen wie namentlich Gold und Diamanten sowie bestimmte Edelmetalle (*Schwartz* 2002, S. 1; *Vickers* 1999, S. 2). Die wirtschaftspolitische Diskussion der Vermögenspreisinflation begrenzt sich dagegen angesichts der besonders großen Bedeutung dieser beiden Assets in den meisten entwickelten Volkswirtschaften zumeist auf die Aktien- und Immobilienmärkte (*EZB* 2005, S. 54). Auch in diesem Beitrag werden sie deshalb den Schwerpunkt bilden. Demgegenüber soll das Spezialproblem von Wechselkursblasen auf den Devisenmärkten im Folgenden nur am Rande angeschnitten werden,[4] weil es lediglich für kleine, offene Volkswirtschaften, nicht aber für ein großes Währungsgebiet wie die Eurozone relevant ist – zumal die Eurozone sehr stark durch intraregionalen Handel geprägt ist. Gleiches gilt angesichts ihrer zu vernachlässigenden gesamtwirtschaftlichen Bedeutung auch für die übrigen zuvor erwähnten Vermögensgüter.

2.2. Preisbildung bei Vermögensgütern und Ursachen der Vermögenspreisinflation

Die besondere Eigenschaft von Vermögensgütern im Vergleich zu typischen Waren und Dienstleistungen besteht nun darin, dass sie nicht nur erworben werden, um konsumtiven Nutzen zu stiften (etwa durch die Betrachtung von Kunstwerken) oder um (i.d.R. regelmäßige) Erträge erzielen zu können (z.B. Mieten). Sie werden stattdessen auch aufgrund von Erwartungen hinsichtlich ihrer zukünftigen Wertentwicklung erworben. Sie stellen deshalb als Wertaufbewahrungsmittel ein Tauschmedium zwischen Gegenwarts- und Zukunftskonsum dar.

Der künftige Wert von Vermögensgütern ist naturgemäß ex ante unsicher. Er hängt neben fundamentalen Einflussgrößen wie generell dem abdiskontierten Barwert künftiger Renditen oder bei Immobilien der demographischen Entwicklung[5] maßgeblich auch von nicht-fundamentalen Determinanten ab, d.h. spekulativem Verhalten sowie psychologischen Effekten.[6] Besonders an Märkten, die durch eine eher kurzfristige Orientierung der meisten Nachfrager und durch hohe Volatilität gekennzeichnet sind – wie beispielsweise die Aktien- und vor allem die Devisenmärkte –, treten fundamentale Faktoren allerdings oft und nicht selten über einen längeren Zeitraum in den Hintergrund.

---

[4] Vgl. stattdessen *Batini* und *Nelson* (2000); *Kaminsky* und *Reinhart* (2000); *van Rijckeghem* und *Weder* (2001); *Hartmann*, *Straetmans* und *de Vries* (2003).

[5] Ausführlich zu den wesentlichen Determinanten der Preisbildung auf den Aktien-, Anleihe-, Immobilien- und Devisenmärkten sowie den mit der jeweiligen Anlagekategorie verbundenen Marktrisiken siehe *Remsperger* und *Domanski* (2003), S. 87.

[6] Ausführlich dazu siehe *Malpezzi* und *Wechter* (2002); *Filardo* (2004, S. 5 f.); *EZB* (2005, S. 53 f.) und *de Bondt* (2003).

So bieten etwa auf dem Aktienmarkt die kurzfristigen Kursschwankungen dem Anleger nicht selten ein höheres Gewinn- oder Verlustpotenzial als jährliche Dividendenzahlungen. Die Akteure versuchen daher, sich am Verhalten (oder an dem von ihnen erwarteten Verhalten) der anderen Akteure zu orientieren, da ein gleichförmiges Verhalten mehrerer Marktakteure – das so genannte Herdenverhalten – das Marktergebnis entscheidend bestimmt (*Shiller* 2000, S. 148 ff.).

Auf den Märkten für diesen Typus von Vermögensgütern bilden sich sogenannte fokale Punkte heraus. Sie lassen mit hoher Wahrscheinlichkeit eine bestimmte Reaktion seitens der Marktteilnehmer oder eine relativ gut vorhersehbare Art und Weise der Interpretation und Verarbeitung neuer kursrelevanter Informationen erwarten. Weit verbreitet sind schließlich auch ‚Faustregeln', die sich im Geschäftsalltag in der Vergangenheit oft als Prognoseinstrumente bewährt haben. Dies gilt in besonderem Maße auch für Kursprognosen auf der Grundlage technischer Analysen, wie Chartanalysen. All diese Mechanismen wirken, wie unmittelbar einsichtig ist, umso besser, je mehr Marktteilnehmer diese ebenfalls anwenden. Sie dienen als Hilfsmittel letztlich dem Versuch, belastbare Erkenntnisse über das Verhalten der übrigen Marktakteure zu sammeln und für die eigene Kauf-/Verkaufsentscheidung zu nutzen. *John Maynard Keynes* (1936, S. 156) veranlasste diese Beobachtung zu seinem berühmten Vergleich der Techniken der Kursprognosen auf Aktien- und Anleihemärkten mit den Usancen eines Schönheitswettbewerbs:

> „... professional investment may be likened to those newspaper competitions in which the competitors have to pick out the six prettiest faces from a hundred photographs, the prize being awarded to the competitor whose choice most nearly corresponds to the average preferences of the competitors as a whole; so that each competitor has to pick, not those faces which he himself finds prettiest, but those which he thinks likeliest to catch the fancy of the other competitors, all of whom are looking at the problem from the same point of view. It is not a case of choosing those which, to the best of one's judgement, are really the prettiest, nor even those which average opinion genuinely thinks the prettiest. We have reached the third degree where we devote our intelligences to anticipate what average opinion expects the average opinion to be. And there are some, I believe, who practise the fourth, fifth and higher degrees."

Neben dieser auf der Annahme einer vielfach eher kurzfristigen Orientierung der Marktteilnehmer gestützten Erklärung für nicht-fundamentale Determinanten von Assetpreisen unterliegt die Preisbildung von Vermögensgütern schließlich noch weiteren Faktoren. Besondere Bedeutung, vor allem auf kurze und mittlere Sicht, kommt in diesem Zusammenhang den Anpassungsreaktionen der Marktteilnehmer auf Veränderungen der rechtlich-institutionellen Rahmenbedingungen zu. Aufgrund der daraus unvermeidlicherweise angestoßenen Lernprozesse bei allen Beteiligten (Marktteilnehmer wie ggfs. Aufsichtsbehörden und Notenbanken) verursachen sie nicht selten eine zunächst überdurchschnittliche Volatilität (*Gilchrist* und *Saito* 2006). Als Beispiel zu nennen wären solche Deregulierungen der Finanzmärkte, etwa die Liberalisierung der Kapitalbilanz, in deren Folge der Zugang zu Krediten erleichtert wird. Sie führen, wie die historische Erfahrung gezeigt hat, in aller Regel zu einer erhöhten Nachfrage nach Vermögenswerten und zu einem Anstieg der Vermögenspreise (*Kindleberger* 1989). Ein möglicher Vermögenspreisboom infolge der Liberalisierung der Kapitalmärkte wird häufig noch dadurch verstärkt, dass die Liberalisierung nicht mit einem (glaubwürdigen) Abbau der expliziten oder impliziten öffentlichen Garantien für An- und Einlagegelder (z.B. in Gestalt einer Depositenversicherung und der Lender-of-Last-Resort-Funktion der Notenbank) einhergeht (*Kindleberger* 1989 und *Chancellor* 1999). Die Existenz derartiger Sicherheitsnetze, die letztlich das für eine marktwirtschaftliche Ordnung grundlegende Prinzip der Einheit von Handlung und Haftung unterminieren, indem sie eine Privatisierung der Erträge und die Sozialisierung der Risiken und Verluste bewirken, begünstigt Moral-Hazard-Verhalten (*Knorr* 1999). Dies hat wiederum zur Konsequenz, dass das Risikobewusstsein der Marktteilnehmer gleichsam ‚eingeschläfert' wird. Sie sind nunmehr bereit, Vermögensgüter auch zu Preisen zu erwerben, die sie bei realistischer Bepreisung sämtlicher Risiken als zu hoch verworfen hätten. Schließlich sind die Märkte für Vermögensgüter, wie bereits erwähnt, oft durch Herdenverhalten gekennzeichnet. Es manifestiert sich bis zu den meist unerwartet eintretenden Wendepunkten in selbsterfüllenden Prognosen und einem durch begrenzte Rationalität begründeten Überoptimismus (*Bernanke* und *Gertler* 2001; *EZB* 2005, S. 53 f.).

Des Weiteren lässt sich, aufbauend auf *Kindleberger* (1989), zeigen, dass in vielen Ländern einem starken Preisanstieg auf den Märkten für Vermögenswerte eine länger anhaltende spürbare Ausweitung der Liquidität und damit letztlich der umlaufenden Geldmenge sowie der Kreditvergabe vorausging. Der genaue empirische Zusammenhang ist gleichwohl bislang noch umstritten. So kommt *Posen* (2003) in seiner Auswertung von insgesamt 48 Vermögenspreishaussen in den OECD-Ländern nach 1970 zu dem Ergebnis, dass eine anhaltend „zu" laxe Geldpolitik lediglich in einem Drittel der Fälle – konkret in 17 Fällen – als deren (Haupt-) Ursache in Frage kommt. Seine Schlussfolgerung, wonach eine übermäßige Liquiditätsversorgung durch die Notenbank generell weder eine hinreichende noch eine notwendige Voraussetzung für die Herausbildung eines Asset price booms darstellt, erscheint vor dem Hintergrund seiner eigenen empirischen Ergebnisse allerdings als wenig plausibel, wie *Roubini* (2006, S. 94) völlig zu Recht betont. Er argumentiert, dass, „if monetary easing follows a sharp recession (as do most cases of easing), one would not expect that necessarily to lead to a bubble." Einen starken kausalen Zusammenhang zwischen einer zu expansiven Geldpolitik und dem Entstehen von Vermögenspreishaussen identifiziert auch *Schwartz* (2002). *Bordo* und *Wheelock* (2004) kommen zwar zu dem Ergebnis, dass praktisch alle Asset price booms in der Geschichte der USA in Phasen starken wirtschaftlichen Wachstums fielen und des Weiteren durch einen Anstieg des Produktivitätswachstums begleitet wurden. Sie beobachteten jedoch ebenfalls in den meisten Fällen eine Zunahme des Geldangebots und der Kreditvergabe seitens der Geschäftsbanken. Schließlich geht auch die *Europäische Zentralbank* von einer relativ engen positiven Korrelation zwischen der Kreditvergabe – induziert durch eine entsprechend gelockerte Geldpolitik – und dem „Index der Aktienbewertung" aus (*EZB* 2005, S. 58 ff.). Sie geht aber von einem in beide Richtungen verlaufenden, quasi sich selbst verstärkenden Kausalzusammenhang aus; d.h., eine Ausdehnung der Kreditvergabe erhöht zunächst die Bereitschaft der privaten Wirtschaftseinheiten, in Vermögensgüter und sonstige Aktiva zu investieren. Die daraus resultierende Preissteigerung bei den Finanzaktiva erhöht wiederum die Bonität ihrer Inhaber und verbessert auf diese Weise deren Standing gegenüber potenziellen Kreditgebern, was sich wiederum in einer steigenden Kreditvergabebereitschaft niederschlägt.

Zusammenfassend ist festhalten, dass sich die soeben diskutierten Besonderheiten der Märkte für Vermögensgüter einerseits mit der Ausnahme von Immobilien in einer im Vergleich zu „normalen" Gütermärkten hohen bis sehr hohen Volatilität niederschlagen können. Zum anderen sind diese Märkte durch ausgeprägte Zyklizität und das häufige Auftreten spekulativer Blasen gekennzeichnet (*Bernanke* und *Gertler* 1999, S. 18). Dies zeigt die nachstehende Abbildung 1. Sie beruht auf empirischen Erhebungen zur Vermögenspreisentwicklung der Bank für Internationalen Zahlungsausgleich, die zu einem Index zusammengefasst wurden. Dieser berücksichtigt neben Aktienwerten auch die Preise von Wohn- und Gewerbeimmobilien (*Arthur* 2005). Schließlich scheint der bisher vorliegende empirische Befund auch darauf hinzudeuten, dass eine übermäßige Liquiditätsversorgung der Volkswirtschaft durch die Notenbank über die dadurch ermöglichte Ausweitung der Kreditvergabe eine Vermögenspreishausse zumindest tendenziell begünstigt. Dies ist geld- und wirtschaftspolitisch insofern relevant, als sich die Kombination einer über dem langjährigen Trend liegenden Kreditvergabe in Verbindung mit einer Abweichung der Preise für Aktien und Immobilien als recht zuverlässiger Frühindikator von Finanzmarktkrisen erwiesen hat (*Borio* und *Lowe* 2004).

Abbildung 1: Inflationsbereinigter Vermögenspreisindex (Quartalszahlen, 1985=100)

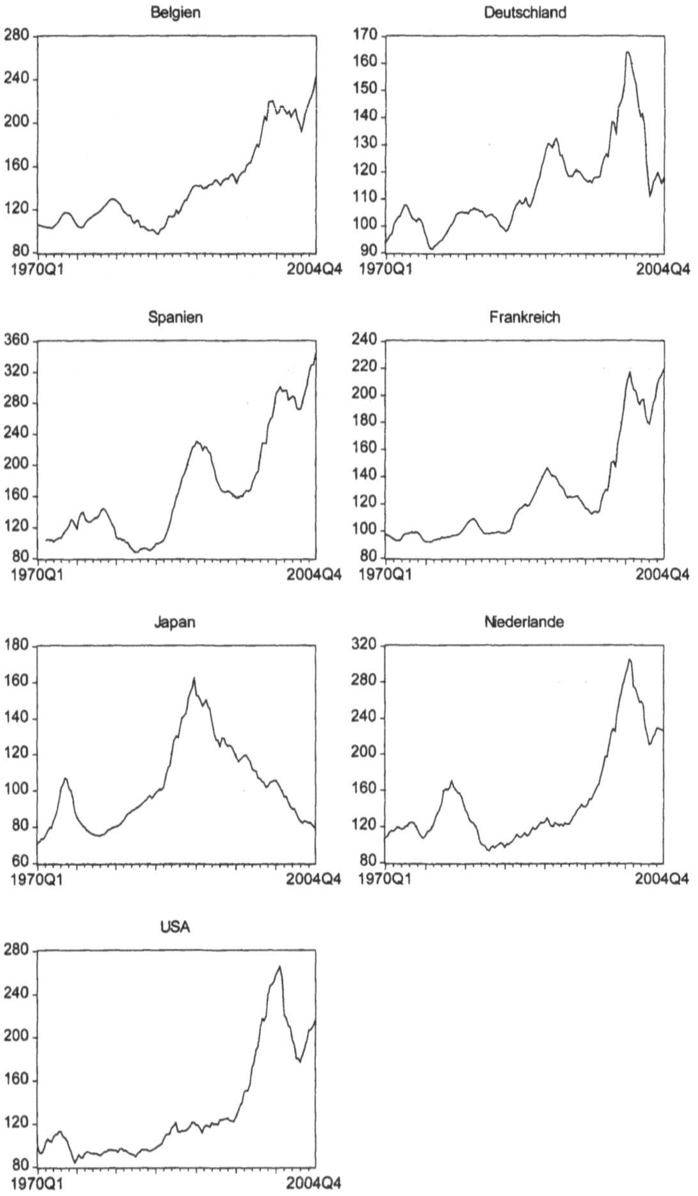

Quelle: *Arthur* (2005).

3. Gesamtwirtschaftliche Effekte der Vermögenspreisinflation

Vermögenspreise haben aufgrund ihrer Interdependenz mit Konsum- und Investitionsgüterpreisen und durch ihre besonderen Eigenschaften Einfluss auf die Endziele der Geldpolitik. Allerdings ist dieser Zusammenhang nicht nur von Asset zu Asset durchaus unterschiedlich stark ausgeprägt, sondern variiert mitunter auch deutlich von Land zu Land (*Bandholz*, *Hülsewig*, *Illing* und *Wollmershäuser* 2006). Diese Wirkungsketten werden in diesem Abschnitt näher diskutiert. Dabei lässt sich die Frage nach den realwirtschaftlichen Effekten von Vermögenspreisänderungen analytisch in drei Teilfragen untergliedern:

- Zum Ersten ist von Bedeutung, über welche Transmissionsmechanismen Vermögenspreisänderungen die Endziele der Geldpolitik, also insbesondere Inflations- sowie Outputziele, beeinflussen (können).
- Zum Zweiten ist zu prüfen, inwiefern außergewöhnliche Volatilität oder Preisblasen den Transmissionsprozess selbst beeinflussen. Konkret ist zu untersuchen, ob Finanzmarktkrisen, beispielsweise also ein dramatischer Rückgang der Vermögenspreise nach dem Platzen einer Blase, die Transmission geldpolitischer Impulse auf die Endziele der Geldpolitik be- oder gar verhindern (können).
- Zum Dritten kann schließlich Vermögenspreisinflation wie jeder andere Inflationstyp auch die Signalfunktion des marktwirtschaftlichen Preismechanismus (partiell) außer Kraft setzen und damit erhebliche Fehlallokationen verursachen.

3.1. Transmissionskanäle von Vermögenspreisänderungen

Grundsätzlich gilt, dass starke Vermögenspreisänderungen erhebliche Konsequenzen für die gesamtwirtschaftliche Entwicklung haben können (*Cecchetti* 2006). So zeigt die Empirie, dass jede Deflationsphase der jüngeren Wirtschaftsgeschichte mit einem starken Verfall der Vermögenspreise einherging (*Issing* 2005 und *Trichet* 2005). Demgegenüber waren und sind nahezu alle Boomphasen durch einen starken Anstieg der Vermögenspreise charakterisiert.

Grundsätzlich können Vermögenspreisänderungen auf die relevanten realwirtschaftlichen Größen privater Verbrauch, private Investitionen und damit letztlich das Preisniveau über eine Vielzahl von Transmissionskanälen einwirken. Von Interesse ist daher zunächst, welche Rolle dauerhaft steigende (oder sinkende) Vermögenspreise als Vorläufer von – und damit ggfs. auch als Frühindikatoren für – die zukünftige Entwicklung der Verbraucherpreise und der Konjunktur insgesamt spielen (können) (*Bryan*, *Cecchetti* und *O'Sullivan* 2001, S. 2). Sollte dies in der Tat und in hinreichendem Ausmaß der Fall sein, wäre die Notenbank gut beraten, bei ihren Zinsentscheidungen die Entwicklung der für die fragliche Volkswirtschaft wichtigsten Assetpreise gebührend zu berücksichtigen (*Zimmermann* 2004, S. 106). Einschlägige empirische Untersuchungen haben die diesbezügliche Eignung einer ganzen Reihe von Vermögenspreisen, insbesondere von Kapitalmarktzinsen, Kursgewinnen bei Aktien, Dividenden und Wechselkursen, zwar prinzipiell bestätigt.[7] Ihre jeweilige Aussagekraft unterscheidet sich allerdings sowohl im Ländervergleich als auch für unterschiedliche Untersuchungszeiträume mitunter erheblich.[8] Pauschal generalisierende Aussagen sind somit wenig hilfreich. Stattdessen ist jede Notenbank gefordert, regelmäßig die für ihre Volkswirtschaft relevanten Vermögenspreise und die dort vorherrschenden Transmissionskanäle zu identifizieren.

3.1.1. Vermögenspreise und privater Konsum

In der Literatur werden i.d.R. zwei Transmissionskanäle unterschieden, über die Veränderungen von Assetpreisen – einschließlich deren rational oder irrational erwartete Veränderungen – den privaten Verbrauch beeinflussen können: der Vermögenskanal sowie der Kreditkanal (*Bandholz*, *Hülsewig*, *Illing* und *Wollmershäuser* 2006, S. 36 f. und *Zimmermann* 2004, S. 106 f.).

3.1.1.1. Vermögenskanal

Besonders intensiv wird in diesem Zusammenhang der Vermögenskanal, sprich der Vermögenseffekt, den eine Assetpreisinflation auszulösen vermag, diskutiert (*The Economist* 1998 und 1999; *Issing* 2005, S. 1 f.). Die von ihm beschriebene Wirkungskette fußt im Wesentlichen auf der bekannten Lebenseinkommenshypothese *Modiglianis* (*Ando* und *Modigliani* 1963). Sie erwartet eine Veränderung des Konsumverhaltens immer dann, wenn eine vorherige Veränderung des Preises eines Vermögensgutes von den betroffenen Haushalten als dauerhaft interpretiert wird.

Die gesamtwirtschaftliche Bedeutung dieses Übertragungskanals – und damit die Stärke des Vermögenseffekts – ist allerdings äußerst umstritten.[9] Sie hängt, wie unmittelbar einsichtig ist, maßgeblich davon ab, wie viele Haushalte das fragliche Vermögensgut tatsächlich halten. In der Tat lassen sich nicht nur erhebliche länderspezifische Unterschiede hinsichtlich des Aktien- und des Immobilienbesitzes konstatieren. So liegt Deutschland in beiden Bereichen deutlich abgeschlagen hinter der Spitzengruppe der übrigen Industrienationen. Konkret erreichte der Aktienbesitz Ende der 1990er hierzulande lediglich einen Anteil von 9,0 Prozent des Nettogeldvermögens bzw. 18,8 Prozent des verfügbaren Einkommens, verglichen mit 20,7 Prozent (33,6 Prozent einschließlich der über Fonds gehaltenen Aktien) respektive 100,1 Prozent (bzw. 162,3 Prozent inklusive der Fondsanteile) in den USA (*Remsperger* und *Domanski* 2003, S. 97). Ungleich weiter verbreitet als der Aktienbesitz ist in Deutschland wie in allen anderen Industrieländern auch der Besitz von Immobilienvermögen. Gleichwohl verfügen lediglich 40

---

[7] Ausführlich dazu der ausgezeichnete Übersichtsartikel von *Stock* und *Watson* (2003) sowie *Mishkin* (2001) und *Sachverständigenrat zur Begutachtung der gesamtwirtschaftlichen Entwicklung* (2006, S. 200 ff.).

[8] Ausführlich zur Empirie siehe *Bandholz*, *Hülsewig*, *Illing* und *Wollmershäuser* (2006).

[9] *Bernanke* und *Gertler* erkennen in ihren empirischen Untersuchen keinen statistisch signifikanten Zusammenhang zwischen der Entwicklung der Vermögenspreise und dem privaten Konsum (*Bernanke* und *Gertler* 1999, S. 20). Andere Untersuchungen kommen genau zu dem gegenteiligen Ergebnis, insbesondere bezüglich der Stärke des durch Veränderungen der Immobilienpreise induzierten Vermögenseffekts (*Case*, *Quigley* und *Shiller* 2001 und 2005; *Carroll*, *Otsuka* und *Slacalek* 2006).

Prozent der deutschen Haushalte über Immobilienbesitz gegenüber etwa 80 Prozent in Irland, Spanien und Italien, 50 Prozent in den Niederlanden und ca. 65 Prozent in den USA (*The Economist* 2003).

Nicht übersehen werden sollten in dem hier interessierenden Zusammenhang vier wichtige Aspekte:

- Die Privathaushalte in den genannten Ländern haben stets einen wesentlich höheren Anteil ihres Vermögens in Immobilien als in Aktien angelegt – in den USA beispielsweise wertmäßig das Sechsfache (*The Economist* 2003).
- Auch verlief die Entwicklung der Immobilienpreise – und damit auch die damit in engem Zusammenhang stehende Konjunktur in der Bauwirtschaft – in der letzten Dekade extrem unterschiedlich. Ähnlich große Differenzen waren bei der Entwicklung der Aktien- und Anleihemärkte festzustellen.
- Immobilienbesitz muss aus offensichtlichen Gründen in einem signifikant höheren Ausmaß fremdfinanziert werden als Aktienbesitz; viele Immobilienbesitzer sind deshalb hoch verschuldet.
- Der Liquiditätsgrad und damit die jeweilige Liquidierbarkeit von Aktien- und Immobilienvermögen sind sehr unterschiedlich.

Daraus folgt trotz aller Unsicherheit über die tatsächliche Stärke des Wirkungszusammenhangs unmittelbar, dass die gesamtwirtschaftlichen Effekte von Blasen auf den Immobilienmärkten – und deren Zerplatzen – im Vergleich zu den Aktien- und Anleihemärkten generell quantitativ weitaus bedeutsamer sind und damit ein wesentlich höheres Destabilisierungspotenzial enthalten. Diese Aussage gilt selbst dann, wenn man berücksichtigt, dass höhere Immobilienpreise i.d.R. mit höheren Mietpreisen einhergehen, welche sich negativ auf die Konsummöglichkeiten der Mieter auswirken (*Case*, *Quigley* und *Shiller* 2001 und 2005; *Carroll*, *Otsuka* und *Slacalek* 2006).

3.1.1.2. Kreditkanal

Die meisten privaten Haushalte sind nicht in der Lage, größere Anschaffungen ohne Aufnahme eines Kredits zu tätigen. Ihre Kreditwürdigkeit hängt neben ihrer Bonität aufgrund asymmetrischer Informationen entscheidend davon ab, welche Sicherheiten sie ihren Kreditgebern anbieten können. Der Anstieg der Preise besicherungsfähiger Vermögensgüter erhöht folglich die Kreditwürdigkeit ihrer Eigentümer, was sich wiederum stimulierend auf den privaten Verbrauch auswirkt. Dieser Effekt wird deswegen auch als Finanzakzelerator bezeichnet (*Bandholz*, *Hülsewig*, *Illing* und *Wollmershäuser* 2006, S. 37). Zugleich wachsen aber auch die Verschuldung der Kreditnehmer sowie die Verschuldung der privaten Haushalte insgesamt, was sich bei fallenden Vermögensgüterpreisen zwangsläufig konsumdämpfend auswirken wird.

3.1.2. Vermögenspreise und Investitionen

Eine Beeinflussung der Investitionen durch steigende Assetpreise kann auf drei Wegen erfolgen: über die Kapitalkosten, also einer entsprechenden Veränderung von *Tobins* q, über den Bilanzkanal sowie über den flexiblen Akzelerator. Einschränkend sei an dieser Stelle festgehalten, dass sie allesamt auf der vielfach unrealistischen Annahme effizienter Kapitalmärkte beruhen, spekulative Blasen also ausgeschlossen sind und die Preisbildung ausschließlich auf Fundamentaldaten beruht.

3.1.2.1. Kapitalkosten/*Tobins* q

Tobins q bezeichnet das Verhältnis von Marktwert eines Unternehmens und Wiederbeschaffungskosten des eingesetzten Kapitals. Erhöht sich also der Marktwert aufgrund eines Kursanstiegs auf dem Aktienmarkt, nimmt automatisch auch der Wert von *Tobins* q zu. Dadurch verringern sich die Kapitalkosten des Unternehmens, da es nunmehr eine geplante Investition durch die Ausgabe einer geringeren Zahl von Aktien finanzieren kann als zuvor. Anders ausgedrückt führt ein Anstieg von *Tobins* q dazu, dass jetzt auch solche Investitionen profitabel ausgeführt werden können, die vor dem Kursanstieg als nicht rentabel eingestuft wurden. Der gegenteilige Effekt stellt sich bei rückläufigen Aktienkursen ein.

3.1.2.2. Bilanzkanal

Die Transmission über den Bilanzkanal vollzieht sich analog dem bereits beschriebenen Kreditkanal bei den privaten Haushalten. Der Anstieg (Rückgang) der Aktienkurse führt zu einer Wertsteigerung (Wertminderung) des bilanziellen Anlagevermögens. Damit verbessert (verschlechtert) sich wiederum die Kreditwürdigkeit der Unternehmen und deren Investitionstätigkeit nimmt ceteris paribus zu (ab).

3.1.2.3. Flexibler Akzelerator

Der flexible Akzeleratoransatz thematisiert die Bedeutung von Erwartungen für die Investitionstätigkeit von Unternehmen. Er basiert auf der – trivialen – Annahme, dass Unternehmen ihre Investitionsentscheidungen auf der Grundlage der von ihnen erwarteten künftigen Absatzmöglichkeiten tätigen. Über einen längeren Zeitraum steigende (sinkende) Aktienkurse werden dabei als Indikator eines günstigen (ungünstigen) wirtschaftlichen Umfelds interpretiert und schlagen sich deshalb in einer zunehmenden (abnehmenden) Investitionsbereitschaft nieder.

3.1.3. Vermögenspreise und Preisniveau

Der Anstieg von Vermögenspreisen ist immer dann gesamtwirtschaftlich unproblematisch und bleibt ohne Auswirkungen auf das Preisniveau, wenn er fundamental gerechtfertig ist und starke Kurseinbrüche deshalb mit hoher Wahrscheinlichkeit ausgeschlossen sind. Ein Beispiel wäre eine Zunahme der Aktienkurse infolge einer langfristig wirksamen Erhöhung der Faktorproduktivität. Der Output ließe sich in diesem Fall preisniveauneutral ausweiten, da gleichzeitig die Nachfrage nach Inputs nicht zunähme. Inflationsfreies Wirtschaftswachstum wäre die Folge. Ein Grobindikator für eine Spekulationsblase wäre demgegenüber beispielweise ein vom langjährigen Mittelwert deutlich nach oben abweichendes durchschnittliches Kurs-Gewinn-Verhältnis. Auf dem Immobilienmarkt kommen als Fundamentalfaktoren insbesondere die demographische Entwicklung, die Verfügbarkeit von Bauland, die Entwicklung der verfügbaren Einkommen, die Verschuldung der Haushalte sowie das Verhältnis von aktuellem zum mittleren langjährigen Zinsniveau in Betracht (*Baker* und *Rosnick* 2005, S. 5 f.). Ein Indiz für eine spekulative Immobilienblase wäre demgegenüber ein stärkerer Anstieg der Immobilienpreise im Verhältnis zu den am Markt erzielbaren Mietpreisen, da dies auf zunehmende Leerstände hindeutet (*Belke* und *Wiedmann* 2005, S. 280 und *Himmelberg, Mayer* und *Sinai* 2005). Wegen des Vergangenheitsbezugs der bei der Fundamentalanalyse verwendeten Benchmarks ist der Nachweis einer fundamental (nicht) gerechtfertigten Kursentwicklung in der Praxis aber kaum je mit hinreichender Sicherheit zu erbringen.

Hinzu kommen die bereits weiter oben diskutierten Schwierigkeiten beim Einsatz von Vermögenspreisen als Frühindikatoren der Güterpreisinflation. Der Zusammenhang zwischen Vermögenspreisen und Güterpreisen soll anhand ausgewählter Beispiele ausführlicher erörtert werden. Ausgangspunkt ist die nachstehende Abbildung 2. Sie zeigt die Veränderungen von Vermögenspreisinflationsraten und Verbraucherpreisinflationsraten zwischen dem ersten Quartal 1970 und Ende 2004. Für die folgende empirische Analyse ist der Rückgriff auf Veränderungen von Vermögenspreis- und Verbraucherpreisinflationsraten notwendig, da die Inflationsraten selbst nicht stationär sind.

Der visuelle Eindruck ist, dass Verbraucherpreise weitaus weniger schwanken als Vermögenspreise. Hat die Vermögenspreisinflation aber einen Vorlauf vor der Verbraucherpreisinflation und gibt es überhaupt einen Zusammenhang? Betrachtet man die Kreuzkorrelationen zwischen beiden Variablen so zeigt sich, dass im Falle der USA, Japans, Belgiens, Spaniens und der Niederlande signifikante Korrelationen zwischen beiden Reihen bestehen. Diese sind jedoch für Verzögerungen von bis zu drei Quartalen durchweg negativ, d.h. eine erhöhte Vermögenspreisinflation geht in diesen Ländern mit sinkenden Verbraucherpreisinflationsraten einher. In den anderen Ländern lässt sich aus dem Kreuzkorrelogramm kein Zusammenhang in der kurzen und mittleren Frist erkennen. Zu vermuten gewesen wäre ein positiver Zusammenhang. Ein solcher zeigt sich lediglich in Japan nach vier bzw. fünf Quartalen und in Deutschland nach 13 Quartalen. Dies besagt, dass, sollte überhaupt ein positiver Effekt der Vermögenspreisinflation auf die Vertrauerpreisinflation vorliegen, dieser zeitlich um ein Jahr im Falle Japans und mehr als drei Jahre im Falle Deutschlands verzögert auftritt.

Bei der Schätzung von vektorautoregressiven Prozessen (VAR) mit dem Ziel der Identifikation der adäquaten Lag-Länge weisen das *Akaike*-Informationskriterium (AIK) und das *Schwarz*-Informationskriterium (SIK) bei verschiedenen Lag-Längen Minima auf. Die Spanne reicht dabei von null bis neun Perioden Verzögerung. Auch hier zeigt sich, dass die mit den optimalen Lag-Längen geschätzten VAR in fast allen Fällen negative Einflüsse zeigen.

Abbildung 2: Veränderungen von Vermögenspreis- und Verbraucherpreisinflationsraten (Verbraucherpreise fett gesetzt)

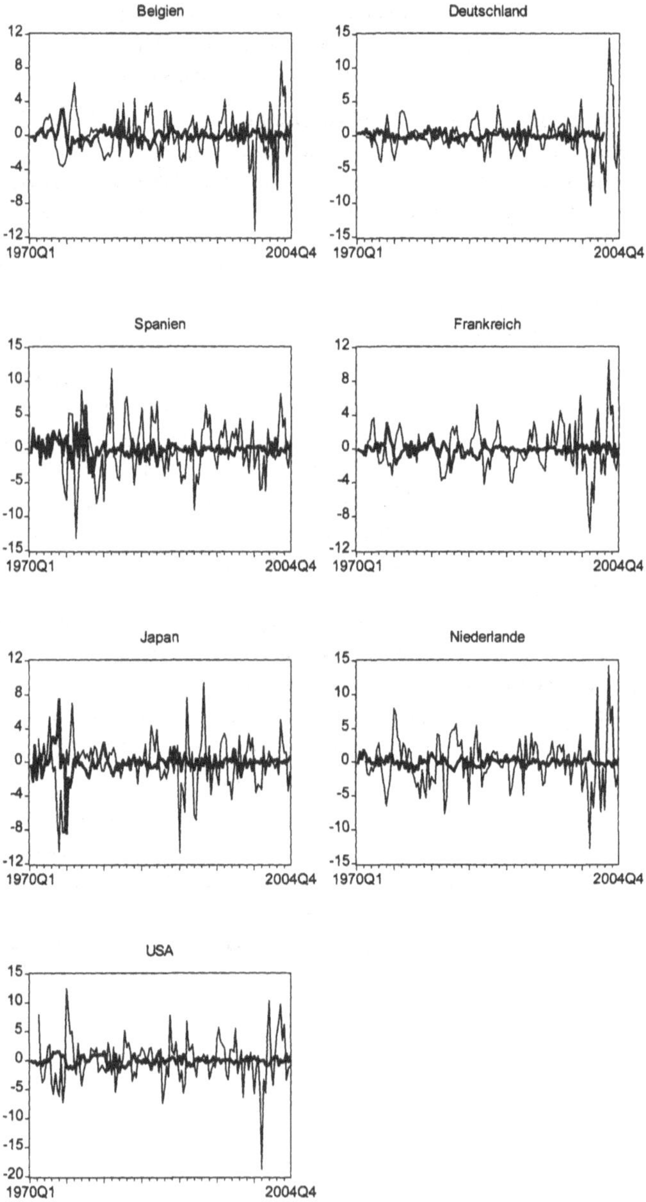

Quelle: Eigene Darstellung (Daten: *Arthur* 2005, *DATASTREAM*).

Berücksichtigt man die innerhalb der Spanne liegenden Lag-Längen bei einem Test auf *Granger*-Kausalität, zeigt sich, dass die Nullhypothese – keine *Granger*-Kausalität (die Berücksichtigung der Änderungen der Vermögenspreisinflation bei der Autoregression der Änderungen der Verbraucherpreisinflation verbessert die Prognose der Verbraucherpreisinflationsänderungen) – unter dem Zugeständnis einer Irrtumswahrscheinlichkeit von fünf Prozent lediglich für die Fälle Belgiens (mit bis zu fünf und bis zu sechs Perioden Verzögerung), Frankreich (bis zu drei Perioden) und Japan (mit einer, bis zu zwei, drei und sieben Perioden Verzögerung) abgelehnt werden kann. In den anderen vier Ländern gibt es keine Anzeichen dafür, dass Änderungen der Vermögenspreisinflation *Granger*-kausal für Änderungen der Verbraucherpreisinflation sind. Aufgrund der Unklarheit bezüglich der Wirkungszusammenhänge wird auch die umgekehrte Kausalität geprüft. Hier zeigt sich für die oben genannten Länder und für Spanien eine signifikante *Granger*-Kausalität. Für Deutschland, die Niederlande und die USA ergibt sich auch hier kein Befund. Es muss deshalb von einer weitgehenden Unabhängigkeit der Zeitreihen ausgegangen werden. Ein empirischer Zusammenhang zwischen Vermögenspreisentwicklungen und Inflationsraten kann für die untersuchte Ländergruppe nur in einzelnen Fällen und auch dann nur mit einer im Widerspruch zu den oben erläuterten Transmissionsmechanismen stehenden Richtung beobachtet werden. Es muss deshalb geschlussfolgert werden, dass der Zusammenhang zwischen Vermögenspreisinflation und Verbraucherpreisinflation auch nach dieser Analyse weiter unklar ist.

3.2. Geringere Wirksamkeit der Geldpolitik bei Vermögenspreisinflation

Starke Schwankungen von Vermögenspreisen können grundsätzlich die Wirksamkeit des geldpolitischen Instrumentariums unterminieren. Geht man nämlich davon aus, dass die Zinspolitik von Notenbanken in der Lage ist, über den Kreditkanal Investitionsentscheidungen zu beeinflussen, nimmt die relative Sensitivität gegenüber marginalen Zinsänderungen ab, wenn sich Vermögenspreisschwankungen signifikant auf Fremdfinanzierungs- und Investitionsentscheidungen auswirken. Dies ist immer dann der Fall, wenn die zuvor beschriebenen Transmissionskanäle in einer Volkswirtschaft hochgradig wirksam sind. Im Extremfall eines dramatischen Einbruchs der Vermögenspreise ist möglicherweise die Stabilität des gesamten Finanz- und Bankensystems gefährdet, was einen erfolgreichen Instrumenteneinsatz verhindert und erhebliche reale Outputverluste nach sich zieht (*Weber* 2005, S. 1).

3.3. Fehlallokationen durch Vermögenspreisinflation

Vermögenspreisinflation stellen nicht nur einen möglichen Indikator für die Gefährdung der standardmäßigen Ziele der Geldpolitik, also der Verbraucherpreisinflation oder des Wirtschaftswachstums, dar. Auch aus allokationstheoretischer Sicht ist eine inflationäre Entwicklung der Assetpreise gesamtwirtschaftlich schädlich. Da es in diesem Fall faktisch oft unmöglich ist, fundamental gerechtfertigte relative Vermögenspreisänderungen von Vermögenspreisinflation zu unterscheiden, büßen die Preise von Vermögensgütern ihre gesamtwirtschaftlich überaus wichtige Signalfunktion zumindest teilweise ein. Wird beispielsweise eine Vermögenspreisinflation auf dem Aktienmarkt oder Immobilienmarkt von den Marktteilnehmern irrtümlich als dauerhafte relative Preisänderung (fehl-)interpretiert, führt dies zwangsläufig zu einer Kapitalfehllenkung in großem Stile. In diesem Fall werden nämlich Investitionen – inklusive Firmenübernahmen – getätigt, die sich nur bei weiter steigenden Kursen bzw. bei einem hohen Fremdfinanzierungsanteil nur bei einem niedrigen Zinsniveau rentieren. Ein anschauliches Beispiel liefert der spanische Immobilienmarkt, der in den vergangenen Jahren mit die höchste Preissteigerungsrate weltweit verzeichnete. Infolgedessen erwirtschaftet die Bauwirtschaft mit noch immer leicht steigender Tendenz aktuell 18 Prozent des BIP. Allerdings liegt der mittlere am Markt erzielbare Mietzins inzwischen unter der Rendite von Staatsanleihen (*Financial Times Deutschland* 2007a).

4. Wirtschaftspolitische Implikationen

Ausgehend von diesen grundsätzlichen Überlegungen zur Problematik der Vermögenspreisinflation stellt sich nun die Frage nach dem wirtschaftspolitischen Handlungsbedarf und den wirtschaftspolitischen Handlungsoptionen.

4.1. Geldpolitische Strategien

4.1.1. Vermögenspreise und monetäre Analyse

Wenn Vermögenspreise, sei es über den Bilanzkanal oder über den Vermögenseffekt, Konsum- und Investitionsentscheidungen beeinflussen und damit Auswirkungen auf geldpolitische Endziele haben und wenn Assetpreisänderungen gleichgerichtete Veränderungen des (Verbraucher-)Preisniveaus induzieren, ist es grundsätzlich sinnvoll, Vermögenspreise in den zur Prognose monetärer Entwicklungen genutzten Modellen als zusätzlichen Indikator einzusetzen. Dies mindert tendenziell das Risiko geldpolitischer Fehlentscheidungen. Angesichts des bereits erläuterten empirischen Befunds verfahren die meisten Notenbanken allerdings bereits entsprechend. So weist die *Europäische Zentralbank* bei der Darstellung des Transmissionsprozesses monetärer Impulse explizit auf die Bedeutung der Vermögenspreise im Rahmen ihrer geldpolitischen Strategie hin. Sie versucht konkret, deren Entwicklung über die Erwartungen der Marktteilnehmer sowie über die Bank- und Geldmarktzinsen, die sie wiederum durch ihre Zinspolitik steuert, zu beeinflussen, um die von ihr angestrebte Entwicklung des Güterpreisniveaus zu erreichen (*EZB* 2004, S. 45 f.). Durch die empirische Beobachtung des relativen Einflusses der einzelnen Vermögenspreise auf die Verbraucherpreisentwicklung wird deren Gewicht für das Prognosemodell ermittelt. Zeigt die Entwicklung der Vermögenspreise darin eine Gefahr für die Preisstabilität an, so reagiert die Notenbank frühzeitig durch Anpassung der Zinspolitik und wirkt damit einer prognostizierten Zielabweichung entgegen.

4.1.2. Erweiterung des Inflationsindex um Vermögensgüter?

Im Rahmen der Diskussion von Vermögenspreisen als Zielgröße der Geldpolitik wird seit langem ein weiter abgegrenzter Inflationsindex gefordert, der auch die Entwicklung von Vermögenspreisen angemessen reflektiert. Beispielsweise fließen die Preise für selbst genutztes Wohneigentum anders als der Mietzins in den meisten Ländern nicht in den Warenkorb ein. Die Ursprünge dieser Diskussion reichen, wie bereits erwähnt, zurück bis *Irving Fishers* entsprechenden Vorschlag aus dem Jahr 1911. Die bisherige geldpolitische Zielsetzung – also die langfristige Stabilisierung aktueller Verbraucherpreise – würde dadurch zum Ziel der aktuellen Stabilisierung der langfristigen Verbraucherpreisentwicklung umformuliert. Die Integration von Vermögenspreisen in den Inflationsindex dient also dem Zweck, deren Eigenschaft als Vorläufer der Verbraucherpreisinflation gleichsam als Approximation künftiger Preisentwicklungen in einem solchermaßen erweiterten Inflationsindex zu nutzen (*Bryan, Cecchetti* und *O'Sullivan* 2001, S. 1 ff. und *Vickers* 1999, S. 1 ff.). Eine Variante dieses Ansatzes stellt der von *Goodhart* und *Hofmann* vorgeschlagene Financial Condition Index dar (*Goodhart* und *Hofmann* 2002). In ihn fließen – auf der Basis empirisch ermittelter Gewichtungen – die kurzfristigen Realzinsen, der reale Wechselkurs sowie die realen Immobilien- und Aktienpreise ein.

In dem Maße, wie es durch eine Erweiterung des Inflationsmaßstabs um die in der fraglichen Volkswirtschaft relevanten Vermögenspreise tatsächlich zu einer realistischeren Abbildung der Preisniveauentwicklung kommt, ist gegen einen solchen Schritt prinzipiell nichts einzuwenden. Als Problem könnte sich allerdings erweisen, dass die tatsächliche Wirkungsrichtung von Veränderungen der Vermögenspreise häufig nach wie vor nur schwer prognostizierbar ist. Sowohl die theoretische Erklärung des Transmissionsprozesses als auch der empirische Befund zeigen, wie bereits ausführlich diskutiert wurde, oft keinen eindeutigen, zumindest keinen längerfristig stabilen Zusammenhang auf. So können beispielsweise steigende Immobilienpreise über den Vermögenseffekt zu einem höheren Konsum derjenigen führen, deren Immobilien die Wertsteigerung erfahren. Diejenigen, die nun zu höheren Preisen Immobilien erwerben, um ihren Wohnbedarf zu decken, werden jedoch eher weniger Konsummöglichkeiten haben (*Vickers* 1999, S. 15 f.).

4.1.3. 'Leaning against the wind' oder 'Pricking the bubble'?

Treten trotz geldpolitischer Steuerung – oder auch aufgrund fehlender Steuerung – Vermögenspreisblasen auf, kann die Notenbank mit zwei Strategien darauf regieren. Sie werden als in der Literatur als 'Leaning against the wind' bzw. 'Pricking the bubble' bezeichnet. Im Rahmen einer Politik des 'Leaning against the wind' versucht die Notenbank, durch moderate Zinsanpassungen eine weitere Ausdehnung der Blase zu verhindern. Dies setzt nicht nur voraus, dass die Notenbank, wie weiter oben beschrieben, die Vermögenspreise als Indikator in ihre Prognosemodelle aufgenommen hat. Voraussetzung für eine solchermaßen wirksame Zinspolitik ist vor allem eine entsprechende Zinsreagibilität der Vermögenspreise, konkret ein negativer Zusammenhang zwischen Zinsentwicklung und Vermögenspreisentwicklung. Inwieweit dieser Zusammenhang in der Tat existiert, soll nun anhand der nachstehenden Abbildung 3 erörtert werden. Sie zeigt am Beispiel ausgewählter Länder den Zusammenhang zwischen der Entwicklung der Vermögenspreisinflation und den Veränderungen der kurzfristigen Zinsen, die von der Notenbank gesteuert werden können.

Abbildung 3: Veränderungen der Vermögenspreisinflationsraten und der Tagesgeldsätze (Tagesgeldsätze fett gesetzt)

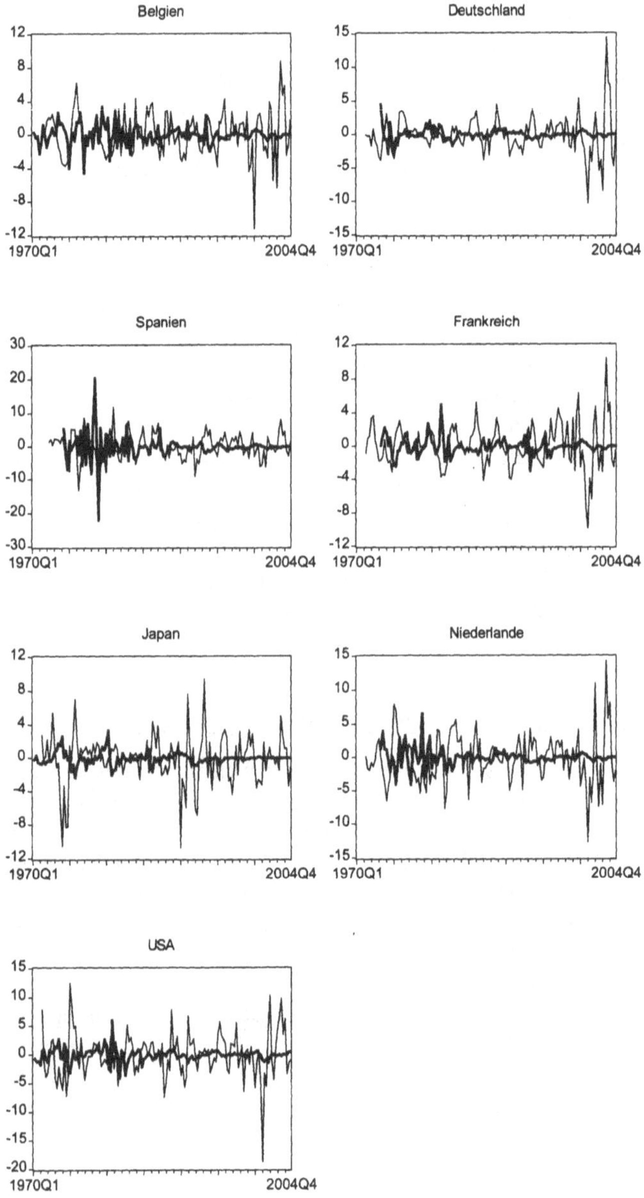

Quelle: Eigene Darstellung (Daten: *Arthur* 2005, *DATASTREAM*).

Der visuelle Eindruck belegt klar die höhere Volatilität der Veränderungen der Vermögenspreise im Vergleich zu den Veränderungen der Tagesgeldsätze für fast alle Länder. Dennoch könnten diese Veränderungen gleichgerichtet sein. Dies wird zunächst anhand der Kreuzkorrelationen geprüft. Hier zeigen sich in den Fällen von Deutschland und Spanien keine signifikanten Kreuzkorrelationen. Alle anderen Länder weisen jedoch negative Kreuzkorrelationen auf. Im Falle Japans sind die um bis zu drei Perioden verzögerten Tagesgeldsatzänderungen negativ mit den Veränderungen der Vermögenspreise korreliert. Die USA zeigen bei einer Periode Verzögerung, Belgien bei drei, Frankreich bei einer bis drei und die Niederlande nach zwei und drei Perioden Verzögerung negative Kreuzkorrelationen. Schätzt man vektorautoregressive Prozesse mit dem Ziel, mit Hilfe der *Akaike* und *Schwarz*-Informationskriterien die optimale Lag-Länge zu bestimmen, so zeigen sich für alle Länder mit Ausnahme Spaniens minimale Informationskriterien bei Berücksichtigung von ein bis zwei Perioden Lag-Länge.

Sucht man nun für diese Lag-Längen nach *Granger*-Kausalität, so zeigt sich, dass die Nullhypothese – Änderungen des Tagesgeldsatzes sind nicht *Granger*-kausal für Änderungen der Vermögenspreisinflation –, bei einer Irrtumswahrscheinlichkeit von 5 Prozent lediglich für die Niederlande, die USA und Japan verworfen werden kann. In diesen Ländern trägt also die Entwicklung des Tagesgeldsatzes zur zeitreihenanalytischen Erklärung der Veränderungen der Vermögenspreisinflation bei. Für Deutschland, Belgien, Spanien und Frankreich zeigt sich dieser Zusammenhang nicht. Keine Evidenz findet sich auch für den umgekehrten Zusammenhang, dass die Vermögenspreisentwicklung die Zinsentwicklung beeinflusst.[10] Auch der *Granger*-Kausalitätstest ist somit nicht in der Lage, einen über die Länder annähernd stabilen Zusammenhang zu zeigen. Reagieren aber Vermögenspreise nicht, oder nur unter großer Unsicherheit auf die Zinspolitik, so ist die Wirksamkeit des ‚Leaning against the wind' fraglich.

Die Strategie des 'Leaning against the wind' kann ergänzt oder ersetzt werden durch eine Politik des 'Pricking the bubble'. Dies bedeutet, dass die Notenbank von ihr (korrekt) erkannte Spekulationsblasen durch massive Zinserhöhungen zum Platzen bringt und damit eine Anpassung der Vermögenspreise an das als fundamental begründet angesehene Niveau erzwingt. Um Fehler erster und zweiter Ordnung zu vermeiden, setzt diese Option allerdings zwingend voraus, dass die Zentralbank anders als die Marktteilnehmer in der Lage ist, den spekulativen Charakter eines Anstiegs der Vermögenspreise, und noch dazu frühzeitig, zu erkennen – eine Annahme, die von führenden Notenbankern wie dem Bundesbankpräsidenten *Weber* (2005, S. 2 f.) zu Recht als illusorisch zurückgewiesen wird („Central Banks are simple not able to recognise bubbles in real time with a sufficient confidence").[11]

Beide Strategien werden allerdings erheblich durch die empirisch gut belegte Tatsache erschwert, dass sich Vermögenspreise im Allgemeinen nur sehr schwer durch die Geldpolitik steuern lassen. Hinzu kommt, dass die Geldpolitik lediglich über reich-

---

10 Ein ganz ähnlicher Befund ergibt sich bei der Verwendung inflationsbereinigter Zinssätze.

11 Grundsätzlich zu den informationellen Anforderungen an eine solche Politik siehe auch *Gruen*, *Plumb* und *Stone* (2005).

liche Erfahrungen bei der Steuerung eines speziellen Vermögenspreises verfügt, nämlich des Wechselkurses. Die häufig beobachtete weitgehende Entkopplung von Wechselkursen und Zinsdifferenzen legt freilich nahe, dass die Zinspolitik auch nur geringen Einfluss auf die Entwicklung anderer Vermögenspreise ausüben kann. Dies erklärt sich vor allem aus der Volatilität der Märkte. Wenn die Marktakteure mit Kursschwankungen von beispielsweise 0,5 Prozent im Tagesverlauf rechnen können, so werden sich übliche Änderungen des Notenbankzinses von 0,25 bis einem Prozentpunkt pro Jahr kaum auf deren Verhalten und damit die Kursbildung auswirken. Deshalb greifen Notenbanken bei der Wechselkurssteuerung auf direkte Interventionen an Devisenmärkten zurück, die sie zumindest einseitig, d.h. bei Abwertung der eigenen Währung, durchzuführen in der Lage sind.

Übertragen auf die übrigen Märkte für Vermögensgüter würde dies bedeuten, dass die Notenbank aktiv in das Aktien- und Immobiliengeschäft einsteigen und beim Vorliegen von ihr als fundamental ungerechtfertigt empfundener Kurse selbst Aktien oder Immobilien an- bzw. verkaufen müsste. Dass diese Option in der Literatur nicht ernsthaft diskutiert wird, verwundert nicht, da eine Steuerung von Aktien- und Immobilienpreisen nicht nur ein schwer zu rechtfertigender Eingriff in diese Märkte wäre, sondern die Notenbanken schlicht überfordern würde. Die Betrachtung dieser Option zeigt jedoch deutlich, dass die Steuerung von Vermögenspreisen durch die Geldpolitik nur sehr begrenzt möglich ist. Zudem würden eine Steuerung und die damit einhergehenden impliziten Garantien der Notenbank bezüglich der Preisentwicklung aufgrund von Moral Hazard-Effekten zu einer höheren Risikoneigung bei den Marktteilnehmern führen.

Selbst wenn eine Steuerung der Vermögenspreise durch die Zinspolitik der Notenbanken grundsätzlich möglich und sogar erfolgversprechend wäre, ist schließlich zu fragen, in welchem Maße die Zinspolitik auf Vermögenspreisänderungen reagieren sollte und wie sich diese Zinsänderungen auf die sonstigen monetären Bedingungen auswirken würde. Um beispielsweise einer spekulativen Vermögenspreisblase entgegenzuwirken, wären mitunter enorme Zinserhöhungen notwendig, die über die üblichen Transmissionsmechanismen eine kontraktive Wirkung auf den Rest der wirtschaftlichen Aktivitäten ausüben würden. Diese Effekte wären möglicherweise so stark, dass die Erreichung der geldpolitischen Endziele gefährdet wäre.

4.1.4. Verbesserte Informationspolitik gegenüber den Marktteilnehmern

Angesichts der zuvor beschriebenen theoretischen wie praktischen Schwierigkeiten beim Einsatz der geldpolitischen Instrumente zur Bekämpfung einer gesamtwirtschaftlich (potenziell) schädlichen Vermögenspreisinflation, sollte die Notenbank das Instrument Informationspolitik als Mittel ihrer Prävention einsetzen (*Belke* und *Wiedmann* 2005, S. 283 f.). Denkbar wäre beispielsweise, dass die Notenbank die Öffentlichkeit regelmäßig mit detaillierten Analysen historischer Trends wichtiger Kennziffern (z.B. dem Kurs-Gewinnverhältnis etc.) und ihrer Bewertung der aktuellen Situation auf den Märkten für Vermögensgüter informiert bzw. auf möglicherweise drohende Fehlentwicklungen hinweist. Vieles spricht in diesem Zusammenhang dafür, dass sie angesichts ihres Status als neutraler Beobachter im Vergleich zu den vielfach nicht unabhängigen Analysten besondere Glaubwürdigkeit genießen würde.

4.2. 'Prudential regulation'

Eine probate Alternative zum geldpolitischen Instrumentarium wäre der verstärkte Einsatz aufsichtsrechtlicher Regulierungen. Sie wird in der einschlägigen Literatur bislang allerdings nur am Rande thematisiert (*Carmichael* und *Esho* 2003 und *Schwartz* 2002). Ziel wäre es, die Wahrscheinlichkeit einer Bankenkrise im Fall eines Einbruchs der Preise von Vermögensgütern zu verhindern (*Bandholz*, *Hülsewig*, *Illing* und *Wollmershäuser* 2006, S. 191). Allerdings weisen die gängigen aufsichtsrechtlichen Instrumente wie z.B. Eigenkapitalrichtlinien tendenziell einen prozyklischen Charakter auf (*Goodhart* 2003). Dem ließe sich allerdings durch eine stärkere Orientierung am Ausfallrisiko, wie sie auch das – allerdings z.T. prozyklisch wirkende – Basel II-Regelwerk prinzipiell vorsieht, d.h. durch eine Dynamisierung der Eigenkapitalanforderungen parallel zum Anstieg der Vermögenspreise, entgegenwirken (*Schwartz* 2002, S. 24). Voraussetzung ist allerdings der ‚flächendeckende' Einsatz leistungsfähiger Risikomanagementsysteme sowie die Verfügbarkeit von qualifiziertem Personal. Denkbar wären darüber hinaus Beschränkungen der Portfoliozusammensetzung, um die Herausbildung von Klumpenrisiken – insbesondere in Gestalt von Immobiliendarlehen – zu verhindern (der historische Hintergrund ist der, dass die überwiegende Mehrzahl von Bankenkrisen durch massive Einbrüche der Immobilienpreise ausgelöst wurden). Bedenkenswert wäre in diesem Zusammenhang schließlich die zumindest für alle größeren Finanzintermediäre verpflichtende Einführung von Stress testing-Systemen, wie dies in einer Reihe von Staaten wie unter anderem Australien bereits geschehen ist. Sie erlauben den Akteuren die Berechnung des im schlimmsten Fall eintretenden Verlustes für (faktisch) jedes vorgegebene Szenario.

4.3. Sonstige Instrumente

Wie die Erfahrungen nach dem Platzen der japanischen Vermögenspreisblase, aber auch die Asienkrise Ende der 1990er, gezeigt haben, besteht die latente Gefahr, dass die in einem solchen Fall ausgelösten makroökonomischen Verwerfungen über einen sehr langen Zeitraum fortbestehen. Dies wird allgemein gesprochen immer dann wahrscheinlich sein, wenn in der betroffenen Volkswirtschaft die für die dann erforderliche Restrukturierung dringend benötigten Institutionen auf der Mikroebene sowie das für ihr reibungsloses Funktionieren benötigte Humankapital entweder gar nicht existieren oder aber überfordert sind (*Pomerleano* 2003). Dies schließt unter anderem so unterschiedliche Bereiche wie einen funktionierenden Sekundärmarkt für Vermögensgüter, ein leistungsfähiges Insolvenzrecht, Bilanzierungsregeln und Transparenzvorschriften, die den Marktteilnehmern und den zuständigen Aufsichtsorganen in der Tat einen 'true and fair view' erlauben, sowie ein Steuersystem, welches Umstrukturierungen ebenso wenig systematisch behindert wie es die Akkumulation exzessiver Verschuldung und Kreditrisiken begünstigt.

5. Fazit

Das Risiko einer gesamtwirtschaftlich schädlichen Vermögenspreisinflation ist schon angesichts des weltweit noch immer anwachsenden Liquiditätsüberhangs nicht unerheblich. So hat sich nach Berechnungen der Deutschen Bank die hierzulande umlaufende

Geldmenge zwischen Ende 1997 und September 2006 fast verdoppelt. Nach Angaben der Bank für internationalen Zahlungsausgleich verfünffachte sich zwischen 1995 und 2005 das Volumen der jährlich begebenen Anleihen – bei einem gleichzeitigen Zuwachs des globalen BIP um lediglich 52 Prozent (*Handelsblatt* 2006/2007). Verantwortlich für diese Entwicklung ist neben den Devisenmarktinterventionen mehrerer asiatischer Volkswirtschaften – darunter insbesondere China –, die ihre Währungen an den US-$ angebunden haben und auf diese Weise eine eigentlich fällige Aufwertung verhindern wollen, nicht zuletzt das ungebremste Geldmengenwachstum in den USA und den Ländern der Eurozone.[12] Wie die vorstehenden Ausführungen deutlich gemacht haben, lässt sich einer inflationären Entwicklung der Preise von Vermögensgütern, einmal in Gang gekommen, mit dem Instrumentarium der Geldpolitik allerdings kaum noch wirksam begegnen. Umso größere Bedeutung kommt deshalb den verfügbaren wirtschaftspolitischen Handlungsalternativen zu: der genauen Analyse des monetären Umfelds und, damit eng verknüpft, einer offensiven Informationspolitik seitens der Notenbank, verbesserte aufsichtsrechtliche Instrumente und die Schaffung bzw. Stärkung derjenigen Institutionen, derer es bedarf, um die mit Vermögenspreisinflationen typischerweise einhergehenden Risiken optimal diversifizieren zu können sowie den daraus ebenfalls resultierenden Strukturanpassungen zu den geringsten gesamtwirtschaftlichen Kosten zu bewältigen.

Literatur

Alchian, Armen A. und *Benjamin Klein* (1973), On a Correct Measure of Inflation, in: Journal of Money, Credit, and Banking, 5. Jg., S. 173-191.

Ando, Albert und *Franco Modigliani* (1963), The Life Cycle Hypothesis of Saving: Aggregate Implications and Tests, in: American Economic Review, 53. Jg., S. 55-84.

Arthur, Stephan V. (2005), Experience with Constructing Composite Asset Price Indices, in: *Bank for International Settlements* (Hrsg.), Real Estate Indicators and Financial Stability, BIS Papers No. 21, S. 308-322, http://www.bis.org/publ/bppdf/bispap21x.pdf.

Baker, Dean und *David Rosnick* (2005), Will a Bursting Housing Bubble Trouble Bernanke? The Evidence for a Housing Bubble, Center for Economic Policy Research, Washington, http://www.cepr.net/documents/publications/housing_bubble_2005_11.pdf.

Bandholz, Harm, Oliver Hülsewig, Gerhard Illing und *Timo Wollmershäuser* (2006), Gesamtwirtschaftliche Folgen von Vermögensblasen im internationalen Vergleich, ifo Beiträge zur Wirtschaftsforschung, Nr. 23, München.

Batini, Nicoletta und *Edward Nelson* (2000), When the Bubble Bursts: Monetary Policy Rules and Foreign Exchange Market Behavior, St. Louis, http://research.stlouisfed.org/ econ/nelson/bubble.pdf.

Belke, Ansgar und *Marcel Wiedmann* (2005), Boom or Bubble in the US Real Estate Market?, in: Intereconomics, 40. Jg., S. 273-284.

---

[12] Vgl. *Handelsblatt* (2006/2007), *Financial Times Deutschland* (2007b) sowie *Börsen-Zeitung* (2007).

Bernanke, Ben und *Mark Gertler* (1999), Monetary Policy and Asset Price Volatility, in: Economic Review, 25. Jg., H. 4, S. 17-51, http://www.kc.frb.org/Publicat/sympos/1999/4q99bern.pdf.

Bernanke, Ben und *Mark Gertler* (2001), Should Central Banks Respond to Movements in Asset Prices?, in: American Economic Review Papers and Proceedings, 91. Jg., H. 2, S. 253-257.

Bordo, Michael D. (1986), Financial Crises, Banking Crises, Stock Market Crashes and the Money Supply: Some International Evidence 1833-1933, in: *Forrest Capie* and *Geoffrey E. Wood* (Hrsg.), Financial Crises and the World Banking System, London, S. 190-248.

Bordo, Michael D. und *David C. Whellock* (2004), Monetary Policy and Asset Prices: A Look Back at Past U.S. Stock Market Booms, in: Federal Reserve Bank of St. Louis Review, 86. Jg., H. 6, S. 19-44, http://research.stlouisfed.org/publications/review/04/11/BordoWheelock.pdf.

Borio, Claudio und *Philip Lowe* (2002), Asset Prices, Financial and Monetary Stability: Exploring the Nexis, BIS Working Paper No. 114, Basel, http://www.bis.org/publ/work114.pdf

Borio, Claudio and *Philip Lowe* (2004), Securing Sustainable Price Stability: Should Credit Come Back from the Wilderness?, BIS Working Paper No. 147, Basel, http://www.bis.org/publ/work157.pdf.

Börsen-Zeitung (2007), Geldmenge wächst mit Rekordtempo, 27.01.2007, S. 7.

Bryan, Michael F., Stephen G. Cecchetti und *Roisin O'Sullivan* (2001), Asset Price in the Measurement of Inflation, in: De Economist, 149. Jg., S. 403-431, sowie NBER Working Paper 8700, http://www.nber.org/papers/W8700.

Carmichael, Jeffrey und *Neil Esho* (2003), Asset Price Bubbles and Prudential Regulation, in: *William C. Hunter, George G. Kaufman* and *Michael Pomerleano* (Hrsg.), Asset Price Bubbles. The Implications for Monetary, Regulatory and International Policies, Cambridge (Mass.) und London, S. 481-502.

Carroll, Christopher D., Misuzu Otsuka und *Jirka Slacalek* (2006), How Large is the Housing Wealth Effect? A New Approach, NBER Working Paper 12746. http://www.nber.org/papers/W12746

Case, Karl, John M. Quigley und *Robert J. Shiller* (2001), Comparing Wealth Effects: The Stock Market versus the Housing Market, NBER Working Paper 8606, http://www.nber.org/papers/W8606

Case, Karl, John M. Quigley und *Robert J. Shiller* (2005), Comparing Wealth Effects: The Stock Market versus the Housing Market, in: Advances in Macroeconomics, 5. Jg., H. 1, S. 1-26, http://www.bepress.com/bejm/advances/vol5/iss1/art1.

Cecchetti, Stephen G. (2006), Measuring the Macroeconomic Risks Posed by Asset Price Booms, erscheint in: *John Y. Campbell* (Hrsg.), Asset Prices and Monetary Policy, Chicago, http://www.nber.org/books/assetprices/cecchetti8-26-06.pdf.

Chancellor, Edward (1999), Devil Take the Hindmost: A History of Financial Speculation, New York.

Crockett, Andrew (2003), International Standard Setting in Financial Supervision, schriftliche Fassung eines Vortrags an der Cass Business School der City University London, London, 05.02.2003, http://www.bis.org/speeches/sp030205.htm.

De Bondt, Werner (2003), Bubble Psychology, in: *William C. Hunter, George G. Kaufman* und *Michael Pomerleano* (Hrsg.), Asset Price Bubbles. The Implications for Monetary, Regulatory and International Policies, Cambridge (Mass.) und London, S. 205-216.

Eatwell, John (2004), Useful Bubbles, in: Contributions to Political Economy, 23. Jg., S. 35-47.

Engels, Wolfram (1996), Der Kapitalismus und seine Krisen: Über das Papiergeld und das Elend der Finanzmärkte, Düsseldorf.

Eucken, Walter (1990), Grundsätze der Wirtschaftspolitik, 6. Aufl., Tübingen.

Europäische Zentralbank (EZB) (2004), Die Geldpolitik der EZB, Frankfurt am Main, http://www.ecb.int/pub/pdf/other/geldpolitik2004de.pdf.

Europäische Zentralbank (EZB) (2005), Vermögenspreisblasen und Geldpolitik, in: EZB Monatsbericht, April 2005, S. 53-69, http://www.bundesbank.de/download/ezb/monatsberichte/2005/200504ezb_mb_gesamt. Pdf.

Filardo, Andrew (2004), Monetary Policy and Asset Price Bubbles: Calibrating the Monetary Policy Trade-offs, BIS Working Papers No. 155, Basel, http://www.bis.org/publ/work155.pdf.

Financial Times Deutschland (2007a), Geld ist keine Illusion, 12.01.2007, S. 12.

Financial Times Deutschland (2007b), Die Liquidität sickert aus allen Ritzen, 12.02.2007, S. 15.

Fisher, Irving (1911), The Purchasing Power of Money: Its Determination and Relation to Credit, Interest and Crises, New York.

Gilchrist, Simon und *Masahi Saito* (2006), Expectations, Asset Prices, and Monetary Policy: The Role of Learning, erscheint in: *John Y. Campbell* (Hrsg.): Asset Prices and Monetary Policy, Chicago, http://www.nber.org/books/assetprices/gilchrist-saito8-7-06.pdf.

Goodhart, Charles (2003), The Historical Pattern of Economic Cycles and Their Interaction with Asset Prices and Financial Regulation, in: *William C. Hunter, George G. Kaufman* and *Michael Pomerleano* (Hrsg.), Asset Price Bubbles. The Implications for Monetary, Regulatory and International Policies, Cambridge (Mass.) und London, S. 467-479.

Goodhart, Charles und *Boris Hofmann* (2002), Asset Prices and the Conduct of Monetary Policy, schriftliche Fassung eines Vortrags auf der Royal Economic Society Annual Conference 2002, London, http://ideas.repec.org/s/ecj/ac2002.html.

Greenspan, Alan (2005), Reflections on entral anking, schriftliche Fassung eines Vortrags auf einem Symposium der Federal Reserve Bank of Kansas City, Jackson Hole, 26.08.2005, http://www.federalreserve.gov/boarddocs/speeches/2005/20050826/default.htm.

Gruen, David, Michael Plumb and *Andrew Stone* (2006), How Should Monetary Policy Respond to Asset Price Bubbles?, in: International Journal of Central Banking, Jg. 1, H. 3, S. 1-31.

Handelsblatt (2006/2007), Geld überschwemmt die Märkte, 29.12.2006-01.01.2007, S. 27.

Hartmann, Philipp, Stefan Straetmans und *Casper De Vries* (2003), A Global Perspective on Extreme Currency Linkages, in: *William C. Hunter, George G. Kaufman* and *Michael Pomerleano* (Hrsg.), Asset Price Bubbles. The Implications for Monetary, Regulatory and International Policies, Cambridge (Mass.) und London, S. 361-382.

Himmelberg, Charles, Christopher Mayer und *Todd Sinai (2005),* Assessing High House Prices: Bubbles, Fundamentals and Misperceptions, in: Journal of Economic Perspectives, 19. Jg., H. 4, S. 67-92.

Issing, Ottmar (2003), Monetary and Financial Stability – Is There a Trade-off?, schriftliche Fassung eines Vortrags auf der Konferenz "Monetary Stability, Financial Stability and the Business Cycle" der Bank für internationalen Zahlungsausgleich, Basel, 28.-29.03.2003, http://www.ecb.int/press/key/date/2003/html/sp030329.en.html.

Issing, Ottmar (2005), Monetary Policy and Asset Prices, in: Börsen-Zeitung (Online-Ausgabe), 10.02.2005, http://www.boersen-zeitung.com/online/redaktion/aktuell/vollansicht_st.php?artikelID=166_199_107_142_154_226_97_122_.

Kaminsky, Graciela L. und *Carmen M. Reinhart* (2000), On Crises, Contagion and Confusion, in: Journal of International Economics, 51. Jg., S. 145-168.

Keynes, John M. (1936), The General Theory of Employment, Interest, and Money, New York (Nachdruck 1997).

Kindleberger, Charles P. (1989), Manias, Panics, and Crashes. A History of Financial Crises, 2. Aufl., New York.

Knorr, Andreas (1999): Staatliche Bankenaufsicht – eine effiziente Institution?, in: ORDO, Bd. 50, S. 345-369.

Malpezzi, Stefan und *Susan M. Wachter* (2002), The Role of Speculation in Real Estate Cycles, ohne Ort, http://www.bus.wisc.edu/realestate/pdf/pdf/Speculation%20in%20Real%20Estate%20and%20Cycles%20June%2026%202002.pdf.

Mishkin, Frederic (2001), The Transmission Mechanism and The Role of Asset Prices in Monetary Policy, NBER Working Paper 8617, http://www.nber.org/papers/W8617.

Pomerleano, Michael (2003), The Morning After: Restructuring in the Aftermath of an Asset Price Bubble, in: *William C. Hunter, George G. Kaufman* and *Michael Pomerleano* (Hrsg.), Asset Price Bubbles. The Implications for Monetary, Regulatory and International Policies, Cambridge (Mass.) und London, S. 503-516.

Posen, Adam (2003), It Takes More Than a Bubble to Become Japan, in: *Reserve Bank of Australia* (Hrsg.), Asset Prices and Monetary Policy, Sydney, http://www.rba.gov.au/PublicationsAndResearch/Conferences/2003/Posen.pdf.

Remsperger, Hermann und *Dietrich Domanski* (2003), Vermögenspreise und Geldpolitik, in: *Claus Köhler* und *Armin Rohde* (Hrsg.), Geldpolitik ohne Grenzen, Berlin, S. 83-120.

Roubini, Nouriel (2006), Why Central Banks Should Burst Bubbles, in: International Finance, Jg. 9, H. 1, S. 87-107.

Sachverständigenrat zur Begutachtung der gesamtwirtschaftlichen Entwicklung (2006), Jahresgutachten 2006/07. Widerstreitende Interessen – ungenutzte Chancen, Wiesbaden, http://www.sachverstaendigenrat-wirtschaft.de/download/gutachten/ga06_iv.pdf.

Schwartz, Anna J. (2002), Asset Price Inflation and Monetary Policy, NBER Working Paper, No. 9321, http://www.nber.org/papers/W9321.

Shiller, Robert J. (2000), Irrational Exuberance, Princeton.

Shiratsuka, Shigenori (2003), Asset Price Bubble in Japan in the 1980s: Lessons for Financial and Macroeconomic Stability, Institute for Monetary and Economic Studies Discussion Paper No. 2003-E-15, Tokio, http://www.imes.boj.or.jp/english/publication/edps/2003/03-E-15.pdf.

Stock, James H. und *Mark W. Watson* (2003), Forecasting Output and Inflation: The Role of Asset Prices, in: Journal of Economic Literature, 61. Jg., S. 788-829.

The Economist (1998), Hubble, Bubble, Inflation Trouble?, 07.05.1998, http://www.economist.com/finance/displaystory.cfm?story_id=E1_TNSSST&CFID=2224782&CFTOKEN=19466532.

The Economist (1999), Hubble, Bubble, Asset-Price Trouble, 23.09.1999, http://www.economist.com/surveys/displaystory.cfm?story_id=E1_NQNTPR&CFID=2224782&CFTOKEN=19466532.

The Economist (2003), House of Cards, 29.05.2003, http://www.economist.com/surveys/displaystory.cfm?story_id=E1_TSJQRSP.

Trichet, Jean-Claude (2005), Asset Price Bubbles and Monetary Policy, schriftliche Fassung der Mas Lecture, Singapur, 08.06.2005, http://www.ecb.int/press/key/date/2005/html/sp050608.en.html.

Van Rijckeghem, Caroline and *Beatrice Weder* (2001), Sources of Contagion: Is It Finance or Trade?, in: Journal of International Economics, 54. Jg., S. 293-308.

Vickers, John (1999), Monetary Policy and Asset Prices, Speech by the Chief Economist of the Bank of England, Oxford, 22.09.1999, http://www.bankofengland.co.uk/publications/speeches/1999/speech54.pdf.

Weber, Alex A. (2005), How to Identify Asset Price Bubbles?, in: Börsen-Zeitung (Online-Ausgabe), 29.01.2005, http://www.boersen-zeitung.com/online/redaktion/aktuell/vollansicht_st.php?artikelID=118_244_222_159_239_144_59_28_.

Wynne, Mark A. (1999), Core Inflation: A Review of Some Conceptual Issues, Federal Reserve Bank of Dallas Research Department Working Paper 9903, Dallas, http://www.dallasfed.org/research/papers/1999/wp9903.pdf.

Zimmermann, Guido (2004), Assetpreise und Geldpolitik, in: Wirtschaftsdienst, 84. Jg., S. 105-112.

Albrecht F. Michler und H. Jörg Thieme (Hg.)
Systeme monetärer Steuerung: Analyse und Vergleich geldpolitischer Strategien
Schriften zu Ordnungsfragen der Wirtschaft · Band 86 · Stuttgart · 2007

Kommunikation und Transparenz in der Geldpolitik

Oliver Grimm und *Jürgen Siebke*

Inhalt

1. Eine neue geldpolitische Diskussion 268

2. Kategorien von Kommunikation und Transparenz 270
   2.1. Formen der Kommunikation 270
   2.2. Arten der Transparenz 270
      2.2.1. Vollkommene Transparenz? 271
      2.2.2. Transparenz der Endziele 273
      2.2.3. Transparenz der empirischen Kenntnisse 276
      2.2.4. Transparenz der strategischen Umsetzung 277

3. Transparenz der Geldpolitik in der Theorie 278
   3.1. Modelltheoretische Ansätze 278
   3.2. Ergebnisse der theoretischen Literatur 284

4. Transparenz der Geldpolitik in der Praxis 284
   4.1. Die Europäische Zentralbank 285
   4.2. Die US-Federal Reserve Bank 286
   4.3. Die Bank von England 287
   4.4. Die Schweizer Nationalbank 288

Literatur 289

1. Eine neue geldpolitische Diskussion

In den letzten zehn Jahren ist eine nahezu stürmisch wachsende Literatur über das Für und Wider einer Ankündigung geldpolitischer Entscheidungen und vor allem deren umfassender Begründung, zumindest einer schnellen nachträglichen Rechtfertigung vor der Öffentlichkeit entstanden.[1]

Diese Diskussion ist nur dann sinnhaft und notwendig, wenn zwei geldpolitische Strategien verworfen werden:

(1) *Friedman* forderte in seinem „Program for Monetary Stability" (1960) eine strikte geldpolitische Vorgabe des Gesetzgebers für die Zentralbank derart, dass die von ihr kontrollierbare Geldbasis mit einer konstanten Rate von Monat zu Monat wächst.[2] Diese gesetzliche Regelbindung stabilisiere den monetären Sektor der Volkswirtschaft und verhindere das Entstehen einer Inflation. Diese Ziele sind zu wichtig, um deren Gewährleistung autonomen geldpolitischen Entscheidungsträgern, die nicht immer oder sogar selten berechenbar sind, überantworten zu können.

Mit der gesetzlichen Regelbindung sind die Wirtschaftssubjekte eindeutig über den geldpolitischen Kurs informiert. Anders ausgedrückt: Indem der Zentralbank jeglicher diskretionärer Spielraum genommen wird, ist das geldpolitische Handeln vollständig transparent. Verständigungsprobleme zwischen der handelnden Zentralbank und den Wirtschaftssubjekten, die an deren Strategie und Aktionen interessiert sind, können nicht auftreten.

(2) Die theoretische Fundierung der originären *Phillips*-Kurve (1958) postuliert einen stabilen trade-off zwischen der Inflationsrate und der Arbeitslosenquote einer Volkswirtschaft. Demnach vermag eine Zentralbank über eine expansive Geldpolitik positive Beschäftigungseffekte zu erzielen. Ist bei *Friedman* die Verhinderung der Inflation alleinige Aufgabe der Geldpolitik, wird nunmehr die Zentralbank geradezu aufgefordert, einen Zielkatalog unter Einschluss des realwirtschaftlichen Sektors der Volkswirtschaft zu verfolgen.[3]

Nach der theoretischen Voraussetzung dieses Zusammenhanges zwischen Inflation und Beschäftigung räumt der Nominallohn den Arbeitsmarkt. Doch schon *Friedman* (1968) machte klar, dass der erwartete Reallohn, der von der antizipierten Preisentwicklung be-

---

[1] Vgl. die Literaturverzeichnisse bei *Geraats* (2006) sowie *Jordan* und *Rossi* (2006). Beide Arbeiten bieten einen Literaturüberblick. Hinzu kommt u.a. der Survey von *Hahn* (2002). Deshalb kann hier unter dem Generalthema "Kommunikation und Transparenz in der Geldpolitik" lediglich auf einige, den Autoren wesentlich erscheinende Sachverhalte eingegangen werden. Nach Abschluss des Manuskriptes erschien die neueste Ausgabe der Zeitschrift *European Journal of Political Economy* (Vol. 23, 2007, No.1, Editoren: *de Haan et al.*) zu dem alleinigen Thema: Central Bank Transparency and Central Bank Communication.

[2] Einen stabilen und prognostizierbaren Geldmengenmultiplikator vorausgesetzt, werden über das von der Zentralbank emittierte Basisgeld – dem geldpolitischen Instrument – auch die für den monetären Transmissionsmechanismus entscheidenden Geldmengenaggregate M1 und M2 (in enger Abgrenzung) stabilisiert.

[3] Legendär ist die Aussage des früheren deutschen Bundeskanzlers *Helmut Schmidt*: Lieber fünf Prozent Inflation als fünf Prozent Arbeitslosigkeit.

stimmt wird, den Anpassungsprozess determiniert. Daraus resultiert die um die erwartete Inflationsrate erweitere *Phillips*-Kurve.[4] Gilt dieser makroökonomische Zusammenhang, ist die Zentralbank nur dann imstande die Arbeitslosigkeit zu senken, wenn sie mit einer unerwarteten expansiven Geldpolitik die Wirtschaftssubjekte in deren Inflationserwartungen überrascht – rationale Erwartungen der Wirtschaftssubjekte ausgenommen. Geheimhaltung der geldpolitischen Absichten ist die optimale Strategie. Eine Kommunikation zwischen handelnder Zentralbank und der Öffentlichkeit darf nicht stattfinden.

Die rigorose *Friedman*-Regel ist in keinem Land von dem Gesetzgeber übernommen worden. Jede Zentralbank hätte sich schon aus Eigeninteresse vehement gegen ihren völligen politischen Machtverlust gewehrt. Ab Mitte der 70er Jahre, als weltweit die Inflationsraten stiegen, wurde allerdings in zahlreichen Volkswirtschaften die Geldmenge – in der einen oder anderen Abgrenzung – als ein wichtiger Indikator der Geldpolitik herangezogen, von der Öffentlichkeit wahrgenommen und beobachtet. Dafür steht beispielhaft die Deutsche Bundesbank mit ihrer Verpflichtung zur Preisstabilität. Die deutsche Zentralbank erwarb Reputation, weil ihre weitgehend erfolgreiche Stabilitätspolitik als glaubwürdig und berechenbar eingestuft wurde, obwohl ihr Handeln selbst wenig transparent war und sie auch niemals ein quantitatives Inflationsziel verkündete. Der Grund für ihren Erfolg ist darin zu sehen, dass die Geldpolitik der Bundesbank der inflationsscheuen Mentalität der deutschen Bevölkerung entgegenkam. Erfolgreiche Kommunikation und Transparenz in der Geldpolitik hängen offenbar auch von dem kulturellen Umfeld eines Landes ab (*Jordan* und *Rossi* 2006, S. 3). Deren Voraussetzungen lassen sich nicht aus formalen Modellen herleiten.

Die Diskussion um die *Phillips*-Kurve hat offenbar nachgewirkt. Lange Zeit waren die Zentralbanker davon überzeugt, sie müssten die Märkte überraschen. Heute wird, wie eingangs erwähnt, erwartet, dass die Zentralbanker ihre geldpolitischen Entscheidungen rechtzeitig bekannt geben und begründen. Zwei Argumente lassen sich für diese Entwicklung in der Öffentlichkeitsarbeit der Zentralbanken anführen.

(1) Der erste Ansatz ist polit-ökonomischer Natur. Im Zuge der zunehmenden Unabhängigkeit der Zentralbanken von Regierung und Parlament fordern Öffentlichkeit und Politik eine Berechenbarkeit und damit nach außen sichtbare Verantwortlichkeit der geldpolitischen Instanzen ein. Auch politische Entscheidungsträger, die nicht gewählt worden sind, müssen sich der Öffentlichkeit stellen und dürfen die Gründe ihrer Handlungen nicht verbergen. Gerade eine unabhängige Notenbank, die als Agent für den Prinzipal Gesellschaft handelt, muss dieser gegenüber bzw. gegenüber deren gewählten Repräsentanten darlegen, in welcher Weise sie die ihr übertragene(n) Aufgabe(n) erfüllt. Anders ausgedrückt, die demokratische Legitimation der unabhängigen Zentralbanken werde gestärkt, wenn diese laufend über ihr Handeln und dessen Beweggründe informieren. Es heißt deshalb immer wieder, Transparenz ist das Korrelat zur Unabhängigkeit. Es mag aber auch sein, dass die geldpolitischen Entscheidungsträger in diesem politischen Umfeld von sich aus bereitwilliger geworden sind, sich stets rechtzeitig öffentlich zu erklären, um ihre Unabhängigkeit voraussehend zu verteidigen.

---

[4] Die beste Darstellung der dogmenhistorischen Entwicklung der *Phillips*-Kurve findet sich noch immer bei *Frisch* (1980). Zur Position von *Friedman* vgl. auch *Laidler* (2006, S. 58-61).

(2) Der zweite Grund ist das institutionell kurzfristige Handeln der Zentralbank in Zeiten des extrem schnellen Informationsflusses zwischen den Marktteilnehmern insbesondere auf den Finanzmärkten. Instrument der Geldpolitik ist in der Gegenwart nicht die Geldbasis sondern der (sehr kurzfristige) Notenbankzins, der sogenannte Leitzins. Die Zentralbank soll deshalb durch eine offene Informationspolitik die Erwartungen der Marktteilnehmer in die Richtung lenken, die in Einklang mit den mittel- und langfristigen Zielen – wie langfristiger Zins und Inflationsrate – stehen. Die dadurch ausgelöste technokratische, geldmarkttechnische und kurzfristige Betrachtungsweise verkennt allerdings, dass die Zentralbank für die trendmäßige Entwicklung der Geldbasis, dem monetären Fundament des Geld- und Kreditschöpfungsprozesses, verantwortlich ist und diesen Trend mittels ihrer mengenmäßigen Offenmarktoperationen determiniert.

2. Kategorien von Kommunikation und Transparenz

2.1. Formen der Kommunikation

Der Begriff der Kommunikation wird an keiner Stelle der Literatur explizit definiert. Implizit werden darunter stets die bei der Zentralbank verfügbaren und von ihr weitergegebenen Informationen verstanden. Die geldpolitische Institution ist Sender, Öffentlichkeit und Politik sind Empfänger, so dass das Publikum teilweise oder ganz über dieselben Informationen wie die Zentralbank verfügt (siehe Abschnitt 2.2).

Ebenso ist ein Informationsfluss in umgekehrter Richtung denkbar. In der Praxis handelt es sich aber nicht um objektivierbare Tatsachenmitteilungen, sondern um Forderungen von Politik und Interessenverbänden an die Zentralbank, nämlich in der Regel eine expansive Geldpolitik zu verfolgen.

Und drittens schließt der Oberbegriff den Informationsaustausch in Form eines Dialoges ein. Genau einen derartigen so genannten Meinungsaustausch versuchen gerade in Europa Spitzenpolitiker immer wieder unter dem Deckmantel der demokratischen Willensbildung als dauerhaftes Zusammentreffen von Politikern und Zentralbankern zu institutionalisieren. Dafür steht stellvertretend der Ministerpräsident Luxemburgs *Jean-Claude Juncker* in seiner Eigenschaft als Vorsitzender der Europa-Gruppe der Finanzminister der Euro-Staaten. Die Zielrichtung ist eindeutig: Die Politik will Einfluss auf die Europäische Zentralbank gewinnen und damit deren Unabhängigkeit wenn nicht untergraben, so doch einschränken.

2.2. Arten der Transparenz

Anknüpfend an den in der Literatur verstandenen Begriff der Kommunikation ist der Terminus Transparenz der Geldpolitik synonym zu Inhalt und Ausmaß der Informationspolitik der Zentralbank, so dass die Öffentlichkeit Einblick in den Prozess und die Grundlagen der Geldpolitik gewinnt. Kommunikation wird der Informationsvermittlung gleichgesetzt. Die Diskussion um das Für und Wider setzt folglich eine asymmetrische Informationsverteilung zwischen der handelnden monetären Instanz und den betroffenen Wirtschaftssubjekten in dem Sinne voraus, dass das Publikum völlig oder teilweise im Unklaren über Ziele und ökonomische Entscheidungsgründe der Zentralbank ist. *Hahn* (2002, S. 430) siedelt deshalb den Begriff Transparenz zwischen den beiden Polen „Undurchsichtigkeit" (opacity) und „Geheimhaltung" (secrecy) an. Unter Transparenz wird auch der Abbau dieser ungleichen Wissensverteilung verstanden (*Jordan* und *Rossi* 2006, S.4 und *Hahn* 2002, S. 430). Perfekte Transparenz ist dann, technisch gesehen, identisch der symmetrischen Informationsverteilung. Gleiches Wissen bedeutet aber nicht, dass Zentralbanker und Publikum über vollkommene Information verfügen. So können beide Marktpartner im Unklaren über ökonomische Störungen des Wirtschaftsablaufes bleiben (*Geraats* 2006, S. 114). In der theoretischen Modell-Literatur wird dagegen häufig beiderseitige perfekte Information über die Struktur der Volkswirtschaft unterstellt (beispielhaft *Eijffinger* und *Geraats* 2006, S. 4).

Der bisher definierte Begriff der Transparenz ist zumindest „qualitativ" operationabel umzusetzen, um den Offenheitsgrad der Informationspolitik der Zentralbank erfassen zu können. Dazu müssen die Sachverhalte benannt werden, auf die sich die geldpolitische Transparenz konkret beziehen soll. In der Literatur werden i.d.R. drei Kategorien gebildet. Diesem Vorgehen wird auch hier gefolgt. Allen Systematisierungen gemeinsam ist, die Zielsetzungen der Zentralbank hervorzuheben. Andere geldpolitische Aspekte stimmen inhaltlich mehr oder minder überein, unterscheiden sich dagegen in dem sprachlichen Terminus; wie überhaupt semantische Spitzfindigkeiten und Ausführlichkeiten auffallen (siehe die Literatur zu Tabelle 1 sowie die Nomenklatur von Tabelle 2).

Hier wird folgende Sprachregelung vorgenommen:

(1) Transparenz der Endziele

(2) Transparenz der empirischen Kenntnisse

(3) Transparenz der strategischen Umsetzung

2.2.1. Vollkommene Transparenz?

Lässt sich nicht eine Diskussion der hier formulierten drei Kategorien geldpolitischer Transparenz vorweg und kurzerhand dadurch abhaken und vermeiden, indem folgende Aussage akzeptiert wird: Das polit-ökonomische Verlangen nach Transparenz impliziert eine allumfassende, schrankenlose Informationspflicht der Zentralbank. Die Institution hat alle Informationen über ihren Entscheidungsprozess offenzulegen. So fordert beispielsweise *Buiter* (1999) von der Europäischen Zentralbank eine außerordentlich weitgehende Auskunftspflicht. Und Tabelle 2 zu dem konstruierten Transparenz-Index suggeriert ebenso eine nahezu uneingeschränkte Offenlegung, zumal wenn der ermittelte numerische Index normativ „positiv" gedeutet wird: je größer der Wert, desto positiver ist die Informationspolitik zu bewerten. *Issing* (2005) hat sich in seiner *Thünen*-Vorlesung auf der Jahrestagung des Vereins für Socialpolitik im Jahr 2004 mit dieser schrankenlosen „kommunikativen Rechenschaftspflicht" auseinander gesetzt. Darunter „fiele dann auch die Information über den Entscheidungsprozess selbst, über anfängliche oder dauerhafte Meinungsverschiedenheiten, über die Einigung im Konsens oder die Abstimmung mit Mehrheit." Selbst diese einzelnen Elemente des Entscheidungsprozesses können in weitere Details aufgeschlüsselt werden. „Wo soll dieser Rekurs enden?"

Tabelle 1: Bezugsgrößen der Geldpolitischen Transparenz

Offenlegung		
der Endziele	der empirischen Kenntnisse	der strategischen Umsetzung
Preisniveau-Stabilität • qualitativ • quantitativ Konjunktur Wechselkurs	Inflationsprognose Realwirtschaft • Daten • Prognose Modell-Grundlagen	Zwischenziele • Leitzins • Geldmengen-wachstum • Devisenmarkt-interventionen Abstimmungsverhalten Protokolle Pressekonferenzen

Quelle: *Geraats* (2006), *Hahn* (2002), *Jordan* und *Rossi* (2006).

Deshalb besteht die Gefahr, dass auf diesem Weg die Empfänger mit Informationen überflutet werden und damit durch die Zentralbank auch manipulierbar werden. Das zwingt zu Grenzen in der Informationspolitik. Hinzu kommt, dass selbst die Datenmenge, die der Öffentlichkeit zur Verfügung gestellt wird, ein Übermaß annehmen kann: Daten sind für sich genommen ein „toter Zahlenfriedhof"; sie bedürfen der Interpretation. Auch das setzt dem Umfang der Kommunikation seitens der Notenbank Grenzen. Und schließlich muss gefragt werden: Fördert die Offenlegung eines jeden Schrittes im Entscheidungsprozess wirklich die Effizienz der Geldpolitik und lässt die Unabhängigkeit der Zentralbank unangetastet?

Weitgehend herrscht Einigkeit: Transparenz ist kein Selbstzweck. Auch wenn die Notenbank grundsätzlich die Öffentlichkeit zu informieren hat, muss sie hinsichtlich der Erfüllung ihrer Aufgabe – z.B. Preisniveaustabilität zu wahren – abwägen dürfen und müssen, welche Sachverhalte sie offenlegt und welche nicht. Oder im Umkehrschluss mit *Issing*: „Notenbanken ... schulden der Öffentlichkeit eine Begründung, wenn sie bestimmte (wichtige) Informationen zurückhalten".

Mit dieser Argumentation ist gerechtfertigt, die drei Kategorien der Transparenz näher zu betrachten. Das geschieht nachfolgend in gedrängter Form, ohne an dieser Stelle auf spezielle Modelle zurückzugreifen.

Tabelle 2: Transparenz-Index der Geldpolitik

Central Bank Transparency	AUS	CAN	Euro-Zone	JPN	NZL	SWE	SUI	UK	US
1. Political	**3**	**3**	**3**	**1.5**	**3**	**3**	**2.5**	**3**	**1**
a. Formal objectives	1	1	1	0.5	1	1	0.5	1	0.5
b. Quantitative targets	1	1	1	0	1	1	1	1	0
c. Institutional arrangements	1	1	1	1	1	1	1	1	0.5
2. Economic	**2**	**2.5**	**2.5**	**1.5**	**3**	**2**	**1.5**	**3**	**2.5**
a. Economic data	0.5	1	1	1	1	1	1	1	1
b. Policy models	1	1	1	0	1	0	0	1	1
c. Central bank forecasts	0.5	0.5	0.5	0.5	1	1	0.5	1	0.5
3. Procedural	**1**	**1**	**1**	**2**	**3**	**3**	**1**	**3**	**2**
a. Explicit strategy	1	1	1	0	1	1	1	1	0
b. Minutes	0	0	0	1	1	1	0	1	1
c. Voting records	0	0	0	1	1	1	0	1	1
4. Policy	**1.5**	**2**	**2**	**1.5**	**3**	**3**	**2**	**1.5**	**3**
a. Prompt announcement	1	1	1	1	1	1	1	1	1
b. Policy explanation	0.5	1	1	0.5	1	1	1	0.5	1
c. Policy inclination	0	0	0	0	1	1	0	0	1
5. Operational	**1.5**	**2**	**2**	**1.5**	**2**	**3**	**0.5**	**2.5**	**1.5**
a. Control errors	1	1	1	0.5	1	1	0.5	1	1
b. Transmission disturbances	0.5	0.5	0.5	0.5	0.5	1	0	1	0
c. Evaluation policy outcome	0	0.5	0.5	0.5	0.5	1	0	0.5	0.5
Total	**9**	**10.5**	**10.5**	**8**	**14**	**14**	**7.5**	**13**	**10**

Quelle: *Eijffinger* und *Geraats* (2002), S. 9.

2.2.2. Transparenz der Endziele

Unter dem polit-ökonomischen Korrelat von Transparenz und Unabhängigkeit darf eine Notenbank keine geheimen Ziele verfolgen. Übereinstimmung besteht in der geldtheoretischen und geldpolitischen Literatur darüber, dass die Preisniveaustabilität das oberste langfristige Ziel der Geldpolitik zu sein hat. Eine ganz andere Frage ist, ob eine möglichst niedrige Inflationsrate einziges Mandat der Zentralbank sein soll oder nicht im Sinne des trade-off auch ein Output-Ziel zu berücksichtigen ist.

Den meisten Notenbanken wird gesetzlich vorgegeben, die Preisniveaustabilität zu gewährleisten. Die frühere Deutsche Bundesbank und die Europäische Zentralbank sind nur zwei bekannte Beispiele von vielen. Als Charakteristikum ist in Hinblick auf die Erfordernis der Transparenz hervorzuheben, dass der Gesetzgeber in beiden Fällen die Zielvorgabe nur qualitativ formuliert und nicht quantitativ festgelegt hat.

Der Deutschen Bundesbank war es gelungen, ihr allgemein umschriebenes Mandat in eine glaubwürdige Strategie umzusetzen und zu erfüllen. Der Rat der Europäischen Zentralbank hat dagegen die gesetzliche Vorgabe quantitativ konkretisiert und sich auf einen numerischen Zielwerte-Bereich verpflichtet, der ehemals als unter zwei v.H. definiert war und nunmehr „unter, aber nahe 2 v.H." lautet.

Die Europäische Zentralbank ist mithin in ihrer Informationspolitik offener als die frühere Bundesbank. Beide Notenbanken haben weitgehend ihr langfristiges Ziel der Preisniveaustabilität erreicht. Über das Ausmaß, vor allem phasenweise, mag man streiten. Was folgt daraus dennoch hinsichtlich der Zielverwirklichung für einen notwendigen oder erforderlichen Grad der Transparenz? Er hängt offenbar ab von der Reputation, die eine Notenbank aufgebaut hat und die ihrerseits, wie eingangs für die Bundesrepublik Deutschland dargelegt, von kulturellen Faktoren mitgeprägt wird. Die inflationsscheue deutsche Bevölkerung vertraute auf eine intrinsische Verpflichtung ihrer Zentralbanker zur Preisniveaustabilität. Die neue Europäische Zentralbank, die mit ihrer Gründung noch keine Reputation aufweisen konnte und die für eine Währungsunion mit nationalen Mitgliedern, die divergierende Inflationserfahrungen und Inflationsmentalitäten einbrachten, verantwortlich ist, wollte offenbar mit ihrer Informationspolitik den Grundstein für den Aufbau einer Reputation legen. Diese Funktion einer völligen Ziel-Transparenz wird deshalb immer wieder auch für Notenbanken betont, die ihr monetäres System ändern, um auf eine geldpolitische Stabilitätspolitik überzugehen.[5]

Die Ziel-Transparenz soll das Verhalten der Notenbank vorhersehbar machen oder zumindest im Vergleich zum Informationsstand der „Undurchsichtigkeit" die Ungewissheit reduzieren. Der bedeutsamste ökonomische Vorteil wird generell darin gesehen, dass diese geldpolitische Offenheit zu sichereren Erwartungen, vor allem der Inflationserwartungen, bei den privaten Wirtschaftssubjekten führt und auf diesem Wege die Variabilität im gesamtwirtschaftlichen Output abnimmt. Die Informationspolitik verfestigt die langfristig privaten Inflationserwartungen und macht sie weniger anfällig für Schwankungen in der aktuellen, tatsächlichen Inflationsentwicklung. Bei starker Reputation gewinnt die Zentralbank an Flexibilität, um auf exogene Schocks zu reagieren, ohne dass die Akteure auf den Märkten dies als eine Änderung der langfristigen Inflationsstrategie deuten. Bislang war angenommen worden, dass die alleinige Aufgabe einer Notenbank darin bestehe, Preisniveaustabilität zu gewährleisten. Die Ausrichtung auf ein einziges Ziel steht in der Tradition der Theorie der Wirtschaftspolitik von *Jan Tinbergen*: Eine wirtschaftspolitische Instanz, die über nur einen Aktionsparameter verfügt, kann diesen auch nur auf ein einzelnes ökonomisches Ziel ausrichten; jedenfalls dann, wenn dessen höchst wünschenswerter Zustand oder Erreichungsgrad angestrebt wird. Normativ gesehen sollte das gesetzliche Mandat einer ökonomischen Instanz wie die der Notenbank dann auch derart ausgestaltet sein. Die Sachlage ändert sich grundsätzlich, wenn dieser Institution multiple Aufgaben übertragen werden. Dann bestehen Zielkonflikte. Diese fordern die

---

[5] Hier ist nicht der Ort, um alternative geldpolitische Strategien zu behandeln, wie z.B die direkte Inflationssteuerung (inflation targeting) oder die Steuerung der Inflationserwartungen (inflation forecast targeting).

wirtschaftspolitischen Entscheidungsträger heraus, ihre Präferenzen gegenüber den einzelnen Zielen festzulegen und bei Transparenz auch zu äußern. In der Sprache der Modell-Theorie muss die Institution ihre Zielfunktion (quadratische Verlustfunktion) aufstellen.

Für die Geldpolitik ist der trade-off zwischen Inflation und Beschäftigung angesprochen. Trotz der erwähnten normativen Ein-Ziel-Setzung herrscht in der Literatur der mathematischen Modellbildung zu dem Thema Transparenz der Geldpolitik die Annahme einer quadratischen Verlustfunktion in den Zielen Inflationsrate und Output vor (siehe Abschnitt 3). Mit dieser Annahme wird unterstellt, dass eine Notenbank beide Ziele implizit auch dann verfolgt, wenn sie öffentlich eine Inflationsstrategie bekundet hat. Welches mögen die Gründe sein? Die erste Begründung ist spekulativ: Die Verlustfunktion bietet die Chance, innerhalb eines mathematischen Paradigmas durch minimale Variationen der Annahmen über die Struktur der Wirtschaft zu neuen Aussagen zu gelangen.[6] Zweitens wird auf die Praxis der Geldpolitik verwiesen. Keine geldpolitische Strategie werde strikt befolgt. Deshalb muss von einer flexiblen Inflationssteuerung ausgegangen werden, da die Notenbanken auch auf exogene Schocks, die zyklische Position der Wirtschaft, den Wechselkurs oder auch die Entwicklung der Vermögenspreise reagieren (*Blinder* und *Wyplosz* 2004, S. 19). Diese denkbaren Reaktionen werden theoretisch aufgefangen, indem in die Verlustfunktion die Output-Lücke mit einem positiven Gewicht eingeht.

In der Auswertung der mathematischen Modelle steht natürlich im Mittelpunkt, bezogen auf welche Variablen eine unvollkommene Transparenz wohlfahrtssteigernd sein kann. Das geschieht allerdings i.d.R. nur für die kurze Frist, da Erwartungsanpassungen nicht integriert sind (siehe Abschnitt 3). Hier interessieren die praktischen Probleme einer angestrebten völligen Transparenz, denn die multiple Politikstrategie verlangt ein höheres Ausmaß an Kommunikation als die reine Inflationssteuerung. Zumindest zwei Schwierigkeiten treten auf:

(1) Der Notenbank mag es leicht fallen, die Höhe der von ihr angestrebten Inflationsrate der Öffentlichkeit als notwendiges Stabilitätsziel verständlich zu machen. Schwieriger dürfte dies für die Wachstumsrate des Outputs sein, da die Wirtschaftssubjekte in Hinblick auf ihre eigene ökonomische Lage stets ein stärkeres reales Wachstum präferieren. Vor allem aber muss die Output-Lücke erfasst und vermittelt werden. Die Messprobleme dahingestellt, ist die strukturelle Arbeitslosigkeit als unabdingbar hinzunehmendes gesellschaftspolitisches „Schicksal" zu erklären, zu „verkaufen". Man versehe dieses Problem mit dem *Friedman*-Terminus der „natürlichen" Arbeitslosigkeit, um die psychologische Aufgabe der Notenbank zu erfassen.

(2) Die Entscheidungsträger müssen sich darauf verständigen, wie sie die beiden Ziele Inflation und Output relativ zueinander gewichten. Bereits diese Einigung dürfte nicht leicht zustande kommen.[7] Umso schwerer dürfte es sein, diese Präferenzen der Öffentlichkeit so zu vermitteln, dass kein Druck – vor allem von Seiten der Politik – auf die Notenbank ausgeübt wird, die Gewichte zu ändern. Diese Ausgangslage ist umso wahrscheinlicher,

---

[6] Diese Einschätzung trägt selbstverständlich allein der ältere Co-Autor *J. S.*

[7] Das hängt auch von der personellen Zusammensetzung des Entscheidungsgremiums und hier von der Stellung des Vorsitzenden ab, siehe dazu *Blinder* und *Wyplosz* (2004).

je geringer die Präferenz für das Output- und damit für das Beschäftigungsziel ausfällt. Die politische Forderung nach einem Dialog (i.S. von Abschnitt 2.1) nimmt zu.

Die angesprochenen Probleme und Schwierigkeiten lösen sich auf, wenn das Mandat der Notenbank eindeutig lautet: Sie hat die Stabilität des Preisniveaus unter Fixierung der Höhe der angestrebten Inflationsrate zu gewährleisten. Gesteht man ihr einen (auf jeden Fall engen) Zielkorridor zu, darf die Zentralbank aufgrund polit-ökonomischer Überlegungen ihre Präferenzen i.S. der kurzfristigen *Phillips*-Kurve nicht offenbaren.

2.2.3. Transparenz der empirischen Kenntnisse

Selbstverständlich wird eine Zentralbank an erster Stelle die Daten veröffentlichen, auf denen ihre Analysen und Entscheidungen beruhen. Wie bereits vorher angemerkt, bedürfen Daten, um für sich sprechen zu können, der Interpretation. Diese Transparenz erfüllt z.B. die Europäische Zentralbank u.a. mit ihren Monatsberichten. Wer liest diese Berichte? In Bezug auf die Verbreitung der Information in die Öffentlichkeit hinein die Wirtschaftsjournalisten. Sind diese durch ihre Ausbildung und ihre Erfahrungen dafür aber auch kompetent?

Die Ansprüche an die Aufnahmefähigkeit der Informationsempfänger steigen mit dem Grad der methodischen Grundlagen, mit denen empirische Daten ausgewertet werden. Dazu einige Beispiele.

(1) Die Inflationsprognosen der Notenbank sind, unter welcher geldpolitischen Strategie auch immer, ein wichtiges Signal für private Entscheidungen. Ein gesondertes Problem lautet: Soll die Notenbank eigene Prognosen erstellen oder auf externe Aussagen zurückgreifen? Zu dem letzteren Vorgehen sei ein Monatsbericht der Europäischen Zentralbank zu den Ergebnissen des „Survey of Professional Forecasters" zitiert: Die Prognose-Teilnehmer „wurden auch gebeten, ihre Prognose mit einer Wahrscheinlichkeitsverteilung zu versehen" (*EZB* 2006).

(2) Die Zentralbank muss Aussagen über kausale Zusammenhänge zwischen den ökonomischen Variablen herleiten, die sie interessiert. Dazu wiederum ein Zitat aus dem Monatsbericht: „Der Zusammenhang zwischen den längerfristigen Entwicklungen ... der Geldmenge und der Inflationsrate ist ein empirisch hinreichend abgesichertes Phänomen. Diese weitreichende Aussage beruht auf einfachen Strukturfiltern zur Ableitung von Risiken für die künftige Preisstabilität aus monetären Daten" (*EZB* 2006).

(3) Und in letzter Konsequenz einer völligen Transparenz muss die Notenbank die Struktur ihrer gesamtwirtschaftlichen Modelle offenlegen.

Diese wenigen Beispiele weisen auf eine Implikation der Transparenz-Diskussion hin, der nur am Rande Aufmerksamkeit gewidmet wird: Wer sind die Adressaten der Informationsvermittlungen der Notenbank? Zu unterscheiden sind zumindest: Breite Öffentlichkeit, Politik, Wissenschaft, Akteure auf den Finanzmärkten. Jede dieser Zielgruppen muss ganz „spezifisch" angesprochen werden (*Issing* 2005). Wenn dies richtig ist, dann überschneidet sich empirische Transparenz mit Teilen der Transparenz der strategischen Umsetzung der Geldpolitik.

2.2.4. Transparenz der strategischen Umsetzung

Die Entscheidungen der Zentralbank über ihren geldpolitischen Kurs müssen in Aktionen auf dem Geldmarkt umgesetzt werden. Parameter können sein: sehr kurzfristige Zinssätze (Tagesgeldzinssatz; Zinssatz der Offenmarktgeschäfte, der sog. Leitzins), Geldmengenwachstum (als Basisgeld), Devisenmarktoperationen. Obwohl diese Maßnahmen Instrumentencharakter besitzen, sind sie zugleich operatives Ziel i.S. von Zwischenzielen. Die Semantik wird hier in der Literatur unscharf.[8]

Die meisten Zentralbanken, jedenfalls die der hochentwickelten Industrieländer, agieren heute mit ihren kurzfristigen Zinssätzen auf dem Geldmarkt. Ihren operativen Zinssatz ändern sie in diskreten Schritten (z.B. 25 Basispunkte) und in variablen Zeitabständen. Diese ihre Maßnahmen werden i.d.R. auch sofort nach der geldpolitischen Entscheidung bekannt gegeben. Die geldpolitische Diskussion geht allerdings weniger dahin, ob die getroffenen Entscheidungen sofort oder mit Zeitverzögerungen bekannt gegeben werden sollen, sondern ob das Entscheidungsgremium der Zentralbank auch Auskunft darüber geben soll, wohin ihr zukünftiger Zinspfad führt: Wird die Zentralbank das gegebene Zinsniveau beibehalten, z.B. für die nächsten vier Quartale, oder die Richtung ändern und wenn ja, in welchem Ausmaß? Eine definitive Festlegung der Zentralbank kann als Vorteil darin gesehen werden, dass die privaten Wirtschaftssubjekte für ihre mittelfristigen Entscheidungen sichere Kalkulationsgrundlagen erhalten. Die Nachteile liegen auf Seiten der Zentralbank in ihrer Flexibilität: Unerwartete Schocks, die kurzfristige Reaktionen erfordern (Notwendigkeit dahingestellt), können als Abweichungen von dem bisherigen stabilitätspolitischen Kurs gewertet werden und Änderungen in den Inflationserwartungen auslösen. In ihrem Ausblick sollte deshalb eine Zentralbank eher vorsichtig bis vage sein und nur konditionelle Aussagen treffen.

Über welche Medien und in welcher Tiefe soll eine Notenbank ihre aktuellen Entscheidungen kommentieren und vor allem deren Grundlagen, die innerhalb der Zentralbank erörtert wurden, offenkundig machen? Informationskanäle sind: Pressekonferenzen, Protokolle der Entscheidungsgremien (minutes), individuelles Abstimmungsverhalten (votes).

Protokolle liefern nachvollziehbare Einsichten in die Argumentationen, die die interne Entscheidungsfindung geprägt haben (z.B. Keynesianismus vs. Monetarismus). Diese Informationen liefern jedoch nur unter Nebenbedingungen Sicherheit in der Vorhersage künftiger geldpolitischer Entscheidungen: Das Gremium ist in den personellen und ökonomischen Sichtweisen homogen zusammengesetzt oder der Vorsitzende besitzt die alleinige Entscheidungskompetenz.[9] Die personelle Struktur des Entscheidungsgremiums – und damit das politische Prozedere der Berufung der Mitglieder und der Benennung des Vorsitzenden – sind mithin bestimmend für Vor- und Nachteile einer Veröffentlichung der Protokolle. Wissen die privaten Wirtschaftssubjekte um eine Einheitlichkeit der Meinungen in den Gremien bzw. um die Meinungsführerschaft des Vorsitzenden, liefern die Protokolle kaum größere Gewissheit über

---

[8] *Hahn* (2002) spricht nur von "targets". Bei *Geraats* (2006) heißt es: "operating instruments or targets". Es scheint so, als sei die von *Brunner* und *Meltzer* Ende der 60er Jahre des vorigen Jahrhunderts angeregte Diskussion über den semantischen Inhalt der Kette "Instrument – Zwischenziel versus Indikator – Endziel" in Vergessenheit geraten.

[9] Zu der Bedeutung der personellen Zusammensetzung des Entscheidungsgremiums der Notenbank siehe vor allem *Blinder* und *Wyplosz* (2004).

den zukünftigen geldpolitischen Kurs. Ist das Gremium heterogen zusammengesetzt und auf eine Mehrheitsentscheidung oder auf eine kompromissfähige, aber nach außen einvernehmlich vertretene Position verpflichtet, werden die Protokolle Unsicherheiten über künftige Entscheidungen des Gremiums stiften. Oder sie öffnen den Weg zur Einflussnahme auf die Zentralbank.

Die Veröffentlichung individuellen Abstimmungsverhaltens eröffnet noch stärker als die Offenlegung der Sitzungsprotokolle die Chance zu einer politischen Pression auf einzelne Personen. Diese Ansicht ist umstritten. Eine Veröffentlichung des Abstimmungsverhaltens kann das betroffene Mitglied des Gremiums auch veranlassen, gegenüber den Politikern, die sie in die Notenbank entsandt haben, Unabhängigkeit zu einem Aufbau der eigenen Reputation zu zeigen. Das hängt wiederum davon ab, ob das Mitglied erneut benannt werden kann oder die Dauer seiner Mitgliedschaft langfristig ist, aber nicht erneuert werden darf. Doch dies ist kein neues Problem, sondern die alte Frage nach der effizienten Besetzung eines Gremiums, welches vom politischen Prinzipal unabhängig sein soll.

Pressekonferenzen, abgehalten von dem Vorsitzenden des Entscheidungsgremiums, dienen der Bekanntgabe der Beschlussergebnisse und begründen vor allem den Entscheidungsfindungsprozess sowie die konkreten Beschlüsse. Das schließt selbstverständlich ein, auch eine Beibehaltung des geldpolitischen Kurses, z.B. keine Zinsänderungen vorzunehmen, zu begründen. Das Treffen mit der Presse bietet zugleich die Chance, den künftigen Kurs der Notenbank anzudeuten, ohne sich, wie vorher ausgeführt, strikt festzulegen. Sind die mündlichen Ausführungen ausreichend detailliert, ersetzen sie die Protokolle. *Blinder* und *Wyplosz* (2004) sprechen von einem trade-off. Eine Pressekonferenz erfüllt ihre Aufgabe der effizienten Informationsvermittlung, nämlich den Wirtschaftssubjekten Sicherheit über den geldpolitischen Kurs zu geben, nur unter zwei Voraussetzungen. (1) Der Vorsitzende muss seine Statements unmittelbar im Anschluss an die Sitzung des Gremiums gleichsam in „Echtzeit“ (*Issing* 2005) abgeben. (2) Die Äußerungen des Vorsitzenden müssen später von allen Mitgliedern des Gremiums in der Öffentlichkeit mitgetragen werden, auch dann, wenn sie in der internen Willensbildung abweichende Meinungen vertreten haben.

3. Transparenz der Geldpolitik in der Theorie

Wie bereits erwähnt, steht der Trend zu höherer Transparenz in enger Beziehung zu der wachsenden Bedeutung der Zentralbankunabhängigkeit im vergangenen Jahrzehnt (*Blinder* und *Wyplosz* 2004). Transparenz wird in diesem Zusammenhang als eine Möglichkeit zur Rechenschaft der politischen Entscheidungen der Zentralbank angesehen, zu welcher die Zentralbank als eine Institution innerhalb einer demokratisch ausgerichteten Gesellschaft verpflichtet ist (*Buiter* 1999). In der theoretischen Literatur entstand eine Kontroverse darüber, inwieweit eine höhere Transparenz der Geldpolitik tatsächlich stets zu einer Wohlfahrtssteigerung beitragen kann.

3.1. Modelltheoretische Ansätze

Geraats (2001 und 2005) untersucht, welchen Einfluss die Transparenz der Geldpolitik auf die soziale Wohlfahrt hat. In einer Zwei-Perioden-Betrachtung optimiert die Zentralbank die folgende Nutzenfunktion:

(1) $U = Z_1 + \delta Z_2$,

wobei δ den intertemporalen Diskontierungsfaktor bezeichnet und Z_t die Zielfunktion der Zentralbank über ein Inflations- und Outputziel für die Periode t, mit $t = 1, 2$, darstellt. Zur Illustration ist die Zielfunktion hier explizit dargestellt:

(2) $Z_t = -\frac{1}{2}(\pi_t - \pi^*)^2 + \beta(y_t - \bar{y})$.

Dabei bezeichnet $\beta > 0$ das relative Gewicht des linearen Outputziels, $\bar{y}$ ist das natürliche Outputniveau und π^* beschreibt die angestrebte Inflationsrate. Das Inflationsziel wird quadratisch gewichtet, d.h. eine Zunahme der Abweichung der Inflationsrate vom Zielniveau führt zu einem überproportionalen Rückgang des Zentralbanknutzens. Gleichzeitig wählt *Geraats* eine lineare Gewichtung des Outputziels. Dies impliziert, dass die Zentralbank ein Outputniveau oberhalb des natürlichen Niveaus anstrebt. Das Modell wird durch die folgende Angebotsfunktion und Nachfragefunktion vollständig beschrieben:

(3) $y_t = \bar{y} - (i_t - \pi_t^e - \bar{r}) + \varepsilon_t$ (Nachfrage)

(4) $y_t = \bar{y} + (\pi_t - \pi_t^e) + \nu_t$ (Angebot) .

Die Nachfrage hängt von der Abweichung des (tatsächlichen) Realzinses $(i_t - \pi_t^e)$ von dem ex ante erwarteten Realzins $\bar{r}$ und von dem Schock ε_t ab. Der tatsächliche Output wird durch das natürliche Outputniveau, durch die Überraschungsinflation $(\pi_t - \pi_t^e)$ und durch einen Angebotsschock ν_t determiniert. Demnach besteht ein *Zeitinkonsistenzproblem der Geldpolitik:* Die Zentralbank hat den Anreiz, eine Überraschungsinflation zu generieren, um den Output über das natürliche Niveau hinaus anzuheben.

In ihrer theoretischen Analyse betrachtet *Geraats* zwei verschiedene Szenarien: (1) Undurchsichtigkeit (opacity) und (2) Transparenz der Geldpolitik. Die Szenarien unterscheiden sich im Wesentlichen dadurch, dass im Falle einer transparenten Geldpolitik die Zentralbank die Öffentlichkeit bezüglich ihrer Prognose für die zukünftigen Schocks ε_t und ν_t informiert. Das Inflationsziel der Zentralbank ist nicht öffentlich bekannt. Somit umfasst Szenario (2) lediglich die Transparenz der empirischen Kenntnisse, nicht aber der Endziele. *Geraats* trifft die Annahme, dass die Zentralbank stets in der Lage ist, genauere Vorhersagen über die zukünftigen Schocks zu treffen. Empirisch motiviert wird diese Annahme durch den Aufsatz von *Romer* und *Romer* (1996). Die Autoren zeigen anhand einer Datenauswertung für die Volkswirtschaft der Vereinigten Staaten, dass die Zentralbank (auch kurzfristig) in der Lage ist, bessere Prognosen abzugeben als private Institutionen.

Das betrachtete Instrument der Geldpolitik ist der (kurzfristige) nominale Zinssatz. Dieser wird gleichzeitig von dem Publikum als Indikator über die geldpolitische Ausrichtung der Zentralbank herangezogen: Das Publikum bildet anhand der beobachteten Zinssetzung seine Meinung darüber, ob die Zentralbank eine tendenziell hohe oder niedrige Aversion gegen Inflation besitzt.

Geraats gelangt zu den folgenden Schlussfolgerungen: In beiden Szenarien, unter Undurchsichtigkeit und Transparenz, strebt die Zentralbank an, Reputation aufzubauen und reduziert dadurch die Inflationsverzerrung. Transparenz führt jedoch letztendlich zu einer stärkeren Reduktion der Inflationsrate, da die privaten Wirtschaftssubjekte in der Lage sind, das Inflationsziel der Zentralbank anhand der Wahl des Zinssatzes in der ersten Periode genau zu bestimmen, was unmittelbar zu einer Steigerung der Wohlfahrt führt.[10]

Geraats (2005) bezieht in ihre Untersuchung ebenfalls die in der modernen Literatur übliche Verlustfunktion des Typs

$$(5) \qquad L_t = -\frac{1}{2}\alpha(\pi_t - \pi^*)^2 - \frac{1}{2}(y_t - y^*)^2$$

ein. Die Verlustfunktion der Zentralbank ist nun sowohl quadratisch in dem Inflationsziel wie auch in dem Outputziel. Das explizit angestrebte Outputniveau ist durch y^* gegeben und liegt über dem natürlichen Output $\bar{y}$. Der Modellrahmen entspricht im Wesentlichen der obigen Darstellung, in welcher die Verlustfunktion (1) postuliert wurde. Die Zentralbank hat auch hier den Anreiz, Überraschungsinflation zu generieren, um das Ziel-Outputniveau zu erreichen, d.h. es liegt ein Zeitinkonsistenzproblem der Geldpolitik vor (siehe hierzu *Barro* und *Gordon* 1985). Die qualitativen Ergebnisse stehen ebenfalls im Wesentlichen in Einklang mit den vorherigen Schlussfolgerungen: Höhere Transparenz der empirischen Kenntnisse führt zu Wohlfahrtsgewinnen, da Reputation leichter aufgebaut werden kann und die Inflationsverzerrung dadurch verringert wird.

Faust und *Svensson* (2001) verwenden in ihrem Ansatz eine Verlustfunktion des Typs von Gleichung (2): Die Zentralbank strebt neben dem Inflationsziel ein Beschäftigungsziel an, wobei die gewünschte Beschäftigungsmenge über dem natürlichen Niveau liegt. Es wird angenommen, dass die Zentralbank nicht in der Lage ist, die Inflation direkt anzusteuern: Die Inflationsrate hängt von dem Inflationsziel der Zentralbank und von einem Prognosefehler ab. Das Modell beinhaltet somit ein „vorausschauendes Element" (forward-looking behavior), da die Erwartungen der Privaten bezüglich der zukünftigen Inflation einen direkten Einfluss auf die Inflationsrate haben. Eine Zentralbank entscheidet nunmehr, wie detailliert Informationen über den Prognosefehler preisgegeben werden sollen. Höhere Transparenz bedeutet demnach, dass die Zentralbank mehr Informationen bezüglich des Prognosefehlers veröffentlicht. Wie in den bereits diskutierten Ansätzen von *Geraats* wird auch hier vorrangig die Transparenz der empirischen Kenntnisse betrachtet. Höhere Transparenz trägt dazu bei, dass das Publikum die Zielsetzungen der Zentralbank präziser einschätzen kann. Dies impliziert gleichzeitig höhere Kosten für die Zentralbank in Hinblick auf die Erreichung des Beschäftigungsziels. Transparenz löst bzw. verringert folglich das Zeitinkonsistenzproblem der Geldpolitik und impliziert

---

[10] Hierbei wird unterstellt, dass die Wahl des Szenarios, Transparenz oder Verdunklung, exogen gegeben ist. Bei einer endogenen Wahl des Szenarios ist Transparenz für eine Zentralbank mit hoher Inflationsaversion vorteilhaft. Der gegenteilige Effekt kann bei niedriger Inflationsaversion auftreten.

dadurch eine höhere Glaubwürdigkeit der Zentralbank. Dies resultiert in der Realisierung niedrigerer Inflations- und Beschäftigungsschwankungen und einer höheren sozialen Wohlfahrt.[11]

Im Gegensatz zu den bisher betrachteten theoretischen Arbeiten kommt *Gersbach* (2003) zu dem Ergebnis, dass eine höhere Transparenz nicht zwangsweise zu einer Wohlfahrtsverbesserung führt. In einem Ein-Perioden-Modell optimiert die Zentralbank eine ähnliche Zielfunktion wie in Gleichung (2) dargestellt. Die Zentralbank besitzt eigene, öffentlich nicht zugängliche Informationen bezüglich monetärer und realer Schocks. Der monetäre Schock (velocity shock) wirkt auf die Beziehung von Geldmengenwachstum und der Inflationsrate ein. Da die Zentralbank monetäre Schocks stets vollkommen stabilisiert, beeinflussen diese nicht die Erwartungsbildung des Publikums bezüglich der zukünftigen Inflationsrate.

Der reale Schock beeinflusst hingegen direkt die Beschäftigung bzw. die gesamtwirtschaftliche Produktion. Im Falle von Transparenz wird das Publikum über die Schocks informiert und kennt gleichzeitig die Ziele der Zentralbank. Dadurch ist es der Zentralbank nicht mehr möglich, reale Schocks zu stabilisieren, weil das Publikum im Falle eines negativen Schocks höhere Inflationserwartungen und im Falle eines positiven Schocks entsprechend niedrigere Inflationserwartungen oder abhängig vom Ausmaß des Schocks sogar Deflationserwartungen besitzt. Folglich geht höhere Transparenz mit höheren Outputschwankungen einher und mindert die soziale Wohlfahrt. Zu ähnlichen Resultaten gelangen *Cukierman* (2001), *Grüner* (2002) und *Grüner et al.* (2005).[12]

Neben der bisher betrachteten Literatur wird die Rolle der Transparenz für die soziale Wohlfahrt auch innerhalb der Spieltheorie analysiert. *Morris* und *Shin* (2002) und *Amato et al.* (2003) behandeln das Thema der Transparenz im Rahmen der „Globalen Spiele" (global games). Die Autoren unterstellen, dass die Zentralbank und die privaten Marktteilnehmer (Publikum) unvollkommene Informationen bezüglich der ökonomischen Fundamentaldaten besitzen, dass aber zugleich die Zentralbank im Durchschnitt bessere Vorhersagen über die Zukunft treffen kann als das Publikum.

Die modelltheoretische Umsetzung wird im Folgenden grob skizziert.[13] Zunächst betrachten wir aus dem Kontinuum der Marktteilnehmer ein repräsentatives Individuum i. Dieses Individuum trifft seine Handlungsentscheidung, nachdem es ein öffentliches Signal, das simultan auch von den übrigen Individuen beobachtet wird, sowie zusätzlich ein persönliches Signal empfangen hat. Das öffentliche Signal γ ist gegeben durch

(6) $$\gamma = \theta + \eta ,$$

wobei η eine normalverteilte Zufallsvariable ist, die das Signal über die wahren Fundamentaldaten θ verzerrt. Diese Information ist, wie bereits erwähnt, für die Gesamtheit der

---

[11] Zahlreiche weitere Autoren wie *Tarkka* und *Mayes* (1999), *Jensen* (2002) und *Eijffinger u.a.* (2000), um nur einige zu nennen, kommen zu ähnlichen Resultaten, wobei sich die Modellierungen im Wesentlichen darin unterscheiden, welche Art der Information jeweils tatsächlich vermittelt wird. Ein ausführlicher Literaturüberblick dazu findet sich bei *Hahn* (2002) und *Jordan* und *Rossi* (2006).

[12] Vgl. hierfür *Jordan* und *Rossi* (2006).

[13] Der Modellansatz wird anhand der Ausführungen von *Woodford* (2005, S. 457-460) skizziert.

Marktteilnehmer zugänglich und wird von allen gleichermaßen aufgenommen. Zugleich empfängt der einzelne Marktteilnehmer ein privates Signal x_i, das formal durch

(7) $$x_i = \theta + \varepsilon_i$$

beschrieben ist. Auch das private Signal wird durch eine normalverteilte Zufallsvariable ε_i verzerrt. Zusätzlich wird angenommen, dass die Zufallsvariable ε_i unabhängig verteilt von η, θ und ε_j ist, wobei ε_j die Verzerrung repräsentiert, die ein beliebiger, anderer Marktteilnehmer j erfährt.

Ein repräsentativer Marktteilnehmer i minimiert die folgende Verlustfunktion:

(8) $$L^i = (1-\kappa)[a_i - \theta]^2 + \kappa[E_j(a_j - a_i)^2 - E_k E_j(a_j - a_k)^2], \text{ mit } \kappa \in [0,1].$$

Dabei ist a_i die Reaktion bzw. Handlungsstrategie eines beliebigen Marktteilnehmers i und a_j entsprechend die Handlungsstrategie eines beliebigen anderen Akteurs j. Durch θ ist der ex ante nicht bekannte Wert der ökonomischen Fundamentaldaten charakterisiert. Das Ziel des einzelnen Marktteilnehmers ist es, seine Strategie entsprechend der signalisierten Fundamentaldaten auszurichten und zugleich darauf zu achten, dass sich die eigene Handlung nicht zu stark von den erwarteten Handlungen der anderen Marktteilnehmer unterscheidet. Der Marktteilnehmer i bezieht die erwarteten Handlungen der anderen Marktteilnehmer mit dem Gewicht κ in sein Optimierungskalkül ein. Der letzte Term in der zweiten Klammer dient lediglich zu einer Normierung der Wohlfahrt, hat aber keinen direkten Einfluss auf das Gleichgewicht und wird daher im Folgenden nicht weiter erläutert (*Woodford* 2005).

Eine transparente Zentralbank informiert das Publikum über ihr beobachtetes Signal. Das führt zu einer Verdrängung der privaten Information und gleichsam zu einer Koordinierung der Marktteilnehmer. Das zentrale Ergebnis von *Morris* und *Shin* besteht nun darin, dass eine verbesserte private Information stets die Wohlfahrt erhöht. Eine präzisere Informationsveröffentlichung der Zentralbank bezüglich des öffentlichen Signals kann jedoch in bestimmten Fällen auch zu einer Verschlechterung der Wohlfahrt beitragen: Die daraus resultierende Koordinierung der Marktteilnehmer führt möglicherweise – wenn das empfangene Signal der Zentralbank verzerrt ist – zu einer Überreaktion auf den Märkten. In diesem Zusammenhang ist die Existenz von multiplen Gleichgewichten nicht ausgeschlossen.

Jordan und *Rossi* (2006) und *Issing* (2004) weisen in diesem Kontext ebenfalls darauf hin – im Widerspruch stehend zu den empirischen Ergebnissen von *Romer* und *Romer* (1996) –, dass es ex ante nicht unmittelbar einsichtig ist, ob die Zentralbank besser über die Fundamentaldaten informiert ist als die Öffentlichkeit. Sie betonen daher die Warnung, auf welche die Ergebnisse von *Morris* und *Shin* hindeuten, dass Transparenz zu einer Verwirrung der Marktteilnehmer und somit zu steigender Volatilität des Outputs und der Inflationsraten führen kann.

Svensson (2006) kritisiert die Schlussfolgerung von *Morris* und *Shin* und argumentiert, dass für den empirisch relevanten Parameterbereich eine höhere Transparenz auch in dem eben dargestellten Modellrahmen stets wohlfahrtssteigernd wirkt. Es wird darauf hingewiesen, dass selbst unter der „konservativen Annahme“, dass die Information der Öffentlichkeit und die der Zentralbank gleich präzise sind, ein höherer Grad an Transparenz stets die Wohlfahrt steigern kann. Trotzdem wird das Ergebnis von *Morris* und *Shin* zu der Rechtfertigung gegen eine höhere Transparenz in der Praxis verwendet (hierzu *Jordan* und *Rossi* 2006)

Auch *Lindner* (2006) beschäftigt sich mit Koordinationsspielen, in denen die einzelnen Marktteilnehmer und die Zentralbank auftreten. Im Gegensatz zu *Morris* und *Shin* trifft er jedoch die Annahme, dass die Kommunikation der Geldpolitik von den Marktteilnehmern genutzt wird, um ihre persönlichen Informationen zu verbessern. Da die einzelnen Marktteilnehmer ein unterschiedliches Informationsniveau in der Ausgangssituation besitzen, findet hier keine Vereinheitlichung der Marktinformationen und somit keine vollständige Koordinierung der Marktteilnehmer statt. Folglich kommt *Lindner* zu dem Schluss, dass Transparenz – über den Mechanismus der Verbesserung der Information der einzelnen Marktteilnehmer – die Wahrscheinlichkeit von multiplen Gleichgewichten verringert und daraus insgesamt eine Verbesserung der Wohlfahrt resultiert.

Der größte Teil der Literatur zur Transparenz der Geldpolitik beschäftigt sich mit der Transparenz der empirischen Kenntnisse (und häufig zugleich mit der Transparenz der Endziele). Zur Abrundung werden nachfolgend die Ergebnisse zweier Arbeiten zur Transparenz der strategischen Umsetzung skizziert, ein Teilbereich der bislang nur wenig in theoretischen Arbeiten aufgegriffen wurde, aber häufig Gegenstand politisch-ökonomischer Diskussionen ist.[14]

Sibert (1999) untersucht den Einfluss der Veröffentlichung von Informationen bezüglich des Abstimmungsverhaltens im Zentralbankrat auf die soziale Wohlfahrt im Rahmen eines Überlappenden-Generationen Modells. Die Zentralbank hat hierbei wiederum den Anreiz, einen Output über dem natürlichen Niveau durch eine „Überraschungsinflation" zu erreichen, d.h. ein Zeitinkonsistenzproblem der Geldpolitik liegt vor. Dabei werden zwei Typen von Zentralbankern unterschieden: konservative Zentralbanker („hawks"), die eine niedrige Inflationsrate präferieren, und stärker Output-orientierte Zentralbanker („doves"), die bereit sind, eine höhere Inflation in Kauf zu nehmen, um ihr Beschäftigungsziel zu erreichen. *Sibert* kommt in ihrer Analyse zu dem Schluss, dass Transparenz dazu führt, dass beide Typen von Zentralbanker den Anreiz haben, Reputation aufzubauen und daher tendenziell für eine niedrige Inflationsrate stimmen, um die Inflationserwartungen des Publikums bezüglich zukünftiger Perioden zu reduzieren.

Gersbach und *Hahn* (2007) stehen der Veröffentlichung des Abstimmungsverhaltens kritischer gegenüber. Die Autoren treffen die Annahme, dass die Zentralbanker eine übliche und öffentlich bekannte Zielfunktion besitzen. Gleichzeitig haben die einzelnen Zentralbanker „unterschiedliche Kompetenzen", die ökonomische Lage richtig einzuschätzen und zukünftige Entwicklungen präzise vorherzusagen. Das einzelne Individuum zieht einen hohen Nutzen daraus, auch in der zukünftigen Periode im Amt zu bleiben. Da die Veröffentlichung der Abstimmungsergebnisse die „mögliche Inkompetenz" der Zentralbanker bei mehreren Enthaltungen offenbart, haben weniger kompetente Zentralbanker den Anreiz, auch ohne ausreichend viele Informationen und Kompetenzen stets abzustimmen. Dahingegen werden sich

[14] Siehe hierzu Abschnitt 2.2.4, *Buiter* (1999) und *Issing* (2005).

inkompetente Zentralbanker bei Geheimhaltung der Abstimmungsergebnisse durchschnittlich passiver verhalten.

In der theoretischen Modellierung der Problematik wird die Annahme getroffen, dass inkompetente Zentralbanker sich mit einer bestimmten, exogen gegebenen Wahrscheinlichkeit darin irren können, ob der Zins erhöht oder gesenkt werden sollte. Während bei Geheimhaltung der Abstimmungsergebnisse inkompetente Zentralbanker sich enthalten würden, stimmen sie im Falle der Transparenz tendenziell für eine bestimmte Zinsstrategie ab – allerdings mit einer relativ hohen Fehlerquote bezüglich der „geeigneten Zinssetzung". Dies impliziert, dass sich das Gesamtergebnis verschlechtert und in bestimmten Fällen die geeignete Politik nicht durchgesetzt wird.

3.2. Ergebnisse der theoretischen Literatur

Ein Großteil der Literatur erstreckt sich auf das Gebiet der Transparenz der empirischen Kenntnisse. Hierbei kommt die Literatur überwiegend zu dem Ergebnis, dass eine höhere Transparenz zu einer höheren Glaubwürdigkeit der Politik und dadurch zu Wohlfahrtsgewinnen führt – insbesondere dann, wenn sich die Zentralbank nicht auf eine Vergangenheit berufen kann, die sich durch überwiegend niedrige Inflationsraten auszeichnet. Dies setzt jedoch voraus, dass die Zentralbank einen höheren Informationsstand bezüglich der zukünftigen Entwicklung der Fundamentaldaten besitzt als das Publikum. Während *Romer* und *Romer* (1996) dafür empirische Evidenz finden, nehmen *Morris* und *Shin* (2002, 2005) in ihren theoretischen Arbeiten diesbezüglich eher eine vorsichtige Position ein: Es lassen sich (theoretische) Fälle finden, in denen eine höhere Transparenz zu einer höheren Volatilität auf den Märkten führt. *Gersbach* (2003) fügt in diesem Zusammenhang an, dass eine zu hohe Transparenz die Stabilisierung realer Schocks möglicherweise erschwert und dies zu einer höheren Volatilität des Outputs führen kann.

Die Transparenz der strategischen Umsetzung wird sowohl in der Theorie als auch in der politischen Diskussion höchst unterschiedlich bewertet. Die wichtigste Fragestellung ist hierbei die Veröffentlichung von Abstimmungsergebnissen in den Zentralbankgremien. Während die Transparenz der Abstimmungsergebnisse das Zeitinkonsistenzproblem der Geldpolitik reduzieren kann, birgt sie die Gefahr, dass das Publikum das Abstimmungsverhalten überbewertet und nicht mehr die Relevanz der Entscheidung für das Wirtschaftsgeschehen in den Vordergrund stellt. Zudem besteht ein Disput darüber, ob eine Veröffentlichung des Abstimmungsverhaltens der Zentralbanker die Einflussnahme seitens der Regierungen vergrößert und dadurch die Unabhängigkeit der Zentralbank gefährdet. Dies ist ein Problem, das insbesondere in einer Währungsunion auftreten kann, in der die beteiligten Länder ihr nationales Interesse über das Gemeinwohl der gesamten Währungsunion stellen.

4. Transparenz der Geldpolitik in der Praxis

In Ergänzung zu Tabelle 2[15] bietet es sich an, die generellen Überlegungen und die Ergebnisse der theoretischen Literatur detaillierter anhand einzelner Notenbanken zu überprüfen bzw. mit deren Transparenzverhalten zu konfrontieren: Die Europäische Zentralbank mit ihrer

[15] Wie auch dem Survey von *Geraats* (2006).

Zwei-Säulen-Strategie, die gesetzlich nahezu unkonditionerte Strategie der US-Amerikanischen Notenbank, die Inflationssteuerung der Bank von England, die seit 1999 verfolgte Inflations- und Zinsstrategie der Schweizer Nationalbank.

4.1. Die Europäische Zentralbank

Die Zwei-Säulen-Strategie werde als bekannt vorausgesetzt.[16] Bei der Bewertung der Geldpolitik der EZB und ihrer Transparenz-Strategie muss man sich stets vergegenwärtigen, dass hier geschichtlich gesehen eine einmalig neue Geldpolitik implementiert werden musste: „Eine neue Währung – eine neue Notenbank – ein neuer Währungsraum" (*Issing* 2004). Und der Währungsraum besteht aus Nationen, die – wie schon erwähnt – unterschiedliche Inflationsmentalitäten und monetäre Rahmenbedingungen einbrachten. Nicht zu unterschätzen war zumindest für die Startphase, dass die Akteure keine gemeinsame Muttersprache, in der sie sich verständigen, besitzen. Auch wenn das „Englische" die Verkehrssprache untereinander ist, gab es bislang offenbar kulturelle Unterschiede bei der Interpretation der Zinsentscheidungen der EZB. Volkswirte aus Ländern mit wenig stringenter Stabilitätspolitik prognostizieren die mittlere Inflationsrate weniger gut als Volkswirte aus Ländern mit unabhängiger Zentralbank. Die zugehörige Analyse trägt den bezeichnenden Titel: „Forecasting ECB Monetary Policy Accuracy is (still) a Matter of Geography".[17]

Die Strategie der zwei Säulen – die monetäre und realwirtschaftliche – hat zum Ziel, alle nur denkbar relevanten Informationen aus dem heterogenen Währungsraum über die zukünftige Inflationsentwicklung zusammenzutragen, um sie in eine robuste geldpolitische Strategie umsetzen zu können. Und um den Ausgangspunkt zu wiederholen: Es galt für die EZB, auch national unterschiedlich geprägte und differierende ökonomische Schul-Denkweisen zusammenzuführen, so dass am Ende der EZB-Rat Konsensentscheidungen fällen kann. Es ist klar, dass die Zwei-Säulen-Strategie damit einen hohen oder doch gewissen Grad an Undurchsichtigkeit aufweist. Daran macht sich die Kritik fest, und zwar in zwei Richtungen: (1) Es werden zu viele Informationsquellen zusammengetragen, um sie in einem „integrierten Modell" in eine zielgerichtete Maßnahme in Hinblick auf das Zielkriterium der EZB umsetzen zu können.[18] Der EZB verbleiben mithin Alibi-Spielräume bei einem Politikversagen. (2) Die theoretische Fundierung der monetären und realwirtschaftlichen Säulen zueinander bleibt unklar. Mit der Komplexität der Wirtschaft lässt sich diese undurchsichtige Analysestrategie nicht rechtfertigen. Wissenschaftstheoretisch kann man nicht belegen, dass die Erklärung komplexer Zusammenhänge einer ebenso differenzierten Analysemethodik bedarf.

Die Zieltransparenz der EZB ist relativ groß; die Transparenz darüber, wie sie über ihre empirischen Kenntnisse zu ihren Entscheidungen gelangt, dagegen weniger eindeutig. Allerdings versucht der Präsident der EZB, mit seinen unmittelbar an die Sitzungen des Zentralbankrates anschließenden Pressekonferenzen, Öffentlichkeit plus Politik plus Marktteilnehmer

---

[16] Als offizielles Dokument konsultiere man u.a. *Europäische Zentralbank* (2004); zur Interpretation *Issing* (2004).

[17] *Berger et al.* (2006).

[18] So *Woodford* in einem FAZ Interview vom 26. Januar 2007. Dahinter steckt das logische Problem: Unterschiedliche Informationen müssen gewichtet werden, um sie in eine einzige Aussage zusammenfassen zu können; jedoch es fehlt an einer Theorie der Gewichte.

für den Kurs der EZB zu gewinnen. Dass die EZB das individuelle Abstimmungsverhalten und die Protokolle nicht veröffentlicht, ist polit-ökonomisch verständlich und zu akzeptieren. Die internationale Zusammensetzung des EZB-Rates birgt die Gefahr in sich, dass die einzelnen Mitglieder unter den Druck der Interessen ihrer jeweiligen Regierung geraten können.

4.2. Die US-Federal Reserve Bank

Im Gegensatz zu der Europäischen Zentralbank ist die Federal Reserve (FED) eine etablierte Zentralbank mit einer eigenen, traditionsreichen Geschichte. Während im Jahre 1986 *Marvin Goodfriend* die FED in seinem Aufsatz „Monetary Mystique: Secrecy and Central Banking" als weitestgehend intransparente Institution bezeichnete, so hat inzwischen doch eine merkliche Transformation hin zu einer Zentralbank mit kontinuierlichen Interaktionen und einer ausgeprägten Kommunikation mit dem Publikum stattgefunden.

Noch zu Beginn der 80iger Jahre wehrte sich die FED gegen höhere Transparenz bezüglich der Entscheidungsfindung ihrer geldpolitischen Maßnahmen. Im Jahre 1975 berief sich der Student *R. Merill* auf das „Freedom of Information Act" und forderte die Veröffentlichung der Sitzungsprotokolle des Federal Open Market Committee (FOMC) unmittelbar nach den Sitzungen. Der Streit ging über mehrere Instanzen und endete letztendlich vor dem Supreme-Court.

Goodfriend (1986, S. 73) fasste die Stellungnahme des FOMC folgendermassen zusammen:

> "In short, the FOMC argued that because the Directive must be inherently vague and cannot always be accurately interpreted, full disclosure of the Directive would provide, at best, imperfect information and might be more misleading to the market than no information at all."

Der ehemalige Vorsitzende der US-Notenbank *Paul Volcker* fügte hinzu, dass Transparenz nur dann eine operationale Flexibilität der Geldpolitik gewährleiste, wenn der Öffentlichkeit eine Handlungsstrategie, die abhängig von dem eingetreten Umweltzustand ist, also ein sogenannter „Contingency-Plan", vermittelt werden könne. Eine solche Handlungsstrategie würde dem Publikum verdeutlichen, welche Politikmaßnahmen in bestimmten Situationen geeignet und erforderlich sind. Es sei aber höchst unrealistisch, dass das Publikum einen solchen Plan tatsächlich vollständig erfassen kann.

Der Supreme Court entschied zugunsten der FED. Dennoch war ab Beginn der 90iger Jahre eine Tendenz zu höherer Transparenz zu beobachten.[19] Im Jahre 1989 wurde beschlossen, dass Leitzinsänderungen nur um 25 Basispunkte oder um ein ganzzahliges Vielfaches davon geändert werden können. Seit 1994 veröffentlicht das FOMC Mitteilungen über Änderungen der Federal Funds Rate unmittelbar nach Sitzungsende, verzichtet aber auf die Kommunikation mit dem Publikum, wenn der Leitzins unverändert bleibt. Damit sollte das Ziel verfolgt werden, nur klare Botschaften an die Marktteilnehmer zu signalisieren. Erwartungen bezüglich der zukünftigen Marktentwicklung, auch bei einer momentan unveränderten Geldpolitik, werden seit August 1997 veröffentlicht. Seit Mai 1999 veröffentlicht das FOMC auch dann eine Pressemitteilung unmittelbar nach Sitzungen, wenn sich die Prognosen des FOMC über die künftige wirtschaftliche Entwicklung signifikant verändern. Spätestens ab diesem Zeit-

[19] Vgl. *Poole* und *Rasche* (2003).

punkt zielt die amerikanische Zentralbank auf eine direkte Beeinflussung der Erwartungsbildung des Publikums ab, welche 2000 durch die Einführung von „Balance-of-risk"-Statements nach den FOMC-Sitzungen noch präzisiert wurde. Seit März 2002 wird zusätzlich das Abstimmungsverhalten (voting records) in den Pressemitteilungen aufgeführt.

In einer empirischen Studie, die die durchschnittliche Überraschung der Marktteilnehmer auf Politikentscheidungen der Zentralbank untersucht, zeigen *Poole* und *Rasche* (2003), dass die Überraschungen über die letzten Jahre beträchtlich reduziert wurden und sehr gering ausfielen. Sie kommen zu dem Schluss, dass der Markt die Handlungen der FED ausgezeichnet vorhergesehen und verstanden hat. *Poole* (2003) betrachtet in einem weiteren Diskussionsbeitrag die resultierende Output- und Preisstabilität als großen Gewinn, der auf die höhere Transparenz der Geldpolitik zurückzuführen ist.

Verglichen mit der Europäischen Zentralbank, weist die FED eine höhere Transparenz der strategischen Umsetzung auf, was sich in der regelmäßigen Veröffentlichung der voting records und der minutes widerspiegelt.[20] Bezüglich der Transparenz der Endziele bleibt die FED jedoch unpräzise: Die Strategie der US-Amerikanischen Notenbank ist gesetzlich nahezu unkonditioniert. Lediglich der *Humphrey-Hawkins*-Act aus dem Jahre 1978 gibt vor, dass die Ziele der Zentralbank ein stabiles Preisniveau, ein hoher Grad der Beschäftigung und ein moderates langfristiges Zinsniveau sind, ohne dabei eine Rangordnung oder eine Quantifizierung der Ziele festzulegen. Das Gesetz wurde im Jahre 2000 nochmals bekräftigt. In der Praxis ist für die FED die Preisniveaustabilität das oberste Ziel, was sich unschwer anhand der Äußerungen und geldpolitischen Entscheidungen des ehemaligen Notenbankpräsidenten, *Greenspan*, des gegenwärtigen Notenbankpräsidenten, *Bernanke*, und des Präsidenten der Federal Reserve von St. Louis, *Poole*, zeigt.[21]

4.3. Die Bank von England

Im Oktober 1992 ging die Bank von England zur Inflationssteuerung (Inflation Targeting) über. Die darauffolgend beobachtete kontinuierlich ansteigende makroökonomische Stabilität mit niedrigen Inflationsraten und im Durchschnitt stetigem Wirtschaftswachstum impliziert eine hohe Glaubwürdigkeit des geldpolitischen Kurses (*Bean* 2004). Um die Glaubwürdigkeit der Geldpolitik weiter zu erhöhen, wurde im Mai 1997 das Monetary Policy Committee (MPC) eingerichtet, wodurch die Bank von England operationale Unabhängigkeit erlangte. Des Weiteren entschied man sich für die regelmässige Veröffentlichung der Sitzungsprotokolle und der Abstimmungsergebnisse des MPC (z.B. *King* 2002). Damit wurde die Bank von England zu einer der transparentesten Zentralbanken der modernen Industriestaaten.[22]

Die Zielsetzung der Geldpolitik ist im Bank of England Act vom Jahre 1998 festgelegt und folgt einer lexikographischen Ordnung: Das vorrangige Ziel ist die Erreichung der Preisniveaustabilität. Sofern dieses Ziel in Reichweite ist, ist es ebenfalls die Aufgabe der Geldpolitik, die Wirtschaftspolitik der Regierung, insbesondere Wachstums- und Beschäftigungsziele, zu unterstützen. Trotz polit-ökonomischen Auseinandersetzungen und Forderungen nach einer

---

[20] Vgl. Tabelle 2.

[21] Siehe hierzu *Poole* 2007.

[22] Vgl. Tabelle 2.

Gleichgewichtung der Ziele blieb die englische Zentralbank bei dieser Ordnung (*Bean* 2004). Die Zentralbank ist nicht nur transparent bezüglich der Rangordnung, sondern quantifiziert auch das Inflationsziel exakt: Angestrebt wird ein jährlicher Anstieg der Konsumentenpreise von zwei v.H. Neben der Transparenz der strategischen Umsetzung und der Endziele publiziert die Bank von England auch regelmässig Informationen bezüglich ihrer empirischen Kenntnisse. Quartalsweise erscheint ein Inflationsreport, welcher die Veröffentlichung der Inflationstendenz sowie der Prognosen (forecasts) beinhaltet. Diese werden auch graphisch anhand eines Inflationsfächers illustriert, wobei implizit die Prognosefehler angedeutet werden. Zusätzlich sind die zugrundeliegenden Modelle zur Erstellung der Prognosen auf der Internetseite der Bank von England für die Öffentlichkeit zugänglich (*Bank of England* 2000). Als Zwischenfazit ist anzufügen, dass die Bank von England unter den in diesem Kapitel dargestellten Zentralbanken den höchsten Grad der Transparenz aufweist – und zwar in allen drei Transparenzkategorien.

4.4. Die Schweizer Nationalbank

Bis zu dem Jahre 1999 verfolgte die Schweizer Nationalbank (SNB) eine Geldmengensteuerung (Fünf-Jahres-Ziel) und ging danach zu der Zinssteuerung über. Die wesentlichen Charakteristika des gegenwärtigen geldpolitischen Regimes sind: (1) Preisniveaustabilität, definiert als eine Inflationsrate kleiner zwei v.H., (2) die Erstellung von Inflationsprognosen, die als wesentlicher Indikator für Politikentscheidungen herangezogen werden, und (3) die Steuerung des Zinssatzes innerhalb eines Zielkorridors für den Drei-Monats-Libor. Dessen Bandbreite beträgt im Regelfall 100 Basispunkte und das angestrebte Ziel-Zinsniveau liegt in der Bandmitte. Durch die Steuerung des Drei-Monats-Zinssatz, und nicht etwa des sehr volatilen kurzfristigen Zinssatzes für Tagesgeld, gewinnt der geldpolitische Entscheidungsträger eine höhere Flexibilität, um den Zinssatz innerhalb des vorgegebenen Korridors anzusteuern.

Nach der Klassifizierung von *Eijffinger* und *Geraats* (2006) ist die Schweizer Nationalbank (SNB) verglichen mit anderen bedeutenden Notenbanken eher wenig transparent. Die Schweizer Nationalbank veröffentlicht zwar ihre Modelle, auf welchen die Inflationsprognosen basieren; zudem erscheint vierteljährlich der „Monetary Policy Report“, in dem die aktuellen geldpolitischen Zielsetzungen, die Inflationsprognosen und weitere relevante Marktdaten veröffentlicht werden. Somit soll es den Marktteilnehmern möglich sein, die gegenwärtige Marktlage richtig einzuschätzen und gleichzeitig neue Informationen ähnlich aufzunehmen und aufzufassen wie die SNB selbst. Die SNB sieht jedoch davon ab, minutes und voting records zu publizieren. Dies hat den Vorteil, dass das Entscheidungsgremium nach außen geschlossen auftritt. Ausserdem wird dies dadurch begründet, dass eine Veröffentlichung von minutes und voting records die Gefahr in sich birgt, dass das Publikum durch die detaillierte Informationspolitik überfordert wird, die wirklich ökonomisch relevanten Informationen zu erkennen bzw. in den Vordergrund zu stellen (*Jordan* und *Rossi* 2006).

Literatur

Amato, Jeffery, Stephen Morris und *Hyun Song Shin* (2003), Communication and Monetary Policy, in: Oxford Review of Economic Policy, Vol. 18 (4), S. 495-503.

Bank of England (2000), Economic Models at the Bank of England, September 2000, Update.

Barro, Robert J. und *David B. Gordon* (1983), A Positive Theory of Monetary Policy in a Natural Rate Model, in: Journal of Political Economy, Vol. 91, S. 589-610.

Bean, Charles (2004), Inflation Targeting: The UK Experience, in: Perspektiven der Wirtschaftspolitik, Vol. 5(4), S. 405-421.

Berger, Helge, Michael Ehrmann und *Marcel Fratzscher* (2006), Forecasting ECB Monetary Policy. Accuracy is (still) a Matter of Geography, European Central Bank, Working Paper Series, No. 578.

Blinder, Alan S. und *Charles Wyplosz* (2004), Central Bank Talk: Committee Structure and Communication Policy.

Buiter, Willem H. (1999), Alice in Euroland, in: Journal of Common Market Studies, Vol. 37, S. 181-209.

Cukierman, Alex (2001), Accountability, Credibility, Transparency and Stabilization Policy in the Eurosystem, in: *Charles Wyplosz* (Hrsg), The Impact of EMU on Europe and the Developing Countries, S. 40-75.

De Haan, Jakob, Sylvester C. J. Eijffinger and *Krzysztof Rybinsi* (2007), Central Bank Transparency and Central Bank Communication: Editorial Introduction, in: European Journal of Political Economy, Vol. 23, S. 1-8.

Eijffinger, Sylvester C.W. und *Petra M. Geraats* (2006), How Transparent are Central Banks?, in: European Journal of Political Economy, Vol. 22, S. 1-21.

Eijffinger, Sylvester C.W., Marko Hoeberichts und *Eric Schaling* (2000), Why Money Talks and Wealth Whispers: Monetary Uncertainty and Mystique, in: Journal of Money, Credit and Banking, Vol. 32(2), S. 218-235.

Europäische Zentralbank (2004), Die Geldpolitik der EZB, Frankfurt a.M.

Europäische Zentralbank (2006), Monatsbericht September, Frankfurt a.M.

Faust, Jon und *Lars E. O. Svensson* (2001), Transparency and Credibility: Monetary Policy with Unobservable Goals, in: International Economic Review, Vol. 42(2), S. 369-397.

Friedman, Milton (1968), A Program for Monetary Stability, New York.

Friedman, Milton (1968), The Role of Monetary Policy, in: American Economic Review, Vol. 58, S. 1-17.

Frisch, Helmut (1980), Die Neue Inflationstheorie, Göttingen.

Geraats, Petra M. (2001), Why Adopt Transparency, The Publication of Central Bank Forecasts, ECB Working Paper, No. 41.

Geraats, Petra M. (2002), Central Bank Transparency, in: The Economic Journal, Vol. 112, S. 532-565.

Geraats, Petra M. (2005), Transparency and Reputation: The Publication of Central Bank Forecasts, in: Topics in Microeconomics, Vol. 5(1).

Geraats, Petra M. (2006), Transparency of Monetary Policy: Theory and Practice, in: CESifo Economic Studies, Vol. 52, S. 111-152.

Gersbach, Hans und *Volker Hahn* (2007), Should the Individual Voting Records of Central Banker be Published?, forthcoming in: Social Choice and Welfare.

Gersbach, Hans (2003), On the Negative Social Value of Central Banks' Knowledge Transparency, in: Economics and Governance, Vol. 4(2), S. 91-102.

Goodfriend, Marvin (1986), Monetary Mystique: Secrecy and Central Banking, in: Journal of Monetary Economics, Vol. 17, S. 63-92.

Grüner, Hans Peter, Bernd Hayo und *Carsten Hefeker* (2005), Unions, Wage Setting and Monetary Policy Uncertainty, ECB Working Paper, Nr. 490.

Grüner, Hans Peter (2002), How Much Should Central Banks Talk? A New Argument, in: Economics Letters, Vol. 77, 195-198.

Hahn, Volker (2002), Transparency in Monetary Policy: A Survey, in: ifo Studien, 28. Jg., S. 429-455.

Issing, Otmar (2004), Geldpolitik für den Euroraum, in: Perspektiven der Wirtschaftspolitik, Vol. 5(4), S. 381-404.

Issing, Otmar (2005), Communication, Transparency, Accountability: Monetary Policy in the Twenty-First Century, in: Federal Reserve Bank of St. Louis Review, S. 65-83.

Jensen, Hendrik (2002), Optimal Degrees of Transparency in Monetary Policymaking, in: Scandinavian Journal of Economics, Vol. 104(3), S. 399-422.

Jordan, Thomas J. und *Enzo Rossi* (2006), Communication in Monetary Policy: Experiences of the Swiss National Bank, Swiss National Bank, First very preliminary draft.

King, Mervyn (2002), The Monetary Policy Committee: Five Years On, Bank of England, Speech delivered to the Society of Business Economists, London, 22 May 2002.

Laidler, David (2006), Milton Friedman and the Evolution of Macroeconomics, in: Österreichische Nationalbank, Working Paper Nr. 128, S. 43-76.

Lindner, Axel (2006), Does Transparency of Central Banks Produce Multiple Equilibria on Currency Markets?, in: Scandinavian Journal of Economics, Vol. 108(1), S. 1-14.

Morris, Stephen und *Hyun Song Shin* (2002), Social Value of Public Information, in: American Economic Review, Vol. 92(5), S. 1521-1534.

Poole, William (2007), Understanding the FED, in: Review of the Federal Reserve Bank of St. Louis, Vol. 89(1), S. 3-13.

Poole, William (2003), FED Transparency: How, Not Whether, in: Review of the Federal Reserve Bank of St. Louis, Vol. 85, S. 1-8.

Poole, William und *Robert H. Rasche* (2003), The Impact of Changes in FOMC Disclosure Practices on the Transparency of Monetary Policy: Are Markets and the FOMC Better "Synched"?, in: Review of the Federal Reserve Bank of St. Louis, Vol. 85, S. 1-10.

Romer, Christy und *David H. Romer* (1996), Federal Reserve Information and the Behavior of Interest Rates, in: American Economic Review, Vol. 90(3), S. 429-457.

Sibert, Anne (1999), Monetary Policy Committees: Individual and Collective Reputation, CESifo Working Paper, Nr. 226.

Svensson, Lars E. O. (2006), Social Value of public Information: Comment: Morris and Shin (2002) is Actually Pro Transparency, Not Con., in: American Economic Review, Vol. 96(1), S. 448-452.

Tarkka, Juha und *David Mayes* (1999), The Value of Publishing Official Central Bank Forecasts, Bank of Finland Discussion Papers, Nr. 22.

Woodford, Michael (2005), Central bank Communication and Policy Effectiveness, in: Federal Reserve Bank of Kansas City (Hrsg.), The Greenspan era: Lessons for the Future, S. 399-474.

Albrecht F. Michler und H. Jörg Thieme (Hg.)
Systeme monetärer Steuerung: Analyse und Vergleich geldpolitischer Strategien
Schriften zu Ordnungsfragen der Wirtschaft · Band 86 · Stuttgart · 2007

Geldpolitische Entscheidungsfindung in Währungsunionen: Beeinflussen Größe und Zusammensetzung des Zentralbankrates die Effizienz der Geldpolitik?

*Uwe Vollmer**

Inhalt

1. Einführung 292

2. Entscheidungsfindung in Zentralbankräten: Einige stilisierte Fakten 293

3. Größe geldpolitischer Entscheidungsgremien 295
   3.1. Informationsaggregation in Gremien: Das Condorcet-Jury-Theorem 295
   3.2. Abhängigkeiten zwischen den Entscheidern 299
   3.3. Free Riding in Gruppen und "Social Loafing" 301
   3.4. Informationsaustausch und Abstimmungskosten 302
   3.5. Ergebnisse von Laborexperimenten 303

4. Zusammensetzung geldpolitischer Entscheidungsgremien 304
   4.1. Zentral oder dezentral besetzter Zentralbankrat 304
   4.2. Stimmengewichtung 307

5. Wie sollten arbeitsfähige Zentralbankräte konzipiert sein? 308

Literatur 310

---

* Für hilfreiche Kommentare danke ich Frau *Rahel Schomaker*, M.A., sowie Herrn Dipl.-Vw. *Achim Hauck*. Viele Hinweise verdanke ich ferner einer von Herrn *Denny Rockstroh* an der Universität Leipzig verfassten Diplomarbeit mit dem Titel „Größe und Zusammensetzung geldpolitischer Entscheidungsgremien in Föderationen und Zentralstaaten: Normative Theorie und praktische Umsetzungen".

"Of all arrangements, the best is the right committee.
The worst is the wrong committee."
Senior Central Banker, zitiert nach
Svensson (2001, S. 51)

1. Einführung

Wirtschaftliche Entscheidungen werden häufig in Gruppen getroffen. In Aktiengesellschaften entscheidet beispielsweise ein aus mehreren Personen bestehender Vorstand über die Unternehmenspolitik, und wirtschaftspolitische Entscheidungen werden von Regierungen getroffen, die ebenfalls zahlreiche Mitglieder haben. In all diesen Gremien führt in der Regel eine Person den Vorsitz, die manchmal als bloßer Moderator fungiert, mitunter aber auch Einfluss auf die Agenda nimmt oder sogar die Richtlinienkompetenz besitzt, sodass ihre Stimme den Ausschlag gibt.

Gruppenentscheidungen sind auch für die Geldpolitik typisch. Zwar gibt es einige Notenbanken, in denen geldpolitische Entscheidungen von Einzelpersonen getroffen werden; zu nennen sind hierbei beispielsweise die Zentralbanken in Israel, Kanada und Neuseeland, wo der Gouverneur alleinverantwortlich über Änderungen von Leitzinssätzen entscheidet, auch wenn es Gremien gibt, die ihn dabei beratend unterstützen oder ihn überwachen (*Tuladhar* 2005, S. 17). Von diesen Ausnahmen abgesehen, setzen sich in den meisten Fällen die Entscheidungsgremien von Zentralnotenbanken aus mehreren Personen zusammen. Dies gilt auch für Notenbanken mit einem explizierten Inflationsziel, wo die geldpolitischen Gremien nicht über das End- oder Zwischenziel der Geldpolitik, wohl aber über den Instrumenteneinsatz entscheiden.

In der Literatur wird seit längerer Zeit eine Diskussion über die Konsequenzen der Größe und der Zusammensetzung von geldpolitischen Entscheidungsgremien (nachfolgend als Zentralbankräte bezeichnet) für die Geldpolitik geführt.[1] Im Zentrum der theoretischen Diskussion stehen die Fragen, wie geldpolitische Entscheidungsgremien arbeiten und wie sie konzipiert sein sollten, um arbeitsfähig zu bleiben (*Gerling et al.* 2005, S. 563). Dabei haben sowohl die positive als auch die normative Fragestellung unterschiedliche Dimensionen, wobei vor allem ein Vergleich von Einzel- versus Gruppenentscheidungen, von kleinen oder großen Entscheidungsgremien und die Zusammensetzung des Entscheidungsgremiums im Vordergrund stehen. Beurteilungskriterium für die Qualität geldpolitischer Entscheidungen ist die Frage, ob Leitzinssatzänderungen hin-

[1] Wichtiger Anlass hierfür war die Gründung des Eurosystems, dessen Entscheidungsgremium anfänglich aus 17 Personen bestand und seit den Beitritten Griechenlands und Sloweniens zur Währungsunion 19 Personen umfasst; es wird im Zuge der Osterweiterung der Europäischen Union annähernd auf 30 Personen anwachsen. Um arbeitsfähig zu bleiben, hat die EZB beschlossen, künftig zu einem Rotationssystem überzugehen, sobald mehr als 16 Länder die europäische Gemeinschaftswährung eingeführt haben.

reichend schnell und in geeignetem Ausmaß erfolgen, um eine gesamtwirtschaftlich stabile Entwicklung herbeizuführen.[2]

Anliegen des nachfolgenden Beitrags ist es, einen Überblick über den Stand der Literatur zum Einfluss der Größe und der Zusammensetzung von geldpolitischen Entscheidungsgremien auf die Effizienz der Geldpolitik zu geben und am Beispiel zweier wichtiger Notenbanken zu beurteilen, ob ihre Entscheidungsgremien zweckmäßig konzipiert sind. Dazu werden zunächst einige stilisierte Fakten präsentiert, von wem und wie in Notenbanken Entscheidungen getroffen werden (2.). Daran anschließend wird die positive Seite betrachtet und gefragt, welche Auswirkungen die Größe (3.) und die Zusammensetzung von Entscheidungsgremien (4.) auf die Qualität der Geldpolitik haben. Der fünfte Abschnitt befasst sich mit der normativen Seite und betrachtet die Frage, wie geldpolitische Entscheidungsgremien konzipiert sein sollten, um effizient zu arbeiten.

2. Entscheidungsfindung in Zentralbankräten: Einige stilisierte Fakten

Lybek and *Morris* (2004) werten 101 Notenbankgesetze (Stand: Ende 2003) aus und untersuchen die formalen Regeln der Entscheidungsfindung in Zentralnotenbanken aus 113 Ländern.[3] Die Autoren klassifizieren die in den verschiedenen Gesetzen vorgesehenen geldpolitischen Entscheidungsgremien nach deren Funktionen und ordnen sie gemäß ihrer primären Funktion, sobald sie verschiedene Funktionen erfüllen (*Lybek* and *Morris* 2004, S. 9). Sie bezeichnen ein Gremium als „policy board", wenn es über das geldpolitische End- oder Zwischenziel entscheidet; entsprechend wird ein Gremium, das nur über den Instrumenteneinsatz entscheidet, als „implementation board" bezeichnet. Schließlich werden noch beratende und überwachende Gremien („advisory board" und „supervisory board") unterschieden, deren Aufgaben u. a. darin bestehen, regionale oder sektorale Anliegen anzusprechen und die internen Entscheidungsprozesse in Zentralbanken zu überwachen. Das mit der täglichen Umsetzung der Geldpolitik beauftragte Gremium wird als „mangement board" bezeichnet und setzt sich zumeist aus dem Präsidenten, dem Vizepräsidenten und den Direktoren der wichtigsten Abteilungen der Zentralbank zusammen.[4]

---

[2] Nicht problematisiert wird hier die Frage, ob Notenbanken eine geldmengenorientierte oder zinsorientierte Politik betreiben und Geldmengenaggregate oder Zinssätze als Instrumentvariable verwenden sollten. Stattdessen wird von der gängigen Praxis ausgegangen, dass Notenbanken die Leitzinssätze anpassen.

[3] Der Survey enthält drei Währungsunionen, nämlich die Europäische Währungsunion (EWU), die Zentralafrikanische Währungsunion und die Westafrikanische Währungsunion. Im Falle der EWU verfügt jedes Mitgliedsland über ein nationales Notenbankgesetz, neben den Regelungen des Maastrichter Vertrags zum Europäischen System der Zentralbanken, jedoch ist nicht jedes Mitgliedsland im Survey vertreten. Die Mitgliedsländer der beiden afrikanischen Währungsunionen verfügen über keine nationalen Notenbankgesetze. Vgl. *Lybeck* and *Morris* (2004, S. 8).

[4] *Lybek* and *Morris* (2004) betrachten nur geldpolitische Entscheidungen in Komitees und blenden Notenbankgesetze aus, die die alleinige Entscheidung durch den Gouverneur vorsehen, wie das in Neuseeland und den anderen eingangs genannten Notenbanken der Fall ist; vgl. dazu *Berger, Nitsch* and *Lybek* (2006, S. 11, Fn. 27).

Tabelle 1: Anzahl der Mitglieder in verschiedenen Entscheidungsgremien (Prozent der Gesetze in jeder Gruppe)

	≤ 3	4-6	7-9	10-12	≥ 13	Total	Gouverneur als Vorsitzender		Total[1]
							Ja	Nein	
Policy board	4	28	50	10	8	100	92	8	50
Implementation board	4	28	47	11	10	100	87	13	95
Advisory board	/	10	10	40	40	100	70	30	10
Supervisory board	1	23	46	14	16	100	74	26	98
Management board	14	52	24	5	5	100	86	14	21

[1] Anzahl der Gesetze

Quelle: *Lybek* and *Morris* (2004), S. 26.

Gemäß der genannten Studie unterscheiden sich die Zentralbanken in Anzahl, Größe und Zusammensetzung ihrer Entscheidungsgremien erheblich. Während 63% der ausgewerteten Gesetze ein einziges Entscheidungsgremium vorsehen, sind es in 23% der Gesetze zwei und in 14% drei oder mehr Entscheidungsgremien. In den meisten Fällen umfassen die geldpolitischen Entscheidungsgremien sieben bis neun Mitglieder. Ausnahmen bilden advisory boards, die häufig mehr als zehn Mitglieder aufweisen, und management boards, die zumeist etwas kleiner sind und vier bis sechs Mitglieder umfassen, wobei der Gouverneur der Zentralbank zumeist der Vorsitzende dieses Gremiums ist (Tabelle 1).[5] Die Entscheidungsgremien treffen sich mit unterschiedlichen Frequenzen: Supervisory boards tagen relativ selten, in vielen Fällen einmal pro Quartal; policy boards treffen sich häufiger, monatlich oder vierteljährlich, und management boards tagen wöchentlich oder alle 14 Tage. Abgestimmt wird im Regelfall mit einfacher Mehrheit; einige Entscheidungen erfordern eine qualifizierte Mehrheit, und manchmal räumt das Notenbankgesetz dem Vorsitzenden bei Stimmengleichheit eine zusätzliche Stimme ein. Darüber hinaus sehen einige Notenbankgesetze vor, dass die Sitzungsprotokolle nicht veröffentlicht werden (sofern der Board nicht anders entscheidet).

---

[5] *Fry et al.* (2000) untersuchen 82 Zentralbanken und ermitteln, dass 55% hiervon Entscheidungsgremien mit fünf bis zehn Mitgliedern aufweisen.

Tabelle 2: Zusammensetzung geldpolitischer Entscheidungsgremien (Prozent der Gesetze in jeder Gruppe)

	Regierungsvertreter				Total	Sektorale Vertretung		Regionale Vertretung	
	Nein	von Amts wegen		andere Offizielle		Nein	Ja	Nein	Ja
		Nein	Ja						
Policy board	48	6	24	22	100	92	8	92	8
Implementation board	47	11	16	26	100	93	7	93	7
Advisory board	20	30	/	50	100	40	60	70	30
Supervisory board	34	11	25	30	100	90	10	91	9
Management board	71	19	5	5	100	95	5	95	5

Quelle: *Lybek* and *Morris* (2004), S. 29.

Einige Notenbankgesetze regeln auch die personelle Zusammensetzung geldpolitischer Entscheidungsgremien (siehe Tabelle 2). *Lybek* and *Morris* (2004, S. 28 ff.) zeigen, dass in mehr als der Hälfte der untersuchten Gesetze die Repräsentanz eines Regierungsvertreters im Gremium vorgesehen ist, wenn auch häufig ohne Stimmrecht; allerdings haben die Regierungsvertreter manchmal das Recht, die Abstimmung auf den nächsten Sitzungstermin zu vertagen, um Zeit zu gewinnen, die für die Lösung von Meinungsunterschieden genutzt werden kann. Darüber hinaus sehen einige Notenbankgesetze vor, dass einzelne Sektoren oder Regionen im Entscheidungsgremium personell vertreten sind. Letzteres gilt vor allem für föderal organisierte Länder, wie die Schweiz, die USA oder die EWU, oder Länder mit großen Sprachunterschieden, wie Belgien, Russland oder Indien (siehe auch *Vollmer* 2004). Zudem sehen einige Notenbankgesetze vor, dass Arbeitnehmervertreter in die Entscheidungsorgane der Bank entsendet werden (z. B. in Österreich, Frankreich und Norwegen).

3. Größe geldpolitischer Entscheidungsgremien

3.1. Informationsaggregation in Gremien: Das Condorcet-Jury-Theorem

Ausgangspunkt der Literatur zur Entscheidungsfindung in Gremien ist das Condorcet-Jury-Theorem (*Condorcet* 1785; Überblick bei *Berg* 1993; *Gerling et al.* 2005 und *Fujiki* 2005), wonach die Qualität der Entscheidung sich mit wachsender Gruppengröße verbessert. Betrachtet wird ein aus mehreren Personen bestehendes Entscheidungsgremium, das zwischen zwei Alternativen zu entscheiden und die „richtige" Wahl zu treffen hat – beispielsweise eine Gerichtsjury, die über Schuld oder Unschuld eines Angeklagten, oder ein Zentralbankrat, der über Änderung oder Beibehaltung des Leitzinssatzes zu befinden hat. Die Gruppenmitglieder sind homogen, entscheiden aber unabhängig voneinander und mit einfacher Mehrheit. Vor der Abstimmung erhält jedes Mitglied ein individuelles Signal über die richtige Entscheidung. *Condorcet* behauptet, dass die Wahrscheinlichkeit für eine korrekte Entscheidung durch die Gruppe mit wachsender

Gruppengröße zunimmt und gegen eins konvergiert, wenn die Gruppengröße gegen unendlich geht.

Dies lässt sich für den Fall eines Zentralbankrats zeigen, der sich aus einer ungeraden Anzahl $n = 2m+1$ von (identischen) Personen zusammensetzt (mit $n > 3$) und eine Entscheidung $x \in X$ über eine Änderung des Leitzinssatzes zu treffen hat; es bestehen dabei nur zwei Alternativen, $x \in \{0,1\}$, wobei $x = 0$ die Beibehaltung und $x = 1$ die Änderung des Zinssatzes bedeuten.[6] Jedes Zentralbankratsmitglied i gibt ein Votum $v_i = \{0,1\}$ ab, d.h. es entscheidet sich für die Beibehaltung oder Änderung des Leitzinssatzes. Es sei $k \in \{0,...,n\}$ die erforderliche Stimmenzahl, um die Leitzinssatzänderung durchzusetzen (also für $x = 1$), sodass k den Abstimmungsmodus charakterisiert. Gilt $k = n$, ist Einstimmigkeit erforderlich, und für $k = 0,5(n+1) = m+1$ reicht die einfache Mehrheit aus. Die Gremienentscheidung richtet sich nach dem Votum $v = \sum_{i=1}^{n} v_i$ der einzelnen Mitglieder und nach dem Abstimmungsmodus und kann wie folgt dargestellt werden:

$$\text{(1)} \qquad x(k,v) = \begin{cases} 1 & \text{für } \sum_{i=1}^{n} v_i \geq k, \\ 0 & \text{ansonsten.} \end{cases}$$

Die „richtige“ Entscheidung der Zentralbankratsmitglieder hängt von der konjunkturellen Situation in der Volkswirtschaft ab. Das Condorcet-Jury-Theorem setzt voraus, dass nur zwei Umweltzustände $z \in \{0,1\}$ möglich sind, und zwar eine unveränderte Konjunkturlage ($z = 0$) oder eine veränderte Konjunkturlage ($z = 1$). Den Entscheidungsträgern ist die Konjunkturlage nicht mit Sicherheit bekannt, jedoch verfügen sie über eine identische A-priori-Wahrscheinlichkeit $p = \text{prob}\{z = 1\}$ für den Eintritt des Umweltzustandes $z = 1$ (veränderte Konjunktur), mit $0 < p < 1$. Die Präferenzen jedes Entscheiders werden durch folgende Nutzenfunktion beschrieben:

$$\text{(2)} \qquad u(x,z) = \begin{cases} 1 & \text{für } x = z, \\ 0 & \text{ansonsten,} \end{cases}$$

d.h. jeder Entscheidungsträger präferiert eine richtige Entscheidung gegenüber einer falschen; da alle Entscheidungsträger als identisch unterstellt sind, gilt das auch für das gesamte Gremium (*Gerling et al.* 2005, S. 565).

Jedes Mitglied i des Zentralbankrats erhält vor der Abstimmung ein privates Signal s_i darüber, welcher Umweltzustand eingetreten ist. Bezeichnet man die Wahrscheinlichkeit, dass bei Eintritt von Umweltzustand $z = 0$ (bzw. $z = 1$) auch $s = 0$ (bzw. $s = 1$) signalisiert wird, mit q, soll gelten:

---

[6] Die hier modellierte binäre Entscheidung dürfte die Situation in Zentralbanken widerspiegeln, wo weniger über das Ausmaß als über die Richtung von Leitzinssatzänderungen gestritten wird. Die Darstellung folgt *Gerling et al.* (2005), wird hier aber auf eine geldpolitische Entscheidung übertragen.

$$\text{prob}\{s_i = 0 | z = 0\} = \text{prob}\{s_j = 0 | z = 0\} = q_0 \ \forall \ i,j \ ,$$

$$\text{prob}\{s_i = 1 | z = 1\} = \text{prob}\{s_j = 1 | z = 1\} = q_1 \ \forall \ i,j \ ,$$

mit $q_0 = q_1 = q$ und $0{,}5 < q < 1$.

Damit ist das Signal symmetrisch (die Wahrscheinlichkeiten in den ersten beiden Zeilen sind gleich), informativ ($q > 0{,}5$) aber unvollkommen ($q < 1$) und individuell unterschiedlich. Es ist unterstellt, dass zunächst der Umweltzustand $z = 1$ mit A-priori-Wahrscheinlichkeit p eintritt, dann die Umwelt ein Signal s an jedes Mitglied sendet, alle Mitglieder simultan über die Leitzinssatzänderung abstimmen und diese dann – falls beschlossen – umgesetzt wird. Dann lässt sich gemäß der *Bayes`schen* Regel die A-posteriori-Wahrscheinlichkeit α (β) dafür ermitteln, dass bei Erhalt des Signals $s_i = 1$ ($s_i = 0$) der Zustand $z = 1$ ($z = 0$) tatsächlich eingetreten ist. Es gilt:

(3) $$\text{prob}\{z = 1 | s_i = 1\} = \alpha \quad \text{und} \quad \text{prob}\{z = 0 | s_i = 0\} = \beta \quad \forall i.$$

Abbildung 1 zeigt die Spielsequenz und die beiden A-posteriori-Wahrscheinlichkeiten (und ihre jeweiligen Gegenwahrscheinlichkeiten). Da jeder Entscheidungsträger gemäß (2) die richtige Entscheidung bevorzugt und das Signal sowohl informativ als auch die einzige Entscheidungsgrundlage ist, werden sie entsprechend dem erhaltenen Signal votieren, sofern $\alpha, \beta > 0{,}5$ gilt, was für eine hinreichend große Wahrscheinlichkeit q erfüllt ist. Sind n Personen an der Abstimmung beteiligt, beträgt die Wahrscheinlichkeit, dass von diesen n Wählern genau v Personen die richtige Entscheidung treffen, sofern eine veränderte Konjunkturlage vorliegt:

(4) $$\text{prob}(v;q) = \binom{n}{v} q^v (1-q)^{n-v}, \text{ mit } v = 0,1,\ldots,n.$$

Dann beträgt die Wahrscheinlichkeit, dass bei Mehrheitswahl, $k=m+1$, die richtige Entscheidung getroffen wird:

(5) $$\text{prob}(v \geq k = m+1) = \sum_{v=m+1}^{2m+1} \binom{2m+1}{v} q^v (1-q)^{2m+1-v}.$$

Diese Wahrscheinlichkeit wird auch als „Mehrheitsfunktion" bezeichnet (*Berg* 1993, S. 89). Gleichung (5) erlaubt es, die zentralen Aussagen des *Condorcet*-Jury-Theorems abzuleiten (zur Beweisführung siehe *Boland* 1989):

– Die Wahrscheinlichkeit $\text{prob}(v \geq k = m + 1)$, dass ein aus $n = 2m + 1$ Entscheidern bestehendes Gremium durch einfache Mehrheit $k = m+1$ eine richtige Entscheidung trifft, steigt mit wachsender Zahl der Entscheider, sofern $q > 0{,}5$ gilt; je mehr Mitglieder dem Entscheidungsgremium angehören, desto mehr nähert sich die Wahrscheinlichkeit für eine korrekte Entscheidung, prob($v \geq k = m+1$), dem Wert eins an.

- Für $q \in (0{,}5;1)$ gilt: prob($v \geq k = m + 1$) > q, d.h. die Gruppenentscheidung findet zu einer besseren Entscheidung als jede Einzelentscheidung.

Abbildung 1: Spielsequenz und A-posteriori-Wahrscheinlichkeiten

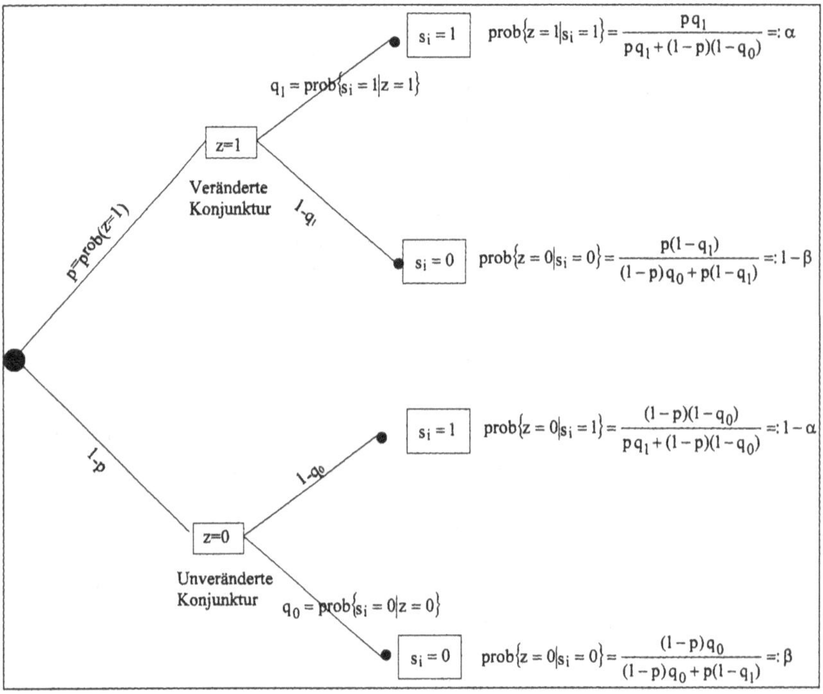

Quelle: Die Abbildung verdanke ich der eingangs genannten Diplomarbeit.

Sofern die Mitglieder des Entscheidungsgremiums über eine Kompetenz q > 0,5 verfügen, nähert sich die mehrheitliche Gruppenentscheidung mit wachsender Gruppengröße der richtigen Entscheidung. Darüber hinaus ist für q > 0,5 die Kompetenz der Gruppe größer als jede individuelle Kompetenz. Damit ist es zweckmäßig, die zu treffende Entscheidung einer Jury und nicht einer Einzelperson zu überlassen. Leider gilt für q < 0,5 das Umgekehrte, d.h. „it is safer to entrust business, if it must be so, to any stupid person, than to a committee of fools" (*Pearson* 1921/33, zitiert nach *Berg* 1993, S. 89). Schließlich folgt aus (5) auch, dass bei Einstimmigkeit die Wahrscheinlichkeit für eine Zinssatzänderung gegen null geht, denn es gilt auch:

$$\text{prob}(v = 2m+1) = \sum_{v=2m+1}^{2m+1} \binom{2m+1}{v} q^{v}(1-q)^{2m+1-v} = \binom{2m+1}{2m+1} q^{2m+1} = q^{2m+1}.$$

Bei veränderter Konjunktur (z = 1) bewirkt Einstimmigkeit, dass die falsche Entscheidung eines Gruppenmitglieds zu einer falschen Entscheidung der Gruppe führt: Erhält ein Mitglied ein falsches Signal, stimmt es gegen eine Zinssatzänderung, obwohl sie angezeigt wäre. Es ist zu beachten, dass bei unveränderter Konjunkturlage (z = 0) genau das Umgekehrte gilt, d.h. das Gremium immer richtig entscheidet: Liegt eine unveränderte Konjunktur vor und wird gefragt: „Sollen wir den Zinssatz ändern?", genügt einen Gegenstimme, um den Zinssatz konstant zu halten. Einstimmigkeit bedeutet also, dass die Wahrscheinlichkeit einer Zinssatzänderung gegen null geht.

Das *Condorcet*-Jury-Theorem beruht allerdings auf einer Reihe von Annahmen, die für geldpolitische Entscheidungsprozesse unrealistisch sein dürften. Es unterstellt, dass die individuellen Entscheider homogen sind und unabhängig voneinander urteilen. Darüber hinaus ist unterstellt, dass die Entscheider (*Gerling et al.* 2005, S. 568f.)

- immer ihr Signal über den Umweltzustand signalisieren;
- kostenlos Information akquirieren;
- beabsichtigen, die richtige Entscheidung zu treffen; sowie
- vor der Abstimmung keine Informationen austauschen.

Deshalb soll jetzt geprüft werden, wie robust die Aussagen des Jury-Theorems sind, wenn man die Annahmen schrittweise fallen lässt. Dabei wird der Fall einer „pathologischen" Gruppenentscheidung ($q \leq 0{,}5$) nicht betrachtet.

3.2. Abhängigkeiten zwischen den Entscheidern

Zunächst wird die erste Annahme fallen gelassen, dass die Mitglieder des Zentralbankrats geheim und unabhängig voneinander abstimmen, und es wird stattdessen unterstellt, dass eine dominante Person existiert, die als „vote leader" fungiert und an der sich die übrigen Personen in ihrem Abstimmungsverhalten orientieren – beispielsweise der Zentralbankratsvorsitzende. *Boland, Proschan* and *Tong* (1989) modellieren solch eine Abhängigkeit im Abstimmungsverhalten und unterstellen, dass in dem bislang betrachteten Entscheidungsgremium der erste Entscheidungsträger die übrigen beeinflusst. Damit gilt:

(6a) $$\text{prob}\{v_i = 1 | v_1 = 1\} = q + r(1-q) \text{ und}$$

(6b) $$\text{prob}\{v_i = 1 | v_1 = 0\} = q - rq \qquad \forall i = 2,\ldots,2m+1,$$

mit $1 \geq r > \max\left\{-\frac{q}{1-q}; -\frac{1-q}{q}\right\}$, um das Auftreten negativer Wahrscheinlichkeiten zu vermeiden. Hier ist r ein Korrelationsparameter (mit $\text{corr}(v_1, v_i) = r$ für $\forall i = 2,\ldots 2m+1$ und $\text{corr}(v_i, v_j) = r^2$ für $\forall i \neq j$) und misst den Einfluss der Entscheidung des Vorsitzenden auf die Stimmen der übrigen Mitglieder.

Ausdruck (6a) ist die bedingte Wahrscheinlichkeit dafür, dass ein Mitglied i für die Änderung des Leitzinssatzes stimmt, wenn sich der Vorsitzende auch dafür entscheidet;

(6b) ist die Wahrscheinlichkeit dafür, dass das Mitglied anders als der Vorsitzende entscheidet. Offensichtlich folgen die Mitglieder ihrem Vorsitzenden immer, wenn $r = 1$ ist. *Boland* (1989) und *Boland et al.* (1989) zeigen, dass sich die Eigenschaften der Mehrheitsfunktion nicht ändern, wenn man solche Stimmabhängigkeiten berücksichtigt. Die Mehrheitsfunktion fällt mit steigendem r, d.h. bei steigender Dominanz des Vorsitzenden sinkt die Güte der Mehrheitsentscheidung. Für $r < 1$ ist die Gruppenkompetenz immer noch größer als die individuelle Kompetenz, und das *Condorcet*-Jury-Theorem behält seine Gültigkeit (siehe auch *Berg* 1993, S. 90).

Boland et al. (1989, S. 90ff.) analysieren noch eine andere Form der Abstimmungsinterdependenz und betrachten den Fall, dass die Abstimmung eines individuellen Entscheiders vom Abstimmungsverhalten der übrigen Entscheider abhängt. Sie modellieren damit einen „Ansteckungseffekt" im Abstimmungsverhalten und unterstellen, dass die Wahrscheinlichkeit eines Mitglieds, für eine Leitzinssatzänderung zu stimmen, ansteigt, wenn es beobachtet, dass seine Nachbarn dafür stimmen. Das ist vergleichbar mit einem Urnenexperiment, bei dem sich in der Urne schwarze und weiße Kugeln befinden und nach Ziehen einer Kugel diese zusammen mit anderen Kugeln derselben Farbe zurück in die Urne gelegt wird. Dann ist die Gruppenentscheidung zwar immer noch besser als die individuelle Entscheidung, jedoch konvergiert die Wahrscheinlichkeit für eine korrekte Entscheidung mit wachsender Jury-Größe nicht mehr gegen eins, sodass nur noch der zweite Teil des *Condorcet*-Jury-Theorems gültig bleibt (*Berg* 1993, S. 93f.).

Auch dies kann sich jedoch ändern, wenn man strategisches Abstimmungsverhalten und damit eine dritte Form der Abstimmungsinterdependenz berücksichtigt. *Austen-Smith* und *Banks* (1996) zeigen, dass es für ein Gruppenmitglied rational sein kann, das erhaltene Signal über den wahren Umweltzustand nicht zu offenbaren und damit weder informiert noch aufrichtig abzustimmen; dann stimmt das Gruppenmitglied nicht für die Alternative, die sich aus dem Signal ergibt, und verhält sich in der Gruppe anders als das bei einer Einzelentscheidung der Fall wäre. Konsequenz ist, dass die Gruppenentscheidung nicht mehr ausnahmslos besser als die Einzelentscheidung sein muss.

Beispielhaft lässt sich dies für den Fall eines aus drei Personen bestehenden Zentralbankrats verdeutlichen, der mit einfacher Mehrheit und ohne Enthaltungsmöglichkeit über eine Leitzinssatzänderung abstimmt. Im Unterschied zum bisherigen Modellrahmen sei unterstellt, dass vor der Abstimmung alle Mitglieder glauben, $z = 0$ sei der „wahre" Zustand, und nur $z = 1$ vermuten, wenn alle drei Mitglieder dasselbe Signal erhalten haben. Dann wird es möglich, dass das dritte Mitglied nicht aufrichtig abstimmt, selbst wenn die beiden anderen aufrichtig votieren, d.h. bei Erhalt von $s_i = 0$ ($s_i = 1$) auch glauben, dass $z = 0$ ($z = 1$) der wahre Zustand ist. Um dies zu zeigen, sei unterstellt, dass die ersten beiden Zentralbankratsmitglieder je ein Signal $s_1=0$ und $s_2=1$ erhalten haben. Erhält der dritte Zentralbanker das Signal $s_3 = 0$, beträgt für ihn die Wahrscheinlichkeit, dass das Signal richtig (also $z = 0$ der wahre Umweltzustand) ist:

$$\text{prob}\{z = 0 | s = (0,1,0)\} = \frac{(1-p) \cdot q_0^2 (1-q_0)}{(1-p) \cdot q_0^2 (1-q_0) + p(1-q_1)^2 q_1} =: \Pi_R .$$

Erhält er jedoch das Signal $s_3 = 1$, beträgt die Wahrscheinlichkeit, dass das Signal falsch (also ebenfalls $z = 0$ der wahre Umweltzustand) ist:

$$\text{prob}\{z=0|s=(0,1,1)\}=\frac{(1-p)\cdot q_0(1-q_0)^2}{(1-p)\cdot q_0(1-q_0)^2+p\cdot(1-q_1)q_1^2}=:\Pi_F.$$

Damit ist aufrichtiges Anstimmen nur dann rational, wenn zugleich $\Pi_R > 0{,}5$ und $\Pi_F \leq 0{,}5$ erfüllt ist, was nicht immer der Fall sein muss. Gilt etwa die Parameterkonstellation $q_0 = 0{,}6$ und $q_1 = 0{,}9$, ergeben sich für alle p mit $0 \leq p < 0{,}5$ Wahrscheinlichkeiten von $\Pi_R > 0{,}5$ und $\Pi_F > 0{,}5$, sodass der dritte Zentralbanker immer für die Alternative 0 stimmen wird, egal welches Signal er empfängt.

3.3. Free Riding in Gruppen und "Social Loafing"

Als zweites soll jetzt die Annahme der kostenlosen Informationsbeschaffung fallen gelassen werden. Solche Kosten können mit dem Signalempfang verbunden sein und im vorliegenden Modellrahmen in der individuellen Anstrengung bestehen, sich über den aktuellen Umweltzustand zu informieren; beispielsweise muss ein Zentralbankratsmitglied einige Zeit aufwenden, um die Konjunkturindikatoren auszuwerten. Jedes Mitglied muss deshalb entscheiden, ob es sich diese Informationen beschafft und die damit verbundenen Kosten trägt. Diese Entscheidung hängt in Gremien von der Gruppengröße ab, und es besteht ein Free-Rider-Problem, wenn einzelne Gremienmitglieder zu Informationen kommen können, ohne die Anstrengungen dafür tragen zu müssen.[7]

Mukhopadhaya (2003) untersucht, ob ein Zusammenhang zwischen Gremiengröße und Anreiz zur Informationsbeschaffung besteht, wobei er unterstellt, dass alle Gremienmitglieder dasselbe Ziel besitzen, die richtige Entscheidung zu treffen. Ergebnis ist, dass bei einem vollkommenen Signal sowohl der Anreiz, sich zu informieren, als auch die Wahrscheinlichkeit einer richtigen Gruppenentscheidung mit wachsender Gruppengröße sinken. Dies ist darin begründet, dass bereits ein informiertes Mitglied ausreicht, um in der Gruppe die richtige Entscheidung zu treffen; je mehr Mitglieder dem Gremium angehören, desto eher geht das einzelne Mitglied davon aus, dass ein anderes sich informiert, und desto kleiner ist somit der individuelle Anreiz, sich selber kostspielig zu informieren (*Mukhopadhaya* 2003, S. 25).

Wenn das Signal unvollkommen ist, sinkt der Anreiz zur Informationsbeschaffung ebenfalls mit wachsender Gruppengröße, allerdings bleibt die Auswirkung auf die Wahrscheinlichkeit einer richtigen Gruppenentscheidung unbestimmt, denn kleinere

---

[7] Dieses Free-Rider-Problem wird in der sozialpsychologischen Literatur auch als social loafing oder als *Ringelmann*-Effekt bezeichnet. Zum ersten Begriff siehe beispielsweise *Napier* und *Gershenfeld* (2004, S. 193). Der letzte Begriff geht zurück auf den französischen Agraringenieur *Max Ringelmann* (1913), der den Einfluss der Gruppengröße auf die Gruppenleistung experimentell untersuchte. Seine Probanden sollten einzeln und in Gruppen so stark wie möglich an einem Seil ziehen und die durchschnittlich aufgewendete Anstrengung sank deutlich mit wachsender Gruppengröße. Siehe dazu auch *Ingham et al.* (1974); *Kravitz* und *Martin* (1986) sowie *Sibert* (2006), S. 150.

Gruppen sammeln relativ wenige Informationen an, da wenige Mitglieder Signale empfangen. Der potenzielle Signalempfang steigt mit wachsender Gruppengröße, allerdings nimmt auch der Anreiz zum free riding zu. *Mukhopadhaya* (2003) zeigt beispielhaft eine Parameterkonstellation, bei der eine richtige Gruppenentscheidung mit wachsender Gruppengröße zunächst ansteigt, ab einer kritischen Mitgliederzahl jedoch abfällt.[8] Damit können – im Unterschied zum *Condorcet*-Jury-Theorem – auch kleinere Gruppen effiziente Entscheidungen treffen, wenn die Informationsbeschaffung nicht kostenlos ist, sodass die optimale Gruppengröße nicht unendlich ist (*Mukhopadhaya* 2003, S. 38ff.).

3.4. Informationsaustausch und Abstimmungskosten

Abschließend sollen noch zwei weitere Annahmen des *Condorcet*-Jury-Theorems fallen gelassen werden, nämlich dass die Gremienmitglieder vor der Abstimmung keine Informationen austauschen und dass sie die Abstimmung kostenlos durchführen können. *Berk* und *Bierut* (2005) betrachten die Gruppenentscheidung eines Zentralbankrats und berücksichtigen, dass die Gremienmitglieder vor der Abstimmung miteinander kommunizieren. Ergebnis ist, dass die optimale Gruppengröße im kommunizierenden Zentralbankrat geringer ist als das ohne Kommunikation der Fall ist, weil sich die Qualität der Entscheidungsfindung nicht nur durch Aufnahme neuer Mitglieder, sondern auch durch Kommunikation der Mitglieder untereinander verbessert.

Gerlach-Kirsten (2004) berücksichtigt die im Zusammenhang mit der Vorbereitung und Durchführung von Zentralbankratssitzungen verbundenen Kosten, die vor allem durch die Anreise der Mitglieder zum Ort der Sitzung bestehen und mit der Zahl der Gremienmitglieder anwachsen. Die Mitglieder des Zentralbankrats entscheiden über Änderungen des Leitzinssatzes, wobei dessen optimaler Wert stochastischen Schocks ausgesetzt ist, die die Mitglieder nicht kennen. Für den Zentralbankrat besteht damit ein Trade-off zwischen Minimierung der Differenz aus tatsächlichem und optimalem Leitzinssatz und der Minimierung der Entscheidungsfindungskosten.

Wären diese Kosten gleich null, könnten Ratssitzungen jederzeit durchgeführt und Leitzinssatzänderungen sofort und in beliebiger Höhe beschlossen werden. Steigen jedoch die Kosten der Entscheidungsfindung mit wachsender Mitgliederzahl an, resultiert daraus eine Standardisierung von Sitzungsterminen und Leitzinssatzänderungen, die nur noch zu festgelegten Terminen und in festgelegten Zinsschritten (von beispielsweise 50 Basispunkten) durchgeführt werden. Große Zentralbankräte unterliegen damit der Gefahr, dass Zinssatzänderungen zu spät und in zu geringem oder zu großem Ausmaß durchgeführt werden.

Berger, Nitsch und *Lybek* (2006, S. 7ff.) führen mögliche länderspezifische Determinanten der Größe von geldpolitischen Entscheidungsgremien an. Sie vermuten ers-

[8] *Henningsen et al.* (2000) berichten von einem Experiment, das einer geldpolitischen Entscheidung ähnelt. Ihre Pobanden mussten einen Text durchlesen und auf dieser Grundlage eine Entscheidung entweder allein oder in der Gruppe treffen. Ergebnis war, dass Teilnehmer, die davon ausgingen, allein entscheiden zu müssen, sich besser an die Informationen des Textes erinnern konnten, als solche, die eine Gruppenentscheidung vermuteten.

tens, dass größere, kulturell oder politisch stärker fragmentierte Länder häufiger föderale Staatsstrukturen wählen, die sich auch in Größe und Zusammensetzung von Zentralbankräten niederschlagen; sie wählen größere geldpolitische Entscheidungsgremien, um Informationen aus diversen Regionen oder Sektoren in die Entscheidungsfindung einfließen zu lassen.[9] Sie vermuten zweitens, dass in höher entwickelten Ländern auch komplexere geldpolitische Entscheidungen anfallen, die größere Gremien erfordern; während Entwicklung- oder Schwellenländer häufig einfache geldpolitische Regeln, wie eine Wechselkursfixierung, wählen, entscheiden sich Industrieländer häufig für komplexere geldpolitische Strategien, die eine schwierige Ziel- und Datenabwägung erfordern.

Drittens vermuten sie, dass größere geldpolitische Entscheidungsgremien ihre Mitglieder besser vor einer Einflussnahme durch die Regierung schützen, die Staatsausgaben durch eine Inflationssteuer finanzieren möchten; Länder mit höherer Staatsverschuldung weisen danach möglicherweise größere Zentralbankräte auf (ähnlich auch *Blinder* 2006). Schließlich hängt deren Größe auch von der sonstigen institutionellen Ausgestaltung der Geldpolitik ab, wie dem Unabhängigkeitsgrad, dem Wechselkurssystem oder der Amtsdauer von Zentralbankratsmitgliedern.

3.5. Ergebnisse von Laborexperimenten

Als erstes Zwischenergebnis lässt sich festhalten, dass in der Welt des *Condorcet*-Jury-Theorems ein Gremium aus möglichst vielen Teilnehmern bestehen sollte, jedoch kleinere Gruppen besser als größere entscheiden, wenn man die Annahmen des Jury-Theorems lockert. Umgekehrt entscheiden (kleinere) Gruppen auch besser als Einzelpersonen.[10] Dies bestätigen auch die Ergebnisse von Laborexperimenten, die unter Studierenden an der London School of Economics und an der Princeton University durchgeführt wurden (*Lombardelli et al.* 2005 und *Blinder* und *Morgan* 2005). Die Teilnehmer an diesen Experimenten mussten geldpolitische Entscheidungen auf Grundlage eines Modells treffen, in dem Schocks auftraten, und über Leitzinssatzänderungen beraten.

Beide Studien ermittelten, dass die Spieler in der Gruppe signifikant besser als individuell entscheiden. *Blinder* und *Morgan* (2005) ermittelten darüber hinaus, dass Gruppenentscheidungen schneller in dem Sinne erfolgen, dass sie weniger Informationen für die Entscheidungsfindung benötigen. Den Qualitätsvorsprung von Gruppenentscheidungen führen *Lobardelli et al.* (2005) auf zwei Gründe zurück: Erstens erhält bei einer Gruppenentscheidung der „bessere" Entscheidungsträger (d.h. der mit besserem Verständnis der Modellstruktur) ein höheres Gewicht als der „schlechtere" Entscheidungsträger, sodass die Gruppenentscheidung qualitativ besser ist als der Durchschnitt der Einzelentscheidungen. Zweitens hat die Gruppe bessere Möglichkeiten, Entscheidungen

---

9 Dies ähnelt dem Argument von *Alesina* und *Spolaore* (2005, S. 137ff.), wonach föderale Staatsstrukturen ein Substitut für Separationen sein können.

10 *Svensson* (2001, S. 49ff.) kritisiert deshalb auch die Entscheidungsstruktur der Reserve Bank of New Zealand als zu riskant, weil hier die Entscheidungskompetenz bei einer Person liegt.

zu treffen, indem man sich gegenseitig informiert oder voneinander lernt, wenn man die Reaktionen der anderen Entscheider beobachten kann.

4. Zusammensetzung geldpolitischer Entscheidungsgremien

Bislang war unterstellt, dass die Mitglieder des Zentralbankrats identische Präferenzen (2) aufweisen und sich einig sind über den „wahren" Zustand in der Volkswirtschaft. In diesem Fall spielt allein die Größe, nicht aber die Zusammensetzung des Zentralbankrats eine Rolle für das Abstimmungsergebnis. Dies ändert sich jedoch, wenn man Meinungsunterschiede zwischen den Zentralbankratsmitgliedern zulässt, die darin begründet sein können, dass die Mitglieder makroökonomische Zielsetzungen für unterschiedliche Regionen verfolgen oder die makroökonomische Entwicklung in diesen Regionen unterschiedlich einschätzen. Dies ist denkbar in Zentralbankräten von Staatenbünden oder Bundesstaaten, in denen die regionale Wirtschaftsentwicklung verschieden verläuft.

Um einen Einfluss der Zusammensetzung von Zentralbankräten auf die Geldpolitik modellieren zu können, müssen (mindestens) zwei Typen von Zentralbankpolitikern unterschieden werden, die jeweils anderen politischen Prinzipalen folgen. Der eine Typ („Direktor") wird zentral auf Ebene des Staatenbundes oder Bundesstaates bestellt, nimmt eine unionsweite Perspektive ein und entscheidet nach der wirtschaftlichen Entwicklung in der gesamten Föderation. Der andere Typ („Gouverneur") wird auf Ebene der Mitgliedsstaaten oder Bundesstaaten ernannt, nimmt eine regionale Perspektive ein und orientiert sich an der länderspezifischen Entwicklung ökonomischer Variablen.

Beide Typen entscheiden unterschiedlich, wenn die regionale Wirtschaftsentwicklung von der unionsweiten Entwicklung abweicht oder wenn ihre politischen Prinzipale unterschiedliche Zielvariablen (nachfolgend: Beschäftigungsziele) verfolgen. Ersteres kann Folge regionaler oder länderspezifischer Schocks sein; letzteres lässt sich mit Hilfe eines Partisan-Ansatzes politischer Konjunkturzyklen begründen, wenn man unterstellt, dass in einem Zwei-Parteien-System auf Unionsebene und auf Länderebene bestellte Regierungen unterschiedlichen politischen Lagern angehören. In beiden Fällen spielt die Zusammensetzung des Zentralbankrats eine Rolle für die Qualität geldpolitischer Entscheidungen, wie jetzt gezeigt werden soll.

4.1. Zentral oder dezentral besetzter Zentralbankrat

Von Hagen und *Süppel* (1994) untersuchen im Rahmen eines Modells vom Typ *Barro* und *Gordon* (1983) den Einfluss sowohl von Präferenzunterschieden als auch von länderspezifischen Schocks auf die Geldpolitik einer aus $n > 1$ Ländern bestehenden Währungsunion. Entschieden wird mit einfacher Mehrheit in einem aus Direktoren oder Gouverneuren besetzten Zentralbankrat, in dem jedes Mitglied über eine Stimme verfügt.

Unionsebene

Es ist unterstellt, dass die tatsächliche Beschäftigung N in der Union vom natürlichen Beschäftigtenstand N_0 abweicht, wenn sich die tatsächliche Inflationsrate g_P von der vom Publikum erwarteten Inflationsrate g_P^* unterscheidet oder wenn ein stochastischer gesamtwirtschaftlicher Angebotsschock z mit endlicher Varianz σ_Z^2 und einem Erwartungswert von null auftritt:[11]

(8) $$N = N_0 + a\left(g_P - g_P^*\right) + z, \qquad \text{mit } a > 0.$$

Die tatsächliche Inflationsrate hängt neben dem Geldmengenwachstum und dem Angebotsschock noch vom Auftreten eines stochastischen gesamtwirtschaftlichen Nachfrageschocks v mit endlicher Varianz σ_V^2 ab:

(9) $$g_P = g_M + v - z.$$

Normiert man N_0 auf null, gilt für die unionsweite Beschäftigung nach Einsetzen von (8) in (9), sofern das Publikum rationale Inflationserwartungen bildet (mit g_M^* als das erwartete Geldmengenwachstum):

(10) $$N = a\left(g_M - g_M^* + v\right) + (1 - a)z.$$

Das Publikum möchte durch die Geldpolitik nicht getäuscht werden; die auf Unionsebene bestellten Direktoren minimieren folgende Verlustfunktion:

(11) $$L = \frac{1}{2}g_P^2 + \frac{1}{2}b\left(N - N^{Ziel}\right)^2, \qquad \text{mit } b > 0.$$

Mitgliedsländer

Die Mitgliedsländer weisen abweichende makroökonomische Bedingungen von denen in der Föderation auf. Für die Beschäftigung n_i im Mitgliedsland i gilt:

(12) $$n_i = n_0 + a\left(g_{P_i} - g_{P_i}^*\right) + z,$$

d.h. der gesamtwirtschaftliche Angebotsschock wirkt in gleicher Weise auf die Union als auch auf die Mitgliedsstaaten. Dagegen ist die Inflationsrate länderspezifisch und kann von der unionsweiten Inflationsrate abweichen:

---

[11] Nachfolgend sind auf Unionsebene auftretende Makrovariable ohne Index i, auf Länderebene auftretende Variablen mit Länderindex i versehen. Alle betrachteten Schocks haben einen Erwartungswert von null und sind miteinander und seriell unkorreliert.

$$(13)\qquad g_{P_i} = g_P + \delta_i g_M ,$$

wobei δ_i ebenfalls eine Zufallsvariable mit endlicher Varianz σ_δ^2 ist, sodass für (12) folgt, wenn n_0 gleich null gesetzt wird:

$$(14)\qquad n_i = a\left(g_M + v - z + \delta_i g_M - g^*_{P_i}\right) + z = N + a\,\delta_i g_M .$$ [12]

Die landesspezifische Beschäftigung weicht also um den Term $a\,\delta_i g_M$ von der durchschnittlichen unionsweiten Beschäftigung ab. Die auf Länderebene bestellten Gouverneure minimieren folgende Verlustfunktion:

$$(15)\qquad l_i = \frac{1}{2} g_{P_i}^2 + \frac{1}{2} b\left(n_i - n_i^{Ziel}\right)^2 , \qquad \text{mit } b > 0.$$

Ein Vergleich von (11) mit (15) macht deutlich, dass sich die Zielfunktion der Gouverneure von der Zielfunktion der Direktoren unterscheidet, weil erstens die Beschäftigungsziele beider Gruppen voneinander abweichen können (wobei beide dieselbe Zielinflationsrate in Höhe von null verfolgen) und zweitens die länderspezifische Beschäftigung vom Unionsdurchschnitt differieren kann. Wegen dieser Unterschiede wird sich auch das von beiden Gruppen gewünschte Geldmengenwachstum unterscheiden.

Geldpolitische Entscheidungen

Dies sei zunächst für den Fall gezeigt, dass keine länderspezifischen Preiseffekte existieren ($\delta_i = 0$ für alle i) und sich nur die Beschäftigungsziele der Gouverneure unterscheiden. Dann ergibt sich für Inflation und Beschäftigung in der Union:

– bei einem ausschließlich mit Direktoren (DIR) besetzen Zentralbankrat:

$$g_P^{DIR} = a \cdot b \cdot N^{Ziel} - \frac{ab}{1+a^2 b} z \text{ sowie } N^{DIR} = \frac{1}{1+a^2 b} z\text{; und}$$

– bei einem ausschließlich mit Gouverneuren (GOV) besetzten Gremium, sofern dieses mit einfacher Mehrheit entscheidet:

$$g_P^{GOV} = a \cdot b \cdot n_{Median}^{Ziel} - \frac{ab}{1+a^2 b} z \text{ sowie } N^{GOV} = \frac{1}{1+a^2 b} z .$$

---

[12] Es gelten folgende „adding-up constraints“: $\sum_{i=1}^{n} \mu_i = 1$, $\sum_{i=1}^{n} \mu_i n_i = N$ und $\sum_{i=1}^{n} \mu_i g_{P_i} = g_P$, wobei μ_i mit $0 < \mu_i < 1$ den Anteil der wirtschaftlichen Stärke des Landes i an der Wirtschaftskraft der gesamten Union darstellt. Damit ergeben sich die Beschäftigung und die Inflationsrate in der Union aus dem gewogenen Mittel der jeweiligen Länderwerte. Siehe auch *von Hagen* und *Süppel* (1994).

Damit wählt ein ausschließlich aus Gouverneuren bestehender Zentralbankrat bei gleicher Beschäftigung eine höhere Inflationsrate als ein ausschließlich aus Direktoren bestehendes Gremium, wenn der Medianwähler bei den Gouverneuren ein höheres Beschäftigungsziel aufweist als der (repräsentative) Direktor, d.h. wenn gilt: $n^{Ziel}_{Median} > N^{Ziel}$; im umgekehrten Fall ist die Inflationsrate bei einem zentral besetzten Zentralbankrat höher.

Von Hagen und *Süppel* (1994, S. 778f.) argumentieren, dass die Zielbeschäftigung sowohl von Direktoren als auch von Gouverneuren politische Konjunkturzyklen reflektieren und zu Wahlterminen ansteigen. Damit gilt $N^{Ziel} = n^{Ziel}_{Median}$ und $g^{DIR}_{P} = g^{GOV}_{P}$, wenn auf Unionsebene und in den Mitgliedsregionen zum gleichen Zeitpunkt gewählt würde und Union und Länder dasselbe politische Gewicht aufwiesen. Entsprechend gilt $g^{DIR}_{P} > g^{GOV}_{P}$, wenn das politische Gewicht der Union hoch ist und Regionalwahlen so verteilt sind, dass im Land des Medianländervertreters keine Wahlen anstehen.

Etwas schwieriger ist die Analyse, wenn man unterstellt, dass keine Unterschiede in den Beschäftigungszielen bestehen, aber länderspezifische Preisschocks δ_i auftreten. Aus Platzgründen soll nur das Ergebnis präsentiert werden (*von Hagen* und *Süppel* 1994, S. 779). Jetzt führt ein ausschließlich mit Gouverneuren besetzter Zentralbankrat ein im Durchschnitt niedrigeres Geldmengenwachstum herbei, reagiert aber auch „konservativer", d.h. nur gedämpft auf stochastische Angebots- und Nachfrageschocks.[13]) Beide Effekte gewinnen mit steigender Varianz länderspezifischer Preisschocks an Bedeutung. Man könnte demnach folgern, dass mit steigender Unsicherheit die Ländervertreter „konservativer" als die Direktoren werden, wobei „Konservatismus" hierbei nicht gleichbedeutend ist mit einer höheren Gewichtung des Inflationsziels.

4.2. Stimmengewichtung

Anders als im vorherigen Modell, wo gesamtwirtschaftliche Angebotsschocks nur auf Unionsebene auftraten, untersuchen *Berger* and *de Haan* (2002) die Auswirkungen von länderspezifischen Angebotsschocks in einer Föderation, in der die unionsweite Inflationsrate mit der Inflationsrate in den Mitgliedsländern übereinstimmt (d.h. es gilt $\delta_i = 0$ für $\forall i$). Sie betrachten eine aus zwei gleich großen Ländern bestehende Währungsunion und unterscheiden zwischen einem Zentralbankrat, der ausschließlich mit zentral oder ausschließlich mit dezentral bestellten Personen besetzt ist. Im Zentralbankrat wird mit einfacher Mehrheit abgestimmt, wobei die Direktoren wiederum eine ausschließlich unionsweite Perspektive und die Gouverneure eine ausschließlich regionale Perspektive einnehmen.

Berger and *de Haan* (2002) zeigen, dass die Zusammensetzung des Zentralbankrats aus Sicht der Gemeinschaft nur dann unerheblich ist, wenn bei jedem Land das politische Gewicht seiner ökonomischen Bedeutung entspricht oder wenn die länderspezifischen Schocks in gleicher Höhe und perfekt korreliert auftreten. Sind diese beiden Bedingungen jedoch nicht erfüllt, erleidet die Gemeinschaft einen höheren (erwarteten) Verlust, wenn der Zentralbankrat dezentral und nicht zentral besetzt ist. Dieser zusätzli-

---

[13] Dieses Ergebnis ähnelt dem des konservativen Zentralbankpolitikers bei *Rogoff* (1985).

che Verlust fällt umso höher aus, je größer die Varianzen der länderspezifischen Schocks sind und je weniger sie miteinander korreliert sind. Wären die Varianzen der Schocks beispielsweise identisch und perfekt negativ korreliert, reagiert ein dezentral besetzter Zentralbankrat mit seiner Geldpolitik stärker auf den Schock des Landes, das das höhere Gewicht im Zentralbankrat besitzt, obwohl sich die Schocks im Unionsmittel ausgleichen und aus Sicht der Gemeinschaft keine geldpolitische Reaktion angemessen wäre.

Damit lässt sich als zweites Zwischenergebnis festhalten, dass die Zusammensetzung eines geldpolitischen Entscheidungsgremiums zwischen Unions- und Ländervertretern immer dann relevant für die Geldpolitik ist, wenn

- beide Personengruppen unterschiedliche Perspektiven einnehmen und Unionsvertreter auf die unionsweite, Ländervertreter auf die regionale Wirtschaftsentwicklung achten;
- die wirtschaftliche Entwicklung sich in den Mitgliedsländern/-regionen unterscheidet und gesamtwirtschaftliche Schocks nicht perfekt korrelieren; und
- die ökonomische Größe eines Landes von seinem politischen Einfluss im Zentralbankrat abweicht.

Es gibt Hinweise, dass zumindest die letzten beiden Bedingungen im Falle der Mitgliedsländer der EWU erfüllt sind. *Bayoumi* und *Eichengreen* (1993) sowie *Fidrmucu* und *Korhonen* (2001) ermitteln, dass gesamtwirtschaftliche Angebots- und Nachfrageschocks zwischen den Kernländern der EWU und den Ländern an der Peripherie bzw. einigen Beitrittsländern sich größenmäßig erheblich unterscheiden und nur wenig (oder sogar negativ) korrelieren. Da bislang eine Stimmengewichtung bei Abstimmungen im Zentralbankrat nicht erfolgt, dürfte dessen Zusammensetzung für die europäische Geldpolitik bedeutsam sein.

5. Wie sollten arbeitsfähige Zentralbankräte konzipiert sein?

Folgt man der hier präsentierten Literatur, wird deutlich, dass geldpolitische Entscheidungsgremien nur in der idealen Welt des *Condorcet*-Jury-Theorems aus einer möglichst hohen Anzahl von Mitgliedern bestehen sollten. Lockert man dessen restriktive Annahmen, zeigt sich, dass kleinere Gruppen eher besser entscheiden als große Gruppen. Allerdings existiert keine genaue Spezifikation, wie groß eine kleine Gruppe ist; klar ist nur, dass sie nicht bloß aus einer Person bestehen sollte (*Gerling et al.* 2005, S. 587 und S. 592).

In einer Währungsunion kann darüber hinaus auch die Zusammensetzung des Zentralbankrats bedeutsam für die Qualität geldpolitischer Entscheidungen sein. Dort sollten die Unionsvertreter ein umso höheres Gewicht einnehmen, je

- größer das Ausmaß von auf Unionsebene auftretenden gesamtwirtschaftlichen Schocks ist;
- je weniger länderspezifische Schocks korrelieren; und
- je stärker der geldpolitische Einfluss eines Landes von seiner ökonomischen Bedeutung abweicht.

Von Hagen und *Süppel* (1994, S. 779) schlagen darüber hinaus vor, den Zentralbankrat dann allein mit Unionsvertretern zu besetzen, wenn das politische Zentrum vergleichsweise schwach im Verhältnis zu den Mitgliedsländern ist, und umgekehrt ausschließlich Ländervertreter zu entsenden, wenn das politische Zentrum stark ist (counter-centralization proposition).

In der sozialwissenschaftlichen Literatur finden sich Vorschläge, wie die Arbeit in Gremien verbessert werden kann, indem man die Einzelleistungen der Mitglieder identifiziert und sie bewertbar macht. *Williams et al.* (1989) bemerkten bei der Durchsicht der Ergebnisse von Schwimmwettkämpfen, dass Sportler in Staffelteams bessere Individualleitungen erbrachten, als wenn sie dieselbe Distanz in derselben Technik im Einzelwettkampf bestritten. Sie stellten im Rahmen einer Studie fest, die mit Schwimmern einer Universitätsmannschaft durchgeführt wurde, dass „social loafing" sich verringerte, wenn die Schwimmer glaubten, dass ihre individuelle Leistung in der Staffel gemessen und verkündet wurde.

Harkins and *Jackson* (1989) führten ein Experiment in Vier-Personen-Gruppen durch, wobei jeder Teilnehmer den Nutzen eines Objekts einschätzen sollte. Die eine Hälfte der Gruppe glaubte, die einzelnen Nutzeneinschätzungen seien identifizierbar, während das bei der anderen Hälfte nicht der Fall war. Darüber hinaus nahm man an, ihre Nutzeneinschätzung beziehe sich auf dasselbe Gut, während die andere davon ausging, dass der Nutzen für unterschiedliche Objekte bestimmt werden sollte. Nur in den Gruppen, die annahmen, dass sowohl die Einzelleistung identifizierbar war als auch dasselbe Objekt begutachtet wurde, konnte ein verringertes „social loafing" beobachtet werden (*Harkins* und *Jackson* 1989, S. 458f.). Auf die Ebene geldpolitischer Entscheidungen übertragen bedeutet das, dass zunehmende Transparenz die Qualität von Entscheidungen verbessert und es zweckmäßig ist, Protokolle von Zentralbankratssitzungen und individuelles Abstimmungsverhalten zu publizieren.

Schaut man sich die geldpolitischen Entscheidungsgremien einiger ausgewählter Zentralbanken an, wird deutlich, dass Größe und Zusammensetzung die eben genannten Kriterien oftmals nicht erfüllen: Wie eingangs erwähnt, weist der EZB-Rat derzeit 19 Mitglieder auf, wovon 6 auf Unionsebene und 13 auf Länderebene bestellt werden. Er dürfte damit die für effiziente Entscheidungen optimale Größe erheblich übersteigen, und dieses Problem wird sich mit der Einführung des Rotationssystems weiter verschärfen, wenn die Anzahl der stimmberechtigten Mitglieder auf 21 ansteigt (*Sibert* 2006). Zwar sieht die ESZB-Satzung vor, dass per einfache Mehrheit entschieden wird (wobei bei Stimmengleichheit die Stimme des Präsidenten ausschlaggebend ist), jedoch gibt es

Anzeichen, dass möglichst im Konsens entschieden wird.[14] Individuelle Abstimmungsergebnisse werden nicht veröffentlicht, und die „counter-centralization-proposition“ ist verletzt, denn das politische Zentrum der EU ist bislang noch schwach relativ zu den Mitgliedsregierungen, sodass deren Vertreter in der Minderheit sein sollten.

Letzteres gilt weniger für das Federal Open Market Committee (FOMC) der US Federal Reserve Bank, wo zentral, vom amerikanischen Präsidenten bestellte Mitglieder gegenüber den Vertretern der Reserve Banks zahlenmäßig dominieren und wegen der föderalen Verfassung der USA möglicherweise von einer relativ starken politischen Position der Bundesstaaten im Vergleich zur Zentralregierung ausgegangen werden kann. Allerdings ist auch das amerikanische Entscheidungsgremium mit zwölf Mitgliedern zu groß, um als effizientes Entscheidungsgremium eingestuft zu werden. Zwar werden die Stimmen der einzelnen Mitglieder mit einer Zeitverzögerung von sechs bis acht Wochen publiziert, allerdings gibt es Hinweise, dass sich die Mitglieder des FOMC der Abstimmung des Vorsitzenden anschließen (*Sibert* 2006) und sich bei ihren Entscheidungen stark an der makroökonomischen Entwicklung in ihrer Heimatregion orientieren *(Meade* und *Sheets* 2002).

Literatur

Alesina, Alberto und *Enrico Spolaore* (2005), The Size of Nations, Cambridge.

Austen-Smith, David und *Jeffrey S. Banks* (1996), Information Aggregation, Rationality, and the Condorcet Jury Theorem, in: American Economic Review, Vol. 90, S. 34-45.

Barro, Robert J. und *Donald B. Gordon* (1983), A Positive Theory of Monetary Policy in a Natural Rate Model, in: Journal of Political Economy, Vol. 91, S. 589-610.

Bayoumi, Tamin und *Barry Eichengreen* (1993), Shocking Aspects of European Monetary Unification, in: *F. Torres* and *F. Giavazzi* (Hrsg.), Growth and Adjustment in the European Monetary Union, Cambridge, S. 192–229.

Berg, Sven (1993), Condorcet`s Jury Theorem, Dependency Among Jurors, in: Social Choice and Welfare, o. Jg., S. 87-95.

Berger, Helge und *Jakob De Haan* (2002), Are Small Countries Too Powerful Within the ECB?, in: Atlantic Economic Journal, Vol. 30, S. 262-283.

Berger, Helge, Volker Nitsch und *Tonny Lybek* (2006), Central Bank Boards Around the World: Why does Membership Size Differ?, mimeo, Free University of Berlin.

---

[14] So beispielsweise der damalige EZB-Präsident *Wim Duisenberg* auf der Pressekonferenz im Anschluss an die Zentralbankratssitzung vom 5.12.2002: „Question: Mr. Duisenberg, particularly given the size of today's rate cut … was there a serious debate about the actual size of the rate cut?… *Duisenberg*: We weighed the pros and cons of a quarter versus half a point. And, in the end, there was – again – as usual, consensus that half a point was called for.” (http://www.ecb.int/press/pressconf/2002/html/is021205.en.html). Ein weiteres Indiz liefert die Pressekonferenz vom 06.02.2003: „Question: How strong was the consensus for leaving the rates unchanged? *Duisenberg*: Very strong.“ (http://www.ecb.int/press/pressconf/2003/html/is030206.en.html).

Berk, Jan Marc und *Beata K. Bierut* (2005), Communication in Monetary Policy Committees, De Nederlandsche Bank, Working Paper No. 059/2005; heruntergeladen am 29.11.2006.

Blinder, Alan S. (2006), Monetary Policy by Committee: Why and How?, DNB Working Paper, Amsterdam.

Blinder, Alan S. und *John Morgan* (2005), Are Two Heads better Than One?, Monetary Policy by Committee, in: Journal of Money, Credit, and Banking, Vol. 37, S. 789-812.

Boland, Philip J. (1989), Majority Systems and the Condorcet Jury Theorem, in: The Statistician, Vol. 38, S. 181-189.

Boland, Philip J., Frank Proschan and *Y. L. Tong* (1989), Modelling Dependence in Simple and Indirect Majority Systems, in: Journal of Applied Probability, Vol. 26, S. 81-88.

Condorcet, Marie-Jean Marquis de (1785), Essai sur l'application de l'analyse á la probabilité des décisions rendues á la pluralité des voix, Paris.

Fidrmuc, Jarko und *Iikka Korhonen* (2001), Similarity of Supply and Demand Shocks Between the Euro Area and the CEEs, BOFIT Discussion Paper No. 2001/14, Bank of Finland, Helsinki.

Fry, Maxwell, Julius Deanne, Lavan Mahadewa, Sandra Roger und *Gabriel Sterne* (2000), Key Issues in the Choice of Monetary Policy Framework, in: *Lavan Mahadewa* und *Gabriel Sterne* (Hrsg.), Monetary Policy Frameworks in a Global Context, London.

Fujiki, Hiroshi (2005), The Monetary Policy Committee and the Incentive Problem: A Selective Survey, in: Bank of Japan, Monetary and Economic Studies, Special Edition, October, S. 37-82.

Gerlach-Kristen, Petra (2004), Taking Two Steps at a Time: On the Optimal Pattern of Policy Rates, Hong Kong Institute of Economics and Business Strategy, Working Paper No. 1074.

Gerling, Kerstin, Hans Peter Grüner, Alexandra Kiel und *Elisabeth Schulte* (2005), Information Acquisition and Decision Making in Committees: A Survey, in: European Journal of Political Economy, Vol. 21, S. 563-597.

Harkins, Stephen G. und *Jeffrey M. Jackson* (1985), The Role of Evaluation in Eliminating Social Loafing, in: Personality and Social Psychology Bulletin, Vol. 11, S. 457-465.

Henningsen, David Dryden, Michael G. Cruz and *Mary Lynn Miller* (2000), Role of Social Loafing in Predelibaration Decision Making, in: Group Dynamics: Theory, Research, and Practice, Vol. 4, S. 168-175.

Ingham, Alan G., George Levinger, James Graves und *Vaughn Peckham* (1974), The Ringelmann Effect: Studies of Group Size and Group Performance, in: Journal of Experimental Social Psychology, Vol. 10, S. 371-384.

Kravitz, David A. und *Barbara Martin* (1986), Ringelmann Rediscovered: The Original Article, in: Journal of Personality and Social Psychology, Vol. 50, 936-941.

Lombardelli, Clare; James Proudman und *James Talbot* (2005), Committees versus Individuals: An Experiment Analysis of Monetary Policy Decision Making, in: International Journal of Central Banking, Vol. 1, S. 181-206.

Lybek, Tonny und *JoAnne Morris* (2004), Central Bank Governance: A Survey of Boards and Arrangements, IMF Staff Paper 04/226.

Meade, Ellen E. und *D. Nathan Sheets* (2002), Regional Influences on U.S. Monetary Policy: Some Implications for Europe, London School of Economics and Political Sciences, Centre for Economic Performance, Working Paper, London, http://cep.lse.ac.uk/pubs/download/dp0523.pdf.

Mukhopadhaya, Kaushik (2003), Jury Size and the Free Rider Problem, in: Journal of Law, Economics, and Organization, Vol. 19, S. 34-44.

Napier, Rodney W. und *Matti K. Gershenfeld* (2004), Groups: Theory and Experience, 7. A., Boston et al.

Pearson, Karl (1921/1933), The History of Statistics in the 17th and 18th Centuries against the Changing Background of Intellectual, Scientific and Religious Thought. Lectures given at University College London during the Academic Session 1921-1933 (edited by *Egon S. Pearson*), London 1978.

Ringelmann, Max (1913), Recherches sur les monteurs animés: Travail de l'homme, in: Annales de l'Institut National Agronomique, Vol. 12, S. 1-40.

Rogoff, Kenneth (1985), The Optimal Degree of Commitment to an Intermediate Monetary Target, in: Quarterly Journal of Economics, Vol. 100, S. 1169-1189.

Sibert, Anne (2006), Central Banking by Committee, in: International Finance, Vol.9:2, S. 145–168.

Svensson, Lars E. O. (2001), Independent Review of the Operation of Monetary Policy in New Zealand: Report to the Minister of Finance (unpublished: Institute for International Economic Studies, Stockholm University)

Tuladhar, Anita (2005), Governance of Inflation Targeting Central Banks, IMF Working Paper, Washington.

Vollmer, Uwe (2004), Wer entscheidet über Leitzinssatzänderungen?, in: ORDO, Bd. 55, S. 287-312.

Von Hagen, Jürgen und *Ralph Süppel* (1994), Central Bank Constitutions for Federal Monetary Unions, in: European Economic Review, Vol. 38, S. 774-782.

Williams, Kipling. D., Steve A. Nida, Laurence D. Baca und *Bibb Latané* (1989), Social Loafing and Swimming: Effects of Identifiability on Individual and Relay Performance of Intercollegiate Swimmers, in: Basic and Applied Social Psychology, Vol. 10, S. 73-81.

IV.

Internationale Aspekte der monetären Steuerung

Albrecht F. Michler und H. Jörg Thieme (Hg.)
Systeme monetärer Steuerung: Analyse und Vergleich geldpolitischer Strategien
Schriften zu Ordnungsfragen der Wirtschaft · Band 86 · Stuttgart · 2007

Inoffizielle Parallelgeldschöpfung in Europa

Gerhard Rösl

Inhalt

1. Einleitende Bemerkungen 316

2. Konkretisierung des Geldbegriffs 316

3. Private Inoffizielle Gelder in Europa 320
   3.1. Unternehmensgelder 320
   3.2. Tauschringgelder 320
   3.3. Regionalgelder 326

4. Zusammenfassung 332

Literatur 333

1. Einleitende Bemerkungen

Wie nunmehr auch von der internationalen Presse mit einem gewissen ungläubigen Staunen bemerkt, kann man in einigen Regionen Deutschlands neben dem Euro seine Einkäufe auch mit so genannten Regionalwährungen bezahlen.[1] Diese Geldscheine werden von privaten Vereinen ausgegebenen und zirkulieren vor Ort wie Bargeld. Dabei ist diese Art der privaten Geldemission bei weitem nicht die einzige inoffizielle Parallelgeldausgabe in Europa. Auch übertragbare Verrechnungsforderungen in Tauschzirkeln wie z.B. Barter Clubs können als eine spezifische Parallelgeldform angesehen werden. Die folgende Arbeit versucht, diese unterschiedlichen Privatgeldemissionen in Europa zu kategorisieren, zu quantifizieren sowie die Zielsetzung für diese Parallelgeldausgabe zu analysieren.

2. Konkretisierung des Geldbegriffs

In der ökonomischen Literatur versteht man unter Geld oftmals etwas vereinfachend ein Medium, das als allgemeines Zahlungsmittel akzeptiert wird und das neben dieser Eigenschaft als Tauschmittel auch die Funktion einer Recheneinheit besitzt und als Wertaufbewahrungsmittel dient.[2] Für die Analyse inoffizieller Parallelgeldschöpfung in Europa ist eine solche Gelddefinition zwar im Grundsatz ebenfalls geeignet, doch bedarf insbesondere die Zahlungsmittelfunktion einer gewissen Präzisierung. So erscheint es sinnvoll, die Forderung nach einer allgemeinen, d.h. letztlich gesamteuropäischen oder doch zumindest landesweiten Akzeptanz der Zahlungsmittel fallen zu lassen. Andernfalls würde die Summe der von Privaten inoffiziell ausgegebenen Zahlungsmittel in Europa definitorisch ausgeblendet, obwohl sie für viele Geldhalter im Grundsatz die gleichen Liquiditätsdienste leisten wie die offiziellen Geldbestände. Allerdings wird im Folgenden die Geld konstituierende Zahlungsmittelfunktion eines Mediums nur dann als gegeben angesehen, wenn es sich bei dem identifizierten Zahlungsmittel um eine auf Dritte übertragbare Forderung handelt, d.h. wenn dieses Zahlungsmittel bei anderen als der emittierenden Stelle selbst zu Käufen eingesetzt werden kann.[3] Denn nur dann ist ein Geldkreislauf möglich (vgl. Abbildung 1). Andernfalls sollte besser von Gutscheinen gesprochen werden, da hier die Verwendung des Zahlungsmittels ausschließlich auf eine bilaterale Geschäftsbeziehung zwischen dem Emittenten und dem Halter des Zahlungsmittels beschränkt ist.

---

[1] Vgl. z.B. *o.V.* (2007).

[2] Vgl. *Issing* (1995) und *Görgens, Ruckriegel* und *Seitz* (2004).

[3] Vgl. auch die Definition „elektronischen Geldes“ (E-Geld-Richtlinie 2000/46/EG) im Amtsblatt der Europäischen Gemeinschaften (ABl. L 275/39).

Abbildung 1: Kategorisierung von Zahlungsmitteln

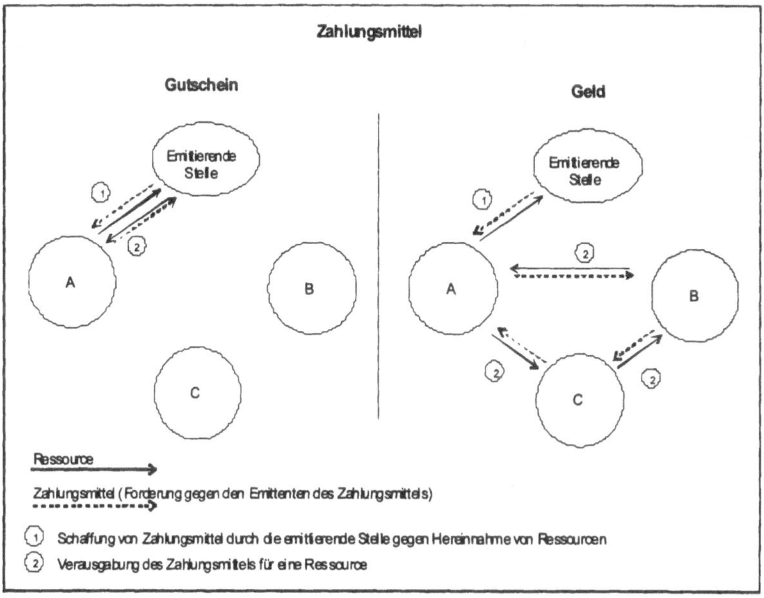

Quelle: Eigene Darstellung.

Die Recheneinheitsfunktion wird in der vorliegenden Arbeit ebenfalls als eine der drei Geld konstituierenden Definitionskriterien angesehen. Denn wohl unstrittig ist, dass ein Geld darstellendes Medium eines Maßstabes bedarf, der die wertmäßige Vergleichbarkeit der Güter sicherstellt. Die Forderung jedoch, dass ein solches Zahlungsmittel auch über einen begrifflich eigenständigen Wertmaßstab (Numéraire) im Sinne von „Euro“ oder „Dollar“ zu verfügen habe, wird nicht erhoben. Denn dies erscheint überflüssig, wie das in der Vergangenheit immer wieder beobachtete Auseinanderfallen von Numéraire und Tauschmedium zeigt. So diente beispielsweise in den Nachfolgestaaten des früheren Jugoslawiens die Deutsche Mark als Rechenskalar, im Handel wurden die Transaktionen jedoch überwiegend mit heimischer Währung abgewickelt.[4] Für die Analyse der in Europa ausgegeben Parallelgelder ist diese Relativierung der Recheneinheitsfunktion jedoch nicht von allzu großer praktischer Relevanz, da diese Zahlungsmittel meist ohnehin eine begrifflich eigenständige Werteinheit wie z.B. „Chiemgauer“ oder „Talent“ besitzen.

Die Wertaufbewahrungsfunktion des Zahlungsmittels wird immer dann als gegeben gesehen, wenn das Zahlungsmittel als Wertspeicher fungiert, also wenn damit Käufe in die Zukunft verlagert werden können. Dabei soll es keine Rolle spielen, ob die Gelder – wie beim noch zu erläuternden „Schwundgeld“ – einem über die Inflation hinausgehenden Wertverfall unterliegen oder nicht.

---

[4] Vgl. *Helmedag* (1995), S. 717.

Anhand der vorgestellten Definitionskriterien lassen sich nun die folgenden in der Tabelle 1 aufgeführten Geldarten in Europa identifizieren. Bei den offiziellen Geldern in Europa kann zwischen den gesetzlichen Zahlungsmitteln in Form von Banknoten und Münzen einerseits und den in gesetzlichen Werteinheiten denominierten Giroeinlagen bei offiziellen Banken andererseits unterschieden werden. Während in Kontinentaleuropa das Recht zur Ausgabe von offiziellen Banknoten auf die Zentralbanken beschränkt ist, gestattet man im Vereinigten Königreich aus historischen Gründen sieben Privatbanken ihre eigenen Banknoten auszugeben.[5] Allen offiziellen Geldformen ist gemeinsam, dass sie im heimischen Währungsraum als Zahlungsmittel praktisch uneingeschränkt einsetzbar sind.[6] Jedenfalls erfüllen diese Zahlungsmittel die Geldfunktionen erheblich besser als die inoffiziellen Geldbestände in Europa. Es überrascht daher nicht, dass die kumulierten Umlaufswerte der offiziellen Geldbestände weitaus höher sind als die der inoffiziellen. Entsprechendes gilt freilich auch für die jeweiligen Transaktionsvolumina, die mit diesen Geldern finanziert werden.

Interessant ist jedoch die Dynamik, mit der die inoffizielle Geldschöpfung in Europa in den letzten 20 Jahren zugenommen hat. Dabei können drei Arten von privaten Parallelgeldern unterschieden werden: Unternehmensgelder, Tauschringwährungen und Regionalgelder.

---

[5] Zu den Details vgl. *Rösl* (2006), S. 5 und 40.

[6] Ausnahmen bilden z.B. im Vereinigten Königreich die Privatbanknoten sowie im Euroraum die Münzen und die hohen Denominationen von Euro-Banknoten, für die keine bzw. nur eine eingeschränkte Annahmeverpflichtung besteht.

Tabelle 1: Arten von offiziellen und inoffiziellen Geldern in Europa

	Offizielle Gelder		Private inoffizielle Gelder		
Geldformen	Gesetzliche Zahlungsmittel	In gesetzlichen Werteinheiten denominierte private Gelder	Regionalwährungen	Tauschringgelder	Unternehmensgelder
Emittent	Zentralbanken, Regierungen	Inländische offizielle Banken	Regionalvereine	Nicht-gewerbliche Tauschringe (TR) und Barter Clubs (BC)	Fluggesellschaften, Telefonanbieter, Emittenten von Bonuspunkten
Art der Gelder (typischerweise)	Banknoten und Münzen	Buchgeld, im Vereinigten Königreich auch private Banknoten	Bargeld (in Form einer Papiernote mit Wertschwund)	Buchgeld überwiegend ohne inkorporierten Geldschwund	Buchgeld ohne inkorporierten Geldschwund
Akzeptantenkreis	Breit. gesetzliches Zahlungsmittel mit Annahmezwang	Breit, aber ohne Annahmezwang	Formal nur Mitglieder. Regional begrenzt.	Nur Mitglieder (meist regional)	Nur Mitglieder (überregional)
Geldfunktionen erfüllt ?	Uneingeschränkt	Uneingeschränkt	Eingeschränkt	Eingeschränkt	Sehr eingeschränkt
Zahlungsmittel	Uneingeschränkt	So gut wie uneingeschränkt	Formal nur Mitglieder	Nur Mitglieder	Nur Mitglieder
Geldkreislauf	Prinzipiell unendlich	Prinzipiell unendlich	Prinzipiell unendlich, faktisch deutlich begrenzt	Prinzipiell unendlich, faktisch deutlich begrenzt	Nach Verausgabung der Mittel bei Dritten Rückfluss zum Emittenten
Recheneinheit	Offizielle Recheneinheit (EUR, GBP, ...)	Offizielle Recheneinheit (EUR, GBP, ...)	Selbst definiert. Meist WK zu Landeswährung 1:1	Selbst definiert. Auf Zeitbasis (TR) bzw. marktlich bewertet (BC)	Selbst definiert. (z.B. Flugmeilen, Payback-Punkte)
Wertaufbewahrungsmittel	Bei Preisstabilität uneingeschränkt	Bei Preisstabilität uneingeschränkt	Eingeschränkt, da meist laufender Wertschwund und Malus bei Rücktausch	Gegeben, aber beschränktes Güterangebot	Eingeschränkt. Emittent kann Programm einstellen. Meist Verfallsdaten.
Quantitative Bedeutung	Groß	Groß	Sehr gering	Gering	Gering
Umlauf	576 Mrd. € (Jan 07), rd. 38 Mrd. £ (Jan 07)	Sichteinl. b. MFIs in EWU, GB: 3103 Mrd. € (Jan 07), rd. 784 Mrd. £ (Jan 07)	Ca. 1 Mio. € (Feb 07)	K. A.	K. A. (In D bei Payback: knapp 27 Mio. Kartenbesitzer)
Umsatz	11406 Mrd. € (BIP-EU-25, in 2006)		K. A.	7- 30 Mio. € nicht-gewerbl. TR, in BC ca. 1,8 Mrd. € (2006)	K. A. (In D bei Payback 140 Mio. € (2003))

Quelle: Eigene Darstellung.

3. Private Inoffizielle Gelder in Europa

3.1. Unternehmensgelder

Gemäß der oben gewählten Gelddefinition sind Unternehmensgelder Forderungen gegen Unternehmen, die auf Dritte übertragbar sind, die als Wertaufbewahrungsmittel dienen und mit Hilfe derer ein wertmäßiger Vergleich zwischen Gütern hergestellt werden kann. Bekannteste Beispiele sind neben den mittlerweile kaum noch verwendeten Handelswechseln neuerdings vor allem Flugmeilen, Bonuspunkte („Loyalty Tokens") oder Telefonkartenguthaben. So kann man beispielsweise in Deutschland mittlerweile in einigen Geschäften seine Einkäufe direkt mit Lufthansa-Flugmeilen bezahlen oder Waren aus einem Online-Katalog mit Payback-Punkten begleichen. Obwohl Daten hinsichtlich dieser ausgegebenen Zahlungsmittel in Europa nur bruchstückhaft vorhanden sind, so kann man davon ausgehen, dass die Bedeutung der Unternehmensgelder für die europäische Wirtschaft insgesamt wohl gering ist. „Mobile payment", also die Bezahlung von Dienstleistungen Dritter mit Telefonkartenguthaben, wie etwa das Lösen von Parkscheinen durch Anruf einer bestimmten kostenpflichtigen Nummer, ist in Europa dagegen kaum verbreitet.[7] Ohnehin ist die Geldeigenschaft dieser recht jungen Zahlungsmittel nur äußerst rudimentär ausgeprägt. So zeigt eine nähere Analyse der Zahlungsströme, dass diese Unternehmensforderungen bereits unmittelbar nach ihrer Verausgabung an Dritte wieder zu dem emittierenden Unternehmen zurückfließen. Ein Geldkreislauf entsteht nach gegenwärtiger Praxis folglich nicht, weshalb sich die folgenden Ausführungen auch verstärkt auf die tatsächlich zirkulierenden Tauschring- und Regionalgelder konzentrieren.

3.2. Tauschringgelder

Tauschringwährungen lassen sich in zwei Kategorien einteilen: Auf Dritte übertragbare Verrechungsforderungen gegenüber gewerblichen Barter Clubs einerseits und nicht-gewerblichen Tauschringen, sog. LETS (Local Exchange Trade Systems), andererseits. Grundlage für die letztlich kreditbasierte Geldschöpfung in diesen Tauschverbünden ist jeweils die Leistungserbringung eines Mitglieds gegenüber einem anderen Club-Teilnehmer. Liefert z.B. ein Sägewerk Bretter an einen Schreiner, erhält es dafür anstatt einer Forderung in Euro eine Gutschrift bei der Zentrale des Barter Clubs. Das Tauschring-Konto des Leistungsempfängers wird entsprechend belastet, wobei sich dieser meist gegenüber der Zentrale verpflichtet, das Soll innerhalb einer bestimmten Frist (z.B. ein Jahr) durch Leistungserbringung wieder auszugleichen. Erworbene Guthaben können wiederum eingesetzt werden, um bei einem anderen Mitglied des Clubs einzukaufen (z.B. Sägewerk kauft Baumstämme vom Förster). Diese Kette lässt sich beliebig weiterführen, vorausgesetzt man findet genügend Akzeptanten. Die Verrechnungsforderungen gegenüber dem Barter Club werden also wie zirkulierendes Buchgeld

---

[7] Dies wird wohl auch in naher Zukunft noch so bleiben, da das von Vodafone, T-Mobile, Orange und Telefonica geplante firmenübergreifende M-Payment-Zahlungssystem „Simpay" gescheitert ist. Vgl. auch die Studie von *Arthur D. Little* (2004).

normaler Banken in einem – allerdings auf die Mitglieder des Tauschclubs beschränkten – Kreis eingesetzt.[8]

In ähnlicher Weise vollzieht sich die Geldschöpfung in nicht-gewerblichen Tauschringen, die oftmals als eine spezifische Form der „Nachbarschaftshilfe“ interpretiert werden. Zunächst tritt ein Tauschringmitglied durch Ausübung einer Tätigkeit (z.B. Mathematiknachhilfe) in Vorleistung und erhält dafür eine Gutschrift bei der Tauschringzentrale, die er wiederum bei einem beliebigen anderen Mitglied zur Bezahlung einsetzen kann. Allerdings ist die Bewertung der erbrachten Leistungen meist eine andere als bei gewerblichen Tauschclubs. Während man sich in Barter Clubs bei der Wertstellung am marktlichen Wert der erbrachten Leistung orientiert und diesen in Einheiten des offiziellen Zahlungsmittels valutiert (z.B. Betonlieferung im Wert von 70.000 Euro), wird diese bei nicht-gewerblichen Tauschringen nicht selten mit Hilfe der dafür aufgewendeten Zeit bewertet und als Recheneinheit ein Phantasienamen verwendet (z.B. eine Std. Mathematiknachhilfe = 1 Std. Rasenmähen = 1 Talent).[9] Eine Einlösung der Tauschringforderungen in gesetzliches Zahlungsmittel bei der Zentrale gibt es jeweils nicht.

Die ökonomische Bedeutung der Barter Clubs und der nicht-gewerblichen Tauschringe in Europa ist sehr unterschiedlich. Derzeit gibt es in Europa (inkl. Mittlerer Osten) ca. 100 Barter Clubs mit einem geschätzten jährlichen Umsatzvolumen von 1,8 Mrd. Euro.[10] Dabei ist der mit Abstand größte europäische Barter Club der bereits 1934 als Genossenschaft gegründete schweizerische Wirtschaftsring „WIR“ mit Umsatz von zuletzt gut 1 Mrd. Euro.[11] Seitdem gibt die „WIR-Bank“, wie der Barter Clubs wegen der bereits 1936 erworbenen Banklizenz ebenfalls genannt wird, den so genannten WIR-Franken (CHW) in Form von Buchgeld an mittlerweile rund 60.000 kleine und mittlere Unternehmen aus.[12] WIR-Guthaben entstehen zu einem geringen Teil durch Ankauf von Schweizer Franken (CHF) durch die WIR-Bank, wobei der Umtausch zu einem festen Wechselkurs von 1:1 erfolgt und ein Rücktausch nicht möglich ist. Die weitaus meisten WIR-Einlagen sind jedoch auf die autonome Kreditgewährung der WIR-Bank zurückzuführen, die im Vergleich zu CHF-Krediten bei anderen Banken sehr günstig ist. Solche Konditionen kann die WIR-Bank anbieten, da sie die WIR-Guthaben nicht verzinst.[13] Mit dem bewussten Verzicht auf die Einlagenverzinsung will man aber nicht nur zinsgünstige Darlehen anbieten, sondern zugleich auch das Horten von WIR-Guthaben unattraktiv machen, um – der Frei- bzw. Schwundgeldidee *Silvio*

---

8 Vgl. auch *Godschalk* und *Krüger* (1998), S. 3 ff.

9 Dahinter steht meist die Vorstellung, dass aus der (wertmäßigen) Gleichheit der Menschen die (wertmäßige) Gleichheit der Lebenszeit und daraus wiederum die (wertmäßige) Gleichheit der in dieser Lebenszeit erbrachten Leistungen zu folgern sei.

10 Vgl. http://www.irta.com. Generell ist die Datenlage zu Barter-Trade (im weitesten Sinne) sehr schlecht, da dieser nicht in den offiziellen Handelsstatistiken explizit ausgewiesen wird.

11 Vgl. *WIR-Bank* (2006) und die folgende Tabelle 2.

12 Der Genossenschaft können seit dem Jahr 2000 auch Privatpersonen beitreten. Vgl. http://www.wir.ch.

13 Der Verzicht auf Verzinsung bezieht sich allein auf die CHW-Konten der WIR-Bank. Die CHF-Konten der WIR-Bank werden zu konkurrenzfähigen Konditionen verzinst.

Gesell's (1949, S. 235 ff.) folgend – einen regen Umlauf der WIR-Guthaben sicher zu stellen.[14] Die folgende Tabelle 2 gibt einen Überblick über die Entwicklung des WIR-Wirtschaftsrings in den vergangenen fünf Dekaden.

Tabelle 2: WIR-Bank und gesamte schweizerische Banken – Geld und Umsatz

WIR-Bank	**1950**	**1983**	**1996**	**2005**
CHW-Guthaben (in Mio. CHW)	1	160	870	800
CHW-Umsatz (in Mio. CHW)	4	432	2262	1690
CHW-Konten (Anzahl)	1574	28418	82558	74732
Alle Banken				
CHF-Sichteinlagen[1] (in Mio. CHF)	5128	36798	126801	212725
BIP nominal Schweiz (in Mio. CHF)	k. A.	213457	373993	455594

[1] Sichteinlagen gehalten von Nichtbanken bei schweizerischen Banken (ohne Fremdwährungen) als Teilaggregat von M1-Jahresendstände.

Quellen: *Meierhofer* (1984), *Schneider* (1997), *Godschalk* und *Krüger* (1998), *WIR-Bank* (2006) und *Schweizerische Nationalbank* Datenbank unter http://www.snb.ch/n/mmr/reference/histz/source/histz.n.xls, Tabelle 2.7 und eigene Berechnungen.

Es zeigt sich, dass seit 1950 sowohl die Anzahl der in WIR-Franken (CHW) geführten Konten als auch die Guthaben und die damit finanzierten Umsätze nominal deutlich gestiegen sind. Mitte der 90er Jahre, als die WIR-Bank ihre Filialstellen kräftig ausgeweitet hatte, belief sich die WIR-Geldmenge sogar auf 870 Millionen, der über WIR-Konten finanzierte Umsatz betrug fast 2,3 Mrd. CHW. Am aktuellen Rand fallen diese Werte jedoch wieder etwas geringer aus.[15] Insgesamt gesehen ist die volkswirtschaftliche Bedeutung des WIR-Geldes jedoch marginal. Gemessen an den auf Schweizer Franken (CHF) lautenden Sichtguthaben der Unternehmen, Haushalte und Gebietskörperschaften im heimischen Bankensystem von zuletzt rund 213 Mrd. CHF sind die derzeit umlaufenden WIR-Gelder in Höhe von 800 Mio. CHW verschwindend gering. Ihr Anteil an der gesamten Schweizerischen Geldmenge (CHW+CHF Bestände) beläuft sich nicht einmal auf ein halbes Prozent. Berücksichtigt man zudem, dass seit 1950 die Konsumentenpreise in der Schweiz um gut 350 % gestiegen sind, so wird die realwirtschaftliche Bedeutung der WIR-Guthaben in diesem Zeitraum durch den ausgewiesenen Anstieg der Nominalgrößen doch erheblich überzeichnet. So beträgt der inflationsberei-

[14] Auf die Erhebung eines direkten Wertschwunds im Sinne einer Zwangsweisen periodischen Kürzung nicht ausgegebener Guthaben wird heute allerdings verzichtet.

[15] Eine Erklärung hierfür könnte eine mögliche antizyklische Verwendung der CHW-Guthaben sein. Zu einer Untersuchung in den 1990er Jahren vgl. *Stodder* (1998).

nigte Wert der WIR-Guthaben Ende 2005 in Preisen von 1950 gerechnet nur rund 225 Mio. CHW. Dennoch ist erstaunlich, dass derzeit ca. 60.000 kleinere und mittlere Unternehmen an diesem Tauschsystem teilnehmen. Neben der Aussicht auf Mehrumsatz und günstige Kredite werden als Motive für die Mitgliedschaft auch die Solidarität im Mittelstand, soziale Bindungen und gesellige Anlässe genannt.[16] Ein relativer Stabilitätsvorteil des WIR-Franken gegenüber dem Schweizer Franken kann hier jedenfalls nicht angeführt werden, da der WIR-Franken gegenüber der offiziellen Landeswährung auf dem Schwarzmarkt nur mit erheblichen Abschlägen von bis zu 40 % getauscht werden kann.[17] Ein wichtiger Grund ist hierfür ist die im Vergleich zum Schweizer Franken nur eingeschränkte Liquidität des WIR-Geldes.

Gerade der strukturelle Liquiditätsnachteil von Barter Club-Währungen gegenüber offiziellen Zahlungsmitteln dürfte erklären, warum die gewerblichen Tauschringgelder auch im restlichen Europa keine wichtige Rolle bei der Finanzierung ökonomischer Transaktionen spielen. So beträgt das kumulierte Umsatzvolumen der ca. 100 weiteren europäischen Barter Clubs (ohne WIR) wohl nur rund 700 Mio. Euro. Angesichts der mit Hilfe der offiziellen Geldbestände finanzierten Bruttowertschöpfung in Europa in Höhe von grob 11 Billionen Euro (BIP-EU-25 in 2006) ist dieser Betrag freilich verschwindend gering. Aber auch in der absehbaren Zukunft dürfte sich an der nur marginalen Bedeutung der Barter Club-Verrechnungsforderungen als übertragbare Zahlungsmittel nur wenig ändern, da diese im Vergleich zum offiziellen Geld allgemein erhöhte Transaktionskosten aufweisen. Hierunter fallen nicht nur vergleichsweise hohe Such- und Informationskosten, die bei der Identifizierung geeigneter Handelspartner anfallen, sondern auch mögliche Vertrauens- und Glaubwürdigkeitprobleme der Barter Club-Zentralen, die anders als offizielle Kreditinstitute keiner Bankenaufsicht unterliegen.[18] Allerdings könnten Internet gestützte Kommunikationsmedien sowie vertrauensbildende Maßnahmen seitens der Barter Clubs diesen strukturellen Nachteil prinzipiell vermindern. Realistische Chancen auf eine wirklich breite Verwendung dieser Barter Club-Gelder dürften sich erst dann ergeben, wenn die offiziellen Gelder in Europa vergleichsweise instabil werden sollten.[19]

Dies gilt freilich auch für die Entwicklungschancen der Tauschringgelder, die seit Anfang der 90er Jahre nun auch in Europa von nicht-gewerblichen Tauschverbünden für ihre Mitglieder ausgegeben werden.[20] Auf Basis verfügbarer Daten kann die Zahl solcher gegenwärtig in Europa existierender Tauschzirkel auf ca. 800 beziffert werden. Rund die Hälfte (420) davon findet man in Deutschland, aber auch in Großbritannien

---

[16] Vgl. *Godschalk* und *Krüger* (1997), S. 46.

[17] Ein offizieller Handel mit WIR-Guthaben ist durch die WIR-Bank verboten und führt zum Ausschluss aus dem System.

[18] Vgl. auch *Kiyotaki* und *Wright* (1993) und *Banerjee* und *Maskin* (1996).

[19] Zur Frage, in wiefern auch die Überschuldung eines Staates die Entwicklung von Tauschringgeldern fördert, vgl. *Marin* und *Schnitzer* (2000).

[20] Die weltweit ersten Tauschringe industrialisierter Volkswirtschaften finden sich wohl in den USA und Kanada. Vgl. hierzu *Sweeney* und *Sweeney* (1977) und *Petersson* (1990).

dürften gegenwärtig gut 300 Local Exchange Trade Systems (LETS) existieren.[21] Es folgen Österreich mit 31 und Frankreich mit 16 solcher Tauschverbünde. Nochmals deutlich geringer ist die Bedeutung dieser Zirkel im restlichen Europa mit jeweils weniger als fünf LETS pro Land. Zwar sind umfassende Angaben zur Mitgliederstärke in diesen Tauschverbünden nicht verfügbar, doch zeigt die Analyse von Einzeldaten von 265 nicht-gewerblichen Tauschringen in Deutschland, dass die Anzahl der Tauschringteilnehmer in der Regel weniger als 100 beträgt. Dieses Ergebnis deckt sich mit den Ergebnissen von *Williams* (1995), der in einer Studie über LETS in Großbritannien die durchschnittliche Mitgliederzahl pro Tauschring auf 85 schätzt und den jährlichen Pro-Kopf-Umsatz in diesen Tauschringen auf ein Wertäquivalent von 70 Pfund Sterling (GBP) ansetzt.[22] Dies käme bezogen auf die derzeit 300 britischen LETS einem gegenwärtigen kumulierten Jahresumsatzvolumen von rund 1,8 Mio. GBP (= 2,6 Mio. Euro) gleich. Unterstellt man auch für die rund 31.000 deutschen LETS-Mitglieder[23] einen ähnlichen Jahresumsatz von 100 Euro pro Kopf, dann lässt sich das gesamte Jahresumsatzvolumen der nicht-gewerblichen deutschen Tauschringe auf 3,1 Mio. Euro beziffern. Erweisen sich die hier unterstellten Annahmen als richtig, dann wird gegenwärtig wohl nicht mehr als 7 Mio. Euro Jahresumsatz durch alle europäischen LETS zusammen erwirtschaftet. Doch auch wenn der Umschlag an Waren und Dienstleistungen in diesen nicht-gewerblichen Tauschringen erheblich höher wäre – sagen wir als Obergrenze knapp 50 Euro pro Monat bzw. rund 500 Euro pro Jahr und Mitglied –, dann würden die ca. 60.000 europäischen LETS-Mitglieder einen kumulierten Jahresumsatz von „nur" 30 Mio. Euro erwirtschaften. Dies zeigt, dass die makroökonomische Bedeutung der Wertschöpfung in nicht-gewerblichen Tauschringen doch wohl sehr überschaubar ist. Dies gilt konsequenterweise auch für die Verrechnungsforderungen, die in ihrer Funktion als Tauschringgeld diese Transaktionen finanzieren.[24]

Dieses Ergebnis ist freilich nicht überraschend. Denn bei den nicht-gewerblichen Tauschringen ist die Zahlungsmittelfunktion der ausgegebenen Verrechnungsforderungen wegen der jeweils nur kleinen Mitgliederzahl sehr schwach ausgeprägt (vgl. Tabelle 1). Diesem Umstand versucht man allerdings zu begegnen, indem man die existierenden Tauschringe zunehmend miteinander vernetzt. So gibt es zumindest in Deutschland mittlerweile eine überregionale Clearingstelle für Tauschringverrechnungseinheiten, an der derzeit 82 Tauschzirkel teilnehmen.[25] Doch dürfte dieses Netzwerk auch in Zukunft kein großes Entwicklungspotential für die Tauschringbewegung besitzen, da es quasi als (doppeltes) Festkurssystem konstruiert ist. Denn nicht nur die jeweiligen örtlichen LETS-Mitglieder bewerten und verrechnen ihren Leistungsaustausch nach der für die jeweilige Tätigkeit aufgewendeten Zeit, sondern auch die überregionale

---

[21] Vgl. *Rösl* (2005) und www.letslinkuk.net. 1996 gab es im Vereinigten Königreich noch ca. 450 LETS mit insgesamt mindestens 40.000 Mitgliedern.

[22] Vgl. *Williams* (1995), S. 330.

[23] Errechnet durch überschlagsweise Hochrechnung verfügbarer Angaben zur Mitgliederzahl von 264 Tauschringen.

[24] So auch *Schraven* (2001), S. 7.

[25] Hierbei handelt es sich um den so genannten Ressourcentauschring (RTR), der von der Sozialagentur *E. Kleffmann*/Tauschring-Archiv betrieben wird. Vgl. http://www.tauschringe.org.

Verrechung der Tauschringleistungen erfolgt nach „Lebenszeitaufwand" – also jeweils unabhängig vom „marktlichen Wert" der erbrachten Leistung. Dies hat zur Folge, dass zumindest in der Tendenz die LETS-Mitglieder nach Maßgabe der persönlichen Opportunitätskosten Leistungen im Tauschring verstärkt anbieten, die im Vergleich zur offiziellen Wirtschaft relativ teuer sind, wogegen sie Leistungen, die aus ihrer Sicht in den Tauschringen vergleichsweise billig zu bekommen sind, verstärkt nachfragen werden. Da nun aber aufgrund der Verrechnungsvorschrift „Leistung pro Zeit = Leistung pro Zeit" und der damit faktischen Fixierung der relativen Preise in den Tauschringen der Ausgleich zwischen veränderten Angebots- und Nachfragebedingungen nicht durch eine Änderung der relativen Preise beseitigt werden kann, kommt es zu dem bekannten Phänomen der „zurück gestauten Inflation", die sich typischerweise in dauerhaften Warteschlagen bei begehrten Produkten äußert. Des Weiteren sehen sich die Tauschringteilnehmer einem anhaltenden Überangebot an letztlich unerwünschten Waren und Dienstleistungen gegenüber.[26] Die nach dem Prinzip der Gleichheit der Lebenszeit aufgebauten Tauschringsysteme sind daher allokativ ineffizient, weshalb sich auch die Frage nach der langfristigen Überlebensfähigkeit dieser Tauschverbünde stellt.[27] Zwar ist in Großbritannien die Zahl der LETS in den vergangenen 10 Jahren von rund 450 auf nunmehr 300 zurückgegangen und auch in Deutschland scheint die Wachstumsdynamik der LETS mittlerweile spürbar geringer geworden zu sein, doch ist in diesen Ländern eine breite Abkehr von diesen Tauschringen gegenwärtig nicht erkennbar. Dabei dürfte gerade die überschaubare Größe der Tauschringe eine entscheidende Rolle spielen. Denn nur in kleinen Gruppen kann es gelingen, auf die Mitglieder im Sinne der Erhaltung der Systemstabilität einzuwirken, indem beispielsweise durch sozialen Druck dauerhafte Gläubigerpositionen beseitigt werden.[28] In Großgruppen scheint dies aufgrund der Anonymität der beteiligten Personen kaum möglich zu sein. Allerdings können die angesprochenen Ineffizienzen auch dann von den Mitgliedern längerfristig akzeptiert werden, wenn die beteiligten Personen in ausreichender Form mit sozialer Interaktion und einem positiven Zugehörigkeitsgefühl zu einer Gemeinschaft entlohnt werden.[29] Aber auch solche Überlegungen setzen wohl voraus, dass die Mitgliederzahl in den LETS nicht zu groß ist.

Vor diesem Hintergrund überrascht es jedenfalls nicht, dass in einer anonymen Großstadt wie Berlin derzeit 26 räumlich eng begrenzt agierende und von einander unabhängige Tauschringe nebeneinander existieren. Zumindest zum Teil sind nichtgewerbliche Tauschringe daher als spezifische Form der Nachbarschaftshilfe zu sehen, bei der der Charakter der sozialen Netzwerke im Vordergrund steht. Gleichwohl interpretiert eine nicht unbedeutende Zahl von LETS-Teilnehmern ihr Projekt dezidiert als

---

[26] Dies deckt sich mit der Beobachtung von *Pacione*, der verschiedene Kategorien von angebotenen und tatsächlich gehandelten Gütern- und Dienstleistungen im LETS West Glasgow untersucht hat. Vgl. *Pacione* (1997).

[27] Nicht-gewerbliche Tauschringe, die ähnlich wie Barter Clubs, die erbrachten Leistungen nach dem marktlichen Wert derselben bewerten, sehen sich freilich nicht einer solchen konstruktionsbedingten Instabilität gegenüber.

[28] Vgl. auch *Kuhn* (2002), S. 31 ff.

[29] Vgl. *Seyfang* (2000), S. 232.

ein Instrument zur Bekämpfung des herrschenden Geld- und Wirtschaftssystems. Durch die eigene Geldschöpfung will man nicht nur den vermeintlichen „allgemeinen Mangel an Geld" überwinden, sondern auch die „Geldbesitzer" entmachten. Auf diese Weise soll es gelingen, den gesellschaftlichen Prämissen des Kapitalismus (Egoismus, Raffgier, usw.) eine nachhaltige und menschenwürdige Alternative entgegenzustellen.[30]

3.3. Regionalgelder

Auch die Emittenten von Regionalwährungen wollen mit Hilfe der Ausgabe eigener Noten und Münzen meist ein aktives Zeichen gegen das herrschende Geldsystem und die Globalisierung setzen. Durch die Beschränkung der Einsetzbarkeit der Regionalgelder auf die heimische Region will man zudem die örtliche Wirtschaft stärken und die regionale Solidarität fördern.[31] In Europa existieren solche Regionalgeldemissionen bereits seit den 70er Jahren.[32] So gibt in unregelmäßigen Abständen die allerdings mittlerweile in die Jahre gekommene Hippie-Gemeinde Christiania im dänischen Kopenhagen den „Løn" (Lohn) als lokales Münzgeld aus.[33] Die 9000 Münzen, die zuletzt in einer Kleinserie 1997 mit einem Wertäquivalent zu je 50 Dänische Kronen produziert wurden, scheinen aber eher in den Alben von Sammlern und Touristen verschwunden zu sein als gegenwärtig in großem Stil zur Bezahlung von Einkäufen in der Gemeinde genutzt zu werden. Ähnliches gilt wohl auch für die Emissionen des in der spanischen Provinz Axarquia ausgegebenen „Axarco" (seit 1988) und den seit 2002 im schottischen Ökodorf Findhorn emittierten „Eko". Ebenso unbedeutend dürfte auch der „EcoAspromonte" sein, der seit gut 3 Jahren vom Nationalpark Aspromonte in Süditalien ausgegeben wird und in den lokalen Geschäften als Zahlungsmittel eingesetzt werden kann. Dagegen scheint die ökonomische Bedeutung des von der sektenähnlichen Dorfgemeinschaft „Nazione Damanhur" im norditalienischen Valchiusellatal des überwiegend als Münzgeld ausgegebenen „Credito" mit einem Umlaufswert von rund 350.000 Euro (Frühjahr 2006) merklich größer zu sein.[34] Dabei sollte jedoch nicht übersehen werden, dass der Credito zwar tatsächlich als zirkulierendes Zahlungsmittel zwischen den ungefähr 1000 Anhängern der Nazione Damanhur verwendet wird, aber auch viele Tagesbesucher dieses spirituellen Zentrums den Credito ähnlich wie die Besucher von Freizeitparks die bekannten „Disney-Dollars" als eine nur beim Emittenten einlösbare Forderung (als Gutschein im oben definierten Sinne) benutzen. Bei Abreise können die Credito jederzeit in Euro zurückgetauscht werden.[35]

Die Regionalgelder des deutschsprachigen Raumes unterscheiden sich von den Emissionen in den anderen europäischen Ländern sowohl in der Dynamik ihrer jüngsten Entwicklung als auch in ihrer Konstruktionsart als so genanntes Schwundgeld. So er-

---

[30] Vgl. dazu im einzelnen *North* (1999).

[31] Zudem werden umweltpolitische, soziale und demokratische Zielsetzungen der Regionalgeldemission genannt. Vgl. z.B. *Kennedy* und *Lietaer* (2004).

[32] Zu den Details vgl. *Rösl* (2006).

[33] Vgl. www.christiania.org.

[34] Vgl. http://www.damanhur.info/de/html/home.asp.

[35] Ähnliche Überlegungen gelten auch für den EcoAspromonte.

folgte die Einführung von Regionalwährungen in der Bundesrepublik Deutschland erst im Jahre 2001, als der Euro die Deutsche Mark auch als bares Zahlungsmittel ablöste.[36] Mittlerweile laufen in Deutschland 20 verschiedene Regionalgelder um, deren zugehörige Region, Name und Starttermin der folgenden Karte entnommen werden kann. Weitere 50 Regionalgeldprojekte sind in Planung. Zurzeit nimmt etwa alle zwei Monate eine weitere deutsche Initiative ihre Geldemissionstätigkeit auf.

In Österreich und der Schweiz gingen die Initiativen erst im Jahre 2005 an den Start. Derzeit zirkulieren dort der „Waldviertler" und der „Styrrion" im österreichischen Schrems und Graz[37] sowie der „BonNetzBon" im schweizerischen Basel mit einem Nennwert von zusammen wohl weniger als 40.000 Euro.[38] Der kumulierte Umlaufswert aller Regionalgelder des deutschen Sprachraumes dürfte sich auf derzeit rund 430.000 Euro belaufen. Diese Gelder werden meist von Bürgervereinen für „nachhaltiges Wirtschaften" als Papiergeldscheine mit Nennwerten von 1, 2, 5, 10, 20 und 50 ausgegeben.[39] Sie besitzen eine eigene Recheneinheit (z.B. „Chiemgauer") und werden in aller Regel gegen Landeswährung in Umlauf gebracht. Meist wählt man einen Wechselkurs von 1:1 zum offiziellen Zahlungsmittel, unter anderem um den teilnehmenden Unternehmen eine doppelte Preisauszeichnung und den Privatpersonen ein lästiges Umrechnen zu ersparen.

---

[36] Die Schwundgeldemissionen „Knochengeld" (1993) in Berlin sowie „Phoe" (1999) in Arnstadt bei Erfurt sind eher als temporäre Geldexperimente zu verstehen. Vor dem zweiten Weltkrieg liefen in einigen Gegenden Deutschland ebenfalls Regionalwährungen als Notgeld um (z.B. Ulmer und Erfurter „Wära").

[37] Vgl. http://www.alpha.co.at/regional/ und http://www.styrrion.at.

[38] Vgl. http://www.viavia.ch/bnb/pmwiki.php.

[39] Zu den Details vgl. *Rösl* (2006).

Abbildung 2a: Regionalwährungen in Deutschland (Stand: Februar 2007)

Quelle: http://www.regionetzwerk.org und eigene Recherchen.

Abbildung 2b: Regionalwährungen in Deutschland (Stand: Februar 2007): Legende

Schwundgeld (existierende Regionalwährung)

1 Bremen Roland Oktober 2001	2 Prien Chiemgauer 1. Januar 2003	3 Bad Oldesloe Kann Was 1. Januar 2004	4 Ainring Sterntaler 1. April 2004	5 Heitersheim Markgräfler Juli 2004
6 Güsen Urstromtaler 3. Oktober 2004	7 Witzenhausen Kirschblüte 11. Oktober 2004	8 Pfaffenhofen/Ilm Hallertauer 25. November 2004	9 Wolfsratshausen Regio im Oberland 1. Januar 2005	10 Karlsruhe Carlo 23. Januar 2005
11 Berlin Berliner 3. Februar 2005	12 Hagen VolmeTaler 8./9. Oktober 2005	13 Reinstädt Landmark November 2005	14 Kassel Bürgerblüte 23. April 2006	15 Potsdam Havelblüte 24. Juni 2006
16 Calw Nahgold 28. Oktober 2006	17 Creglingen Tauberfranken 1. Dezember 2006	18 Stuttgart Rössle 2. Dezember 2006	19 Schopfheim DreyEcker 13. Januar 2007	20 München Regio in München 1. Februar 2007

Schwundgeld (mittlerweile eingestellt)

Gießen Gießen-Justus März 2004 - Januar 2007	Prenzlauer Berg Berlin Knochengeld 10. November 1993	Arnstadt bei Erfurt Phö 1999

Schwundgeld (Initiative)

21 Hamburg Hansemark Frühjahr 2007	22 Hamburg Alto Starttermin unklar	23 Lüneburg Lunar Starttermin unklar	24 Hitzacker Wendländer Starttermin unklar	25 Meppen Emstaler Starttermin unklar
26 Neustadt/Dosse Havel-Taler Starttermin unklar	27 Joachimsthal Joachimstaler 11.6.-20.6.2004 (Testumlauf)	28 Hannover Leine Kies (vorm. Meergeld) Starttermin unklar	29 Hildesheim Braktus Starttermin unklar	30 Belzig (Potsdam) Mittel-Mark Starttermin unklar
31 Bielefeld Teutotaler Starttermin unklar	32 Duisburg Duisburg-Justus Starttermin unklar	33 Wuppertal Bergtaler Starttermin unklar	34 Düsseldorf Rheingold Starttermin unklar	35 Göttingen Augusta Wohl 2007
36 Hoyerswerda Lausitzer Starttermin unklar	37 Kamenz Kamenzer Starttermin unklar	38 Dresden Elbtaler Wohl 2007	39 Mittweida Zopautaler 18. August 2007	40 Weimar REGIO Starttermin unklar
41 Vollmerhausen Oberberger Dezember 2004 (Probeumlauf)	42 Wiehl-Hennef Bergische Mark Starttermin unklar	43 Stollberg Stollberger Erzgebirgs-Regio Starttermin unklar	44 Fulda Fuldaer Mark Starttermin unklar	45 Königsstein/Ts. K.A. Starttermin unklar
46 Esch bei Gerolstein Eifel-Mark Starttermin unklar	47 Kaiserslautern De Pälzer Starttermin unklar	48 Sinsheim Hecker Starttermin unklar	49 Laupheim Schwaben-Taler Starttermin unklar	50 Irsee (Ostallgäu) Regio im Ostallgäu Frühjahr 2007
51 Freiburg Freitaler Starttermin unklar				

Regionalgeld ohne Wertverlust (Initiative)	Regionalgeld ohne Wertverlust (mittlerweile eingestellt)
a Delitzsch (Sachsen) Erweiterung mögl. (noch kein Name) Starttermin unklar	Gröbenzell (bei FFB) Babtisttaler November 2004 - Dezember 2006

Weitere identifizierte Regionalgeldinitiative ohne Kenntnis der Organisationsstruktur

I Drochtersen (noch kein Name) Starttermin unklar	II Berlin Regio Berlin Starttermin unklar	III Nordhorn Grafschafter Geld Starttermin unklar	IV Gifhorn (Lüneb. Heide) Allertaler Starttermin unklar	V Siegen Sieg-Taler Starttermin unklar
VI Aachen Sandstreuer Starttermin unklar	VII Hermsdorf (noch kein Name) Starttermin unklar	VIII Altenkirchen Brod€inheit Starttermin unklar	IX Eichenzell Eichenzeller M.A.R.K. Starttermin unklar	X Bell Wohl Hunsrücker Starttermin unklar
XI Darmstadt (noch kein Name) Starttermin unklar	XII Büchenbach (noch kein Name) Starttermin unklar	XIII Regensburg (noch kein Name) Starttermin unklar	XIV Schwäbisch-Hall Heller Starttermin unklar	XV Heidenheim Brenztaler Starttermin unklar
XVI Augsburg Lechtaler Starttermin unklar	XVII Offenburg Ortenauer Starttermin unklar	XVIII Freudenstadt Schwarzwälder Blüte Starttermin unklar	XIX Finning Ammerlechtaler Starttermin unklar	XX Villingen-Schwenningen Wandertaler Starttermin unklar
XXI Überlingen / Bodensee (Wohl) Bodenseer Starttermin unklar				

Quelle: http://www.regionetzwerk.org, und eigene Recherchen.

Eine wichtige Erklärung für die insbesondere in Deutschland deutliche Wachstumsdynamik der Regionalwährungen scheint wohl neben der „Kuriosität Regionalgeld" die Skepsis bestimmter gesellschaftlicher Gruppen gegenüber der Globalisierung zu sein.[40] So wollen die Regionalgeldinitiatoren – zumeist beseelt von einer tiefen Überzeugung, die vermeintlichen Schwachstellen des herrschenden Geldsystems erkannt zu haben – eine „gesunde" Alternative zum staatlichen Monopolgeld bereitstellen. Schließlich sei das offizielle Geldsystem pervertiert, es sei wie Krebs:[41]

So wirke Geld wie eine Art Pumpe, die das Kapital aus Regionen, in denen es verdient wird, absauge und in Regionen fließen lasse, in denen die derzeit höchste Rendite erzielt werde. Die Kosten dieses unsolidarischen Gewinnstrebens in Form von Arbeitslosigkeit und allgemeinem ökonomischen Niedergang hätten die betroffenen Regionen zu tragen. Die regionale Begrenzung der Einsetzbarkeit von Regionalgeldern solle nun sicherstellen, dass die Kaufkraft vor Ort bliebe. Dies käme auch der Umwelt zugute, da nun wegen der verminderten Transportwege für die verkauften Waren auch die natürlichen Ressourcen geschont würden.

Ohnehin würde aufgrund des Zins- und Zinseszinseffektes im herrschenden Geldsystem die Schere zwischen Arm und Reich immer weiter auseinander gehen. Deshalb müsse schon aus sozialen Gründen der Zins als leistungslose Einkunftsart der Kapitalisten im Ansatz bekämpft werden. Um dieses Ziel zu verwirklichen, gelte es zunächst die eigentliche Ursache für die Existenz des Zinses in der stofflichen Überlegenheit des Geldes gegenüber „normalen" Gütern zu erkennen. Denn nach *Silvio Gesell* (1862 – 1930), dem konzeptionellen Urheber dieser Zinstheorie, können die Geldbesitzer (Kapitalisten) den Umstand, dass Geld im Gegensatz zu normalen Gütern keinem Verderb durch Rost, Verwitterung und Fäulnis unterliegt, ausbeuten.[42] Im Gegensatz zu den Warenbesitzern, Produzenten und Arbeitern in der Volkswirtschaft können sie nämlich wählen, ob sie ihr Geld ausgeben oder zur Bank bringen und damit dem Kreislauf dringend benötigtes Tauschmittel entziehen und dafür obendrein für dieses Fehlverhalten auch noch mit Zinsen belohnt werden. Die Folgen seien eine mangelnde Nachfrage am Gütermarkt („Nachfragelücke"), sowie eine (zinsbedingte) Ausbeutung der Arbeiter durch die Geldbesitzer („Kapitalisten"). Deshalb sollten die Geldbesitzer von dieser Entscheidungsmöglichkeit „befreit"[43] werden, indem man Geld – wie alle anderen Güter auch – künstlich „rosten" lässt.

Dies will man erreichen, indem man die Regionalgeldbestände mit einer im Voraus bekannten zeitabhängigen Geldhaltegebühr („Umlaufsicherung") belegt. Gegenwärtig sind die meisten Regionalgelder im deutschsprachigen Raum als Markengeld konstruiert. Hier muss der Besitzer der Geldscheine zum Werterhalt kleine Klebemarken auf den Geldschein anbringen, um so die Gültigkeit des Zahlungsmittels für eine bestimmte Zeitperiode (meist 3 Monate) zu sichern. In der Regel kosten die Marken 2-3 %

---

40 Vgl. auch *Rösl* (2007).

41 Vgl. z.B. *Süddeutsche Zeitung* vom 18.12.2006.

42 Vgl. *Gesell* (1949), S. 181 ff. und S. 235 ff. Erste Ausführungen *Gesells* datieren bereits auf 1911 zurück. Vgl. *Gesell* (1911).

43 Aus diesem Grunde spricht *Gesell* auch von Freigeld. Vgl. *Gesell* (1949), S. 235 ff.

des Nennwerts der Scheine pro Quartal und sind gegen offizielle Währung bei der Emissionsstelle zu erwerben. Bei Rücktausch in Landeswährung fallen meist weitere 5 % des Nennwerts als Gebühren an.[44] Dagegen wird beim Tabellengeld der zeitabhängige Wertschwund, der direkt am Geldschein abgelesen werden kann, über eine Nutzungsgebühr im Voraus finanziert. Als dritte Schwundgeldvariante wird noch das Ablaufgeld ausgegeben. Hier verzichtet man auf einen laufenden Geldschwund. Vielmehr will man allein über eine begrenzte Gültigkeitsdauer der Scheine (bis 1 Jahr) in Kombination mit einer am Ende der Laufzeit drohenden Um- bzw. Rücktauschgebühr die permanente Verausgabung der Gelder sicherstellen.

Die Regionalgeldvereine, die neben der Emission von Geldscheinen für ihre Kunden auch elektronische Giralgeldkonten führen (regionales Buchgeld), kürzen in bestimmten Zeitabständen die Regionalgeldguthaben ihrer Einleger um einen entsprechenden Prozentsatz und führen diese Bestände dem Ertragskonto des Vereins zu. Auch diese Maßnahme soll die Geldbesitzer anhalten, möglichst schnell ihre Buchgelder auszugeben.

Die Argumentation der Schwundgeldbefürworter ist in der Literatur der ökonomischen Wissenschaft zu Recht nie wirklich ernst genommen worden. So kann etwa der Zins in einer Volkswirtschaft schon allein deshalb seinen Ursprung nicht in der stofflichen Überlegenheit des Geldes haben, da es einen Zins als Leihgebühr für die zeitlich befristete Überlassung einer Ressource auch in einer reinen, geldlosen Tauschwirtschaft gibt. Zudem zeigt die empirische Erfahrung, dass eine künstliche Kaufkraftbindung in der Region – wie von den modernen Vertretern der Freigeldlehre vertreten – der Region letztlich schadet. Die Gründen hierfür sind offensichtlich: So gibt es unter anderem weniger Wettbewerb bei den heimischen Anbietern, der zu vergleichsweise schlechteren Produkten führt, die Wahlfreiheit der Konsumenten in der Region ist eingeschränkt, künstlich klein gehaltene Absatzmärkte lassen die für einen rentablen Produktionsbetrieb erforderliche Mindestgröße nicht erreichen, regionale Sparer verzichten auf eine vergleichsweise höhere Verzinsung bei überregionalen Kapitalanlagen und damit auf einen höheren Konsum in der Zukunft. Allerdings wurden Teilaspekte der *Gesell*'schen Theorie wie etwa seine Überlegungen zur Überwindung des Hortens von Geldbeständen durch Erhebung einer Geldhaltegebühr durchaus wohlwollend diskutiert.[45] Diese Argumente sollten jedoch in den Kontext eines zumindest drohenden deflationären Umfeldes gestellt werden. Für Länder wie Deutschland, Österreich und die Schweiz, die neuerdings eine Reihe von privaten Schwundgeldemissionen erleben, ist eine solche Situation jedoch nicht gegeben.

Generell dürften sich die als Schwundgelder konzipierten Regionalwährungen trotz der angesprochenen Kritikpunkte in absehbarer Zukunft noch weiter verbreiten. Dies gilt wohl nicht nur für die bereits erwähnten fünfzig anstehenden Neumissionen in Deutschland, denn auch in Frankreich und Italien sind erste Schwundgeldprojekte in

---

[44] Nach einer Mitteilung der Chiemgauer-Initiative sieht man bei den deutschen Markengeldscheinen am Ende der Gesamtlaufzeit der Noten (meist 1 Jahr) von einer Umtauschgebühr in neue Regionalgeldscheine ab.

[45] *Fisher* (1933), *Keynes* (1936) und *Buiter* (2005).

Planung.[46] Offenbar gibt es auch außerhalb des deutschen Sprachraums eine rege Nachfrage bestimmter gesellschaftlicher Gruppen nach einem Medium, mit dem man nicht nur seine regionale Verbundenheit dokumentieren kann, sondern auch zugleich ein aktives Zeichen gegen die als zu unpersönlich und ungerecht empfundene Globalisierung setzen kann. So gesehen sind Schwundgelder wohl eher ein Phänomen einer ideologischen Bekenntnis- und Betroffenheitskultur gewisser Gesellschaftsgruppen, die ihren demonstrativen Ausdruck bislang überwiegend in Lichterketten und Mahnwachen fand, als eine breite gesellschaftliche Protestbewegung gegen die zunehmende Vernetzung der Weltwirtschaft. Nicht zuletzt aus diesem Grunde werden die Regionalwährungen wohl auch in Zukunft keine bedeutende Rolle bei der Finanzierung der Tauschvorgänge in den europäischen Volkswirtschaften spielen.

4. Zusammenfassung

Die vorstehende Analyse hat gezeigt, dass in Europa eine erstaunliche Vielzahl unterschiedlicher inoffizieller Parallelgelder existiert. Deren Verwendungsmöglichkeit als übertragbares Zahlungsmittel ist jedoch meist auf einen relativ kleinen Akzeptantenkreis beschränkt. Während Unternehmensgelder wie etwa übertragbare Flugmeilen, Bonuspunkte und Telefonkartenguthaben hierbei wohl die vergleichsweise größte Bedeutung für die Finanzierung ökonomischer Transaktionen besitzen, ist der Geldcharakter dieser Zahlungsmittel nur äußert gering ausgeprägt. Im Gegensatz dazu weisen übertragbare Verrechnungsforderungen in Barter Clubs und nicht-gewerblichen Tauschringen zwar einen gewissen stabilen Geldkreislauf auf, der strukturelle Liquiditätsnachteil dieser Gelder gegenüber den offiziellen Zahlungsmitteln ist jedoch sehr groß. Jedenfalls dürfte der durch die gesamten Tauschringgelder in Europa finanzierte Jahresumsatz wohl nicht mehr als 1,8 Mrd. Euro betragen. Geradezu vernachlässigbar klein ist die ökonomische Bedeutung der meist als Bargeld ausgegebenen Regionalwährungen mit einem kumulierten europäischen Umlaufsvolumen von rund 1 Mio. Euro. Gleichwohl zeigen gerade diese Gelder eine beachtliche Dynamik mit über 20 Neuemissionen in den letzten fünf Jahren. Die Gründe hierfür sind sicherlich in der Kuriosität dieser Gelder zu finden, dass in Zeiten der Internationalisierung des Geldwesens ein Zahlungsmittel mit dezidiert regionalem Bezug bereitgestellt wird. Auf diese Weise können die Geldhalter sich aktiv zur Region bekennen und ein Zeichen gegen die Globalisierung setzen. Breite Gesellschaftsschichten dürften diese Gelder aber wohl auch in Zukunft nicht ansprechen, nicht zuletzt deshalb, da diese Regionalgelder – designed als Schwundgelder – dem Geldbesitzer vergleichsweise hohe Geldhaltungskosten auferlegen. Für die Europäische Zentralbank und auch die anderen Notenbanken Europas stellen die inoffiziellen Geldemissionen keine Gefahr für die Akzeptanz des offiziellen Geldes dar. Dies gilt zumindest solange, wie die Währungsbehörden ihrem Auftrag der Sicherung von Preisstabilität gerecht werden.

---

[46] Hierbei handelt es sich um das Projekt SOL in der Bretagne, Nord-Pas de Calais und Ile de France in Frankreich, sowie Libra (Mailand) und Kro (Kroton, Kalabrien) in Italien. Vgl. *Rösl* (2006), S. 42.

Literatur

Arthur D. Little (2004), Making M-Payments a Reality, mimeo.

Banerjee, Abijit und *Eric Maskin* (1996), A Walrasian Theory of Money and Barter, in: Quarterly Journal of Economics, Vol. 111, S. 955-1005.

Buiter, Willem H. (2005), Overcoming the Zero Bound on Nominal Interest Rates: Gesell's Currency Carry Tax vs. Eisler's Parallel Virtual Currency, in: International Economics and Economic Policy, Vol. 2, No 2-3, S. 189-200.

Fisher, Irving (1933), Stamp Scrip, New York.

Gesell, Silvio (1911), Die neue Lehre vom Geld und Zins, Berlin.

Gesell, Silvio (1949), Die natürliche Wirtschaftsordnung durch Freiland und Freigeld, Lauf bei Nürnberg

Godschalk, Hugo und *Malte Krüger* (1988), Herausforderungen des bestehenden Geldsystems im Zuge seiner Digitalisierung – Chancen für Innovationen?, Forschungszentrum Karlsruhe, Technik und Umwelt, Wissenschaftliche Berichte, FZKA 6160, Karlsruhe.

Görgens, Egon, Karlheinz Ruckriegel und *Franz Seitz* (2004), Europäische Geldpolitik, 4. Aufl. Stuttgart.

Helmedag, Fritz (1995), Geldfunktionen, in: WISU – Das Wirtschaftsstudium, 24. Jg., Heft 8-9, S. 711-718.

Issing, Otmar (1995), Einführung in die Geldtheorie, 10. Aufl. München.

Kennedy, Margrit und *Bernard Lietaer* (2004), Regionalwährungen: Neue Wege zu nachhaltigem Wohlstand, München.

Keynes, John M. (1936), The General Theory of Employment, Interest and Money, London.

Kiyotaki, Nobuhiro und *Randall Wright* (1993), A Search-Theoretic Approach to Monetary Economics, in: American Economic Review, Vol. 83, S. 66-77.

Kuhn, Norbert (2002), Tauschringe – Möglichkeiten und Grenzen einer „geldlosen" Wirtschaft, Marburger Beiträge zum Genossenschaftswesen 39, Marburg.

Marin, Dalia und *Monika Schnitzer* (2002), The Economic Institution of International Barter, in: Economic-Journal, Vol. 112, No. 479, S. 293-316.

Meierhofer, Lukas (1984), Volkswirtschaftliche Analyse des WIR-Wirtschaftsrings, Basel.

North, Peter (1999), Explorations in Heterotopia: LETS and the micropolitics of money and livelihood, in: Environment and Planning D: Society and Space, Vol. 17, Issue 1, S. 69-86.

o.V. (2007), Germans Get by Without the Euro, in: Daily Telegraph vom 18.1.2007.

Pacione, Michael (1997), Local Exchange Trading Systems as a Response to Globalisation of Capitalism, in: Urban Studies, Vol. 34, S. 1179-1199.

Petersson, Kerstin (1990), Nebenwährung als Sozialvertrag: Kanadische Erfahrungen mit dem „Local Employment and Trading System", in: *Heinze, Rolf* und *Claus Offe* (Hrsg.), Formen der Eigenarbeit: Theorie, Empirie, Vorschläge, Opladen, S. 147-158.

Rösl, Gerhard (2005), Regionalwährungen in Deutschland, in: Wirtschaftsdienst – Zeitschrift für Wirtschaftspolitik, 85. Jg., Heft 3, S. 182-190.

Rösl, Gerhard (2006), Regionalwährungen in Deutschland, Lokale Konkurrenz für den Euro?, in: *Deutsche Bundesbank* (Hrsg.), Diskussionspapier, Reihe 1: Volkswirtschaftliche Studien, Nr. 43/2006.

Rösl, Gerhard (2007), Regionalgeld in Deutschland: Eine große Idee in kleinräumiger Wirkung, in: Orientierungen zur Wirtschafts- und Gesellschaftspolitik, Heft 111, Bonn, S. 41-45.

Schneider, Christian (1997), Die WIR Wirtschaftsring-Genossenschaft, in: Angebot und Nachfrage, Umwelt – Mensch — Wirtschaft, 7. Jg., Nr. 25, S. 3-5.

Schraven, Jorim (2001), The Economics of Community Currencies: A Theoretical Perspective, Unpublished Honours Thesis, Oxford University, mimeo.

Seyfang, Gill (2000), The Euro, the Pound and the Shell in Our Pockets: Rationales for Complementary Currencies in a Global Economy, New Political Economy, Vol. 5, No. 2, S. 227-246

Stodder, James (1988), Corporate Barter and Economic Stabilisation, in: International Journal of Community Currency, Vol. 2, download unter http://www.geog.le.ac.uk/ijccr/vol1-3/2no1.htm (16.11.2001).

Sweeney, Joan und *Richard James Sweeney* (1997), Monetary Theory and the Great Capitol Hill Baby Sitting Co-op Crisis, in: Journal of Money Credit and Banking, Vol. IX, No. 1, S. 86-89.

Williams, Colin C. (1995), The Emergence of Local Currencies, in: Town and Country Planning, Vol. 64, S. 329-332.

WIR-Bank (2006), Geschäftsbericht für das Jahr 2005, Basel.

Albrecht F. Michler und H. Jörg Thieme (Hg.)
Systeme monetärer Steuerung: Analyse und Vergleich geldpolitischer Strategien
Schriften zu Ordnungsfragen der Wirtschaft · Band 86 · Stuttgart · 2007

Bedeutung von Instrumenten des Kreditrisikotransfers für die Finanzstabilität

Ulrike Neyer

Inhalt

1. Einführung 336

2. Kreditderivate: Überblick 337

3. Literatur: Instrumente des Kreditrisikotransfers und Stabilität des Bankensektors 339

4. Investitionsverhalten der Banken und Stabilität des Bankensektors ohne CDS 340
   4.1. Technologie und Präferenzen 340
   4.2. Interbankenmarkt 341
   4.3. Investitionsverhalten der Banken 342
   4.4. Stabilität des Bankensektors: Vermögens- und Liquiditätspuffer 343

5. Investitionsverhalten der Banken und Stabilität des Bankensektors mit CDS 344
   5.1. Einführung von CDS 345
   5.2. Investitionsverhalten der Banken 346
   5.3. Stabilität des Bankensektors 346

6. Zusammenfassung und Ausblick 351

Literatur 352

1. Einführung

Es gibt eine Vielzahl von Instrumenten des Kreditrisikotransfers, d. h. von Instrumenten, die es einem Kreditgeber erlauben, Kreditrisiken an Dritte zu übertragen.[1] Traditionelle Instrumente sind z. B. Kreditversicherungen und Bürgschaften. Seit den 1990er Jahren werden zunehmend neue Produkte für den Transfer von Kreditrisiken entwickelt, die es erlauben, Kreditrisiken losgelöst von dem zugrunde liegenden Kredit zu handeln, insbesondere sind hier Kreditderivate zu nennen, auf die im Abschnitt 2 noch näher eingegangen wird. Der Markt für Kreditderivate ist in den letzten Jahren rasant gewachsen, wie noch näher ausgeführt wird. Insbesondere das starke Wachstum dieser Märkte hat eine anhaltende Debatte darüber ausgelöst, welche Konsequenzen sich für die Finanzstabilität ergeben, wobei unter Finanzstabilität die Fähigkeit des Finanzsystems (Finanzmärkte, Banken, Infrastruktur) verstanden wird, Schocks so zu verarbeiten, dass seine Funktionsfähigkeit nicht nachhaltig beeinträchtigt wird (*Europäische Zentralbank* 2006, S. 7). Eine allgemeine Antwort auf die Frage, ob diese Instrumente die Finanzstabilität erhöhen oder senken, kann nicht gegeben werden, sondern es können immer nur einzelne Aspekte dieser komplexen Thematik untersucht werden. Diese spezifischen Analysen können dann zu ganz unterschiedlichen Ergebnissen führen, wie der kurze Literaturüberblick im Abschnitt 3 zeigt.

Der vorliegende Beitrag analysiert, inwiefern der innerhalb des Bankensektors stattfindende Kreditrisikotransfer die Stabilität des Bankensektors beeinflusst. Grundlage hierzu bildet die modelltheoretische Analyse von *Heyde* und *Neyer* (2007). Das Ergebnis der Untersuchung ist, dass der Kreditrisikotransfer innerhalb des Bankensektors die Stabilität des Bankensektors in Phasen eines konjunkturellen Abschwungs oder einer Rezession senkt und in Phasen eines konjunkturellen Aufschwungs, eines Booms und auch Übergangsphasen senken kann. Gemessen wird die Veränderung der Stabilität des Bankensektors anhand von zwei Puffern, einem Vermögenspuffer und einem Liquiditätspuffer. Der Vermögenspuffer einer Bank bestimmt, inwiefern die Bank einen Vermögensschock in Form unerwartet hoher Kreditausfälle verkraften kann, der Liquiditätspuffer einer Bank bestimmt, inwiefern sie einen Liquiditätsschock verkraften kann. Ein Liquiditätsschock wird hier ausgelöst durch die Insolvenz einer Bank, die dazu führt, dass Liquidität in Form von Einlagen anderer Banken bei dieser Bank vernichtet wird. Dieser Puffer ist mithin entscheidend für mögliche Ansteckungseffekte. Die Intuition für die Ergebnisse ist folgende. Der Kreditrisikotransfer ermöglicht es, bislang aufgrund von Friktionen unausgenutzte Diversifikationsmöglichkeiten von Kreditrisiken zu realisieren. Diese Diversifikation reduziert zunächst das Kreditrisiko der Banken. Dies impliziert, dass die Banken ihre Aktiva umstrukturieren. Sie nehmen eine Investitionsverlagerung vor, indem sie ihre Investitionen in sichere, relativ liquide Projekte reduzieren und in risikoreiche, illiquide Kredite erhöhen. In Phasen eines konjunkturellen Abschwungs, die in der Regel durch eine hohe Anzahl von Kreditausfällen charakterisiert sind, führt diese Investitionsverlagerung zu einer Reduktion des Vermögens- und des Liquiditätspuffers. In Phasen eines konjunkturellen Aufschwungs, die in der Regel

[1] Für eine Übersicht siehe z. B. *Burghof* und *Henke* (2005a).

durch eine geringe Anzahl an Kreditausfällen charakterisiert sind, hat die beschriebene Investitionsverlagerung sowohl einen positiven als auch einen negativen Effekt auf die Stabilität des Bankensystems. Auf der einen Seite erbringen die Kredite, wenn sie nicht ausfallen, einen höheren Ertrag als das sichere Projekt, so dass sich ein positiver Effekt auf das Vermögen und damit die Stabilität des Bankensektors ergibt. Auf der anderen Seite reduziert die Investitionsverlagerung jedoch das liquide Vermögen des Bankensektors, was seine Stabilität reduziert.

Der verbleibende Teil dieses Beitrags ist wie folgt aufgebaut. Im Abschnitt 2 wird ein Überblick über Kreditderivate gegeben. Im Abschnitt 3 wird kurz auf die Literatur eingegangen, die sich mit Kreditderivaten und der Stabilität des Bankensektors auseinandersetzt. In den Abschnitten 4 und 5 wird dann auf das Modell von *Heyde* und *Neyer* (2007) näher eingegangen, welches zu den oben skizzierten Ergebnissen führt. Im Abschnitt 4 wird das Investitionsverhalten der Banken und die daraus resultierende Stabilität des Bankensektors ohne Kreditrisikotransfer untersucht, im Abschnitt 5 wird dann die gleiche Analyse unter Berücksichtigung des Kreditrisikotransfers gemacht und die Ergebnisse mit denen des Abschnitts 4 verglichen. Die Arbeit schließt mit einer kurzen Zusammenfassung und einem Ausblick.

2. Kreditderivate: Überblick

Kreditderivate sind Finanzinstrumente, deren Preis von dem Kreditrisiko eines Referenzaktivums abhängt. Referenzaktiva können hierbei Anleihen, Kredite oder Körbe derselben, oder auch synthetische Kreditrisikopositionen, die z. B. durch einen Index abgebildet werden, sein. Der Handel mit Kreditderivaten hat seit dem Ende der 1990er Jahre rasant zugenommen wie Abbildung 1 veranschaulicht.

Abbildung 1: Volumina weltweit gehandelter Kreditderivate in Mrd. US-Dollar

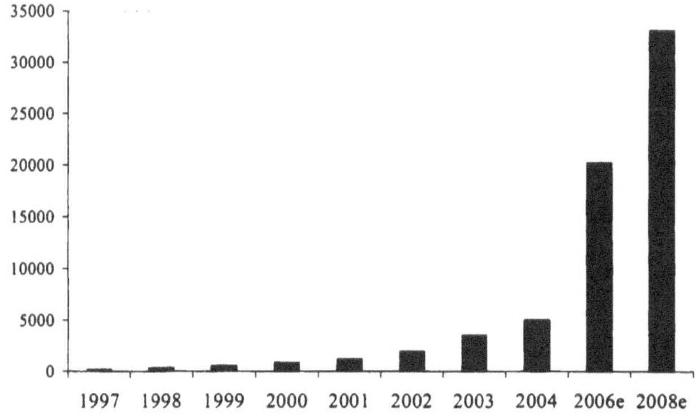

Datenquelle: *British Bankers' Association* (2006); bei den Werten für die Jahre 2006 und 2008 handelt es sich um Schätzungen.

Den größten Marktanteil verzeichnen Single-Name Credit Default Swaps(CDS), Index Trades und synthetische Collateralized Debt Obligations (siehe Tabelle 1). Bei einem Single-Name Credit Default Swap schließt der Sicherungskäufer mit dem Sicherungsverkäufer einen Vertrag ab, der ihm eine Absicherung gegen das Ausfallrisiko eines bestimmten Unternehmens (Referenzschuldner) bietet. Der Sicherungskäufer zahlt dem Sicherungsverkäufer eine Prämie, und der Verkäufer verpflichtet sich im Gegenzug, im Falle des Eintritts eines in dem Vertrag definierten Kreditereignisses an den Sicherungskäufer eine Ausgleichszahlung zu leisten. Kreditereignisse können z. B. Rückstände von Zins- und Tilgungszahlungen sein, die Insolvenz des Referenzschuldners oder eine Herabstufung des Ratings des Referenzschuldners. Auch die vereinbarten Ausgleichszahlungen können unterschiedlich ausgestaltet sein, z. B. kann vereinbart sein, dass der Sicherungskäufer dem Verkäufer bei Eintritt des Kreditereignisses Anleihen des Referenzschuldners zum Nennwert verkauft, oder dass eine Barzahlung in Höhe der Differenz zwischen dem Nennwert und dem aktuellen Wert der Anleihe zu erfolgen hat. Der Gesamtnennwert der Anleihen, auf die sich die Absicherung bezieht, wird als Nominalwert des CDS bezeichnet. Eine weitere Möglichkeit der Ausgestaltung der Ausgleichszahlung ist, dass im Falle des Eintritts des Kreditereignisses der Sicherungsverkäufer an den Sicherungskäufer einen im Vertrag spezifizierten Festbetrag zahlen muss. Der Gesamtbetrag, der pro Jahr als Prozentsatz des Nominalbetrags für die Absicherung gezahlt wird, heißt CDS spread. Es wurden verschiedene Indizes entwickelt, die den durchschnittlichen CDS spread über die in dem entsprechenden Index enthaltenen Referenzunternehmen abbilden. Derivate, deren Referenzaktiva ein CDS Index ist, erlauben es, sich auch gegen systematische Kreditrisiken abzusichern. Collateralized Debt Obligations (CDO) verbriefen Bündel einzelner Kreditforderungen. Im Vergleich zu den traditionellen Asset Backed Securities, die in der Regel Bündel relativ homogener Forderungen verbriefen (Kreditkarten- und Leasingforderungen), verbriefen CDO in der Regel weniger und heterogenere Kreditforderungen (Kredite an Unternehmen). Bei synthetischen CDO wird ein Portfolio von CDS verbrieft.[2]

Tabelle 1: Marktanteile einzelner Typen von Kreditderivaten

Produkttyp	2004	2006
Single-Name Credit Default Swap	51 %	33 %
Index Trades	11 %	38 %
Synthetische Collateralised Debt Obligations	16%	16 %
Andere	22 %	13 %

Datenquelle: *British Bankers' Association* (2006); bei den Werten für das Jahr 2006 handelt es sich um Schätzungen.

---

2 Für ausführliche Erläuterungen zu diesen und weiteren Kreditderivaten sowie deren Systematisierung siehe z. B. *Burghof* und *Henke* (2006b), *Hull* (2006, Kapitel 21) oder *Neske* (2005).

Hauptakteure auf den Kreditderivatemärkten sind Banken, Hedge Funds und Versicherungen, wie aus Tabelle 2 ersichtlich ist. Die Tabelle zeigt, dass die Banken die dominierenden Akteure in diesen Märkten sind und dass der Anteil der Hedge Funds in den vergangenen Jahren stark zugenommen hat.

Tabelle 2: Sicherungskäufer und Verkäufer

	Sicherungskäufer			Sicherungsverkäufer		
	2004	**2006**	**2008**	**2004**	**2006**	**2008**
Banken	67 %	59 %	54 %	54 %	44 %	40 %
Hedge Funds	16 %	28 %	28 %	15 %	32 %	31 %
Versicherungen	7 %	6 %	6 %	20 %	17 %	18 %
Andere	10 %	7 %	12 %	11 %	7 %	11 %

Datenquelle: *British Bankers' Association* (2006); bei den Werten für die Jahre 2006 und 2008 handelt es sich um Schätzungen

In der Analyse in den Abschnitten 4 und 5 dieses Beitrags werden CDS betrachtet, in der sowohl der Sicherungskäufer als auch der Sicherungsverkäufer eine Bank ist.

3. Literatur: Instrumente des Kreditrisikotransfers und Stabilität des Bankensektors

Auf die Frage, ob die neuen Instrumente zum Kreditrisikotransfer die Stabilität des Bankensektors reduzieren oder stärken, gibt es in der Literatur keine einheitliche Antwort. Die *Bundesbank* (2004) argumentiert auf der einen Seite, dass entwickelte, liquide Märkte für den Transfer von Kreditrisiken zu einer stärkeren Diversifikation von Kreditrisiken führten und die Qualität sowie die Transparenz bei der Bildung von Preisen für Kreditrisiken verbesserten. Dies würde die Allokationseffizienz von Kreditrisiken erhöhen und somit einen positiven Beitrag zur Finanzstabilität leisten. Auf der anderen Seite würden mit dem Transfer Risiken verbunden sein, die wiederum einen negativen Einfluss auf die Finanzstabilität hätten. Diese Risiken resultierten z. B. aus einer möglichen Ineffektivität der Absicherung, aus einer möglichen Fehleinschätzung des Risiko-Ertrags-Profils einer Transaktion, aus der hohen Konzentration in der Intermediation von Kreditrisiken auf wenige Marktteilnehmer, aus einer möglichen Ausnutzung von Regulierungsarbitrage und der möglichen asymmetrischen Verteilung von Informationen zwischen den Kontraktpartnern. Risiken würden auch aus der starken Verzahnung der Märkte für Kreditderivate mit anderen Finanzmärkten resultieren. Diese Verzahnung könnte zur Übertragung, aber auch Verstärkung von Schocks führen.

Wagner (2006) argumentiert, dass die neuen Instrumente für den Transfer von Kreditrisiken die Liquidität von Bankkrediten erhöhten. Dies würde die Fähigkeit der Banken, Liquiditätsschocks zu absorbieren, erhöhen, also einen positiven Effekt auf die

Stabilität des Bankensektors haben. Aber die erhöhte Liquidität der Bankkredite würde implizieren, dass die Banken neue Risiken eingingen und dieser negative Effekt auf die Stabilität würde überwiegen.

Wagner und *Marsh* (2006) betrachten den Transfer von Kreditrisiken aus dem Bankensektor auf andere Finanzsektoren und argumentieren, dass dieser Transfer einen positiven Effekt auf die Stabilität des Bankensektors hätte, da systemische Risiken in dem fragileren Bankensektor abgebaut würden.

Allen und *Carletti* (2006) hingegen zeigen, dass der Transfer von Kreditrisiken aus dem Bankensektor in den Versicherungssektor dazu führen kann, dass in dem Versicherungssektor bestehende systemische Risiken in den Bankensektor übertragen werden. Der Grund ist, dass erst der Kreditrisikotransfer dazu führt, dass Versicherungsunternehmen die gleichen Wertpapiere halten wie die Banken. Kommt es zu einer Krise in dem Versicherungssektor, werden diese Papiere verkauft, ihr Preis sinkt. Dies stellt Probleme für die Banken dar, da diese das Papier nutzen, um ihre individuellen Liquiditätsrisiken abzusichern.

Dieser kurze Abriss hat gezeigt, dass es eine allgemeingültige, grundsätzliche Antwort auf die Frage, ob die neuen Instrumente zum Kreditrisikotransfer die Stabilität des Bankensektors erhöhen oder senken nicht geben kann, sondern dass eine entsprechende Analyse sich auf einzelne Teilaspekte und Rahmenbedingungen beziehen muss, für die dann entsprechende Aussagen abzuleiten sind. Die Analyse in den nachfolgenden beiden Kapiteln bezieht sich auf den Kreditrisikotransfer innerhalb des Bankensektors. Das betrachtete Instrument sind CDS.

4. Investitionsverhalten der Banken und Stabilität des Bankensektors ohne CDS

4.1. Technologie und Präferenzen

Es werden drei Perioden (0, 1 und 2) betrachtet. Es gibt ein Gut (numéraire), welches konsumiert oder investiert werden kann. Zur Investition bieten sich drei Möglichkeiten: ein kurzfristiges Projekt, ein langfristiges, sicheres Projekt und ein langfristiges, risikoreiches Projekt. Investiert man in das kurzfristige Projekt, erhält man nach einer Periode eine Einheit dieses Gutes zurück. Es handelt sich also um eine reine Lagerhaltungstechnologie. Investiert man in das sichere Projekt, erhält man nach zwei Perioden $R > 1$ Einheiten des Gutes zurück. Dieses Projekt kann zwar bereits nach einer Periode liquidiert werden, aber nur mit einem Verlust. Die Rückzahlung beträgt dann $r < 1$. Investiert man in das risikoreiche Projekt, beträgt die Rückzahlung nach zwei Perioden K Einheiten. K ist eine Zufallsvariable und kann entweder den Wert $H > R$ annehmen, dann ist die Investition erfolgreich gewesen, oder den Wert $L < 1$, dann ist die Investition fehlgeschlagen, es wird ein Verlust realisiert. Es wird angenommen, dass der Erwartungswert für die Rückzahlung aus diesem Projekt größer ist als aus dem sicheren Projekt ($E[K] > R$). Das risikoreiche Projekt ist vollkommen illiquide, sein Liquidationswert nach einer Periode beträgt null.

Betrachtet wird nun eine große Anzahl risikoaverser Konsumenten. Jeder dieser Konsumenten verfügt über eine Einheit des Gutes. Sie haben die üblichen *Diamond-Dybvig* Präferenzen (*Diamond* und *Dybvig* 1983): Mit der Wahrscheinlichkeit ω sind sie frühe Konsumenten, d. h. sie können einen Nutzen aus Konsum nur in der ersten Periode ziehen, und mit der Gegenwahrscheinlichkeit $(1-\omega)$ sind sie späte Konsumenten, die einen Nutzen aus Konsum nur in der zweiten Periode ziehen können. Entscheidend ist, dass der Konsumzeitpunkt für den einzelnen Konsumenten zwar unsicher ist, dass aber aggregiert das Gesetz der großen Zahl gilt, so dass mit der Wahrscheinlichkeit 1 der Anteil der frühen Konsumenten ω und der Anteil der späten Konsumenten $(1-\omega)$ beträgt.

Die Unsicherheit über den Konsumzeitpunkt eines einzelnen Konsumenten führt zu einer Liquiditätsnachfrage und schafft damit eine Rolle für Banken, die einen komparativen Vorteil bei dem Angebot dieser Liquidität haben. Jeder Konsument legt in der Periode 0 sein Gut bei einer Bank an und schließt mit der Bank einen Einlagenvertrag ab. Dieser erlaubt dem Konsumenten, entweder c_1 Einheiten in der ersten Periode bei der Bank abzuheben oder c_2 Einheiten in der zweiten Periode. Die Banken stehen im Wettbewerb um Einlagen und werden den Konsumenten den Vertrag (c_1^*, c_2^*) anbieten, der den Erwartungsnutzen der risikoaversen Einleger maximiert.

4.2. Interbankenmarkt

Es soll analysiert werden, inwiefern die Einführung von CDS die Stabilität des Bankensektors beeinflusst, indem die Auswirkungen auf die Ansteckungsgefahr untersucht werden, d. h. wenn eine Bank insolvent wird, inwiefern beeinflusst die Einführung von CDS die Gefahr, dass dies die Insolvenz weiterer Banken nach sich zieht. Um diese Ansteckungseffekte zu modellieren, müssen Banken miteinander verbunden sein. Hierzu wird auf den Ansatz von *Allen* und *Gale* (2000) zurückgegriffen. Es werden vier Regionen, *A*, *B*, *C* und *D* betrachtet, und es wird angenommen, dass das Verhalten der Banken in jeder Region durch eine repräsentative Bank abgebildet werden kann. Diese werden entsprechend mit *A*, *B*, *C* und *D* bezeichnet. Jede der vier repräsentativen Banken sehen sich einer großen Anzahl von Einlegern gegenüber, wobei der Anteil der frühen Konsumenten jedoch nicht mehr sicher ist, sondern jeweils mit einer Wahrscheinlichkeit von 0.5 ω_H oder ω_L sein kann, wobei $\omega_H > \omega_L$. Entscheidend ist, dass, obwohl für jede einzelne Bank der Anteil der frühen Konsumenten unsicher ist, aggregiert über alle vier Banken keine Unsicherheit besteht, wie aus Tabelle 3 ersichtlich ist.

Tabelle 3: Anteil der frühen Konsumenten in den einzelnen Regionen

Region	A	B	C	D
Zustand 1	ω_H	ω_L	ω_H	ω_L
Zustand 2	ω_L	ω_H	ω_L	ω_H

Quelle: In Anlehnung an *Allen* und *Gale* (2000).

Realisiert sich der Zustand 1, sehen sich die Banken A und C hohen Liquiditätsabzügen in Periode 1 gegenüber, die Banken B und D jedoch entsprechend niedrigen. Umgekehrtes gilt für den Fall, dass sich der Zustand 2 realisiert. Mit der Wahrscheinlichkeit 1 beträgt im Aggregat der Anteil der frühen Konsumenten in Periode 1 $(\omega_H + \omega_L)/2$. Diesen Anteil bezeichnen wir mit γ. Die nicht bestehende Unsicherheit auf aggregiertem Niveau erlaubt eine Versicherung gegen Illiquidität über einen Interbankenmarkt: Bank A hält Einlagen bei Bank B, Bank B bei Bank C und Bank C bei Bank D. Die Höhe der Einlagen ist mit $(\omega_H - \gamma)$ für alle Banken gleich. In der Periode 1 löst sich die Unsicherheit auf, jede Bank weiß, ob ihr Anteil früher Konsumenten ω_H oder ω_L ist. Dann bieten die Banken mit einem Liquiditätsüberschuss denen mit einem Liquiditätsdefizit die entsprechende Liquidität an, die entsprechenden Bankdepositen werden aufgelöst.

4.3. Investitionsverhalten der Banken

Jede Bank will den Erwartungsnutzen ihrer risikoaversen Einleger maximieren. Sie muss dafür in der Periode 0 entscheiden, wie viel ihrer Kundeneinlagen sie in das kurzfristige Projekt investiert, wie viel in das langfristige, sichere Projekt und wie viel in das langfristige, unsichere Projekt. Es wird angenommen, dass letzteres ein risikoreiches Kreditportefeuille ist. Die Menge, die eine Bank in das kurzfristige Projekt investiert wird mit x bezeichnet, die Investitionsmenge in das langfristige, sichere Projekt mit y, und die Menge, die sie in das unsichere Kreditportfolio investiert mit u.

Ergebnis dieses Optimierungsproblems: Jede Bank investiert soviel in das kurzfristige Projekt, dass aggregiert über alle vier Banken alle frühen Konsumenten vertragsgemäß ihre Auszahlung erhalten. Wenn z. B. aggregiert betrachtet der Anteil der frühen Konsumenten 50 % ($(\omega_H + \omega_L)/2 = 0{,}5$) beträgt, wird jede Bank 50 % ihrer Einlagen in das kurzfristige Projekt investieren. Tritt jetzt der Zustand 1 ein (siehe Tabelle 3) und der Anteil der frühen Konsumenten bei den Banken A und C beträgt 70 %, bei den Banken B und D hingegen nur 30 %, reicht bei den Banken A und C die Rückzahlung aus dem kurzfristigen Projekt nicht aus, um ihre frühen Einleger zu befriedigen, die Banken B und D hingegen weisen einen Überschuss an Liquidität auf. Der entscheidende Punkt ist, dass es aggregiert keinen Mangel an Liquidität gibt, diese nur schlecht verteilt ist. Dies wird über den Interbankenmarkt korrigiert, indem die Banken A und C ihre Einlagen bei den Banken B und D auflösen. Sie können dann ebenfalls die Forderungen ihrer frühen Konsumenten vertragsgemäß erfüllen und ihnen c_1^* auszahlen.

Wie jede Bank den verbleibenden Teil der Einlagen auf das langfristige, sichere Projekt und das risikoreiche Kreditportefeuille aufteilt, ist vom Grad der Risikoaversion der Einleger, dem relativen erwarteten Ertrag der beiden Anlagen und dem Risiko des Kreditportefeuilles abhängig. Je höher der Grad der Risikoaversion und das Risiko des Kreditportefeuilles sind, und je niedriger der erwartete Ertrag aus dem Kreditportefeuille relativ zur sicheren Anlage ist, desto höher ist der Anteil der Einlagen, die in die sichere Anlage investiert wird. Die in dem Vertrag spezifizierte Auszahlung an die späten Konsumenten ist zustandsabhängig, es werden also zwei Auszahlungen spezifiziert. Für den Fall, dass die Investition in das Kreditportefeuille erfolgreich verläuft, erhalten die Konsumenten eine Auszahlung in Höhe von $c_{2,H}^*$, für den Fall, dass sie nicht erfolgreich verläuft, erhalten die Konsumenten die Auszahlung $c_{2,L}^{*}$, wobei $c_{2,L}^{*} < c_{2,H}^{*}$, d. h. wie in dem Modell von *Hellwig* (1994) tragen die Einleger ein Risiko. Ferner investieren die Banken immer soviel in das sichere Projekt, dass selbst für den Fall, dass die Investition in das Kreditportefeuille fehlschlägt, sie den späten Konsumenten (in der Abwesenheit von Schocks) immer noch eine höhere Auszahlung geben können als den frühen Konsumenten, d. h. bei ihrer Optimierung berücksichtigen die Banken, dass die Anreizbedingung $c_1^{*} \leq c_{2,L}^{*}$ erfüllt sein muss, so dass ein Run auf die betroffene Bank im Fall des Scheiterns des Kreditportefeuilles vermieden wird.

4.4. Stabilität des Bankensektors: Vermögens- und Liquiditätspuffer

Die Stabilität des Bankensektors spiegelt sich in seiner Schockabsorptionsfähigkeit wider. Diese wiederum wird von dem Vermögens- und Liquiditätspuffer der Banken determiniert, auf die im Folgenden eingegangen wird.

Es wird angenommen, dass in der Periode 1 eine Bank einen Vermögensschock erleidet, indem offenkundig wird, dass die Rückzahlung aus ihrem Kreditportfolio in der Periode 2 noch niedriger ist als im schlechten Fall erwartet, d. h. K ist nicht gleich L sondern $L-s$, wobei $s>0$. Dieser Schock impliziert, dass die Rückzahlung der Bank an die späten Konsumenten kleiner ausfällt, als für den schlechten Fall vereinbart ($c_2 < c_{2,L}^{*}$). Ist diese Rückzahlung an die späten Konsumenten als Folge des Schocks kleiner als an die frühen Konsumenten ($c_2 < c_1^{*}$), kommt es zum Run auf diese Bank. Alle Konsumenten geben dann vor, frühe Konsumenten zu sein und wollen ihre Einlagen in Periode 1 abheben. Die Bank muss dann ihr gesamtes Vermögen liquidieren. Dies reicht jedoch nicht aus, um den Einlegern die vertragsgemäße Rückzahlung zu geben, da der Liquidationswert des Kreditportefeuilles null ist und auch das langfristige, sichere Projekt nur mit einem Verlust liquidiert werden kann. Die Bank ist folglich insolvent.

Der Vermögenspuffer einer Bank gibt nun an, wie groß der Schock s sein kann, ohne dass die Rückzahlung an die frühen Konsumenten größer wird als an die späten Konsumenten, d. h. ohne dass $c_2 < c_1^{*}$ und somit ein Run ausgelöst wird und die Bank insolvent wird. Dieser Puffer wird von dem Vermögen der Bank in der Periode 2 determiniert. Reicht es nicht aus, um eine Auszahlung c_2 an die späten Konsumenten zu leisten, die größer ist als c_1^{*}, ist der Vermögenspuffer zu klein, um den Schock zu absorbieren, die Bank ist insolvent. Das Vermögen der Bank besteht in der Periode 2 aus dem Kreditportefeuille und dem langfristigen sicheren Projekt. Folglich ist das Vermögen der Bank und damit ihr Vermögenspuffer um den Schock zu absorbieren um so größer je höher der Anteil ist, den die Bank in das sichere Projekt investiert hat und je kleiner der Anteil ist, den sie in das Kreditportefeuille investiert hat, d. h. je höher y und je kleiner u sind. Der Grund ist, dass in dem Fall der schlechten Performance des Kreditportefeuilles - und somit erst recht, wenn es von einem negativen Schock betroffen ist - die Rückzahlung aus dem Kreditportefeuille in der Periode 2 kleiner ist als aus dem sicheren Projekt ($L-s < L < R$).

Für den Fall, dass der Vermögenspuffer einer Bank zu klein ist, um einen aufgetretenen Schock zu absorbieren und sie somit insolvent wird, stellt sich die Frage, inwiefern Ansteckungseffekte auftreten, d. h. inwiefern die Insolvenz der einen Bank die Insolvenz weiterer Banken nach sich zieht. Ansteckungseffekte können daraus resultieren, dass der Wert der Bankeinlagen bei der insolventen Bank sinkt. Angenommen, Bank A konnte einen Vermögensschock nicht absorbieren und ist insolvent, dann verlieren die Einlagen der Bank D bei Bank A an Wert und Bank D realisiert einen Liquiditätsverlust. Diesen Liquiditätsverlust kann Bank D ausgleichen, indem sie das langfristige, sichere Projekt vorzeitig liquidiert. Der Liquiditätspuffer einer Bank wird demnach von der Anzahl der Einheiten des sicheren Projektes bestimmt, die liquidiert werden können. Diese Anzahl wiederum wird entweder von dem Gesamtvermögen der Bank in der Periode 2 begrenzt oder von dem liquiden Vermögen der Bank. Die Begrenzung durch das Gesamtvermögen resultiert daraus, dass die vorzeitige Liquidation des Projektes die Rückzahlung an die späten Konsumenten reduziert. Wenn die vorzeitige Liquidation nun dazu führt, dass $c_2 < c_1^*$, wird ein Run ausgelöst und die Bank ist insolvent. Wie viele Einheiten des langfristigen Projektes liquidiert werden können, ohne dass ein Run ausgelöst wird, wird vom Gesamtvermögen der Bank in der Periode 2 bestimmt. Je höher es ist, desto mehr Einheiten des Projektes können liquidiert werden, desto höher ist mithin der Liquiditätspuffer der Bank. Dieses Gesamtvermögen der Bank wird durch die Mengen u und y sowie die Rückzahlungen R und K determiniert. Folglich hängt die Höhe des Liquiditätspuffers der Bank auch von der Performance des eigenen Kreditportefeuilles ab. Ist die Investition in das Portefeuille erfolgreich verlaufen $(K = H)$, ist der Liquiditätspuffer, wenn er durch das Gesamtvermögen begrenzt wird, höher. Der Liquiditätspuffer wird durch das liquide Vermögen der Bank begrenzt, wenn die Bank zwar weitere Einheiten des langfristigen Projektes liquidieren könnte ohne einen Run auszulösen, aber keine weiteren Einheiten des relativ liquiden, sicheren Projektes hat (das Kreditportefeuille ist annahmegemäß illiquide, sein Liquidationswert in Periode 1 beträgt 0). Somit wird die Höhe des Liquiditätspuffers, wenn er von dem liquiden Vermögen begrenzt wird, von der Menge y und dem Liquidationswert r des sicheren Projektes in der Periode 1 determiniert. Der in dieser Arbeit entscheidende Aspekt ist, dass je höher y ist, also je höher der Anteil der Einlagen ist, den die Bank in das langfristige, sichere Projekt investiert hat, um so höher auch dieser Liquiditätspuffer ist.

Zusammenfassend kann gesagt werden, dass sich die Stabilität des Bankensektors in seiner Schockabsorptionsfähigkeit ausdrückt, die vom Vermögenspuffer und vom Liquiditätspuffer der Banken determiniert wird. Der Vermögenspuffer bestimmt, inwiefern eine Bank einen Vermögensschock verkraften kann ohne insolvent zu werden, der Liquiditätspuffer bestimmt, inwiefern eine Bank einen Liquiditätsschock verkraften kann. Er ist entscheidend für mögliche Ansteckungseffekte.

5. Investitionsverhalten der Banken und Stabilität des Bankensektors mit CDS

Um zu analysieren, inwiefern die Einführung von CDS die Stabilität des Bankensektors beeinflusst, wird im nächsten Kapitel untersucht, welchen Einfluss die Einführung von CDS auf die Höhe der beiden Puffer hat. Dazu wird zunächst geschildert, wie CDS in das Modell integriert werden können. Dann wird erläutert, wie sie das Investitionsverhalten der Banken ändern und abschließend, welche Konsequenzen sich daraus für die Stabilität des Bankensektors ergeben.

5.1. Einführung von CDS

Es wird davon ausgegangen, dass die Risiken aus den Kreditportefeuilles der einzelnen Banken innerhalb einer Region perfekt korreliert sind, aber dass dies zwischen den Regionen nicht der Fall ist. Letzteres bedeutet, dass es unausgenutzte Diversifikationsmöglichkeiten gibt. Dies wird damit begründet, dass Friktionen verhindern, dass Banken außerhalb ihrer eigenen Region Kreditverträge abschließen können. Es wird gezeigt, dass mit Hilfe von CDS diese Friktionen überwunden werden können. Jede der vier repräsentativen Banken schließt zwei CDS-Verträge ab, einen als Risikokäufer und einen als Risikoverkäufer, wobei diese Verträge sehr einfach spezifiziert sind, wie mit Hilfe von Abbildung 2 erläutert wird. Der Risikoverkäufer zahlt an den Risikokäufer in der Periode 0 eine Prämie. Im Gegenzug verpflichtet sich der Risikokäufer, in der Periode 2 an den Verkäufer eine Ausgleichszahlung in Form eines festen Betrages zu zahlen, insofern die Investition des Risikokäufers in sein Kreditportefeuille fehlschlägt. Dieser Ausgleichsbetrag wird auf die Hälfte des Verlustes fixiert, der eintritt, wenn die Rückzahlung aus dem Kreditportefeuille L beträgt. Damit versichert jede Bank die Hälfte ihres möglichen Verlustes und übernimmt gleichzeitig die Hälfte des Verlustes einer anderen Bank. Dies zeigt, dass das Motiv für den Abschluss dieser Verträge einzig in den unausgenutzten Diversifikationsmöglichkeiten liegt. Die CDS erlauben es, die Grenzen der Diversifikation aufzuweichen. Es ist zu beachten, dass sich auch im Fall eines Schocks, d. h. wenn die Rückzahlung noch kleiner sein sollte $(L-s)$, dieser Betrag nicht erhöht. Mit der Absicherung nur der Hälfte des Verlustes soll etwaigen moral hazard Problemen Rechnung getragen werden. Da alle Banken ex-ante identisch sind, sind die zu zahlenden Prämien für alle Banken gleich hoch. Da jede Bank in der Periode 0 eine Prämie bekommt und auch eine zahlen muss, sind diese Zahlungen bilanzneutral. Als weitere Annahme ist zu beachten, dass wenn eine Bank in Periode 1 insolvent wird, sie weder eine Ausgleichszahlung aus den CDS Kontrakten bekommt, noch wird eine mögliche Ausgleichszahlung, die sie selbst in der Periode 2 zu leisten hätte, bei ihrer Liquidation berücksichtigt. Zahlungen aus den CDS fallen nur in Periode 2 an.

Abbildung 2: Credit Default Swaps

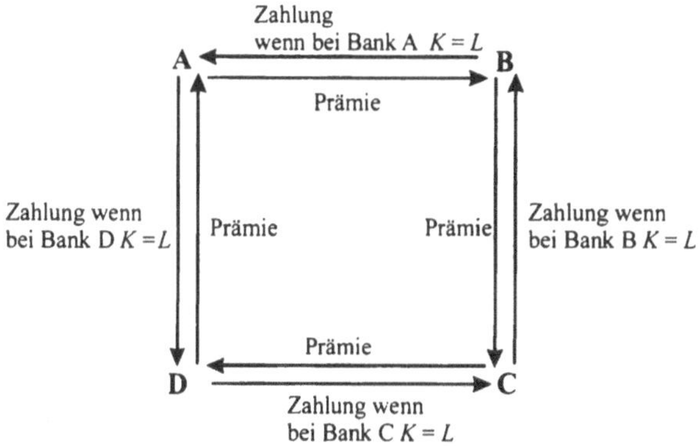

5.2. Investitionsverhalten der Banken

In diesem Kapitel wird untersucht, welche Konsequenzen die Einführung der CDS auf das Investitionsverhalten der Banken hat. Die Banken wollen, wie in dem Modell ohne CDS, den Erwartungsnutzen ihrer risikoaversen Einleger maximieren und müssen dafür über die Höhe ihrer Investitionen in das kurzfristige Projekt (x), in das langfristige, sichere Projekt (y) und das Kreditportfolio (u) entscheiden.

Die Höhe der Investitionen der Banken in das kurzfristige Projekt ändert sich mit der Einführung von CDS nicht. Es wird weiterhin soviel in das kurzfristige Projekt investiert, dass alle frühen Konsumenten aus den Rückzahlungen dieses Projektes befriedigt werden können, d. h. wenn im Aggregat 50 % der Einleger frühe Konsumenten sind, investiert jede Bank 50 % ihrer Einlagen in das kurzfristige Projekt. Die Aufteilung der verbleibenden Einlagen auf das langfristige, sichere Projekt und das risikoreiche Kreditportefeuille ändert sich jedoch: Die Banken reduzieren ihre Investition in das sichere Projekt und erhöhen ihre Investition in das risikoreiche Kreditportefeuille (die Menge y sinkt, die Menge u steigt). Die Begründung für diese Verlagerung der Investitionen lautet wie folgt: Die CDS führen dazu, dass Banken ihr Kreditrisiko besser diversifizieren können. Diese Diversifikation senkt das Risiko der Banken. Dies wiederum führt dazu, dass sie, wenn sie den Erwartungsnutzen ihrer risikoaversen Einleger maximieren wollen, vermehrt in risikoreiche Projekte investieren können, die ja eine höhere erwartete Rückzahlung aufweisen und damit im Durchschnitt einen höheren Konsum ermöglichen. Insgesamt führt die Einführung der CDS somit zu einem höheren Erwartungsnutzen der Einleger, da die durch sie ausgelöste bessere Diversifikation das Kreditrisiko reduziert, was es den Banken erlaubt, in risikoreichere aber auch ertragreichere Projekte zu investieren.

5.3. Stabilität des Bankensektors

Im vorherigen Abschnitt wurde erläutert, inwiefern die Einführung von CDS positiv zu beurteilen ist. Sie weicht aufgrund von Friktionen bestehende Grenzen der Diversifikation auf, was in einem höheren Erwartungsnutzen der Einleger resultiert.

Um die Konsequenzen der Einführung von CDS für die Stabilität des Bankensektors zu analysieren, wird im folgenden untersucht, welcher Einfluss sich auf die im Abschnitt 4.4 beschriebenen Vermögens- und Liquiditätspuffer ergeben, die die Schockabsorptionsfähigkeit des Bankensektors beschreiben. Es wird gezeigt, dass die Einführung von CDS im Falle eines wirtschaftlichen Abschwungs die Stabilität des Bankensektors reduziert. Im Falle eines wirtschaftlichen Aufschwungs und in Übergangsphasen ist der Effekt unbestimmt.

Der **Vermögenspuffer** einer Bank bestimmt, inwiefern die Bank einen unerwarteten Vermögensverlust (die Rückzahlung aus dem Kreditportefeuille ist niedriger als im schlechtesten Fall erwartet, $L-s$ wird realisiert) verkraften kann. Die Höhe dieses Puffers ist mit CDS zusätzlich von der Rückzahlung des Kreditportefeuilles der Bank abhängig, mit der die betrachtete Bank einen CDS als Risikokäufer abgeschlossen hat. Weist dieses Kreditportefeuille eine schlechte Performance auf (L wird realisiert), so reduziert der Abschluss der CDS Kontrakte der betrachteten Bank eindeutig ihren Vermögenspuffer; verläuft die Investition in dieses Kreditportefeuille erfolgreich, so ist der Effekt der CDS auf den Vermögenspuffer der betrachteten Bank unbestimmt. Dies wird im folgenden mit Hilfe der Abbildung 2 erläutert. Angenommen Bank A erfährt einen Vermögensschock: in Periode 1 offenbart sich, dass die Rückzahlung aus dem Kreditportefeuille lediglich $L-s$ betragen wird. Bank A bekommt zwar eine Ausgleichszahlung aus dem CDS Kontrakt mit Bank B, aber wenn das Kreditportefeuille der Bank D eine schlechte Performance aufweist, muss sie eine Ausgleichszahlung in gleicher Höhe an Bank D zahlen, so dass netto die Ausgleichszahlungen aus den CDS Kontrakten keinen Einfluss auf das Vermögen der Bank A und mithin auf ihren Vermögenspuffer haben. Aber als Folge der CDS Kontrakte hat Bank A einen höheren Teil ihrer Einlagen in das Kreditportefeuille und einen geringen in das sichere Projekt investiert. Diese Verlagerung der Investitionen reduziert den Vermögenspuffer von Bank A, da die Rückzahlung aus dem Kreditportefeuille geringer ist als aus dem sicheren Projekt ($L-s<L<R$). Damit hat die Einführung der CDS den Vermögenspuffer der Bank in dem Fall, der mit $[L-s]L$ beschreiben wird,[3] eindeutig reduziert. In dem Fall, dass die Investition der Bank D in ihr Kreditportefeuille erfolgreich verläuft (H wird realisiert), ist der Effekt der CDS auf den Vermögenspuffer der Bank A unbestimmt, da der aus der Investitionsverlagerung resultierende negative Effekt von dem positiven Nettoeffekt aus den Ausgleichszahlungen überkompensiert werden kann. In dem Fall, der mit $[L-s]H$ beschrieben wird,[4] bekommt Bank A nämlich eine Ausgleichszahlung von Bank B, muss aber selbst keine an Bank D leisten.

Der **Liquiditätspuffer** einer Bank bestimmt, inwiefern sie einen Liquiditätsschock verkraften kann, ohne insolvent zu werden. In dem hier betrachteten Modell ist der Liquiditätsschock die Folge der Insolvenz einer anderen Bank, da diese dazu führt, dass die Bankeinlagen bei dieser Bank an Wert verlieren, was impliziert, dass die Bank, die Einlagen bei der insolventen Bank hält, zur Befriedigung ihrer frühen Konsumenten Teile ihres langfristigen Projektes vorzeitig mit Verlust liquidieren muss. Kann sie nicht soviel dieses Projektes liquidieren, dass sie an ihre frühen Einleger vertragsgemäß Auszahlungen leisten kann, ist auch sie insolvent, es ist zu Ansteckungseffekten gekommen. Wie viele Einheiten des langfristigen Projektes eine Bank zur Absorption des Liquiditätsschocks vorzeitig liquidieren kann, hängt zum einen von ihrem Gesamtvermögen ab und zum anderen von ihrem liquidierbaren Vermögen. Wird der Liquiditätspuffer durch das Gesamtvermögen begrenzt, hat die Bank weitere liquide Mittel, kann diese aber nicht vorzeitig auflösen ohne einen Run auszulösen. Wird der Puffer durch das liquide Vermögen der Bank begrenzt, könnte die Bank zwar weiteres Vermögen liquidieren ohne einen Run auszulösen, aber sie verfügt über keine weiteren liquiden Mittel. Welchen Einfluss haben die CDS auf die Höhe diese beiden Liquiditätspuffer? Auf den durch das liquide Vermögen begrenzten Puffer ist der Effekt negativ, da die durch die

---

[3] $[L-s]$ ist die Rückzahlung aus dem Kreditportefeuille der betrachteten Bank, hier also Bank A, L ist die Rückzahlung aus dem Kreditportefeuille der Bank mit der die betrachtete Bank einen CDS Kontrakt als Risikokäufer abgeschlossen hat, hier also Bank D.

[4] $[L-s]$ ist die Rückzahlung aus dem Kreditportefeuille der betrachteten Bank, hier also Bank A, H ist die Rückzahlung aus dem Kreditportefeuille der Bank mit der die betrachtete Bank einen CDS Kontrakt als Risikokäufer abgeschlossen hat, hier also Bank D.

CDS ausgelöste Investitionsverlagerung der Banken von dem relativ liquiden, sicheren Projekt zu dem illiquiden Kreditportefeuille impliziert, dass das liquide Vermögen der Banken reduziert wird. In dem Fall, in dem der Liquiditätspuffer von dem Gesamtvermögen begrenzt wird, hängt der Einfluss der CDS von der Performance des Kreditportefeuilles der von dem Liquiditätsschock betroffenen Bank und der des Kreditportefeuilles von der Bank ab, mit dem die betroffene Bank einen CDS-Kontrakt als Risikokäufer abgeschlossen hat. Angenommen, bei Bank *A* hat ein Vermögensschock zu deren Insolvenz geführt. Dann bestimmt der Liquiditätspuffer von Bank *D*, inwiefern es zu Ansteckungseffekten kommt, da Bank *D* bei Bank *A* Einlagen hält. Wird der Liquiditätspuffer von Bank *D* von deren Gesamtvermögen begrenzt, so ist der Einfluss der CDS auf diesen Puffer zustandsabhängig. Er hängt sowohl von der Performance der Kreditportefeuilles von Bank *D* als auch von Bank *C* ab. Es können vier Zustände definiert werden:

- LL : die Kreditportefeuilles von Bank *D* und Bank *C* realisieren beide L,
- LH : das Kreditportefeuille von Bank *D* realisiert L, das von Bank C realisiert H,
- HL : das Kreditportefeuille von Bank *D* realisiert H, das von Bank C realisiert L,
- HH : die Kreditportefeuilles von Bank *D* und Bank *C* realisieren beide H.

Diese vier Zustände können analog für alle vier Banken definiert werden. Im folgenden wird der Einfluss der CDS auf diesen Liquiditätspuffer für alle vier Zustände erläutert. Für den Fall, dass beide Kreditportefeuilles eine schlechte Performance aufweisen (LL), ist der Einfluss der CDS auf den Puffer eindeutig negativ. Dies ist auf zwei Aspekte zurückzuführen. Zum einen führt die Investitionsverlagerung von dem sicheren Projekt zu dem Kreditportefeuille dazu, dass mit CDS das Gesamtvermögen der Bank in Periode 2 niedriger ist als ohne, da das Kreditportefeuille in diesem Fall eine geringere Rückzahlung aufweist ($L < R$). Zum anderen muss die von dem Liquiditätsschock betroffene Bank *D* aus den von ihr abgeschlossenen CDS Verträgen eine Ausgleichszahlung leisten, nämlich an Bank *C*, ohne selbst eine zu bekommen, obwohl ihr eigenes Portefeuille eine schlechte Performance aufweist. Das Problem ist die Insolvenz der Bank, mit dem sie einen CDS Vertrag als Risikoverkäufer abgeschlossen hat, nämlich der Bank *A*. Letzterer Effekt tritt zwar nicht im Zustand LH ein, da dann Bank *D* keine Ausgleichszahlung an Bank *C* zu leisten hat, aber auch hier führt die durch die CDS ausgelöste Investitionsverlagerung eindeutig zu einem niedrigeren Gesamtvermögen der Bank *C*, da die Rückzahlung aus dem Kreditportefeuille mit L niedriger ausfällt als aus dem sicheren Projekt (R). In dem Fall, in dem beide Kreditportefeuilles eine gute Performance aufweisen (HH), ist der Einfluss der CDS auf das Gesamtvermögen der Bank C und damit auf ihren Liquiditätspuffer positiv, da in diesem Fall die Rückzahlung aus dem Kreditportefeuille höher ist als aus dem sicheren Projekt ($H > L$). Tritt der Fall HL ein, ist der Einfluss der CDS auf den Puffer unbestimmt, da wie in dem Fall HH die Investitionsverlagerung zwar einen positiven Effekt auf das Gesamtvermögen und damit den Puffer hat, aber dieser positive Effekt kann von der zu leistenden Ausgleichszahlung aus dem CDS überkompensiert werden (Bank *C* muss an Bank *D* eine Ausgleichszahlung leisten.).

Tabelle 4 fasst die aus der Einführung der CDS resultierenden Einflüsse auf den Vermögens- und den Liquiditätspuffer der Banken zusammen.

Tabelle 4: Einfluss der Einführung von CDS auf den Vermögens- und Liquiditätspuffer der Banken

Zustand	$[L-s]L$	$[L-s]H$	LL	LH	HL	HH
Vermögenspuffer	↓	↓↑				
Liquiditätspuffer begrenzt durch Gesamtvermögen			↓	↓	↓↑	↑
Liquiditätspuffer begrenzt durch liquides Vermögen			↓	↓	↓	↓

Welche allgemeinen Schlussfolgerungen können aus diesen Ergebnissen für die Stabilität des Bankensektors gezogen werden? Zur Beantwortung dieser Frage werden unterschiedliche Konjunkturphasen betrachtet, in denen sich eine Volkswirtschaft befinden kann.[5]

- Konjunkturabschwung, Rezession: In diese Phasen sind typischerweise viele Kreditausfälle zu verzeichnen. Charakteristisch für diese Phasen sind die Zustände $[L-s]L$ und LL.
- Konjunkturaufschwung, Boom: In diesen Phasen sind typischerweise kaum Kreditausfälle zu verzeichnen. Charakteristisch für diese Phasen sind die Zustände HH und $[L-s]H$, wobei $[L-s]$ hier nicht für einen gewöhnlichen Kreditausfall steht, sondern einen Schock widerspiegelt, der auch in Boomphasen auftreten kann.
- Beginn eines Konjunkturabschwungs/Konjunkturaufschwungs (Übergangsphasen): In diesen Phasen sind typischerweise nicht überdurchschnittlich viele aber auch nicht außergewöhnlich wenig Kreditausfälle zu verzeichnen. Charakteristisch für diese Phasen sind die Zustände $[L-s]H$, HL und LH.

Dann ergibt sich aus den obigen Ergebnissen, dass in Phasen des konjunkturellen Abschwungs/der Rezession die Einführung von CDS eindeutig zu einer Senkung der Stabilität des Bankensektors führt. Die Einführung dieser Instrumente senkt sowohl den Vermögenspuffer der Banken als auch den Liquiditätspuffer unabhängig davon, ob dieser durch das Gesamtvermögen oder das liquide Vermögen begrenzt ist. Die Einführung der CDS senkt den Vermögenspuffer und den durch das Gesamtvermögen begrenzten Liquiditätspuffer, da die Banken als Folge der abgeschlossenen CDS-Verträge eine Investitionsverlagerung von den sicheren Projekten hin zum risikoreichen Kreditgeschäft vornehmen. Dies wirkt sich in Abschwungphasen, in denen hohe Kreditausfälle zu verzeichnen sind, negativ auf das Vermögen der Banken und damit auf ihren Vermögens- und ihren Liquiditätspuffer, begrenzt durch ihr Gesamtvermögen, aus. Ausgleichszahlungen aus den CDS haben in Abschwungphasen keinen Effekt, d. h., der mit dem Abschluss der CDS-Kontrakte einhergehende Diversifikationseffekt kommt nicht zum

[5] Für eine mögliche Modellumsetzung des Nachstehenden siehe *Pennacchi* (2006).

Tragen, da von vielen, im Extremfall allen Banken eine entsprechende Zahlung zu leisten ist. Auch der Liquiditätspuffer, begrenzt durch das liquide Vermögen der Banken, ist als Folge der Investitionsverlagerung von dem relativ liquiden, sicheren Projekt hin zum illiquiden Kreditportefeuille gesunken.

In Aufschwung- oder Boomphasen ist der Einfluss von CDS auf die Stabilität des Bankensektors insgesamt betrachtet unbestimmt. CDS haben in diesen Phasen einen positiven Effekt auf das Gesamtvermögen der Banken, ausgelöst durch die Investitionsverlagerung hin zu den risikoreicheren Kreditportefeuilles, die bei guter Performance, was in Aufschwungphasen gegeben ist, einen höheren Ertrag bringen, als das sichere Projekt. Diese Erhöhung des Gesamtvermögens hat einen positiven Einfluss auf den Liquiditätspuffer, wenn er durch das Gesamtvermögen begrenzt wird. Der Einfluss der Einführung der CDS auf den Vermögenspuffer einer Bank ist in Aufschwung- oder Boomphasen jedoch nicht eindeutig positiv, er ist unbestimmt. Die durch die CDS ausgelöste Investitionsverlagerung wirkt negativ auf den Puffer, da als Folge des Schocks die Rückzahlung aus dem Kreditportefeuille geringer als aus dem sicheren Projekt ist. Dies hat einen negativen Effekt auf das Vermögen einer Bank und mithin auf ihren Vermögenspuffer. Dieser negative Effekt kann allerdings durch die Ausgleichszahlung aus den CDS überkompensiert werden. Auf den Liquiditätspuffer, begrenzt durch das liquide Vermögen der Banken, hat die Einführung von CDS aufgrund der Investitionsverlagerung hin zu dem illiquiden Kreditportefeuille auch in Aufschwung- oder Boomphasen einen negativen Einfluss. Insgesamt betrachtet, ist der Einfluss von CDS auf die Stabilität des Bankensektors in Aufschwungphasen mithin unbestimmt.

Gleiches gilt für Konjunkturphasen, die nicht durch außergewöhnlich viele oder außergewöhnlich wenig Kreditausfälle gekennzeichnet sind. Der Effekt auf den Liquiditätspuffer, begrenzt durch das liquide Vermögen, ist als Folge der Investitionsverlagerung wiederum eindeutig negativ. Der Effekt auf den Liquiditätspuffer, begrenzt durch das Gesamtvermögen, ist in diesen Phasen jedoch unbestimmt. Bei den Banken, die Kreditausfälle zu verzeichnen haben, sinkt er als Folge der Investitionsverlagerung. Bei den Banken, deren Kreditportefeuille eine gute Performance aufweist, kann der daraus resultierende positive Effekt auf das Vermögen, und damit auf den Puffer, aber durch zu leistende Ausgleichszahlungen wieder überkompensiert werden. Für den Vermögenspuffer gilt, dass die Investitionsverlagerung einen eindeutig negativen Effekt auf diesen Puffer hat, aber dass dieser Effekt durch erhaltene Ausgleichszahlungen überkompensiert werden kann.

Insgesamt ist demnach festzuhalten, dass die Einführung von CDS die Stabilität des Bankensektors in konjunkturellen Abschwungphasen und Rezessionen eindeutig reduziert. Der Gründe hierfür liegen in der durch die CDS ausgelöste Investitionsverlagerung von sicheren, relativ liquiden Projekten hin zu risikoreichen, illiquiden Krediten und in dem nicht zum Tragen kommenden Diversifikationseffekt. Die beschriebene Investitionsverlagerung ist der Hauptgrund, warum auch in konjunkturellen Aufschwung- oder Boomphasen sowie in Übergangsphasen die Einführung von CDS die Stabilität des Bankensektors reduzieren kann.

6. Zusammenfassung und Ausblick

Der Handel mit Kreditderivaten hat seit Ende der 1990er Jahre rasant zugenommen. Den größten Marktanteil bildeten bislang CDS. Die dominierenden Marktteilnehmer, sowohl als Sicherungskäufer als auch als Sicherungsverkäufer, sind Banken. Ziel dieser Arbeit war es zu zeigen, inwiefern CDS, bei denen sowohl der Sicherungsnehmer als auch der Sicherungsgeber eine Bank ist, die Stabilität des Bankensektors beeinflussen. Grundlage der Analyse bildete das Modell von *Heyde* und *Neyer* (2007). In dem Modell wird untersucht, wie die Einführung von CDS den Vermögens- und Liquiditätspuffer der Banken beeinflusst. Diese Puffer bestimmen die Schockabsorptionsfähigkeit und damit die Stabilität des Bankensektors. Es wurde argumentiert, dass die Einführung von CDS die Schockabsorptionsfähigkeit in Phasen eines konjunkturellen Abschwungs eindeutig reduziert, während die Einführung von CDS diese Fähigkeit in Phasen eines konjunkturellen Aufschwungs und Übergangsphasen reduzieren kann. Der entscheidende Punkt war, dass die Einführung von CDS eine bessere Diversifikation der Kreditrisiken erlaubt. Die damit einhergehende Risikosenkung führt dazu, dass die Banken ihr Investitionsverhalten ändern. Sie erhöhen den Anteil ihrer Einlagen, den sie in risikoreiche, illiquide Kredite investieren und reduzieren den Anteil, den sie in sichere und relativ liquide Projekte investieren.

Bleibt zu diskutieren, ob aus dem Ergebnis möglicherweise ein Regulierungsbedarf abzuleiten ist. Erste Untersuchungen zu Instrumenten zum Kreditrisikotransfer und Finanzstabilität zeigen, dass Regulierungen in Form von Eigenkapitalvorschriften oder Liquiditätsanforderungen in diesem Zusammenhang mit Vorsicht betrachtet werden sollten. *Allen* und *Gale* (2006) beispielsweise zeigen, dass bei einer fehlerhaften Gestaltung von Eigenkapitalvorschriften Instrumente zum Kreditrisikotransfer die Gefahr eines Bank Runs erhöhen können. Erste Überlegungen bezüglich einer Implementierung von Eigenkapital- und Liquiditätsanforderungen in das hier vorgestellte Modell von *Heyde* und *Neyer* (2007) ergeben, dass diese Regulierungsinstrumente die für die Finanzstabilität negativen Effekte aus den CDS sogar noch verstärken können, da auch diese Instrumente eine entsprechende Veränderung beim Investitionsverhalten der Banken hervorrufen.

Die Analyse der vorliegenden Arbeit konzentriert sich auf die Konsequenzen für die Stabilität des Bankensektors, wenn der Kreditrisikotransfer innerhalb dieses Sektors stattfindet. *Allen* und *Carletti* (2006) diskutieren diese Konsequenzen für einen Kreditrisikotransfer aus dem Bankensektor zum Versicherungssektor. Kapitel 2 der vorliegenden Arbeit hat gezeigt, dass zunehmend Hedge Funds an dem Markt für Kreditderivate agieren. Inwiefern dies die Stabilität des Bankensektors beeinflusst, ist ein interessantes Gebiet für zukünftige Forschungsarbeiten.

Literatur

Allen, Franklin und *Elena Carletti* (2006), Credit Risk Transfer and Contagion, in: Journal of Monetary Economics, 53. Jg., H. 1, S. 80-111.

Allen, Franklin und *Douglas Gale* (2000), Financial Contagion, in: Journal of Political Economy, 108. Jg., H. 1, S. 1-33.

Allen, Franklin und *Douglas Gale* (2006), Systemic Risk and Regulation, Working Paper Nr. 05-24 (Januar 2006), Financial Institutions Center, Wharton School, University of Pennsylvania.

British Bankers' Association (2006), Credit Derivatives Report 2006, London.

Burghof, Hans-Peter und *Sabine Henke* (2005a), Alternative Produkte des Kreditrisikotransfers, in: *Hans-Peter Burghof, Sabine Henke, Bernd Rudolph, Philipp J. Schönbucher* und *Daniel Sommer* (Hrsg.), Kreditderivate, 2. Auflage, Stuttgart, S. 105-120.

Burghof, Hans-Peter und *Sabine Henke* (2005b), Entwicklungslinien des Marktes für Kreditderivate, in: *Hans-Peter Burghof, Sabine Henke, Bernd Rudolph, Philipp J. Schönbucher* und *Daniel Sommer* (Hrsg.), Kreditderivate, 2. Auflage, Stuttgart, S. 31-52.

Deutsche Bundesbank (2004), Instrumente zum Kreditrisikotransfer: Einsatz bei deutschen Banken und Aspekte der Finanzstabilität, Monatsbericht April 2004, S. 27-44.

Diamond, Douglas, W. und *Philip H. Dybvig* (1983), Bank Runs, Deposit Insurance, and Liquidity, in: Journal of Political Economy, 91. Jg., H. 3, S. 401-419.

Europäische Zentralbank (2006), Financial Stability Report, December 2006.

Hellwig, Martin (1994), Liquidity Provision, Banking, and the Allocation of Interest Rate Risk, in: European Economic Review, 38. Jg., H. 7, S. 1363-1389.

Heyde, Frank und *Ulrike Neyer* (2007), The Stability of the Banking Sector and Credit Default Swaps, Volkswirtschaftliche Diskussionsbeiträge, Diskussionspapier Nr. 51, Martin-Luther-Universität Halle-Wittenberg.

Hull, John C (2006), Optionen, Futures und andere Derivate, 6. Aufl. München u. a.

Neske, Christian (2005), Grundformen von Kreditderivaten, in: *Hans-Peter Burghof, Sabine Henke, Bernd Rudolph, Philipp J. Schönbucher* und *Daniel Sommer* (Hrsg.), Kreditderivate, 2. Aufl. Stuttgart, S. 55-69.

Pennacchi, George, G. (2006), Deposit Insurance, Bank Regulation, and Financial System Risk, in: Journal of Monetary Economics, 53. Jg., H. 1, S. 1-30.

Wagner, Wolf (2006), The Liquidity of Bank Assets and Banking Stability, in: Journal of Banking and Finance, forthcoming.

Wagner, Wolf und *Ian Marsh* (2006), Credit Risk Transfer and Financial Sector Stability, in: Journal of Financial Stability, 2. Jg., H. 2, S. 173-193.

Albrecht F. Michler und H. Jörg Thieme (Hg.)
Systeme monetärer Steuerung: Analyse und Vergleich geldpolitischer Strategien
Schriften zu Ordnungsfragen der Wirtschaft · Band 86 · Stuttgart · 2007

Devisenmarktinterventionen

Heinz-Dieter Smeets

Inhalt

1. Einführung 354

2. Stylized Facts 355

3. Interventionsgründe 358

4. Wirkungskanäle 362
   4.1. Monetäre Wechselkursmodelle und Sterilisation 362
   4.2. Sterilisierte Interventionen 365
      4.2.1. Portfolio-Kanal 365
      4.2.2. Signal-Kanal 367
      4.2.3. Koordinations-Kanal 369
      4.2.4. Noise-trader-Kanal 371

5. Allgemeine empirische Evidenz 372

6. Ausblick 375

Literatur 376

1. Einführung

Devisenmarktinterventionen sind staatliche Eingriffe in das Marktgeschehen, die sowohl in einem Währungssystem fester als auch flexibler Wechselkurse auftreten können. Bei Festkurssystemen handelt es sich in aller Regel um obligatorische Interventionen, die nachfolgend die erforderlichen (automatischen) Anpassungsprozesse in den beteiligten Ländern in Gang zu setzen. Historische Beispiele hierfür bilden etwa das System von Bretton Woods sowie die Europäische Währungsschlange und das Europäische Währungssystem. Doch auch in einem solchen Festkurssystem können Schwankungen des Wechselkurses innerhalb vereinbarter Bandbreiten um die Parität dazu führen, dass intramarginale – also freiwillige – Interventionen als sinnvoll angesehen werden, um auf diese Weise (frühzeitig) Währungskrisen zu vermeiden.

Übersicht 1: Währungssystem und Intervention

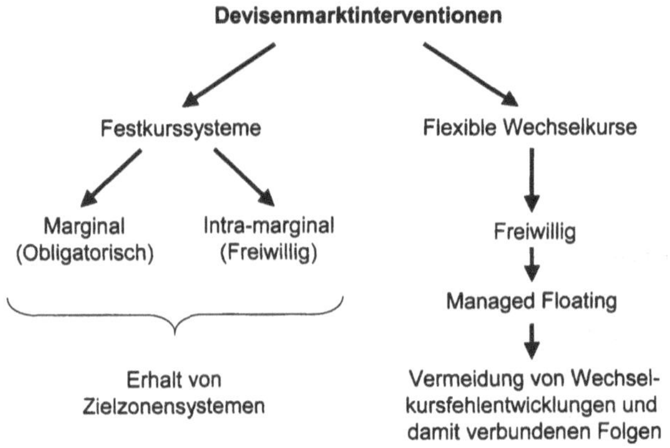

Gegenstand der weiteren Überlegungen bilden allerdings freiwillige Devisenmarktinterventionen in einem Währungssystem grundsätzlich flexibler Wechselkurse, wie es seit 1973 zwischen den wichtigen Währungen der Welt (US-Dollar, Euro, Yen) zu beobachten ist. Mit dem Übergang zum Floating im März 1973 war die Vorstellung verbunden, die in der Vergangenheit als störend empfundenen Situationen der Über- oder Unterbewertung von Währungen würden automatisch verhindert. Diese Erwartungen muss man jedoch vor dem Hintergrund bis dahin gesammelter Erfahrungen sehen. Geht man nämlich davon aus, dass die Über- oder Unterbewertung einer Währung gewöhnlich an der Kaufkraftparität gemessen wird, so sind es insbesondere die Waren- und Dienstleistungsströme, die diesen Referenzmaßstab beeinflussen. Bei einer geringen internationalen Kapitalmobilität, wie sie während der sechziger Jahre durchweg noch bestand, führen flexible Wechselkurse dann idealtypischer Weise zum Ausgleich der Leistungsbilanz und zur (längerfristigen) Gültigkeit der Kaufkraftparität. Mit der im weiteren Verlauf zu beobachtenden Zunahme internationaler Kapitalbewegungen führten flexible Wechselkurse aber „nur“ noch zum Ausgleich der Devisenbilanz, der mit verschiedenen Ungleichgewichten in den Teilbilanzen einhergehen kann. Die damit verbundenen kurz- und längerfristigen Wirkungen auf die heimische Volkswirtschaft waren wiederum der Anlass, „ungeordneten Marktverhältnissen" mit freiwilligen Devisenmarktinterventionen zu begegnen. Das vor diesem Hintergrund zu sehende Motiv der „Kurspflege" führte somit zu einem System des Managed Floating.

2. Stylized Facts

Wechselkursziele und die zu ihrer Erreichung durchgeführten Devisenmarktinterventionen können sowohl Ausdruck einer kooperativen Strategie – vereinbart etwa im Rahmen der seit 1978 durchgeführten G-7 Treffen – sein, als auch auf die Initiative einzelner Länder zurückgehen. Die beiden bekanntesten Beispiele für kooperativ festgelegte Wechselkursziele sind das Plaza Agreement und der Louvre Accord. Im September 1985 trafen sich die Finanzminister der G-7 Staaten in New York und kamen überein, durch gemeinsame Devisenmarktinterventionen den Wert des Dollars zu drücken und ihn damit der Kaufkraftparität wieder näher zu bringen. Als der Dollar jedoch unentwegt (weiter) fiel, erblickte man schon bald Handlungsbedarf in umgekehrter Richtung. Im Februar 1987 vereinbarte man daher im Rahmen eines Treffens der G-7 in Paris, den Dollar innerhalb bestimmter Bandbreiten zu stabilisieren. Die genauen Vereinbarungen wurden allerdings nicht veröffentlicht. Im Ergebnis führte dies zu erheblichen (koordinierten) Interventionen zugunsten des Dollars. Doch bereits im Herbst 1987 kam es zum Bruch dieses mehr oder weniger formalen Agreements und der Dollar fiel zunächst weiter.

Insgesamt haben die Notenbanken in der Zeit seit 1973 unterschiedlich häufig und mit unterschiedlicher Intensität auf den Devisenmärken interveniert. Einen Überblick über diese Entwicklung geben die Übersichten 2a bis 2d. Die betrachteten Zeiträume richten sich dabei nach der Datenverfügbarkeit. Allen Übersichten liegen tägliche Daten zugrunde.[1]

[1] Für die Bereitstellung der Interventionsdaten bin ich *Christopher Neely*, Federal Reserve Bank of St. Louis; *Ralph Setzer*, Deutsche Bundesbank; *Georg Stadtmann*, WHU Vallendar und *Mathias Zurlinden*, Schweizerische Nationalbank zu Dank verpflichtet. Es handelt sich um offizielle Veröffentlichungen der jeweiligen Notenbank. Aktualisierungen entstammen den Internetseiten der entsprechenden Notenbanken.

Übersicht 2: Devisenmarktinterventionen

(a) USD/DM-Markt

	Deutsche Bundesbank	FED
Zeitraum (Tage gesamt)	3.1.1978 – 31.12.1998 (4770)	
Tage, an denen interveniert wurde (%-Anteil)	1061 (22,2)	600 (12,6)
Tage, an denen gemeinsam interveniert wurde (%-Anteil)	338 (7,1)	
Zugunsten der DM (%-Anteil an ges. Interventionen)	754 (71,1)	317 (52,8)
Höhe der Interventionen		
Summe (Mio. USD)	77564,4	71116,6
Durchschnitt (Mio. USD)	73,1	118,5
Max. (Mio. USD)	950,8	950
Interventionstage in den 1980er Jahren (%-Anteil)	1025 (96,6)	552 (92,0)
Interventionstage in den 1990er Jahren (%-Anteil)	36 (3,4)	48 (8,0)

(b) USD/Yen-Markt

	Bank of Japan	FED
Zeitraum (Tage gesamt)	2.1.1991 – 31.12.2006 (4095)	
Tage, an denen interveniert wurde (%-Anteil)	344 (8,4)	23 (0,6)
Tage, an denen gemeinsam interveniert wurde (%-Anteil)	22 (0,6)	
Zugunsten des Yen (%-Anteil an ges. Interventionen)	33 (9,6)	5 (21,7)
Höhe der Interventionen		
Summe (Mio. USD)	615558	8407
Durchschnitt (Mio. USD)	150,3	365,5
Max. (Mio. USD)	20184	833
Interventionstage in den 1990er Jahren (%-Anteil)	197 (57,3)	23 (100,0)
Interventionstage in den 2000er Jahren (%-Anteil)	147 (42,7)	0 (0,0)

(c) USD/AUD-Markt

	Res. Bank of Australia	FED
Zeitraum (Tage gesamt)	12.12.1983 – 31.3.2005 (5559)	
Tage, an denen interveniert wurde (%-Anteil)	2233 (7,5)	
Tage, an denen gemeinsam interveniert wurde (%-Anteil)	- (-)	
Zugunsten des AUD (%-Anteil an ges. Interventionen)	535 (15,9)	
Höhe der Interventionen		
Summe (Mio. AUD)	124063,2	
Durchschnitt (Mio. AUD)	55,6	
Max. (Mio. AUD)	1256	
Interventionstage in den 1980er Jahren (%-Anteil)	1036 (46,4)	
Interventionstage in den 1990er Jahren (%-Anteil)	692 (31,0)	

(d) USD/CHF-Markt

	Schweizerische Nationalbank	FED
Zeitraum (Tage gesamt)	1.1.1975 – 29.12.1995 (5478)	
Tage, an denen interveniert wurde (%-Anteil)	700 (12,8)	
Tage, an denen gemeinsam interveniert wurde (%-Anteil)	- (-)	
Zugunsten des Schw. Franken (%-Anteil an ges. Interventionen)	197 (28,1)	
Höhe der Interventionen		
Summe (Mio. USD)	55495	
Durchschnitt (Mio. USD)	79,3	
Max. (Mio. USD)	999	
Interventionstage in den 1980er Jahren (%-Anteil)	61 (8,7)	
Interventionstage in den 1990er Jahren (%-Anteil)	6 (0,9)	

Quelle: Eigene Berechnungen auf der Basis der entsprechenden Interventionsdaten.

Betrachtet man zunächst den USD/DM-Markt bis zum Eintritt Deutschlands in die Europäische Währungsunion 1999, so fallen die relativ häufigen Interventionen der Deutschen Bundesbank (im Durchschnitt ca. jeden fünften Tag) und das vergleichsweise große Interesse der FED auf. Im Durchschnitt kam es an jedem achten Tag zu Interventionen der amerikanischen Notenbank auf diesem Markt und in 7,1 Prozent aller Fälle intervenierten die FED und die Deutsche Bundesbank gemeinsam. Es zeigt sich ferner, dass die Deutsche Bundesbank in 71,1 Prozent der Interventionen zugunsten der DM agierte und damit einer Unterbewertung der DM entgegentreten wollte. Bei der Höhe der Interventionen haben beide Notenbanken insgesamt eine etwa gleich hohe Last getragen, wobei die Einzelinterventionen der FED fast doppelt so hoch waren wie diejenigen der Bundesbank.

Im Vergleich dazu fiel die Interventionstätigkeit der Notenbanken am USD/Yen-Markt deutlich niedriger aus. Während die Bank of Japan im Durchschnitt noch alle 14 Tage interveniert hat, griff die FED insgesamt nur an 23 Tagen – oder durchschnittlich an jedem 120. Tag – in diesen Markt ein. Es zeigt sich ferner, dass die Interventionen der FED bis auf eine Ausnahme stets gemeinsam mit Interventionen der Bank of Japan erfolgten. Im Gegensatz zur Deutschen Bundesbank hat die Bank of Japan allerdings in der überwiegenden Zahl der Fälle zugunsten des US-Dollars interveniert und auf diese Art versucht, einer Überbewertung des Yen entgegenzuwirken. Ähnliches gilt für die FED. Hierin kommt eine deutliche Interessenasymmetrie zwischen der Bank of Japan und der Deutschen Bundesbank zum Ausdruck. In der Höhe der Interventionen spiegelt sich letztlich erneut das unterschiedliche Interesse der beiden Marktpartner an der Entwicklung des Yen-Kurses gegenüber dem US-Dollar wider.

In den beiden verbleibenden Märkten des Australischen Dollars und des Schweizer Frankens gegenüber dem US-Dollar wurden in den betrachteten Zeiträumen lediglich einseitige Interventionen von Seiten der jeweiligen nationalen Zentralbank vorgenommen. Die FED war in diesen Märkten nicht aktiv. Während die Australische Nationalbank allerdings ein sehr intensives Wechselkurs-„Management" vollzogen hat (Interventionen durchschnittlich fast an jedem zweiten Tag), intervenierte die Schweizerische Nationalbank deutlich verhaltener – im Durchschnitt jeden achten Tag. Ähnlich wie bei der Bank of Japan zeigt sich auch in diesen beiden Fällen, dass Interventionen überwiegend zur Stützung des US-Dollars und damit zur Bekämpfung einer Überbewertung der heimischen Währung eingesetzt wurden.

Die Übersichten 2a bis 2d zeigen aber auch, dass die Durchschnittsbildung interessante Entwicklungen verschleiert. Betrachtet man einmal den Anteil derjenigen Interventionen, die während der 1990er Jahre und danach erfolgten, so liegt er – mit Ausnahme von Australien – deutlich niedriger als in der Gesamtperiode. Die FED, die Deutsche Bundesbank und die Schweizerische Nationalbank haben den überwiegenden Teil der Interventionen in den 1980er Jahren und davor durchgeführt. Im Fall der Schweiz erfolgten sogar 90 Prozent aller Interventionen in den 1970er Jahren. Lediglich Australien hat bis in die Gegenwart hinein recht kontinuierlich interveniert, was zu einer weitgehenden Gleichverteilung über die Zeit geführt hat.

Nicht in diesen Übersichten enthalten sind die Interventionen der Europäischen Zentralbank (EZB), da sie bisher nur an vier Tagen stattfanden. Am 22. September 2000 intervenierte die EZB zum ersten Mal seit der Einführung des Euro an den Devisenmärkten. Auf Initiative der EZB beteiligten sich auch die Währungsbehörden der Vereinigten Staaten, Kanadas, Japans und Großbritanniens daran. Auf dieses geschlossene Vorgehen folgten am 3., 6. und 9. November 2000 weitere einseitige Interventionen der *EZB* (2000, S. 78). Über die Höhe der Interventionen hat die EZB bisher keine Angaben gemacht. Bis zum heutigen Tag hat sie auch keine weiteren Interventionen durchgeführt.

Stellt man den hier vorgestellten Interventionsvolumina die Größe der Finanzmärkte gegenüber, so ist allein dies für viele Beobachter ein Grund, der ein systematisches Management der Wechselkurse unmöglich erscheinen lässt – selbst für die Zentralbanken großer Währungsgebiete. Nach Berechnungen der Bank für Internationalen Zahlungsausgleich (*Galati* und *Melvin* 2004) lag der durchschnittliche tägliche Umsatz auf den Devisenmärkten 2004 bei etwa 1880 Mrd. US-Dollar. Selbst wenn man mögliche Doppelzählungen berücksichtigt, handelt es sich um eine beeindruckende Zahl. *Edison*, *Cashin* und *Liang* (2003, S. 18) berechnen vor diesem Hintergrund, dass Interventionen der australischen Zentralbank im Jahre 2001 im Durchschnitt nur 0,1 Prozent des (täglichen) Devisenmarktumsatzes ausmachten. Können Devisenmarktinterventionen gleichwohl erfolgreich sein? Bevor die Frage nach der Wirksamkeit in Abschnitt 4 untersucht wird, soll jedoch zunächst auf die – vermeintlichen – Gründe für solche Interventionen eingegangen werden.

3. Interventionsgründe

Als im Jahre 1973 die westlichen Industrieländer – mit Ausnahme einiger EU-Länder untereinander – dazu übergingen, ihre Wechselkurse frei schwanken zu lassen, erhoffte man sich davon die Lösung all derjenigen währungspolitischen Probleme, die insbesondere seit Ende der sechziger Jahre in immer stärkerem Maße hervortraten. Hierbei handelt es sich in erster Linie um die immer weiter auseinander laufenden nationalen Inflationsraten, die ständig neue Wechselkursanpassungen erforderten und somit das Festkurs-System von Bretton Woods sprengten. Doch schon bald nach der Einführung flexibler Wechselkurse stellten sich neue Probleme heraus. Denn die stark vorangeschrittene Integration der Weltwirtschaft insgesamt und der Finanzmärkte im Besonderen führten zu einem starken Anwachsen der Wechselkursschwankungen, mit denen man wiederum Kosten verbindet, die sich – mit Blick auf die nachfolgende Diskussion – wie folgt unterscheiden lassen:

Übersicht 3: Wechselkursschwankungen

Wechselkurs-schwankungen

- **Kurzfristig (Volatilität)**
  (abhängig von der nominalen Wechselkursentwicklung)
  - Kosten der laufenden Unsicherheit
- **Mittel- und langfristig (Misalignment)**
  (abhängig von der realen Wechselkursentwicklung)
  - Kosten struktureller (Über-) Anpassung mit (temporären) Beschäftigungseffekten
  - Rückwirkungen auf die Inflationsrate

Kosten der laufenden Unsicherheit können dadurch entstehen, dass bei Fakturierung in Fremdwährung zwischen Vertragsabschluss und Zahlungstermin größere unvorhergesehene nominale Wechselkursanpassungen auftreten, die den Gegenwert in heimischer Währung beeinflussen. „Versichert" ein Unternehmen dieses Risiko entweder am Devisenmarkt oder durch ähnliche Maßnahmen, dann werden die zusätzlichen Kosten zu höheren Preisen und/oder sinkenden Gewinnen führen. Dass dies aber auch eine Verminderung des internationalen Handels zur Folge hat, ließ sich bisher empirisch nicht eindeutig nachweisen. Eine Zusammenfassung der Ergebnisse früherer Untersuchungen findet sich in einer Studie des Internationalen Währungsfonds (*IWF* 1984). Erst in der jüngeren Vergangenheit hat *Rose* (2000) im Zusammenhang mit der Europäischen Währungsunion einen signifikant positiven Zusammenhang zwischen der Stabilität des Wechselkurses und dem internationalen Handel nachweisen können. Doch auch dieses Ergebnis wird mittlerweile – zumindest was die Höhe betrifft – wegen der von *Rose* vorgenommenen Länderauswahl (in der Hauptsache kleine karibische Länder) wieder bezweifelt (*Micco, Ordonez* und *Stein* 2003).

Kosten struktureller (Über-) Anpassung resultieren hingegen aus einer Reallokation von Ressourcen, die sich zu einem späteren Zeitpunkt als gänzlich oder zumindest teilweise unnötig erweist. Den Ausgangspunkt für diese Überlegungen bilden – im Gegensatz zur „laufenden" Unsicherheit – der reale Wechselkurs und die damit verbundene Preiswettbewerbsfähigkeit. Größere und länger andauernde Verschiebungen des realen Wechselkurses (vgl. hierzu auch Abbildung 1) beinhalten die Gefahr, dass internationale Wettbewerbsverzerrungen sowie entsprechende Störungen der internationalen Arbeitsteilung und eine Reallokation der Produktionsfaktoren auftreten können. So hat eine reale Abwertung der Inlandswährung etwa zur Folge, dass die Produktion handelsfähiger Güter forciert wird, während die Produktion nicht-handelsfähiger Güter abnimmt. Ferner kann es vor diesem Hintergrund zu Verlagerungen von Direktinvestitionen kommen. Stellt sich jedoch eine vollzogene Reallokation der Ressourcen nachträglich als ganz oder teilweise unnötig heraus, weil sich der reale Wechselkurs wieder umkehrt, so können zum Beispiel Kosten entstehen, weil die Wanderung zwischen den Produktionsbereichen nicht friktionslos verläuft. Sachliche und räumliche Immobilität belasten dabei insbesondere den Faktor Arbeit in Form von Beschäftigungseinbußen. Kosten können ferner dadurch entstehen, dass sich vollzogene Anpassungen auch nach der Umkehr des realen Wechselkurses nicht (komplett) zurückbilden (Hysterese) oder als „Abwehrmaßnahme" eingeführte handelsbeschränkende Maßnahmen nicht wieder abgebaut werden und somit andauernde hohe Kosten für die Volkswirtschaft verursachen. Auch hier haben frühe empirische Studien, die sich auf die 1970er Jahre beziehen (siehe etwa *Thursby* 1981 sowie *Kenen* 1979), wenig Anhaltspunkte für die Existenz solcher Anpassungskosten geliefert. Erst während des deutlichen Misalignments des US-Dollars gegenüber der DM in den 1980er Jahren gelingt es *Williamson* (1983), entsprechende negative Effekte aufzuzeigen. Insgesamt bleibt allerdings zu bedenken, dass das reduzierte Wechselkursrisiko – wenn es denn dazu kommt – zu erhöhten Risiken in anderen Bereichen der Volkswirtschaft führen wird, die bei einer seriösen Kosten-Nutzen-Analyse nicht vernachlässigt werden dürfen.

Häufig wird darüber hinaus argumentiert, dass mittel- und längerfristige Veränderungen des realen Wechselkurses auch mit Rückwirkungen auf die Inflationsentwicklung verbunden sind. Eine Unterbewertung der heimischen Währung kann demnach direkt über höhere Importpreise oder indirekt über einen Nachfrageanstieg zu steigender Inflation führen und umgekehrt. Auf diese Weise kommt es zu negativen Rückwirkungen aus dem außenwirtschaftlichen Bereich auf das Stabilitätsziel der Notenbank. Ohne das Argument an dieser Stelle im Einzelnen zu diskutieren, soll jedoch darauf hingewiesen werden, dass es sich auch bei Importpreissteigerungen letztlich „nur" um Einzelpreissteigerungen handelt, die zumindest nicht zwangsläufig auch zur Inflation im Sinne eines kontinuierlichen Anstiegs des allgemeinen Preisniveaus führen müssen.

Vor diesem Hintergrund wurden in Abbildungen 1 und 2 die Interventionen am USD/DM-Markt und am USD/Yen-Markt den Fehlbewertungen der jeweiligen Währung gegenübergestellt.[2] Bei den Interventionen handelt es sich in beiden Fällen um die Summe aus den Interventionen der jeweiligen nationalen Notenbank und derjenigen der FED. Hierbei gewinnt man zunächst den Eindruck, dass Interventionen insbesondere auf Misalignmentsituationen reagieren: Käufe von US-Dollar treten in der Regel dann auf, wenn er in dem jeweiligen Markt unterbewertet ist, Verkäufe von US-Dollar im umgekehrten Fall. Dies wird besonders deutlich am Beispiel des USD/Yen-Marktes. Am USD/DM-Markt erkennt man hingegen insbesondere in den 1970er und frühen 1980er Jahren den Versuch, auf kurzfristige Wechselkursschwankungen – im Sinne eines „leaning against the wind" – mit Finetuning-Maßnahmen zu reagieren. Unter „leaning against the wind" versteht man dabei eine Strategie, bei der sich die Notenbank mit ihren Interventionen gegen die aktuelle (eher kurzfristige) Wechselkursentwicklung stemmt. Bei einem „leaning with the wind" schwimmt die Notenbank hingegen mit dem aktuellen Trend.

Abbildung 1: Misalignment und Interventionen am USD/DM-Markt

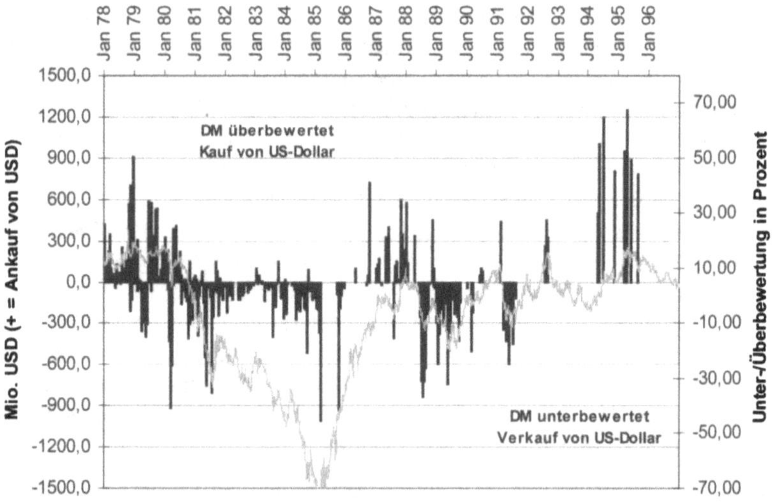

Misalignment: Kurve (rechte Skala), Interventionen: Balken (linke Skala).
Quelle: Eigene Berechnungen auf der Basis von EcoWin-Daten und den zuvor erläuterten Interventionsdaten.

---

[2] Am USD/DM-Markt wurde die Fehlbewertung als prozentuale Abweichung von der Kaufkraftparität mit dem Basiszeitpunkt Mai 1973 ermittelt. Am USD/Yen-Markt wurde davon ausgegangen, dass die Bank of Japan – zumindest in den 1990er Jahren – ein Wechselkursziel von 125 Yen für den USD angestrebt hat. Die Fehlbewertung wurde daher als prozentuale Abweichung von diesem Ziel ermittelt. Vgl. hierzu *Ito* 2002.

Abbildung 2: Misalignment und Interventionen am USD/Yen-Markt

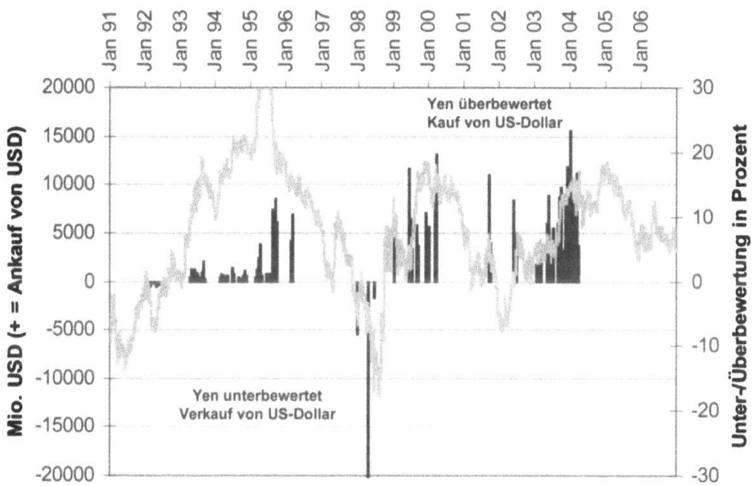

Misalignment: Kurve (rechte Skala), Interventionen: Balken (linke Skala).
Quelle: Eigene Berechnungen auf der Basis von EcoWin-Daten und den zuvor erläuterten Interventionsdaten.

Bestätigt wird dieser Eindruck durch eine Vielzahl empirischer Studien, die die Reaktionsfunktion von Notenbanken bezüglich des Interventionsverhaltens am Devisenmarkt untersuchen. Die Schätzgleichungen haben dabei in aller Regel folgendes grundsätzliches Aussehen:

$$(1) \qquad INT_t = \alpha_0 + \alpha_1(e_t - e_t^z) + \alpha_2 \Delta e_t + \alpha_3 X_t + u_t$$

INT_t spiegelt die Interventionen zum Zeitpunkt t wider, $\alpha_{0...n}$ die zu schätzenden Parameter, $(e_t - e_t^Z)$ die Abweichung des aktuellen – hier in der Mengennotierung angegebenen – Wechselkurses (e_t) von einem Zielwert (e_t^Z), Δe_t die (prozentuale) Veränderung des Wechselkurses und/oder die Abweichungen von einem kurzfristigen gleitenden Durchschnitt, X einen Vektor sonstiger Einflussfaktoren und u_t einen Störterm. Während man davon ausgeht, dass α_1 ein positives Vorzeichen aufweist und damit stabilisierende Interventionen widerspiegelt, ist das Vorzeichen von α_2 unbestimmt und richtet sich danach, ob die Notenbank eine Politik des „leaning against" oder „leaning with the wind" betreibt.

Die Ergebnisse solcher Studien sind in starkem Maße abhängig von der betrachteten Zeitperiode. Gleichwohl lassen sich insbesondere für die Deutsche Bundesbank, die amerikanische FED sowie die japanische Notenbank durchweg sowohl Wechselkurs-(Niveau-)Ziele als auch kurzfristig orientiertes „leaning against the wind" nachweisen.

Dominguez und *Frankel* (1993, S. 82ff) zeigen aber auch, dass bei der Deutschen Bundesbank zum Beispiel im Jahre 1985 ein „leaning with the wind" zu beobachten war.

4. Wirkungskanäle

Vor dem Hintergrund der monetären Theorieansätze zur Wechselkursentwicklung haben Devisenmarktinterventionen nur dann eine nachhaltige Wirkung, wenn sie einen Wechsel der Geldpolitik implizieren. In diesem Fall sind Devisenmarktinterventionen nichts anderes als eine spezielle Form der Geldpolitik, die unmittelbar über den Geldmengen- bzw. den damit verbundenen Zins- und Preiskanal auf den Wechselkurs wirkt. Sterilisierte Devisenmarktinterventionen – bei denen Veränderungen der internationalen Komponente der Geldbasis durch entgegengerichtete Veränderungen der nationalen Komponente (Offenmarktoperationen) kompensiert werden und damit die Geldbasis im Idealfall unverändert bleibt – haben hingegen vor diesem Hintergrund keine direkten Wirkungen. Dies schließt jedoch nicht aus, dass sterilisierte Interventionen über indirekte Kanäle den Wechselkurs beeinflussen.

4.1. Monetäre Wechselkursmodelle und Sterilisation

Die grundsätzlichen Wirkungen nicht-sterilisierter Devisenmarktinterventionen sollen im Folgenden mit Hilfe eines auf *Dornbusch* (1976) zurückgehenden Modells erläutert werden. Im Mittelpunkt des Ansatzes steht die Annahme, dass die Finanzmärkte schneller auf geldpolitische Aktionen reagieren als die Gütermärkte. Während Zinssätze und Wechselkurse jederzeit vollkommen flexibel sind, reagieren die Gütermärkte träge – also mit zeitlicher Verzögerung – auf Geldmarktungleichgewichte. Kurzfristig dominieren daher die Finanztransaktionen die Wechselkursentwicklung, während sie sich längerfristig gemäß der Kaufkraftparität ergibt.

Dieses Zusammenspiel von kurz- und langfristiger Wechselkursanalyse veranschaulicht Abbildung 3. Die KKP-Gerade weist eine Steigerung von 45° auf und spiegelt daher bei gegebenem – auf den Wert 1 normierten – Auslandspreis die Kaufkraftparität wider (langfristiges Gleichgewicht). Die Gerade M^SM^d zeigt alle Gleichgewichte von Geldangebot (M^S) und Geldnachfrage (M^d) im Inland. Punkte auf der M^SM^d-Kurve implizieren, dass die ungedeckte Zinsparität erfüllt ist (kurzfristiges Gleichgewicht). Betrachtet man vor diesem Hintergrund zunächst die Gleichgewichtssituation A in Abbildung 3, so herrscht hier sowohl ein kurzfristiges als auch ein langfristiges Gleichgewicht, da Zins- und Kaufkraftparität erfüllt sind.

Kommt es nun – ausgehend von der zuvor erläuterten Gleichgewichtssituation – zu einer expansiven Geldpolitik im Inland, so drückt sich dies in einer Rechtsverschiebung der Kurve des Geldmarktgewichts von M^SM^d auf $M^S{}_1M^d{}_1$ aus. Da die Gütermärkte und damit die Preise zunächst nicht reagieren (P_0), erfolgt die kurzfristige Anpassung ausschließlich über die Finanzmärkte. Die Ausweitung der Geldmenge führt zu einem Fallen des inländischen Zinssatzes, was wiederum einen erhöhten Kapitalexport und einen verminderten Kapitalimport auslöst. Der Wechselkurs in der Preisnotierung steigt (Abwertung der heimischen Währung) auf $1/e_1$, wodurch ein kurzfristiges Gleichgewicht in Form der Zinsparität gewährleistet ist, da Punkt B auf der neuen Geldmarktgleichgewichtsgeraden $M^S_1M^d_1$ liegt. Das langfristige Gleichgewicht in Form der Kaufkraftparität ist allerdings verletzt. Der gesunkene Zins und die Abwertung der heimischen Währung ($1/e_1$) lassen jedoch die Nachfrage zunehmen, was im Laufe der Zeit zu steigenden Inlandspreisen und einem erhöhten Zinsniveau führt. Im neuen langfristigen Gleichgewicht ist das inländische Preisniveau auf P_1 gestiegen, während die inländische Währung – nach vorübergehendem Overshooting ($1/e_1$) – von $1/e_0$ auf $1/e_2$ abgewertet wurde. Damit ist in C sowohl die Kaufkraftparität (langfristiges Gleichgewicht) als auch die Zinsparität (kurzfristiges Gleichgewicht) wieder erfüllt.

Abbildung 3: Monetäres Modell zur Wechselkursentwicklung

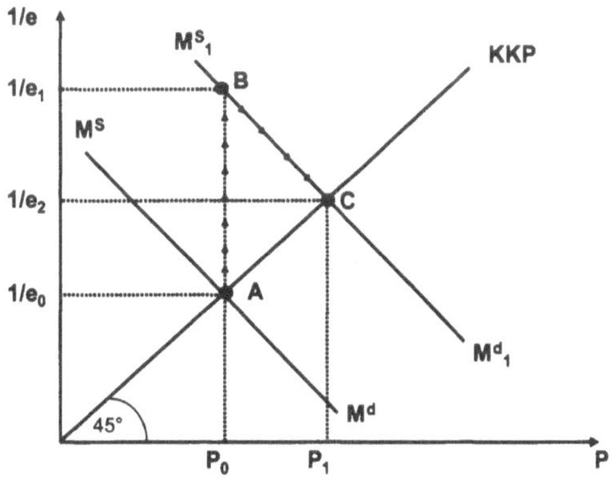

Devisenmarktinterventionen in Form eines Ankaufs von Devisen zur Stärkung der Auslandswährung führen zu einer Ausweitung der heimischen Geldmenge und daher zu den vorher erläuterten Geldmengen- und Zinseffekten auf den Wechselkurs. Ein nicht-sterilisierter Ankauf von Devisen hat demnach (wunschgemäß) eine Abwertung der heimischen bzw. eine Aufwertung der Fremdwährung zur Folge. Wird die Ausweitung der heimischen Geldmenge hingegen durch restriktive Offenmarktoperationen komplett sterilisiert, bleibt die heimische Geldmenge unverändert und die $M^S_1M^d_1$-Gerade in Abbildung 3 verschiebt sich auf die ursprüngliche Lage nach links und Devisenmarktinterventionen haben unter diesen Rahmenbedingungen keine (dauerhafte) Wirkung auf den Wechselkurs ($1/e_0$).

Von „Sterilisation" spricht man, wie zuvor bereits erläutert, wenn die Notenbank interventionsbedingte Veränderungen der Geldbasis – gleichzeitig oder mit geringer zeitlicher Verzögerung – durch entgegengesetzte Offenmarktoperationen neutralisiert und so die Geldbasis insgesamt konstant hält. Nicht-sterilisierte Interventionen führen hingegen zu einer Veränderung der Geldbasis und damit zu den gleichen Wirkungen auf den Wechselkurs wie eine entsprechende Geldpolitik. Diese Zusammenhänge ergeben sich aus der Bilanz der Notenbank, die Übersicht 4 zeigt.

Übersicht 4: Notenbankbilanz

Notenbankbilanz	
Aktiva	Passiva
• Währungsreserven [WR]	• Bargeldumlauf [BG]
• Kredite an Geschäftsbanken (einschließlich Wertpapiere) [KB]	• Einlagen von Kreditinstituten [EK]
• Kredite an öffentliche Haushalte (einschließlich Wertpapiere) [KÖ]	• Einlagen von öffentlichen Haushalten [EÖ]

In Gleichungsform ergibt sich daraus

(2) $WR + KB + KÖ = BG + EK + EÖ$

Fasst man die Kredite an öffentliche Haushalte und die Einlagen öffentlicher Haushalte zu einer Nettoposition zusammen (NKÖ), ergibt sich als Summe des Bargeldumlaufs und der Einlagen von Kreditinstituten die Geldbasis (B):

(3) $WR + KB + NKÖ = BG + EK = B$

Verändern sich (interventionsbedingt) die Währungsreserven, führt dies bei nichtsterilisierten Interventionen zu einer gleichgerichteten Veränderung der Geldbasis. Die geldpolitischen Wirkungen unterscheiden sich daher nicht von denjenigen einer (nationalen) Offenmarktoperation. Der einzige Unterschied besteht darin, über welche Entstehungskomponente (Währungsreserven oder Kredite an Geschäftsbanken) die Geldbasis verändert wird.

Bei vollkommener Sterilisation wird die interventionsbedingte Veränderung der Währungsreserven hingegen durch eine entgegengesetzte (Netto-) Kreditvergabe im Inland (KIn = KB + NKÖ), neutralisiert.

(4) $\Delta WR = - \Delta KIn$

Daraus ergibt sich wiederum:

(5) $\Delta B = \Delta WR + \Delta KIn = 0$

Diese Überlegungen bilden zugleich den Hintergrund, um das Ausmaß der Sterilisationstätigkeit empirisch zu untersuchen. Dabei wurde in der Literatur in der Regel mit den beiden folgenden Schätzgleichungen gearbeitet:

(6) $\Delta KIn_t = \beta_1 \Delta WR_t + \beta_2 (y - y^z)_t + \beta_3 \pi_t + u_t$

(7) $\Delta B = \alpha_1 \Delta WR_t + \alpha_2 (y - y^z)_t + \alpha_3 \pi_t + v_t$

$(y - y^z)$ entspricht der Outputlücke, π der Inflationsrate, während u_t und v_t wiederum Störterme sind. Die Outputlücke – also die konjunkturelle Situation – sowie die Inflationsrate spiegeln dabei die nationalen Ziele der Geldpolitik wider. Vollständige Sterilisation impliziert, dass β_1 in Gleichung (6) statistisch nicht signifikant von –1 oder α_1 in Gleichung (7) nicht signifikant von Null abweicht. Zahlreiche empirische Untersuchungen sowie Befragungen von Notenbanken (*Neely* 2000) haben ergeben, dass es in der überwiegenden Zahl der Interventionsfälle zu einer weitgehenden Sterilisation gekommen ist. Vor diesem Hintergrund kann man folglich nicht damit rechnen, dass Devisenmarktinterventionen direkt über den Geldmengen- bzw. den damit verbundenen Zins- und Preiskanal auf den Wechselkurs wirken.

4.2. Sterilisierte Interventionen

Angesichts der zuvor erläuterten empirischen Ergebnisse zum Sterilisationsverhalten von Notenbanken und der Wirkungslosigkeit sterilisierter Devisenmarktinterventionen in monetären Wechselkursmodellen hat man auf der Basis alternativer Ansätze zur Erklärung der Wechselkursentwicklung nach indirekten Wirkungskanälen sterilisierter Devisenmarktinterventionen gesucht. Hierzu gehören der Portfolio-Kanal, der Signal-Kanal, der Koordinations-Kanal und der Noise-trader-Kanal, die im weiteren Verlauf erläutert werden.

4.2.1. Portfolio-Kanal

Im Gegensatz zu monetären Modellen der Wechselkursentwicklung geht der Portfolioansatz davon aus, dass es sich bei in- und ausländischen Wertpapieren nicht um vollkommene, sondern um begrenzte Substitute handelt. Dem Modell liegt die Annahme statischer Erwartungen zugrunde. Ferner geht man davon aus, dass die Inländer bei gegebenen Risiken und gegebenem Grad der Risikoaversion das inländische private Vermögen nur in Abhängigkeit von den relativen Ertragsraten auf die unterschiedlichen Vermögensarten Geld, inländische Wertpapiere und ausländische Wertpapiere aufteilen. Grafisch lassen sich die Modellzusammenhänge mit Hilfe von Abbildung 4 erläutern. MM, BB und FF stellen dabei die Gleichgewichtskurven der drei Vermögenskomponenten Geld (M), inländische Wertpapiere (B) und ausländische Wertpapiere (F) dar.

Vor dem Hintergrund dieses Modellrahmens sollen die Wirkungen sterilisierter Devisenmarktinterventionen untersucht werden. Die Interventionen zu Gunsten der ausländischen Währung selbst sind als Ankauf ausländischer Wertpapiere durch die Notenbank(en) zu interpretieren. Dies führt dazu, dass die Ausweitung der heimischen Geldmenge die MM-Kurve in Abbildung 4 nach links verschiebt, während der gleichzeitige Ankauf ausländischer Wertpapiere die FF-Kurve nach rechts oben verschiebt. Das neue Gleichgewicht bildet sich im Punkt B und geht mit einer Abwertung der heimischen Währung von $1/e_0$ auf $1/e_1$ einher. Diese Situation ist mit dem kurzfristigen Gleichgewicht im Punkt B der Abbildung 3 vergleichbar. Sterilisiert nun die heimische Notenbank durch restriktive Offenmarktoperationen mit heimischen Wertpapieren, so verschiebt sich die Kurve des Geldmarktgleichgewichts wieder auf die ursprüngliche

Lage zurück ($M_2M_2 = MM$). Gleichzeitig verschiebt sich die BB-Gerade nach rechts. Das Sterilisationsgleichgewicht stellt sich in Punkt C ein. Im Gegensatz zum monetären Modell bleibt hier auch bei kompletter Sterilisation der Geldzuflüsse ein Nettoeffekt auf den Wechselkurs erhalten. Die heimische Währung wird von $1/e_0$ auf $1/e_2$ abgewertet. Dieser Effekt kommt zustande, weil die Notenbank mit ihrer sterilisierten Devisenmarktintervention das Verhältnis des Wertpapierangebots – bei unveränderter Geldmenge – beeinflusst. Die im Umlauf befindlichen heimischen Wertpapiere nehmen zu, der Bestand an ausländischen Wertpapieren sinkt hingegen. Der daraus resultierende Nachfrageüberschuss nach ausländischen Wertpapieren führt wiederum zur Aufwertung der Fremdwährung bzw. zur Abwertung der heimischen Währung ($1/e_2$), während der Angebotsüberschuss an inländischen Wertpapieren ein Sinken der Wertpapierpreise und damit einen Anstieg des inländischen Zinssatzes (i_2) auslöst.

Abbildung 4: Sterilisierte Interventionen im Portfoliomodell

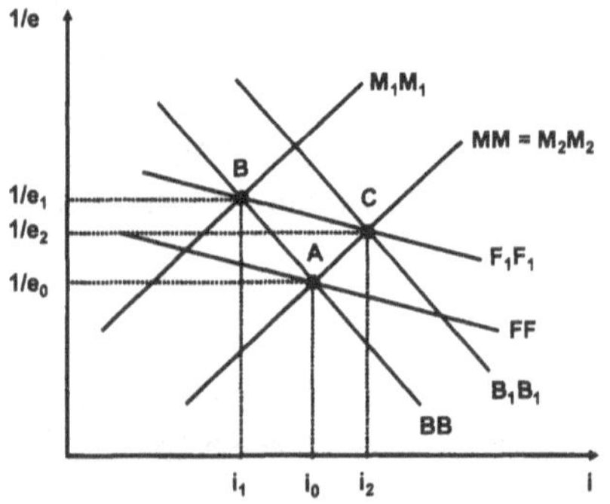

Im Rahmen empirischer Untersuchungen (zu einem Überblick siehe *Sarno* und *Taylor* 2002, S. 222ff) testet man den Portfolioansatz häufig mit Hilfe der ungedeckten Zinsparität, die im Falle des Portfolioansatzes um eine Risikoprämie erweitert wird, die wiederum abhängt von den relativen Anteilen inländischer und ausländischer Wertpapiere. Insgesamt kommen diese auf dem Portfolioansatz fußenden Studien zu dem Ergebnis, dass sterilisierte Interventionen – zumindest kurzfristig – wirksam sind. Der Großteil dieser Studien gelangt allerdings auch zu dem Ergebnis, dass die Effekte auf den Wechselkurs – wenn sie denn nachweisbar sind – sehr gering ausfallen. Hinzu kommt die Frage, ob die zunehmende Internationalisierung der Finanzmärkte nicht zu einer weitgehenden Substituierbarkeit der in- und ausländischen Wertpapiere (in Industrieländern) geführt hat. Die Konsequenz wäre, dass die monetären Wechselkursmodelle den zutreffenden Modellrahmen bilden und damit sterilisierte Devisenmarktinterventionen nicht über den Portfolio-Kanal wirken können (*Neely* 2006, S. 12).

4.2.2. Signal-Kanal

Der Signal-Kanal rückt die Bedeutung der Erwartungen für die Wechselkursentwicklung in den Vordergrund. Als Ausgangspunkt zur Erläuterung dieser Zusammenhänge soll zunächst die ungedeckte Zinsparität dienen, die zur Erklärung des aktuellen Wechselkurses wie folgt umgestellt wird:

(8) $$e = \frac{e^*}{i^a - i + 1}$$

Neben den Zinssätzen (i = Inlandszins; i^a = Auslandszins) beeinflussen hier die Wechselkurserwartungen (e*) den aktuellen Wechselkurs. Die Zinssätze spiegeln dabei die Entwicklung der Fundamentalfaktoren wie zum Beispiel Geldpolitik und reales Wirtschaftswachstum wider. Die Wechselkurserwartungen hängen wiederum vom unterstellten Erwartungsbildungsmechanismus ab. Geht man von rationalen – also modellkonsistenten – Erwartungen aus, dann ergeben sich die Wechselkurserwartungen aus den künftig erwarteten Fundamentalfaktoren.

Die zuvor beschriebenen Zusammenhänge implizieren, dass es sich beim Devisenmarkt um einen effizienten Markt handelt. Markteffizienz liegt vor, wenn sich in den Preisen alle relevanten Informationen sofort und vollständig niederschlagen. Dabei unterscheidet man zwischen drei Formen der Markteffizienz:

- Strenge Form: Es werden alle verfügbaren Informationen – auch Insider-Informationen – genutzt, die sich dann in der Preisbildung widerspiegeln.
- Halb-strenge Form: Es werden alle öffentlich verfügbaren Informationen bei der Preisbildung berücksichtigt.
- Schwache Form: Es gehen nur die Vergangenheitswerte des Preises selbst in die aktuelle Preisbildung ein.

Signal-Wirkungen können von sterilisierten Devisenmarktinterventionen dann ausgehen, wenn die Zentralbank den privaten Marktteilnehmern durch diese Maßnahme zukünftige (Geld-)Politikänderungen signalisiert. Dies setzt aber voraus, dass lediglich die halb-strenge Form der Markteffizienz gilt. Ferner unterstellt dieser Wirkungsmechanismus eine Informationsasymmetrie zwischen der Notenbank und den privaten Wirtschaftsubjekten. Nur dann, wenn die Notenbank über zusätzliche Informationen (etwa hinsichtlich der künftigen Geldpolitik) verfügt oder sich bereits früher im Besitz relevanter Informationen befindet, kann ein solches Signal dazu führen, dass die privaten Devisenhändler ihre Erwartungen anpassen und somit der aktuelle Wechselkurs beeinflusst wird. Selbst wenn die Zentralbank keinen tatsächlichen Informationsvorteil besitzt, können Devisenmarktinterventionen über diesen Kanal ihre Wirkung behalten, so lange die privaten Wirtschaftssubjekte davon ausgehen, dass die Notenbank über Insiderinformationen verfügt. Gleichung (8) lässt sich vor diesem Hintergrund wie folgt erweitern, wobei SINT sterilisierte Devisenmarktinterventionen bedeuten:

(8a) $$e = \frac{e^*(SINT)}{i^a - i + 1}$$

In einem breiteren Zusammenhang lässt sich der Signal-Kanal unter die mikrostrukturellen Ansätze der Wechselkurserklärung fassen (vgl. hierzu etwa *Lyons* 2001). Bei diesen Ansätzen hängt die Entwicklung des Wechselkurses in starkem Maße davon ab, wer Devisentransaktionen durchführt. Aufträge von informierten Händlern beeinflussen danach die Wechselkursentwicklung, Aufträge von uninformierten Händlern hingegen nicht. Zählt man auch die Notenbanken zu den informierten Händlern an den Devisenmärkten, so können Devisenmarktinterventionen über die damit bereitgestellten Informationen auf den Wechselkurs wirken.

Die Wirkung des Signal-Kanals wirft jedoch weitere Fragen auf: So setzt eine Beeinflussung des Wechselkurses über diesen Kanal voraus, dass Devisenmarktinterventionen öffentlich bekannt sind. Nur so können die von der Notenbank ausgesandten Signale in die Erwartungsbildung der privaten Wirtschaftssubjekte eingehen. Darüber hinaus kann mit Blick auf die mikrostrukturellen Ansätze nur auf diese Art dokumentiert werden, dass der Auftrag von einem informierten Händler stammt und somit Relevanz für die Wechselkursentwicklung aufweist. Hinzu kommt, dass die Wirkung von der (institutionellen und politischen) Glaubwürdigkeit der Zentralbank abhängt. Signaling basiert auf der Beeinflussung von Erwartungen durch die Bereitstellung von Informationen über künftige Fundamentalfaktoren oder wirtschaftspolitische Aktionen. Interventionen müssen als glaubwürdige Signale der künftigen Geldpolitik eingeschätzt werden, um die Erwartungen nachhaltig zu beeinflussen. Dies erklärt möglicherweise, warum Zentralbanken Devisenmarktinterventionen einer reinen (verbalen) Informationspolitik vorziehen. Nach *Mussa* (1981) könnte sich die Notenbank einem Glaubwürdigkeitsproblem ausgesetzt sehen, so dass sie ihrem Signal durch eine Intervention eine höhere Glaubwürdigkeit zu verleihen versucht – sie betreibt also eine Politik des „putting their money where their mouth is". Wenn sie es allerdings wirklich ernst meint mit der Umkehr der Geldpolitik im Interesse der Wechselkursentwicklung bleibt die Frage, warum man diese Umkehr in die Zukunft verlagert.

Empirische Studien haben vor dem Hintergrund von Gleichung (8a) verschiedene „Transmissionskanäle" zwischen den (sterilisierten) Interventionen und der Erwartungsänderung privater Wirtschaftssubjekte untersucht. *Kaminsky* und *Lewis* (1996) gehen zum Beispiel davon aus, dass aktuelle Interventionen – trotz (kurzfristiger) Sterilisation – eine Umkehr der künftigen Geldpolitik signalisieren.

Eine zweite „Klasse" empirischer Studien untersucht hingegen die „Form" der Interventionen und die damit verbundene Wirksamkeit. Da der Signal-Kanal öffentlich bekannte Informationen voraussetzt, wird dabei zwischen „öffentlich verkündeten" Interventionen (ÖINT) und „geheimen" (nicht veröffentlichten) Interventionen (GINT) unterschieden[3]. Darüber hinaus werden (in Zeitungen) veröffentlichte allgemeine Politikaussagen (NEWS) zum Wechselkurs und dessen Entwicklung berücksichtigt. Daraus

---

[3] Berechnungen von *Neely* (2000a, S. 22f) haben ergeben, dass die Korrelation von Devisenmarktinterventionen der Notenbanken und der Veränderung der Bestände von Währungsreserven in der Regel sehr niedrig ausfällt, so dass von Veränderungen der Währungsreserven zwangsläufig auf Existenz und Ausmaß von Devisenmarktinterventionen zurück geschlossen werden kann.

ergeben sich Schätzgleichungen des folgenden Typs (vgl. etwa *Dominguez* und *Frankel* 1993, S. 111ff.):

(9) $$(e_t - e_{t-n}) = \alpha_0 + \alpha_1 NEWS_t + \alpha_2 ÖINT_t + \alpha_3 GINT_t + u_t$$

Die abhängige Variable spiegelt dabei Wechselkursänderungen über verschiedene Horizonte wider, die in der Regel zwischen einem Tag und wenigen Wochen liegen. In der oben genannten Untersuchung von *Dominguez* und *Frankel* weist der Koeffizient der Politikankündigungen (α_1) das erwartete Vorzeichen auf und er ist auch signifikant von Null verschieden. Das Ergebnis für die Koeffizienten öffentlich verkündeter Interventionen (α_2) und geheimer Interventionen (α_3) hängen hingegen von der jeweiligen Schätzperiode ab. Hinzu kommt, dass beide Koeffizienten das falsche Vorzeichen aufweisen, was die Autoren auf das Simultanitätsproblem zurückführen. Sie weisen hingegen einen engen Zusammenhang zwischen veröffentlichten Interventionen und Wechselkurserwartungen – gemessen durch Umfragedaten – nach. Allgemein ist zu diesen Schätzungen allerdings zu sagen, dass der durch R^2 ausgedrückte Gesamterklärungsgehalt der abhängigen Variablen in aller Regel äußerst niedrig ausfällt. Während *Humpage* (1999) keine Beziehung zwischen (veröffentlichten) Interventionen und der Entwicklung des Wechselkursniveaus nachzuweisen vermag, interpretieren *Fischer* und *Zurlinden* (1998) ihre Ergebnisse als eine Bestätigung für die Wirksamkeit des Signal-Kanals. Eindeutige Aussagen etwa hinsichtlich einer (Un-)Wirksamkeit von öffentlich verkündeten (geheimen) Interventionen lassen sich vor diesem Hintergrund auf keinen Fall treffen. Die durchgängige Signifikanz der NEWS-Variablen bei *Dominguez* und *Frankel* (1993) deutet aber möglicherweise darauf hin, dass allgemeine Aussagen und Ankündigungen zur Wechselkursentwicklung nicht unbedingt weiterer Glaubwürdigkeitsbeweise etwa in Form (sterilisierter) Devisenmarktinterventionen bedürfen.

4.2.3. Koordinations-Kanal

Auch der Koordinations-Kanal setzt – ähnlich wie der Signal-Kanal – an der Mikrostruktur des Devisenmarktes an. In diesem Fall steht allerdings eine Informationsasymmetrie zwischen informierten und uninformierten Händlern im Mittelpunkt. Diese Überlegungen basieren auf der Unterscheidung zwischen den so genannten Fundamentalisten und Chartisten. In Wechselkursmodellen mit vollständiger Voraussicht und vollkommener Kapitalmobilität wird der heutige Kassakurs – wie im letzten Abschnitt erläutert – über die ungedeckte Zinsparität von den Erwartungen (eindeutig) beeinflusst. Geht man hingegen von unvollständiger Voraussicht der Marktteilnehmer aus, dann erhält man einen Korridor, in dem sich aktuelle und erwartete Wechselkurse mit annähernd gleicher Wahrscheinlichkeit einstellen. Die erwartete Wechselkursänderungsrate wird nun jedoch neben den Fundamentalfaktoren, an denen sich die Fundamentalisten orientieren, auch von Gegenwarts- und Vergangenheitsfaktoren bestimmt, an denen sich zum Beispiel Chartisten in Form von Trendextrapolationen orientieren. Über die Gegenwarts- und Vergangenheitsfaktoren gehen also nicht-rationale Elemente in die Erwartungsbildung ein. Formal lässt sich die erwartete Wechselkursänderungsrate (ge*) wie folgt spezifizieren:

$$(10)\qquad ge^{*}=\alpha\,(\sum_{j=0}^{n} c_j g_{e_{t-j}})+(1-\alpha)(\bar{e}-e)$$

Der erste Ausdruck auf der rechten Seite von (10) spiegelt den mit α gewichteten Einfluss der Gegenwarts- und Vergangenheitsrate wider, während der zweite Ausdruck den mit (1-α) gewichteten Einfluss der Fundamentalfaktoren berücksichtigt. Bei positiven Werten von c werden dabei die gegenwärtigen und vergangenen Änderungsraten in die Zukunft extrapoliert. Im Rahmen der Fundamentalfaktoren wird jeweils eine Rückkehr zum Gleichgewichtskurs ($\bar{e}$) erwartet. Der Gewichtungsfaktor α ist in diesem Ansatz wiederum abhängig von der Differenz zwischen aktuellem Wechselkurs und seinem Gleichgewichtswert und stellt damit keine Konstante dar.

Verschiedene Autoren (*Kilian* und *Taylor* 2003 sowie *De Grauwe* und *Grimaldi* 2006) gehen davon aus, dass die Chartisten die Wechselkursentwicklung so lange dominieren, wie sich der Wechselkurs innerhalb eines Bandes um den Gleichgewichtskurs bewegt, das von den Fundamentalisten „bestimmt" wird. Bewegt sich der Kurs innerhalb dieses Bandes, gehen die Fundamentalisten davon aus, dass der künftige Wechselkurs nicht vom heutigen Kurs abweicht (Zufallsprozess der Wechselkursentwicklung). Dabei besteht allerdings keine Einigkeit hinsichtlich des gleichgewichtigen Wechselkursniveaus. Verlässt der Wechselkurs hingegen dieses von der überwiegenden Zahl der Fundamentalisten akzeptierte Band des gleichgewichtigen Wechselkurses, so stellt sich bei den Fundamentalisten ein Konsens hinsichtlich der Wechselkurserwartung ein. Die einheitliche Einschätzung, dass eine Währung unter- oder überbewertet ist, führt daher zur Dominanz der Fundamentalisten und zu einer stabilisierenden Spekulation, die den Wechselkurs in Richtung Gleichgewicht führt.

Genau an diesem Punkt setzt nun der Koordinations-Kanal an. In bestimmten Situationen (*Schleifer* und *Vishny* 1997) mögen

- Verluste der Fundamentalisten aufgrund von zurückliegenden Devisentransaktionen auf der Basis ihrer eigenen Erwartungen,
- (dadurch ausgelöste) Vertrauensverluste bei Vorgesetzten oder
- der damit verbundene Verlust an Liquidität

dazu führen, dass die Fundamentalisten trotz einer Überschreitung des Bandes nicht mit stabilisierender Spekulation in den Markt eintreten und sich der Wechselkurs stattdessen durch die Chartisten getrieben immer weiter vom Gleichgewicht entfernt. In einer solchen Situation soll die Notenbank mit Hilfe von (sterilisierten) Devisenmarktinterventionen den Fundamentalisten ein „Vertrauenssignal" übermitteln, um sie so zu koordinieren und zu fundamental orientierter Spekulation zu ermutigen. Bei diesen Wirkungsmechanismen stellt sich jedoch – ähnlich wie beim Signal-Kanal – die Frage, warum die Notenbank nicht auf eine reine Informationspolitik vertraut, die sich bei empirischen Untersuchungen (siehe Abschnitt 4.2.2) als durchaus wirksam erwiesen hat, sondern (darüber hinaus) Devisenmarktinterventionen als „vertrauensbildende" Maßnahme einsetzt.

Ferner bildet auch der Koordinations-Kanal ein Argument für öffentlich bekannte Interventionen, da nur auf diese Weise der Anstoß zur stabilisierenden Spekulation ausgelöst werden kann. Im Rahmen eines Markov-Regime-Switching-Modells untersuchen *Reitz* und *Taylor* (2006) die Wirksamkeit des Koordinations-Kanals. Sie kommen zu dem Ergebnis, dass Interventionen das Verhalten der informierten Fundamentalisten umso stärker in Richtung stabilisierender Spekulation beeinflussen, je größer die Differenz zwischen dem aktuellen und dem gleichgewichtigen Wechselkurs ist. In der Nähe des Gleichgewichtskurses weisen Interventionen hingegen kaum Wirkung auf. Sie gelangen ferner zu dem Ergebnis, dass nur öffentlich bekannte Interventionen zu Verhaltensänderungen führen, nicht hingegen geheime Interventionen. Zusammenfassend leiten die Autoren daraus ab, dass die Wirksamkeit des Koordinationskanals bestätigt wird, dies aber nicht eine mechanistische Feinsteuerung des Wechselkurses erlaubt, sondern eher in Phasen eines größeren Misalignments Erfolg verspricht.

4.2.4. Noise-trader-Kanal

Während der Koordinations-Kanal am Verhalten der Fundamentalisten ansetzt, geht es beim Noise-trader-Kanal um die Chartisten. Damit liegen der Analyse Zeitpunkte zugrunde, in denen entweder das Gleichgewichtsband der Fundamentalisten noch nicht überschritten wurde, oder die Chartisten aufgrund von Koordinationsproblemen bei den Fundamentalisten auch außerhalb des Bandes die Wechselkursentwicklung dominieren. *Hung* (1997) argumentiert, dass die Notenbank in solchen Situationen Interventionen einsetzen kann, um einen durch destabilisierende Spekulationen der Chartisten ausgelösten Wechselkurstrend zu brechen, der dann in Form von Mitläufereffekten von den Chartisten selbst wieder verstärkt wird. Zugleich könnte diese Entwicklung dann das entsprechende Signal für die Fundamentalisten sein, ebenfalls stabilisierende Spekulationsgeschäfte abzuschließen. Das Noise-trader-Modell impliziert ferner, dass Devisenmarktinterventionen verdeckt durchgeführt werden sollten. Nur wenn die Chartisten nicht erkennen, dass die Notenbank Auslöser der neuen Wechselkursentwicklung ist, werden sie ihre eigenen Entscheidungen an dem neuen Trend orientieren und damit die durch verdeckte Interventionen ausgelösten Impulse verstärken. Die Chartisten müssen folglich davon überzeugt sein, das andere private Händler ihre Handelsstrategien geändert haben und sich der Wechselkurs daher künftig in eine andere Richtung bewegen wird. Gezielt einsetzen lässt sich eine solche Strategie allerdings nur dann, wenn die Notenbank die technischen Strategien der Chartisten kennt.

(Verdeckte) Interventionen können in diesem Zusammenhang aber auch genutzt werden, um die Volatilität des Wechselkurses bewusst anzuheben und damit das Risiko für die Chartisten zu erhöhen. Der vor der Intervention bestehende Wechselkurstrend verläuft weniger eindeutig und der vorherrschende Eindruck einer weitgehend risikolosen Einbahnspekulationen wird revidiert. Aber auch hier wird das gewünschte Ergebnis nur dann zustande kommen, wenn die Chartisten davon ausgehen, dass die Wechselkursentwicklung von der marktinhärenten (privaten) Spekulationsdynamik getrieben wird und nicht durch Devisenmarktinterventionen der Notenbank (*Frenkel, Pierdzioch* und *Stadtmann* 2002, S. 54). Für diesen Zusammenhang spricht möglicherweise auch die Studie von *Dominguez* (1993), die zu dem Ergebnis gelangt, dass „geheime" Interventionen in der Regel die volatilitätsbedingte Unsicherheit des Wechselkurses erhöht.

5. Allgemeine empirische Evidenz

Neben der empirischen Überprüfung einzelner Wirkungskanäle und damit verknüpfter Hypothesen, die im letzten Abschnitt vorgestellt wurden, gibt es eine Vielzahl von Studien, die den Gesamtzusammenhang zwischen Wechselkursentwicklung und Devisenmarktinterventionen untersucht haben. Dabei lassen sich drei Typen von Studien unterscheiden (*Neely* 2005):

- Zeitreihenanalysen,
- Ereignis-Studien sowie
- Strukturierte (Mehrgleichungs-) Modelle.

Zeitreihenanalysen basieren gewöhnlich auf Eingleichungsmodellen, die die (prozentuale) Veränderung des Wechselkurses auf Interventionen und sonstige Einflussfaktoren (X) zurückzuführen versucht. Dies führt zu Schätzgleichungen des folgenden Typs:

(11) $$\Delta e_t = \alpha_0 + \alpha_1 INT_t + \alpha_2 X_t + u_t$$

Der Einfluss von Interventionen auf die Volatilität der Wechselkurse wird insbesondere im Rahmen von GARCH Modellen (*Bollerslev* 1986) untersucht, in denen Interventionen und andere Variablen die bedingte Varianz des Wechselkurses (h_t) beeinflussen können (vgl. beispielhaft *Dominguez* 1998 sowie *Edison, Cashin* und *Liang* 2003). Dabei erfasst die (Mean-) Gleichung (12) den unmittelbaren Effekt von Interventionen auf Wechselkursänderungen, Gleichung (13) besagt, dass die Residuen einem GARCH Prozess unterliegen und Gleichung (14) beschreibt die bedingte Varianz:

(12) $$\Delta e_t = \alpha_0 + \alpha_1 INT_t + u_t$$

(13) $$u_t \mid Inf_{t-1} \sim N(0,h_t)$$

(14) $$h_t = \beta_0 + \beta_1 h_{t-1} + \beta_2 u^2_{t-1} + \beta_3 INT_t$$

Als Alternative dazu misst man die (kurzfristige) wechselkursbedingte Unsicherheit mit Hilfe von in Optionspreisen implizit enthaltenen Volatilitäten und verfährt dann ähnlich wie in Schätzgleichung (11).

Im Gegensatz zu den Zeitreihenanalysen untersuchen Ereignisstudien gezielt den Zeitraum um eine Intervention und vernachlässigen die Zeiten dazwischen. Teilweise werden die Ereignisse auch zu Clustern zusammengefasst (etwa aufeinander folgende Tage, an denen interveniert wurde). Für die Beurteilung ist es dabei erforderlich,

- das Ereignis zu definieren (Intervention),
- ein Zeitfenster um das Ereignis herum festzulegen (gewöhnlich zwischen einem und dreißig Tagen bei Tagesdaten und zwischen einem und wenigen Tagen bei Intratagesdaten),

- ein Erfolgskriterium zu spezifizieren (Niveauänderungen oder veränderte Volatilität) und
- Konzepte für die Erfolgsmessung anzugeben (visuelle Inspektion oder formaler Test).

Übersicht 5 veranschaulicht dieses Vorgehen in einer vereinfachten Form.

Übersicht 5: Vorgehen bei Ereignis-Studien

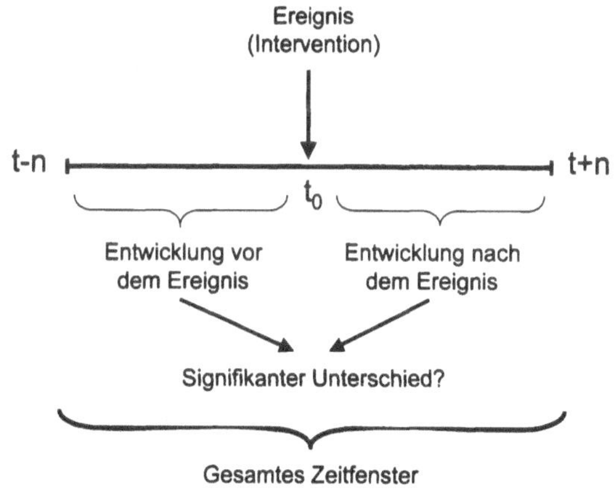

Das Zeitfenster bemisst sich dabei – wie oben bereits angedeutet – nach der Frequenz der Daten. Einige Notenbanken haben mittlerweile nicht nur tägliche Daten zu ihren Devisenmarktinterventionen veröffentlicht, sondern sogar Intratagesdaten. In diesem Rahmen durchgeführte Studien kommen durchweg zu dem Ergebnis, dass Interventionen einen Einfluss auf die Wechselkursentwicklung haben – allerdings in der Regel nur für einige wenige Stunden, bestenfalls für einige Tage. Darüber hinaus eröffnen diese hochfrequenten Daten aber auch die Möglichkeit, neuen Fragestellungen nachzugehen (vgl. etwa *Peiers* 1997).

Als einen einfachen Anwendungsfall einer solchen Ereignisstudie lassen sich die nachfolgenden Abbildungen 5 und 6 interpretieren, die die Wechselkursentwicklungen des Euro gegenüber dem US-Dollar im Zusammenhang mit den Interventionen der EZB und anderer Notenbanken zeigen (vgl. zu den Interventionen *EZB* 2000, S. 78). Diesen Abbildungen liegen sowohl Tages- als auch Intratagesdaten zugrunde.[4] Auch hier zeigt sich allein durch visuelle Inspektion, dass der Einfluss von Devisenmarktinterventionen auf das Wechselkursniveau von sehr begrenzter Dauer ist. Die koordinierten Interventionen im September 2000 behielten ihre (Rest-)Wirkung wenigstens noch über mehrere Tage. Die einseitigen Interventionen der EZB im November 2000 verloren ihren Ein-

[4] Die Tagesdaten wurden der EcoWin-Datenbank entnommen, die Intratagesdaten entstammen den Veröffentlichungen der *Deutschen Bundesbank* (2001).

fluss hingegen bereits innerhalb des jeweiligen Tages und veranlassten die EZB zu – ebenfalls erfolglosen – Folgeinterventionen.

Abbildung 5: Devisenmarktinterventionen der EZB (Tagesdaten)

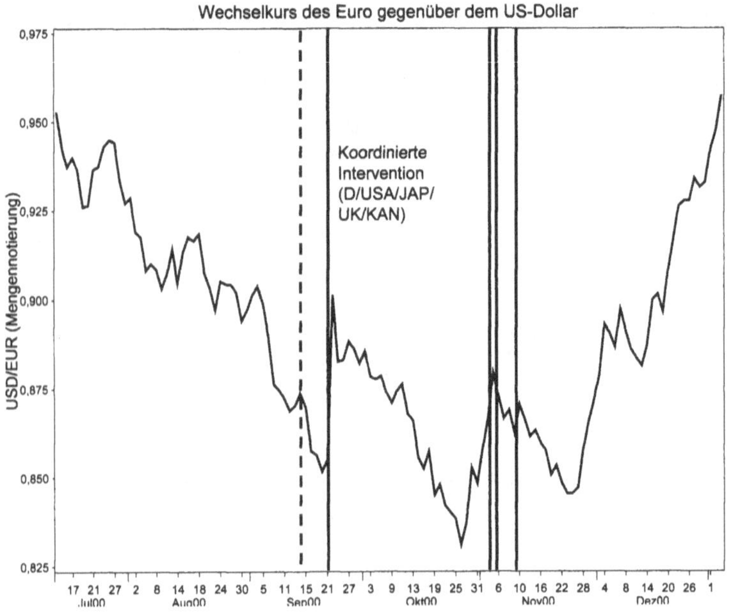

Abbildung 6: Devisenmarktinterventionen der EZB (Intratagesdaten)

(a) September 2000 **(b) November 2000**

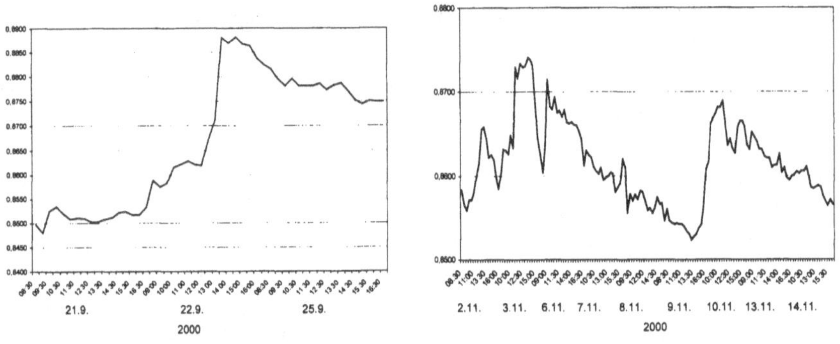

Neely (2005) wertete in diesem Zusammenhang 41 empirische Untersuchungen aus der jüngeren Vergangenheit aus, die durchweg auf Tages- oder Intratagesdaten basierten. Bis auf wenige Ausnahmen gelangen alle diese Studien zu dem Ergebnis, dass Devisenmarktinterventionen bestenfalls einen kurzen Einfluss – innerhalb eines Tages oder einiger weniger Tage – auf das Wechselkursniveau ausüben. Ferner zeigt sich, dass – wenn überhaupt ein Einfluss auf die (kurzfristige) Volatilität nachzuweisen ist – die schwankungsbedingte Unsicherheit eher zunimmt. Damit deutet sich insgesamt an, dass der Einfluss auf die ursprünglichen Ziele – Abbau von volatilitätsbedingter Unsicherheit und Misalignments – höchst zweifelhaft ist.

Strukturierte (Mehrgleichungs-) Modelle liegen bisher nur in geringem Umfang vor (siehe etwa *Kim* 2003 sowie *Kearns* und *Rigobon* 2005) und kommen ebenfalls nicht zu einheitlichen Ergebnissen. Mehrgleichungsmodelle eröffnen aber eventuell die Möglichkeit, das Sterilisationsverhalten von Notenbanken explizit in die Interventionsanalyse einzubeziehen. Bisher geht man nämlich durchweg davon aus, dass Devisenmarktinterventionen stets und unmittelbar komplett sterilisiert werden, ohne diese Annahme im Einzelnen zu prüfen. Dies kann dazu führen, dass signifikante Interventionswirkungen auf den Wechselkurs – zumindest in Einzelfällen – nicht auf die zuvor erläuterten indirekten Wirkungskanäle, sondern vielmehr auf nicht-sterilisierte Interventionen zurückzuführen sind.

Ein weiteres – von den zuvor erläuterten Verfahren unabhängiges – Kriterium für die Wirksamkeit von Devisenmarktinterventionen geht bereits auf *Friedman* (1953) zurück. Für ihn sind Devisenmarktinterventionen dann erfolgreich, wenn die agierenden Notenbanken einen Gewinn erzielen. Dies impliziert nach *Friedman*, dass sie stabilisierende Interventionen vornehmen – also eine Währung kaufen, wenn der Preis niedrig ist und sie verkaufen, wenn der Preis hoch ist. Empirische Studien, die versuchen, dieses Kriterium zu operationalisieren, gelangen in der Regel zu dem Ergebnis, dass Zentralbanken – zumindest längerfristig – durch ihre Interventionen Gewinne erzielen (vgl. zu einem Überblick etwa *Edison* 1993). *Ito* (2002, S. 19) gelangt zum Beispiel zu dem Ergebnis, dass die Bank of Japan während der 1990er Jahre durch ihre Interventionen einen Gewinn in Höhe von ca. 8600 Mrd. Dollar gemacht hat. Er berücksichtigt dabei realisierte Bewertungsgewinne, Zinsgewinne und nicht realisierte Bewertungsgewinne. Das Erfolgskriterium Gewinnerzielung ist jedoch immer wieder kritisiert worden (siehe etwa *Mayer* und *Tagushi* 1983, sowie *Edison* 1993) und gilt mittlerweile als weitgehend widerlegt. Notenbankgewinne können somit nicht grundsätzlich als Indikator für eine erfolgreiche Interventionspolitik von Notenbanken herangezogen werden (*Sarno* und *Taylor* 2002, S. 220).

6. Ausblick

Betrachtet man die Literatur zu Devisenmarktinterventionen, so wird in aller Regel stillschweigend von der Notwendigkeit staatlichen Handelns ausgegangen, ohne überhaupt zu prüfen, ob in der Tat stichhaltige Argumente für eine Regulierung der internationalen Währungsbeziehungen durch den Staat vorliegen. Manche Autoren gehen so weit, von einem stabilen Wechselkurs als öffentlichem Gut zu sprechen, das von privater Seite nicht angeboten wird und daher der (supra-)staatlichen Produktion bedarf. Insbesondere auf der einzelwirtschaftlichen Ebene wird hingegen schnell deutlich, dass diverse Formen der Kurssicherung „Wechselkursstabilität" eindeutig zu einem privaten Gut machen. Es erscheint in keiner Weise einleuchtend, warum die Kosten einer solchen Kurssicherung vom Staat und nicht von den privaten Nutznießern getragen werden sollen. Von einem öffentlichen Gut kann daher in diesem Zusammenhang wohl kaum gesprochen werden.

Es hat sich auch nicht zweifelsfrei nachweisen lassen, dass eine Stabilität des Wechselkurses ansonsten anfallende gesamtwirtschaftliche Kosten reduziert oder gar ausschließt. Ferner vernachlässigt man diejenigen Kosten, die mit der Intervention selbst verbunden sind. Es ist nämlich damit zu rechnen, dass sich die wirtschaftspolitischen Impulse nun ein Ventil in nationalen Zinsen und Preisen suchen. Um den aktuellen Wechselkurs in seine richtigen Bahnen lenken zu können, müsste der Staat bzw. die Notenbank ferner selbst den langfristig gleichgewichteten Wechselkurs kennen. Verfügen die wirtschaftspolitischen Instanzen allerdings nicht über bessere Informationen bezüglich des „richtigen" Wechselkurses als die privaten Marktteilnehmer, so können durch Interventionen auch falsche Wechselkurssignale gesetzt werden. Interpretiert man hingegen den jeweiligen Marktwechselkurs als den „richtigen" und gleichgewichtigen Wechselkurs, so entfällt jegliches Argument, in den Devisenmarkt einzugreifen.

Neben erheblichen Zweifeln an der Notwendigkeit und Begründung von Devisenmarktinterventionen ist auch nicht mit einer nachhaltigen zielgerichteten Wirkung zu rechnen, wenn sie – was der Regelfall ist – in Form sterilisierter Interventionen durchgeführt werden. Die Wirkungsweise der in der Literatur diskutierten indirekten Einflusskanäle und die daraus abgeleiteten Veränderungen des Wechselkurses haben sich bisher empirisch kaum belegen lassen. Eine Vielzahl empirischer Untersuchungen ist vielmehr zu dem Ergebnis gekommen, dass sterilisierte Devisenmarktinterventionen bestenfalls sehr kurzfristig auf das Wechselkursniveau wirken und die volatilitätsbedingte Ungewissheit eher noch erhöhen. Dass koordinierte Interventionen größere – aber nicht unbedingt nachhaltigere – Effekte auf den Wechselkurs ausüben, hätte man auch ohne Rückgriff auf empirische Studien erwartet. Damit verstärkt sich der Eindruck, dass man gerade auch im akademischen Bereich nach immer neuen indirekten Wirkungskanälen für sterilisierte Devisenmarktinterventionen sucht, um auf diese Weise staatliche Eingriffe in das Marktgeschehen zu rechtfertigen. Es bleibt zu hoffen, dass das zurückhaltende Interventionsverhalten der Notenbanken deren eigenes Misstrauen in die Notwendigkeit und die Wirksamkeit dieses Instruments widerspiegelt.

Literatur

Bollerlev, Tim (1986), Generalized Autoregressive Conditional Heteroskedastacity, in: Journal of Econometrics, Bd. 31, S. 307-327.

De Grauwe, Paul und *Marianna Grimaldi* (2006), Exchange Rate Puzzles: A Tale of Switching Attractors, in: European Economic Review, Bd. 50, S. 1-33.

Deutsche Bundesbank (2001), Devisenkursstatistik, Statistisches Beiheft zum Monatsbericht 5, Frankfurt.

Dominguez, Kathryn (1993), Does Central Bank Intervention Increase the Volatility of Foreign Exchange Rates?, NBER Working Paper No. 4532, Washington.

Dominguez, Kathryn (1998), Central Bank Intervention and Exchange Rate Volatility, in: Journal of International Money and Finance, Bd. 17, S. 161-190.

Dominguez, Kathryn und *Jeffrey Frankel* (1993), Does Foreign Exchange Intervention Work?, Washington D.C.

Dornbusch, Rüdiger (1976), Expectations and Exchange Rate Dynamics, in: Journal of Political Economy, Bd. 84, S. 1161-1176.

Edison, Hali (1993), The Effectiveness of Central-Bank Intervention: A Survey of the Literature After 1982, Special Papers in International Economics N° 18, Princeton.

Edison, Hali, Paul Cashin und *Hong Liang* (2003), Foreign Exchange Intervention and the Australian Dollar: Has It Mattered?, IMF Working Paper WP/03/99, Washington.

EZB, Europäische Zentralbank (2000), Jahresbericht, Frankfurt.

Fischer, Andreas und *Matthias Zurlinden* (1998), Interventions Versus Consumer Transactions: An Alternative Test of the Signalling Hypothesis, CEPR Discussion Paper No. 1864, London.

Frenkel, Michael, Christian Pierdzioch und *Georg Stadtmann* (2002), Devisenmarktoperation und Informationspolitik der Europäischen Zentralbank, in: Perspektiven der Wirtschaftspolitik, Bd. 3, S. 49-68.

Frenkel, Michael, Christian Pierdzioch und *Georg Stadtmann* (2001), Die Interventionen der Europäischen Zentralbank am Devisenmarkt: Effekte, Effektivität und Wirtschaftspolitische Bewertung, in: Außenwirtschaft, 56. Jg., S. 225-263.

Friedman, Milton (1953), The Case for Flexible Exchange Rates, Essays in Positive Economics, Chicago.

Galati, Gabriele und *Michael Melvin* (2004), Why Has FX Trading Surged? Explaining the 2004 Triennial Survey, in: BIS Quarterly Review, December, S. 67-74.

Humpage, Own (1999), US Intervention: Assessing the Probability of Success, in: Journal of Money, Credit and Banking, Bd. 31, S. 731-747.

Hung, Juann H.(1997), Intervention Strategies and Exchange Rate Volatility: A Noise Trading Perspective, in: Journal of International Money and Finance, Bd. 16, S. 779-793.

IMF, Internationaler Währungsfonds (1984), Exchange Rate Volatility and World Trade, Washington.

Ito, Takatoshi (2002), Is Foreign Exchange Intervention Effective? The Japanese Experiences in the 1990s, NBER Working Paper No. 8914, Cambridge, MA.

Kaminsky, Graciela und *Karen Lewis* (1996), Does Foreign Exchange Intervention Signal Future Monetary Policy?, in: Journal of Monetary Economics, Bd. 37, S. 285-312.

Kearns, Jonathan und *Roberto Rigobon* (2005), Identifying the Efficacy of Central Bank Interventions: The Australian Case, in: Journal of International Economics, Bd. 66, S. 31-48.

Kenen, Peter (1979), Exchange Rate Variability: Measurement and Implications, Princeton.

Kilian, Lutz und *Mark P.Taylor* (2003), Why Is It so Difficult to Beat the Random Walk Forecast of Exchange Rates?, in: Journal of International Economics, Bd. 60, S. 85-107.

Kim, Soyoung (2003), Monetary Policy, Foreign Exchange Intervention, and the Exchange Rate in a Unifying Framework, in: Journal of International Economics, Bd. 60, S. 355-386.

Lyons, Richard (2001), The Microstructure Approach to Exchange Rates, Cambridge, MA.

Mayer, Helmut und *Hiroo Taguchi* (1983),Official Intervention in the Exchange Markets: Stabilising or Destabilising?, BIS Economic Papers No. 6, Basel.

Micco, Alejandro, Guillermo Ordõnez und *Ernesto Stein* (2003), The Currency Union Effect on Trade: Early Evidence on Trade, London.

Mussa, Michael (1981), The Role of Offical Intervention, Group of Thirty, Occasional Paper No. 6, New York.

Neely, Christopher (2000), The Practice of Central Bank Intervention: Looking Under the Hood, in: Central Banking, Bd. XI, Nr. 2, S. 24-37.

Neely, Christopher (2000a), Are Changes in Foreign Exchange Reserves Well Correlated with Official Intervention?, in: Federal Reserve Bank of St. Louis Review, Bd. 82, S. 17-31.

Neely, Christopher (2005), An Analysis of Recent Studies of the Effect of Foreign Exchange Intervention, in: Federal Reserve Bank of St. Louis Review, Bd. 87, S. 685-717.

Neely, Christopher (2006), Authorities' Beliefs about Foreign Exchange Intervention: Getting Back Under the Hood, Federal Reserve Bank of St. Louis, Working Paper 2006-045B, St. Louis.

Peiers, Bettina (1997), Informed Traders, Intervention, and Price Leadership: A Deeper View of the Microstructure of the Foreign Exchange Market, in: Journal of Finance, Bd. 52, S. 1589-1613.

Reitz, Stefan und *Mark Taylor (2006),* The Coordination Channel of Foreign Exchange Intervention: A Nonlinear Microstructural Analysis, Deutsche Bundesbank, Economic Studies No. 8.

Rose, Andrew (2000), One Money, One Market: Estimating the Effect of Common Currencies on Trade, in: Economic Policy, Bd. 30, S. 9-45.

Sarno, Lucio und *Mark Taylor* (2002), The Economics of Exchange Rates, Cambridge.

Schleifer, Andrei und *Robert W. Vishny* (1997), The Limits of Arbitrage, in: Journal of Finance, Bd. 52, S. 35-55.

Thursby, Marie C. (1981), The Resource Reallocation Costs of Fixed and Flexible Exchange Rates: A Multi-Country Extension, in: Journal of International Economics, Bd. 11, S. 487-493.

Williamson, John (1983), The Exchange Rate System. Washington D.C.

Albrecht F. Michler und H. Jörg Thieme (Hg.)
Systeme monetärer Steuerung: Analyse und Vergleich geldpolitischer Strategien
Schriften zu Ordnungsfragen der Wirtschaft · Band 86 · Stuttgart · 2007

Finanzmarktintegration und Wirtschaftsentwicklung im Kontext der EU-Osterweiterung

Paul J.J. Welfens und *Martin Keim*

Inhalt

1. Einführung 380

2. Finanzmarktintegration der mittel- und osteuropäischen Länder mit der Eurozone 383

3. Finanzmarktintegration und Wirtschaftsentwicklung 388

4. Schlussfolgerungen für die Wirtschaftspolitik 406

Literatur 407

1. Einführung

Mit der EU-Osterweiterung vom 1. Mai 2004 und vom 1. Januar 2007 hat die Europäische Union sich von der Zahl der Länder her enorm vergrößert: von 15 zunächst auf 25 und dann zu Jahresbeginn – nach Aufnahme von Bulgarien und Rumänien – auf 27 Länder. Die EU-Osterweiterung ähnelt in manchen Aspekten der EU-Süderweiterung der 80er Jahre, als Griechenland, Portugal and Spanien als Länder mit relativ geringem Pro-Kopf-Einkommen und erheblichen stabilitätspolitischen Problemen aufgenommen wurden. Allerdings ergab sich bei der EU-Osterweiterung doch ein wichtiger Zusatzaspekt – wenn man von den Besonderheiten der Systemtransformation per se absieht –, nämlich die Integration nicht nur in eine EU-Zollunion, sondern in den Binnenmarkt mit seinen vier Grundfreiheiten (inklusive dem freien Kapitalverkehr). Dabei kommt dem Kapitalverkehr eine wichtige Rolle zu, wobei dies zur Finanzmarktintegration beiträgt. Finanzmarktintegration wird in internationaler Perspektive hier als längerfristiger Angleichungsgrad der (wechselkursbereinigten) Renditen in den jeweiligen Märkten der betrachteten Länder definiert und kann mittelfristig auch mit Blick auf die Höhe der Anpassungsgeschwindigkeit thematisiert werden; die Anpassungsgeschwindigkeit zum neuen Gleichgewicht steigt bei verstärkter Integration unter bestimmten Umständen.

Da Finanzmärkte für die Allokation der Ersparnisse und die Risikobepreisung bzw. die Investitions- und Innovationsfinanzierung eine zentrale Rolle spielen, kommt mit Blick auf in EU-Beitrittsländern gewünschte Aufholprozesse den Fragen der Finanzmarktintegration große Bedeutung zu. Soweit die betrachteten Länder ein glaubwürdiges Fixkurssystem – gegenüber der Eurozone – haben, ergibt sich Finanzmarktintegration im elementaren Sinn einer starken internationalen Nominalzinsangleichung; solange das betreffende Land noch im EWS-II aktiv ist und daher Bandbreiten bei der Parität gelten, kann die Untersuchung der Zinsparität Hinweise auf den Grad an Finanzmarktintegration geben. Osteuropäische EU-Länder, die ein System flexibler Wechselkurse haben, können eine eigenständige Stabilitätspolitik verfolgen und sich bei geeigneter Geldpolitik auch gegen eine reale Aufwertung stemmen, allerdings – so jedenfalls bei Ungarn – um den Preis erhöhter Inflation; diese wiederum kann den Substitutionsgrad zwischen in- und ausländischen Wertpapieren bzw. den Grad an Finanzmarktintegration schwächen.

Die EU-Beitrittsländer aus Osteuropa sind Teil des Binnenmarktes, und dies gilt gerade auch für den Finanzbinnenmarkt. In den relativ armen Beitrittsländern herrscht die Erwartung, dass einerseits die ordnungspolitische Neuorientierung und andererseits die Mitgliedschaft in der EU positiv zum ökonomischen Aufholprozess beiträgt; zahlreiche Länder Osteuropas haben bei der außen- und binnenwirtschaftlichen Modernisierung bzw. Anpassung binnen 15 Jahren erhebliche Fortschritte erzielt (*EBRD* 2006; *Kutlina* 2007). Dabei spielen neben den Mitteln des EU-Strukturfonds gerade auch die Marktkräfte im Binnenmarkt eine wichtige Rolle. Nachdem in einer ersten Transformations- und Öffnungsphase die Handelsliberalisierung im Vordergrund stand, sind seit dem EU-Beitritt die Finanzmarktdynamik und die Fragen nach Privatisierungen bzw. Direktinvestitionen im Bankensektor stärker in den Blickpunkt der Betrachtung gerückt. Nur Ungarn hat schon zu Beginn der Transformation weitgehend die Banken privatisiert bzw. an ausländische Investoren verkauft. Einen Kontrapunkt dazu bietet Slowenien, das zwar die Finanzmärkte liberalisiert hat, aber bis Ende 2006 kein Privatisierungen im Bankenbereich durchgeführt hatte.

Finanzmärkte kann man sinnvoll nach ihrer Fristigkeit bzw. Liquidität und den relevanten Akteuren unterscheiden: Bankkreditmarkt, Interbankenmarkt, Wertpapiermarkt und Aktienmarkt. Von den hier genannten Märkten gilt der Interbankenmarkt in Europa als hochgradig integriert, während es bei anderen Märkten erhebliche Abstufungen gibt.

Die Debatte um die Finanzmarktintegration in den OECD-Ländern und weltweit hat im Kontext der Globalisierung an Schärfe und Relevanz gewonnen, wobei gerade viele Schwellenländer in den 80er und 90er Jahren den Kapitalverkehr liberalisiert haben; eine solche Liberalisierung gab es auch im Kontext der Systemtransformation in Osteuropa, wobei es beim Kapitalverkehr neben Fragen der Außenhandelsfinanzierung insbesondere auch um die Mobilisierung von Portfolioinvestitionen und Direktinvestitionen aus dem Ausland ging – dabei spielte das Interesse an einem beschleunigten ökonomischen Aufholprozess eine wichtige Rolle. In traditioneller Sicht geht es bei den Analysen um die Finanzmarktintegration um mehrere Aspekte:

- Im Kern geht es um die Erfüllung von internationalen Arbitragebedingungen im Sinne des internationalen Law of one Price auf den Finanzmärkten.
- Hinzu tritt die Frage nach der *Feldstein-Horioka*-Hypothese, wonach ganz überwiegend inländische Ersparnisse die Investitionen finanzieren – dies aber deutet (trotz der Kapitalverkehrsliberalisierung in den OECD-Ländern seit den 80er Jahren) auf eine geringe internationale Kapitalmobilität und damit offenbar auch eine Begrenzung der Kräfte, die auf eine vollständige internationale Renditenangleichung hinwirken (Überblick bei *Thieme* und *Vollmer* 1990; *Sket* 2002). Allerdings zeigen neuere Untersuchungen, dass sich mit Blick auf die EU-Länder die *Feldstein-Horioka*-Hypothese als nur noch begrenzt relevant erscheint, da die Kapitalmobilität zugenommen hat (*Jungmittag* und *Untiedt* 2002).
- Eine wesentliche Frage betrifft auch internationale Unterschiede in der Grenzrate der intertemporalen Substitution beim Konsum; gleiche Grenzraten und vollständige Finanzmarktintegration bzw. eine Gleichheit der Realzinssätze impliziert eine vollständige internationale Korrelation der Wachstumsraten des Konsums der einzelnen Länder (*Obstfeld* 1985 und 1994), wofür jedoch nur geringe empirische Evidenz mit Blick auf die OECD-Länder vorliegt (*Bayoumi* 1999).
- Eine besondere wirtschaftspolitische Relevanz erhält die Fragestellung nach der Finanzmarktintegration einerseits wegen der ökonomischen Effekte mit Blick auf die längerfristige Wirtschaftsentwicklung bzw. den Wachstumsprozess, andererseits wegen der Transmissionsmechanismen der Geldpolitik.

Anfang Januar 2007 hat die Eurozone als 13. Land ein erstes osteuropäisches EU-Mitgliedsland aufgenommen, nämlich Slowenien. Damit hat sich nach dem Start von Euro und EZB am 1.1.1999 und einer ersten Erweiterung in 2001, nämlich um Griechenland, eine zweite Erweiterung der Wirtschafts- und Währungsunion ergeben. Die Eurozone, die 1999 mit 11 Ländern gestartet ist (Deutschland, Frankreich, Italien, Spanien, Finnland, Belgien, Luxemburg, Niederlande, Österreich, Irland, Portugal), hat die auch in den USA beobachtbaren Tendenzen zu Disintermediation und Verbriefung von Krediten verstärkt und zugleich eine Konsolidierung im Bankenbereich stimuliert (*Danthine et al.* 2000; *Eichengreen* 2000; *Europäische Zentralbank* 2001). Die Bankenkonsolidierung wiederum dürfte es den Banken erlauben, ihre Position im Kreditmarkt teilweise zu verteidigen und erleichtert es zudem, in verschiedenen Ländern im Bereich Investmentbanking unter Nutzung von Skalenvorteilen aktiv zu sein.

Banken und Finanzmärkte haben in einer marktwirtschaftlichen Ordnung grundlegende Funktionen, wobei besondere Bedeutung der Finanzierung von Investitionen in Maschinen und Innovationsprojekten zukommt. Mit wachstumstheoretischer Perspektive kann man zwei Ansatzpunkte modellmäßig für die Verbindung von Finanzmarktentwicklung und Wirtschaftsdynamik identifizieren:

- Aus Sicht eines neoklassischen Wachstumsmodells kann man insbesondere auf die Sparquote als eine für die Höhe des Niveaus des Wachstumspfades relevante Größe abstellen.
- Aus Sicht der neueren Modelle des endogenen Wachstums, in denen der technische Fortschritt erklärt wird, ist insbesondere die Finanzierung von Forschungs- und Entwicklungsaktivitäten sowie die Rolle von Direktinvestitionen zu bedenken.

Mit Blick auf die Rolle von Direktinvestitionen gibt es nur wenige wachstumstheoretische Analysen (*Heiduk* und *Döhrn* 1999; *Welfens* 2007a), wobei man einen Ansatzpunkt in den empirischen Befunden von *Froot* und *Stein* (1991) finden kann, die einen signifikanten Einfluss des realen Wechselkurses auf die Höhe der Direktinvestitionszuflüsse – relativ zum Bruttoinlandsprodukt – für die USA finden. Aus theoretischer Sicht wird auf die Rolle unvollkommener Kapitalmärkte abgestellt, wobei eine reale Abwertung der eigenen Währung für ausländische Bieter bedeutet, dass diese ein höheres Eigenkapital (in Währungseinheiten des Ziellandes) aufweisen und daher verbesserte Chancen für eine kreditfinanzierte Übernahme haben. Dies führt dann weitergehend auf die Frage, ob Finanzmarktintegration einen Effekt auf den realen Wechselkurs hat.

Zur Verbindung von Finanzmarktentwicklung und Wirtschaftswachstum gibt es eine Reihe von Analysen, die teils theoretische Fortschritte brachten, teils auf Basis empirischer Befunde argumentiert haben. Diese Fragestellung betrifft nicht nur die traditionelle Frage nach der Akkumulationsdynamik bei Realkapital, sondern letztlich auch die Humankapitalbildung (*De Gregorio* 1996) und die Wachstumsrate des technischen Fortschritts.

Die nachfolgende Analyse skizziert zunächst den Prozess der monetären Integration in der EU (Abschnitt 2) und präsentiert ausgewählte Daten zu den Finanzmärkten osteuropäischer Länder, ehe im dritten Abschnitt die theoretische Analyse zur Verbindung von Finanzmarktintegration und Wirtschaftsentwicklung präsentiert wird – unter Einbeziehung neuerer empirischer Ergebnisse. Der Schlussabschnitt formuliert Konsequenzen für die Wirtschaftspolitik.

2. Finanzmarktintegration der mittel- und osteuropäischen Länder mit der Eurozone

Ein mehr als zehnjähriger Integrationsprozess liegt bereits hinter den mittel- und osteuropäischen Ländern (MOEL) auf ihrem Weg in die Vollmitgliedschaft zur Eurozone und es wird interessant sein zu sehen, welche Länder den Euro wann einführen wollen und können.

Am 11.07.2006 entschied der EU-Rat in der Zusammensetzung der Wirtschaftsminister (ECOFIN-Rat) aufgrund der im Mai 2006 von der EZB und der Europäischen Kommission vorgelegten Konvergenzberichte, Slowenien als erstes osteuropäisches Land zum 01.01.2007 als 13. Mitgliedsland der Eurozone aufzunehmen, während die Aufnahme Litauens verweigert wurde. Zum 01.01.2008 werden ebenfalls Malta und Zypern den Euro einführen.

Finanzmarktsysteme in sozialistischen Systemen und Transformationsprozess

Die Finanzmärkte der MOEL hatten mit denen der westlichen Länder während des sozialistischen Regimes nicht viel gemeinsam: Das Bankensystem lag in staatlicher, monopolistisch geführter Hand. Es bestand aus einer monolithischen Zentralbank und einer Reihe von Spezialbanken (z.B. für Außenhandel, Landwirtschaft etc.). Diese ‚Geschäftsbanken' unterlagen jedoch nicht marktwirtschaftlichen Risiken und Renditebemühungen, erst Recht nicht dem marktwirtschaftlichen Wettbewerb, sondern hatten lediglich administrativen Charakter. Aktienmärkte hingegen gab es überhaupt nicht; privatwirtschaftliche Initiative wie Venture Capital Märkte konnten ebenfalls daher erst mit dem Fall des sozialistischen Systems beginnen. Auch die Währungen waren nicht konvertibel (*Reininger* 2000).

Nach dem Zusammenfall des zentralverwaltungswirtschaftlichen Systems haben sich die meisten MOEL um zügige Mitgliedschaft im IWF und zugleich um Kooperation mit den EU-12-Staaten bemüht, sowohl hinsichtlich der Adoption politischer, wirtschaftlicher und rechtlicher Elemente der Wirtschaftsordnung. Der Prozess hinsichtlich der Integration der MOEL in die EU bedurfte jedoch ca. 15 Jahre. Vor allem die Baltischen Staaten als auch die an Deutschland und Österreich angrenzenden Staaten waren bemüht, ihre Volkswirtschaften für den Außenhandel und den Kapitalverkehr zu öffnen; letzteres auch um ausländisches Kapital zur Modernisierung des Landes hineinfließen zu lassen. Sowohl was die endgültige Aufnahme der MOEL in die EU betrifft wie auch die ökonomischen Aufhol- und Konvergenzprozesse angeht, konnten diese Länder den Anpassungsprozess schneller bewerkstelligen als die anderen MOEL, insbesondere die südosteuropäischen und Balkan-Länder.

Kopenhagener Kriterien

Auf seiner Tagung im Juni 1993 in Kopenhagen hat der Europäische Rat drei Kriterien(kataloge) entworfen, die ein Land erfüllen muss, um Mitglied der Europäischen Union zu werden:

- Politisches Kriterium: Die institutionelle Stabilität im Hinblick auf eine demokratische und rechtsstaatliche Ordnung muss gewährleistet sein, ebenso müssen die Menschenrechte gewahrt sowie Minderheiten geachtet und geschützt sein.
- Wirtschaftliches Kriterium: Eine funktionsfähige Marktwirtschaft muss sich entwickelt haben, die fähig ist, dem Wettbewerbsdruck und den Marktkräften innerhalb der Europäischen Union standzuhalten.
- Acquis-Kriterium: Der zukünftige EU-Mitgliedstaat muss die aus der Mitgliedschaft erwachsenden Verpflichtungen übernehmen, in dem er sich die Ziele der politischen Union sowie der Wirtschafts- und Währungsunion zu Eigen macht (hier ist die Übernahme des „Acquis communautaire", d.h. des gemeinschaftlichen Besitzstands gemeint).

Finanzmarktintegration

Nach *Baele et al.* (2004, S. 6) haben integrierte Finanzmärkte folgende Eigenschaften: „All market participants

- face a single set of rules when they decide to deal with financial products and/or services;
- have equal access to these financial products and/or services and
- are treated equally when they are active in the market."

Dabei kann nach *Lemmen* (1998) grundsätzlich zwischen „perfekter Finanzintegration" (Investoren können ohne Verzögerung vollständig ihr Portfolio umschichten) und „keiner Integration" (es gibt hohe Barrieren) unterschieden werden. Da jedoch der Prozess der Finanzmarktintegration sich schrittweise vollzieht, d.h. in dem Kapitalkontrollen und institutionelle Barrieren abgebaut werden, entspricht die Entwicklung der Finanzintegration eher einem „matter of degree".

Wie man in Tabelle 1 sieht, gibt es bezogen auf einschlägige Finanzmarktindikatoren erhebliche Unterschiede zwischen den MOEL untereinander, aber auch im Verhältnis der MOEL zu den Euro-12-Ländern. Im Vergleich zu den Finanzmärkten der EURO-12-Länder sind die konsolidierten Aktiva der Geschäftsbanken in den MOEL noch deutlich unterentwickelt.

Es fällt außerdem auf, dass auch die Anzahl der an den Börsen notierten Unternehmen nach einem anfänglichen Boom deutlich gesunken ist, in Tschechien zwischen 1995 und 2004 sogar um ca. -95%, in Rumänien entsprechend mit einem zeitverzögerten Prozess zwischen 2000 und 2004 um ca. -50%, ebenso in der Slowakei um ca. -55% (siehe Tabelle 2).

Tabelle 1: Kennzahlen der Finanzmärkte in den MOEL, 2002

	Bank-aktiva / BIP	Marktkapita-lisierung / BIP	Private Kre-dite / Marktkapi-talisierung	von privaten Eigentümern kontrollierte Bankaktiva / gesamte Bankaktiva	von ausländ. Eigentümern kontrollierte Bankaktiva / gesamte Bankaktiva
Bulgarien	38,6	3,8	5,2	80,0	74,0
Estland	67,8	28,0	5,0	100,0	97,5
Lettland	67,2	9,3	2,4	96,8	62,2
Litauen	28,9	12,0	7,1	86,9	83,9
Polen	53,8	14,0	1,7	75,8	68,4
Rumänien	25,5	2,8	0,5	57,9	55,0
Slowakei	90,4	22,3	4,3	95,0	81,0
Slowenien	87,1	30,0	2,8	59,4	5,7
Tschechien	96,7	16,0	2,0	96,2	90,1
Ungarn	61,2	19,2	3,7	91,0	65,5
MOEL-10	61,7	15,7	3,5	83,9	68,3
EURO-12	242,8	72,0	1,9		

Quelle: *Herrmann* und *Jochem* (2003), übernommen aus *Caviglia et al.* (2002); *Europäische Kommission* (2002); *IWF*; International Financial Statistics; Nationale Zentralbanken.

Tabelle 2: Anzahl der an den Börsen notierten Unternehmen in den MOEL, 1995-2004

	1995	2000	2004
Tschechische Rep.	1698	142	55
Estland	k.A.	25	17
Ungarn	42	60	54
Polen	65	225	230
Rumänien	9	114	60
Slowakei	k.A.	866	389
Slowenien	26	154	142

Quelle: *Syllignakis* und *Kouretas* (2006, S. 27).

Vorteile der Finanzmarktintegration aus Sicht der MOEL

Größere, integrierte Finanzmärkte, zu und in denen alle Marktteilnehmer die gleichen Zugriffsrechte und -pflichten haben, unterliegen stets einem größeren Wettbewerbsdruck sowohl seitens der Anbieter als auch seitens der Nachfrager von Finanzprodukten und -dienstleistungen. Eine effizientere Allokation vom Produktionsfaktor Kapital führt zu attraktiveren Investitionsmöglichkeiten (*Rousseau* 2002; *Bekaert et al.* 2002a), was in eine Erhöhung der gesamtwirtschaftlichen Sparquoten mündet (*Levine* 1997). Besonders Länder mit geringerem Pro-Kopf-Einkommen (Emerging Markets), und dazu zählen die meisten der osteuropäischen Beitrittsstaaten im Verhältnis zu den westeuropäischen Staaten, dürften daher von der Finanzintegration profitieren. Wie noch zu zeigen ist, konnten die MOEL nach der Öffnung ihrer Märkte zu Beginn der 1990er Jahre zu den attraktiveren Investitionsalternativen weltweit zählen, was sich auch im allgemeinen gesamtwirtschaftlichen Aufholprozess, u.a. gemessen an makroökonomischen und finanzwirtschaftlichen Indikatoren, bemerkbar gemacht hat (*Gianetti et al.* 2002). Diese MOEL konnten vor allem von einem spürbaren Anstieg ausländischer Direktinvestitionen profitieren, was sich durch eine stets hohe Rendite für Investitionen bei einer gleichzeitigen Senkung des Anlagerisikos widerspiegelt. Die MOEL waren daher insgesamt gut beraten, sich frühzeitig für eine pro-westliche Orientierung hinsichtlich ihrer politischen, juristischen und wirtschaftlichen Ordnung zu entscheiden. Auch entsprechende Ergebnisse in den Ratings (sovereign bonds und corporate bonds) verdeutlichen diese Tendenz. Durch Finanzmarktintegration können die MOEL – Abwesenheit von Abwertungserwartungen vorausgesetzt – von niedrigen Nominalzinssätzen profitieren, ebenso durch niedrigere Zinsspreads. Der intensivere Wettbewerb im Zuge der Finanzmarktliberalisierung sorgt neben einer intensiven Beteiligung ausländischer Banken in den MOEL (durch Verschmelzung und Übernahmen) auch für verstärkte Konsolidierung des Bankensektors.

Risiken der Finanzmarktintegration aus Sicht der EMU-12

Ein generelles Risiko bei integrierten Wirtschaftsräumen ist die höhere Anfälligkeit für Ansteckungseffekte beim Erleiden von Schocks. Ein interessantes Beispiel ist der Zusammenbruch der Sowjetunion zu Beginn der 1990er Jahre, die aufgrund der engen Handelsverflechtungen die finnische Wirtschaft zum Kollabieren brachte. Dieser Effekt verlagerte sich zeitweise auch auf die schwedische Wirtschaft (mit enger Finanzverflechtung mit Finnland). Auch die russische Finanzkrise im Sommer 1998 wirkte sich teilweise negativ auf die MOEL, insbesondere auf die Baltischen Staaten, aus. Zwar konnten diese Staaten allmählich eine gewisse Handelsumorientierung weg von Russland erzielen, jedoch kann die Gefahr bei einer Finanzkrise in diesen Ländern hinsichtlich dieser Contagion-Effekte auf die anderen Länder der Eurozone nicht genau vorhergesagt werden. Grundsätzlich gilt gerade auch bei einer Erweiterung der Eurozone nach Osteuropa, dass hier potenzielle neue Risiken drohen, die u.a. abhängig sind von der Wirtschaftsdynamik einerseits und der Stabilität des Bankensystems andererseits.

Die Eurozonenerweiterung birgt also nicht nur die Gefahr, bei einer entsprechenden Finanzkrise den äußeren Wert des Euro zu gefährden, sondern auch der institutionelle Aufbau des ESZB muss sich den Erweiterungen anpassen, um den Anforderungen der Newcomer im möglichst gleichen Maße gerecht zu werden wie den großen etablierten Eurozonenmitgliedern. Dies gilt mit Blick auf die geld- und währungspolitischen Entscheidungen als auch hinsichtlich der personellen Fragen in den entsprechenden ESZB-Organen (*Vollmer* und *Hauck* 2003). Die großen Eurostaaten müssen sich den besonderen Herausforderungen der Emerging Markets stellen, da diese für eine noch relativ lange Zeit hinsichtlich ihrer Investitionsmöglichkeiten attraktiver sein werden. Dies ist u.a. auch an den deutlich höheren Wachstumsraten in den MOEL zu erkennen; ebenso wird dies durch den Aufholprozess in finanzwirtschaftlichen Fragen deutlich (z.B. steigende Aktienmarktkapitalisierungen und auch Bankenübernahmeattraktivität). Diesem

Wettbewerbsdruck müssen sich die Eurozonenmitglieder stellen, der zudem noch aufgrund der Globalisierung verstärkt wird.

Annäherungsprozesse und Beitrittsszenarien zur Eurozone

Die Europäische Union ist im Jahr 2007 ein heterogener Staatenverbund. Von den 27 Mitgliedstaaten gehören 12 westliche, etablierte Länder und ein aufstrebendes Land (Slowenien) der Eurozone an. Drei westliche, wirtschaftlich höher entwickelte Länder haben den Beitritt zur Eurozone verweigert (Dänemark, Schweden und Großbritannien). Von größerer Bedeutung ist allerdings, dass neun MOEL der EU aber nicht der Eurozone angehören; die Aufnahme muss aber bei Erfüllung der Konvergenzkriterien nachgeholt werden. Es besteht bei den MOEL nicht die Opting-out-Option. Die jüngsten Makroentwicklungen, wie sie z.B. im Jahresbericht der *EZB* 2006 aufgeführt sind, können entsprechende Hinweise geben, inwiefern die Angleichungsprozesse der MOEL an die an der Eurozone teilnehmenden Länder in den letzten Jahren ausgesehen haben, so dass man daher Prognosen über weitere Eurozonenbeitritte wagen könnte.

Während die Prognosen, die bis zum Jahr 2005 erstellt wurden, einen relativ frühen Beitritt der MOEL in die Eurozone vorausgesagt hatten, nämlich zwischen 2007 und 2010 (*EBRD* 2006), ist im September 2006 ein großer Unterschied dahingehend festzustellen, dass sechs der sieben verbleibenden MOEL ihren Eurozonenbeitritt verschieben müssen. Lediglich Estland hofft auf einen Beitritt zum 01.01.2008, die Slowakei zum 01.01.2009; alle anderen Länder haben den Beitritt auf einen unbestimmten Zeitraum verschoben. Es ist vor allem auffällig, dass die drei großen MOEL Tschechien, Polen und insbesondere Ungarn große Schwierigkeiten haben, die Konvergenzkriterien entsprechend zu erfüllen; Beitrittsprognosen bis hin zum Jahr 2015 sind keine Seltenheit mehr. Glaubt man einer Studie der *ECOFIN* (2007), so ist die Akzeptanz für den Euro in den jeweiligen Bevölkerungen der MOEL ohnehin unterhalb des EU-Durchschnitts: Während 60% der EU-Bürger den Euro unterstützen, liegt die Akzeptanz in Litauen, Lettland und Polen nur zwischen 50 und 55%, in Estland gerade einmal bei 49%.

Auf jeden Fall scheint die Aufnahme Sloweniens in die Eurozone bei gleichzeitiger Ablehnung Litauens dafür gesorgt zu haben, dass die Skepsis für schnellere, einfache Beitritte zur Eurozone (wie im Falle der Gründung der Eurozone 1999, bei der einige Länder bei strikter Auslegung der Maastrichter Konvergenzkriterien nicht hätten teilnehmen dürfen) bei den Beitrittskandidaten deutlich gestiegen ist. Es scheint auch ausgeschlossen zu sein, dass die Beitrittskandidaten gruppenweise in die Eurozone aufgenommen werden; es scheint ebenso ausgeschlossen zu sein, dass die Konvergenzkriterien zugunsten eines schnellen Beitritts aufgeweicht werden – der gute Wille allein der Euro-Beitrittskandidaten scheint also nicht zu reichen. Selbst im Falle der Baltischen Staaten, die ein nicht sehr großes wirtschaftliches Gewicht in der Eurozone repräsentieren würden und es wegen der regionalen Handelsverflechtung durchaus gute Gründe für einen koordinierten Beitritt geben könnte – die letztlich allein genommen sogar die Kriterien eines optimalen Währungsraums erfüllen könnten – werden keine Ausnahmen gemacht.

Anpassungserfordernisse

Damit die Euro-Beitrittskandidatenländer tatsächlich in die Eurozone aufgenommen werden können, muss das Erfüllen der Konvergenzkriterien durch eine noch striktere Eurozonen-angepasste Wirtschaftspolitik angestrebt werden. Steigende Staatsverschuldungsquoten, hohe Inflationsraten und stetige Leistungsbilanzdefizite sind problematisch für diesen Beitrittsprozess. Im Übrigen sind die Pro-Kopf-Einkommensunterschiede zwischen den westlichen und den MOEL immer noch sehr beträchtlich. Auch sind die meisten MOEL immer noch mit der Versuchung konfrontiert, die heimischen Währungen zur Steigerung der Exporte weiterhin abzuwerten. Bei formal fixen Wechselkursen ist dies nicht mehr möglich – jedenfalls scheint diese Flexibilität für einige MOEL für mehrere Jahre noch eine notwendige Option zu bleiben, um doch noch nachhaltig international wettbewerbsfähiger zu werden. Jedenfalls ist es wichtig, die Integration des Finanzbinnenmarktes voranzutreiben. Auch die MOEL dürften dahingehend profitieren, dass durch Finanzmarktintegration auch ihre Handelsbeziehungen intensiviert werden. Umgekehrt verhindert unvollständige Finanzmarktintegration auch eine vollständige Handelsspezialisierung der MOEL hinsichtlich ihrer komparativen Vorteile (*Europäische Kommission* 2005, S. 32). Diese Defizite in der Finanzbinnenmarktintegration sollten bisher stets durch Konzepte wie u.a. der EU-Aktionsplan Finanzdienstleistungen (Financial Services Action Plan, 1999-2005) oder auch durch eine Finanzdienstleistungspolitik (2005-2010) schrittweise behoben werden, um ‚gesunde' Finanzsysteme in der Eurozone zu fördern, indem z.B. entsprechende Einrichtungen und Prozeduren hinsichtlich eines effizienten Monitoring zur Prävention möglicher Finanzkrisen entwickelt wurden.

3. Finanzmarktintegration und Wirtschaftsentwicklung

Bei Fragen der Finanzmarktintegration kann man insgesamt ein ganzes Spektrum an Märkten analytisch betrachten, wie Tabelle 3 verdeutlicht. Dabei kann man Finanzmarktintegration grundsätzlich über Preisindikatoren (also etwa Zinsdifferenzen) und Mengenindikatoren – also etwa die Höhe der Mittelflüsse oder die ländermäßige Anlagestruktur in einem Portfolio – messen. Aus analytischer Sicht ist Preisindikatoren der Vorrang einzuräumen, denn selbst wenn es nur geringe Mittelflüsse in einem bestimmten Zeitraum gibt, so kann doch das Ausmaß der Zinsangleichung in Teilmärkten bzw. die Substitutionselastizität auf der Angebots- und Nachfrageseite sehr hoch sein. Für Mengenindikatoren gibt es insbesondere am Aktienmarkt gute Gründe, da man hier den Grad der Internationalisierung der Portfolios relativ zu einem theoretisch optimalen Portfolio – ohne home bias – betrachten kann (*Inzinger* und *Haiss* 2006). In vereinfachender Darstellung kann man den Interbankenmarkt, den Bankenkreditmarkt, den Bondsmarkt und den Aktienmarkt betrachten und hierbei jeweils verschiedene Preisindikatorkonzepte heranziehen. Typischerweise ist dies eine Zins- bzw. Renditendifferenz, die insbesondere bei grenzüberschreitenden Transaktionen mit anderen Währungsräumen auch erwartete Abwertungs- bzw. Aufwertungsraten der Währung berücksichtigt. Bei der Zinsparität ist zwischen der gedeckten und der ungedeckten Parität zu unterscheiden, wobei bei ersterer die Parität ja durch eine grundsätzlich risikolose Arbitrage herbeigeführt wird (bei Vorliegen einer politischen Risikoprämie kann man allerdings nicht ohne Weiteres von einer arbitragebedingten Parität sprechen). Einige besondere Aspekte sind im Übrigen im Euroraum zu beachten, wo etwa die EZB als institutioneller Integrator im Bankenmarkt wirkt – inklusive durch Bereitstellung eines besonderen Transaktions- und Abrechnungssystems der EZB. Im Bankenkreditmarkt bzw. im Aktienmarkt wirken selbst in der Eurozone die in einer Reihe von Ländern bestehenden Übernahmehemmnisse im Banken- und Unternehmensmarkt als eine Barriere für vollständige Finanzmarktintegration. Im Bondsmarkt ist zu bedenken, dass Regierungen einiger EU-Länder insbesondere Versicherungen die Anlage in langfristigen und mit einem erstklassigen Rating versehenen Bonds aufsichtsrechtlich vorschreiben, was eine indirekte Förderung der Nachfrage nach staatlichen Wertpapieren bedeutet, so dass daher staatlich induzierte grenzüberschreitende Zinsdifferenzen entstehen können.

Gemäß Analyse der EZB (*Europäische Zentralbank* 2007a, S. 13ff.) ist es in der Eurozone zu einer verstärkten Integration der Bondsmärkte gekommen, wobei neue synthetische credit risk transfer products den Integrationsprozess via Expansion der Derivatemärkte verstärkt haben; folgt man der Analyse der EZB mit Blick auf die Aktienmärkte – hier wird auf die Varianz-Relationen abgestellt – so ist die internationale Integration der Aktienmärkte in den vergangenen Jahrzehnten vorangeschritten, wobei die Integration in der Eurozone stärker als die globale Aktienmarktintegration war. Die Integration der Bankenmärkte zeigt laut EZB ein gemischtes Bild, wobei die Bank-Kreditmärkte mit Blick auf Haushalte noch relativ fragmentiert erscheinen - hingegen ist der Interbanken-Kreditmarkt in der Eurozone durch eine zunehmende Integration gekennzeichnet. Im Übrigen hat sich auch der Anteil von "Auslandsaktivitäten" der Banken aus EZB-Ländern in anderen Ländern der Eurozone in den Jahre 2001-2006 erhöht, was als verstärkte Integrationstendenz zu werten ist.

Tabelle 3: Finanzmärkte und Finanzmarktintegration

	Interbankenmarkt	*Bankenkreditmarkt*	*Bondsmarkt*	*Aktienmarkt*
Preisindikator	Zinsdifferenz	Zinsdifferenz; Soll-Haben-Zinsspread; Zinsparität	Zinsdifferenz; Zinsparität(en)	Renditedifferenz
Mengenindikator	Liquidität	Volumina	Laufzeit	Volumina; Struktur
Besonderheiten in Eurozone	Durch EZB starke Integration	Problem bei Übernahmen in Eurozone: hohe politische Protektion	Versicherungen etc: Anlage in staatl. Bonds via Regulierung ++	Übernahme-Beschränkungen verschiedener Länder

Quelle: Eigene Darstellung.

Finanzmarktintegration lässt sich auf verschiedene Weise messen, wobei als Indikatoren verstärkter Integration gelten können:

- Angleichung der Nominalzinssätze (i im Inland, i* im Ausland) bei Bankkrediten und für Bonds – bei gleicher Bonitätsklasse und Laufzeit; hier hat sich im Zuge des EU-Binnenmarktes bzw. des Starts der Eurozone eine Nominalzinsangleichung der Mitgliedsländer ergeben. Sobald glaubwürdig ein Beitritt eines osteuropäischen EU-Landes angekündigt wird, ist eine rasche Angleichung der Nominalzinssätze zu erwarten (ggf. beeinflusst u.a. von Wechselkurserwartungen).
- Reduzierung der Varianz der Spreads aus Soll- und Habenzins in den betrachteten Ländern: Hier wird eine Angleichung bzw. Verbesserung der Effizienz im Bankenmarkt sichtbar, sofern nicht Änderungen der Zinsstruktur wirksam sind (auf die Zinsstruktur wirken zahlreiche Faktoren; grundsätzlich kann ein Übergang zu längerfristigen Laufzeiten etwa in osteuropäischen Beitrittsländern nicht einfach als Zinserhöhung gewertet werden).
- Reduzierung des Unterschieds zwischen Soll- und Habenzins, wobei die Höhe der Differenz hier ein Indiz für Intermediationseffizienz ist. Finanzmarktintegration bedeutet in der Regel Wettbewerbsintensivierung auf den Finanzmärkten und daher auch Anreize zur Verbesserung der Intermediationseffizienz.
- Angleichung bei der Tiefe der Finanzmärkte, erfasst als Relation von Kreditvolumen und Bruttoinlandsprodukt einerseits und Verhältnis Aktienmarktkapitalisierung zu Bruttoinlandsprodukt andererseits.
- Angleichung der Realzinssätze (r bzw. r*); dies setzt eine Angleichung der Nominalzinssätze und gleiche Inflationserwartungen voraus, wobei jedoch innerhalb der Eurozone bzw. der EU durchaus internationale Inflationsunterschiede feststellbar sind – dabei spielt bei wachstumsstarken Ländern mit anfänglich geringem Pro-Kopf-Einkommen auch der *Balassa-Samuelson*-Effekt eine Rolle (letzteres stellt auf den Anstieg des Relativpreises nichthandelsfähiger Güter im Zuge steigender Pro-Kopf-Einkommen ab). Soweit Gewinnmaximierung angenommen wird bzw. dass das Kapitalgrenzprodukt Y_K mit dem Realzins r übereinstimmt, ist eine Angleichung der Realzinssätze auch über die Angleichung der Kapitalgrenzprodukte bzw. der Kapitalintensitäten und eine davon ausgehende grenzübergreifende Realzinsangleichung denkbar; soweit $Y_K = Y_K^*$ (* für Ausland) gilt. In der EU bzw. in Westeuropa gibt es allerdings in Form von Staatsunternehmen bzw. anderen Barrieren für Auslandsinvestoren Hemmnisse gegen eine volle Angleichung der Kapitalgrenzprodukte, wie auch die empirische Analyse zeigt (*De Ménil* 1999). Gerade auch osteuropäische Beitrittsländer haben – mit Ausnahme von Ungarn und Estland – in einigen Sektoren erhebliche Barrieren gegenüber ausländischen Investoren errichtet.

Finanzmarktintegration könnte in kapitalarmen osteuropäischen Ländern – und in Schwellenländern – durchaus die Volatilität der Produktion auf gesamtwirtschaftlicher Ebene reduzieren; nämlich dann, wenn die Finanzmarktintegration zur Finanzierung einer stärker diversifizierten Produktion bzw. diversifizierterer Exporte führt. Allerdings könnte Finanzmarktintegration auch zu einem Anpassungsdruck in Richtung auf verstärkte Spezialisierung führen (*Kalemli-Ozcan et al.* 2003) und damit die Anfälligkeit für sektorale Schocks steigern, wobei aus stabilitätstheoretischer Sicht bzw. im Kontext der Theorie optimaler Währungsräume hier das KENEN-Kriterium angesprochen ist – auf Wechselkursfixierung sollte in einem solchen Fall tendenziell verzichtet werden. In Ländern mit wenig entwickeltem Finanzsektor – und politischer Instabilität – könnte es im Zuge von Kapitalverkehrsliberalisierung auch zu Wellen von Boom und Rezession im Kontext von Phasen starker Nettokapitalzuflüsse bzw. -abflüsse kommen (*Aghion et al.* 1999). Analysen zum Zusammenhang zwischen Handelsliberalisierung und Produktionsvolatilität zeigen unterschiedliche Befunde: Größere Handelsoffenheit führt in Entwicklungs- und Schwellenländern nach *Easterly et al.* (2001) und nach *Kose et al.* (2003) zu größerer Instabilität der Produktion, während etwa *Buch et al.* (2002) keinen solchen Zusammenhang finden. Die Befunde für den Zusammenhang zwischen Aktienmarktliberalisierung und Instabilität der gesamtwirtschaftlichen Produktion zeigen mit Blick auf die Schwellenländer ein relativ diffuses Bild: *Bekaert et al.* (2002) zeigen, dass Finanzmarktliberalisierung mit verminderter Produktionsvolatilität verbunden ist. Hingegen stellen *Kose et al.* (2003) keinen signifikanten Zusammenhang zwischen Finanzmarktintegration und Instabilität der Produktion fest.

Der integrierte Finanzmarkt der USA zeichnet sich durch hohe Wettbewerbsintensität und hohe statische und dynamische Allokationseffizienz aus (*Buch* 2000), wobei nur die Fraktionierung der Bankenaufsicht ansatzweise als Problem erscheint. Die Finanzmarktintegration in der EU ist im Zuge von Kapitalmarktliberalisierung und Wechselkurstabilisierung schon in den 70er und 80er Jahren vorangeschritten. Aber erst mit dem Start des Euro und der Europäischen Zentralbank, wovon nicht wenige Autoren einen positiven Wachstumsimpuls für die Eurozone erwartet haben, ist die Finanzmarktintegration deutlich in einem Teilgebiet der Union vorangeschritten.

Zu den aus theoretischer Sicht schwierigen Fragen gehört die Verbindung von Aktienkurs- und Wechselkursdynamik (*Bahmani-Oskooee* und *Sohrabian* 1992); dies gilt u.a. auch deshalb, weil zeitweise bei der Erwartungsbildung auf den Devisenmärkten Chartisten dominieren, zeitweise Akteure mit einer Ausrichtung der Erwartungen an den Fundamentaldaten (*Ahrens* und *Reitz* 2005). Im Zeitablauf bzw. im Verlauf eines einkommensmäßigen Aufholprozesses dürften Aktienmärkte an Bedeutung gewinnen, was wiederum die Frage nach der Art des geldpolitischen Transmissionsmechanismus berührt. Je nach Reifegrad der Finanzmärkte bzw. nach Bedeutung der diversen Finanzmarktsegmente ergeben sich – so zeigt *Clausen* (2001) mit Blick auf die EU15-Länder – unterschiedliche Transmissionsmechanismen der Geldpolitik, wobei jedoch bei Änderung der Transmissionskanäle die Gesamtwirkung der Geldpolitik mit Blick auf Produktion und Zins nicht notwendig verändert wird. Daher dürfte auch die Entfaltung der Integrationsdynamik in der Eurozone zwar in einzelnen Länder die Transmissionsmechanismen der Geldpolitik ändern – so dass etwa der Zinskanal im Zuge steigender Disintermediation an Bedeutung verliert, während der Erwartungs- oder der Wechselkurskanal an Relevanz gewinnen könnte. Aber die geldpolitische Gesamtwirkung von Geldpolitik kann durchaus im Zeitablauf gleich bleiben. Dies gilt allerdings nicht ohne weiteres, wenn man davon ausgeht, dass Realkasse eine Rolle in der Produktionsfunktion spielt, da hiermit letztlich die Neutralität des Geldes verloren geht (*Welfens* 2007b).

Als Indikatoren der Finanzmarktintegration bzw. der Internationalisierung der Finanzmärkte bieten sich zahlreiche Möglichkeiten an. Nachfolgend werden Daten aus der Analyse von *Guiso et al.* (2004) vorgestellt, die einen erheblichen Wachstumsbonus für den Fall identifizieren, dass die EU die Lücke zur Tiefe und Qualität der US-Finanzmärkte schließen könnte.

Für die Intra-EU-Integration ist der Anteil der Bankaktiva von ausländischen EU-Banken von besonderem Interesse, wobei in 2002 nur Großbritannien mit 24%, Luxemburg mit 18% und Irland mit 11% deutlich internationalisiert waren. Besonders gering ist der Internationalisierungsgrad in Deutschland mit 1,5% gewesen; hierbei mag der hohe Marktanteil der Sparkassen bzw. staatlicher Banken ein gewisser Erklärungsfaktor sein. Für Osteuropa liegen keine Daten vor. Bei den weiteren Daten geht es um Befragungsergebnisse aus dem World Competitiveness Yearbook, wobei sowohl beim Zugang zu Kreditmärkten wie bei der Qualität von Bankendiensten die osteuropäischen EU-Beitrittsländer – vom positiven Sonderfall Estland abgesehen (dort dominieren finnische und schwedische Banken) – noch deutlich hinter den EU-15-Ländern hinterherhinkten; teilweise kommen osteuropäische EU-Länder an Portugal als das Land mit den schwächsten Ergebnissen in der EU-15-Gruppe heran. Beim Zugang zu Risikokapital ist das Bild ähnlich, nur dass die Lücke zur EU-15-Gruppe noch größer ist als bei den beiden Kategorien zuvor; Estland ist wieder als positive Ausnahme zu sehen. Die EU wiederum hinkte im Durchschnitt deutlich hinter den USA hinterher.

Die *EBRD* (2006) gibt ein nach einzelnen Politikbereichen differenziertes Bild, reflektiert durch die ‚Transition Indicators Scores':

- Man kann in Osteuropa bei Kroatien, Tschechien, Estland und Ungarn schon von einem weitgehend modernisierten Bankensystem bzw. einer umfassenden Liberalisierung des Zinsbildungsprozesses ausgehen (Bestnote im EBRD-Schema ist 4+). Damit aber ist eine Voraussetzung für die Geltung der Zinsparität gegeben.
- Bei den Wertpapiermärkten erreichte nur Ungarn in 2006 die Note 4.
- Mit Blick auf das Außenhandels- und Devisenmarktsystem hat die große Mehrheit der osteuropäischen Länder bereits eine 4+ verzeichnen können.
- Auffällig ist allerdings, dass im Bereich der Wettbewerbspolitik mit Ausnahme von Estland (4-) ein Mangel an Wettbewerb festzustellen ist.

Eine relativ geringe Wettbewerbsintensität auf den Märkten kann als problematisch hinsichtlich einer raschen Realisierung von Arbitragebedingungen gelten. Zu bedenken ist darüber hinaus, dass daher auch die Impulse für einen hohen Grad an Effizienz der Ressourcenallokation nur beschränkt sein werden. Die Wettbewerbsintensität kann neben der Kapitalakkumulationsdynamik und der Qualität der Institutionen sowie der Konsistenz der Wirtschaftspolitik als wichtiger Einflussfaktor für die Wirtschaftsentwicklung bzw. das Wirtschaftswachstum gelten.

Der Zusammenhang zwischen Finanzmarktentwicklung und Wirtschaftswachstum ist verschiedentlich in der Literatur untersucht worden, wobei u.a. *Atje* und *Jovanovic* (1993) sowie *Levine* und *Zervos* (1998) im Rahmen von Cross-country Regressionen einen positiven signifikanten Einfluss der Aktienmärkte auf das Wachstum feststellen; dieser Einfluss ist stärker als der Einfluss des Bankensystems. Allerdings kann man aus theoretischen Gründen ggf. auch eine Parallelität in der Expansion von Aktienmarkt – gemessen etwa durch die Kapitalisierung relativ zum Bruttoinlandsprodukt – und Bankenmarkt (gemessen durch die Relation Bankenkredite an den privaten Nicht-Bankensektor zu Bruttoinlandsprodukt) erwarten. Dies gilt jedenfalls, wenn die Aktienmarktexpansion zu wachsenden Geschäftsfeldern der Banken, etwa beim Investment-Banking und zur Entwicklung spezifischer neuer Unternehmensdienstleistungen führt.

In der Analyse von *Beckmann* et al. (2001) für die EU15-Länder findet sich ein generell positiver Zusammenhang von Finanzmarktintegration und Wirtschaftswachstum, wobei Belgien, Dänemark, Griechenland und Portugal in den 90er Jahren eine deutliche Verstärkung der Finanzmarktintegration aufwiesen. Starke Wachstumsimpulse wurden für Deutschland, Niederlande und Belgien sowie ansatzweise auch für Spanien ermittelt. Daher haben nicht nur arme bzw. aufholende Länder von der Finanzmarktintegration profitiert, sondern auch einige der beim Pro-Kopf-Einkommen führenden EU-Länder.

Aus theoretischer Sicht gibt es sowohl Argumente für eine positive Verbindung des Aktienmarktes mit der Wirtschaftsentwicklung wie für einen negativen Zusammenhang. Für einen positiven Zusammenhang sprechen (*Bencivenga et al.* 1996; *Levine* 1991):

- Aktienmärkte erlauben Anlegern bei neuen Informationen eine rasche und reibungslose Anpassung bei der Vermögensanlage bzw. des Portfolios, da moderne Aktienmärkte sehr liquide in den Standardwerten sind;
- Aktienmärkte sorgen für hohe Transparenz aus Anleger- und Analystensicht und zwingen daher das Management zu Effizienz und Innovation bzw. Herbeiführung angemessener Renditen – dies ist für Effizienzgewinne gerade in den post-sozialistischen Ländern besonders wichtig, da man ohne eine breite Schicht privater Unternehmer den Übergang zur Marktwirtschaft bewältigen musste;
- Unternehmen haben bei Zugang zum Aktienmarkt relativ einfache Möglichkeiten, um über Aktienemissionen die Eigenkapitalbasis zu verbreitern.

Es gibt allerdings auch fünf Argumente für einen möglichen negativen Kontext zwischen Aktienmarkt und Wirtschaftsentwicklung (z.B. *Levine* 1997):

- Hohe Liquiditätsgrade der Aktienmärkte bzw. die dort realisierten hohen Renditen reduzieren die Sparquote;
- indem der Aktienmarkt gesamtwirtschaftlich Unsicherheit reduziert, vermindert sich das Vorsichtssparen bzw. die Sparquote;
- die Möglichkeiten für Anleger, bei unbefriedigender Kursentwicklung rasch Aktien ohne großen erwarteten Kursverlust verkaufen zu können, kann eine Schwächung der Kontrolle der Unternehmensführung bedeuten (Anlegerinteresse an corporate governance sinkt). Das aber bedeutet Ineffizienzen und Wachstumsverluste;
- hinzu kommt das klassische Argument von *Keynes* (1936, S. 158f.), wonach hohe Aktienkursvolatilität die Effizienz des wirtschaftlichen Allokationsprozesses schwächen dürfte, weshalb man den Zugang zum Aktienmarkt eher beschränken sollte; auch einige neuere Überlegungen von *Shiller* (1999), wonach Aktienmärkte sich zeitweise bei der Unternehmensbewertung deutlich von den langfristigen Fundamentalfaktoren entfernen können, werfen kritische Fragen auf;

- schließlich haben *Akyuz* (1993) und *Singh* (1997) darauf hingewiesen, dass negative Schocks durch das Zusammenspiel von Aktien- und Devisenmarktdynamik makroökonomische Instabilitäten erzeugen können, die wiederum wachstumsschwächend sind.

Man kann jedoch ein ambivalentes und zwei weitere positive Argumente auf der Liste hinzufügen, zumal Reformen der Sozialversicherung und eine Expansion der Aktienmärkte in Osteuropa in den 90er Jahren vorgenommen wurden:

- Ein liquider Aktienmarkt erleichtert den Aufbau einer kapitalbasierten Säule der Alterssicherung, so dass die Sozialversicherungsabgabesätze relativ gering sein können – damit aber wird der Arbeitseinsatz stimuliert bzw. der Anstrengungsfaktor im Rahmen der Effizienzlohntheorie (der Arbeitseinsatz in Effizienzeinheiten steigt, allerdings ergibt sich auch ein verstärktes Arbeitslosigkeitsrisiko, da der Effizienzlohn über dem neoklassischen Markträumungssatz liegt). Zu bedenken ist auch, dass die erleichterte Möglichkeit der Sicherung des Lebensstandards im Alter durch Aktiensparen die Notwendigkeit zur familieninternen Absicherung mildert, also vermutlich zu einer verminderten Geburtenrate und damit einer reduzierten Wachstumsrate der Bevölkerung führt – das aber reduziert die Trendwachstumsrate.
- Der Aktienmarkt erleichtert in einer offenen Volkswirtschaft die Finanzierung von großen Investitions- und Innovationsprojekten, die einer hohen Eigenkapitalunterlegung – bei unvollkommenen Kapitalmärkten – bedürfen, was besonders in relativ kleinen Volkswirtschaften vorteilhaft sein dürfte; diese Volkswirtschaften können Investitions- und Innovationsprojekte realisieren, die es ohne den Zugang zu internationalem Aktienkapital nicht gäbe.
- Der Aktienmarkt stimuliert innovationsstarke Firmen in wissensintensiven Sektoren, sich um den Aufbau einer nachhaltigen Innovationsreputation durch Aufbau eines langfristigen Innovationsportfolios zu bemühen (*Welfens* und *Wolf* 1997). Die Informationsasymmetrie zwischen Bank und Innovator, die kreditfinanzierte Innovationsprojekte erschweren kann, lenkt das Finanzierungsinteresse potenziell innovationsstarker Firmen häufig auf die Aktienmärkte; für dynamische Risikokapitalmärkte sind Aktienmärkte eine wichtige Exit-Option. Daher könnte eine positive Verbindung zwischen der Tiefe des Aktienmarktes und der Wachstumsrate des technischen Fortschritts bestehen.

Insoweit gibt es doch eher Argumente für einen positiven Zusammenhang von Aktienmarktentwicklung und Wirtschaftsdynamik, allerdings spielen diese Überlegungen offensichtlich verstärkt eine Rolle bei schon relativ hohen Pro-Kopf-Einkommen bzw. einer Spezialisierung der Wirtschaft im Bereich wissens- und technologieorientierter Produktion. Diesbezüglich kann man in Osteuropa nach 15 Jahren Transformation insbesondere eine verstärkte Bedeutung dieser Branchen in Produktion und Export bei Tschechien und Ungarn sehen (*Borbély* 2006).

Es gibt eine Reihe von neueren Analysen, die sich insbesondere mit der Frage nach Finanzmarktdynamik bzw. -integration und Wirtschaftsentwicklung befasst haben. Die auf die EU-15-Länder gerichtete empirische Analyse von *Beckmann et al.* (2001) kann man wie folgt zusammenfassen:

- Es gibt einen positiven signifikanten Einfluss der Finanzmarktentwicklung auf die realwirtschaftliche Entwicklung, wobei letztere durch die Wachstumsrate der Pro-Kopf-Einkommen erfasst wird;
- die Finanzmarktentwicklung kann als Bindeglied zwischen Finanzmarktintegration und realer Wirtschaft angesehen werden, denn die monetäre Integration in der EU wirkt positiv auf die Finanzmarktentwicklung und diese eben positiv auf das Wirtschaftswachstum;
- bei der Kausalitätsfrage – im Sinn von GRANGER-Kausalität – ist nicht ohne weiteres zu klären, ob neben dem positiven Einfluss der Finanzmarktentwicklung auf das Wirtschaftswachstum auch das Wachstum auf die Finanzmarktentwicklung wirkt.

Die *EZB* (2007c, S. 17-18) verweist darauf, dass bei der Varianzzerlegung mit Blick auf die Renditen von Aktien und Unternehmen aus der Eurozone der Anteil der Euroraum-bezogenen Erklärungseinflüsse relativ hoch sei und zudem der Anteil der im Euroraum grenzüberschreitend gehaltenen Aktienbestände von Unternehmen aus der Eurozone zwischen 1997 und 2005 auf 29% eine Verdoppelung erfahren habe, was ein Indiz für eine erhöhte Integration der Aktienmärkte in der Eurozone sei; zur Bankenmarktintegration – mit den Segmenten Interbankenmarkt, Kapitalmärkte und Endkundenmärkte – ist festzustellen, dass der Interbankenmarkt und der wertpapierbasierte Teil der Kapitaltransaktionen in der Eurozone eine erhöhte Integration im Zeitablauf zeigen, nur die Endkundenmärkte sind noch relativ wenig integriert (grenzüberschreitende Bankenzusammenschlüsse dominierten gegenüber nationalen Zusammenschlüssen zu Beginn des 21. Jahrhunderts nur in 2005).

Aus einer theoretischen Perspektive interessiert zunächst die Analyse der Interdependenz der Finanzmärkte, auf die Geldpolitik und Finanzmarktaufsicht einwirken. Wenn man die Rolle der Finanzmärkte aus einer Mehr-Länder-Perspektive betrachtet, so stehen im Vordergrund der Betrachtung zunächst die Bonds- und Aktienmärkte sowie der Devisenmarkt (also ein Devisenmarkt im Fall eines 2-Land-Modells). Der Grad an Finanzmarktintegration kann, Kapitalverkehrsmobilität vorausgesetzt, durch die internationale Zinsdifferenz – bei konstantem Wechselkurs – bestimmt werden. Je geringer die internationale Zinsdifferenz, desto größer der Integrationsgrad. Für die Aktienmärkte gilt ähnliches: Hier wäre eine Annäherung der Renditen in Land I und Land II (siehe Abbildung 1) ein Indiz für erhöhte Finanzmarktintegration. Dabei besteht aus portfoliotheoretischer Sicht natürlich eine Verbindung zwischen der Preisentwicklung auf den Bonds-, Aktien- und Devisenmärkten. Die Entwicklung des Finanzmarktsektors kann – jenseits der Angebotsstruktur, dem Effizienzgrad und dem Internationalisierungsgrad – durch die Dimensionen: Kreditvolumen, Informationsbereitstellung, Risikobepreisung und Aktienemissionen und -handel abgebildet werden. Eine hohe Wettbewerbsintensität in den Finanzmärkten wird für niedrige Transaktions- und Informationskosten auf den Finanzmärkten sorgen (niedrigere Transaktions- und Informationskosten können wiederum die Wettbewerbsintensität stärken). Aus gesamtwirtschaftlicher Sicht liegt die Relevanz der Finanzmärkte insbesondere bei:

- der Faktorakkumulation (Realkapital, Humankapital);
- der statischen Effizienz;

– dem Erreichen dynamischer Effizienz, also anhaltender Innovationsdynamik.

Daraus ergibt sich wiederum der Bezug zur wirtschaftlichen Dynamik, die sich im Niveau des Wachstumspfades des Bruttoinlandsproduktes und der Höhe der Trendwachstumsrate zeigt; sowie – bei Präsenz von ausländischen Direktinvestoren – in der Relation von Bruttoinlandsprodukt zu Bruttonationaleinkommen (aus einigen westlichen Ländern sind erhebliche Unterschiede der beiden Größen bekannt: bei Irland beträgt etwa die Größenordung rund 20%).

Abbilldung 1: Finanzmärkte, Integration und Wirtschaftsdynamik

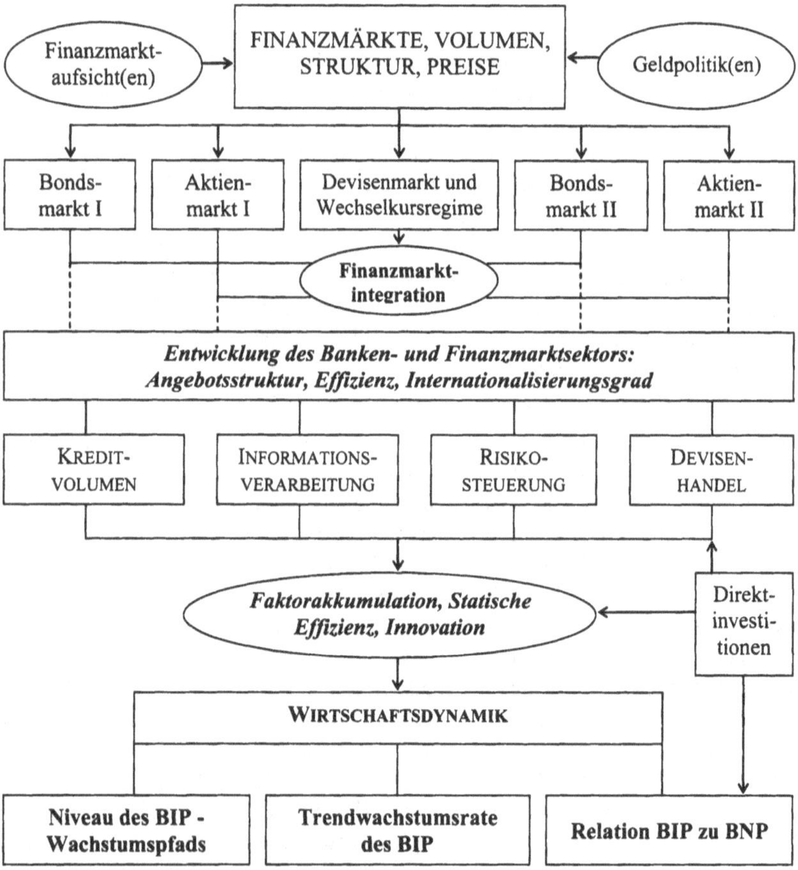

Quelle: Eigene Darstellung.

In den postsozialistischen Ländern galt es zu Beginn der Transformation einerseits zunächst Inflation und Rezession zu überwinden und andererseits die wirtschaftspolitischen Weichen für Restrukturierung, Privatisierungen und Unternehmensneugründungen zu stellen. Im Bankenbereich gab es das Problem, dass in der Zentralverwaltungswirtschaft Banken nur eine relativ passive Funktion im Wirtschaftssystem hatten, wobei die Banken nach Sektoren – als faktische Tochterunternehmen der Zentralbank – strukturiert waren (in der Regel etwa Landwirtschaft, Industrie, Außenwirtschaft). Im Rahmen einer sinnvollen Privatisierung galt es Wettbewerb im Bankenmarkt zu etablieren – über Sektorgrenzen hinaus – und Effizienz und Innovation im Bankensystem zu fördern. Ungarn und Estland setzten hierbei früh auf eine umfassende Privatisierung von Banken im Rahmen eines Verkaufs von Banken an ausländische Investoren. In Polen und Tschechien öffneten die Regierungen das Land weniger weit für ausländische Investoren im Bankenbereich.

Die Entwicklung bzw. Modernisierung der Finanzmärkte und der Bankensysteme in relativ armen Industrieländern – mit anfänglich hoher Inflation und hohen Realzinssätzen sowie niedriger Börsenkapitalisierung - sind mit mehreren Problemen verknüpft, die teilweise nicht ohne Bezug auf das Wechselkursregime diskutiert werden können: Ein Fixkurssystem bringt typischerweise eine gewisse Disziplinierung der Geldpolitik bzw. eine relativ niedrige Inflationsrate – dies bedeutet Wohlfahrtsgewinne; dabei ist allerdings auch das Verhalten des Ankerlandes in der Geldpolitik relevant. Kosten gibt es in der Form einer fehlenden monetären Autonomie der Zentralbank und damit einer mangelnden Fähigkeit, eine eigenständige Stabilitätspolitik zu betreiben. Eine gewisse Präferenz für ein Fixkurssystem ergibt sich in armen Ländern auch aus dem großen Interesse an hohen Kapitalzuflüssen, sei es in der Form von Portfolio- oder in der Form von Direktinvestitionen. Bei im internationalen Vergleich relativ hohen Intermediationskosten bzw. hohen Realzinssätzen an den Kapitalmärkten ist davon auszugehen, dass sich zumindest anfänglich das Original-sin-Problem stellt (*McKinnon* 2000): Es stellt sich die Problematik,

- dass viele Unternehmen langfristige Investitionsprojekte durch kurzfristige inländische Kredite finanzieren; dies ist aufgrund von Fristeninkongruenz bzw. hohem Zinsänderungsrisiko problematisch.
- dass Investitionsvorhaben durch niedrigverzinsliche ausländische Kredite finanziert werden, was für die Firmen allerdings Abwertungsrisiken bedeutet. Hier besteht das Problem der Währungsinkongruenz. Das Abwertungsrisiko wird in der Regel als gering angesehen, da der *Balassa-Samuelson*-Effekt eine mittelfristige Erhöhung des Relativpreises P^N/P^T nichthandelsfähiger Güter im Kontext eines steigenden Pro-Kopf-Einkommens (y) und mithin eine reale Aufwertung – eine Erhöhung von $q^* =: eP^*/P$ (mit e für nominalen Wechselkurs in Preisnotierung, P für Preisniveau, * für Auslandsvariable) – erwarten lässt.
- Eine reale Aufwertung wiederum ist wichtig für den Kapitalimport, denn es gilt (mit i für Nominalzins, a' für erwartete nominale Abwertungsrate and R für Risikoprämie und R' als Kostennachteil im Intermediationsprozess) die Quasi-Zinsarbitragebedingung

(1) $$i = i^* + a' + R + R'$$

bzw. mit $i = r + \pi$ und $i^* = r^* + \pi^*$ die Bedingung (π ist die erwartete Inflationsrate)

(2) $r=r^*+dlnq^*/dt + R + R'$.

Ohne Risikoprämie und ohne Rückstand bei der Effizienz des Intermediationsprozesses wäre bei vollständiger Voraussicht wegen der Übergangsbedingung $dlnq^*/dt<0$ (reflektiert *Balassa-Samuelson*-Effekt; der BS-Effekt im Sinn eines langfristigen Ansteigens des Relativpreises nichthandelsfähiger Güter impliziert bei sektoralen linear-homogenen Produktionsfunktionen und Faktorenentlohnung auf Basis der Grenzprodukttheorie eine reale Abwertung, also $dlnq^*/dt>0$) der inländische Realzins zeitweise geringer als der reale Auslandszinssatz.

Mit steigender Liquidität der Finanzmärkte – erfasst über M_2/BIP – nehmen die Abweichungen von der Parität ab, wie *Herrmann* und *Jochem* (2003) auf Basis ihres FGLS-Ansatzes (FGLS: Feasible Generalized Least Squares) betonen. Kritisch einzuwenden ist allerdings:

- Die Relation M_2/BIP ist erfahrungsgemäß hochgradig mit dem Pro-Kopf-Einkommen y positiv korreliert.
- Mit dem Pro-Kopf-Einkommen ist der Balassa-Samuelson-Effekt korreliert, so dass man eben gerade in schnell wachsenden Ländern eine reale Aufwertung erwarten sollte, was die negative Abweichung von der gedeckten Zinsparität erklären dürfte.

Sofern diese Kritik relevant ist, kann auch die Schlussfolgerung der Autoren nicht nachvollzogen werden, die lautet (*Herrmann* und *Jochem* 2003, S.19): „Die bei den Beitrittskandidaten beobachtete partielle Segmentierung der Geldmärkte ist zum Teil auf Beschränkungen des kurzfristigen Kapitalverkehrs zurückzuführen, die inzwischen praktisch vollständig abgebaut sind und in Zukunft keine Rolle mehr spielen werden. Darüber hinaus zeigt sich, dass auch andere Transaktionskosten, die in der geringen Liquidität und einer noch vorhandenen Unterentwicklung des heimischen Finanzsektors begründet sind, zu teilweise erheblichen Zinsspreads auf den Geldmärkten führen und damit die Arbitragemöglichkeiten einschränken. Dies könnte die Wirkungsweise der Zahlungssysteme sowie die Implementierung und Transmission der gemeinsamen Geldpolitik innerhalb der Europäischen Währungsunion beeinträchtigen."

Ein gewisses Problem stellt auch die im Vergleich zur Eurozone geringe durchschnittliche Bindungsdauer der Anlagemittel am Kapitalmarkt in den osteuropäischen Beitrittsländern; denn wenn ein relativ geringer Anteil der Anlagemittel am Kapitalmarkt im Inland (oder im Ausland) angelegt ist, dann ist ein relativ hoher Anteil im kurzfristigen Geldmarkt angelegt; also ist es nicht wirklich überraschend, wenn der kurzfristige Zinssatz in Osteuropa niedriger als in der Eurozone ist.

Eine Verlängerung der zeitlichen Tiefe der Kapitalmärkte ist mit Blick auf Investitionen im Unternehmensbereich und bei den privaten Haushalten (man denke insbesondere an den Immobilienerwerb) sowie die staatliche Defizitfinanzierung wünschenswert. Hierzu ist allerdings nicht nur der Aufbau eines wettbewerblich strukturierten Bankensystems bzw. eine Kapitelverkehrsliberalisierung notwendig, sondern auch das Erreichen einer niedrigen Inflationsrate. Diese wiederum kann grundsätzlich im Kontext eines Systems flexibler Wechselkurse relativ gut erreicht werden. Die Realisierung eines Systems flexibler Wechselkurse kann in der Tat Vorteile für EU-Beitrittsländer bzw.

EU-Kandidatenländer bringen. Denn mit einem solchen System wird nicht nur nationale geldpolitische Autonomie erreicht, sondern der im ökonomischen Aufholprozess zu erwartende Anstieg des Relativpreises der nichthandelsfähigen Güter kann nicht-inflationär über eine nominale Aufwertung des Wechselkurses erfolgen; da für das Preisniveau gilt

(3) $P=(P^N)^\alpha(P^T)^{1-\alpha}$,

kann man bei Annahme von internationaler Arbitrage für handelsfähige T-Güter

(4) $P^T= eP^{T*}$

für das Preisniveau schreiben

(5) $P= (P^N/P^T)^\alpha eP^{T*}$.

Für die Inflationsrate π gilt also bei konstantem Auslandspreis der handelsfähigen Güter:

(6) $\pi = \alpha(\pi^N-\pi^T) + d\ln e/dt$.

Soll die Inflationsrate Null sein, dann muss die nominale Aufwertungsrate dlne/dt eben gerade $-\alpha(\pi^N-\pi^T)$ betragen. Daher gilt offensichtlich, dass Preisniveaustabilität bzw. eine niedrige Inflationsrate – eine Voraussetzung für den in vielen osteuropäischen EU-Mitgliedsländern längerfristig gewünschten Beitritt zur Eurozone – bei einem mittelfristigen Anstieg des Relativpreises der nichthandelsfähigen Güter und konstantem Welthandelspreisindex P^{T*} durch eine angemessene nominale Aufwertung (e sinkt also) erreicht werden kann.

Neben den Bondsmärkten, die tendenziell durch die Zinsparität geprägt sein werden, ist der Blick auf die Aktienmärkte zu richten, wobei diese in den osteuropäischen Beitrittsländern erst im Laufe der 90er Jahre gegründet wurden. Ihre Bedeutung an der gesamten Investitionsfinanzierung ist relativ gering – insbesondere auch im Vergleich mit westeuropäischen Ländern (*Schröder* 2003).

Betrachten wir das Capital-Asset-Pricing-Modell als einen Standard-Ansatz zum Aktienmarkt, so ergibt sich die geforderte Mindestrendite (z) eines risikoscheuen Anlegers am Aktienmarkt als (mit σ" als Standardabweichung des Aktienkursindex und Ω als durch den Grad an Risikoaversion bestimmten impliziten Schattenpreis des Risikos; E für Erwartungsoperator und R" für Risikoprämie):

(7) $z= i + \Omega\, E(\sigma''^2_{t+1})$.

Zunächst ist festzustellen, dass eine Kapitalverkehrsliberalisierung in Beitrittsländern einen Einfluss sowohl auf i als auch auf die Aktienkursvarianz und den Schattenpreis des Risikos ergeben kann. Idealerweise könnten i, Ω und $\sigma``^2$ sinken, was zu erhöhten Investitionen führen wird. Im Ausland bzw. der Eurozone gilt:

(8) $z^* = i^* + \Omega^* E(\sigma^*``^2_{t+1})$.

Aus der Zinsarbitragebedingung bzw. der Gleichgewichtsbedingung für den ausländischen Aktienmarkt ergibt sich daher:

(9) $z = z^* + a' + \Omega E(\sigma``^2_{t+1}) - \Omega^* E(\sigma^*``^2_{t+1}) + R + R'$.

Geht man langfristig von der Kaufkraftparität in der Form $a' = a = \pi - \pi^*$ aus, dann erhält man bei Definition von $z'=z-\pi$:

(10) $z' = z'^* + [\Omega E(\sigma``^2_{t+1}) - \Omega^* E(\sigma^*``^2_{t+1})]$.

Die geforderte reale Mindestrendite z' ist eine positive Funktion der realen ausländischen geforderten Mindestrendite z'* plus des „preisgewichteten Aktienmarkt-Risikodifferentials" {...}; mit Blick auf den Vergleich EU15 (oder USA) und osteuropäischen Beitrittsländern dürfte dieses Differential zunächst deutlich positiv sein. Erst mit Direktinvestitionen in bzw. einem Strukturwandel hin zu renditemäßig relativ weniger volatilen Sektoren dürfte dieses Differential sich vermindern. Eine wichtige empirische Frage ist, wie die Volatilität des inländischen und des ausländischen Aktienmarktes miteinander korreliert sind; und in welchem Maß die längerfristige Rendite am Aktienmarkt von der Renditeentwicklung im Ausland bzw. den USA beeinflusst ist. Hier gibt es interessante Befunde:

- Typischerweise dominiert der US-Aktienmarkt die internationalen Aktienmärkte in Phasen hoher US-Volatilität (*Schröder* 2003).
- Neuere empirische Analysen zeigen etwa für die Schweiz einen starken Einfluss der US-Aktienmärkte auf die langfristige Rendite des schweizerischen Aktienmarktes (*Isakov* und *Pérignon* 2000), während mit Blick auf die Volatilität auch Großbritannien und die Bundesrepublik Deutschland relevant sind. Für Schweden hat sich ein deutlicher internationaler Einfluss der USA bzw. der internationalen Aktienmärkte vor allem in Phasen hoher Volatilität in den US-Aktienmärkten gezeigt.
- Die Anwendung eines modifizierten innovativen Messkonzeptes zur Aktienmarktintegration (*Ayuso* und *Blanco* 1999; auf Basis des innovativen Ansatzes von *Chen* und *Knez* 1995, die als Neuerung auf stochastische Diskontfaktoren abstellen) hat in den 90er Jahren für Deutschland, Spanien und die USA eine verstärkte Integration der Aktienmärkte gezeigt.

Ayuso und *Blanco* (1999, S. 17) resümieren:

> „[There are] important implications when assessing the closer relationship observed between stock exchanges. Thus, for example, due to the entailed elimination of obstacles to free trade, greater financial market integration means higher financial market efficiency and an improvement in the risk-and-return combinations available to investors. This has to be viewed as a counter-argument to those who believe that markets are now too vulnerable to news due to their excessive links. Greater market integration, on the other

hand, reduces the ability of domestically focused policies to deal with the new problems arising in financial markets. It might be argued that the closer we are to the single world market, the greater the need for world-wide supervision, particularly if this greater integration is the result of solid structural trends, as seems to be the case. Whether such world-wide supervision should be provided by a single supervisor or by a very-closely-linked group of supervisors is, however, a different question."

Geht man davon aus, dass die osteuropäischen Aktienmärkte sowohl vom US-Aktienmarkt wie von den westeuropäischen Aktienmärkten beeinflusst sind, dann dürfte eine verstärkte Finanzmarktintegration osteuropäischer EU-Länder zu einer verstärkten Angleichung der inländischen Volatilität mit der EU15-Volatilität führen – diese dürfte phasenweise geringer als die Volatilität des US-Aktienmarktes sein. Eine deutliche Verringerung der Volatilität auf mittlere Sicht ist insbesondere auch nach einem Beitritt zur Eurozone zu erwarten, sofern nämlich die dadurch verstärkte Außenhandelsorientierung auf Partnerländer der Eurozone die Ertragsentwicklung der Unternehmen verstetigen bzw. einem reduzierten Wechselkursänderungsrisiko aussetzen (Volatilität hängt allerdings auch von anderen Faktoren ab).

Aus einer theoretischen neoklassischen Sichtweise ist bei der Suche nach einer Verbindung von Finanzmarktintegration mit der Wirtschaftsentwicklung im Kontext eines modifizierten neoklassischen Wachstumsmodells auf

- das Niveau des Wachstumspfads
- und die Trendwachstumsrate

getrennt zu achten. Diese Unterscheidung wird in der Literatur meist unterlassen, was auch mit Blick auf die häufig vorgelegten empirischen Untersuchungen zu Unklarheiten führt. Es ist im Übrigen aus empirischer Sicht nicht klar, ob reale und monetäre Schocks in gleicher Weise das Niveau des Wachstumspfades und die Trendwachstumsrate treffen. Ein einfaches neoklassisches Wachstumsmodell (mit K, A, L als den Inputfaktoren Kapital, technisches Wissen und Arbeit bzw. Bevölkerung) mit Cobb-Douglas-Produktionsfunktion $Y = K^{ß}(AL)^{1-ß}$ und Sparen $S = s(1-\tau)Y$ sowie der Gleichgewichtsbedingungen $S = I = dK/dt + \delta K$ führt für den Fall konstanter Bevölkerungswachstumsrate n ($n =: d\ln L/dt$) und konstanter Wachstumsrate des technischen Fortschritts a ($a =: d\ln A/dt$) zu folgender Steady-state-Lösung für $y' := Y/(AL)$, wobei AL als Arbeit in Effizienzeinheiten bezeichnet wird, τ den Steuersatz, δ den Abschreibungssatz auf Realkapital und # steady state sowie e' die Euler-Zahl bezeichnet:

$$(11) \qquad y'\# = [s(1-\tau)/(n+a+\delta)]^{ß/1-ß}$$

Daher gilt für die Entwicklung von Y(t) im steady state:

$$(12) \qquad Y(t) = [s(1-\tau)/(n+a+\delta)]^{ß/1-ß} A_0 e'^{at} L_0 e'^{nt}$$

Logarithmieren ergibt (mit $ß'' := ß/(1-ß)$ und $\ln(1-\tau) \approx -\tau$):

$$(13) \qquad \ln Y = \{[ß''(\ln s - \tau) - ß''\ln(n+a+\delta)] + \ln(A_0 L_0)\} + (a+n)t$$

Der geschweifte Klammerausdruck bestimmt das Niveau des Wachstumspfades von lnY, während die Steigung durch (a+n) bestimmt ist. Es gibt mit Blick auf (a+n) also Größen, die sowohl für das Niveau des Wachstumspfades wie für die Trendwachstumsrate relevant sind. Wenn also die Tiefe des Aktienmarktes, definiert als Marktkapitalisierung durch Bruttoinlandsprodukt, positiv auf a wirken sollte, dann werden damit sowohl das Niveau des Wachstumspfades wie die Trendwachstumsrate verändert (betrachten kann man insbesondere den Sonderfall einer Abschreibungsrate von $\delta=1$, denn dann können wir bei Formulierung des Wachstumsmodells als stochastisches Modell - bei Anwendung der Näherungslösung $\ln(1+z)\approx z$ – eine Varianz-Zerlegung vornehmen, und zwar unter der Annahme, dass die Kovarianz zwischen lns und a und n Null ist und die Kovarianz zwischen a und n negativ ist, da die Korrelation zwischen a und n durch den Sachverhalt bestimmt ist,)

Man kann die mangelnde Effizienz des Finanzsektors in einem Parameter ρ erfassen, der in einem Walras-Modell ohne Transaktions- und Informationskosten mit Null anzusetzen ist; nachfolgend sei allerdings ein positiver Parameterwert angenommen, was mit Blick auf die Sparfunktion zu einer Art Ressourcenverlust führt, da nicht Ersparnis $S=sY$ gilt, sondern eben $S= s(1-\rho)Y$.

Ein einfaches neoklassisches Wachstumsmodell – mit einer Sparfunktion $S = s(1-\rho)Y$ und der Gütermarktgleichgewichtsbedingung $S = dK/dt + \delta K$ (δ ist die Abschreibungsrate auf Realkapital) – und Cobb-Douglas-Produktionsfunktion $Y = K^{\beta}(AL)^{1-\beta}$ ergibt bei konstanter Bevölkerungswachstumsrate n und konstanter Wachstumsrate (a) des Technologieniveaus auf die folgende langfristige Steady-state-Kapitalintensität k'=:K/AL (*Jones* 1998):

$$(14) \qquad k'\# = [s(1-\rho)/(a+n+\delta)]^{1/1-\beta}$$

Wegen der Produktionsfunktion $Y/(AL) = k'^{\beta}$ ergibt sich demnach im Steady state (hierfür Symbol #; e' steht nachfolgend für Euler-Zahl) also bei Beachtung von $A(t)= A_0e'^{at}$:

$$(15) \qquad y' = [s(1-\rho)/(a+n+\delta)]^{1/1-\beta}$$

Für das Pro-Kopf-Einkommen y gilt also:

$$(16) \qquad y = [s(1-\rho)/(a+n+\delta)]^{\beta/1-\beta} A_0\, e'^{at}$$

Für die Entwicklung des langfristigen Pro-Kopf-Einkommens ist einerseits das Niveau des Wachstumspfades zu beachten, das gegeben ist durch den Ausdruck:

$$(17) \qquad [s(1-\rho)/(a+n+\delta)]^{\beta/1-\beta}A_0$$

Hier kann offenbar eine höhere Effizienz des Finanzsektors bzw. ein Sinken von ρ zu einer Erhöhung des Niveaus des Wachstumspfades führen. Das entspricht der Situation in Abbildung 2a) im Zeitpunkt t_1. Im Kontext von Transformation, Direktinvestitionen im Bankensystem und Wettbewerbsintensivierung kann durchaus eine Serie von Effizienzerhöhungen im Bankensektor zustande kommen.

Von entscheidender langfristiger Bedeutung ist die Höhe der Fortschrittsrate a, da diese für die Trendwachstumsrate von y steht (die Produktion Y wächst im Übrigen im steady state mit a+n). Es gilt nun, dass der Übergang zu einer erhöhten Fortschrittsrate a zwar zunächst zu einer Niveauabsenkung des Wachstumspfades führt, denn a steht ja im Nennerausdruck von (17); allerdings erhöht sich die Trendwachstumsrate, so dass im lny-t-Diagramm der Expansionspfad steiler wird. Im Zeitpunkt t_{II} kommt es daher zunächst zu einer Absenkung des Expansionspfads bzw. zum Übergang von Punkt C auf C'. Wenn die Privaten bzw. die Akteure im politischen Sektor einen hinreichend langen Zeithorizont haben, werden sie die ökonomische Vorteilhaftigkeit einer Erhöhung von a erkennen (der kritische Zeitpunkt ist t_{III}). Kommt es gleichzeitig zu einer Erhöhung des Niveaus des Wachstumspfads und des Wachstumstrends – wie in Abbildung 2b –, dann kann sich im Grenzfall eine stetige Wirtschaftsexpansion ergeben: wenn nämlich Punkt C' und B zusammenfallen. Aus ökonometrischer Sicht ist die Erhöhung der Trendwachstumsrate als ein Strukturbruch zu diagnostizieren, der nicht mit einer Niveauverschiebung des Wachstumspfads verwechselt werden darf. Allerdings wird in der Literatur zum Zusammenhang von Finanzmarktentwicklung und Wachstum die wichtige Unterscheidung von Änderung im Niveau des Wachstumspfads und Änderung der Trendwachstumsrate regelmäßig nicht vorgenommen, so dass die empirischen Befunde zu dieser Thematik mit erheblichen Vorbehalten zu betrachten sind. Derselbe Vorbehalt gilt gegenüber der Analyse des Zusammenhangs von Direktinvestitionen und Wachstum (z.B. *Carkovic* und *Levine* 2002; *Alfaro et al.* 2006).

Es ist durchaus denkbar, dass internationale Einflussfaktoren – einschließlich der Höhe der Portfoliokapitalzuflüsse relativ zum Bruttoinlandsprodukt – zu einer Erhöhung der Wachstumsrate im Steady-state führen (solange die Relation Portfoliokapitalzuflüsse zu BIP exogen ist, bleibt a faktisch eine exogene Größe; betrachtet man diese Relation jedoch als Ausgangspunkt zur Endogenisierung des technischen Fortschritts, dann gelangt man zu einem Modell des endogenen Wachstums).

Abbildung 2: Niveau des Wachstumspfades und Trendwachstum

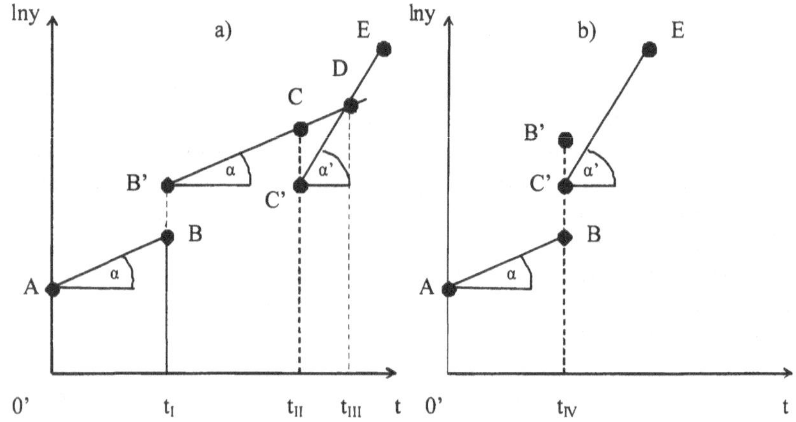

Quelle: Eigene Darstellung.

In den osteuropäischen Beitrittsländern war das Wirtschaftswachstum nach der Überwindung der Transformationsrezession zu Beginn der 90er Jahre relativ hoch. Grundsätzlich kann Finanzmarktintegration zum Wirtschaftwachstum auf verschiedene Weise beitragen, wobei man als Ausgangspunkt ein modifiziertes neoklassisches Wachstumsmodell (*Welfens* 2007a) mit einem Einkommenssteuersatz τ verwenden kann. Hierbei kann zudem ein Effizienzparameter ρ für die Finanzintermediation betrachtet werden, der im Intervall 0,1 liegt. Zudem sei hier von einem positiven Einfluss der Aktienmarktrendite bzw. von σ" auf S ausgegangen (Parameter b>0, sofern σ" einen kritischen Wert nicht überschreitet). Damit ergibt sich ein Modell auf Basis einer einfachen Sparfunktion $S = s(1-\tau)(1-\rho)(1+b\sigma")Y$ – und Gütermarktgleichgewichts-bedingung $S = dK/dt + \delta K$ –, wobei die Abschreibungsrate auf Realkapital δ, die Wachstumsrate der Bevölkerung n und die Wachstumsrate des technischen Wissens (A) hier mit a bezeichnet wird. Das technische Wissen wird als arbeitsvermehrend angenommen, wobei eine Cobb-Douglas-Produktionsfunktion $Y= K^{\beta}(AL)^{1-\beta}$ (k'=: K/AL; $0<\beta<1$) und nachfolgende Sparfunktion verwendet wird:

(18) $$S = s(1-\tau)(1-\rho)(1+ b\sigma")Y$$

Die Gleichgewichtsbedingung Sparen gleich Investieren bzw. $S= dK/dt + \delta K$ ergibt die folgende Differentialgleichung für k':

(19) $$dk'/dt = s(1-\tau)(1-\rho)(1+b\sigma")k'^{\beta} - (n+a+\delta)k'$$

Die langfristige Gleichgewichtslösung – mit # notiert - lautet auf Basis von k'# bzw. y' (mit y'=: Y/(AL)):

(20) $$y'\# = [s(1-\tau)(1-\rho)(1+b\sigma")/(n+a+\delta)]^{\beta/1-\beta}$$

Daher gilt für das Pro-Kopf-Einkommen y=: Y/L (bei Verwendung von e' für Euler-Zahl) im steady state:

$$(21) \qquad y\# = [s(1-\tau)(1-\rho)(1+b\sigma")/(n+a+\delta)]^{\beta/1-\beta} A_0 e'^{at}$$

Finanzmarktintegration lässt sich mit Blick auf diese Gleichung so interpretieren, dass der Intermediationskosten-Parameter ρ einerseits dank Wettbewerbsintensivierung sinkt; zudem wird der Parameter b fallen, da bei integrationsbedingt erhöhter Liquidität der Finanzmärkte die Bereitschaft zur Investition in Realkapital steigt. Andererseits kann Finanzmarktintegration – speziell die Herausbildung leistungsfähiger Wertpapier- und Aktienmärkte – zu einer Erhöhung der Fortschrittsrate a beitragen. Aus theoretischer Sicht von besonderem Interesse ist auch eine Modifizierung der Analyse durch Einbeziehung von Realkasse m = M/P (mit M für nominale Geldmenge, P für Preisniveau) in die Produktionsfunktion bzw. in ein Wachstumsmodell erwägenswert, wobei m als positiver externer Effekt in der Produktionsfunktion betrachtet (*Welfens* 2007a) und zudem ggf. die *Tobin*-Überlegung einbezogen werden kann, wonach der Staat Transfers an Haushalte über Seigniorage finanziert (*Welfens* 2007b).

Die empirischen Untersuchungen von *Ramey* und *Ramey* (1995) haben auf Basis einer Analyse für 92 Länder im Zeitraum 1950-85 auf die negative Verbindung von Volatilität der Produktion und Wachstumstrend hingewiesen. Auf Basis eines breiteren Datensatzes haben *Kose et al.* (2006) die Thematik erneut aufgegriffen und gezeigt, dass in den 90er Jahren diese negative Verbindung in der Tat fortbestand; allerdings ist ein Ergebnis der Analyse eben auch, dass sowohl Handels- als auch Finanzmarktintegration dieses Verbindungsmoment abschwächt. Es ist keineswegs unbestritten, dass makroökonomische Volatilität einen negativen Einfluss auf das Wirtschaftswachstum hat, wie dies *Mendoza* (1997) und *Jovanovic* (2004) nahe legen. *Blackburn* (1999) und *Tornell et al.* (2004) argumentieren, dass höhere Volatilität höheres Wachstum herbeiführen kann. Allerdings zeigen auch Analysen von *Martin* und *Rogers* (2000), *Fatás* (2002) und *Hnatkovska* und *Loayza* (2003), dass eine negative Verbindung zwischen Volatilität und Wachstum besteht, wobei die beiden letztgenannten Publikationen auch die Rolle der Handelsintegration (im Sinn von trade openness) betrachten und keinen Einfluss auf die Verbindungen zwischen Volatilität und Wachstum finden.

Erst in der empirischen Analyse von *Kose et al.* (2006) werden die Verbindungslinien zwischen Handels- und Finanzmarktintegration, Volatilität des Konsums – beinhaltet privaten und staatlichen Konsum – bzw. Output-Wachstum gezogen, wobei Integration – bei Gütermärkten wie bei Finanzmärkten – die Volatilität des Konsums abschwächt (zu beachten ist, dass bei *Kose et al.* (2006) Finanzmarktintegration durch die Bruttokapitalflüsse relativ zum Bruttoinlandsprodukt gemessen wird). Mit Blick auf die Finanzmarktintegration gilt dies aber erst ab einem kritisch hohen Grad, so dass relativ arme Länder erst einmal einen kritischen Mindestgrad an Finanzmarktintegration erreicht haben müssen, bis sich durch diese Integration die Volatilität ggf. reduziert.

Dies erscheint insofern als wichtiger ordnungspolitischer Befund, da sich hieraus ergibt, dass zunächst ein kritischer Mindestgrad an Finanzmarktintegration erreicht sein muss bzw. dass eine isolierte Integration der Finanzmärkte problematisch sein kann. Bei erhöhter Anpassungsgeschwindigkeit der Finanzmärkte können sich aus Theoriesicht Instabilitäten auf den Gütermärkten ergeben, so dass wegen interdependenter Teilordnungen Parallel-Integrationsprozesse auf Güter- und Finanzmärkten zu empfehlen sind.

4. Schlussfolgerungen für die Wirtschaftspolitik

Eine Reihe osteuropäischer Beitrittsländer hat bereits erhebliche Fortschritte bei der Finanzmarktentwicklung erzielt und kann zudem eine seit Beginn des 21. Jahrhunderts deutlich erhöhte Gütermarkt- bzw. Handelsintegration verzeichnen. Daher ist davon auszugehen, dass die negative Verbindung zwischen realen Instabilitäten und dem Wachstumstrend gegenüber der ersten Transformationsphase abgeschwächt wurde.

Nach Überwindung der Transformationsrezession und einer Dekade der Transformation hat sich eine weitgehende Kapitalverkehrsliberalisierung in den osteuropäischen EU-Beitrittsländern ergeben, wobei die Wettbewerbsintensität auf den Märkten teilweise noch recht beschränkt ist. Bei fortschreitender Wettbewerbsintensivierung bzw. einem weiteren Schließen der Einkommenslücke zu den EU-15-Ländern kann mit einer reduzierten Abweichung von der Zinsparität gerechnet werden.

Während in der frühen Transformationsphase noch die Expansion arbeits- und ressourcenintensiver Sektoren ein wichtiges Phänomen in den osteuropäischen EU-Beitrittsländern darstellt, ist längerfristig eine Zunahme des Gewichts von innovations- und wissensbasierten Produktions- bzw. Exportsektoren festzustellen, womit die Rolle von Informationsasymmetrien in den Finanzmärkten bzw. Impulse für die Erhöhung der technologischen Fortschrittsrate an Bedeutung gewinnen. Damit aber dürften längerfristig die Aktienmärkte und auch die Risikokapitalmärkte an Gewicht gewinnen, wobei die Abhängigkeit von internationalen Finanzmarktimpulsen sich verstärkten dürfte.

Für die osteuropäischen EU-Beitrittsländer stellt sich mittelfristig die Frage nach einem Beitritt zur Eurozone. Die bekannten Konvergenzkriterien schaffen für eine Reihe von Ländern erhebliche Probleme, insbesondere wenn es um die Höhe der Defizitquoten und der nominalen Wechselkursstabilität geht. Bei anhaltend guter Weltkonjunktur und vernünftigen Weichenstellungen der nationalen Fiskalpolitik – in Richtung Konsolidierung – dürften jedoch die fiskalischen Konvergenzkriterien ebenso wenig ein dauerhaft schwieriges Problem sein wie die Vorgaben für Inflationsrate und Nominalzins. Dort bestehende Probleme rühren z.T. vom unvermeidlichen *Balassa-Samuelson*-Effekt, den man bei der Festlegung der Konvergenzkriterien nicht bedacht hat (beim Maastrichter Vertrag von 1992 war an eine EU-Osterweiterung noch nicht gedacht).

Die osteuropäischen Beitrittsländer wären gut beraten, wenn sie einerseits Finanzmarktintegration durch den Abbau von effektiven Kapitalverkehrsbeschränkungen bei Direktinvestitionen förderten; und wenn andererseits durch eine stabilitätsorientierte Geldpolitik das Vertrauen der in- und ausländischen Anleger in den Standort bzw. das jeweilige Land gestärkt würde. Die erwarteten Vorteile liegen auf der Hand:

- Auf einem offenen wettbewerbsintensiven Bankenmarkt dürfte es mittelfristig zu Effizienzverbesserungen bei der Finanzintermediation kommen.

- Zudem sind verstärkt Produktinnovationen auf den Finanzmärkten zu erwarten, durch die der Preis des Risikos sinkt, was der Investitionsdynamik zugute kommt.
- Die starke Informationsasymmetrie, die insbesondere in Märkten mit noch nicht abgeschlossener Privatisierung herrscht, kann nur durch Fortschritte bei der Privatisierung und Schritte zur Börsennotierung der Großunternehmen reduziert werden.
- Verbesserte Rahmenbedingungen für Anbieter von Risikokapital können die Maßnahmen zur Stärkung der Finanzmarktintegration mit Blick auf wünschenswerte Wachstumsimpulse verstärken.

Von der Kapitalverkehrsliberalisierung sind Effizienzgewinne zu erwarten, allerdings gibt es auch neue Risiken – nämlich plötzlicher Mittelabfluss bei einer Vertrauenskrise bzw. einem positiven Schock im Ausland –, so dass die Banken- bzw. Finanzmarktaufsicht gefordert ist; die Regulierung muss sorgfältig konzipiert sein, da sie andernfalls zum Ausgangspunkt von Finanzmarktinstabilitäten werden kann. Qualitative Verbesserungen in diesem Bereich sind längerfristig wünschenswert.

Literatur

Aghion, Philippe, Abhijit Banerjee und *Thomas Piketty* (1999), Dualism and Macroeconomic Volatility, in: Quarterly Journal of Economics, Vol. 114, S. 1359-1397.

Ahrens, Ralf und *Stefan Reitz* (2005), Heterogeneous Expectations in the Foreign Exchange Market, in: Journal of Evolutionary Economics, Vol. 15, S. 65-82.

Akyuz, Yilmaz (1993), Financial Liberalization: The Key Issues, in: *Yilmaz Akyuz* und *Gunther Held* (Hrsg.), Finance and the Real Economy, Santiago, United Nations University.

Alfaro, Laura, Areendam Chanda, Sebnem Kalemli-Ozcan und *Selin Sayek* (2006), How does Foreign Direct Investment Promote Economic Growth? Exploring the Effects of Financial Markets on Linkages, NBER Working Paper Nr. 12522.

Atje, Raymond und *Boyan Jovanovic* (1993), Stocks Markets and Development, in: European Economic Review, Vol. 31, S. 632-640.

Ayuso, Juan und *Roberto Blanco* (1999), Has Financial Market Integration increased during the Nineties?, Banco de España, Arbeitspapier Nr. 9923, Madrid.

Baele, Lieven, Annalisa Ferrando, Peter Hördahl, Elizaveta Krylova und *Cyril Monnet* (2004), Measuring Financial Integration in the Euro Area, ECB Occasional Paper No. 14.

Bahmani-Oskooee, Mohsen und *Ahmad Sohrabian* (1992), Stock Prices and the Effective Exchange Rate of the Dollar, in: Applied Economics, Vol. 24, S. 459-464.

Bayoumi, Tamim A. (1999), Is There a World Capital Market?, in: *Horst Siebert* (Hrsg.), Globalization and Labor, Tübingen, S. 65-86.

Beckmann, Rainer, Carsten Eppendorfer und *Markus Neimke* (2001), Europäische Finanzmarktintegration und Wirtschaftswachstum, Institut für Europäische Wirtschaft der Ruhr-Universität Bochum, No. 35, mimeo.

Bekaert, Geert, Campbell Harvey und *Chris Lundblad* (2002), Growth Volatility and Equity Market Liberalization, Working Paper, Duke University.

Bekaert, Geert, Campbell Harvey und *Chris Lundblad* (2002a), Does Financial Liberalisation Spur Growth?, Mimeo, Columbia University.

Bencivenga, Valerie R., Bruce D.Smith und *Ross M. Starr* (1996), Equity Markets, Transactions Costs, and Capital Accumulation: An Illustration, in: World Bank Economic Review, Vol. 10, S. 241-65.

Blackburn, Keith (1999), Can Stabilization Policy Reduce Long-run Growth?, in: The Economic Journal, Vol. 109, S. 67-77.

Borbély, Dora (2006), Trade Specialization in the European Union, Heidelberg: Springer.

Buch, Claudia M. (2000), Financial Market Integration in the US: Lessons for Europe?, Institut für Weltwirtschaft, Kiel Working Paper No. 1004.

Buch, Claudia M., Jörg Dopke und *Christian Pierdzioch* (2002), Financial Openness and Business Cycle Volatility, Institut für Weltwirtschaft, Kiel Working Paper Nr. 1121.

Carkovic, Maria und *Ross Levine* (2002), Does Foreign Direct Investment Accelerate Economic Growth? mimeo, University of Minnesota.

Caviglia, Giacomo, Gerhard Krause und *Christian Thimann* (2002), Key Features of the Financial Sectors in EU Accession Countries, in: *ECB* (Hrsg), Financial Sectors in Accession Countries, Frankfurt/M., S. 15-30.

Chen, Zhiwu und *Peter J. Knez* (1995), Measurement of Market Integration and Arbitrage, in: Review of Financial Studies, Vol. 31, S. 307-327.

Clausen, Volker (2001), Asymmetric Monetary Transmission in Europe, Heidelberg and New York.

Danthine, Jean-Pierre, Francesco Giavazzi und *Ernst-Ludwig von Thadden* (2000), European Financial Markets after EMU: A First Assessment, paper presented at the Deutsche Bundesbank/BIS conference on „Recent Developments in Financial Systems and their Challenges for Economic Policy: a European Perspective", Frankfurt, September 28/29, mimeo.

De Gregorio, Jose (1996), Borrowing Constraints, Human Capital Accumulation, and Growth, in: Journal of Monetary Economics, Vol. 37, S. 49-71.

De Ménil, Georges (1999), Real Capital Market Integration, in: Economic Policy, Vol. 11, S. 165-201.

Easterly, William, Roumeen Islam und *Joseph Stiglitz* (2001), Shaken and Stirred: Explaining Growth Volatility, in: *Boris Pleskovic* und *Nicholas Stern* (Hrsg.), Annual World Bank Conference on Development Economics.

EBRD (2006), Transition Report 2006: Finance in Transition, London.

ECOFIN (2007), European Economy News No. 5, Brüssel.

Eichengreen, Barry (2000), The Euro One Year on, in: Journal of Policy Modeling, Vol. 22, S. 355-368.

Europäische Kommission (2002), Report on Macroeconomic and Financial Sector Stability – Developments in Candidate Countries, Directorate General for Economic and Financial Affairs European Economy Enlargement Papers, No. 8, Brüssel.

Europäische Kommission (2005), The EU Economy 2005 Review – Rising International Economic Integration, Opportunities and Challenges, ECFIN (2005) REP 55229-EN, Brüssel.

Europäische Zentralbank (2001), Charakteristika der Unternehmensfinanzierung im Euro-Währungsgebiet, EZB Monatsbericht Februar, S. 41-56.

Europäische Zentralbank (2005), Jahresbericht, Frankfurt.

Europäische Zentralbank (2006), Konvergenzbericht Dezember 2006, Frankfurt.

Europäische Zentralbank (2007a), Financial Integration in Europe, Frankfurt.

Europäische Zentralbank (2007b), Jahresbericht 2006, Frankfurt.

Europäische Zentralbank (2007c), Financial Market Integration in Europe, Frankfurt.

Fatás, Antonio (2002), The Effects of Business Cycles on Growth, in: *Norman Loayza* und *Raimundo Soto* (Hrsg), Economic Growth: Sources, Trends and Cycles, Central Bank of Chile.

Froot, Kenneth A. und *Jeremy C. Stein* (1991), Exchange Rates and Foreign Direct Investment: An Imperfect Capital Markets Approach, in: Quarterly Journal of Economics, Vol. 106, S. 1191-1217.

Gianetti, Mariassunta, Luigi Guiso, Tullio Jappelli, Mario Padula und *Marco Pagano* (2002), Financial Market Integration, Corporate Financing and Economic Growth, in: European Economy, Economic Papers Nr. 179.

Guiso, Luigi, Tullio Jappelli, Mario Padula und *Marco Pagano* (2004), Financial Market Integration and Growth in the EU, CSEF Working Paper No. 118, University of Salerno.

Hermes, Niels und *Robert Lensink* (1996), Financial Development and Growth, London.

Heiduk, Günter und *Roland Döhrn* (1999), Direktinvestitionen im Spannungsfeld zwischen Theorie und Empirie, in: *Günter Heiduk* und *Roland Döhrn* (Hrsg.), Theorie und Empirie der Direktinvestitionen, Berlin.

Herrmann, Sabine und *Axel Jochem* (2003), Die internationale Integration der Geldmärkte in den mittel- und osteuropäischen Beitrittsländern: Abweichungen von der gedeckten Zinsparität, Kapitalverkehrskontrollen und Ineffizienzen des Finanzsektors, Deutsche Bundesbank, Diskussionspapier 07/03, Frankfurt/M.

Hnatskovska, Viktoria und *Norman Loayza* (2003), Volatility and Growth, Weltbank Working Paper.

Inzinger, Dagmar und *Peter Haiss* (2006), Integration of European Stock Markets: A Review and Extension of Quantity-Based Measures, Working Paper No. 74, Europainstitut, University of Economics and Business Administration, Wien.

Isakov, Dusan und *Christophe Pérignon* (2000), On the Dynamic Interdependence of International Stock Markets: A Swiss Perspective, in: Schweizerische Zeitschrift für Volkswirtschaft und Statistik, Vol. 136, S. 123-147.

Jones, Charles I. (1998), Introduction to Economic Growth, New York.

Jovanovic, Boyan (2004), Asymmetric Cycles, NBER Working Paper No. 10573.

Jungmittag, Andre und *Gerhard Untiedt* (2002), Kapitalmobilität in Europa aus empirischer Sicht: Befunde und wirtschaftspolitische Implikationen, in: Jahrbücher für Nationalökonomie und Statistik, Vol. 222, S. 98-111.

Kalemli-Ozcan, Sebnem, Bent E. Sorensen und *Oved Yosha* (2003), Risk Sharing and Industrial Specialization: Regional and International Evidence, in: American Economic Review, Vol. 93, S. 903-918.

Keynes, John M. (1936), The General Theory of Employment, Interest and Money. London.

Kose, M. Ayhan, Eswar S. Prasad und *Marco E. Terrones* (2003), Financial Integration and Macroeconomic Volatility, IMF Staff Papers, Vol. 50, S. 119-142.

Kose, M. Ayhan, Eswar S. Prasad und *Marco E. Terrones* (2006), How Do Trade and Financial Integration Affect the Relationship between Growth and Volatility, IZA DP No. 2252, Bonn.

Kutlina, Zornitsa (2007), Realwirtschaftliche und monetäre Entwicklung in Transformationsprozess ausgewählter mittel- und osteuropäischer Länder, EIIW Diskussionsbeitrag Nr. 148, Bergische Universität Wuppertal, im Druck.

Lemmen, Jan (1998), Integrating Financial Markets in the European Union, Cheltenham.

Levine, Ross (1991), Stock Markets, Growth, and Tax Policy, in: Journal of Finance, Vol. 46, 1445-1465.

Levine, Ross (1997), Financial Development and Economic Growth: Views and Agenda, in: Journal of Economic Literature, Vol. 35, S. 688-726.

Levine, Ross und *Sara Zervos* (1998), Stock Markets, Banks, and Economic Growth, in: American Economic Review, Vol. 88, S. 537-538.

Martin, Philippe und *Carol Rogers* (2000), Long-term Growth and Short-term Economic Instability, in: European Economic Review, Vol. 44, S. 359-381.

McKinnon, Ronald I. (2000), After the Crisis, the East Asian Dollar Standard Resurrected, in: *Joseph E. Stieglitz* und *Shahid Yusuf* (Hrsg.), Rethinking the East Asian Miracle, Oxford.

Mendoza, Enrique G. (1997), Terms-of-trade uncertainty and economic growth, in: Journal of Development Economics, Vol. 54, S. 323-356.

Obstfeld, Maurice (1985), Capital Mobility in the World Economy: Theory and Measurement, NBER Working Paper No. 1692.

Obstfeld, Maurice (1994), International Capital Mobility in the 1990s, CEPR Discussion Paper No. 902.

Ramey, Garey und Valerie Ramey (1995), Cross-Country Evidence on the Link Between Volatility and Growth, in: The American Economic Review, Vol. 85, S. 1138-1151.

Reininger, Thomas (2000), Monetary Policy and Banking Systems, in: *Michael Schröder* (Hrsg.), The New Capital Markets in Central and Eastern Europe, Heidelberg.

Rousseau, Peter (2002), Historical Perspectives on Financial Development and Economic Growth, NBER Working Paper No. 9333.

Schröder, Michael (2003), Interactions between US and German GDP: The Role of Stock Markets, in: Applied Economics Quarterly Supplement, Vol. 54, S. 99-124.

Shiller, Robert J. (1999), Measuring Bubble Expectations and Investor Confidence, Cowles Foundation Discussion Paper Nr. 1212, Yale University.

Singh, Ajit (1997), Stock Markets, Financial Liberalisation and Economic Development, in: Economic Journal, Vol. 107, S. 771-782.

Sket, Michael (2002), Integration der Finanzmärkte: Ursachen, Effekte, Ordnungsprobleme, in: *Alfred Schüller* und *H. Jörg Thieme* (Hrsg.), Ordnungsprobleme der Weltwirtschaft, Stuttgart.

Syllignakis, Manolis N. und *Georgios P. Kouretas* (2006), Long and Short-run Linkages in CEE Stock Markets: Implications for Portfolio Diversification and Stock Market Integration, William Davidson Institute Working Paper No. 832.

Thieme, H. Jörg und *Uwe Vollmer* (1990), Internationale Integration der Finanzmärkte: Wirtschaftspolitische Herausforderungen durch liberalisierten Kapitalverkehr, in: *Dieter Cassel* (Hrsg.), Wirtschaftssysteme im Umbruch, München, S. 47-71.

Tornell, Aaron, Frank Westermann und *Lorenza Martinez* (2004), The Positive Link Between Financial Liberalization, Growth and Crises, NBER Working Paper No. 10293.

Vollmer, Uwe und *Achim Hauck* (2003), Zentralbankratsstruktur und Geldpolitik in einer Währungsunion, in: WiSt – Wirtschaftswissenschaftliches Studium, Vol. 33, S. 161-170.

Welfens, Paul J.J. und *Holger Wolf* (1997), Banking, International Capital Flows and Economic Growth in Europe, Heidelberg.

Welfens, Paul J.J. (2007a), Financial Market Integration, Structural Change and Growth, paper for the Jean Monnet Project Meeting, Budapest, CEU, 12.-13. Oktober 2007.

Welfens, Paul J.J. (2007b), Innovations in Macroeconomics, Heidelberg and New York.

Autoren und Seminarteilnehmer

Apolte, Prof. Dr. Thomas, Universität Münster

Assenmacher-Wesche, Dr. Katrin, Swiss National Bank, Zürich

Beck, Prof. Dr. Hanno, Hochschule für Wirtschaft Pforzheim

Bucher, Monika, Universität Leipzig

Cassel, Prof. Dr. Dieter, Universität Duisburg-Essen

Delhaes, Dr. Karl von, Herder-Institut Marburg

Dietrich, Dr. Diemo, Institut für Wirtschaftsforschung Halle

Färber, Prof. Dr. Gisela, Dt. Hochschule f. Verwaltungswissenschaften Speyer

Frank, Roland, Universität Halle-Wittenberg

Grimm, Oliver, ETH Zürich

Gutmann, Prof. Dr. Dr. h.c. Gernot, Köln

Hamel, Dr. Hannelore, Marburg

Hartwig, Prof. Dr. Karl-Hans, Universität Münster

Hauck, Achim, Universität Leipzig

Hof, Prof. Dr. Hans-Joachim, Pforzheim

Keim, Martin, Universität Wuppertal

Knauff, Dr. Rudolf, Kassel

Knedlik, Dr. Tobias, Institut für Wirtschaftsforschung Halle

Knorr, Prof. Dr. Andreas, Dt. Hochschule f. Verwaltungswissenschaften Speyer

Kohl, Franziska, Universität Leipzig

Köhler-Cronenberg, Tilo, Universität Leipzig

Krüger, Dr. Malte, Universität Karlsruhe

Leipold, Prof. Dr. Helmut, Universität Marburg

Leschke, Prof. Dr. Martin, Universität Bayreuth

Lindstädt, Nadine, Hochschule für Wirtschaft Pforzheim

Michler, PD Dr. Albrecht, Universität Düsseldorf

Moheit, Alexander, Hochschule für Wirtschaft Pforzheim

Müller, PD Dr. Christian, Universität Duisburg-Essen

Neyer, PD Dr. Ulrike, Universität Halle-Wittenberg

Otter, Dr. Nils, Dt. Hochschule f. Verwaltungswissenschaften Speyer

Paraskewopoulos, Prof. Dr. Spiridon, Universität Leipzig

Peters, Heiko, Universität Münster

Pies, Prof. Dr. Ingo, Universität Halle-Wittenberg

Polleit, Dr. Thorsten, Barclays Capital, Frankfurt/M.

Remsperger, Prof. Dr. Hermann, Deutsche Bundesbank Frankfurt

Rösl, Prof. Dr. Gerhard, Fachhochschule Regensburg

Rohde, Prof. Dr. Armin, Universität Greifswald

Schenk, Prof. Dr. Karl-Ernst, Stuttgart

Schomaker, Rahel, Universität Münster

Schüller, Prof. Dr. Alfred, Universität Marburg

Seitz, Prof. Dr. Franz, Fachhochschule Amberg-Weiden

Setzer, Dr. Ralph, Deutsche Bundesbank, Frankfurt

Siebke, Prof. Dr. Jürgen, Universität Heidelberg

Smeets, Prof. Dr. Heinz-Dieter, Universität Düsseldorf

Thieme, Prof. Dr. H. Jörg, Universität Düsseldorf

Vollmer, Prof. Dr. Uwe, Universität Leipzig

Wacker, Dr. Katharina, Universität Düsseldorf

Wagner, Prof. Dr. Ulrich, Pforzheim

Welfens, Prof. Dr. Paul J.J., Universität Wuppertal

Wentzel, Prof. Dr. Dirk, Hochschule für Wirtschaft Pforzheim

Wiesner, Andreas, Universität Düsseldorf

Zechlin, Dr. Hans-Jürgen, Kronberg

Schriften zu Ordnungsfragen der Wirtschaft

Lucius&Lucius Verlags-GmbH, Stuttgart, ISSN 1432-9220

In Vorbereitung:

Band 87: *Katharina Wacker,*
Wettbewerb und Regulierung auf dem deutschen Fernsehmarkt: Deregulierungsbedarf und Umsetzungsbedingungen, 2007.

Bereits erschienen:

Band 85: *Friedrich Gröteke,*
Europäische Beihilfenkontrolle und Standortwettbewerb: Eine ökonomische Analyse, 2007, 336 S., 38 €, ISBN 978-3-8282-0401-0.

Band 84: *Dieter Starke,*
Unternehmensinsolvenzen im Wandel der Gesellschafts- und Wirtschaftssysteme: Eine Untersuchung im Lichte des Kritischen Rationalismus und der Evolutionsökonomik, 2007, 333 S., 38,00 €, ISBN 978-3-8282-0395-2.

Band 83: *Klaus Heine* und *Wolfgang Kerber* (Hg.),
Zentralität und Dezentralität von Regulierung in Europa, 2007, 355 S., 42,00 €, ISBN 978-3-8282-0383-9.

Band 82: *Dirk Wentzel* (Hg.),
Europäische Integration – Ordnungspolitische Chancen und Defizite, 2006, 284 S., 34,00 €, ISBN 978-3-8282-0382-2.

Band 81: *Martin Dietz,*
Der Arbeitsmarkt in institutionentheoretischer Perspektive, 2006, 314 S., 38,00 €, ISBN13: 978-3-8282-0365-5.

Band 80: *Gerrit Fey,*
Banken zwischen Wettbewerb, Selbstkontrolle und staatlicher Regulierung: Eine ordnungsökonomische Analyse, 2006, 332 S., 38,00 €, ISBN10: 3-8282-0364-7, ISBN13: 978-3-8282-0364-8.

Band 79: *David Nguyen-Thanh,*
Steuerreformen in Transformationsländern und wirtschaftspolitische Beratung: Eine Fallstudie am Beispiel der Politik des IWF in Kroatien und Bosnien-Herzegowina, 2005, XXIV/287 S., 38,00 €, ISBN 3-8282-0318-3.

Band 78: *Helmut Leipold* und *Dirk Wentzel* (Hg.),
Ordnungsökonomik als aktuelle Herausforderung, 2005, X/413 S., 36,00 €, ISBN 3-8282-0319-1.

Band 77: *Werner Pascha* und *Cornelia Storz* (Hg.),
Wirkung und Wandel von Institutionen: Das Beispiel Ostasien, 2005, X/287 S., 48,00 €, ISBN 3-8282-0312-4.

Band 76: *Rolf Hasse* und *Uwe Vollmer* (Hg.),
Incentives and Economic Behaviour, 2005, X/134 S., 32,00 €, ISBN 3-8282-0308-6.

Band 75: *Martin Leschke* und *Ingo Pies* (Hg.),
Wissenschaftliche Politikberatung: Theorien, Konzepte, Institutionen, 2005, X/432 S., 38,00 €, ISBN 3-8282-0304-3.

Band 74: *Thomas Apolte, Rolf Caspers* und *Paul J.J. Welfens* (Hg.),
Ordnungsökonomische Grundlagen nationaler und internationaler Wirtschaftspolitik, 2004, X/236 S., 34 €, ISBN 3-8282-0293-4.

Band 73: *Hubertus Bardt* ,
„Arbeit" versus „Kapital" – Zum Wandel eines klassischen Konflikts, 2003, X/177 S., 32,00 €, ISBN 3-8282-0277-2.

Band 72: *Dieter Cassel* und *Paul J.J. Welfens* (Hg.),
Regionale Integration und Osterweiterung der Europäischen Union, 2003, VIII/543 S., 42,00 €, ISBN 3-8282-0278-0.

Band 71: *Alfred Schüller* und *H. Jörg Thieme* (Hg.),
Ordnungsprobleme der Weltwirtschaft, 2002, VIII/524 S., 42,00 €, ISBN 3-8282-0231-4.

Band 70: *Alfred Schüller,*
Marburger Studien zur Ordnungsökonomik, 2002, X/348 S., 32,00 €, ISBN 3-8282-0221-7.

Band 69: *Dirk Wentzel,*
Medien im Systemvergleich, 2002, XVII/268 S., 38,00 €, ISBN 3-8282-0220-9.

Band 68: *Thomas Apolte* und *Uwe Vollmer* (Hg.),
Arbeitsmärkte und soziale Sicherungssysteme unter Reformdruck, 2002, 454 S., 36,00 €, ISBN 3-8282-0204-7.

Band 67: *Dietrich v. Delhaes-Guenther, Karl-Hans Hartwig, Uwe Vollmer* (Hg.)
Monetäre Institutionenökonomik, 2001, VIII/400 S., 34,50 €, ISBN 3-8282-0194-6.

Band 66: *Dirck Süß,*
Privatisierung und öffentliche Finanzen: Zur Politischen Ökonomie der Transformation, 2001, 236 S., 31,00 €, ISBN 3-8282-0193-8.

Band 65: *Yvonne Kollmeier,*
Soziale Mindeststandards in der Europäischen Union im Spannungsfeld von Ökonomie und Politik, 2001, 158 S., 29,00 €, ISBN 3-8282-0179-2.

Band 64: *Helmut Leipold* und *Ingo Pies* (Hg.),
Ordnungstheorie und Ordnungspolitik: Konzeptionen und Entwicklungsperspektiven, 2000, 456 S., 42,00 €, ISBN 3-8282-0145-8.

Band 63: *Bertram Wiest,*
Systemtransformation als evolutorischer Prozeß: Wirkungen des Handels auf den Produktionsaufbau am Beispiel der Baltischen Staaten, 2000, 266 S., 34,00 €, ISBN 3-8282-0144-X.

Band 62: *Rebecca Strätling,*
Die Aktiengesellschaft in Großbritannien im Wandel der Wirtschaftspolitik: Ein Beitrag zur Pfadabhängigkeit der Unternehmensordnung, 2000, 270 S., 31,00 €, ISBN 3-8282-0128-8.

Band 61: *Carsten Schittek,*
Ordnungsstrukturen im europäischen Integrationsprozeß: Ihre Entwicklung bis zum Vertrag von Maastricht, 1999, 409 S., 39,00 €, ISBN 3-8282-0108-3.

Band 60: *Peter Engelhard* und *Heiko Geue* (Hg.),
Theorie der Ordnungen: Lehren für das 21. Jahrhundert, 1999, 369 S., 36,00 €, ISBN 3-8282-0107-5.

Band 59: *Thomas Brockmeier,*
Wettbewerb und Unternehmertum in der Systemtransformation: Das Problem des institutionellen Interregnums im Prozeß des Wandels von Wirtschaftssystemen, 1999, 434 S., 39,00 €, ISBN 3-8282-0097-4

Band 58: *Karl-Hans Hartwig* und *H. Jörg Thieme* (Hg.),
Finanzmärkte: Funktionsweise, Integrationseffekte und ordnungspolitische Konsequenzen, 1999, 556 S., 42,00 €, ISBN 3-8282-0094-X.

Band 57: *Dieter Cassel* (Hg.),
50 Jahre Soziale Marktwirtschaft: Ordnungstheoretische Grundlagen, Realisierungsprobleme und Zukunftsperspektiven einer wirtschaftspolitischen Konzeption, 1998, 782 S., 49,00 €, ISBN 3-8282-0057-5.

Band 56: *Hans-Günter Krüsselberg,*
Ethik, Vermögen und Familie: Quellen des Wohlstands in einer menschenwürdigen Ordnung, 1997, 341 S., 36,00 €, ISBN 3-8282-0055-9.

Band 55: *Heiko Geue,*
Evolutionäre Institutionenökonomik, 1997, 336 S., 36,00 €, ISBN 3-8282-0050-8.

FSC
www.fsc.org
MIX
Papier | Fördert gute Waldnutzung
FSC® C083411

Kolibri 360 GmbH
Ferdinand-Jühlke-Straße 7
99095 Erfurt, Deutschland
produktsicherheit@kolibri360.de